– REISEN IN ZAMBIA –

Ilona Hupe Verlag
München

„Reisen sollte nur ein Mensch, der sich ständig überraschen lassen möchte."
von Oskar Maria Graf

REISEN IN

Zambia

EIN REISEBEGLEITER FÜR
NATUR UND ABENTEUER

mit allen
Nationalparks
interessanten
Allradstrecken
und wertvollen
GPS-Daten

Ausführliche Reiseinformationen,
detaillierte Streckenbeschreibungen,
Landeskunde und aktuelle Reisetipps

Mit 52 Landkarten und Plänen,
und mehr als 500 hochwertigen Fotos

Ilona Hupe Verlag

Bibliografische Information der Deutschen Bibliothek

Die Deutsche Bibliothek verzeichnet diese Publikation in der Deutschen Nationalbibliografie: Detaillierte bibliografische Daten sind im Internet abrufbar über http://portal.dnb.de/opac.htm

3. Auflage Juli 2024

Impressum

Volkartstraße 2, 80634 München, Deutschland
Tel. +49-89-16783783 Fax +49-89-1684474
E-Mail: info@hupeverlag.de
Internet: www.hupeverlag.de

Text: Ilona Hupe, Manfred Vachal
Fotos: Ilona Hupe, Manfred Vachal u. a. (S. 388)
Karten: Manfred Vachal
Layout & Design: Ilona Hupe
Druck: Fa. Beltz Bad Langensalza GmbH, 99941 Bad Langensalza, Deutschland

Alle Angaben ohne Gewähr.

Alle Daten und Angaben in diesem Reiseführer wurden gewissenhaft recherchiert. Dennoch sind diese Angaben und Preise häufigen Veränderungen unterworfen, auch mögliche Auslassungen sind nicht völlig auszuschließen. Für eventuelle Fehler können der Verlag und die Autoren keinerlei Verpflichtung oder Haftung übernehmen.

Haftungsausschluss: Verlag und Autoren haben keinen Einfluss auf die Inhalte von in diesem Buch genannten Internetseiten und deren weiterführende Links.

Keine Werbung! Dieser Reiseführer ist werbefrei und wurde unabhängig, ehrlich und neutral recherchiert.

Printed in Germany

ISBN 978-3-932084-03-4 [Euro 28,90]

Liebe Leserinnen und Leser,

im Jahr 1996 erschien unser erster Reiseführer für das faszinierende Land Zambia, das für uns längst zu einer zweiten Heimat wurde. Zum 17. Mal veröffentlichen wir hier eine völlig überarbeitete und aktualisierte Neuauflage. Auch diesmal zeigt das Coverbild Thornicroft-Giraffen aus dem Luangwatal, denn die grazilen Giraffen sind leider in ganz Afrika als stark gefährdet eingestuft und erhalten doch viel zu wenig Aufmerksamkeit.

Wie immer haben wir alle Inhalte gewissenhaft überarbeitet und aktualisiert. Preise und Fahrpläne ändern sich in Afrika jedoch schnell und ohne Vorankündigung; sie unterliegen außerdem den Währungsschwankungen. Die Straßenbedingungen tropischer Entwicklungsländer ändern sich wetterbedingt und wartungsabhängig rasch, und auch der Zustand von Unterkünften kann stark schwanken. Bitte bedenken Sie bei Ihren Reiseplanungen und unterwegs, dass Sie sich in Zambia abseits des Massentourismus in das "echte Afrika" begeben. Viele Dinge benötigen hier **mehr Zeit** und **größere Gelassenheit** und **Flexibilität** als anderswo. Denn "echtes Afrika" bedeutet mitunter auch: Behördliche Willkür, schlechte Straßen und anstrengende Reisetage. Mit einer entspannten Einstellung lassen sich auch manche Hindernisse besser meistern.

Wir wünschen Ihnen
unvergesslich schöne **Reisen in Zambia**!

ITB-Lifetime-Award 2022
ITB-Destinations-Award 2017

Markenzeichen der Hupe-Reiseführer

→ Detailkenntnis 42 Jahre reisen und arbeiten Ilona Hupe und Manfred Vachal schon in Afrika, und stets selbständig, unabhängig und intensiv. Rund 450 000 Kilometer afrikanische Pisten und Straßen haben die beiden inzwischen "auf dem Buckel".

→ Aktualität Das Team reist jedes Jahr (in pandemiefreien Zeiten) rund vier Monate durch Afrika für neue und vertiefende Recherchen. Alle Neuigkeiten werden bis wenige Tage vor dem Druck eines Reiseführers berücksichtigt.

→ Spezialisierung Der Verlag setzt sein ganzes Augenmerk auf wenige ausgewählte Länder. So ist er immer direkt am Ball, wenn sich Änderungen ankündigen.

→ Neutralität Der Verlag ist unabhängig und zieht keine Vorteile aus positiven Beurteilungen; er fühlt sich nur dem Land und dem Leser verpflichtet. Es gibt keine Interessenkonflikte, alle Beschreibungen sind werbefrei und unparteiisch. Sie dürfen die Angaben, Tipps und Infos in den Reiseführern daher als wirklich neutral und ehrlich ansehen. Aus diesem Grund: Keine Werbeanzeigen in den Hupe-Büchern!

→ Ein starkes Team Recherche, Manuskript, Landkarten und Fotos – alles wird in enger Abstimmung vom gleichen erfahrenen Team erstellt. Anders als in großen Verlagshäusern gehen durch diese Zusammenarbeit keine wichtigen Informationen an den Schnittstellen verloren.

→ Extra-Service Alle relevanten Neuigkeiten und Updates veröffentlicht der Verlag im Internet. So bleiben die Leser auch nach dem Druck einer Auflage aktuell informiert. Zusätzlich zu den News bietet die Website **www.hupeverlag.de** diverse Reiseberichte, Beiträge zu Fachthemen und einen **kostenlosen Newsletter** per E-Mail an. Einfach und bequem werden Ihnen so die Neuigkeiten direkt zugestellt.

WISSENSWERTES ÜBER SAMBIA

Geschichte

Bevölkerung

Kultur & Gesellschaft

Wirtschaft

Der Naturraum

Das reich der Tiere

Die Vogelwelt

Unterwegs in Sambia

Die Hauptstadt: Lusaka und Umgebung

Sambias Süden – Viktoriafälle und Sambesi

Sambias Norden – der Copperbelt

Sambias Nordosten – Im Land der Wasserfälle

Landkarten & Ortspläne

"Sambia" – "Zambia"

Für den Titel dieses Reiseführers haben wir den sambischen Eigennamen "Zambia" gewählt; im Text behalten wir jedoch die deutsche Schreibweise "Sambia" bei.

GESCHICHTE

Sambias Geschichtsentwicklung vor Ankunft der Weißen

Das Vorurteil, Schwarzafrika sei ein geschichtsloser Kontinent, stützt sich hauptsächlich auf den Mangel an Geschichtsschreibung, doch die neuere Forschung widerlegt diese Ansicht gründlich. Es gab in Afrika mächtige Königreiche, unterschiedliche Kultur- und Kunstentwicklungen und riesige Völkerwanderungen. Weil alles nur mündlich überliefert wurde, bleibt bis heute vieles im Dunkeln.

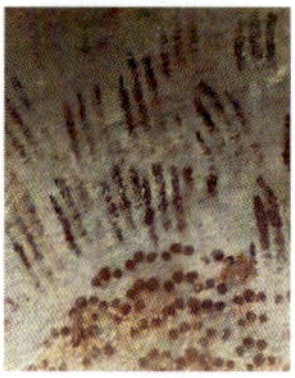

Bild oben: Mwela Rock Art bei Kasama

Die Wiege der Menschheit

Nach heutiger Erkenntnis gilt der schwarze Kontinent als Wiege der Menschheit. Hier scheint sich der entscheidende Evolutionsschub vom Affen zum Menschen vollzogen zu haben. Vor fast 6 Mio. Jahren spalteten sich die Vorfahren der Hominiden von denen der Schimpansen ab, es entstanden der noch eher affenähnliche „Millennium-Mensch" (*Orrorin tugensis*) und nachfolgend der erste Vormensch (*Australopithecus*). Aus diesem ging im südlichen Afrika vor rund 2,5 Mio. Jahren der Frühmensch der Gattung „Homo" hervor, der sich durch zunehmende Gehirngröße, die Fortbewegung am Boden und seine Werkzeugkultur auszeichnete. *Homo habilis* war **der erste Frühmensch** und breitete sich in mehreren geographischen Varianten bis Ostafrika aus (z. B. *Homo rudolfensis*). Die Weiterentwicklung der Hominiden, u. a. die Kräftigung und Vergrößerung von Skelett und Schädelknochen, führte vor 2 Mio. Jahren zum „aufgerichteten Menschen" *Homo erectus*. Spätestens ihm gelang eine Ausbreitung von Afrika bis nach Asien und Europa, wobei ihm seine anatomischen Merkmale wie der starke Knochenbau behilflich waren. Gleichzeitig setzten Entwicklungsschritte ein, die für eine erfolgreiche Auswanderung notwendig waren: die Nutzbarmachung des Feuers und der Einsatz von Jagdtechniken. Vor etwa 500 000 Jahren, als im eiszeitlichen Europa der kräftige Neandertaler (*Homo neandertalensis*) in Erscheinung trat, schlug in Afrika die Geburtsstunde des **„modernen Menschen"** (*Homo sapiens*), unseres direkten Vorfahren. Biologisch betrachtet war er vor 200 000 Jahren ausgereift und hielt sich im südlichen und östlichen Afrika auf. Von hier aus eroberte er schließlich in einem beispiellosen Feldzug die restliche Welt.

"Broken Hill Man", 1921 in Kabwe von Tom Zwigelaar entdeckt, war der erste Fund eines menschlichen Fossils in Afrika und der wissenschaftliche Nachweis des Homo Rhodensiensis

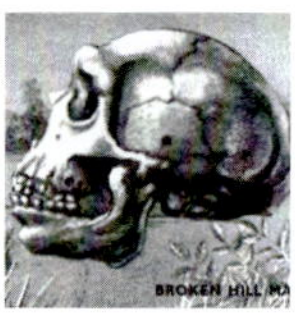

Bild oben: Broken Hill Man

Die ältesten Funde aus der Region des heutigen Sambia lassen sich auf die Steinzeit datieren und stammen aus dem Sambesi- und Luangwatal. Hier gefundene Werkzeuge sind bis zu 300 000 Jahre alt. An den Kalambo Falls im Norden Sambias wurden Relikte freigelegt, die wohl auf eine Siedlung des *Homo Habilis* zurückzuführen sind. Von großer wissenschaftlicher Bedeutung ist der "**Broken Hill Man**" von Kabwe, einem Schädel von *Homo Rhodensiensis* aus der frühen Steinzeit. Genau zu diesem Zeitpunkt, vor etwa 50 000 Jahren, wagten sich die Bewohner von den Flusstälern in höher gelegene Regionen und besiedelten dort Höhlen. Hier entwickelte sich allmählich die **Sangon-Kultur**. Alle Funde dieser Epoche belegen eine vielfältige Verwendung von Werkzeugen. Unklar bleibt, ob diese Menschen eher Khoisanide oder negroid waren. Die **späte Steinzeit** setzte vor 15 000 Jahren ein. Die Jagd wurde nun mit Pfeil und Bogen betrieben, und die Menschen fertigten Werkzeuge aus Knochen. Ab ca. 5000 v. Chr. lebten Khoisanide im sambischen Hochland und etwa 2000 v. Chr. erreichten die Vorfahren der Tonga das Land. Kurz vor Christi Geburt setzten nun die Bantu-Einwanderungswellen ein.

Schon gewusst?

Ein anderer Ausdruck für die Zeit der Difaqane, der sich aus dem Zulu herleitet, lautet Mfecane

Der Wechsel von der Steinzeit zur Eisenzeit vollzog sich regional zu unterschiedlichen Zeitpunkten. Bei Sesheke ausgegrabene Tonscherben aus der frühen Eisenzeit (um 100–200 n. Chr.) zeugen von einer Kultur in den Jahrhunderten vor Chr., die nicht mehr allein von der Jagd und dem Nomadentum lebte. Vielmehr wurden feste Dörfer errichtet und Ackerbau und Viehzucht betrieben. Etwa zeitgleich mit der Entdeckung und Verwendung des Eisens kam es zu großen Einwanderungen von Bantu-sprechenden Volksstämmen. Diese gewaltige Immigration scheint sich in vier Wellen aus drei Richtungen vollzogen zu haben. Die ersten Einwanderer zogen in den drei Jahrhunderten vor Chr. von Osten den Sambesi entlang nach Westen. Die zweite Besiedlungswelle folgte im 6. Jh. von Norden. Beide Gruppen brachten Vieh mit sich. Der dritte Zustrom erfolgte im 9. Jh. aus dem Kongobecken. Diese Völker waren ohne Vieh gekommen, assimilierten sich jedoch schnell mit den ansässigen Volksgruppen, bzw. eroberten viele Regionen. Kaum 200 Jahre nach ihrer Ankunft stellten sie bereits die Mehrheit im Lande.

Die Blütezeit der Tonga

In der späten Eisenzeit, ca. 1100 bis 1400 n. Chr., bestanden entlang des Sambesi feste **Handelsrouten zur Ostküste Afrikas**. Weitreichende Handelskontakte führten zu einer Blüte der Tonga im Gwembetal. Die bekannteste damalige Siedlung, Ingombe Ilede ("Wo die Kuh schläft"), betrieb bereits Handel mit der Außenwelt bis hin nach Indien und Fernost.

Königreich Lozi

In der Zeit vom 15. Jh. bis 17. Jh. zogen erneut Bantuvölker aus dem Kongogebiet nach Süden. Es waren versprengte Gruppen des im Niedergang begriffenen Lunda-Luba-Reiches. Unter ihnen waren auch die Rozwi (Barotse), die nun das Reich Lozi in Südwestsambia gründeten. Diese neuen Einflüsse veränderten die politischen Strukturen. Neben dem traditionellen *Chieftainship* entstanden jetzt auch Königreiche mit zentraler politischer Verwaltung. Die Buschleute (Khoisanide) wurden durch die Neuankömmlinge in die Trockengebiete der Kalahari abgedrängt.

Angehörige der Bemba breiten sich im Hochland aus

Zu Beginn des 19. Jh., kurz vor den großen Invasionen aus dem Süden (*Difaqane* bzw. *Mfecane*), stellte sich die Situation so dar: Das Lundareich hatte sich einerseits im Westen bis in die Barotseebene und außerdem im Nordosten entlang des Luapulabeckens ausgeweitet. Aus dem Lubareich kamen die Kaonde, Lala, Lamba, Lenje, Soli, Mambwe, Bisa und Lungu und besiedelten die zentrale Hochebene vom heutigen Lusaka bis an den Tanganjikasee. Sie gelten allgemein als Bembavölker.

Das chaotische "Zeitalter des Zermalmens"

Die als *Difaqane* oder *Mfecane* bezeichnete Epoche großer Umwälzungen und **Völkerverschiebungen** (ca. 1820–1840 n. Chr.) nahm ihre Anfänge bei den Zulu in Natal/Südafrika. Das Vordringen der Buren, die sich im Land der Zulu niederließen, führte zu Bevölkerungsdruck und Landknappheit. Was mit Plünderungen und Raubzügen um Vieh und Land begann, weitete sich 1818 zu einem großen Stammeskrieg der Ngoni-Zulu aus. Der grausame Herrscher **Shaka Zulu**, der als genialer Kampfstratege in die Geschichte einging, führte völlig neue Kriegstechniken und Waffen ein. Unter seiner Führung wurde der Zulustaat die mächtigste Militärmacht im südlichen Afrika, die sich allerdings bald aufspaltete und die ganze Region in ein blutiges Chaos stürzte. Vor diesem verheerenden Krieg flohen immer mehr Menschen nach Norden und Westen. Auf ihrer Flucht formierten sie sich zu

Bilder oben: Tonscherbenfunde am Mwaleshi im Luangwatal

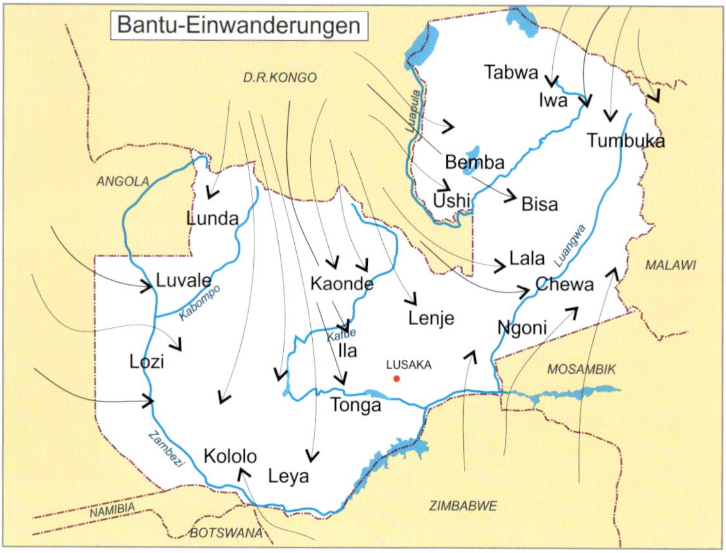

Vertreibung, Krieg und Plünderungen im südlichen Afrika

neuen Einheiten, die Krieg und Plünderung weitertrugen. In mehreren Wellen fegten in den nächsten 20 Jahren verschiedene marodierende Volksgruppen über das südliche Afrika hinweg. Die Ausläufer dieser Völkerverschiebungen waren bis Ostafrika spürbar, und so wurden auch die Völker auf dem Gebiet des heutige Sambia davon betroffen. Unter Führung Zwangendabas überschritten die Ngoni im November 1835 den Sambesi und annektierten in den nächsten Jahren weite Teile des Hochlands im heutigen Sambia, Malawi und Tansania. Die Kololo, ein Sotho-Volk, fielen wenig später unter König Sebitwane von Süden im Barotseland ein und übernahmen dort die Macht. Doch bereits um 1850 erreichten die **Araber** von Osten kommend das Gebiet und mit ihnen kam der Sklavenhandel.

Schon gewusst?

Ameisen sind mit Wespen verwandt; die vegetarisch lebenden Termiten dagegen mit Kakerlaken

Von Westen stießen die portugiesischen **Sklavenjäger** aus der Kolonie Angola vor, im Südosten rückten sie von Mosambik aus näher und direkt von Osten drangen Araber vor. Alle großen Handelsstraßen, die quer durch den Kontinent liefen und die die Herrscher der Lunda und Luba errichtet hatten, wurden nun zu blutigen Einfallstraßen der Sklavenjäger. Eine Route führte von der Angolaküste bis an den Mwerusee und weiter nach Quelimane, der Mündung des Sambesi in den Indischen Ozean. Vom Königreich Kazembe am Mwerusee gab es auch Straßen bis Sansibar und an den Malawisee. Eine andere Route führte von Angola entlang der Wasserscheide zwischen Sambesi und Kongo bis tief ins Innere Afrikas.

Die grausame Periode des Sklavenhandels

Die schlimmsten Verwüstungen fanden in Zentralafrika um 1880 statt, als der Sklavenhandel an den Küsten bereits aufgehoben war. Da die Sklaven dadurch deutlich an Verkaufswert verloren hatten, verschlimmerte sich ihre Situation drastisch. Augenzeugen berichteten, "ganz Zentralafrika sei in Blut getränkt". Die grausame Periode des Sklavenhandels erschütterte Afrikas Strukturen und entvölkerte ganze Landstriche. Zugleich verhinderte sie eine weitere gesellschaftliche Entwicklung durch das permanente Ausbluten ganzer Völker und insbesondere den Verlust des jungen, kräftigen und gesunden Bevölkerungsanteils.

Sambia und die Europäer

Die ersten Europäer gelangten als Teilnehmer einer portugiesischen Expedition bereits um 1514 ins Sambesital. Danach blieb die Region lange Zeit von den Forschungsreisenden verschont. Erst 1793 reiste Goncalo Pereira aus Goa bis in die Region des Königreichs Kazembe, südlich des Mwerusees. Zwei portugiesische Händler folgten 1795 von Angola kommend den Sambesi flussabwärts und erreichten dabei die Flutebenen des Barotselandes. Diese ersten Berichte aus Innerafrika weckten das Interesse des portugiesischen Gouverneurs von Mosambik, **Lacerda**. Von dem Wunsch beseelt, eine Verbindung zwischen den beiden portugiesischen Kolonien Angola und Mosambik zu schaffen, rüstete er 1798 eine Expedition in das noch immer unerforschte Königreich Kazembe aus. Lacerda erreichte zwar Kazembe und den Mwerusee, starb aber dort. Von Portugal wurden daraufhin keinerlei weitere Forschungsreisen mehr unternommen.

Im Jahre 1851 betrat der erste Brite sambischen Boden. Es handelte sich um den schottischen Arzt, Forschungsreisenden und Missionar Dr. **David Livingstone**. Er verbrachte viel Zeit bei den Kololo, rüstete seine Expeditionen bevorzugt mit Angehörigen dieses Volkes aus und beschrieb den König als ausgesprochen weise, umsichtig und charakterstark. 1855 besuchte Livingstone ein weiteres Mal die Kololo, wo inzwischen Sebitwanes Sohn Sekeletu regierte. Dieser führte David Livingstone am 16. November 1855 als (angeblich) ersten Weißen zu den Viktoriafällen. Die Berichte Livingstones lenkten nun auch das Interesse anderer europäischer Nationen, allen voran der Engländer, auf diese Region. Nach Livingstones Tod nahmen die Forschungs- und Jagdreisen nördlich des Sambesi deutlich zu. Auch die Kirche entdeckte das riesige Betätigungsfeld im "unzivilisierten" Zentralafrika und gründete 1884 im Barotseland die erste Missionsstation.

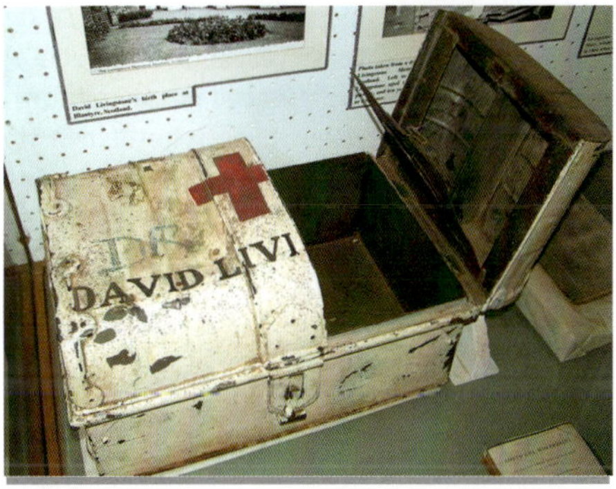

Bilder von oben:
Statue von Dr. David Livingstone an den Viktoriafällen; seine Medikamentenbox im Museum von Livingstone und eine Plastik über den Sklavenhandel (Museum Livingstone)

Bild oben: Die ersten Siedler und Abenteurer waren oft mit Postkutschen unterwegs

Ein zweiter berühmter Mann ist untrennbar mit Sambias Geschichte verbunden: **Cecil Rhodes**, der dynamische und skrupellose Brite, der der Kolonie seinen Namen gab. Cecil John Rhodes wurde 1853 bei London geboren und kam als Sechzehnjähriger ins südafrikanische Natal. Börsen- und Minenspekulationen machten ihn reich. Er gründete die noch heute existierende *De Beers Consolidated Mining Company* und kontrollierte bald zwei Drittel der Welterzeugung an Diamanten. Wirtschaftlich und politisch wurde er zunehmend mächtiger, 1884 stieg er zum Finanz- und 1890 zum Premierminister der Kapkolonie auf. Rhodes hatte die Vision einer Bahnverbindung vom Kap bis Kairo, und er versuchte zeitlebens das britische Einflussgebiet zu vergrößern. 1889 erhielt er von der britischen Krone eine Charta für seine private Kolonisationsgesellschaft zugesprochen. Diese finanzierte er mit seinen beiden hochprofitablen Firmen *De Beers* und *Goldfields.* Er wollte von der Kapprovinz nach Norden expandieren, wobei die Nordgrenze seiner Unternehmungen offen blieb. Zu dieser Zeit war bereits der schmale Landstreifen entlang des Nyasasees (heute Malawi) von schottischen Händlern, die die *African Lakes Company* gegründet hatten, besetzt worden. Die Gesellschaft befand sich in einem bedauerlichem Zustand. Sie wurde durch die Portugiesen im Süden und die Araber im Osten wirtschaftlich stark gebremst und war nahezu bankrott. Cecil Rhodes schien die Antwort auf ihre Gebete zu sein. Mit Billigung des Auswärtigen Amtes bat die African Lakes Company Rhodes um Hilfe. Dieser war begeistert und machte kein Geheimnis um seine wahren Absichten, sich die gesamte Region zwischen dem Sambesi und dem Kongostaat einzuverleiben. Der Zeitpunkt war bestens gewählt, denn gleichzeitig hatte der Lozikönig Lewanika um britischen Schutz vor seinen afrikanischen Feinden, den Ndebele, gebeten. Sollten die Briten hier nicht intervenieren, würden mit Sicherheit die Portugiesen von Angola ihre Macht ins Barotseland ausweiten. Rhodes eilte also dem Barotseland "zu Hilfe". Er schickte Frank Lochner, einen Privatmann, der sich als Gesandter der britischen Krone ausgab, nach Lealui, der Hauptstadt des Barotselandes. König Lewanika ließ sich täuschen und akzeptierte noch im gleichen Jahr, 1890, das Protektorat der Rhodes-Gesellschaft. Damit standen die Briten in Sambia.

Schon gewusst?
Der Name Rhodesia tauchte erstmals 1891 auf und benannte einen einsamen britischen Posten bei Chiengi am Lake Mweru

Die Berliner Kongo-Konferenz: Afrika wird unter den Europäern aufgeteilt

Am 17. Oktober 1890 teilten auf der Berliner Konferenz die europäischen Kolonialmächte Afrika vertraglich unter sich auf. Hierbei wurde der britische Anspruch auch auf die unbesetzten und noch unbekannten Regionen nördlich des Sambesi bestätigt. Vier Jahre später einigten sich die Briten mit dem belgischen König über den nördlichen und östlichen Grenzverlauf zu Belgisch-Kongo; die Grenze zu Angola wurde erst 1904 festgelegt.

Schicksale aus den frühen Jahren europäischer Besiedlung

Nachträglich konnten bis einschließlich 1902 insgesamt 874 Einwanderer oder Besucher des heutigen Gebietes von Sambia nachgewiesen werden. Die älteste Datierung stammt aus dem Jahr 1796. 16 Personen, alle Portugiesen, sind bis 1850 genannt. 1851 betrat Dr. David Livingstone sambischen Boden. Mrs. Reader, Frau eines Händlers, gilt als die erste weiße Frau, die das Land betrat und die Fälle sah (1862). In den frühen 1870er Jahren kamen deutlich mehr Händler, größtenteils unter der Führung von George Westbeech, der von 1871 bis zu seinem Tod 1888 vom heutigen Zimbabwe aus mehrere Transportzüge organisierte. Den Weg nach Sambia öffnete er auch für den Missionar Coillard, der später den König Lewanika zu einer Einigung mit der BSAC führte. Die große Flut der Einwanderungen begann gegen Ende des 19. Jahrhunderts.

Die Statistik verrät interessante Zahlen:

Unter den 874 Personen, die bis 1902 nach Sambia kamen, waren 752 Männer, 74 Frauen und 48 Kinder. Bis 1902 starben davon vor Ort 86 Erwachsene und 16 Kinder, zumeist an Fieberkrankheiten. Das entspricht über 10 % der Erwachsenen und sogar 33,3 % der Kinder.

Die Einwanderer hatten sehr unterschiedliche Nationalitäten. Nach der vorliegenden Liste sind 19 Deutsche und 9 Österreicher beteiligt gewesen, außerdem werden 30 Schweizer, 24 Italiener, 36 Franzosen und 54 Portugiesen genannt. 674 Personen hatten britische oder südafrikanische Nationalität.

Auch die Beweggründe waren unterschiedlich: 212 Menschen kamen in Missionsdiensten nach Sambia, 55 waren Forschungsreisende, 208 gehörten zur BSAC und 131 kamen im Auftrag anderer Firmen. Den Großteil bildeten mit 268 Personen die Kaufleute, Jäger und Unbekannte.

Das romantische Bild der Abenteurer- und Entdeckerzeit ist sicherlich verklärt. Für viele dieser Menschen bedeutete die Reise ein hartes Los voller Entbehrungen, manch einer bezahlte schon nach kurzer Zeit mit seinem Leben...

Von der Missionarsfamilie Boiteux ist überliefert: Boiteux, Rev. Emile. Schweizer P.M.S. Missionar; kam 1895 von Süden ins Barotseland mit seiner Frau. Kinder: Tochter Marie, geb. 1896. Tochter Jeanne, geb. 1898 / gest. 1898 in Kazungula. Tochter Helene, geb. 1899 / gest. 1900 in Senanga. Sohn Albert, geb. 1901 / gest. 1901 in Senanga.

Ähnlich ist das Schicksal der Familie Buckenham: Buckenham, Rev. Henry. Methodistischer Missionar. Erreichte das Land mit seiner Familie 1890. Gründete die erste Missionsstation bei Nkala im Batokaland. Starb 1896 bei Kazungula. Tochter Elsie Marie starb als Siebenjährige im Februar 1896 in Nkala. Die Witwe verließ das Land im selben Jahr.

Der portugiesische Armeeoffizier Dyonisio starb gleich an seinem Ankunftstag, der britische Major Gibbons kehrte nach Europa zurück, indem er 1899 die Strecke von Sambia bis zum Nil zu Fuß zurücklegte.

Der Angestellte Hugo Genthe besuchte 1897 das Grab Dr. Livingstones – und wurde anschließend am Luapula von einem Elefanten getötet.

Der tschechische Geograph und Entdeckungsreisende Emil Holub wurde mit seiner Frau 1886 am Ufer des Kafue von Mashukulumbwe überfallen. Beide überlebten, doch ihr österreichischer Begleiter Oswald Söllner wurde getötet. Selbst der berühmte Großwildjäger F. C. Selous verlor bei einem Überfall 1888 bei Magoye 12 Männer und flüchtete nach Süden.

(*Quelle: They came to Northern Rhodesia/Sampson, Richard, 1956*)

Die BSAC übernimmt jetzt die Macht am Sambesi und gründet zwei Protektorate

Schon in den 1890er Jahren weitete die *British South Africa Company (BSAC),* Rhodes' Kolonisationsgesellschaft, ihre Macht über das Barotseland kontinuierlich aus. **Nordost-Rhodesien** bildete bereits ein BSAC-Territorium mit der Hauptstadt Fort Jameson (Chipata). Das Barotseland und die restlichen Regionen Sambias wurden nun zu **Nordwest-Rhodesien** mit der Hauptstadt Kalomo deklariert (1907 löste Livingstone Kalomo als Hauptstadt ab). Beide BSAC-Territorien wurden 1911 zum Protektorat Nordrhodesien vereinigt. Gleichzeitig entstanden mehr und mehr Missionsstationen, die zu Wegbereitern nachrückender Siedler und Händler wurden.

Cecil Rhodes: Portrait einer außergewöhnlichen Persönlichkeit

Cecil Rhodes wird am 5. Juli 1853 in einer Kleinstadt bei London geboren. Mit neun Geschwistern ist er ein typischer Sprössling der britischen Mittelschicht und durchlebt eine unauffällige Kindheit. Als 16-jähriger wird Cecil lungenkrank, die Ärzte empfehlen einen sofortigen Klimawechsel, und so wird der Jüngling nach Südafrika geschickt, wo er sich auf der Baumwollfarm seines älteren Bruders Herbert erholen soll. Im Juni 1870 betritt er erstmals afrikanischen Boden und lebt sich rasch bei seinem Bruder ein. Die Farm läuft nicht gut, und als 1871 in Kimberley Diamanten entdeckt werden, das Diamantenfieber ausbricht und im Nu 10 000 Glücksritter nach Kimberley strömen, sind auch die beiden Rhodes-Brüder mit von der Partie. Herbert kauft drei Claims in New Rush, die sich als sehr ergiebig erweisen. Cecil handelt mit Lebensmitteln, Werkzeug und Büchern und spekuliert an der Börse. Die beiden beweisen guten Instinkt und werden wohlhabend. Privat haben sie weniger Glück. Ein Herzanfall zwingt den 19-jährigen Cecil, kürzer zu treten, und wenig später verliert er seinen Bruder Herbert durch einen tödlichen Unfall während einer längeren Jagdreise. Cecil Rhodes schließt sich danach mit dem jungen Diamantenspekulanten Charles Rudd zusammen. 1873 scheinen die Diamantenfelder von Kimberley ausgelaugt zu sein und die meisten "Digger" verscherbeln ihre Claims. Rhodes und Rudd pokern hoch, sie kaufen möglichst viele Anteile auf, und tatsächlich zeigt sich bald, dass in Kimberley durchaus noch immense Diamantenfelder liegen.

Mit 20 Jahren hat Cecil Rhodes finanziell bereits ausgesorgt, doch anstatt den Erfolg zu genießen, treibt ihn sein Ehrgeiz zurück nach England, wo er sich mit einem Studium in Oxford den passenden Grundstock für eine politische Laufbahn erwerben will. Doch schon im ersten Semester erleidet er einen zweiten Herzanfall, und seine Ärzte geben ihm nur noch wenige Monate zu leben. Rhodes unterbricht das Studium und kehrt zurück nach Kimberley, wo er sich allen Prophezeiungen zum Trotz wieder erholt. Geschickt spielt er hier um Macht und Geld, agiert mit Korruption und Intrigen und laviert sich durch mehrere Skandale. Dabei stellt er erstmals seine Kunst, Gegner zu überzeugen und zu „kaufen", unter Beweis. Zwischen 1876 und 1881 vollendet er sein Studium in Oxford, während Charles Rudd die Geschäfte in Kimberley organisiert. Nach seiner Rückkehr wendet sich Rhodes in Afrika endgültig der Politik zu und wird in Kapstadt sesshaft.

Zu dieser Zeit verursacht Rhodes einen medizinischen Skandal, und hierbei taucht erstmals der Name Dr. Leander Starr Jameson auf: Es bricht eine Pockenepidemie aus, die sich blitzartig in der Kapprovinz ausbreitet. Rhodes befürchtet eine Fluchtwelle tausender Tagelöhner und Arbeiter aus Kimberley, wenn bekannt würde, dass die Seuche auch die Diamantenminen erreicht hat. Trotz besseren Wissens beharrt Rhodes darauf, dass Kimberley pockenfrei sei. Es bleibt schwer verständlich, wie es dem Spekulanten gelingt, den befreundeten, wohlhabenden Arzt Dr. Starr Jameson dazu zu überreden, falsche Totenscheine auszustellen. Fakt ist, dass Jameson der Bitte nachkommt, alle Pockenfälle vertuscht und damit zum ersten Mal kriminelle Taten auf Cecil Rhodes' Geheiß unternimmt. Als der Skandal aufgedeckt und 1885 endlich auch zugegeben wird, sind hunderte Menschen unnötig an den Pocken gestorben. Mit enormem Eifer verfolgt Rhodes seine hochgesteckten Ziele, immer mehr Macht und Einfluss zu erringen. 1884 wird der Millionär **Finanzminister der Kapprovinz**. 1886 wird in Witwatersrand Gold entdeckt. Rhodes investiert sofort und gründet die 'Consolidated Goldfields of South Africa'. 1887 kämpft Rhodes mit Barney Barnato um das Monopol im Diamantengeschäft – und beherrscht bald weltweit den Diamantenhandel. Zur selben Zeit beginnt er, seine ehrgeizigen Pläne, das britische Einflussgebiet auszuweiten und eine **Bahnlinie vom Kap bis Kairo** zu errichten, mit Nachdruck zu forcieren. Er intrigiert und manipuliert, macht potentielle Gegner durch finanzielle Geschenke mundtot und bereitet sorgsam den Boden für den geplanten Expansionskurs. Mit dem Moffat Treaty und der Rudd Concession setzt er 1888 den ersten Fuß ins Matabeleland. Ein Jahr später weitet er seinen Einfluss geschickt nach Norden aus, indem er dem Lozikönig von Barotseland Schutzverträge gegen die Ndebele aufschwatzt. In Nyasaland bietet er der maroden African Lakes Company seine Unterstützung an. Die weiteren Geschehnisse bis zum Einmarsch der Pionierkolonne in die spätere Kolonie Rhodesien sind nur nachvollziehbar, wenn man Rhodes' durchdachtes Pokerspiel, seine mitreißende Ausstrahlung und seine tiefe Überzeugung berücksichtigt, dass jeder Mann seinen Preis habe. Die wenigen, die Rhodes nicht kaufen kann, überzeugt er als **Visionär**. In Kürze beseitigt er alle Widerstände gegen seinen Invasionsplan. Es gelingt ihm, der britischen Krone eine "Royal Charta" abzuschwatzen, obwohl die Königin und Mitarbeiter des Auswärtigen Amtes Rhodes misstrauen. Basierend lediglich auf der Bereitschaft des Ndebelekönigs Lobengula, den Briten mäßigen Abbau von Bodenschätzen in seinem Land zu genehmigen, stellt die britische Krone schließlich einen Freibrief zur Eroberung und Inbesitznahme des souveränen Gebietes aus. Noch wenige Monate zuvor hat sich die britische Königin in einem Schreiben an den Ndebelekönig Lobengula besorgt gezeigt, zu viel Macht in die Hände eines einzelnen (britischen) Handelspartners zu legen. Jetzt berechtigt sie denselben Mann, vor dem sie immer gewarnt hat, das riesige autarke Königreich auszubeuten, zu kolonisieren und zu regieren.

Die Folgen sind bekannt. Rhodes, inzwischen zum **Premierminister** der Kapprovinz aufgestiegen, gründet die **BSAC** (British South Africa Company) und lässt die Pionierkolonne ins Mashonaland einmarschieren. Finanziell verausgabt er sich dabei, dafür steht er jetzt auf dem Höhepunkt seiner Macht. Rhodes regiert über ein 1 143 000 km² großes Gebiet (fünfmal so groß wie sein Vaterland). Den Überfall auf das Matabeleland plant Rhodes von langer Hand und verkauft den Gewaltakt im heimischen empörten England als Akt der Notwehr. Er versteht es, die Presse für sich einzunehmen und bestimmt so die öffentliche Meinung. Nach der Vernichtung des Ndebelestaates lässt sich Rhodes als Held feiern. Südlich und nördlich des Sambesi installiert er die BSAC-Verwaltung, riesige Gebiete werden von nun an zwangskolonisiert. Fast scheint es, alles verwandle sich zu Gold, was Cecil Rhodes anpackt, da wendet sich sein Schicksal plötzlich. Vom Erfolg verwöhnt verliert er den Sinn für die Realität, als er mit einigen Verschwörern den Plan ausheckt, mit einem Blitzüberfall unter Dr. Jamesons Kommando den Burenstaat unter Paul Kruger zu annektieren. Wieder fungiert Rhodes als Drahtzieher im Hintergrund, spricht sich heimlich mit dem britischen Kolonialminister Chamberlain ab und stellt eine Kampftruppe zusammen. Doch diesmal entgleiten ihm die Zügel, er kann die unterschiedlichen Verschwörer nicht einigen und sieht sich gezwungen, den Überfall im letzten Moment abzublasen. Jedoch: Dr. Starr Jameson, der mit der kampfbereiten Truppe im Landesinnern ausharrt, erreicht das Telegramm von Cecil Rhodes nicht, und er fällt weisungsgemäß zum verabredeten Zeitpunkt in den Burenstaat ein. Der glücklose Jameson wird von den Buren-Streitkräften schon empfangen, weil die Sache inzwischen durchgesickert ist, und muss kapitulieren. Der Fall ist ein **internationaler Skandal**, eine Blamage für Großbritannien, der Ruin für Cecil Rhodes. Er muss sofort alle politischen Ämter niederlegen, während der britische Minister Chamberlain in London seine Unschuld zu beteuern versucht und jede Mitwisserschaft abstreitet. Doch Rhodes übernimmt auch jetzt nicht die Verantwortung, sondern überlässt es seinem Freund Jameson, für die Tat geradezustehen. Dieser wird als alleiniger Initiator des Überfalls in England zu einer kurzen Haftstrafe verurteilt, wodurch Cecil Rhodes seinen Königlichen Freibrief retten kann. Als politisch geächteter Privatmann, der von der Macht und dem Schicksalspielen nicht lassen kann, engagiert er sich anschließend im Matabeleaufstand in Südrhodesien. In den Matobobergen handelt er mit den aufständischen Ndebele einen **Friedensvertrag** aus und verschafft sich dabei den Ruf eines mutigen Friedensstifters. Es ist das erste Mal in seinem Leben, dass er etwas wirklich Gutes tut. Nicht, dass er nach seinen Rückschlägen etwa geläutert wäre – sein Engagement für den Frieden deckt sich zufällig mit seinen Privatinteressen, denn der BSAC droht der finanzielle Ruin, je länger der Aufstand andauert. Außerdem bereichert sich der Patriarch bei den Verhandlungen geschickt und nennt anschließend in Rhodesien riesige Ländereien sein eigen. Eine charakterliche Wendung bleibt dagegen aus und den Shona-Aufstand lässt er später brutal und rücksichtslos niederschlagen.

Gesundheitlich wirkt Cecil Rhodes nach den turbulenten 1890er Jahren schwer angeschlagen. Der Raubbau, den er in all den Jahren mit seinem zeitlebens von Lungen- und Herzproblemen geschwächten Körper betrieben hat, rächt sich nun. Geistig ist er fit und voller Elan, doch sein Körper verfällt von Tag zu Tag. Die letzten Wochen verbringt er zurückgezogen in seinem Landhaus bei Kapstadt. Am 26. März 1902 stirbt er. Dr. Jameson, der alte Kamerad und Begleiter, der ihm so viele Steine aus dem Weg geräumt und sich dabei immer wieder strafbar gemacht hat, ist in der letzten Stunde bei ihm. Später wird Jameson erzählen, Rhodes' letzte Worte lauteten "So little done. So much to do". Doch Vertraute Jamesons berichten, dieser habe sich diese Worte selbst erdacht, um die 'Legende Cecil Rhodes' gebührend zu untermauern.

Vieles an Cecil Rhodes' **Persönlichkeit scheint kontrovers**, manches gar unverständlich. Seine homosexuelle Neigung negiert er zeitlebens, doch lässt er sich niemals auf Damenbekanntschaften ein, es dürfen nur jugendliche Männer in seinem Haushalt arbeiten, und verheirateten Genossen bleibt die Karriere verwehrt. Persönlich wendet Rhodes nie rohe Gewalt an und gilt weithin als wehleidig, aber zugleich opfert er skrupellos Tausende Menschen seinen ehrgeizigen Zielen. Er glaubt an Ehre und Moral, und verrät doch seinen engsten Freund nach dem Jameson Raid. Er wird einer der reichsten Männer seiner Zeit, doch trotzdem scheint Geld für ihn stets nur das Mittel zum Zweck zu sein. Er mobilisiert die Massen und liebt es, im Rampenlicht zu stehen, hat jedoch zeitlebens nur sehr wenige Vertraute. Er betrügt die Ndebele, missbraucht ihr Vertrauen und kolonisiert sie gewaltsam, und dennoch wird er nach seinem Tode von ihnen verehrt.

Trotz der vielen kontroversen historischen Fakten, die heute im Zusammenhang mit Cecil Rhodes bekannt sind, wird sein Ansehen international weiterhin hochgehalten – im südlichen Afrika wie auch in Großbritannien, wo z. B. die Universität Oxford begehrte "Cecil Rhodes-Stipendien" vergibt.

Bild S. 18: Das Grab von Cecil Rhodes in den Matobo Bergen, Zimbabwe

Die Kolonialzeit

Als eine der ersten Aktionen führten die Kolonialherren eine **Hüttensteuer** ("Musonko") ein, zu deren Zahlung jeder männliche Afrikaner verpflichtet wurde. Auf diese Weise zwang man die arbeitsunwilligen Einheimischen zur schlecht bezahlten **Lohnarbeit** in den Minen der Kolonie bzw. auf den europäischen Farmen. Wer die Steuer nicht zahlen konnte, dem drohten Enteignung, Haft und **Zwangsarbeit** ("Chibalo"). Die weiße Elite sicherte sich so den Arbeitskräftenachschub, während die BSAC mit den Steuereinnahmen der Schwarzen die Kosten für den Eisenbahnbau erwirtschaftete. Zehntausende Männer wurden zum Abwandern in die Minen der Kolonie oder nach Südafrika gezwungen, zurück blieben die Frauen, Alten und Kinder. Die Weißen verankerten die Bevormundung und Diskriminierung der schwarzen Bevölkerung alsbald in ihrer Rechtsprechung. Das extrem dualistische Wirtschaftssystem jener Zeit führte zu einer nachhaltigen Schwächung der ländlichen Gebiete.

Bis 1910 waren die **Bahnlinie zu den Katanga-Kupferminen** verlängert und eine Blei- und Zinnmine bei Kabwe eröffnet worden. Entlang der Bahnlinie hatten sich zahlreiche europäische Siedler niedergelassen. Der Erste Weltkrieg dämpfte die wirtschaftliche Entwicklung vorübergehend. Nordrhodesien wurde zum Schauplatz des Krieges; als sich der deutsche General von Lettow-Vorbeck mit seiner Kompanie bis zur Kapitulation Deutschlands ungeschlagen im Nordosten der Kolonie aufhalten konnte. Zehntausende Afrikaner hatten in diesem Krieg auf Seiten der Briten gekämpft bzw. als Träger und Läufer gedient.

Bilder von oben:
Koloniales Klubhaus in der damaligen Hauptstadt Livingstone; verblichene Fotos im Museum; Anglikanische St. Margaret's Church in Kabwe

Nach dem Ende des Krieges mehrte sich der Unmut der Siedler. Die allermeisten wollten nicht länger von einer Privatfirma wie der BSAC verwaltet werden. Mit dem Selbstbewusstsein erfolgreicher Siedler und Farmer wurden zunehmend Forderungen nach Selbstbestimmung laut. 1923 setzte die starke weiße Minderheit Südrhodesiens (heute Zimbabwe) ihre Selbstverwaltung durch. Gleichzeitig ging Nordrhodesien in eine direkte britische Kolonialverwaltung über und wurde 1924 zur Kronkolonie ernannt. Bis dahin hatte die BSAC zwar das Ende von Sklaverei und Stammeskriegen erreicht und einige Eisenbahnstrecken gebaut, ansonsten aber nur wenig für die Entwicklung des Landes unternommen. Auch aus der Sicht der Afrikaner hatte die BSAC dem Land viel genommen, aber kaum etwas investiert. Als Untertanen der britischen Krone genossen sie fortan dennoch kaum Verbesserungen, denn die **Rassendiskriminierung** wurde auch in der Kronkolonie keinesfalls aufgehoben.

In den nächsten Jahren wurde die Wirtschaft stark angekurbelt. Intensiver Kupferabbau setzte jetzt ein und zugleich strömten immer mehr Siedler in das Land. Durch diese Entwicklung wirkte Livingstone als administratives Zentrum verkehrstechnisch zunehmend ungünstiger, und es wurde nach einer neuen, zentraler gelegenen Hauptstadt gesucht. Obwohl Lusaka damals lediglich eine unbedeutende Bahnstation ohne größere Wasservorkommen war, wählte man es seines angenehmen Klimas wegen. Ab 1930 begann der Umzug, und nach intensiven städtebaulichen Maßnahmen wurde Lusaka 1935 offiziell zur neuen Hauptstadt erklärt.

Eine kleine Bahnstation wird die neue Hauptstadt

In den Minen des Copperbelt waren 1940 bereits 30 000 Arbeiter beschäftigt. Die meisten Männer arbeiteten als Pendler, da sie durch die von Süden vordringenden Siedler ihr Land verloren hatten und durch die Steuergesetze zur Lohnarbeit gezwungen wurden. Ihre Frauen übernahmen als alleiniger Familienvorstand Haushalt, Feldarbeit, Kinder- und Altenversorgung. Zugleich dienten diese vernachlässigten ländlichen Regionen als Auffangbecken für Sozial- und Krankenfälle.

Das ungerechte System, welches den Afrikanern kaum eine Chance auf Verbesserung ihrer Lebensumstände einräumte, und der Zweite Weltkrieg, in dem Tausende Afrikaner vermeintlich gleichberechtigt mit den Briten an der Front (zumeist in Burma) kämpfen mussten, weckten schließlich das afrikanische Nationalbewusstsein. Zwar hatten sich schon seit 1912 erste afrikanische Widerstände gegen die Kolonialmacht mobilisiert, doch erst zwischen 1935 und 1940 kam es zu Streikwellen der Bergwerksarbeiter. Eine Steuererhöhung löste 1935 Unruhen

Bilder dieser Doppelseite: In Shiwa Ngandu, dem Herrensitz im Nordosten Sambias, den Sir Steward Gore-Browne in den 1920ern errichtete, spürt man bis heute den Geist jener Zeit

Bild rechts: Das koloniale Postgebäude in Mazabuka

in den Minenzentren aus. Die Kolonialregierung griff hart zu, und in Luanshya gab es auf afrikanischer Seite Tote und Verletzte. Dennoch – oder gerade deshalb – wuchs das afrikanische Selbstbewusstsein nun zu einer Kraft, die die Weißen nicht mehr lange ignorieren konnten.

Roy Welensky und seine Pläne für eine Autonomie

Nach dem zweiten Weltkrieg versuchte zunächst der Großgrundbesitzer **M. Roy Welensky**, die Autonomie für Nordrhodesien durchzusetzen. Doch während seiner Verhandlungen mit der britischen Regierung ließ er sich davon überzeugen, dass der Gedanke an eine Föderation von Nord- und Südrhodesien und Nyasaland eine viel einfachere und effektivere Lösung darstellte: Man würde die moderne Industrie und Wirtschaft Südrhodesiens mit den Bodenschätzen Nordrhodesiens und den Arbeitskräften Nyasalands vereinen. Bei diesen Überlegungen wurden die Afrikaner aller drei Kolonien von Anfang an ausgeklammert, weshalb sie der Idee auch sehr kritisch gegenüberstanden.

Die umstrittene Zentralafrikanische Föderation

1948 gründeten die politisch engagierten Afrikaner den *Northern Rhodesian Congress* unter Harry Nkumbulas Führung. Die ersten Schwarzen wurden nun in den Legislativrat aufgenommen. Der Kongress nannte sich ab 1951 *Northern Rhodesia African National Congress (ANC)*. Gegen dessen heftigen Widerstand schloss sich Nordrhodesien 1953 tatsächlich mit Südrhodesien und Nyasaland (Malawi) zur **Zentralafrikanischen Föderation** zusammen. Das Misstrauen der Afrikaner verstärkte sich in den ersten Jahren der Föderation. Die weißen Nationalisten versuchten sich von London stetig unabhängiger zu machen und das Rassenproblem blieb ungelöst. In diesem Klima versuchte F. J. Moffat, Enkelsohn des berühmten Missionars, politisch zwischen den Parteien zu vermitteln. Er gründete zusammen mit anderen moderaten Politikern aus den bestehenden Parteien die *Liberal Party*. Es kam bald zur politischen Machtprobe zwischen den schwarzen Massen und der weißen Minderheitenmacht. Couragierte Politiker wie der britische Abgeordnete Stonehouse in Ndola, der die Afrikaner aufforderte, ihre Rechte wahrzunehmen, wurden in den eigenen Reihen böse angefeindet. Die Rassentrennung blieb starr: Dem späteren Präsidenten Kaunda wurde noch 1957 rüde der Besuchs eines Cafés verwehrt.

Schon gewusst?

Ende 1944 nahm die Kolonie 3000 polnische Kriegsflüchtlinge auf und brachte sie in vier Lagern unter. Nach Kriegsende verließen die meisten Polen das Land wieder

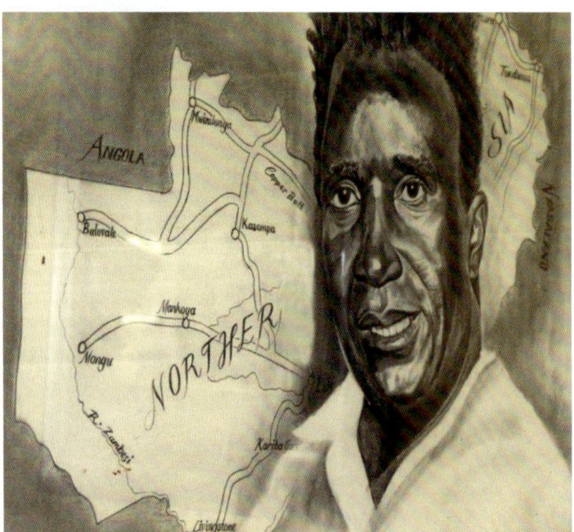

Unter der Führung des charismatischen jungen Kenneth Kaunda spaltete sich in dieser Zeit die *United National Independence Party (UNIP)* vom ANC ab. Ihre revolutionären Ziele waren die Auflösung der Föderation und die Unabhängigkeit des Landes. Im Mai 1960 fand in Ndola ein nicht genehmigtes UNIP-Treffen statt. In der aufgeheizten Stimmung kam es zu gewalttätigen Ausschreitungen. Daraufhin wurde die UNIP als Partei verboten und Kaunda mit einigen seiner Anhänger für mehrere Monate verhaftet, obwohl er sich zum Zeitpunkt des Geschehens außerhalb des Landes befunden hatte.

Doch trotz der harten Fronten sollte die Föderative Partei von Roy Welensky eine Wahlniederlage erleiden. Zwischen den weißen Extremisten und den schwarzen Nationalisten stand die liberale Partei Moffats, doch **Kaunda** setzte sich nun rasch als repräsentativer Sprecher der Afrikaner durch, und die Partei Moffats spaltete sich. Einige moderate Politiker wie Stewart Gore-Browne wechselten zur UNIP, um dort auf die gemäßigteren Männer einzuwirken. Andere schlossen mit Kaunda einen Pakt, sich im Wahlkampf nicht zu behindern, um gemeinsam gegen die Föderalisten zu wirken. Da jedoch nicht alle damit einverstanden waren, verließen mehrere Liberale die Partei. Derart geschwächt und zerrissen ging die Liberale Partei in die Wahlen.

Nach einer arglistigen Verfassungsreform hätte Kaunda beinahe die Wahlen boykottiert, ließ sich aber schließlich doch zur Teilnahme bewegen. Wie richtig diese Entscheidung war, zeigt das Wahlergebnis vom 30.10.1962. Es fielen 7 Sitze an Nkumbulas Partei, 16 an die weißen Föderalisten und 14 an Kaundas UNIP. Nun bildeten Nkumbula und Kaunda eine Koalitionsregierung. Moffats liberale Partei hatte eine vernichtende Niederlage erlitten, woraufhin Moffat der UNIP beitrat. Zum 31.12.1963 wurde die Föderation aufgelöst, Sambias Bindungen an Südrhodesien waren damit endlich erloschen.

Bei den Neuwahlen Ende Januar 1964 gewann die UNIP 40 der 75 offenen Mandate, der ANC dagegen nur 5, und den Europäern blieben 10 Mandate reserviert. Nach diesem deutlichen Wahlsieg erkannte auch der König des Barotselandes, der eine Autonomie angestrebt hatte, die neue Staatsmacht an. Am 24.10.1964 (heute Nationalfeiertag) wurde die Republik Sambia ausgerufen. Ihr erster Präsident hieß Dr. Kenneth Kaunda.

Ein teurer Spaß

Die kurze Zeit der Föderation hatte für Sambia große Auswirkungen. Etwa 200 Millionen US-Dollar aus Nordrhodesien waren in dieser Zeit in die Förderung Südrhodesiens geflossen. Doch das Ausbeuten der Rohstoffe Nordrhodesiens und das wirtschaftliche Ausbluten der Region hatten eine lange Tradition: Die BSAC hatte allein während ihrer Verwaltungsperiode Profite von ca. 160 Mio. US-Dollar erzielt, sich zugleich aber kaum für eine Entwicklung des Landes bzw. eine Verbesserung der Lebensbedingungen engagiert. Anschließend hatte die britische Schatzkammer Steuern in Höhe von rund 80 Mio. US Dollar eingenommen und dabei lediglich 10 Mio. Dollar im Lande reinvestiert. Diese rücksichtslose Misswirtschaft der Kolonialzeit zeigt ihre Auswirkungen bis in die heutige Zeit.

Das unabhängige Sambia

Kaundas Kampf gegen den Tribalismus

Zunächst verzichtete Kaunda darauf, seine unbestrittene Führungspartei UNIP zur Einheitspartei zu deklarieren. Er war ihm ein Anliegen, in der Führungsspitze der UNIP Politiker aus allen großen Volksgruppen zu vereinen. Er selbst gehörte als Sohn eines aus Malawi eingewanderten protestantischen Missionslehrers keinem sambischen Volk an. In seinem lebenslangen Bemühen, Tribalismus zu bekämpfen, machte Kaunda den Slogan "**One Zambia – One Nation**" berühmt.

Die Opposition aus dem Volk der Bemba wird ausgeschaltet

Dennoch ließen sich die Ansprüche der Bemba auf eine dominierende Rolle im Land nicht ausgleichen. Sie wurden von Simon Kapwepwe, dem Vizepräsidenten Sambias und der UNIP, vertreten. 1970 legte dieser sein Doppelamt nieder, trat aus der Partei aus und gründete 1971 die Oppositionspartei United Progressive Party (UPP). Anfang 1972 wurde Kapwepwe verhaftet und die UPP verboten.

Schließlich wird Sambia zum Einparteienstaat

Da der alten Oppositionspartei ANC nun vorwiegend Lozi und Tonga angehörten, nahm auch diese Partei tribalistische Züge an. Dem innenpolitischen Druck begegnete Kaunda 1973 mit der Einführung eines Einparteiensystems und dem Verbot aller anderen oppositionellen Vereinigungen. Bei den Wahlen von 1968 und 1973 war Kaunda bestätigt worden, wenn auch 1973 nur 39 % der Wahlberechtigten ihre Stimme abgegeben hatten. Dem Unmut des Volkes begegnete Kaunda nun mit hartem Kurs, indem er systematisch seine Alleinherrschaft sicherte, Opposition und Presse gleichschaltete. Mit der Abschaffung des Ministerpräsidentenamtes 1973 verriet Kaunda seine bisherige eher demokratische Gesinnung. Man spricht daher seit 1973 von der "Zweiten Republik Sambias".

Die Unabhängigkeit Sambias und seine Trennung von Südrhodesien bedeutete zugleich eine Unterbrechung von Transportwegen und der Ölpipeline. Den wachsenden wirtschaftlichen Problemen versuchte Kaunda 1968 mit den Verstaatlichungen und Enteignungen von Wirtschaftsbereichen wie der Industrie und dem Bergbau zu begegnen. Er überließ Management und Außenhandel den Europäern und internationalen Konzernen, da er auf ihr Know-How und ihre Verbindungen nicht verzichten konnte. Die Folgen von Kaundas diktatorischen Handlungen seit 1973 wirkten sich jedoch trotzdem auf die Ökonomie aus: Internationale Geldgeber und Investoren zogen sich verschreckt zurück, und Sambias Wirtschaft erlebte einen dramatischen Niedergang.

Außenpolitisch versuchte sich der junge Staat vom weißen Machtblock im südlichen Afrika zu distanzieren. Um so bedeutender wurde der Nachbarstaat Tansania, besonders in Anbetracht der Transport- und Handelswege. Inoffiziell unterstützte Sambia die Befreiungsbewegungen Angolas, Südrhodesiens und Mosambiks, tat es aber verdeckt, um keinen Vorwand für Repressalien oder Aggressionen zu liefern. Als 1971 die Studenten Kaunda vorwarfen, die weiße Macht im Süden nicht konsequent zu bekämpfen, ließ er sogar die Universität vom Militär besetzen.

Kenneth Kaunda, geb. 1926, war Lehrer an der Lubwa-Mission in der Nähe von Shiwa Ngandu. Anfangs zog er per Fahrrad durchs Land, um die Menschen politisch aufzurütteln. Man sagt, er trank stets nur Wasser und lebte asketisch. Er galt als ruhig, direkt, aktiv und war ein guter Zuhörer. Ideologisch verstand sich Kaunda als ein humanistischer Schüler Nyereres und stellte hohe Anforderungen an seine Regierungsmitglieder. Während seiner Amtszeit wirkte er außenpolitisch besonders aktiv. Bei öffentlichen Auftritten pflegte er stets mit einem weißen Taschentuch zu winken, was ihm den Beinamen "The Crying President" verlieh.

Kaunda lebt weiterhin in Lusaka. Bis heute wird der charismatische Staatsmann in Sambia tief verehrt und engagiert sich noch für den Frieden, Naturschutz und die Aidshilfe.

Auf der einen Seite gewährte er den kämpfenden Befreiungsorganisationen FRELIMO (in Mosambik), SWAPO (in Namibia), ZANU und ZAPU (beide in Südrhodesien), Stützpunkte in Sambia, auf der anderen Seite verlangte er von diesen Gruppen stets Kooperation bei den diplomatischen Verhandlungen, um Blutvergießen zu verhindern. Wie Ernst es ihm mit der Verhandlungsbereitschaft war, bewies er, als er 1971 Mitglieder der ZAPU an Südrhodesien auslieferte und 1975 die ZANU-Guerilla in Sambia verbot. Im selben Jahr unterstützte die sambische Armee sogar die südafrikanischen Truppen in Angola.

Oben: Sambias Staatswappen

Kaundas starkes außenpolitisches Engagement schuf mit der Zeit eine innere Bedrohung. Es gab Zeiten, in denen sich in Sambia mehr fremde, schwer bewaffnete Befreiungskämpfer aufhielten als sambische Soldaten. Die vertrackte Situation spitzte sich zu, als im Oktober 1978 Südrhodesien militärische Angriffe und Sabotageakte in Sambia startete und dabei Sambias Straßen, Bahnlinien und Brücken zerstörte. Sambias Versorgungswege waren mit einem Schlag unterbrochen, dem Land drohte eine Hungerkatastrophe.

Hilfe sollte es diesmal von Südafrika bekommen, dort wurden 300 000 Tonnen Mais für Sambia zusammengetragen. Südrhodesien weigerte sich jedoch, die Hilfslieferungen nach Sambia durchzulassen. Als die Situation für das sambische Volk bedrohlich wurde, richteten die westlichen Nationen Luftbrücken ein. Die Hungerkatastrophe wurde abgefangen, doch besserte sich die angespannte Lage zwischen den beiden Nachbarn erst 1980, als das weißen Regime in Südrhodesien zusammenbrach und Zimbabwe die Unabhängigkeit erlangte.

Foto links: Sambia in den 1960ern; gekonnt dargestellt im Museum von Livingstone

Aufgrund dieser Vorkommnisse setzte sich in Sambia in den nächsten Jahren eine deutliche Furcht vor Spionage, Sabotageakten und unerwarteten Einmärschen fremder Streitkräfte fest. Ausländern begegnete man äußerst misstrauisch, Polizei und Militär handelten unberechenbar und nervös. Aus dieser Zeit stammen die Geschichten über Schikanen an Besuchern und Touristen. Das sambische Volk war verunsichert und schreckhaft, die Polizisten und Soldaten immer auf der Hut, vermeintliche Spione zu enttarnen. Alle staatlichen Einrichtungen wurden streng bewacht.

1990 neigte sich Kaundas lange Herrschaft dem Ende zu. Das Volk war unzufrieden und forderte demokratische Veränderungen. Das Land, noch immer auf wirtschaftlicher Talfahrt, litt unter fast 60 %iger Inflation, den enormen Auslandsschulden und der hohen Arbeitslosigkeit. Besonders in der Bergbauregion im Norden kam es immer häufiger zu Streiks und Protestaktionen.

Chiluba fordert Kaunda heraus, und der leitet die ersten freien Wahlen seit 27 Jahren ein

Der Gewerkschaftsverband hatte 300 000 Mitglieder und wurde immer populärer. Ihr 46-jähriger Vorsitzender, **Frederic Chiluba**, galt als 'Lech Walesa Sambias' und politischer Herausforderer. Kenneth Kaunda stellte sich jetzt der veränderten Situation und leitete die ersten freien Wahlen seit fast 30 Jahren ein. Am 31.10.1991 errang die Partei *Liberal Capitalist Movement for Multiparty Democracy* (MMD) unter Frederic Chiluba fast doppelt so viele Stimmen wie die UNIP. Kaunda akzeptierte die Entscheidung und zog sich aus der Politik zurück – als erster Parteigründer Afrikas, dessen Herrschaft durch freie demokratische Wahlen beendet wurde.

Der **Regierungswechsel** verlief friedlich. Kaunda hatte Sambia wirtschaftlich nicht wieder auf die Beine bringen können, jedoch 27 Jahre lang friedlich und mit Bedacht regiert. Er war stets diskussionsbereit und diplomatisch geblieben, hatte auf diese Weise sein eigenes Land durch manche Krise geführt und eine wichtige ausgleichende Rolle im südlichen Afrika gespielt. Chiluba wurde mit den bekannten Wirtschaftsproblemen und einer schrecklichen **Dürre** im Südlichen Afrika konfrontiert. Sambias Agrarproduktion sank um fast 40 %, und 900 000 Tonnen Mais mussten importiert und mit teuren Devisen bezahlt werden. Wirtschaftlicher Aufschwung und eine Besserung der Lebensumstände ließen viel länger als erhofft auf sich warten, was Kaunda in die Politik zurückführte. Eines der größten Wahlversprechen der MMD war die Bekämpfung von **Vetternwirtschaft und Korruption** gewesen, doch das Volk wartete vergebens auf erkennbare Schritte gegen diese alte sambische Krankheit. Im Gegenteil: Chiluba installierte ein stark personalisiertes Patronage-System und sicherte seine Macht durch die Privatisierung öffentlicher Ressourcen. Die Öffnung der Märkte und Förderung der Privatwirtschaft führten dem Land zwar die Unterstützung durch

Foto oben: Dominanz und Machtanspruch der Europäer finden vielfach Ausdruck in den Tänzen

den IWF und die Weltbank zu, doch die damit einhergehenden Preissteigerungen bei Grundnahrungsmitteln bereiteten weiten Teilen der Bevölkerung massive Probleme. Im Wahlkampf 1996 kam es daher zu Demonstrationen und Tumulten; große Teile des Landes schwenkten auf eine Unterstützung Kaundas um, die MMD sah ihre Macht akut gefährdet. Chiluba reagierte mit einer **umstrittenen Verfassungsänderung** und setzte durch, dass die Eltern aller Präsidentschaftskandidaten sambische Staatsbürger sein müssten, wodurch Kaunda als Sohn eines Malawiers die erneute Kandidatur verwehrt wurde. Kaunda und seine Partei boykottierten daraufhin die Wahlen und bescherten Chiluba – obwohl gerüchteweise selbst Sohn eines Kongolesen – einen leichten Wahlsieg. Der enorme wirtschaftliche Druck sorgte weiterhin für innenpolitischen Zündstoff. Im August 1997 kam es zu einem Attentatsversuch auf Kaunda, wobei dieser durch Schüsse verletzt wurde.

Chiluba verhindert Kaundas erneute Kandidatur durch eine umstrittene Verfassungsänderung

Verfassungsgemäß durfte Chiluba bei den Wahlen Ende 2001 nicht mehr für eine 3. Amtszeit antreten. Aber erst durch den öffentlichen Druck akzeptierte er dies und stellte als MMD-Kandidaten seinen Zögling **Levy Mwanawasa** vor. Diesmal konnte die MMD die Wahlen nur knapp für sich entscheiden und geriet zudem in den Verdacht des Wahlbetrugs. Die Erwartungen an den neuen Präsidenten, der für eine schwache Marionette Chilubas gehalten wurde, waren entsprechend niedrig. Doch Mwanawasa befreite sich von den Einflüssen seines Vorgängers, zwang Chiluba zur Abgabe des Parteivorsitzes und ließ ihn wegen der Korruptionsfälle vor Gericht stellen. Mwanawasa ging aber auch nur selektiv gegen die Korruption im Lande vor und nützte die Kampagne geschickt zur Schwächung seiner politischen Gegner. Viel Vertrauen verspielte er zudem durch die eigenwillige Ämterverteilung

Nach zwei Amtszeiten muss Chiluba gehen

Fotos von oben: Wahlplakate der Kandidaten Michael Sata, Hakainde Hichilema und Edgar Lungu

und seinen personalistischen Herrschaftsstil. 2006 setzten sich Mwanawasa und die umstrittene MMD nach einem hitzigen Wahlkampf noch einmal mit 42,2 % der Stimmen gegen ihre Kontrahenten **Michael Sata** (Patriotic Front) und **Hakainde Hichilema** (UPND und das Wahlbündnis UDA) durch. Im August 2008 erlag Mwanawasa jedoch den Folgen eines Schlaganfalls. Der westlich orientierte Vizepräsident **Rupiah Banda**, ein Ökonom aus der Ostprovinz, übernahm kommissarisch die Präsidentschaft bis zu den Wahlen im Oktober 2008. Mit einer knappen Stimmenmehrheit von 40,09 % gegenüber der PF unter Michael Sata (38,13 %) gewann der Übergangspräsident Banda und setzte den wirtschaftspoltischen Kurs seines Vorgängers fort. 2011 zogen Sambias Parteien wieder in den Wahlkampf und es kam zu Unruhen, weil sich ein Regierungswechsel abzeichnete. Tatsächlich gewann im September 2011 **Michael Sata** von der Patriotic Front mit 41,98% gegenüber Banda (35,42%) und Hichilema (18,17%). Der 73-jährige aus Mpika versprach dem Volk mehr soziale Gerechtigkeit und wetterte gegen die chinesischen Einflüsse. Geschehen ist während seiner Amtszeit jedoch wenig, und nach schwerer Krankheit starb Sata am 29. Oktober 2014. Übergangspräsident bis zu den Neuwahlen wurde der bisherige Vizepräsident **Guy Scott**, ein 70-jähriger Weißer schottischer Abstammung. Bei den folgenden Wahlen im Januar 2015 siegte die Regierungspartei PF mit ihrem Kandidaten **Edward Lungu**, dem bisherigen Verteidigungsminister. Lungu setzte sich bei einer schwachen Wahlbeteiligung von nur 35 % mit knapp 48,33 % der Stimmen gegen Hichilema durch (46,67 %). Der 58-jährige Lungu übernahm das Amt des Präsidenten zunächst nur für eineinhalb Jahre bis zum offiziellen Ende der Amtszeit seines verstorbenen Vorgängers. Bei den Wahlen im August 2016 gelang ihm eine hauchdünne absolute Mehrheit von 50,32 Prozent gegenüber seinem größten Konkurrenten Hichilema von der Vereinigten Partei für die Nationale Entwicklung (UPND). Das Volk war entlang ethnischer Grenzen wie selten zuvor gespalten zwischen beiden Parteien. Der Süden und Westen des Landes waren praktisch komplett auf Seiten des Tonga Hichilema, die Menschen im Norden und Osten dagegen glühende Anhänger des Nsenga Lungu. Im April 2017 eskalierte die Lage, als Lungu seinen Widersacher wegen Hochverrats festnehmen ließ. Angeblich hatte sein Fahrzeugkonvoi auf der Fahrt zur Kuomboka-Zeremonie den Präsidentenkonvoi behindert und so dessen Leben in Gefahr gebracht. Daraufhin kam es zu Brandanschlägen auf Märkte in der Hauptstadt, die Lungu zum Anlass nahm, den Ausnahmezustand auszurufen. Dank internationaler Interventionen wurde die Anklage gegen Hichilema wieder fallengelassen, doch seither standen sich beide Lager unversöhnlich gegenüber. Die Wahlen im August 2021 konnte Hakainde Hichilema mit 59,02 % der Stimmen für sich gewinnen. Edgar Lungu akzeptierte das Ergebnis erst Tage später, übergab die Regierungsgeschäfte dann aber friedlich. Die neue Regierung steht vor immensen Aufgaben und hat ehrgeizige Reformpläne zur Bekämpfung der Armut, Staatsverschuldung auf den Weg gebracht.

Foto oben: Kinderreichtum und Armut sind weit verbreitet in Sambia

BEVÖLKERUNG

Jung und arm

Das sambische Durchschnittsalter beträgt nur 17 Jahre

Sambia besitzt, durchaus typisch für Afrika, eine **sehr junge Bevölkerung**. Zwei Drittel aller Einwohner sind jünger als 25 Jahre und weniger als 5 % älter als 54 Jahre. Das sambische Durchschnittsalter beträgt damit nur 17 Jahre – was für ein erheblicher Unterschied zu Deutschland, wo das Durchschnittsalter heute 45 Jahre beträgt! Die **Lebenserwartung** liegt bei 60 Jahren (Männer) und 65 Jahren (Frauen). Es gibt einen leichten Frauenüberschuss im Land, der je nach Region stark differiert. Während das Verhältnis der Frauen in ländlichen Gebieten bis zu 100:80 dominiert, haben Industrieregionen wie der Copperbelt einen eindeutigen Männerüberschuss. Das hohe Bevölkerungswachstum von knapp 3 % stellt ein dauerhaftes Problem dar. Zahlreiche Projekte für eine moderne Familienplanung blieben bisher weitgehend erfolglos, weil sie die Frauen und Mädchen zu wenig erreichen. Das Thema Schwangerschaftsverhütung ist in weiten Bevölkerungskreisen noch immer ein großes Tabu. Und so bekommen die Frauen in Sambia durchschnittlich mit 19 Jahren ihr erstes Kind und gebären im Laufe ihres Lebens sechs Kinder.

Sambias **Bevölkerungsdichte** ist unausgewogen. Ungewöhnlich für Afrika ist, dass die Hälfte der Einwohner in Städten und der direkten Umgebung lebt, insbesondere im Raum Lusaka und dem Copperbelt. Der massive Bevölkerungs-anstieg in diesen Städten führte dort zu hoher Arbeitslosigkeit und mangelndem Wohnraum. Armenviertel mit slumähnlichem Charakter waren die Folge. Um der Land-Stadt-Wanderung entgegenzuwirken, sollen neue Wachstumszentren in ländlichen Gebieten wie Mpika, Kasama, Chipata und Mongu entstehen.

Um die Jahrhundertwende vom 19. zum 20. Jh. lebten im heutigen Gebiet Sambias nur etwa eine Million Menschen. Seither ist die Bevölkerung auf rund 20,2 Mio. Menschen angestiegen. Hochrechnungen zufolge – die aufgrund der Aids-Problematik allerdings unsicher sind – könnte sie sich bis 2040 auf 30 bis 32 Mio. Menschen erhöhen.

Ethnien
Ein Staat mit mehr als 70 verschiedenen Volksgruppen

Bei den rund **70 ethnischen Gruppen Sambias** handelt es sich überwiegend um Bantu-Völker. Die Bantu lebten ursprünglich in Kamerun; sie wanderten in mehreren Wellen über Gabun und Kongo nach Ostafrika sowie nach Angola und Sambia. Heute leben sie, in unzählige Volksgruppen verzweigt, über große Teile Schwarzafrikas verteilt. In der Sprache und Physiognomie unterscheiden sie sich grundsätzlich von anderen afrikanischen Völkern. Während Niloten sehr groß und schlank sind, haben die Bantu im Allgemeinen einen gedrungenen und festeren Körperbau.

Die **Bantuvölker** unterscheiden sich in zwei Hauptgruppen: Die erste Gruppe hat eine matrilineare (mutterrechtliche) Erbfolge, die zweite eine patrilineare (vaterrechtliche) Ausrichtung. Kennzeichnend für die erste Gruppe, zu der die Lunda, Luvale, Ila, Mbunda, Lala, Tonga und Lomwe gerechnet werden, waren rechteckige Hütten mit einem Ahnenplatz davor; ausgiebige Begräbnisfeiern und ein bäuerliches Leben fast ohne Rinderzucht, aber mit kunstfertiger Metallverarbeitung. Die zweite Gruppe, die Lozi, Bemba, Mambwe, Lungu, Ngonde und Sena, errichtete traditionell runde Häuser mit einem dahinter liegenden Ahnenplatz , praktizierte Heirat gegen Bezahlung und hielt Vieh. Die Tonga und Ila aus der matrilinearen Gruppe bildeten dabei eine Ausnahme, denn sie betrieben intensive Rinderzucht.

Die zahlreichen Völkerwanderungen der Bantu

Die **Völkerwanderungen** auf dem afrikanischen Kontinent lassen sich nur annähernd zeitlich datieren. Die stärkste Einwanderung nach Sambia erfolgte zwischen 1650 und 1750 aus dem Kasaigebiet im heutigen Kongo. In den letzten 500 Jahren kamen aus dieser Richtung die Bemba, Bisa und Lala in die Nordprovinz, die Ushi in die heutige Luapulaprovinz und die Lenje nach Zentralsambia. Aus der Grenzregion von Kongo und Angola wanderten die Lunda und Luvale ein. Die Einwanderungen aus Angola fanden großenteils schon früher statt: Bis Ende des 15. Jh. waren von dort die Mbwela, Kwangwa, Luyana und Mbukushu eingewandert. Aus dem heutigen Tansania kamen zeitgleich die Lungu, Mambwe und Tumbuka in den Nordosten Sambias. Und schließlich erreichten im frühen 19. Jh. von südlich des Sambesi die Ngoni Ostsambia. Die vielen Immigranten fanden meist ein dünn besiedeltes, aber keineswegs menschenleeres Land vor. Die Bantu trafen auf **Khoisanide** (Buschleute), die als Jäger und Sammler in familiären Klans und Kleingruppen lebten. Die dominierenden Einwanderer verdrängten rasch diese kleinen Gruppen bzw. assimilierten sich diese mit den Neuankömmlingen. Die Batwa, Unga und Kwengo in den Sümpfen Sambias gelten als Nachfahren jener Khoisanide.

Schon gewusst?
Die "Dry-Season-Winde" von August bis November sind meist Ostwinde

Noch heute dominieren im Vielvölkerstaat Sambia drei Machtblöcke, die auf der traditionellen ethnischen Gruppenzugehörigkeit basieren: die Bemba-Volksgruppe im Norden und Nordosten, die Gruppe der Tonga, Lozi, Luvale, Lunda und Kaonde im Westen und Zentrum, und die Ngoni und Chewa im Osten Sambias.

Bemba

Jeder fünfte Sambier ist ein stolzer Bemba und noch einmal so viele gehören einer Bemba-verwandten Volksgruppe an, die sich den Bemba zugehörig fühlt. Der "Paramount Chief" aller weitverzweigten bembasprachigen Gruppen wird "Chitimukulu" genannt und regiert über das gesamte sog. "Bemba-Empire". Nach der Überlieferung habe der allererste König Chiti sein Volk aus dem Kongobecken bis in ihr heutiges Ausbreitungsgebiet in Nordostsambia geführt. Chitis Vater habe Mukulu der Große geheißen.

Interessant ist die Erbfolge der Königswürde: Diese wird nämlich nicht auf den Sohn, sondern jeweils auf einen Neffen des Chitimukulu übertragen, da die Bemba glauben, den Sohn könne schließlich auch ein fremder Mann gezeugt haben, während der Sohn der Schwester in jedem Falle blutsverwandt ist.

Die Bemba, kämpferisch und dominant, führten früher Kriege mit fast allen Nachbarn und unternahmen regelmäßige Beutezüge. Unterjochte Völker übernahmen allmählich auch ihre Sprache. Zum Dauerfrieden wurden sie erst durch die Kolonialmacht gezwungen, der sie sich lange wehrhaft widersetzten. Bembaland war denn auch das letzte Gebiet, das unter britischen Einfluss und Verwaltung geriet, und nur wenige Europäer siedelten hier dauerhaft. Als der Kupferbergbau begann, zogen sehr viele Bemba in den Copperbelt und später auch nach Lusaka. Heute zählen sie zu den erfolgreichsten Gemeinschaften und treten selbstbewusst in Landespolitik und Wirtschaft auf.

Foto unten: In den Miombowäldern im Norden Sambias sammeln die Bemba und Bisa zu Beginn der Regenzeit Raupen, die hier als Delikatesse gelten

Lunda

Die Lunda sind Nachkommen des mächtigen Lunda-Königreiches, welches Mwata Yamvo im 17. Jh. im heutigen mittleren Kongo gegründet hatte. Durch geschickte Politik und diplomatische Eheschließungen gelang den Lundaherrschern eine Machtausdehnung nach Süden und Osten. Bald kontrollierten sie die ganze Region vom Kongobecken zum Mündungsgebiet des Sambesi und bis an den Mwerusee. Die Herrscher dezentralisierten die Verwaltung, indem sie in den verschiedenen Provinzen Gouverneure einsetzten. Diese waren praktisch autonom, mussten aber Tribute in Form von Salz oder Handelswaren entrichten. Durch den Ausbau von großen Handelsstraßen festigten die Lundaherrscher ihre Macht. Zu beiden Ozeanen hin entstanden Straßen und ermöglichten einen regen Handel zwischen den Lunda und den Küstenstämmen. Als Livingstone 1854 durch das Lundaland reiste, beeindruckten ihn vor allem die große Macht und das starke Selbstbewusstsein der Königinnen. Diese Handelswege wurden allerdings auch zu wichtigen und gefürchteten Sklavenrouten. Die Lunda waren Täter und Opfer zugleich, da sie einerseits Sklavenhandel betrieben und andererseits selbst durch die Sklavenjäger bedroht wurden. Innere Streitigkeiten um die Macht und der moralische Verfall durch den Sklavenhandel erschütterten das Land im späten 19. Jh. Die fortwährende Bedrohung von außen zerstörte die Strukturen und leitete schließlich den Untergang des Lundareiches ein. Heute leben die Lunda im äußersten Nordwesten Sambias und bei Kazembe im Tal des Luapula. Mit den Bemba sind sie sprachverwandt.

Die Lunda genießen einen Ruf als begnadete Jäger und Künstler; berühmt sind ihre eindrucksvollen Tanzmasken

Lozi

Die Lozi, auch Rozwi oder Barotse genannt, bilden die größte Volksgruppe der Westprovinz. Ihre Sprache, Silozi, wird auch in Livingstone gesprochen. Das frühere Königreich Barotse setzte sich aus vielen Völkern mit bis zu 25 Sprachen zusammen. Vermutlich kamen die ersten Lozi einst aus dem Kongo, einer anderen Theorie zufolge sind auch sie Nachkommen des großen Luba-Lunda-Königreiches von Mwata Yamvo.

Die Lozi besiedelten die flachen, fruchtbaren Schwemmebenen des Sambesi, die Barotseflutebenen in der Mongu-Region. Von dort aus dominierten sie rasch kleinere Nachbarvölker, die sie zu Tributzahlungen verpflichteten und mit denen sie regen Handel trieben. Als Viehzüchter und Fischer führten sie einen durch die saisonalen Überschwemmungen geprägten seminomadischen Lebensstil.

Im Zuge der Unabhängigkeitsbewegung Sambias in den 1960er Jahren strebten die Lozi lange Zeit Autonomie an und fühlten sich nicht dem Rest des Landes zugehörig, weshalb Präsident Kaunda nur mit Mühe immer wieder Einigung schaffen konnte. Ihr Drang zur Eigenständigkeit wurde durch die traditionelle Lebensweise und ihre interne Hirarchie stark ausgeprägt.

Unten: Das Mädchen hat Cassava zu Mehl gestampft, um daraus Nshima zu kochen

Sprachen

Die sambische Staatssprache ist **Englisch**. Daneben werden zahlreiche Sprachen gesprochen: Chibemba im Copperbelt und in Nordostsambia, Chitonga im Süden und Silozi in Westsambia.

Eigene Sprachen haben die Lunda und die Luvale im Nordwesten des Landes, auch die Kaonde nordwestlich von Lusaka bis Solwezi und Kasempa, und in Lusaka und Ostsambia wird wiederum vornehmlich Nianja gesprochen.

Es existieren insgesamt **rund 80 Sprachen** und zahlreiche zusätzliche Dialekte in Sambia. Da die meisten Volksgruppen zu den Bantuvölkern zählen, sind sich viele Kernwörter der verschiedenen Sprachen und Dialekte ähnlich.

Der König der Lozi, der Litunga, genießt uneingeschränkte Autorität; sein Wort gilt noch immer mehr als das der Regierung in Lusaka. Macht und Größe des Litunga offenbaren sich besonders deutlich bei der **Kuomboka**, Sambias bekanntester und prächtigster Zeremonie (S. 39).

Heute stellen sie knapp 6 % der Bevölkerung und sind weiterhin die Volksgruppe mit dem stärksten Drang nach Autonomie innerhalb des Landes. Durch den Mangel an europäischen oder asiatischen Einflüssen sind sie ökonomisch weitgehend isoliert, und der Alltag vieler Lozi ist noch stark traditionell geprägt.

Tonga

Die Tonga und das viel kleinere Volk der Ila waren vermutlich die ersten Einwanderer aus dem Kongo überhaupt. Sie ließen sich zwischen den Flüssen Kafue und Sambesi nieder und bilden bis heute die stärkste Gruppe im Süden Sambias (ca. 14 % aller Sambier sind Tonga).

Ihre Existenz in Sambia ist durch archäologische Funde für mehrere tausend Jahre nachgewiesen. Vor rund 600 Jahren erlangten sie eine kulturelle Blütezeit und betrieben intensiven Handel mit den Küstenvölkern am Indischen Ozean. Handelsgüter aus dem Fernen Osten und Indien erreichten damals bereits das Sambesital.

Im letzten Jahrhundert waren sie dagegen häufig Opfer von Rinderdiebstählen und Überfällen durch benachbarte Volksgruppen wie den Ndebele (im heutigen Zimbabwe), den Lozi und den Kololo. Von Dr. Livingstone ist überliefert, er habe bei seiner Reise durch die Region kaum noch Rinder vorgefunden, obwohl die Tonga traditionell leidenschaftliche Viehzüchter waren. Heute bilden sie allerdings wieder die Hauptrinderzüchter Sambias.

Ein traumatisches Ereignis für die Tonga beiderseits des Sambesi wurde die Stauung des Sambesi zum Karibasee in den 1950er Jahren. Damals wurden rund **57 000 Menschen zwangsweise umgesiedelt** und verloren auf diese Weise ihre Heimat.

Ngoni

Erfolgreiche Viehzüchter in der Ostprovinz

Die Ngoni waren ein südafrikanisches Volk, das vor Shaka Zulus Armeen nach Norden floh. Mit der revolutionären Kampftechnik der Zulu, die sie sich zu eigen machten, gelang es den Ngoni, auf ihrer fortwährenden Flucht nach Norden ansässige Volksgruppen zu unterwerfen. Auf der Suche nach neuem Lebensraum überrannten sie viele Gebiete und gelangten schließlich durch das heutige Zimbabwe bis nach Sambia. Am 20. November 1835 überschritten sie unter Häuptling Zwangendaba den Sambesi. Diesen Tag verbinden die Ngoni seither mit zwei Ereignissen: Das eine war ein zeremonielles Biertrinken unglaublichen Ausmaßes, das andere eine totale Sonnenfinsternis, die diesen Tag begleitete.

Danach zogen die Ngoni weiter nördlich, erreichten sogar den Viktoriasee, kehrten aber von dort wieder um und ließen sich schließlich im östlichen Sambia und im Hochland Malawis nieder. Nachdem sie dort ihre Macht gefestigt hatten, befriedeten sie sich unter Beibehaltung ihres Kriegssystems mit den Nachbarn. Sie rekrutierten regelmäßig junge Männer aus den unterworfenen Völkern, die in ihre Kultur eingegliedert wurden. Auch auf Kriegszügen erbeutete Kinder wurden nicht in die Sklaverei gegeben, sondern adoptiert und als Ngoni-Angehörige aufgezogen. Im Laufe der Zeit wurden die einst nomadisch lebenden Ngoni sesshaft und zu Ackerbauern. Den Machtverlust der Ngoni leitete das Auftauchen der Europäer, vornehmlich der Briten, ein, denn die traditionellen Waffen wie Schilde und Assegai-Speere, waren gegen die modernen Schusswaffen machtlos. Durch die Machtübernahme der BSAC in den Jahren um die Jahrhundertwende verloren die Ngoni endgültig die Vorherrschaft in Ostsambia. Heute stellen sie zusammen mit verwandten Gruppen wie den Chewa etwa 15 % der Einwohner Sambias. Ihre Kultur, die sich deutlich von allen Ethnien Sambias unterscheidet, findet Ausdruck in der jährliche **N'cwala-Zeremonie** zu Ehren ihres Oberhaupts Mpenzi.

Weitere Völker

Alle Volksgruppen des Landes vorzustellen, sprengt im Vielvölkerstaat Sambia den Rahmen eines Reiseführers. In den Sümpfen von Bangweulu leben z. B. Bisa, die keinerlei Viehzucht betreiben, sondern vom Fischen, Jagen und dem Cassavaanbau leben. Im Luangwatal siedeln die Senga, Kunda, Ambo und Nsenga, in den fruchtbaren Grenzgebieten zu Malawi um Lundazi betreiben die Tumbuka Landwirtschaft, bei den kommerziellen Großfarmen der Zentralprovinz leben die Lala, die dem Bemba-Empire angehören, und im einsamen Nordwesten Sambias findet man die Luvale und die Kaonde. Sie alle eint heute eine große Friedfertigkeit und ein Gemeinschaftsgefühl, das vermutlich nicht zuletzt auf den ersten Präsidenten Kaunda und sein Motto "One Zambia – One Nation" zurückgeht.

Weniger als ein Prozent der sambischen Bevölkerung bilden Europäer und Asiaten. Die meisten Europäer sind britischer Herkunft, die Asiaten zumeist aus Indien und China. Europäer sind in der Landwirtschaft, Industrie, im Handel und Tourismus tätig; Inder dominieren im Handel und den Transportunternehmen. In Sambia leben sie fast ausschließlich im Süden und in den großen Städten. Die Zahl der Chinesen ist stark ansteigend. Außerdem bildet Sambia stets ein sicheres Auffangbecken für Bürgerkriegsflüchtlinge aus Krisengebieten in der Nachbarschaft. Während die früheren angolanischen Flüchtlinge wieder in ihre Heimat zurückkehrten, halten sich noch Zehntausende Kongolesen in Sambia auf.

Bilder links: Die Ushi in den Chambeshi-Sümpfen leben vom Fischfang; die Lozi auf der Westbank des Sambesi verwenden solche Zugschlitten

Traditionelle Zeremonien und Feste

In Sambia finden über das Jahr verteilt 56 traditionelle Volkszeremonien statt; die meisten zwischen August und November.

Kuomboka

Zu den berühmtesten und größten Zeremonien Afrikas zählt die Kuomboka aus der Westprovinz (wörtlich: aus dem Wasser auf trockenen Boden gelangen). Sie findet in regenreichen Jahren, wenn der Sambesi entsprechend anschwillt, im März oder April zwischen Lealui und Limulunga in der Nähe von Mongu statt. Historischer Hintergrund: Seit dem 19. Jh. lag der Hauptwohnsitz des Senior Chiefs der Lozi, Litunga, in den sumpfigen Flussebenen des Sambesi, die alljährlich während der Regenzeit für viele Wochen vom Fluss überschwemmt werden. Dadurch musste er während dieser Zeit seinen Wohnsitz in höher gelegene, trockene Regionen verlegen. Diese durchaus spektakuläre Prozession des königlichen Umzugs vom Tiefland- zum Festlandpalast in einem Boot durch die künstlichen Kanäle hat sich bis heute erhalten (siehe rechts). Stets zieht diese Zeremonie tausende Besucher und zunehmend auch die Medien an, und die Hotels in Mongu sind während der Zeremonie restlos ausgebucht. Leider wird der exakte Zeitpunkt immer erst kurzfristig bekannt gegeben, in schwachen Regenjahren fällt die Kuomboka sogar ganz aus.

Lunda Lubanza

Ende August feiern die Lunda im Zambezi District zu Ehren des Senior Chiefs Ishindi, der über ein Gebiet mit 54 Unterchiefs regiert, das sich bis in die Nachbarländer Angola und Kongo erstreckt. Im Jahre 1854 soll David Livingstone schon daran teilgenommen haben. Neben Tanz, Musik und dem historischen Bezug zum Gedenken an das einstige "Lunda Empire" sind bei diesem Fest auch die Initiationsriten der Mädchen von Bedeutung (beide Fotos links von oben).

Lwindi

Im Mukuni Village bei Livingstone feiern die Toka-Leya im Februar das Fest Lwindi, bei dem sie ihre Ahnen um Regen bitten. Traditionell handelt es sich um eine dreitägige Zeremonie: Am ersten Tag verlassen Chief Mukuni und Angehörige seiner Familie den Palast, um bei den königlichen Gräbern zu übernachten. Dies wird von fröhlichem Singen, Tanzen und dem Schlagen der drei rituellen Trommeln begleitet. Den wichtigsten Tanz, der Chileya, tanzt der Chief. Am zweiten Tag laufen 25 ausgewählte junge Männer in Kriegskleidung und mit Speeren bewaffnet zum Boiling Pot an den Viktoriafällen, um von dort Wasser zu holen. Nach ihrer Rückkehr tanzen sie vor dem Chief Kriegstänze. Am dritten Tag öffnet der Chief schließlich die königlichen Gräber und bittet die Ahnen um Regen. Anschließend wird ausgelassen mit viel Bier und Musik gefeiert. Heutzutage wird meist nur noch an einem Sonntag gefeiert.

Die Kuomboka: Größtes Fest Sambias

Die Zeremonie verläuft zum Höhepunkt des Sambesihochwassers nach einem uralten, strengen Ritual. Kurz vor Vollmond geben die riesigen Stammestrommeln mit einem Durchmesser von jeweils über einem Meter das Zeichen zum Aufbruch. Die Dienerschaft packt Hab und Gut des Litunga in Kanus, hohe Würdenträger und die Gefolgschaft schließen sich an. So bildet sich bis zum Morgen eine imposante Kanuflotte, die durch die **königliche Barke** mit ihren 100 Paddlern angeführt wird. Die stolzen Paddler der hölzernen, schwarzweiß gestreiften Barke tragen rote Kopfbedeckungen mit Löwenmähnen. Auf dem Boot weht die Litungaflagge in Rot mit einer Elefantensilhouette. Die Flotte zieht dann vor den Augen tausender Zuschauer vom **Tieflandpalast Lealui** in die hoch gelegene Residenz in Limulunga. Hinter der Königsbarke fährt die etwas kleinere Barke der Königin. Dahinter folgen die Diener. Die Kanus sind rund sieben Stunden auf dem schmalen Flusskanal unterwegs, ehe sie den neuen Standort erreichen.

Dort wird der König von tanzenden und singenden Frauen empfangen. Er wechselt seine traditionelle Kleidung gegen die maßgeschneiderte Uniform eines britischen Admirals. Es ist eine Kopie der Uniform, die König Edward VII. 1902 dem Litunga einst geschenkt hatte. Nun folgt ein höfisches Zeremoniell mit zahlreichen politischen Reden, und danach wird nächtelang fröhlich weiter gefeiert.

Mutomboko/Umutombuko

Am letzten Juli-Wochenende jeden Jahres finden in der Provinz Luapula die Feierlichkeiten des Chief Mwata-Kazembe statt. Dabei wird der Mutomboko, der Ahnenkriegstanz der Lunda, in der Arena des Palastes am Ngonafluss in Mwansabombwe aufgeführt. Das Fest ist eine Erinnerung an die Ankunft der Lunda in Sambia.

Shimunenga

Diese Zeremonie des Ila-Volkes wird jährlich an einem Vollmondwochenende im September abgehalten, und zwar in Maala in den Kafue-Flats rund 35 km westlich von Namwala. Sie demonstriert die Verehrung des Ila-Volkes den Ahnen gegenüber. Früher fanden bei diesem Fest die berüchtigten Massentreibjagden auf Lechweantilopen statt. Die sinnlose und äußerst grausame Abschlachterei vor allem trächtiger Tiere wurde aber schon vor Jahrzehnten verboten.

Likumbi Lya Mize

Jedes Jahr gegen Ende August treffen sich die Luvale am Mize-Palast des Häuptlings Ndungu bei Zambezi in der Nordwestprovinz (am Westufer des Sambesi, gegenüber der Ortschaft Zambezi). Dem kulturellen Erbe der Luvale entsprechend stehen Tanz und Gesang, die vollständig verhüllten Makishi-Tänzer (Foto S. 46 und 233) sowie allerlei Kunsthandwerk im Mittelpunkt des etwa fünftägigen, farbigen Festes.

N'cwala

Am 24. Februar jeden Jahres feiern die Ngoni aus der Ostprovinz im Dorf Mtenguleni bei Chipata eine Art Danksagungsritual. Diese Zeremonie war früher alljährlich bis ins Jahr 1900 abgehalten worden, ist danach aber von der Kolonialregierung unterdrückt worden. Erst seit 1980 wird sie wieder praktiziert. Dabei kostet Chief Mpenzi die ersten frischen Früchte der Saison. N'cwala gilt als fröhliches Fest voller Tanz, Musik und großen Mengen Bieres. Es werden sehr schöne Tänze dargestellt, auch die traditionellen Vimbuzatänzer treten hier auf.

Kulamba

Das Fest der Chewa in Sambia findet alljährlich von 24. bis 26. August im Mkaika Headquarters bei Katete in der Ostprovinz statt. Über 20 Chewa-Chiefs aus Sambia und den Nachbarstaaten treffen hier zusammen. Es treten unter anderem die berühmten Nyau-Tänzer auf.

Kufukwila

Chief Mukumbi und die Kaonde feiern im Mai jeden Jahres diese Zeremonie im Solwezi-Distrikt.

Malaila

Traditionelle Zeremonie der Kunda und ihrer Königin Nsefu bei Mfuwe im Luangwatal (jeweils im September).

Nsengela Kununka

Die Lamba und Chief Machiya feiern im Ndola Rural District im November.

Religionen

In Sambia ist die Religionsfreiheit verfassungsrechtlich garantiert. Über die Religionszugehörigkeit liegen nur Schätzungen vor. Diese geben einen Anteil von 70 % der Einwohner als Angehörige einer christlichen Gemeinschaft an. Die Hälfte davon sind Protestanten, ein gutes Drittel Katholiken, der Rest Anhänger anderer christlicher Gemeinschaften wie der Anglikanischen Kirche, der Methodisten, Baptisten, Presbyterianer, der United Church of Zambia u.a. Etwa 12 % der Sambier gelten als Animisten, d. h. sie sind Anhänger von Naturreligionen. 18 %, die vorwiegend im Osten des Landes um Chipata und Lundazi leben, sind als Muslime registriert. Durchaus weit verbreitet ist ein fließender Übergang bzw. eine Verkoppelung zweier Glaubensrichtungen wie dem Christentum und dem Naturglauben.

Fotos von oben: Eine Dorfkirche auf dem Lande in Nordostsambia; 1912 erbaute Katondwe Mission; Friedhof an der Msoro Mission

Schon gewusst?

Bis zu 20 % aller Lehrer seien "Ghost Worker", also seit Jahren tot; irgendjemand kassiert allerdings weiterhin das Lehrergehalt (entdeckte die Teaching Service Commission laut Sunday Times of Zambia, 09.11.03)

Foto oben: Eine Grundschule in der Chiawa GMA

Fotos rechts: Jede Schule hat ein eigenes Motto, das meistens die Beschilderung ziert; Schulunterricht unter Mangobäumen ist in der heißen Jahreszeit im Luangwatal durchaus verständlich

Bildung und Schulwesen

Als Sambia 1964 unabhängig wurde, besuchten 380 000 Kinder die Primary School und 14 000 eine weiterführende Schule. Heute sind etwa viermal so viele Kinder in einer Primary School eingeschult und weit über 100 000 Schüler besuchen eine Secondary School. Diese Zahlen zeigen, welche Fortschritte das Land auf dem Bildungssektor seit seiner Unabhängigkeit erzielen konnte. Der junge Staat bemühte sich intensiv um eine bessere Lehrerausbildung, eine Zunahme der Hochschüler und um hohe Einschulungsquoten. Die Anzahl der Analphabeten ab 15 Lebensjahren verringerte sich so z. B. von 71 % im Jahre 1960 auf ca. 24 % Mitte der 1980er Jahre. Ab dieser Zeit konnte der Neubau von Schulen allerdings nicht mehr Schritt halten mit den ständig wachsenden Schülerzahlen, und dadurch wurde das Ziel der 100 %igen Einschulungsquote auch nie erreicht. Noch immer kommen – besonders in den schnell wachsenden Städten – viele Kinder erst mit über 7 Jahren in die Schule. Schätzwerten zufolge besuchen etwa 85 % der Kinder im schulfähigen Alter eine Schule, wobei der Anteil der Jungen etwas größer ist. In den Städten absolviert die Mehrzahl der Kinder die 7. Klasse. In ländlichen Regionen besucht dagegen rund die Hälfte der Kinder die Schule nur bis zur 4. Klasse.

Für den Besuch der Grundschule, Primary School, besteht in Sambia eine offizielle **Schulpflicht**. Sie umfasst die 1. bis zur 7. Klasse (Grade 1 bis 7) und ist gebührenfrei. Es gibt etwa 4000 Grundschulen im ganzen Land, das Netz wird auch in ländlichen Gebieten langsam, aber kontinuierlich ausgeweitet.

Die weiterführende Schule, Secondary School, umfasst die 8. bis zur 12. Klasse. Ihr Besuch ist freiwillig, für viele aber unerschwinglich, da diese Schulen nur in größeren Zentren zu finden sind und Schüler deshalb häufig auswärts leben müssen. Doch nur wer auch die 12. Klasse erfolgreich abgeschlossen hat, darf ein Studium oder eine Lehrausbildung beginnen. Abgänger ohne den Abschluss der Secondary School finden später nur eine Arbeit im traditionell landwirtschaftlichen Bereich (sie werden Bauer oder Köhler) oder als ungelernte Hilfsarbeiter.

Die Abschlussprüfungen am Ende der 7. und 12. Klasse dürfen bei Nichtbestehen einmal wiederholt werden. Ein Schuljahr besteht aus drei Blöcken ("Terms") zu je drei Schulmonaten, die jeweils von einem Ferienmonat unterbrochen sind. Es besteht **Schuluniform**pflicht (inklusive der Schuhe und Socken), was für viele Familien eine enorme finanzielle Belastung darstellt. Aussehen und Farbe der Schuluniform variieren und werden von der jeweiligen Schulverwaltung ausgewählt.

Es handelt sich immer um **Ganztagsschulen** mit häufig sehr langem Tagesablauf. In vielen Grundschulen müssen die Kinder bereits um sechs Uhr morgens anwesend sein. Zuerst wird dann gemeinsam unter Lehreraufsicht der Schulhof gefegt und von Unkraut befreit. Um sieben Uhr beginnt nach dem Appell der Schulunterricht. Nach einer kurzen Mittagspause geht es häufig bis spätnachmittags weiter. Die meisten Schulklassen bestehen aus bis zu 40 Kindern. Für viele Kinder auf dem Lande bedeutet die Schule eine harte und entbehrungsreiche Zeit. Manche müssen schon

Die afrikanischen Tragödie

Während der Rest der Welt die Seuche **Aids** einigermaßen im Griff hat, breitet sie sich in Afrika katastrophal aus. Hier mangelt es immer noch an finanzieller Hilfe und engagierter Aufklärung. Die meisten afrikanischen Regierungen überlassen das Feld internationalen Hilfsorganisationen. Für Aids-Initiativen werden in Afrika pro Jahr rund 165 Millionen US-Dollar ausgegeben; aber nur 15 Mio. US$ kommen von afrikanischen Regierungen und davon wiederum die Hälfte aus Uganda, dem bisher einzigen Land Afrikas mit wirklich beherztem Regierungsengagement. Nach WHO-Berechnungen dürfte die Lebenserwartung im südlichen Afrika deshalb künftig rapide herabsinken.

Aids in Sambia

Wie viele Länder Afrikas leidet auch Sambia unter der erschreckenden Ausbreitung von Aids. Es laufen zwar unermüdlich Programme zur Aufklärung der Gesamtbevölkerung, stehen große Mahnschilder an den Straßen, Plakate in öffentlichen Gebäuden, und es werden zeitweise auf öffentlichen Toiletten oder an den Grenzen Kondome verteilt (die dann von den Kindern als Luftballone zweckentfremdet werden). Doch vermutlich sind heute über 20 % der 15–49-Jährigen HIV-positiv, ebenso 40 % der Blutspender, jede vierte Schwangere und 70 % aller neuen Tuberkulosepatienten. Besonders bedenklich: 60 % aller Neuinfizierungen passieren bei den 15–24-Jährigen. Junge Mädchen haben ein fünfmal höheres Risiko, sich mit HIV zu infizieren, als Jungen. Ein Drittel aller Kinder hat heute schon mindestens ein Elternteil durch Aids verloren, und etwa 1,6 Mio. Sambier sterben jedes Jahr an Aids-bedingten Krankheiten.

um vier Uhr morgens aufstehen, um den langen Weg zur Schule zu laufen und sind erst abends nach Sonnenuntergang zurück. Auch die Aufwendungen der Familien für ein Schulkind sind hoch: Allein die jährlichen **Schulgebühren** belaufen sich auf bis zu 50 Euro, hinzu kommen die Kosten für Schulbücher und die Schuluniform. Auf dem Land fällt gleichzeitig die wichtige Arbeitskraft des Kindes aus. Wenn man sich vor Augen führt, dass die meisten Familien fünf, sechs oder mehr Kinder haben, so wird nachvollziehbar, welch große Anstrengungen die Familien aufbringen müssen, und warum mitunter nicht alle Kinder zur Schule geschickt werden. Das Bewusstsein für die Notwendigkeit und Bedeutung einer guten Schulausbildung ist in der sambischen Bevölkerung jedoch tief verankert, und die Bereitschaft, in die Ausbildung ihrer Kinder zu investieren, ist deutlich erkennbar. Theoretisch existieren auch einige staatliche Fonds zur finanziellen Förderung begabter Schulkinder, doch herrscht darüber weitgehend Unkenntnis in den einfachen Bevölkerungskreisen.

Berufliche Weiterbildung

Im Bereich der Erwachsenenbildung wird intensiv in Alphabetisierungskurse und Kurse zur beruflichen Weiterbildung investiert. Dieses Angebot wird von der Bevölkerung auch stark in Anspruch genommen. Einen verhältnismäßig großen Teil der Interessierten stellen die Frauen. Dennoch wären noch größere Anstrengungen von Nöten, denn 36 % der Bevölkerung über 15 Jahren sind noch immer **Analphabeten**, darunter 30 % Männer und 44 % Frauen. Im gesamtafrikanischen Durchschnitt ist dies jedoch eine vergleichsweise niedrige Rate und vermutlich der hohen Urbanisierung Sambias geschuldet.

Gesundheitswesen

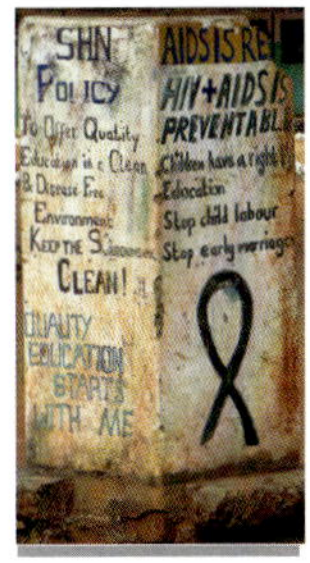

Seit der Unabhängigkeit unternahm Sambia große Anstrengungen zur Verbesserung des Gesundheitswesens; unter anderem konnten die Lebenserwartung erhöht und die Kindersterblichkeit gesenkt werden. Ein wichtiges Ziel war und ist die hygienische Aufklärung breiter Bevölkerungsschichten, denn viele Erkrankungen entstehen durch Fehlverhalten oder mangelnde Hygiene. In ländlichen Gebieten gibt es aber nach wie vor große Lücken in der medizinischen Versorgung, und es herrscht dort vor allem ein eklatanter Mangel an Medikamenten wie Antibiotika und Narkosemitteln. Zudem sind in den letzen Jahren die finanziellen Aufwendungen der Regierung wieder zurückgegangen, und die Lebenserwartung sank wieder um eine Dekade durch die Verbreitung von HIV-Infektionen.

Schon gewusst?

Malaria ist wieder auf dem Vormarsch. Wegen der schlechten medizinischen Versorgung stieg die Todesrate der Erkrankten von 10,6 % (1976) auf heute 51 %.

Ein seit Jahrzehnten erweitertes Schutzimpfprogramm, das "Extended Programm of Immunisation/EPI", soll planmäßig 80 % der Einwohner erfassen. Dabei werden verstärkt Impfungen gegen Masern, Polio und Tetanus eingesetzt. Laut UNICEF haben heute ca. 92 % der Einjährigen den vollen Impfschutz gegen TBC, 83 % gegen Diphtherie, Pertussis und Tetanus sowie 80 % gegen Polio und Masern. Auch etwa jede zweite Schwangere ist heute gegen Tetanus geschützt.

Zu den am häufigsten registrierten Krankheiten zählt die **Malaria** mit jährlich weit über einer Million Erkrankungen. Ungefähr gleich häufig treten Bilharziose-Infektionen auf. Malaria, Masern, Aids und Tuberkulose sind die Haupttodesursachen. Neue Tests erlauben die Annahme, dass Vitamin A + Zink Malaria vorbeugen könne. Im Tropical Deseases Center laufen daher Tests mit 2400 Kindern ab sechs Monaten, um diese Vermutung zu belegen. Man mag es kaum glauben, aber auch ein armes Land wie Sambia kämpft mit modernen Zivilisationskrankheiten. 8 % der Bevölkerung gilt als fettleibig; dies ist hauptsächlich ein Problem der Mittel- und Oberschicht in den Großstädten.

Kindersterblichkeit

In Sambia sterben pro Jahr etwa 3000 Säuglinge bei der Geburt oder in den ersten Lebenswochen (allein an Masern bis zu 1000 Kinder und doppelt so viele an Malaria). Bis zu 5000 Kinder pro Jahr sterben an Ernährungsmangelerkrankungen. Die Säuglingssterblichkeit liegt noch immer bei über 4 %, und 15 % der Kleinkinder leiden an Untergewicht.

Obwohl theoretisch kostenfrei, müssen die Sambier dennoch für viele medizinische Leistungen bezahlen

Die Gesundheitsversorgung ist in Sambia offiziell kostenlos. Die medizinischen Einrichtungen werden vom Staat, von Industriebetrieben und von kirchlichen Missionen unterhalten. Im Copperbelt gibt es für die Arbeiter im Bergbau besondere Einrichtungen, u. a. neun Krankenhäuser. Weil Hospitäler oft nicht mit allen notwendigen Medikamenten ausgestattet sind, müssen sich Patienten diese oft auf eigene Kosten in Apotheken besorgen. Laut Statistik haben nur zwei Drittel der Bevölkerung Zugang zu sauberem Trinkwasser.

Akuter Ärztemangel

Zudem besteht in Sambia akuter **Ärztemangel**. Die wirtschaftlichen Schwierigkeiten und geringen Karrierechancen führen zu einer Abwanderung des medizinischen Personals. So arbeiten in Sambia nur sehr wenige der im Land ausgebildeten Ärzte, die meisten haben das Land verlassen. Und nur die Hälfte der Landbevölkerung kann überhaupt ein Gesundheitszentrum innerhalb einer Stunde erreichen. Die Zahlen sind alarmierend: Auf Hunderttausend Menschen kommen hier statistisch nur 200 Krankenhausbetten und lediglich 16 Ärzte.

Traditionelles Heilwesen

Mehr als nur Symptombehandlung

Das traditionelle Heilwesen ist zu Recht tief in der afrikanischen Kultur verwurzelt. In den ländlichen Regionen wird noch überwiegend traditionelle Medizin praktiziert; und auch in den Städten konsultieren – trotz moderner medizinischer Einrichtungen – die meisten zuerst oder parallel einen traditionellen Heiler. Die Ursache dafür ist eine tief verankerte Überzeugung, dass Krankheiten soziale und spirituelle Wurzeln haben und nur der traditionelle Heiler die zur Genesung unbedingt erforderliche Verbindung zur spirituellen Welt aufnehmen kann.

Jahrhundertealtes Wissen über die Kräfte der Natur wird seit vielen Generationen weitergegeben

Die Basis der traditionellen Heilkunde bilden **Naturprodukte** wie Wildfrüchte, Samen, Rinden, Schildkrötenpanzer, Schlangenhäute, Raupen und Wurzeln. Das wertvolle Wissen um die Wirkung der einzelnen Bestandteile und um die Zusammensetzung und Zubereitung einer Medizin hat sich seit Jahrhunderten von Generation zu Generation übertragen. Traditionelle Heiler kennen bestimmte Akazienwurzeln, mit denen sie Schlangenbisse behandeln und Pflanzenteile gegen Durchfall. Sie behandeln Infektionen, Geschlechtskrankheiten, Kopfschmerzen, Geisteskrankheiten und vieles mehr. Lange Zeit wurden sie von der westlichen Welt als primitive Medizinmänner und Scharlatane verurteilt. Man nannte sie ironisch *Witch Doctor* und sprach ihnen jede Kenntnis von der Heilkunst ab. Doch mittlerweile wurden viele Parallelen zur modernen Medizin erkannt: Die gleichen Naturextrakte werden in hochtechnisierten Laboratorien erforscht und ein Großteil unserer Arzneien basieren auf Wildpflanzen oder tierischen Produkten bzw. auf den Erkenntnissen, die aus der Erforschung solcher Produkte gewonnen werden konnten.

Traditionelle Heiler genießen sehr viel Vertrauen in der Bevölkerung, da sie in der dörflichen Gemeinschaft integriert leben und über ein großes Einfühlungsvermögen in die Gedankenwelt ihrer Patienten verfügen. Sie fungieren neben der Heilkunst immer auch als Ratgeber für alle Lebensfragen. Der **Vorbeugung von Krankheiten** messen sie ebensoviel Bedeutung bei wie der Symptombehandlung. Sicherlich können diese Mediziner nur leichte chirurgische Eingriffe vornehmen und gefährliche Verletzungen oder schwere, akute Erkrankungen nicht behandeln. Sie ersetzen daher nicht die Hospitäler und Krankenstationen, stellen aber eine wertvolle Bereicherung in der medizinischen Grundversorgung dar.

Während unter der britischen Kolonialregierung die überlieferten Heilmethoden unterbunden wurden, wird die traditionelle Medizin inzwischen staatlich gefördert. Rund 13 000 Heilkundige lassen sich in Lusaka von der Traditional Health Practioner's Association vertreten.

Die **traditionelle Glaubenswelt** der Afrikaner ist viel komplexer, strenger und für den Einzelnen bedrohlicher, als dies Europäern gemeinhin geläufig ist. Tief verankert ist die Überzeugung, dass alles Tun und Erleben dem unmittelbaren Einfluss der Ahnen unterliegt. Ferner gilt die geheime Macht von Tieren und Pflanzen als sicher und zumeist unheilbringend. Daher finden im traditionellen Heilwesen auch so häufig **Tierprodukte** wie Zähne, Eingeweide, Fell, Haut und Knochen Verwendung. Ein Beispiel: Die Rippen von Hyänen sollen sowohl Lungenschmerzen lindern als auch den beruflichen Werdegang positiv beeinflussen. Und mit Hilfe der Lippen von Hyänen soll sich das Jagdglück steigern lassen.

Sehr weit verbreitet ist die tiefe Angst vor Mitmenschen, die sich von Zeit zu Zeit in Wildtiere verwandeln, vor allem in Löwen, Hyänen und Krokodile. Die Lozi haben dafür einen eigenen Heilberuf: Der *Sitondo* könne solche verwandelten Wildtiere kontrollieren und zügeln, sei aber auch in der Lage, sich selbst in diese zu verwandeln. Sitondos sind meist auf eine bestimmte Tierart spezialisiert und gelten als Koryphäen für die Wundbehandlung nach Attacken dieser Tierart.

Schon gewusst?

Der Hexenglaube ist weit verbreitet in Sambia. Hier reiten die Hexen allerdings auf Hyänen anstatt auf Besenstielen wie bei uns

Unten: Eine Anzeige in der sambischen Tageszeitung "The Post" am 18. September 2003

GOOD NEWS

International fortune teller and healer worldwide
PROF.KABWELA KUMANDA
Astrologist, palmist, traditionist, diviner, run away husbands, wives, boyfriends and girlfriends recalled. We offer the best tactical luck charms and talismans, to both blacks and whites. Quick marriages to well to do people. We treat paralysis, barrenness etc. We lead the way others fail to copy. Drop at Chawama police go back to Anglican Church or call
097 - 76
097 - 78
10:30 hours - 15: hours.
Quick Results.

Gesellschaftliche Traditionen

Die Großfamilie

Enge soziale Bindung an die Großfamilie

Die Großfamilie ist der Mittelpunkt einer jeden afrikanischen Gesellschaft. Der Einzelne identifiziert sich über seine Familie, und diese soziale Gemeinschaft bildet für ihn die wichtigste Institution. Familiäre Isolation wird daher als Horror und Schmach empfunden und unter allen Umständen vermieden. So entsteht eine Verbindlichkeit, die den Einzelnen in eine feste, der Familie und dem "Clan" verpflichtete Rolle zwingt, ihm aber auch den Schutz und die Fürsorge derselben gewährt. Hier werden Sozialfälle abgefangen und moralische Werte gelebt. Diese lebenslange Wechselbeziehung bestimmt alles private und öffentliche Handeln; sie zieht sich durch Politik und Wirtschaft und ist die Ursache für mancherlei scheinbar unverständliche afrikanische Wesenszüge.

Initiationsriten

Die Initiation als Einweisung in die Welt der Erwachsenen

Die Initiation, die rituelle Aufnahme eines Heranwachsenden in die Gemeinschaft der Erwachsenen, war in den meisten Volksgruppen ein wichtiger kultureller Akt. Bei den Mädchen handelte es sich dabei um eine ausgesprochen langwierige Prozedur. In der Regel zog ein Mädchen nach der ersten Monatsblutung zusammen mit einer Frau, die nicht ihre Mutter sein durfte, aus der Dorfgemeinschaft in eine abgelegene Hütte. Diese Frau lehrte sie dann die praktischen und theoretischen Anforderungen für ihre künftige Rolle als Ehefrau und Mutter. Das Mädchen wurde in die strengen und geheimen Regeln der Gemeinschaft eingewiesen, die sie fortan niemals brechen durfte. Diese 'Lehrzeit' dauerte in der Vergangenheit

Oben: Ein Initiationsfest bei Lukulu

bis zu einem halben Jahr. Erst danach durfte das Mädchen heiraten. Mädchen, die bereits vor ihrer Initiation schwanger wurden, wurden häufig verstoßen, weil man sie als Unheilsboten ansah.

Die Initiation wurde im 20. Jahrhundert immer stärker gekürzt. In den 1930er Jahren dauerte sie nur noch einen Monat und heute wird die Unterweisung meist an einem einzigen Tag vollzogen.

Auch Buben wurden einer Initiation unterzogen. Allerdings nicht einzeln, sondern in einer Gruppe Gleichaltriger. Zum Ende ihrer Initiation wurde ein großes Fest zelebriert, bei der in Nordwestsambia z. B. die berühmten Mkishi-Tänzer auftraten.

Die Rolle der Frau

Die Situation der Frauen in Sambia hat sich durch die Begegnung mit den Europäern genauso stark verändert wie die afrikanischen Gesellschaftsstrukturen generell. Vor der Ankunft der Weißen waren die Dorfgemeinschaften durch Großfamilien, die vom traditionellen Wanderhackbau lebten, geprägt. Es gab eine klare geschlechtsspezifische Arbeitsaufteilung. Den Männern oblag die Jagd, das Roden der Felder, das Zäunebauen und der Hausbau. Die Frauen waren verantwortlich für das Sammeln wilder Früchte und Wurzeln, das Hacken, Jäten und Ernten, das Holzsammeln, Wasserholen, Kochen und die Kindererziehung. Somit leisteten die Männer die periodisch anfallenden schweren Arbeiten, während dagegen die Frauen die alltäglichen, zeitraubenden Tätigkeiten ausübten.

Als sich in der Kolonialzeit die Siedler und Minengesellschaften etablierten, brauchten sie schon bald Arbeitskräfte. Da die Afrikaner zunächst wenig Interesse an der Lohnarbeit zeigten, wurden sie durch die Einführung von Kopf- und Hüttensteuern dazu genötigt. Um die Steuern bezahlen zu können, mussten die Männer einer mit Geld bezahlten Arbeit nachgehen, was gravierende Auswirkungen auf das Familienleben hatte. Von nun an musste ein Großteil der Männer für Monate oder Jahre in den Minen, städtischen Zentren oder auf Großfarmen der Lohnarbeit nachgehen, während die Frauen mit versorgungsabhängigen Kindern und Alten zurückblieben. Dadurch wurden sie zum alleine verantwortlichen

Brautwerbung, Eheschließung und Scheidung bei den Bisa

Wenn ein junger Mann ein Mädchen heiraten möchte, muss er zuerst seine Großeltern um Erlaubnis bitten. Diese werden sich zunächst erkundigen, ob die Familie der Braut einen ordentlichen Ruf genießt. Den gleichen Weg muss auch das Mädchen gehen. Wenn eine der beiden Seiten die Heirat ablehnt, müssen die jungen Leute ihren Heiratswunsch aufgeben. Sind die Familien einverstanden, wird ein Brautpreis (Lobola) ausgehandelt, der den Brauteltern ausgezahlt wird. Je nach Region kann es sich dabei um eine Kuh, Mais oder auch Geld handeln. Die Brautleute dürfen sich von jetzt an nicht mehr sehen. Beide Familien treffen große Vorbereitungen für die Hochzeit. Es wird auf Vorrat gekocht und viel Bier gebraut. Dann erhalten die beiden an mehreren Abenden eine Art Eheeinweisung von einem älteren Mann und einer älteren Frau aus der Dorfgemeinschaft, die beide nicht mit den Brautleuten verwandt sein dürfen. Während des anschließenden großen Hochzeitsfestes sind die beiden dann Ehrenpersonen.

Scheidungen sind erlaubt, sofern der Chief zustimmt. Auch eine Wiederheirat ist für beide Seiten problemlos. Stirbt ein Mann und hinterlässt Frau und Kinder, so sucht seine Familie aus ihren Reihen einen Mann, der fortan die Rolle des Familienoberhaupts ausfüllt. Die Witwe kann dies aber auch ablehnen, alleine bleiben oder sich anderweitig neu verheiraten.

Ein Wort zur **Kleidung**: Auf dem Land tragen die Frauen fast ausnahmslos *Chitenge*, bunt bedruckte Stoffe, die um die Hüften gewickelt werden. In den Städten herrschen inzwischen westliche Kleider und Kostüme vor, junge Afrikanerinnen tragen dort auch Miniröcke und enge Jeans. In den ländlichen Regionen sind Hosen für Afrikanerinnen allerdings oft noch unvorstellbar.

Haushaltsvorstand. An dieser Situation hat sich bis heute wenig geändert. Eher hat sie sich sogar noch verschlechtert, denn durch die allgemeine Schulpflicht verloren die Frauen auch die dringend notwendige Unterstützung durch ihre größeren Kinder. Zudem verschaffte die Modernisierung der Männerarbeit Erleichterungen, z. B. durch Ochsen und Pflüge, und Bereiche wie die Jagd oder die Kriegführung fielen weg. Dagegen haben sich einige typisch weibliche Tätigkeiten sogar erschwert. Allein durch die zunehmende Abholzung, Überweidung und Versteppung ganzer Landstriche werden für die tägliche Feuerholz- und Trinkwasserbeschaffung immer mehr Energie und Zeit benötigt.

Trotz der **deutlichen Mehrbelastung** der Frauen bei allen Haushalts- und Familienangelegenheiten treten sie auch mit einem Anteil von über 50 % im Handel auf. Die meisten afrikanischen Märkte werden von Frauen bestimmt. Sie brauen *Chibuku*, das Maisbier, sie flechten Matten oder verkaufen die Überschüsse aus der eigenen landwirtschaftlichen Produktion. Doch treten sie fast ausschließlich als Kleinhändler auf und haben, selbst wenn sie sich organisieren und gemeinschaftlich agieren, kaum eine Chance auf größere Absatzmärkte oder Expansion. Durch die geschlechtsspezifischen Zwänge werden sie am Zugang zu Informationen, Ausbildung, Hilfeleistungen und Technologien gehindert. So können sie nur mit ihrer eigenen Arbeitskraft und nicht allzu produktiv wirtschaften. Und ihre finanziellen Erträge fließen außerdem oftmals dem Ehemann zu, der darüber verfügt.

Afrika stützt sich auf die Leistungskraft seiner Frauen. Es wurde daher auch verstärkt dazu übergegangen, in die Zukunft der Frauen zu investieren. Es entstanden in vielen ländlichen Gebieten Sambias maschinelle Getreidemühlen und zahlreiche Dörfer wurden mit modernen Brunnen ausgestattet. Das sind bereits spürbare Entlastungen für die Frauen. Um aber die Gesamtsituation der Afrikanerinnen zu verbessern, bedarf es dringend mehr Ausbildungsstätten auf dem Lande. Typische weibliche Berufe sind Hausangestellte, Kindermädchen oder Heimarbeiterin, in den Städten stellen sie auch Bürokräfte und Verkäuferinnen. In manchen Regionen ist nach wie vor die **Polygamie** üblich. Die Frauen werden bereits während der Erziehung auf die künftige Mehrehe vorbereitet. Vielfach wird das Argument angeführt, dass die Polygamie die einzelne Frau entlaste, da sich die Ehefrauen die tägliche Arbeit teilen, wobei es eine Rangordnung zwischen der ersten und der oder den anderen Ehefrauen gibt. Beschneidungen (Klitorisverstümmelungen) sind in Sambia übrigens nicht üblich.

Die Rolle des Chiefs

Die traditionelle politische Struktur beruht auf dem *Chieftainship*, einer Einrichtung, die sich nur schwer beschreiben lässt. Jedes Volk hat mehrere Chiefs, die über verschiedene Regionen regieren. Ein Chief ist weit mehr als ein Dorfvorsteher, aber weniger als ein König. Seinem Volk gegenüber strahlt er mitunter eine größere Macht aus als selbst die Landesregierung. Er genießt enormen Respekt und Verehrung innerhalb seines Volkes, er könnte theoretisch aber auch abgewählt werden, wenn seine Beschlüsse zu despotisch oder ungerecht werden. Seine Aufgaben sind vielfältig, im Grunde ist er eine Art **Schiedsrichter für alle Alltagsprobleme** und gemeinschaftlichen Entscheidungen, und Hüter von Gesetz, Ordnung und Moral. Verteilung von Landflächen, Scheidungen, Streitigkeiten, Wohnungswechsel, Kriminaldelikte – alles wird vom Chief geregelt und dann bedingungslos akzeptiert. Damit ein Chief richtige und faire Entscheidungen treffen kann, lässt er sich von Beratern, die zu den ältesten und am besten gebildeten Männern im Dorf zählen, unterstützen. Die Geschicke eines Volkes hängen stark davon ab, wie diplomatisch, weise und umsichtig der Chief handelt.

Alle Chiefs eines Volkes unterstehen dem *Senior Chief*, der wiederum die größte Autorität in der Volksgruppe besitzt. Während die Macht der Chiefs in den Ballungszentren allmählich aufweicht, sind die Strukturen in den ländlichen Regionen derart gefestigt, dass die Landesregierung auf die Kooperation der Chiefs unbedingt angewiesen ist. In Sambia findet deshalb alljährlich das *House of Chiefs* statt, eine Konferenz der Regierung mit etwa Hundert Chiefs. Diese große Gruppe zu einigen und zu gemeinsamen Beschlüssen zu bewegen, ist eine schwierige, aber notwendige Aufgabe.

Tanz und Musik

Traditionelle Tänze sind auch heute noch sehr lebendig im kulturellen Leben enthalten und aufgrund der sambischen Völkervielfalt sehr mannigfaltig. Musik und Tanz haben in ganz Afrika eine besondere Bedeutung; sie gehören hier zum Leben wie Essen und Trinken, dienen religiösen und profanen Zwecken, sind Lebenselixier und Ausdruck ungebändigter Vitalität. Den meisten Tänzen liegen spirituelle Motive zugrunde wie das Hoffen auf Regen, Dank für eine gute Ernte, Zurschaustellung militärischer Stärke oder das Abwenden eines Unheils. Meist soll dabei ein spiritueller Kontakt zu den Ahnen hergestellt werden, Viele Tänzer fallen dabei durch den ausdauernden und eindringlichen Klang der Trommeln in Trance.

Berühmt sind z. B. die **Vimbu-Tänzer** und die maskierten, farbigen **Nyau-Tänzer**, deren Identität übrigens streng geheim gehalten wird. Es ist sehr schwierig, dem Nyau-Kult beizutreten und setzt große körperliche Leistungskraft voraus. Bevor der Tänzer auftreten darf, werden die Tänze zum Teil jahrelang geübt. Großen Ruhm haben die **Mkishi-Tänzer** bei den Luvale in Nordwestsambia, die bei Initiationsriten und Beerdigungen auftreten. Diese Tänze werden maskiert mit Kostümen aus gewebtem Schilfgras getanzt.

Bei den Lozi dominieren Tänze, die ein wenig an die Militärmärsche aus alten Kolonialtagen erinnern. Die Tänze drücken den militärischen Drill und dessen Gepflogenheiten aus (Trillerpfeife). Auch viele Kostüme sind Uniformen nachempfunden. Die Lomwe tanzen den zeremoniellen Mazoma-Tanz. Frauentänze sind z. B. der Chimtali und der Visekese.

Während der beiden Weltkriege waren bis zu zwei Drittel der Männer bei den King's African Rifles oder als Askaris eingezogen, wodurch die Epoche starken kulturellen Einfluss erhielt. Auch die Ngoni lieben solche Kriegstänze. Der Ingoma ist besonders wild und ausdrucksstark. Früher wurden Kriegstänze nach erfolgreicher Jagd und Kriegszügen dargeboten, heute unterhalten sie Hochzeiten und andere Feierlichkeiten.

Die Musik ist vorwiegend vokal. Sehr typisch ist der **Wechselgesang**. Musikinstrumente werden fast nur von Männern gespielt und sind meist Perkussions- und Saiteninstrumente, seltener Blasinstrumente. Eine zentrale Rolle spielen überall die **Trommeln**. Früher waren sie besondere Machtsymbole der Könige und Häuptlinge, die oft eigene Hofmusiker hielten. Auch heute noch haben die Trommeln eine besondere, oft sogar religiöse Bedeutung. Meist werden sie Fremden gar nicht gezeigt, keinesfalls verkauft und nur bei Festen und sonntags in der Kirche verwendet.

Kürbisse dienen als Resonanzkörper. Dem weit verbreiteten Instrument Ulimba dient eine Kalebasse als Klangkörper, über der Klangstäbe angebracht sind, die mit Stöckchen angeschlagen werden. Bei den Ngoni und Tonga findet man die Phenenga, ebenfalls ein aus einer Kalebasse und einem Rohr gefertigtes Musikinstrument. Die Nkhwende wird aus Bambusrohren hergestellt. Sehr weit verbreitet und beliebt ist die Chitsukulumwe, bei der ein Holzkörper voller Samenkapseln geschüttelt wird. Die Lala verwenden die Mankubala, ein 'Singendes Boot', das aussieht wie ein kleiner Einbaum. Kankobele oder Likembe werden je nach Region die handlichen Fingerklaviere zum Zupfen genannt (Foto rechts).

Beliebt ist zudem Gitarrenmusik, die sich an amerikanischen Westernsongs, Spirituals oder dem kongolesischen Rumba orientiert. Aus Südafrika wurde der Jive importiert. Daraufhin entwickelte sich in den 1970ern der heute wieder sehr populäre ZAMROCK, der auf traditionelle Lieder und Instrumente zurückgreift.

Kunsthandwerk

Die Produkte des traditionellen Kunsthandwerks sind meist praktischer Natur, z. B. geflochtene Schlafmatten, Speere, Äxte und Hacken, Töpfe oder Tierfallen. Afrikanisches Werkzeug scheint oft simpel zu sein, es beeindruckt aber im täglichen Gebrauch umso mehr. Neben den Produkten für den täglichen Bedarf werden für kulturelle Zwecke Kleider gewebt, Tanzmasken und Figuren geschnitzt.

Das Rohmaterial des traditionellen Kunsthandwerks bilden immer natürliche, pflanzliche Produkte. Heutzutage werden zusätzlich moderne Abfallprodukte wie Gummi und Draht phantasievoll eingebunden. Traditionell arbeiten Männer mit Holz und Metall, die Frauen dagegen mit Ton, Stoff und Schilf. Getöpfert wird in jahrtausendealter Tradition ohne Töpferscheibe und Brennofen. Ein schönes Beispiel ist die sog. "**Luangwa Pottery**" (Fotos links und unten). Leider ist diese Kunst heute selten geworden. Die **Holzschnitzkunst** der Lozi für Kult- und Gebrauchsgegenstände besitzt eine jahrhundertealte Tradition. Im Grenzgebiet zum Kongo und zu Angola ist eine hoch entwickelte Maskenschnitzkunst lebendig geblieben. Die Tonga wiederum fertigen großartige Trommeln. In vielen Dörfern in der Nähe flacher Flüsse und Bäche werden ausgesprochen geschickt Fischreusen aus Schilfgras gefertigt.

Korbwaren unterscheiden sich regional sehr, zeichnen sich aber stets durch eine bemerkenswerte Stabilität aus, wie die flexiblen Cassava-Körbe der Lunda (Foto links Mitte). Als Material dienen eingeweichte und gekochte Palmgräser und Schilfrohr. Unterschiedliche Färbung gewinnen sie aus dem Sud von Wurzeln, Pilzen, Blut, Kuhdung und Lehm.

Felsbildkunst

Das südliche Afrika ist reich an Felsmalereien. Südlich des Sambesi wurden die Felsbilder vorwiegend von Khoisaniden (Buschleute) geschaffen, während die Fachwelt davon ausgeht, dass die Urheber der Kunstwerke in Angola, Sambia, Malawi und Teilen Mosambiks der zentralafrikanischen Twa-Zone zuzuordnen sind (die Twa waren ein kleinwüchsiges, inzwischen ausgestorbenes Jäger- und Sammlervolk).

In Sambia findet man rund **tausend Felsbildstätten**. Sie befinden sich auf blank liegendem Granitgestein vornehmlich entlang der Great North Road, im Großraum Kasama und um Chipata. Meist wurden die Bilder unter regengeschützten Felsüberhängen angebracht, manche auch in Felsspalten und Kuppelhöhlen.

Die ältesten Malereien aus der "Red Animal Tradition", z. B. in der Nachikufu Cave, wurden auf 16 700 Jahre v. Chr. zurück datiert.

Dieser Schaffensperiode folgte bis zur Zuwanderung erster Bantu-Gruppen die "Red Geometric Tradition", die sich durch geometrische Formen und Linien in zumeist roter Farbe auszeichnet.

Die Bantu-Einwanderer, es waren Ackerbauern und Viehzüchter aus dem Norden, prägten den anschließenden Stil der "White Spread-eagled Tradition", in der Lebewesen aus der Vogelperspektive und viele Reptilien dargestellt wurden. Hier dominierte die Farbe Weiß.

Schließlich entwickelte sich im Osten Sambias und Westen Malawis (Chipata–Dedza–Gebiet) eine vierte Stilrichtung, die "White Zoomorph Tradition" mit groben Menschen- und Tierdarstellungen. Hier wird ein Zusammenhang mit Geheimbünden und spirituellen Treffpunkten vermutet, und diese Malerei wurde offensichtlich bis in das 20. Jh. praktiziert.

Lohnenswerte Felsbildstätten, die man auch ohne Führer gut erkunden kann: Vor allem die umfangreichen Felsbilder der **Mwela Rock Art** bei Kasama (S. 285), ferner die Höhlen **Nsalu Cave** und **Nachikufu Cave** an der Great North Road (S. 255).

Fotos rechts: Felsmalereien in der Nsalu Cave; Jagdszene mit Buschschwein (Mwela Rock Art)

Literatur

Bis zur Kolonisierung betrieben die Menschen eine sog. **Oralliteratur**, das heißt, afrikanische Geschichten, Märchen und Erzählungen wurden traditionell nur mündlich überliefert. Erst anschließend entwickelte sich eine eigenständige Schriftliteratur. In Sambia wurden die Überlieferungen sogar erst seit Ende der 1940er Jahre niedergeschrieben. Frühe Sambische Literatur wurde meist in englischer Sprache verfasst und beschäftigte sich mit dem Leben und dem mühevollen Arbeiten in den Minen oder mit der vorkolonialen Situation (z. B. bei Dominic Mulaisho, geb. 1933). Moderne Literatur findet in Erzählungen und Romanen Ausdruck; Prosa und Gedichte sind eher selten.

WIRTSCHAFT

Der goldene Löffel

Reich an Bodenschätzen – arm an Nahrungsmitteln

Als Sambia 1964 unabhängig wurde, sagte man dem jungen Staat nach, mit einem "goldenen Löffel im Mund geboren zu sein". Dies galt als Anspielung auf die beachtlichen Erzvorkommen im Copperbelt. Doch Sambias Wirtschaft florierte nur solange es eine große Nachfrage an Kupfer auf dem Weltmarkt gab. Das Land hatte von jeher alles auf diese eine Karte gesetzt und keine andere Stütze. Die Landwirtschaft war so stark vernachlässigt worden, dass Sambia nicht einmal den eigenen Bedarf decken konnte. Und so stürzte dieses wackelige Gerüst schon sehr bald durch vernichtende Entwicklungen wie steigenden Förderkosten bei sinkender Ergiebigkeit, einem Nachfragerückgang nach Kupfer und anderen Erzen und einem zunehmenden Devisenmangel zusammen.

Die Wirtschaft wird sambianisiert

Die Regierung unter Präsident Kaunda schlug alsdann den Weg in Richtung Verstaatlichung ein. So kam es 1969 zu 51 % Verstaatlichung im Bergbau, 1970 ebenso viel bei Versicherungen, Banken und einigen Industriefirmen. Den privaten Sektor, besonders den Handel und das Transportgewerbe, versuchte man durch die Verweigerung von Lizenzen an Ausländer zu "sambianisieren". Trotzdem wurde Sambia nie wirklich unabhängig von der finanziellen und politischen Kraft seiner weißen Minderheit. Durch die Kontroversen mit den 'weißen' Nachbarstaaten im Süden wurden Sambias Handelswege stark eingeschränkt. Dem versuchte die Regierung durch den Ausbau der eigenen verarbeitenden Industrie, die Zusammenarbeit mit überseeischen Partnern und eine enge Bindung an Tansania zu begegnen. Doch die Wirtschaftsprobleme verstärkten sich ab Mitte der 1980er Jahre noch, als der Internationale Währungsfonds (IWF) die Kredite wegen der Zahlungsrückstände einfror.

Das Land steckt in der Schuldenfalle

Dabei war der IWF sicherlich nicht unschuldig an der Misere des Landes: Die durch den IWF ausgelöste starke Abwertung des Kwacha hatte eine Teuerungswelle zur Folge, welche besonders die Stadtbevölkerung an die Existenzgrenze trieb. Durch die Importliberalisierung tauchten gleichzeitig Luxusartikel in den Läden auf, zur Erbitterung der breiten armen Schicht. Ebenso wurden staatliche Subventionen z. B. beim Mais gestrichen. Diese Maßnahmen lösten einen enormen sozialen Druck aus. Nach Demonstrationen und Streiks zog die Staatsregierung die Subventionsstreichungen beim Mais und später auch beim Benzin zurück. Um das Volk zu beschwichtigen und die innere Krise zu bewältigen, entschloss sich die Regierung zu dem spektakulären Schritt, die Zahlungen an den IWF einzustellen. Bis dato waren rund 6 Milliarden US-Dollar Auslandsschulden aufgelaufen. Der IWF musste sich darum vorwerfen lassen, das Land in eine völlig aussichtslose Schuldensituation getrieben zu haben, obwohl bekannt war, dass Sambia die aufgestellten Kreditbedingungen unmöglich würde einhalten können. Doch eine Besserung hat die Abkehr vom IWF dem Land nicht gebracht. Eine neue Ära brach an: Schwarzmarkt mit Schmuggel und Wucherpreisen. Besonders intensiv wurde zwischen Sambia und der Provinz Shaba in der Republik Kongo geschmuggelt. Dort wurde z. B. für einen Sack Maismehl zehnmal so viel bezahlt wie in Sambia. So verlor das Land Lebensmittel, an denen es selbst Mangel litt.

Es kommt zum Bruch mit IWF und Weltbank

Fotos rechts: Kanisteransammlung beim Ziehbrunnen auf dem Land; Klares Statement eines Ladenbesitzers

Erst 1989 näherte sich das Land den Washingtoner Finanzinstituten wieder an. Mit Unterstützung von IWF und Weltbank wurde ein wirtschaftspolitisches Reformprogramm ausgearbeitet. Es hatte eine deutliche Senkung von Inflation und Haushaltsdefizit und eine Begrenzung des Bevölkerungszuwachses zum Ziel. 1992 folgte die Wirtschaftsliberalisierung. Viele der damals privatisierten Unternehmen gingen allerdings bankrott. In den 1990er Jahren wurde auch das Problem der alten Auslandsschulden aufgegriffen, und durch die neue Einigung mit der Weltbank wurde die hohe Inflation erfolgreich gesenkt.

1999 beschlossen die G7-Staaten eine Entlastungsinitiative für hoch verschuldete, arme Länder, und Ende 2000 einigte man sich darauf, Sambias Schulden um ein Drittel zu kürzen. 2005 gab es erneut einen **Schuldenerlass** für die 18 ärmsten Länder der Welt. Sambia wurden von seinen 7,1 Milliarden US$ Schulden mehr als die Hälfte – 3,8 Milliarden – erlassen. Für den Ausbau des Tourismus in der Region Livingstone erhielt Sambia zudem 28 Mio. US$ von der Weltbank; deren Rückzahlung bis 2044 erfolgen soll.

Bis 2014 folgte eine Dekade deutlichen Aufschwungs mit jährlichen Wachstumssteigerungen von knapp 7 %. Doch seit 2015 sorgten wieder fallende Kupferpreise für eine Halbierung dieser Entwicklung. Sambia ist immer noch viel zu stark vom Bergbau abhängig. Ende 2020, als weltweit die Corona-Pandemie wütete, wurde das Land zahlungsunfähig. Die neue Regierung steuert denn auch seit 2021 Reformen an, die allmählich Wirkung zeigen. Staatsausgaben und Arbeitslosenquote sinken leicht, das Bruttoinlandsprodukt steigt dagegen. Die Armutsrate stagniert allerdings bei 60 %, nicht zuletzt, weil die Corona-Pandemie mit ihren langen Lockdowns viele Menschen auch finanziell hart getroffen hat.

Am Rande des Existenzminimums

Sambias Lebenshaltungskosten explodieren seit Jahren, während große Teile der Bevölkerung kaum Zugang zu Bargeld haben. Doch selbst Städter, die eine Anstellung gefunden haben, leben oft in **bitterer Armut**. 2013 hob die Regierung den Mindestlohn für den öffentlichen Dienst und Beamte auf 3000 Kwacha (seinerzeit ca. 300 US$) an. Der Mindestlohn wurde für Hausangestellte auf rund 53 US$ erhöht, für Arbeiter und Wachleute auf 115 US$ und für Büroangestellte auf 165 US$. Gute Mechaniker verdienen bis zu 300 US$. Der Monatsbedarf einer sechsköpfigen Familie liegt jedoch allein für die Lebensmittel, Seife und Holzkohle bei 120 US$. Darin sind noch keine Wohnkosten, Arzneimittel, Bekleidung, Schulgebühren und Transportkosten berücksichtigt. In Lusaka kostet ein kleines Häuschen ohne Strom ab 40 US$ Miete, mit Strom ab 95 US$. Fast zwei Drittel aller Sambier leben daher unter der Armutsgrenze.

Tsetsefliegen-Bekämpfung

Im tropischen Afrika sind zweierlei Arten der Tsetsefliege verbreitet (*Glossina morsitans morsitans* und *Glossina pallidipes*), die während ihrer ein- bis zweimonatigen Lebenszeit alle paar Tage mehr als das eigene Körpergewicht an fremdem Blut saugen. Die Überträger schwerer Krankheiten (Schlafkrankheit bei Menschen und Naganaseuche bei Nutztieren) finden ihre Opfer auf visuellem Wege (dunkle Farben, Bewegung).

Seit Beginn der Kolonialzeit wurden Anstrengungen unternommen, der Plage Herr zu werden. In den 1960er Jahren sagte man den Plagegeistern mit chemischen Mitteln den Kampf an und spritzte weitflächig Dieldrin, DDT und Endosulphan. Zwar vernichteten die Insektizide die Tsetsefliegen, doch gleichzeitig auch Vögel, Reptilien und kleine Säugetiere. Dieser massive Rundumschlag konnte nicht die Lösung sein.

Der Durchbruch im Kampf gegen das Insekt gelang im Mai 1981 auf einer kleinen Insel im Karibasee bei einem Feldversuch. Der zimbabwische Forscher Dr. Vale und sein Team hatten eine völlig neue Art der Bekämpfung entwickelt: Schwarzblaue Stoffe, an beweglichen Metallrahmen befestigt, werden mit einem Insektizid imprägniert. An dem Rahmengestell hängt eine Flasche mit einer Acetonlösung, die einen Lockduft ausströmt. Geruch und Bewegung des Netzes locken die Fliegen an, und sobald sie auf dem Stoff landen, kommen sie mit dem tödlichen Insektizid in Kontakt. In vielen Gebieten konnten die Tsetsefliegen mit dieser wirksamen, billigen und ökologisch vertretbaren Lösung völlig ausgerottet werden.

Landwirtschaft

54 % der Sambier haben ihre Existenzgrundlage in der Landwirtschaft, tragen dabei aber weniger als 3 % zum Bruttoinlandsprodukt bei. Das liegt vor allem an der hohen Anzahl an Kleinstbetrieben, die mit rückständigen Methoden für den eigenen Bedarf produzieren (Subsistenzwirtschaft). Man unterscheidet drei Produktionsformen:

- **Kommerzielle Großunternehmen**, die häufig von Ausländern geführt werden und meist nahe der Bahnlinien angesiedelt sind. Hier werden moderner Ackerbau und intensive Viehwirtschaft betrieben.
- Sogenannte *Emergent Farmers*, **Kleinbauern**, die regelmäßig einen beträchtlichen Teil ihrer Produktion verkaufen. Häufig handelt es sich hierbei um Bauerngemeinschaften und Genossenschaften.
- Ein sehr großer Teil der Bevölkerung lebt als **Subsistenzbauern** von den geringen Erträgen ihrer primitiven Agrarwirtschaft. Sie betreiben aus Unkenntnis immer noch Brandrodungs- und Wanderfeldbau. Die Produktivität ist meist so gering, dass die zusätzliche Lohnarbeit eines oder mehrerer Familienmitglieder erforderlich ist. Etwa 40–60 % der Subsistenzbauern sind nebenher zumindest zeitweise Lohnarbeiter. Dies ist auch nötig, weil die Familien heute Bargeld benötigen, welches sie nicht unbedingt durch den Verkauf eines Teils ihrer Ernte erwirtschaften können.

Durch die jahrzehntelange Vernachlässigung der Landwirtschaft zugunsten des Kupferbergbaus hat sich Sambia lange nicht selbst versorgen können. Verschiedene Entwicklungsprojekte sollten diese Situation verbessern, deren Erfolge mäßig blieben. Ursachen dafür waren u. a. eine verfehlte Preispolitik, der Mangel an Fachkräften, Fehlplanungen und Transportprobleme. Dabei soll der Ausbau der Landwirtschaft neben der erhofften Grundnahrungsmittel-Selbstversorgung auch zur Diversifizierung der Wirtschaft beitragen und das starke Stadt-Land-Gefälle bei den Einkommensverhältnissen mildern. Regelmäßige Dürren wie z. B. besonders dramatisch im Jahr 2002 hatten stets fatale Folgen für die sambischen Bauern, sodass das Land immer wieder internationale Lebensmittelhilfen benötigte. Doch seit 2004 boomt die Landwirtschaft endlich, nicht zuletzt Dank der rund 300 weißen, ehemaligen Zimbabwe-Farmer, die hier nach ihrer Vertreibung ein neues Zuhause gefunden haben. Seither exportiert Sambia nach Jahrzehnten der Unterversorgung sogar wieder Mais in die Nachbarländer.

Forstwirtschaft

Noch vor wenigen Jahrzehnten waren 40 % der Landesfläche von Wald bedeckt, zum größten Teil von Miombowald. Doch das war, bevor Sambia zum negativen Spitzenreiter in Sachen Brandrodung und Abholzung für die Holzkohleproduktion geriet. Seither verliert Sambia jährlich 0,5 % seines Waldes, und allein zwischen 1990 und 2000 wurden 11,4 % der Staatsfläche abgeholzt. Um pro Jahr 1 Mio. Tonnen Holzkohle und Brennholz zu produzieren, werden über 90 % des abgeschlagenen Holzes verbraucht. In Anbetracht der ständig wachsenden Bevölkerungszahlen richten diese Praktiken verheerende Schäden an. Weitere Ursachen des Waldverlustes sind das Chitemene-Brandrodungssystem (siehe rechts), die Überweidung mancher Regionen sowie zahlreiche Busch- und Waldbrände während der Trockenzeit. Bei einem Buschbrand in den trockensten Monaten sterben bis zu drei Viertel aller Bäume bis 3 m Höhe ab.

Ziel der Entwicklungsplaner ist deshalb seit langem eine drastische Reduzierung der Abholzung. Ungefähr ein Zehntel des Landes sind offiziell geschützte Forste. Der größte Teil der Projekte sind Aufforstungsprogramme, um einen schnell wachsenden Nachschub an Nutzhölzern zu sichern. Der kleinere Teil sind Schutzprogramme für die Frischwasserversorgung und zum Schutz vor Erosion und Versandung.

Fischerei

Sambias zahlreiche Gewässer sind die Heimat umfangreicher Fischbestände, die allerdings stark abgefischt werden. Über 150 verschiedene Fische werden gefischt, vorwiegend Tigerfische, Katzenfische und Barsche. Im Karibasee wird viel Kapenta-Fischerei betrieben. Kapenta sind eine kleine Sardinenart, die an der Luft getrocknet wird. Man schätzt, dass in Sambia über 250 000 Arbeitsplätze direkt oder indirekt durch die Nutzfischerei geschaffen wurden bzw. davon abhängig sind. Besonders intensiv werden der Kariba-, Mweru- und Tanganjikasee abgefischt.

Bodennutzungssysteme

• Chitemene-Brandrodung

Dieses Brandrodungssystem wird hauptsächlich im Norden und Nordwesten Sambias auf mageren Böden praktiziert. Dabei wird ein Stück Land abgeholzt und anschließend abgebrannt. Die Asche bleibt als Dünger zurück. Es wird entweder direkt in die Asche oder mit einem Pflanzstock gesät. Nach ein bis zwei Ernten ist der Boden erschöpft und muss für bis zu 25 Jahre brach liegen, ehe er erneut nutzbar wird. Dieses ökologisch natürlich sehr fragwürdige System ist nur bei einer sehr dünnen Bevölkerungsdichte möglich. Bei hohem Bevölkerungsdruck erfolgt heute dagegen häufig schon nach sieben Jahren Brache der erneute Anbau, was den Boden dauerhaft schädigt und die Ernteerträge kontinuierlich schmälert.

• Hack- und Pflugkultur

Dies ist die klassische Anbaumethode in den Ost-, Zentral- und Südprovinzen Sambias, wo fruchtbare Böden eine intensive Bearbeitung mit Hacke oder Ochsenpflug ermöglichen. Es wird das Prinzip der Fruchtfolge angewandt. Auf eine fünf- bis sechsjährige Kultivierungsperiode folgt eine gleich lange Brache.

Viehwirtschaft

Viehzucht findet mehrheitlich im kleinen Stil für den eigenen Bedarf statt. In den Dörfern werden Rinder, Ziegen und Hühner gehalten. Die Schweinezucht konzentriert sich in Sambia auf den Bereich entlang der Bahnlinien, ferner existieren in der Ostprovinz größere Schweinebestände für den lokalen Bedarf. Kommerzielle Rinderzuchtfarmen liegen im Copperbelt, der Süd- und Zentralprovinz. Die einheimische Bevölkerung verzehrt noch verhältnismäßig wenig Fleisch. Ihre Rinder gelten als Prestigeobjekt und dienen vor allem zur Milchversorgung. Bei landesweiten Erhebungen werden durchschnittlich 2,6 Mio. Rinder, 180 000 Schweine, 420 000 Ziegen, 80 000 Schafe, 2000 Esel und etwa 15 Mio. Hühner ermittelt.

Fotos rechts: Fischmarkt in Mpulungu; Typischer Schweinetransport im Hinterland; Ochsengespann bei den Chewa

Industrie & Handel

Sambias Wirtschaft schlug sich lange mit den Hemmnissen und Versäumnissen der sozialistischen Ära herum. In den 1990er Jahren öffnete sich das Land konsequent ausländischen Investoren, um die desolate Wirtschaft aufzurichten. Die sambische Industrie konzentriert sich seither auf ihre Exportmöglichkeiten, obwohl hierbei die bekannten Wirtschaftsprobleme hemmend wirken. Der Staat versucht daher, sich von der Monostruktur beim Export zu lösen. Während früher Kupfer rund 97 % des Exports ausmachte, konnte dieser Anteil inzwischen auf unter 70 % gesenkt werden. In gleichem Maße nahmen das Kleingewerbe, das Transportwesen und der Tourismus zu. China gewinnt als wichtigster Handelspartner immer größere Bedeutung und drängt seit Jahren vehement in den afrikanischen Markt.

Bergbau

Der Kupferabbau im Copperbelt stellte Sambias wichtigsten Wirtschaftszweig der vergangenen Jahrzehnte dar. 6 % der Weltvorkommen an Kupfer befinden sich im Copperbelt auf nur etwa 50 x 110 km. Bei der Verhüttung des Kupfererzes fallen als Nebenprodukte Kobalt, Kadmium, Silber und Selen an. Weitere Produkte des Bergbaus sind Kohle, Blei, Zink, Pyrit, Flussspat, Gips, Edel- und Halbedelsteine.

Schon lange vor Ankunft der Weißen wurde in Nordsambia Kupfer gewonnen. Damals war das Kupfer von der Oberfläche aufgelesen worden. Als die ersten Prospektoren eintrafen, konzentrierten sie sich zunächst auch gar nicht auf diese Erze. Alle hofften auf Goldfunde wie in Südafrika. Als die Suche erfolglos blieb, untersuchte man ab 1900 die Region auf andere Metalle. 1902 wurden die Blei- und Zinkvorkommen von Kabwe entdeckt, man baute die Bahnlinie sogleich von Süden herauf bis Kabwe und begann mit dem Untertagebergbau in der Broken Hill Mine. Danach wurden zunächst die Kupfervorkommen in der Provinz Katanga/Kongo erschlossen. 1909 verlängerte man deshalb die Bahnlinie bis Katanga. Ab 1922 widmete man sich intensiv dem heutigen Copperbelt. Am Westrand des Copperbelt wurde Uranerz entdeckt, Smaragdvorkommen existieren südlich von Kalulushi. Die ersten Minen entstanden dort 1927–1930.

Der 2. Weltkrieg steigerte den Bedarf an Rohmetallen und der Bergbau florierte wieder bis zum Kupferpreisverfall 1975. Die sambische Regierung übernahm 1969 eine Mehrheit von 51 % im Kupferbergbau. Technische Schlüsselfunktionen lagen aber weiterhin bei den großen ausländischen Konzernen wie Anglo-American und Oppenheimer Trust.

Die Situation für den sambischen Bergbau war auch danach keineswegs rosig: Der Weltbedarf sank von Jahr zu Jahr. Die Produktionskosten waren zu hoch, die technische Ausrüstung schlecht, nicht auf modernstem Stand und manche Vorkommen waren bereits erschöpft. So drohte einigen Minen trotz ihrer Privatisierung im Jahr 2000 und dem damit einhergehenden Anstieg der Kupfer- und Kobaltproduktion die Schließung. Doch 2004 wendete sich das Blatt: Der Kupferpreis stieg um mehr als 50 % und die sambischen Minen liefen mit über 500 000 Tonnen Produktion/Jahr wieder auf Hochtouren. Bis 2015 hielt dieser Boom, doch dann ließ die sinkende Nachfrage auf dem Weltmarkt den Kupferpreis doch wieder in den Keller stürzen. Im gleichen Jahr verlor Sambia den Rang als weltgrößter Kupferproduzent an das Nachbarland Kongo.

Wasser & Energie

Sambia besitzt fast 45 % der gesamten Wasserressourcen im südlichen Afrika und verfügt somit über ausreichend Grund- und Regenwasser. Durch Dämme werden enorme Wassermengen gespeichert und zur Energieerzeugung genutzt. Dennoch kämpft das Land mit Problemen bei der Wasserversorgung. Die Wasserqualität und der Zugang zu frischem Trinkwasser sind dringende Probleme auf dem Lande. Noch immer bezieht fast die Hälfte der Landbevölkerung ihr Trinkwasser direkt aus den Flüssen, Seen und Sümpfen. Manche der Flüsse wie der Kafue, der den Industriegürtel Copperbelt durchfließt, weisen eine hohe Schadstoffbelastung auf.

Sambias wichtigster Energieträger ist die Wasserkraft. Das größte Kraftwerk ist in Siavonga am aufgestauten Karibasee, einem Gemeinschaftsunternehmen mit Zimbabwe. Im Copperbelt gibt es Wärmekraftwerke zur Entwässerung der Minen, denn die Kupferminen verbrauchen drei Viertel der Wasserkraftenergie des Landes. Sambia produziert theoretisch genug Elektrizität, um diese nach Zimbabwe und in den Kongo zu exportieren, und kann sich mit den Energiequellen Wasserkraft, Kohle, Feuerholz und Holzkohle selbst versorgen. Doch in Dürrejahren kommt es wegen des niedrigen Wasserpegels in den Stauseen regelmäßig zu massiven Engpässen bei der Stromversorgung ("Power Cuts").

Rohöl wird über die Pipeline von Dar-es-Salaam nach Ndola importiert und dort in der Raffinerie verarbeitet. Ziel der Regierung ist es, das Land vom Öl unabhängig zu machen und den enormen Holzverbrauch für das Heizen und Kochen zu senken, denn etwa ein Viertel der städtischen und 90 % der ländlichen Haushalte verwenden Holzkohle zur Energiegewinnung.

Foto oben: Am Mwerusee, im Norden des Landes, sind die Lastwagen schwer bepackt in Richtung Kongo unterwegs

Verkehr & Transport

Das **Straßennetz** umfasst mehr als 91 440 km, davon sind allerdings nur rund 20 % geteert. Es werden große Anstrengungen unternommen, die Hauptstraßen flächendeckend zu asphaltieren und die Regionalstraßen auszubauen. Dazu werden alljährlich vom National Roads Board Straßenabschnitte ausgewählt und, zumeist mit finanzieller Unterstützung aus dem Ausland, ausgebaut bzw. repariert. Mit deutscher Finanzierung entstanden so z. B. der Ausbau der Fernverbindungsstraße Livingstone–Sesheke/Katima Mulilo und der Bau der Brücke über den Sambesi bei Sesheke. Eine weitere Sambesibrücke ist seit 2015 bei Kazungula zwischen Botswana und Sambia in Bau und soll 2020 fertiggestellt sein.

Sambias lange Transportwege, die Anfälligkeit für Fahrzeugpannen und Unfälle auf den häufig beschädigten Straßen und die hohen Treibstoffkosten erschweren die wirtschaftliche Entwicklung. Landwirtschaftliche Erzeugnisse wie Mais- und Baumwolltransporte sind davon besonders stark betroffen. Der Privatverkehr hat in der Hauptstadt und den Copperbeltstädten eklatant zugenommen, während die Fahrzeugdichte im Hinterland weiterhin dünn bleibt.

Schon gewusst?

Das malawische Bahnnetz soll von Mchinji nach Chipata verlängert werden, um Sambia über den Nacala Corridor in Mosambik einen Zugang zum Indischen Ozean zu gewähren

Ein Anteil der Importe und Exporte werden mit der Eisenbahn transportiert, obwohl die Bahn unter chronischem Mangel an Lokomotiven und Waggons leidet. Das Schienennetz umfasst 3126 km inklusive 1860 km der sambisch-tansanischenTAZARA-Bahnstrecke. Diese Fernverbindung zwischen Kapiri Mposhi und Dar-es-Salaam in Tansania ist die einzige Bahnverbindung Sambias, die auch für die Beförderung von Passagieren von Bedeutung ist.

Sambia verfügt bisher über internationale **Flughäfen** in Lusaka, Livingstone, Ndola, Solwezi und Mfuwe. Daneben existieren in größeren Städten und an wichtigen Punkten zahlreiche weitere Inlandflughäfen.

Tourismus

Das Land verfügt über ein großes Potenzial an touristischen Attraktionen. Als ausbaufähiger, devisenbringender Wirtschaftssektor steigt die Bedeutung des Tourismus von Jahr zu Jahr. Verglichen mit den Ländern südlich des Sambesi steckt der Tourismus in Sambia aber immer noch in den Kinderschuhen. Die Probleme beim Ausbau der Reisebranche sind u. a. die noch unzureichende Infrastruktur im Lande, das im internationalen Vergleich hohe Preisleistungsverhältnis, die kurze touristische Saison und ein immer noch zu niedriger Bekanntheitsgrad. Dagegen stehen großartige Attraktionen wie die Viktoriafälle und andere Wasserfälle, einige außergewöhnlich schöne Nationalparks und eine gastfreundliche, friedfertige Bevölkerung. Sambias vielseitiges Angebot mit Wandersafaris, Kanufahrten, Wildwasserfahrten, Kulturbegegnungen und Zeremonien ist ideal für aktive Individualtouristen. Nicht unpassend warb das Land bis 2011 mit dem Slogan "Zambia – The Real Africa".

Seit einigen Jahren taucht Sambia verstärkt im Angebot der deutschen Reiseveranstalter auf und lässt sich nun problemlos als Pauschalreise oder Safari-Baustein bei einer Afrikarrundreise buchen. Sambia ist und wird auch künftig kein Massenziel, sondern bleibt vielmehr ein Ziel für Afrikakenner und -freunde. Die durchschnittliche Auslastung der Hotels und Lodges liegt selbst in der Hochsaison oft nur bei 60–65 %. Einen Teil des touristischen Aufschwungs, der zuletzt regelmäßig um rund 6 % zulegte, verdankt das Land auch der Krise im Nachbarland Zimbabwe, wohin zuvor der Großteil aller Viktoria-Falls-Touristen reiste.

Die Bemühungen, den Tourismus auszubauen und zu fördern, haben deutlich zugenommen. So veranstaltet die Zambia Tourism Agency (ZTA) seit ein paar Jahren regelmäßig eine Zambia Travel Expo (ZATEX) und war auch schon offizieller "Convention & Culture Partner" der ITB Berlin, der weltgrößten Reisemesse. Im Jahr 2022 sind 554 000 Touristenankünfte ermittelt worden.

*Fotos von oben: Nicht unumstritten: Interaktion mit Geparden im Chaminuka Wildpark nahe Lusaka;
Souvenirladen einer Frauenkooperative in Mfuwe;
Touristenspot Cultural Village in Livingstone*

Naturschutz & Wildlife Management

Bis zur Ankunft der Europäer gab es im Gebiet des heutigen Sambia unermessliche Wildtierherden. Seit uralten Zeiten existierte der Elfenbeinhandel, und dennoch überlebten hunderttausende Elefanten in der Region. Das Königreich Lozi im Barotseland kannte bereits ein traditionelles Gesetz zur Regulierung des Wildtierbestandes. Doch mit der Besiedlung durch die Weißen setzte bis Ende des 19. Jh. eine so alarmierende Dezimierung ein, dass sich die Kolonialverwaltung – seinerzeit die BSAC – zu Anfang des 20. Jh. zu einer **Jagdregulierung** entschloss. Auf diese Weise entstanden die ersten Wildreservate, wenngleich diese Schutzgebiete damals ausschließlich der Schonung von Wild für spätere Jagdzwecke dienten. Daneben wurden ab 1935 spezielle Elefantenjäger engagiert, um marodierende, die Bevölkerung und ihre Felder bedrohende Elefanten zu schießen. Durch den Schutz der Reservate konnte sich der Wildbestand deutlich erholen. Im Luangwatal waren um 1900 die Elefanten fast ausgestorben, doch 70 Jahre später lebten dort wieder 100 000 Elefanten und mehrere tausend Nashörner. Im Laufe der Jahre haben sich die Safaris von Jagd- zu Foto- und Walking Safaris gewandelt. 1950 erklärte man das Kafue-Reservat zum ersten Nationalpark Sambias, dann folgten die Parks im Luangwatal und in den 1970er Jahren wurden zahlreiche weitere Reservate in Nationalparks umbenannt.

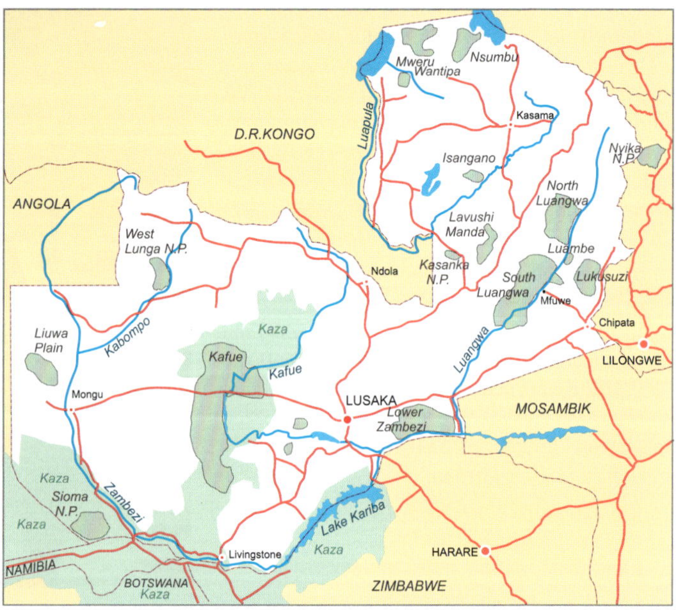

Etwa um diese Zeit begann eine unglaubliche Ausweitung der Wilderei. Durch Sambias Unterstützung der nachbarschaftlichen Unabhängigkeitskämpfer kam es zu einem gehäuften Auftreten von Schusswaffen im Lande, was nun die **Wilderei** im großen Stil ermöglichte. Internationale Absatzmärkte waren da, der illegale Handel florierte und brachte sehr viel Geld. Korruption und Unvermögen der Regierung, zudem das Abschieben jeglicher Verantwortung, unterstützten diese dramatische Entwicklung. In nur zehn Jahren wurden bis zu 80 % des gesamten bestehenden Wildbestandes ausgerottet. Alle Nashörner waren ausgerottet und den Elefanten drohte das gleiche Schicksal. Es wurde ein verzweifelter Kampf vor allem der Naturschützer im Luangwatal um Norman Carr und Phil Berry, um Sambias Wildtiere zu retten. Doch ihr zäher Einsatz zahlte sich zumindest für die größten Parks im Luangwatal und am Kafue aus, und mit internationaler Hilfe wendete sich das Blatt schließlich. Heute leben in Sambia zwischen 20 000 und 25 000 Elefanten.

Fotos links: Fröhlicher Wildhüter; Holzkohleproduktion vernichtet die alten Wälder Sambias; Konzi im Kafue NP

Foto oben: Tierschutz mit Leidenschaft und vollem Einsatz betreibt Sylvia Siddle im Chimfunshi Wildlife Orphanage

42 Tierarten stehen heute in Sambia unter strengem Schutz. Da sich die natürliche Umgebung der Schutzzonen wenig veränderte und die Tiere vielerorts ihre alten Lebensbedingungen vorfinden, hätte Sambia das Potenzial und durchaus eine reelle Chance auf erneute Wildzuwächse. Sorge bereiten jedoch der menschliche Zuzug in Schutzgebieten und Pufferzonen und die massive Abholzung derselben.

Schon gewusst?

Die königlichen Jagdgebiete Nsefu und Luambe waren die ersten Wildschutzzonen, in denen Besucher die Tierwelt nur besichtigen durften, anstatt sie zu bejagen

8 % der Landesfläche stehen als Nationalparks unter Schutz, dies entspricht fast der Fläche von Holland und Belgien zusammen. Die zwanzig Nationalparks werden durch das staatliche "Department of National Parks & Wildlife" verwaltet. Um die Nationalparks liegen große Flächen sog. "Game Management Areas", GMAs, die als Pufferzonen fungieren. Alle diese **Schutzzonen** (20 Parks und 36 GMAs)

Bild oben: Hausbemalung im Dorf Zokwe, wo viele Männer von der Jagd oder als Wildhüter leben

zusammen stellen fast 33 % der Landesfläche. In vielen GMAs dürfen Menschen leben und kontrollierten Abbau der natürlichen Ressourcen betreiben. In zahlreichen Game Management Areas werden außerdem Jagdsafaris genehmigt, deren Einnahmen teilweise den örtlichen Dorfgemeinschaften zugute kommen sollen: Offiziell fließen die Einnahmen durch die kommerzielle Jagd in etwa zu gleichen Teilen in die ansässigen Gemeinden und zur Regierung. Dieses Modell knüpft wie auch die Wetlands-Programme des WWF an das CAMPFIRE-Programm Zimbabwes an, ist hier aber wenig erfolgreich.

Fotos rechts: Durch eine Schlinge wurde dieser Löwe sehr schwer verletzt; ein von Wilderern konfisziertes Schuppentierbaby, das jetzt mühevoll aufgepäppelt wird; Waldbrände in Nationalparks sind in Sambia leider an der Tagesordnung

Seit vielen Jahren gibt es wechselnde Ansätze zur Umstrukturierung der Nationalparkverwaltung, Verbesserung der Wilderei-Bekämpfung und zum Ausbau touristischer Nutzungsmöglichkeiten. Doch von der Idee zur Umsetzung ist es ein weiter Weg. So durfte 2001/2002 gar keine Jagd betrieben werden, weil sich die zuständige Behörde nicht über die Lizenzvergabe einigen konnte. Damit fielen hohe Einnahmen aus und die Wilderei in den abgelegenen Gebieten nahm erschreckende Ausmaße an. Seit 2013 galt erneut ein "Hunting Ban" in 19 Jagdkonzessionen. Doch trotz internationaler Entrüstung wurde das Jagdverbot 2015 von der Regierung wieder aufgehoben. Seither dürfen Leoparden wieder kontrolliert bejagt werden, und seit der Saison 2016/2017 leider auch wieder Löwen.

Eine Chance für den Schutz des Wildbestands bietet das **Game Farming**, die Wildtierzucht zur kommerziellen Nutzung (zumeist Antilopen wie Kudus, Elenantilopen und Impalas), häufig kombiniert mit herkömmlicher Nutztierhaltung.

Eine Kontrolle der abgelegenen Nationalparks ist schwierig, und viele dieser Parks existieren heute nur noch auf der Landkarte. Es führen keine Straßen hindurch, es wird gewildert, und man sagt, in manchen Parks leben inzwischen mehr Menschen als Wildtiere. Früher waren viele der GMAs von **Tsetsefliegen** verseucht und daher nicht für eine menschliche Besiedlung geeignet. Der große Erfolg der Tsetsefliegen-Kampagnen (s. S. 58) führte zu einem Ansturm auf die bisher unbewohnten Gebiete. Plötzlich entstehen hier Dörfer und werden Felder angelegt. Zwangsläufige Folgen dieser Entwicklung sind die zügellose Abholzung alter Wälder, die Dezimierung des Wildbestands durch illegale Jagd und Wilderei zur Nahrungsmittelbeschaffung (Bush Meat) und die deutliche Einengung des Lebensraums für die Wildtiere.

In den lokalen sambischen Sprachen werden die Begriffe "das Wild" und "das Fleisch" sprachlich nicht unterschieden, beides heißt "Nyama". Es existiert auch keine sprachliche Unterscheidung zwischen einem Wilderer und einem Jäger, was verdeutlicht, wie fremdartig Naturschutzpolitik für die Menschen hier ist.

Die dramatische Zunahme der Elefantenwilderei führte in jüngster Vergangenheit wenigstens zu einem umso stärkeren Einsatz gegen die Wilderei. 2017 konnten die Wildhüter z. B. 1263 Verdächtige verhaften, 390 Schusswaffen sicherstellen, 3062 kg Elfenbein und 5591 kg illegales "Bush Meat" konfiszieren sowie 70 Schuppentiere retten.

KAZA Park ist ein gigantisches Großprojekt, das größte grenzüberschreitende Naturschutzgebiet der Erde, das sich über 519 912 km^2 und Teile von Angola, Namibia, Botswana, Sambia und Zimbabwe erstreckt und 36 bestehende Nationalparks und Schutzgebiete integriert. Das ehrgeizige Projekt steckt noch in den Kinderschuhen. In der Pufferzone zwischen Kafue NP und dem Chobe NP in Botswana wurde ein Sanctuary innerhalb der Simalaha Community Conservancy eingerichtet, mit Wildzäunen umgeben, und es wurden Antilopen eingeführt.

DER NATURRAUM

Die Topographie Sambias

Sambia zeicht sich durch eine **spektakuläre Pflanzenvielfalt** aus. Es wurden bereits mehr als 4600 Spezies registriert mit über 200 endemischen Arten (im Vergleich: in der BRD existieren 2500 Pflanzenarten, darunter 88 endemische Arten).

Rechts: Ausblick vom Mayense im Muchinga Escarpment (Mutinondo Wilderness)

Unten: Tümpel in der Busanga Plain in der Regenzeit

Das Binnenland Sambia liegt zwischen 8° und 18° südlicher sowie 22° und 33° östlicher Länge und damit genau im Schnittpunkt von Zentral-, Ost- und südlichem Afrika. Je nach Quelle und Bezug wird Sambia einer dieser drei Regionen zugeordnet. In ethnologischer Hinsicht zählt das Land eher zu Zentralafrika, aus geologischer Sicht jedoch zum südlichen Afrika.

Sambias Staatsgebiet umfasst 752 614 km² einschließlich seines Anteils am Tanganjikasee. Es ist damit mehr als doppelt so groß wie Deutschland bzw. größer als Dänemark, Frankreich, Belgien, die Schweiz und Österreich zusammen, hat aber weniger als 20 % der Einwohner dieser Länder. Sambias Ost-West-Ausdehnung beträgt 1350 km, die Nord-Süd-Ausdehnung 1100 km. In der Mitte wird Sambia stark durch den zum Kongo gehörenden **Katangazipfel** eingeschnürt. Die Grenzen zu den acht Nachbarländern wurden zumeist entlang von Flüssen und Wasserscheiden gezogen.

Westsambia ist Teil des Kalahari-Sandbeckens. Der größere Teil des Landes liegt jedoch auf dem 1000 bis 1600 m hoch gelegenen zentralafrikanischen **Hochplateau**. Von Süden nach Norden steigt das Land

allmählich zur Lundaschwelle des Kongobeckens an bzw. zum zentralafrikanischen Grabenbruch am Tanganjikasee. Die höchste Erhebung bilden mit 2164 m die zum Nyika-Hochgebirge gehörenden Makutu-Mountains im äußersten Osten des Landes. Im Pleistozän entstanden hier durch Verwerfungen, Dehn- und Zugkräfte in der Erdkruste gigantische Risse und Grabenbrüche. Tektonische Aktivitäten vertieften die Einschnitte. In dieser zerklüfteten Randzone des Zentralafrikanischen Grabenbruchsystems liegt das Luangwatal. Dieser Taleinschnitt wird im Westen vom **Muchinga Escarpment** begrenzt, einer bis 1848 m hohen Bergkette von gravierender limnologischer Bedeutung, denn sie bildet die **Wasserscheide** zwischen den Einzugsgebieten des Kongo, der in den Atlantik fließt, und des zum Indischen Ozean strömenden Sambesi. Sie trennt sogar zoologische Unterarten voneinander.

Flüsse, Seen und Sümpfe: ein riesiges Wasserreservoir

Der Sambesi hat Sambia zu Recht seinen Namen gegeben, entwässert er mit seinen Zuflüssen doch den größten Teil des Landes. Von seiner Quelle im Nordwesten fließt er auf seinem 2700 km langen Weg zum Indischen Ozean 1550 km durch Sambia. Seine bedeutendsten Zuflüsse sind der 960 km lange Kafue und der 1131 km lange Luangwa. Bei Livingstone stürzt der Sambesi die über 100 m hohen Viktoriafälle hinab und anschließend durch die schluchtartige Sambesifurche in den 5200 km² großen Karibasee. Im ganzen Land kommen zudem riesige Sumpfsenken vor; die größten liegen am Mweru- und Bangweulusee (Luapulabecken), am oberen Sambesi und Kafue (Barotse und Busanga Plains) und bei Kabwe (Lukangasümpfe).

Besonderheiten

Ostsambia bildet eine Randzone des Zentralafrikanischen Grabenbruch-Systems. Hier begrenzt das **Muchinga Escarpment** mit bis zu 1848 m Höhe den 560 km langen und bis zu 100 km breiten Luangwagraben.

Das Land verfügt mit seinen Flüssen, natürlichen und Stauseen über 45 % der **Wasserreserven** im südlichen Afrika.

Entlang der Grenze zur Republik Kongo erstreckt sich der an **Bodenschätze**n reiche Copperbelt mit einer Ausdehnung von rund 50 X 110 km.

Miombowald

Miombowälder sind halb-immergrün, bilden zumeist eine geschlossene Grasdecke, haben eine bunte Blätterverfärbung und sind extrem artenreich. Diese attraktive Waldart dominiert zwischen dem Regenwaldgürtel und den Trockenwäldern im tropischen Afrika.

Die Leitspezies des ausgesprochen attraktiven Miombowaldes bilden die Baumfamilien Brachystegia, Julbernardia und Isoberlinia. Allen diesen Arten sind ihre pilzförmigen, ausladenen Baumkronen und das explosive Aufspringen der Samenkapseln gemein. Ein sehr häufiger Vertreter ist der **Muombo** (*Brachystegia longifolia*), dessen Plural Miombo der Waldart ihren Namen verlieh. In mittleren Lagen um 1200 m trifft man auf den **Msasa** (*Brachystegia spiciformis*), dessen Samenkapseln sich nach dem explosiven Aufbrechen sofort spiralförmig eindrehen, und auf den **Munondobaum** (*Julbernardia globiflora*). Die beiden bis zu 12 m hoch wachsenden Laubbäume unterscheidet man daran, dass Blätter und Schoten des Msasa fest und haarlos, Munondoblätter dagegen fein behaart und die Samenkapseln samtweich sind. In trockenen Gebieten weicht der Msasa dem **Mfuti** (*Brachystegia boehmii*). Miombobäume sind periodisch laubabwerfend, wobei der Austrieb neuer Blätter noch vor der Regenzeit ab August/September stattfindet, wird er doch durch den enormen Temperaturanstieg zum Ende der Trockenzeit ausgelöst. Dass Blüten und Früchte oft direkt aus dem Stamm und aus dicken Ästen wachsen, ist eine Besonderheit blühender Bäume in den Tropen. Ein auffallend schöner mittelgroßer Baum mit runder Krone ist der **Munkulungu** bzw. **Msale** (*Brachystegia bussei*). Er blüht weiß zu Beginn der Regenzeit und hat oval-längliche Samenkapseln.

Häufigste Vegetationsformen

- **Miombowälder:** Die regengrünen, laubabwerfenden Brachystegia-Wälder bedecken etwa 70 % der Plateauflächen und bilden somit Sambias häufigste Waldart.
- **Mopanewälder:** Diese Waldart schließt sich südlich der Miombowälder an und ist die dominante Waldart in heißen und regenarmen Regionen mit sandigen Böden.
- **Trocken- und Mischwald:** Die Strauch- und Dornsavannen bedecken Tieflandzonen mit zahlreichen Spezies der Akazien-, Combretum- und Terminalia-Familien.
- **Mushitu-Wälder:** Dies sind bedrohte, empfindliche Nebelurwälder zumeist im Norden und in höheren Lagen, die sich mit artenreichen Bäumen, Moosen und Farnen um Quellen und Feuchtböden bilden.
- **Bergurwälder** und **Bergwiesen:** Im Nyika Bergplateau und auf den umliegenden Bergen breiten sich diese Wälder und artenreichen blühenden Gräser aus.
- **Mateshi-Dornbuschsavannen:** Diese Akazienwälder markieren im äußersten Norden den Übergang zur ostafrikanischen Steppenvegetation.
- **Mavundu-Wälder:** Typische Waldart in Westsambia mit artenreichen Trocken- und Teakhölzern auf sandigen, wenig fruchtbaren Böden ohne Oberflächenwasser.
- **Dambos:** Dies sind baumlose, nur mit Gras bedeckte natürliche Niederungen, die 4,6 % der Fläche Sambias ausmachen. Die flachen Mulden und Senken werden regelmäßig überschwemmt, halten für Monate Wasser (z. B. in den Barotse Flood Plains) und bilden eine wertvolle Drainage. Früher waren es gute Wildweiden; wegen ihrer meist sauren Böden sind sie nicht zur Rinderhaltung geeignet.
- **Dauersümpfe:** Permanente Sumpfgebiete in den Lukanga Swamps und den Bangweulu Swamps.
- **Flutebenen:** Periodisch überflutete Schwemmgebiete entlang breiter Ströme, meist mit harten Gräsern bewachsen (Barotse Flats, Kafue Flats, Chambeshi Flats).

Bilder von oben: Lusenga Plain mit Morgennebel; Dambo nahe Kundalila Falls; trockener Miombowald an der Wonder Gorge

Vegetation

Mopanewald

Aus diesen Eiern (Bild oben) schlüpft die Mopaneraupe, „Mopane Worm“ genannt (Bild unten)

Mopanewälder bevorzugen regenärmere Gebiete im Süden Sambias mit sandigen oder lehmigen Böden und nur spärlichem Grasbewuchs. In der Trockenzeit ist diese Waldart kahl, oft abgebrannt und wird geprägt vom Lärm unzähliger Zikaden und zahlreichen Termitenhügeln. Die Leitspezies **Mopane** *(Colophospermum mopane)* kann bei günstigen Bedingungen bis zu 18 m hoch wachsen, bleibt aber bei schlechten Böden oft nur ein Busch. Der widerstandsfähige Baum kann sogar auf alkalischen Böden existieren und bildet ein begehrtes Feuerholz.

Der Mopane lässt sich recht einfach an seinen schmetterlingsförmigen Blättern erkennen, an denen man zu Beginn der Regenzeit manchmal auch den "Mopane worm" *Gonimbrasia Belina* findet. Viele Afrikaner sammeln, rösten und verzehren die proteinreichen Raupen. Der Dung von Abermillionen Raupen – er misst mehr Volumen als der Dung aller Wildtiere zusammen – ist ein wertvoller Dünger für die ausgelaugten Böden dieser Waldart. Die überlebenden Raupen vergraben sich monatelang im Boden, ehe sie sich zu Faltern entwickeln, die nur zwei Tage zu leben haben und in dieser Zeit hunderte kleinster Eier akkurat an Zweige und Blätter des Mopanebaumes ablegen müssen.

Falscher Mopane (*Guibourtia coleosperma*) ist ein ähnlicher, aber weniger häufiger Baum mit auffällig geschecktem Stamm. Im Mopanewald findet man mitunter die zur Regenzeit lila blühenden **Teakholzbäume** (*Baikiaea plurijuga*) mit dem besonders harten Edelholz und den schattenspendenden Baumkronen. In westsambischen Kalahari-Randzonen und dem Sambesital ist die **Afrikanische Kastanie** (*Sterculia africana*), auch Mgozo und Tick Tree genannt, verbreitet. Ihre pelzige Fruchtkapsel ähnelt der des Baobabs. Dieser Baum aus der Kakaofamilie steht gerne auf steinigen Böden.

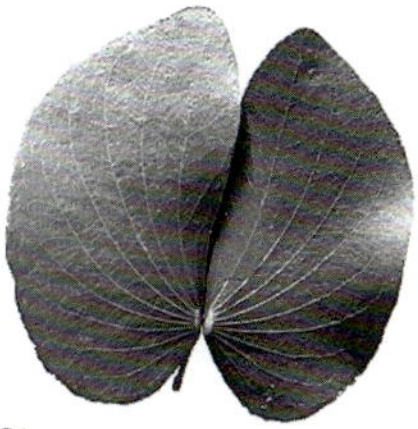

Zur Info:
Die Blätter des Mopane (links) und des Falschen Mopane (oben) im direkten Vergleich.

Mopaneblätter sind Terpentin-haltig und giftig. Ganz junge Blätter sind essbar, die ausgereiften dagegen giftig für alle Wildtiere; und erst die trockenen welken, rötlichen Blätter können dann wieder gefahrlos verzehrt werden.

Afrikanisches Ebenholz (*Diospyros mespiliformis*), auch Jackalberry Tree genannt, gehört zu den größten Charakterbäumen des Luangwatals, denn das imposante dunkle Edelholz bildet hier monospezifische Haine ohne Unterholz, die durch ihr lichtes Schattenspiel herrlich anzusehen sind und in der Regenzeit in den Feuchtsenken und Altwasserlagunen oft monatelang von stehendem Wasser umringt sind.

Saisonale Flutebenen

Im Norden Sambias liegen mehrere riesige Sumpfgebiete und entspringen zahlreiche Flüsse, die sich periodisch in Schwemmebenen entwässern. Solche Gebiete bleiben oft über Wochen und Monate großflächig geflutet. Sie sind daher bis auf kleine Waldinseln baumlos und nur mit harten, oft salzhaltigen robusten Gräsern bedeckt. Typische Beispiele solcher Flutebenen sind die Barotse Flats am Oberlauf des Sambesi (Foto oben), die Liuwa Plain auf der Westbank (kleines Foto links), die Luena Flats (Foto rechts), die Chambeshi Flats im Nordosten, die Kafue Flats und die Busanga Flats im Kafue Nationalpark.

Während die Flora in solchen Gebieten wenig artenreich ist und in den trockenen Monaten hier überwiegend kurzlebige, niedrige Blüten und Sträucher gedeihen, sind diese Flutebenen dafür regelrecht übersät von Tausenden grauer Termintenhügel. Man nennt diese auffällige Erscheinung „**Anthill Vegetation**". Auf den ausgelaugten Böden dieser Ebenen entstehen besonders harte, fast zementartige, abgerundete kleine Termitenhügel, die einheitlich grau und groß sind. Sie unterstützen die Verdichtung der Erde, sodass es in solchen Gebieten keine fruchtbaren weichen Böden gibt. Lehmig-sumpfig während der Überflutung oder knochenhart, so zeigt sich die Oberfläche saisonaler Flutebenen.

An den Flussufern

Flussufer weisen eine besonders große Vielfalt an Bäumen und Sträuchern auf. Sehr markant ist der **Red Milkwood** (*Mimusops zeyheri*), ein immergrüner Baum, der bis zu tausend Jahre alt werden kann. Zwischen September und November trägt er weiße Blüten, und seine kleinen, ovalen, gelb-orangenen Samen enthalten viel Vitamin C. Größeres Glück ist nötig, um ein Exemplar der **Holzbanane** (*Entandrophragma caudatum*) zu entdecken. Dieser eher seltene Baum steht bevorzugt an Gewässern auf steinigem Grund und trägt Fruchtkapseln, die im aufgesprungenen Zustand zu Beginn der Regenzeit wie geschälte Bananen am Baum hängen. Er wird als der königliche Baum des Barotselandes gewürdigt; aus seinem Holz wurde die Barke des Litunga gefertigt (siehe Kuomboka-Zeremonie, S. 39). Der **Matumi** oder **Wilde Oleander** (*Adina microcephala*) blüht in der Regenzeit weiß mit schöner Krone und langen Blättern. Der immergrüne Baum steht an Flussufern in niedrigen Lagen. Sehr auffallend ist der Stamm der **Blaurinden-Commiphora** (*Commiphora caerulea*) aus der Myrrhe-Familie, dessen milchig-blaue Rinde beständig abblättert. Am Itezhi-Tezhi-Stausee stehen einige Exemplare nahe dem David-Shepherd-Camp.

Vegetation

Der **Farbkätzchenstrauch** (*Dichrostachys cinerea*) ist ein akazienähnlicher Busch der niedrigen Höhenlagen. Er gilt als Indikator für überweidete Böden, weil er eine typische Sekundärpflanze ist, und er lässt sich leicht an seinen eigenwilligen Samenhülsen erkennen, die wie verschlungene Knäuel am Busch hängen. Das Bild oben zeigt die Blüte.

In den Niedrigzonen und Tälern

Die trockenen Niederungen mit sandigen Böden und saisonal oft sehr hohen Temperaturen weisen einen speziellen Bewuchs auf. Im unteren Sambesital gedeihen stellenweise bizarre **Fieberbäume** *(Vachellia xanthophloea)*. Ihre gelben Stämme heben sich vor allem während der blattlosen Trockenzeit stark hervor. Die ersten Forschungsreisenden und Missionare gaben dieser anmutigen Akazie den Namen Fieberbaum, da sie sie für den Auslöser der Malaria hielten. In der Tat wächst der zierliche Baum in den besonders heißen, sumpfigen Niederungen, wo auch die Malaria wütet, hat ansonsten aber nichts mit der Krankheit zu tun. **Pod Mahogany** *(Afzelia quanzensis)* ist ein weiterer eindrucksvoller, schattenspendender Baum der Tieflagen. Seine mahagonifarbenen Samenkapseln werden bis zu 10 x 17 cm groß und sind ein beliebtes Souvenir. Bei günstigen Existenzbedingungen erreicht er bis zu 35 m Höhe. In der traditionellen afrikanischen Medizin werden seine Wurzeln gegen Bilharziose eingesetzt. Der **Rote Mahagonibaum** (*Khaya nyasica)* kann sogar bis zu 60 m hoch wachsen und bildet ein hervorragendes Möbelholz. Die Rinde dieses mächtigen Giganten enthält Chinin, einen wertvollen Stoff zur Malariabehandlung. Er gehört zu den schönsten Baumriesen Afrikas.

Akazien, Albizien und Combretum

Akazien bevorzugen offene Waldlandschaften in regenarmen Regionen, und sie sind daher vor allem in mittleren und niederen Höhenlagen anzutreffen. Weil die Hülsenfrüchtler den Stickstoff aus der Luft wie einen Dünger nützen, wachsen sie auch noch auf sehr verkarsteten Böden. Eine recht auffällige Akazie ist z. B. die **Papierrindenakazie** (*Vachellia sieberiana*), deren hellfarbige Rinde sich wie Papierfetzen abschält. Ihre Samenhülsen sind ein begehrtes Futter für Elefanten, Büffel, Antilopen oder auch Rinder. Noch markanter ist der von unzähligen Noppen und Warzen übersäte Stamm der **Knopfdornakazie** (*Acacia nigrescens*). Dieser Baum bleibt oft monatelang kahl und gilt als Indikator für gutes Weideland. **Apfelringakazien** (*Faidherbia albida*), auch Winterdorn und Anabaum genannt, sind bis zu 30 m hoch wachsende und sehr attraktive Bäume. Sie breiten sich besonders gerne an den Flussufern tief liegender Gebiete aus und sind dort ein begehrtes Wildfutter. Bei dieser Akazie sprießen nämlich im südlichen Winter die frischen Blätter, wenn alle anderen Bäume noch kahl sind; für den Nahrungszyklus der Wildtiere hat sie daher eine herausragende Bedeutung. Besonders schöne Exemplare säumen die Ufer des Chongwe Rivers am Rande des Lower Zambezi NP. Ebenfalls in trockenen Niedrigzonen wächst die auffällige **Ringelhülsenakazie** (*Vachellia tortilis*), die nach ihren markanten Samenhülsen benannt wurde und zur Familie der Schirmakazien zählt.

Die Bäume der weit verbreiteten Albizia-Familie werden allzu leicht mit Akazien verwechselt. Man kann sie jedoch daran unterscheiden, dass Albizien im Gegensatz zu den afrikanischen Akazien keine Dornen haben. Zur Malariabehandlung werden in der traditionellen Medizin die Früchte der **Bitteralbizia** (*Albizia amara*) eingesetzt. Der Baum gilt auch als zuverlässiger Indikator für Tsetsefliegen.

Sehr weite Verbreitung in Misch- und Trockenwäldern finden afrikanische **Weiden**. Diese Langfadengewächse der *Combretum-Familie* tragen Früchte mit vier Flügeln in gelben, grünen, braunen und violetten Farben. Typisch sind **Vierblattcombretum** (*Combretum ghasalense*), **Kudubusch** (*Combretum apiculatum*) und die violett blühende **Rostbraune Buschweide** (*Combretum hereoense*). Der mächtige **Ahnenbaum** (*Combretum imberbe*) und der eher strauchartige **Chitungulu** (*Combretum obovatum,* 3. Foto von oben) sind häufig im Luangwatal.

Vegetation

Besondere Spezies

Die **Kapfeige** (*Ficus capensis*), ein attraktiver, hoch wachsender Maulbeerbaum der Wald- und Sumpfgebiete, findet starke Verwendung in der afrikanischen Medizin. Ein mächtiger Vertreter der immergrünen Wälder im nördlichen Sambia ist der **Red Water Tree** (*Erythrophleum suaveolens*). Sein hartes Holz dient dem Eisenbahn-, Brücken- und Minenbau. Die Rinde enthält betäubende Alkaloide – ein wirksames Pfeil- und Fischgift. Die **Sandseringe** (*Burkea africana*), ein nur mittelgroßer Waldbaum, zieht wie der Mopane Raupen an, die von den Einheimischen geröstet verspeist werden.

Baobab

Der berühmteste Baum Afrikas ist wohl der Baobab oder Affenbrotbaum (*Adansonia digitata*). Er zählt zu den Wollbäumen und kommt nur in niedrig-heißen afrikanischen Regionen und Flusstälern wie am Sambesi und Luangwa vor. Dieser ungewöhnliche Baum ist extrem vital und zäh, manche Exemplare werden bis tausend Jahre alt. Sein massiger Stamm dient als Wasserspeicher, der in Trockenzeiten von Elefanten angefressen wird. Die großen, weißen Blüten blühen nur für etwa zwei Tage im Oktober/November, und die ovalen, samtigen Früchte enthalten so viel Vitamin C wie kaum eine andere Pflanze. Auch die jungen Blätter sind als Gemüse gekocht essbar. Unzählige Legenden und Mythen befassen sich mit dem knorrigen Baum, der in den meisten afrikanischen Kulturen sehr verehrt wird. Manche glauben, der Sud aus seinen Samen schütze vor Krokodilen, andere behaupten, Gott habe den Baum versehentlich verkehrt herum eingepflanzt. Hohle Baobabs dienten früher als Versteck, Unterschlupf oder auch als Gefängnis.

Leberwurstbaum

Zu den ungewöhnlichsten Bäumen zählt der Leberwurstbaum (*Kigelia africana*), der in den niedrigen Zonen an Flussufern und in offenen Waldsavannen anzutreffen ist (Luangwa- und Sambesital). Seine Früchte werden bis zu 1 m lang und bis zu 10 kg schwer, da sie sehr viel Wasser enthalten. Sie hängen tatsächlich wie überdimensionale Leberwürste von den Zweigen herab. Im unreifen Zustand sind sie giftig, reif werden sie zum Bierbrauen verwendet. Bei Hungersnöten verzehren die Menschen seine Früchte, ansonsten sind sie ein beliebtes Futter für Mangusten, Flusspferden, Paviane und anderes Wild. Die dunkelroten Blüten des Trompetenbaumgewächses verströmen abends einen unangenehmen Duft, der Fledermäuse zum Bestäuben anlockt.

Afrikanischer Regenbaum

Besondere Erwähnung verdient der Regenbaum (*Lonchocarpus capassa*). Der mittelgroße, weitverbreitete Baum steht gerne an Flussläufen. Sein Name verrät es schon: aus diesem zu Beginn der Regenzeit lila blühenden Baum scheint es gelegentlich zu regnen! Dafür ist allerdings ein kleines Insekt verantwortlich, das auf dem Baum lebt. Um sich vor der starken Sonneneinstrahlung zu schützen, muss sich die Zikade (*Ptyelus grossus)* selbst mit sog. „Kuckucksspucke" bedecken. Dazu saugt sie die Rinde an, produziert Speichel und scheidet sogleich fast reines Wasser wieder aus, welches dann vom Baum tropft.

Marula

Viel Unsinn ist über den Marulabaum (*Sclerocarya birrea*) berichtet worden, dessen Früchte viermal mehr Vitamin C als Orangen enthalten und die im überreifen Zustand zum Gären neigen. Eine Überdosis solcher Früchte kann daher durchaus unangenehme Nebenwirkungen auslösen, jedoch nicht – wie in einem berühmten südafrikanischen Tierfilm dargestellt – zur Massentrunkenheit unter Affen, Elefanten, Warzenschweinen und Antilopen führen. In Südafrika wird aus Marulafrüchten ein wohlschmeckender Likör gleichen Namens gewonnen. Der Marulabaum erfährt außerdem besondere Ehrung bei den Tonga.

Sukkulenten

Zahlreiche Euphorbien aus der Gattung der Sukkulenten sind in Sambia verbreitet. Mit Abstand am häufigsten kommt allerdings die **Kandelabereuphorbie** *(Euphorbia candelabrum)* vor. Sie wächst bis zu 10 m hoch und blüht während der Regenzeit gelbgrün. Sehr häufig steht sie in trocken-heißen Regionen direkt an markanten Termitenhügeln. Wenn man Euphorbien verletzt, tritt ein giftiger Milchsaft aus, wodurch die Pflanze eindeutig als Wolfsmilchgewächs und nicht als Kaktus identifiziert werden kann. Die Heimat der Kandelabereuphorbie ist die Kalahari.

Palmen

Flussufer, Sümpfe und Dambos sind klassische Standorte von Palmen. Riesige Palmenhaine findet man im Lower Zambezi Nationalpark und im nördlichen Luangwatal und westlich von Namwala am Kafue River. **Fächerpalmen** (*Hyphaene petersiana*) wachsen auf Sandböden und in Regionen mit salzhaltigem Grundwasser. Eine weit verbreitete Unterart südlich der Linie Mongu – Mumbwa – Mkushi – Lundazi ist die 'Vegetable Ivory'-Palme *(Hyphaene benguellensis)*. Bis zu 2000 runde Früchte trägt jede einzelne Palme, die erst zwei Jahre lang reifen und nach weiteren zwei Jahren abfallen. Die abgefallenen Früchte sind ein begehrtes Elefanten- und Affenfutter, wobei die Tiere zugleich als

Fotos links: Baobab; blühender Regenbaum; Früchte des Leberwurstbaums

Mukwa
Durch seine großen runden Samenfrüchte ist der Mukwa (*Pterocarpus angolensis*) leicht erkennbar. Die haarige Kugel weist außen herum einen weichen, wellenförmigen Ring von etwa 3 cm Breite auf (Foto oben). Diese Früchte hängen oft monatelang am Baum. Wenn man den Mukwa anschneidet, tritt eine blutähnliche Flüssigkeit aus. Der Baum ist feuerresistent und bietet hervorragendes Holz für Paddel und Kanus. In Sambia nennt man die Samenfrüchte auch "Flying Eggs".

Oben: Schlüsselanhänger aus dem Palm-Elfenbein der Ilala- bzw. Makalanipalme (unten)

Samenverteiler dienen. Als Souvenirartikel werden die Früchte gesammelt, halbiert und verziert, denn ihr hartes, weißes Inneres erinnert an Elfenbein. Aus den Früchten einer Palme kann außerdem bis zu 70 l Palmwein gewonnen werden. Die Palme selbst wächst sehr langsam. Zum Verwechseln ähnlich sieht die **Deleb**- oder **Palmyrapalme** (*Borassus flabellifer*) aus. Auch diese Fächerpalme zählt zu den nützlichen Tropenpflanzen, aus deren orangegelben Früchten Wein, Arrak und Zucker hergestellt werden. In Regionen, in denen Elefanten leben, ist die Delebpalme besonders stark verbreitet, da die Tiere die Samen unverdaut ausscheiden und auf diese Weise verteilen. Die **Wilde Dattelpalme** (*Phoenix reclinata*) ist auffällig attraktiv. Ihre orangefarbenen Früchte erinnern stark an Datteln. **Raffia**- oder **Bastpalmen** (*Raphia farinifera*) stehen gerne in Sumpfregionen und an Flussläufen. Ihre Blätter werden sehr groß und ausladend. Afrikanerinnen fertigen daraus stabile Korbwaren.

Zierpflanzen

Eine Reihe schöner Zierpflanzen wurde im Laufe der Jahre nach Zentralafrika eingeführt. Zu ihnen zählt der in Madagaskar beheimatete **Flammenbaum** *(Delonix regia)*, der wegen seiner großen roten Blüten gerne in Gärten gepflanzt wird. Auch der **Afrikanische Tulpenbaum** *(Spathodea Campanulata)*, ein Import aus den tropischen Gebieten Westafrikas, hat beeindruckende scharlachrote Glockenblüten. Den Korallen- oder Roten **Feuerbaum** *(Erythrina abyssinica)* sieht man ebenfalls häufig in den Gärten. Entlang der großstädtischen Straßen hat sich hier besonders der **Jacaranda** *(Jacaranda acutifolia)* durchgesetzt. Der in Brasilien beheimatete Baum hat ein sehr begehrtes, hartes Holz und blüht im September und Oktober wunderschön blaulila. Auch verschiedene Akazien wurden seit der Kolonisation aus Australien nach Afrika eingeführt, vor allem blühende **Schirmakazien** mit sehr langen Schoten. Eingeführte Akazien haben im Gegensatz zu den heimischen Arten vielfach keine Dornen.

Fotos von oben: Blühender Flammenbaum; Jacaranda in Blüte mit Schote; Impala-Lily; Karminroter Zylinderputzer

Landwirtschaftliche Nutzpflanzen

Bananenstaude

Die stammlose Banane (*Musa sapientum*) ist ein weit verbreitetes Staudengewächs. Jede Staude entwickelt zeitlebens nur einen einzigen Fruchtstand mit ca. 80 bis 250 Bananen und einer violettfarbigen Blüte. Unter den weltweit etwa 60 verschiedene Bananenarten sind die Obst- und die Mehlbanane die bekanntesten. Ihre langen Blätter sind oft zerrissen, wodurch sie Stürmen besser standhalten können.

Baumwolle

Baumwolle wird vor allem von den Kleinbauern in den trockenen Regionen angebaut. Seit Beginn der Baumwollproduktion in den 1930er Jahren erlebte die Entwicklung ein ständiges Auf und Ab. In den letzten Jahren wird wieder viel mehr Baumwolle angebaut, insbesondere im Luangwatal. Die eigentliche Baumwolle quillt aus den Fruchtkapseln des einjährigen Strauches hervor. Als wertvolles Nebenprodukt gelten die Baumwollsamen, die 20–30 % Fett enthalten.

Mangobaum

Dieser schöne Baum (*Mangifera indica*) mit dichten Blättern und runder Krone, der ganzjährig guten Schatten spendet, ist praktisch in allen Dörfern zu finden. Ursprünglich kommt er aus Asien und kann bis zu 20 m hoch wachsen. Im Mai/Juni wachsen die grünen Früchte heran und reifen bis zur Ernte während der Regenzeit orangerot. Die Dorfjugend verspeist die Früchte oft schon im halbreifen, noch sehr harten Zustand.

Süßkartoffel

Diese in Südamerika beheimatete und sehr stärkehaltige Knolle wird auch in Sambia angebaut. In gekochtem Zustand ist sie der Kartoffel ähnlich, hat aber einen süßlichen Geschmack und ist etwas faserig. Man kann daraus auch Alkohol gewinnen.

Zuckerrohr

Zuckerrohr braucht besonders viel Feuchtigkeit und muss daher intensiv bewässert werden. Die Reifezeit bis zur Ernte dauert je nach Klima zwischen 11 und 20 Monaten; in dieser Zeit wachsen die Rohrstangen bis zu 6 m hoch. Der Zuckerrohranbau dient in Sambia der Herstellung von Rohzucker, Weißzucker und zur Alkoholgewinnung. In der Region um Mazabuka wird Zuckerrohr kommerziell angebaut. Ansonsten werden Zuckerrohrstangen auf den ländlichen Märkten feilgeboten und die zuckerhaltigen Fasern genüsslich gekaut.

Fotos von oben: Baumwollpflanze und Feld; durch solche Rindenbeschädigung bringen die Sambier Bäume zum Absterben

Tabak

Seit dem wirtschaftlichen Niedergang Zimbabwes und der damit verbundenen Abwanderung weißer Farmer nach Sambia wird der Tabakanbau hier immer bedeutsamer. Wo die Ernteerträge früher nur bei 5000 Tonnen pro Jahr lagen, erwirtschaften die aus Zimbabwe eingewanderten Tabakfarmer heute ein Vielfaches dessen. In solchen modernen Plantagenbetrieben werden die Tabakblätter röhrengetrocknet, während die Kleinbauern dagegen ihre Ernte noch traditionell über Feuer trocknen (Foto oben aus einem Dorf nahe Chipata). Die kommerziellen Großbetriebe arbeiten mit Saisonkräften für den Export. Die Qualität des Tabaks hängt stark von den Regenfällen der vergangenen Saison ab. Weil es keine staatlichen Mindestpreise gibt, kommt es immer wieder zu starken Preisschwankungen.

Erdnuss

Die Erdnuss besteht zu fast 50 % aus Fett, bis zu 35 % aus Eiweiß und bis zu 20 % aus Kohlehydraten. Das macht sie zu einem sehr beliebten Nahrungsmittel. Am liebsten werden sie in gerösteter Form verzehrt. In der Ostprovinz Sambias wird in größerem Maße für den Export und für die Speiseölgewinnung produziert, im Rest des Landes dient der Erdnussanbau überwiegend der Eigenversorgung.

Hirse und Sorghum

Die sehr ähnlichen Getreidesorten Sorghum und Hirse sind in Äquatorialafrika beheimatet und deutlich dürreresistenter als der empfindliche Mais. Daher verdrängen sie den Maisanbau in regenarmen Gebieten. Sorghum wird intensiv in Tieflagen am Sambesi und Luangwa angebaut. Fingerhirse ist dagegen in der sambischen Nord-, West- und Luapulaprovinz verbreitet. Sie bildet ein gutes Viehfutter und wird zudem beim Bierbrauen verarbeitet. Auf den sandigen Kalahariböden in Westsambia baut man verstärkt Rohrkolbenhirse an.

Kapokbaum

Das ursprünglich aus Amerika eingeführte Wollbaumgewächs (*Ceiba pentandra*) wird seit Jahrhunderten plantagenmäßig im tropischen Afrika angepflanzt. Den bis zu 50 m hohen Baumriesen prägen vor allem die faltigen Brettwurzeln und seine länglichen Fruchtkapseln, die den Kapok, ein weißes, wollartiges Gewebe, der früher als Polsterfüllung Verwendung fand, enthalten. Die attraktiven Bäume findet man vereinzelt im Luangwatal.

Reis

Lange spielte der Reisanbau eine untergeordnete Rolle. Erst durch gezielte Entwicklungsprojekte steigerte sich die Reisproduktion, um das Land von Reisimporten unabhängig zu machen. Der Anbau findet vor allem in den Flusstälern des Nordostens, im Luapula River und Chambeshi River, statt.

Mais

Mais bildet die wichtigste Ernährungsgrundlage der Bevölkerung. Mehr als zwei Drittel der Anbauflächen Sambias sind Maisfelder. Die Erträge hängen jedoch sehr stark von den klimatischen Verhältnissen ab, und die Transportwege stellen ein weiteres Problem dar. Da der feuchtigkeitsempfindliche Mais häufig nicht rechtzeitig vor der Regenzeit abtransportiert wird, entstehen bis zu 20 % Ernteverluste. Die jahrzehntelange unberechenbare Preispolitik führte zusätzlich zu einer deutlichen Reduzierung des Anbaus, weil viele Landwirte zu gewinnbringenderen Pflanzenarten wechselten. Aus diesen Gründen importiert Sambia Mais zusätzlich zur eigenen Produktion.

Tee

Sambia besitzt nur eine einzige Teeplantage, das *Kawambwa Tea Estate,* zwischen Kawambwa und Mporokoso gelegen. Die Produktion dient fast ausschließlich dem Eigenbedarf.

Weizen

Seit den 1970er Jahren betreibt Sambia kommerziellen Weizenanbau. Die Getreidepflanze wächst in den regenreichen Zonen der Nordwest- und Nordprovinz, z. B. in Mbala, besonders gut.

Oben: Auf den Märkten wird Mais aus großen Säcken verkauft; zum Trocknen ausgelegter Cassava

Nutzpflanzen

Cassava (Maniok)

Die Cassavapflanze wächst bis zu 2–3 m hoch, hat verholzte Stängel und lange, schmale Blätter. Sie wird intensiv in Flusstälern und Sumpfgebieten angebaut und ist eine typische Pflanze des Wanderfeldbaus (Chitemene). Dazu werden zu Beginn der Regenzeit Ableger in die Erde gesteckt. Die Pflanze wächst dann je nach Region in ein bis drei Jahren heran. Cassava bzw. Maniok – die frankophone Bezeichnung – ist eine stärkehaltige Wurzelknolle, ihre bitteren Sorten enthalten in der Schale ein der Blausäure ähnliches Gift. Erst durch Wässerung, Schälen, Pressen, Raspeln und Trocknen werden diese Knollen entgiftet. Das zerstoßene Mehl wird zu Brot und Kuchen weiter verarbeitet. Frisch zum Trocknen ausgelegter Cassava verbreitet einen sehr unangenehmen Geruch. Allein in Sambia werden pro Jahr rund 270 000 Tonnen Cassava produziert, und für ein Drittel der Bevölkerung stellt Cassava das Hauptnahrungsmittel dar (vor allem im Norden). Die starke Verbreitung dieser Knolle liegt in ihren offensichtlichen Vorteilen: Cassava benötigt nur wenige Nährstoffe im Boden, ist weitgehend dürreresistent, lässt sich mit wenig Arbeitsaufwand platzsparend anbauen und kann je nach Bedarf ganzjährig geerntet werden. Diesen Merkmalen verdankt Cassava die abfällige Kolonialbezeichnung "Frucht des faulen Mannes" und die modernere Bezeichnung "Female crop". Nachteile von Cassava sind der geringe Nährwert, die mit drei Jahren lange Reifezeit und der hohe Arbeitsaufwand bei der Zubereitung von Cassavamehl.

DIE TIERWELT

Pflanzenfresser, Raubtiere und Primaten

Die Vielfalt der Tierwelt in Afrika, insbesondere die der Säugetiere und Vögel, ist einzigartig. **237 Säugetierarten leben in Sambia** (in der BRD nur 90), mehr als 70 Schlangenarten (in der BRD 12), Hunderte verschiedener Vögel und eine unglaubliche Vielfalt an Reptilien und Insekten.

Säugetiere werden wissenschaftlich in Pflanzenfresser, Fleischfresser und Herrentiere untergliedert. Die meisten Pflanzenfresser wie Böcke und Antilopen sind tagaktive Herdentiere, wobei sich das Weiden in der Regel auf die kühleren Stunden beschränkt. An bedeckten Tagen und in mondhellen Nächten sind die Tiere aktiver; bei starker Bejagung können sich tagaktive Wildtiere auch zu reinen Nachttieren entwickeln. Die **Pflanzenfresser** werden in verschiedene Untergruppen gegliedert: Paarhufer (Giraffen, Schweine, Flusspferde, Ducker, Böcke, Rinder und Kleinantilopen), Unpaarhufer (Zebras, Nashörner), Schliefer, Rüsseltiere, Schuppentiere, Röhrenzähner, Hasen- und Nagetiere.

Raubtiere unterteilt die Wissenschaft in die Untergruppen Katzen (Geparde, Panther- und Ginsterkatzen), Schleichkatzen, Hunde, Marder und Hyänen. Wildkatzen sind fast immer scheue, nachtaktive Einzelgänger. Löwen bilden hier eine Ausnahme, denn sie leben und jagen im Rudel (wie Hyänen und Afrikanische Wildhunde).

Die dritte große Gruppe bilden die **Primaten**, die auch als Herrentiere bezeichnet werden. In Sambia sind aus dieser Gruppe verschiedene Hundsaffen (Meerkatzen und Paviane) und einige Halbaffen bzw. Buschbabys oder Galagos vertreten.

Pflanzenfresser

Elefant

(Elephant) *Loxodonta africana*
KH m300–400, w240–300; **G** m 4,5t–6t, w 2,2t–3t; **GL** m700–730, w 640–660; **SL** 110–150; Rüssellänge 160–220 cm; Stoßzahnlänge: m bis 350 cm, w bis 280 cm; **LR** Feucht- bis Trockensavanne, Galeriewälder, heiße Niederungen, Berglandschaften; **A** rund um die Uhr, mittags ruhend; **LD** in Freiheit ca. 15 J., eigentlich bis 60 J.

Größtes Landsäugetier der Welt und das Symbol für Afrika schlechthin ist der Elefant. Er kann bis zu 4 Meter groß und 5000 bis 6000 kg schwer werden. Allein sein Herz bringt 25 kg auf die Waage!

Elefanten haben einst in ganz Afrika bis auf 5000 m Höhe gelebt. Aufgrund des enormen Futter- und Wasserbedarfs (100 l Wasser und 150–300 kg Nahrung pro Tag) unternehmen Elefanten bis zu 500 km lange Streifzüge und beschäftigen sich rund 17 Std. täglich mit der Nahrungsaufnahme. Wilderei, Bevölkerungsdruck und die Zerstörung der jahrhundertealten Elefantenpfade durch Straßen, Zäune und Ortschaften beschränken ihren Lebensraum heute nahezu überall auf ausgewiesene Nationalparks und Schutzzonen. In Sambia betragen die Elefantenbestände laut dem Elephant Census von 2015 etwa 22 000 Tiere. Im Raum Luangwa und Kafue steigen die Bestände, überall sonst sinken sie.

Ein Elefant wird nach 22 Monaten Tragezeit geboren und wiegt bei seiner Geburt bereits 90–120 kg. Mit zehn bis zwölf Jahren wird er geschlechtsreif, bei starker Überpopulation jedoch erst viele Jahre später. Eine Elefantenkuh bringt in ihrem Leben etwa zehn Kälber zur Welt. Außer dem Menschen haben Elefanten keine natürlichen Feinde und können bis zu 60 Jahre alt werden. Dass ihre derzeitige durchschnittliche Lebenserwartung nur 15 Jahre beträgt, haben sie allein diesem einen Feind zu verdanken.

Des Dickhäuters **wichtigstes Körperteil** ist der Rüssel. Mit ihm atmet und riecht er, und er benützt ihn zum Trinken, Greifen und Schlagen. Elefanten riechen und hören ausgezeichnet, das Sehvermögen ist dagegen nur mittelmäßig, allerdings in der Dämmerung besser ausgeprägt als bei Tageslicht. Die Tiere baden gerne. Anschließend suhlen sie sich im Schlamm oder bewerfen sich mit viel Staub, den sie später an Bäumen oder Termitenhügeln abreiben. Dieser Vorgang schützt die Haut vor Austrocknung. Beim Fressen gehen die Tiere sehr verschwenderisch mit ihrer Umgebung um. Um an Zweige und Blätter zu gelangen, werden Bäume oft entwurzelt oder abgebrochen.

Die friedlichen Dickhäuter haben ein **ausgeprägtes Sozialverhalten**. Weibliche Tiere und Jungtiere leben in geschlossenen Familienverbänden. Zumeist bilden mehrere Generationen von Müttern und Töchtern eine Herde, die von einer erfahrenen, alten **Leitkuh** angeführt wird. In jungen Jahren bleiben auch die Bullen in kleinen, lockeren Gruppen zusammen, und sie treffen die weiblichen Herden zur Paarung. Alte Bullen werden Einzelgänger. Elefanten gehen auffallend friedlich, liebevoll und sorgsam miteinander um. Ihre engen Familienbande bleiben lebenslang bestehen. Sie trauern um verletzte oder getötete Artgenossen, halten manchmal **Totenwache** und decken den Körper des toten Tieres mit Zweigen ab (dieses Verhalten ist auch schon gegenüber verletzten Menschen beobachtet worden). Die Leitkuh muss erfahren und weise sein, um zu wissen, wo in Dürrezeiten nach Wasser gegraben werden kann, welche Pfade sicher sind, wo Gefahren lauern und wie sich die Familie dann verhalten muss. Dieses Wissen vermittelt sie an die Jüngeren.

Oben: Fußabdruck eines Dickhäuters

Verwendete Abkürzungen

KL Körperlänge in cm
SL Schwanzlänge in cm
GL Gesamtlänge in cm
KH Körperhöhe in cm
H Gehörnlänge in cm
G Gewicht in kg
LR Lebensraum
LD Lebensdauer in Jahren
A Aktivität
m männliches Tier
w weibliches Tier

Der massive Verlust gerade der älteren Tiere durch **Wilderer** (wegen der längeren Stoßzähne) hat deshalb neben der Dezimierung der Elefanten auch eine besonders tragische Auswirkung auf die Überlebensfähigkeit des Nachwuchses. Wo früher alte Kühe 80–100 Tiere anführten, müssen heute Kleingruppen aus 15 Tieren mit einer verschreckten, unerfahrenen, vielleicht zwanzigjährigen Leitkuh überleben.

Elefanten zeigen es deutlich, wenn sie sich unwohl fühlen oder gereizt sind

Elefanten haben eine deutliche Körpersprache. Aggression, Angriffslust und Erregung, wie sie z. B. bei Stress und während der *Musth* (sexuelle Stimulation) auftreten können, zeigen sich durch ein feuchtes Sekret, welches aus den Drüsen an beiden Schläfen austritt. In solchem Gemütszustand kann es zu gefährlichen Angriffen kommen.

Giraffe

(Giraffe)
Giraffa camelopardalis
KH 270–500;
KL 300–400;
SL 90–110; **G** 500–900;
LR halboffene Savannenlandschaften;
A tagaktiv; **LD** bis 28 J.

Das höchste Lebewesen der Welt lebt seit 10 Mio. Jahren nur in Afrika. Giraffen bevorzugen lichte Busch- und Baumsavannen, Miombowälder und ganz besonders Akazienwälder.

Nach etwa 440 Tagen Tragezeit beginnt das Leben eines 50 kg schweren Jungtiers, das bereits nach einer Stunde laufen können muss. Die Mutter-Kind-Beziehung ist nur sehr locker. Nach vier Jahren ist das Jungtier ausgewachsen und hat nur noch wenige Feinde. Gegen Angreifer verteidigt sich eine Giraffe mit gezielten Hufschlägen oder entkommt durch Flucht (mit bis zu 50 km/h). Schutzlos und gefährdet ist sie allerdings während des Trinkens, weshalb sie oft sehr lange zögert, bevor sie sich zum Wasser niederbeugt. Sie trinkt bis zu 50 Liter und kann damit eine ganze Woche auskommen. Die durchschnittlich 4–5 Stunden Schlaf pro Tag verbringt eine Giraffe teilweise im Stehen und nur, wenn sie sich sicher fühlt, liegend. Das Musterkleid der Langhälse ist individuell und regional verschieden.

Im Luangwatal ist die Thornicroft-Giraffe endemisch

Giraffen können über einen Kilometer weit sehen und dabei auch Farben unterscheiden. Hängen die Ohren einer Giraffe nach unten, ist sie entspannt. Aufstehende Ohren signalisieren Aufmerksamkeit und Erregung.

Thornicroft-Giraffen

Oribi

Giraffe

Warzenschwein

(Warthog)
Phacochoerus aethiopicus
KH 55–85; **KL** 105–150; **SL** 35–50; **G** m <150, w <75; **LR** vielseitig, aber nicht in dichtem Wald; **A** tagaktiv; **LD** bis 18 J.

Warzenschweine leben in ganz Afrika südlich der Sahara in offenen Grasflächen und lichten Savannen. Sie meiden dichten Wald und felsige Steilhänge. Innerhalb des Familienverbands leben sie standorttreu in festen Schlafhöhlen. Das Weibchen wirft zwei bis vier Jungtiere, die vier Monate gesäugt werden und bereits nach einer Woche der Mutter ins Freie folgen. Gerne suhlen sich Warzenschweine in Wasser- oder Schlammlöchern. Ihr Sehvermögen ist ausgezeichnet und ihren Feinden, vor allem Löwen und Leoparden, entkommen sie meist durch Flucht. Die bis zu 150 kg schweren Tiere verteidigen ihre Familie mutig mit den unteren Eckzähnen (Hauern). Ihre Hauptnahrung besteht aus Gräsern, wobei sie keinesfalls wählerisch sind.

Im Allgemeinen meiden die Tiere menschliche Ansiedlungen. Allerdings kommt es in Regionen, wo Wildlife und Tourismus aufeinander stoßen, zu einem auffälligen Verhaltenswandel: Intelligente und mutige Warzenschweine spezialisieren sich hier plötzlich auf die regelmäßige Inspektion von Mülltonnen auf Campingplätzen, z. B. in Livingstone.

Info zu den Abkürzungen
"KH", "KL", "LR" etc.
siehe Seite 85!

Buschschwein

(Bushpig)
Potamochoerus porcus
KH 55–80; **KL** 100–150; **SL** 30–45; **G** m 45–120; **LR** vielseitig; **A** nachtaktiv; **LD** 12–15 J.

Buschschweine halten sich in allen Lebensräumen außer lichten Savannen auf und bleiben doch meist unentdeckt. Die geselligen Allesfresser leben in Kleingruppen bis zu etwa zwölf Tieren und sind bei den Bauern unbeliebt, gelten die Bodenwühler doch als starke Ackerbauschädlinge. In West- und Zentralafrika leben die rötlicheren Pinselohrschweine, im Osten und Süden Afrikas die zotteligen Buschschweine. Wenn sie unter Druck geraten sind beide Arten nur nachtaktiv.

Oribi

(Oribi) *Ourebia ourebi*
KH 50–65; **KL** 90–110; **SL** 6–10; **H** 8–19; **G** 12–22; **LR** Buschsavannen; **A** Dämmerung, **LD** 8–12 J.

Oribis besiedeln offene Grassavannen mit niedrigem Bewuchs und Anthill-Zonen am Rande von Flutgebieten. Dabei treten sie einzeln oder in Kleingruppen auf. Bei Störung oder Gefahr ducken sie sich zunächst, um dann plötzlich mit einem pfiffartigen Laut aufzuspringen und davonzurennen. Ein Identifikationsmerkmal sind der schwarze Fleck hinter den Ohren und die schwarze Schwanzspitze. Nur männliche Tiere tragen die kurzen geraden Hörner.

Warzenschwein

Buschschwein

Flusspferd

(Hippo)
Hippopotamus amphibius
KH 130–165; **KL** 280–420; **SL** 35–50; **G** 1300–3500; **LR** Gewässer mit Flachufern und Sandbänken; **A** tagsüber im Wasser, nachts am Ufer weidend; **LD** 40–45 J.

Flusspferde leben in trägen Gewässern mit flachen Uferstellen und Sandbänken bei einer Wassertemperatur von 18–35°C und vereinzelt sogar im Meer. Man trifft sie bis auf 2000 m Höhe. Am Luangwa und Kafue zählen sie zu den besonders typischen Wildtieren. Ihre nackte Haut ist mit zahlreichen Schleimdrüsen übersät, und an den Füßen bilden sie Ansätze von Schwimmhäuten. Gewöhnlich tauchen die **gesellige**n **Tiere** 2–5 Minuten, doch können sie in Ausnahmesituationen bis zu 15 Minuten unter Wasser bleiben. Die meiste Zeit verbringen sie träge im Wasser oder ruhend auf Sandbänken und am Ufer.

Hippos gelten als das für den Menschen gefährlichste Tier in Afrika

Hippos verhalten sich relativ laut, sie schnauben, brüllen und wiehern. Das Maulaufreißen ist ein Zeichen der **Aggression**. Ihr Lebensraum ist in strikte Territorien eingeteilt, die von der jeweiligen Gruppe streng verteidigt werden. Dazu zählen auch der Uferbereich und die fest ausgetretenen Wechsel (markierte Trampelpfade). Abends verlassen die Flusspferde das Wasser entlang dieser Wechsel, um an Land zu fressen. Pro Mahlzeit vertilgen sie bis zu 60 kg Gräser und legen dabei nicht selten 30 km lange Wanderungen zurück. Ihr Hauptfeind ist der Mensch. Nur gelegentlich werden einzelne Hippos von Löwen angefallen oder Jungtiere von Krokodilen erlegt, da die Muttertiere in dieser Zeit sehr wachsam sind. Haben die Kleinen das erste Lebensjahr überstanden, droht ihnen eigentlich nur noch Gefahr durch Menschen. Geboren und gesäugt wird der **Nachwuchs** übrigens unter Wasser, so wie bei den Walen. Hippos genießen die „Körperpflege" durch Fische wie Barben, die Parasiten von ihrer rauen Haut abknabbern. Die faserigen Flusspferd-Exkremente bilden Nahrung für Schnecken und kleinere Fischarten.

***Tipp:** Tierspuren der Wildtiere finden Sie auf Seite 101!*

Sambia hat mit ca. 40 000 Tieren die weltgrößte Flusspferd-Population

Flusspferde gehen grob miteinander um. Bei den mitunter brutalen **Rangkämpfe**n der geschlechtsreifen Männchen versuchen sie, dem Gegner die Vorderfüße zu brechen, was den Hungertod zur Folge hat. Dringt ein Männchen unerlaubt in das Territorium der Mütter und Jungtiere ein, wird es mit Gewalt vertrieben. Man vermutet, dass die rohe und grobe mütterliche Erziehung die Kleinen auf das kämpferische Leben vorbereiten soll.

***Info zu den Abkürzungen** "KH", "KL", "LR" etc. siehe Seite 85!*

Flusspferd

Kronenducker

Kronenducker

(Common Duiker)
Cephalophus grimmia
KH 45–55; **KL** 80–115; **SL** 10–22; **H** 8–18; **G** 10–20; **LR** vielseitig, kein Regenwald/Wüste; **A** Dämmerung **LD** 12 J.

Diese Kleinantilope ist die häufigste Duckerart und im gesamten südlichen Afrika weit verbreitet. Die Angewohnheit, bei Störung mit gesenktem Kopf fortzuschleichen, verlieh dem Steppen- oder Kronenducker seinen Namen. Die scheuen Tiere halten sich stets im Dickicht oder Gehölz von Miombowald oder Kulturlandschaften auf, sind ortstreu und werden bei Bejagung nachtaktiv. Sie fressen neben Blättern auch Kleintiere und Bodenvögel, z. B. Perlhühner. In Teilen Nordostsambias kommt auch der kleinere **Blauducker** vor.

Steinböckchen

(Steenbok)
Raphicerus campestris
KH 45–60; **KL** 70–90; **SL** 5–10; **H** 7–19; **G** 10–16; **LR** Savannen; **A** Dämmerung; **LD** 10–12 J.

Offenes Flachland und lichte Savannen sind das Terrain der Steinböckchen, dieser typischen Kalahari-Bewohner. In Sambia sind sie daher nur im sandigen Südwesten beheimatet. Sie haben große Ähnlichkeit mit den in gleicher Umgebung und auch in den Bangweulu-Flutebenen lebenden Oribis (S. 87). Unterscheidungsmerkmale: Oribis sind von größerer Statur und haben schwarze Schwanzspitzen.

Waldböcke

Böcke gliedert man in die Unterfamilien Wald-, Pferde-, Ried- und Wasserböcke. Die scheuen **Waldböcke** tragen alle in unterschiedlicher Ausprägung (als Linien oder Punkte) weiße Abzeichen auf dem Rumpf. Sie haben ausgezeichnetes Seh-, Hör- und Riechvermögen und vollbringen über zwei Meter weite Sprünge. Zu ihrer Gattung zählen im südlichen Afrika:

Buschbock

(Bushbuck)
Tragelaphus sylvaticus und Tragelaphus ornatus
KH 65–100; **KL** 115–150; **SL** 30–35; **H** <55; **G** 25–80; **LR** deckungsreiche Wassernähe; **A** tagaktiv; **LD** 12 J.

Die rehartigen Buschböcke (auch Schirrantilopen genannt) sind in Riedgräsern und Galeriewäldern nahe Gewässern sowie in bewaldeten Tälern beheimatet. Sie leben überwiegend als Einzelgänger oder in familiären Kleingruppen, oft aber in Gesellschaft von Pavianen oder Meerkatzen, und sind sehr ortstreu. Störenfriede wie Touristen beobachten sie gerne aus einer Deckung heraus aufmerksam. Bei Gefahr verteidigen sie sich mutig und gelten als gute Schwimmer und Springer. Ihr größter Feind ist der Leopard. Nur männliche Tiere tragen die spiralförmigen langen Hörner. Im Luangwatal sind Buschböcke entlang der Uferszenerie häufig, und viele Camps und Lodges haben halbzahme Buschböcke, die ihr Leben in unmittelbarer Nähe zu den Menschen verbringen.

Buschbock

Steinböckchen

Sitatunga

Tragelaphus spekii
KH 75–125; **KL** 125–170; **SL** 18–30; **H** <92; **G** m 70–120, w55–90; **LR** deckungsreiches Dauersumpfgelände **A** dämmerungsaktiv; **LD** <19 J.

Sitatungas, auch **Sumpfantilopen** genannt, leben völlig versteckt in dichten Papyrussümpfen oder auf Waldinseln in Dauersümpfen. Tief im Wasser stakend verlässt diese Antilope nie den Schutz des Sumpfgeländes. Der Kasanka NP gilt als einer der besten Beobachtungsplätze für Sitatungas in ganz Afrika. Trotz ihres vorsichtigen Verhaltens ist die Antilope ansonsten nahezu überall ausgerottet. Bei Gefahr versteckt sie sich, indem sie bis zur Nasenspitze im Wasser untertaucht. Gegen ihre Feinde (Leoparden, Krokodile, Pythons, Löwen und Menschen) verteidigt sie sich sehr mutig. Ihre Erscheinung ist ausgesprochen graziös und attraktiv – wenn man sie überhaupt entdeckt!

Großer Kudu

(Kudu)
Tragelaphus strepsiceros
KH 120–150; **KL** 185–245; **SL** 30–55; **H** <180; **G** 25–80; **LR** steiniger Busch, Berglandschaften; **A** tagaktiv; **LD** in Freiheit ca. 8 J., in Gefangensch. < 23 J.

Diese attraktiven Antilopen sind in Wäldern mit schützendem Unterholz verbreitet. Kudus ziert eine feine, weiße Linienzeichnung über dem Rücken, und die Männchen tragen weit geschraubte Hörner. Sie leben in kleinen Gruppen in Mopane- und Akazienwäldern und häufig auch in steinigem Berg- und Buschland, und sie verlassen kaum jemals den schützenden Wald. In Gefahrensituationen fliehen Kudus frühzeitig und springen dabei mühelos über 2,5 m hohe Hindernisse. Wenn sie in Bedrängnis geraten, verteidigen sie sich jedoch nicht, sondern ergeben sich in ihr Schicksal. Im Luangwatal sind sie weit verbreitet.

Elenantilope

(Eland) *Tragelaphus oryx*
KH m 140–180, w 130–160; **KL** m 240–340, w 210–270; **SL** 55–85; **H** m <120, w <65; **G** m 400–1000, w 300–600; **LR** Savannen, Halbwüsten; **A** Dämmerung **LD** 15–20 J.

Diese rinderähnliche Antilope ist der größte Waldbock Afrikas und wird bis zu 1000 kg schwer. Sie lebt in Herden ohne feste Territorien in offenen Savannen, ist scheu, meidet Menschen, verteidigt sich und ihre Jungen bei Gefahr aber sehr mutig. Nicht nur in Sambia wurde sie wegen ihres Fleisches stark gewildert, und sie ist heute außerhalb des südlichen Afrika kaum noch in freier Wildbahn zu entdecken. Elenantilopen kalben ganzjährig, jedoch verstärkt zwischen September und Dezember. Die hellbraunen Tiere tragen eine schwache helle Linienzeichnung auf den Flanken. Erwachsene männliche Tiere identifiziert man problemlos an den Hautlappen unter dem Hals.

Großer Kudu

Elenantilope

Eine Rarität sind Sichtungen der kleinsten Antilope Sambias, die in die schön klingende Rubrik „Entfernt Gazellenartige" eingeordnet wird. Dabei ist der Sharpe-Greisbock (*Raphicerus sharpei*) gar nicht selten im Luangwatal, allerdings mit nur max. 11,5 kg Gewicht und 50 cm Schulterhöhe ein leichtgewichtiger Winzling und hauptsächlich nachtaktiv, sodass er tagsüber im Schutz schattiger Büsche ruhend kaum entdeckt wird. Besonders markant ist sein gestricheltes Fell.

Sharpe-Greisbock
(Grysbok) *Raphicerus sharpei*
KH m 45–55, **SL** 5–8; **H** 6,5–13; **G** 8–12; **LR** Gebüsch u. Savanne; **A** Dämmerung, nachts

Pferdeböcke

Pferdeböcke sind pferdegroße Antilopen mit langen bogenförmigen oder locker geschraubten Hörnern, die in offenen Buschwäldern verbreitet sind:

Männliche Rappenantilopen haben ein fast schwarzes Fell, die Weibchen und Jungtiere sind mittelbraun. Durch ihre langen, säbelartig gebogenen Hörner wirken diese attraktiven Tiere ausgesprochen majestätisch. Ihr bevorzugtes Habitat sind lichte Savannenwälder mit gesunder Grasdecke. Die Herden bestehen aus Weibchen und Jungtieren, die von einer Leitkuh oder einem erwachsenen dominanten Bullen angeführt werden. Daneben gibt es Junggesellenherden, während alte Bullen allein umherstreifen. Bei Gefahr verteidigen sich Rappenantilopen selbstbewusst mit ihren Hörnern, die beide Geschlechter tragen.

Rappenantilope
(Sable Antelope)
Hippotragus niger
KH m 130–145, w 130–145; **KL** m 210–230, w 190–255; **SL** 40–70; **H** m <165, w <100; **G** m 200–270, w 190–230; **LR** Buschwälder; **A** Dämmerung **LD** <17 J.

Pferdeantilopen leben in kleinen Gruppen in Galeriewäldern und Flusstälern. Die nach den Elenantilopen zweitgrößte Antilopenart sucht häufig die Gesellschaft von Zebras, Büffeln oder Gnus. Bei Gefahr attackieren die mutigen Grasäser notfalls sogar selbst den Angreifer. Die Hörner beider Geschlechter sind krummsäbelartig geringelt und leicht nach hinten gebogen – ähnlich der Rappenantilope, aber doch deutlich kürzer. Charakteristisch ist außerdem die einer Maske ähnliche schwarzweiße Gesichtsmarkierung.

Pferdeantilope
(Roan) *Hippotragus aquinus*
KH 140–160; **KL** m 240–265, w 220–245; **SL** 60–70; **H** m <100, w <80; **G** m 260–300, w 220–275; **LR** Buschwälder **A** Dämmerung **LD** <17 J.

Antilopen

Rappenantilope

Pferdeantilope

Kuhantilopen

Kuhantilopen werden rothirschgroß, mit leicht abfallendem Rücken und kurzem, glattem Haarkleid. Die Hörner sind bei beiden Geschlechtern halbmond- oder Z-förmig, mitunter sogar hakig gebogen.

Lichtenstein-Antilope (Konzi)

(Hartebeest) *Alcelaphus lichtensteini* **KH** 120–145; **KL** 175–245; **SL** 40–70; **H** <70; **G** 130–180; **LR** Buschlandschaften; **A** Dämmerung **LD** 18 J.

In Steppen, lichten Savannen oder halboffenen Hügellandschaften Sambias wie im Kafue NP und im südlichen Luangwatal sind die Lichtenstein-Antilopen (auch Konzi genannt) vertreten. Sie sind hervorragend an trockene Lebensräume angepasst, leben in festen Territorien und reagieren auch auf die Alarmrufe anderer Antilopen oder Perlhühner. Beide Geschlechter haben eine auffällige Z-förmige Hörnerbiegung.

Leierantilope

(Tsessebe) *Damaliscus lunatus* **KH** 100–130; **KL** 150–205; **SL** 40–60; **H** <72; **G** 75–160; **LR** Lichte Steppen und Savannen; **A** Dämmerung; **LD** <15 J.

Die leichteren Leierantilopen kommen in Sambia im Südwesten entlang des Sambesi und als eigene Unterart *Damaliscus superstes* in den Bangweulu Wetlands vor. Sie unterscheiden sich von Kuhantilopen durch weniger eng geknickte Hörner und schwarze Flecken auf Gesicht und Schenkeln. Sofern ausreichend Wasser vorhanden, trinken sie täglich; sie können aber auch wochenlang ohne Wasser auskommen. Die meiste Zeit verbringen sie in geselligen Trupps von bis zu zwanzig Tieren, und sie vergesellschaften sich gerne mit anderen Antilopen sowie Gnus und Zebras.

Streifengnu

(Blue Wildebeest) *Connochaetes taurinus* **KH** m 125–145, w 115–140; **KL** m 180–240, w 170–230; **SL** 60–100; **H** m bis 85, w <40; **G** m 165–290, w 140–260; **LR** Grassteppen; **A** tagaktiv; **LD** <18 J.

Die Savannen- und Steppenbewohner unternehmen in Großherden weite saisonale Wanderungen, wenn es der Lebensraum zulässt. Das faszinierende Schauspiel, wenn sich Tausende Gnus wie in der Serengeti zusammenfinden, um anschließend auf Wanderung zu gehen, kann man alljährlich im November im Liuwa Plain NP in Westsambia erleben. Im Luangwatal ist das bräunliche 'Nördliche Streifengnu'*(Connochaetes taurinus cooksoni)*, auch Luangwa-Gnu und Cookson-Gnu genannt, endemisch. Es bevorzugt Waldsavannen und lebt in Kleingruppen.

Da Gnus nur Gräser bis 10 cm Höhe abfressen, wird vermutet, dass Buschbrände für ihr Überleben notwendig sind. Ihr größter Feind ist der Löwe, dem die ängstlichen Tiere nur durch frühzeitige Flucht entkommen können. Nach der Geburt müssen Neugeborene nach 3–5 Minuten aufstehen und den Müttern folgen können. Ihren Namen verdanken sie dem Klang ihres nasalen Blökens.

Lichtenstein-Antilope

Leierantilope / Tsessebe

Antilopen

Ried- und Wasserböcke

Ried- und Wasserböcke wie der Großriedbock sind etwa hirschgroße Schwemmlandbewohner, die nur in Wassernähe anzutreffen sind und sich von Gräsern ernähren, die von anderen Antilopen gemieden werden.

Moorantilope

Litschi (Lechwe)
Kobus leche
KH 85–110; **KL** 130–180; **SL** 33–45; **H** 45–92; **G** 60–130; **LR** Überflutungsmarschen; **A** Dämmerung; **LD** 15 J.

Saisonale Überflutungsmarschen mit bis zu 1 m Wattiefe, wie man sie in den Kafue Flats, Busanga Plains und Bangweulu-Sümpfen findet, sind der klassische Lebensraum von Moorantilopen. Sie haben eine lebenslange Wasserbindung, sind ausgezeichnete Schwimmer und sehr gesellig. Mitunter bilden sie Großherden von mehreren Tausend Tieren. Neben Raubkatzen und Krokodilen zählt der Mensch zu ihren größten Feinden. Sambias Bestände konnte man einst nur in Hunderttausenden angeben und zur Kolonialzeit nannte man sie eine riesige "Fleisch-Schatzkammer". Doch durch die Bejagung, zum Teil mit organisierten Massentreibjagden, wurden die Tiere bis zur Existenzgefährdung dezimiert. In Sambia sind heute noch drei Unterarten heimisch: Die **Schwarze Moorantilope** (Foto oben) lebt ausschließlich in den Bangweulusümpfen; die **Rote Moorantilope** kommt im nördlichen Kafue NP und in Kongo, Angola und Botswana vor; und am Kafue ist die **Kafue Lechwe** endemisch. Eine vierte Unterart am Luongo River (Luapula Provinz) ist bereits seit Jahrzehnten ausgerottet.

Info zu den Abkürzungen "KH", "KL", "LR" etc. siehe Seite 85!

***Tipp:** Tierspuren der Wildtiere finden Sie auf Seite 101!*

Antilopen

Puku

Grasantilope (Puku)
Kobus vardoni
KH 70–105; **KL** 140–180; **SL** 20–40; **H** 30–65; **G** 50–120; **LR** Grasland, Ufergebiete; **A** Dämmerung; **LD** 17 J.

Pukus sind im Luangwatal so häufig, dass man sich kaum vorstellen kann, wie selten sie außerhalb Sambias vorkommen. Sie sind etwa rehgroß und bewohnen in Gruppen bis zu 40 Tieren die Waldränder, Schwemmebenen und sumpfigen Grasflächen in Wassernähe. Ihr markanter Warnruf ist ein kurzer heller Pfiff, der bis zu fünfmal wiederholt wird. Tägliche Wasseraufnahme ist für Pukus unerlässlich. Die Tiere haben zahlreiche Feinde und nur jedes zweite Jungtier überlebt die ersten sieben Monate, nach denen es entwöhnt wird.

Streifengnu

Puku

Wasserbock
(Waterbuck) *Kobus ellipsiprymnus/defassa*
KH <130; **KL** <220; **SL** 25–45; **H** <100 **G** 170–230; **LR** wassernahe Galeriewälder **A** Dämmerung **LD** <18 J.

Wasserbockherden befinden sich aufgrund ihres täglichen Flüssigkeitsbedarfs immer in Gewässernähe und stellen hohe Qualitätsansprüche an ihre Nahrung aus Gräsern und Blättern. Sie werden von Raubtieren verschont, solange ausreichend anderes Wild vorhanden ist, denn ihr Fleisch ist faserig, zäh und strömt einen moschusartigen Duft aus. Es gibt zwei Unterarten, die sich deutlich unterscheiden: Das Erkennungszeichen des im Luangwatal beheimateten graubraunen Ellipsenwasserbocks ist sein weißer Ring um den Schwanzansatz, wogegen der etwas hellere, sonst in Sambia verbreitete Defassa-Wasserbock am Schwanzansatz einen weißen Spiegel hat.

Großriedbock
(Common Reedbuck) *Redunca arundinum*
KH 80–95; **KL** 140–180; **SL** 18–30; **H** 25–46; **G** 45–70; **LR** Sumpfige, Grassavannen mit Ried; **A** Dämmerung, auch nachts; **LD** 10 J.

Der standorttreue Großriedbock – einzeln, paarweise oder im Familienverbund lebend – entfernt sich nie mehr als 2 km von Gewässern. Sein Laut ist ein Pfeifen durch die Nasenlöcher, ähnlich dem einer Gämse. Er ernährt sich von Gräsern und wenigen Kräutern, schleicht sich bei Störung leise fort und flüchtet bei Gefahr mit langen Sprüngen. Seine Hauptfeinde sind Raubkatzen, Hyänen und Krokodile. Bestes Erkennungszeichen des mittelgroßen, graubraunen Riedbocks sind die schwarzen Linien auf der Vorderseite der Vorderbeine. Männchen tragen ausladende, leicht nach vorne gerichtete Hörner mit schwachen Ringen.

Impala
(Schwarzfersenantilope) *Aepyceros melampus*
KH 75–90; **KL** 120–160; **SL** 30–45; **H** <90; **G** m 200–270, w 190–230; **LR** Parklandschaften, Miombo- und Mopanewälder; **A** Dämmerung, teilw. auch nachts; **LD** <12 J.

Impalas, die mit Abstand häufigsten Antilopen im südlichen Afrika, gelten als eigene Gattung unter den Paarhufern. Die etwa hirschgroßen, geschmeidigen Schwarzfersenatilopen bilden gesellige Herden mit bis zu hundert Tieren und halten sich innerhalb ihres Reviers gerne in Gesellschaft anderer Huftiere auf. Sie bevorzugen Trockenwälder in Tälern und Mopanewälder. Sie nächtigen gern im Mopanewald, wo raschelndes Laub etwaige Fressfeinde verraten würde. Ihr Sehvermögen ist schlecht, dafür riechen und hören die Grasäser ausgezeichnet. Auf der Flucht können Impalas bis zu 60 km/h schnell laufen und glänzen mit bis zu 3 m hohen und 10 m weiten Orientierungssprüngen. Ihr Verbreitungserfolg basiert stark darauf, dass Impalas im Gegensatz zu anderen Antilopen auch in ausgelaugtem Habitat überleben können.

Wasserböcke

Impala

Die 800 kg schweren Büffel aus der Familie der Echtrinder mögen Wälder, Savannen und Grassteppen in Wassernähe, weil sie täglich trinken müssen. Büffel sehen und hören nur schlecht und müssen sich auf ihren Geruchssinn verlassen. Ihr Hauptfeind ist der Löwe. In der Herde neigen die scheuen Büffel in vermeintlichen Gefahrensituationen zu überstürztem Fluchtverhalten. Bei einem Angriff verteidigt sich der einzelne Büffel allerdings mutig, und nicht selten wird dabei der Löwe verletzt oder sogar getötet. Alte Einzelgänger und in die Enge getriebene Tiere greifen unter Umständen auch Menschen an.

Kaffernbüffel

(Buffalo) *Syncerus caffer*
KH 100–160; **KL** 170–260; **SL** 50–80; **H** 75–100; **G** 250–800; **LR** Wald, Sumpf, Feuchtsavannen; **A** Dämmerung und nachts; **LD** <20 J.

Das Steppenzebra ist im östlichen und südlichen Afrika weit verbreitet und in zahlreiche Unterarten gegliedert. In Sambia bildet das Escarpment am Luangwa eine natürliche Grenze zwischen zwei Arten: Westlich davon ist das **Böhm-Zebra** (*Equus quagga boehmi*) verbreitet. Im Luangwatal, von dort nach Osten und im Lower Zambezi Nationalpark ist anstelle des Böhmzebras das zierlichere **Crawshay-Zebra** (*Equus quagga crawshayi*) endemisch, das von allen Unterarten die dichteste Streifung am ganzen Körper besitzt (und keine Schattierung zwischen den Streifen). Zebras werden bis zu 350 kg schwer und leben in engen, harmonischen Familienverbänden. Sie gesellen sich gerne zu anderen Huftieren wie Giraffen und Gnus. Ihr Gehör ist sehr gut, das Seh- und Riechvermögen dafür schwächer ausgeprägt. Neugeborene Fohlen erkennen ihre Mutter erst nach mehreren Tagen, bis dahin zeigen sie eine angeborene Nachfolgereaktion. Aus diesem Grund verjagen die Mütter in den ersten Tagen alle anderen Tiere aus der Nähe des Fohlens. Die Stuten werden in der Regel kräftiger und größer als Hengste.

Steppenzebra

(Zebra) *Equus quagga*
KH m 120–140, w 105–120; **KL** m 200–245, w 190–240; **SL** 45–60; **G** m 220–350, w 170–330; **LR** Savannen, lichter Busch; **A** tagaktiv; **LD** 20–30 J.

Baumschliefer

Die Familie der Schliefer umfasst die Baum-, Steppen- und Klippschliefer. Die possierlichen, kaninchenartigen Huftiere erinnern an Nagetiere bzw. übergroße Meerschweinchen mit kleinen, runden Ohren und kurzen Beinen. Doch sind die geselligen, wendigen Pflanzenfresser nach Ansicht der Taxonomen näher mit Elefanten verwandt als mit irgendeinem der Tiere, denen sie ähnlich sehen. Am häufigsten verbreitet sind die tagaktiven, possierlichen und sehr geselligen Klippschliefer.

Schliefer

(Dassie, Hyrax) *Heterohyrax brucei, Procavia capensis*
KH 20–30; **KL** 40–60; **G** 2,5–4,5; **LD** bis 12 J.

Kaffernbüffel

Crawshay-Zebra

Büffel & Zebra

Unpaarhufer Zur Gruppe der Unpaarhufer zählen Einhufer (Zebras) und Nashörner.

Spitzmaulnashorn
(Black Rhino)
Diceros bicornis
KH 140–225;
KL 290–360; **SL** 60–70;
H (vorne) <120;
G 0,7 t–1,6 t;
LR trockener Busch, Savanne, auch Wald;
A Dämmerung und nachts; **LD** <40 J.

Die beiden friedlichen, plumpen Pflanzenfresser der Nashorngattung sehen sehr schlecht, können aber mehrere Kilometer weit hören und riechen. Es sind gemütliche Zeitgenossen, die allen Konfrontationen lieber aus dem Weg gehen. Ist aber die Fluchtdistanz unterschritten oder das Nashorn irritiert, kann es zu kraftvollen Angriffen oder Scheinangriffen kommen. Dabei senkt das Tier den Kopf, schnaubt und prescht mit unerwarteter Geschwindigkeit (über 50 km/h) auf sein Ziel los. Die Tiere fressen sehr unterschiedlich nahrhafte Blätter und Gräser. Sie können dabei auch Pflanzen verdauen, die für den Menschen hochgiftig sind. Nashörner haben außer dem Menschen fast keine Feinde. Nur gelegentlich attackieren Löwen ein Spitzmaulnashorn. Die deutlich größeren, kräftigeren und helleren Breitmaulnashörner werden dagegen von allen Raubtieren in Ruhe gelassen.

Breitmaulnashorn
(White Rhino)
Ceratotherium simum
KH 175–210;
KL 360–380; **SL** 90–100;
H (vorne) <150;
G 3,5 t–4,7 t;
LR deckungsreiche Buschlandschaften;
A Dämmerung und nachts; **LD** <40 J.

Traurig, aber wahr: In Sambia wurden die natürlichen Bestände an Nashörnern durch Wilderei ausgerottet. Die kleine Gruppe im Livingstone Game Park an den Viktoriafällen waren seit den 1990ern die einzigen Nashörner Sambias und wurden regelmäßig enthornt, um ihr Leben zu schützen (die Hörner wachsen wieder nach). Dank der Frankfurter Zoologischen Gesellschaft leben seit 2003 auch im North Luangwa NP wieder Nashörner – streng geschützt, abgeschirmt und rund um die Uhr von bewaffneten Wildhütern begleitet, die sie seither höchst erfolgreich gegen die Wilderer beschützen. Im Juni 2005 freute man sich dort über die erste Geburt eines Spitzmaulnashorns in Sambia nach mehr als zwanzig Jahren. Einer CITES-Studie zufolge leben in Sambia heute knapp 40 Nashörner; die genauen Bestandszahlen werden geheimgehalten.

Raubtiere

Löwen waren einst überall in Sambia heimisch, aber heute kommen sie nur noch in Nationalparks vor. Zu den besten Plätzen für eine Löwensafari zählen die Busanga Plains im Kafue NP und das Luangwatal. Die größte afrikanische Katzenart ist die einzige, die in festen Rudeln lebt. Löwen können sehr gut schwimmen und klettern. Ihr tiefes, keuchendes Brüllen ist bei entsprechenden Wetterbedingungen bis zu 8 km weit hörbar. Die männlichen Tiere tragen prächtige Mähnen um den Hals und benehmen sich sprichwörtlich wie Paschas. Der „König der Tiere" ruht träge bis zu zwanzig Stunden am Tag, während die Löwinnen für die Jagd, Aufzucht der Jungen und das Wacheschieben zuständig sind. Ihre Jagdmethode besteht aus vorsichtigem Anschleichen, dann folgt ein kurzer, schneller Ansprung (bis 70 km/h) und das Töten der Beute durch Kehlbiss oder Genickbruch. Der Jagderfolg von Löwen liegt allerdings nur bei rund 20 %. Sie fressen bevorzugt die Eingeweide ihrer Beutetiere und bleiben mitunter mehrere Tage bei einem Riss. Beim Fressen herrscht wenig Familiensinn, denn nach einem Riss sättigen sich immer zuerst die männlichen Tiere, danach die Weibchen, die in der Regel die Beute gerissen haben, und zuletzt die Jungtiere. In Extremfällen verhungert der Nachwuchs bei Futtermangel, auch Kannibalismus kommt vereinzelt vor.

Im Durchschnitt überlebt nur jedes zweite Löwenkind die ersten Jahre. Ausgewachsene Löwen haben keine natürlichen Feinde, es kann allerdings passieren, dass sie von mutigen Beutetieren getötet (aufgespießt) werden. Verletzte und geschwächte Löwen greifen mitunter auch Menschen an.

Fortpflanzung: Nach etwa 120 Tagen Tragezeit wirft eine Löwin 2–4 Junge, die ein halbes Jahr gesäugt werden. Nach zwei Jahren ist der Nachwuchs jagdfähig und nach 5–6 Jahren ausgewachsen. Junge Löwen erkennt man übrigens an rosafarbenen Schnauzen, bei alten Löwen ist die Schnauze dunkel.

Löwe

(Lion) *Panthera leo*

KH 75–110; **KL** 145–200; **SL** 65–100; **G** 120–200; **LR** offene Landschaften und Halbwüsten bis zur Feuchtsavanne; **A** sehr träge, aktiv eher morgens, abends und nachts; **LD** bis 30 J., meist aber nur 13–15 J.

Oben: Frische Löwenspur

Leopard

(Leopard) *Panthera pardus*
KH 50–70; **KL** 130–190; **SL** 60–90; **G** 45–85; **LR** sehr vielseitig; **A** überwiegend nachts, teilweise auch morgens und abends; **LD** in Gefangenschaft bis 20 J.

Die muskulösen und **geschmeidigen Pantherkatzen**, die zweitgrößte Katzenart Afrikas, sind scheue Einzelgänger, die ihre erlegte Beute auf Bäume schleppen, um sie dort nach und nach zu verzehren und vor diebischen Hyänen und Löwen zu schützen. Leoparden sind sehr gewandt im steinigen, steilen Gelände und ausgezeichnete Schwimmer. Muttertiere ziehen ihre Jungen alleine auf. Besonders beliebte Beutetiere sind Affen, Buschböcke, Ziegen und Haushunde, wobei sie keineswegs wählerisch vorgehen. Leoparden können besonders gut auf Nachtpirschfahrten im Luangwatal beobachtet werden. Ihnen gelingt es von allen Raubtieren am besten, unbemerkt in der Nähe von Menschen zu existieren. Notfalls können sie auch monatelang ohne Frischwasser auskommen.

Gepard

(Cheetah) *Acinonyx jubatus*
KH 75–85; **KL** 110–140; **SL** 65–80; **G** 40–60; **LR** Wüsten, Trockensavannen, offene Landschaften; **A** tagaktiv, vor allem morgens und abends; **LD** max. bis 16 J.

Den Geparden kennzeichnet im Gegensatz zum kompakten, muskulösen Leoparden eine windhundartige Gestalt mit sehr langen, dünnen Beinen und einem kleinen Kopf. Das drahtige Leichtgewicht lebt einzelgängerisch oder als Muttertier mit dem Nachwuchs und weicht Begegnungen mit Artgenossen aus. Da der Gepard von Natur aus friedlich ist, kann er leicht domestiziert werden. Er beansprucht vegetationsarme Halbwüsten und Steppen bis in 2000 Meter Höhe, und ist heute in ganz Afrika vom Aussterben bedroht. Ihre Gefährdung hängt auch mit den Risiken der Aufzucht zusammen, die den Muttertieren allein obliegt. Etwa die Hälfte aller Jungtiere wird in den ersten Lebensjahren von anderen Raubtieren wie Löwen und Hyänen gefressen.

Eine Weltrekordleistung stellt der Gepard bei der Jagd auf: Er schleicht sich zunächst an die Beute heran und legt dann die letzten hundert Meter in einem **atemberaubenden Sprint** zurück. Dabei kann er einen halben Kilometer weit mit 80 km/h jagen, erreicht sogar Spitzengeschwindigkeiten von 110 km/h und macht über sieben Meter weite Sprünge! Er ernährt sich von Kleinantilopen, Hasen und Bodenvögeln, verabscheut Aas und kehrt niemals zu seinem Riss zurück.

Info zu den Abkürzungen "KH", "KL", "LR" etc. siehe Seite 85!

Leopard

Gepard

Die fuchsähnlichen Schakale bewohnen Erdbauten in niedrig bewachsenen Savannen und Steppenlandschaften. Die Tiere ernähren sich hauptsächlich von Aas, Früchten, Vögeln und Kriechtieren. Um einen Anteil vom Aas zu ergattern, nähern sie sich Löwenrissen oder fressenden Hyänen, nicht jedoch Geparden, deren schnelle Attacken sie fürchten. Sie zeigen insgesamt ein eher ängstliches Verhalten und verteidigen sich und ihr Revier nur schwach. Schakale gehen eine **Lebensehe** ein und ziehen die Jungen gemeinsam in Erdhöhlen auf. Je nach Situation entwickeln sie eine tag- oder nachtaktive Lebensweise. Da Streifenschakale feuchte Standorte bevorzugen, fühlen sie sich in Flutgebieten wie den Bangweulu Wetlands und in den Busanga Plains sehr wohl.

Streifenschakal
(Side-Striped Jackal)
Canis adustus
KH 40–50; **KL** 70–90; **SL** 30–40; **G** 7,5–12; **LR** Feuchtsavannen; **A** überwiegend nachts und bei Dämmerung; **LD** 10–12 J.

Afrikanische Wildhunde haben ein unverwechselbares Äußeres: einen schmalen, windhundartigen Körper, lange Beine, große und rundliche Ohren und ein auffallend geflecktes Fell in den Farbvariationen weiß, gelb, braun und schwarz. Jedes Tier weist eine individuelle Färbung auf, nur am Schwanzspitze sind alle weiß. **„Wild Dogs“** bzw. **„Painted Dogs“**, wie sie zumeist genannt werden, bilden lebenslang bestehende, sehr enge Rudel und leben in einem außergewöhnlich engen Sozialgefüge miteinander. Nur das dominanteste Paar im Rudel bekommt Nachwuchs, der von der ganzen Gruppe gemeinsam aufgezogen wird. Auch verletzte Rudelmitglieder werden von allen anderen treu umsorgt und verpflegt. Die Überlebenschance der Welpen ist trotzdem gering, da sie sehr krankheitsanfällig sind und häufig von Löwen getötet werden. Außerdem ist der Mensch Feind Nr. 1, weil Farmer die Tiere rückhaltlos abschießen. Besonders problematisch ist ihr enormer Revierbedarf, denn Wildhunde beanspruchen **riesige Territorien**. Häufig geraten sie dabei mit Menschen in Konflikt. Sie jagen Großwild wie Kudus, Impalas und Ducker gemeinsam in einer ausdauernden Hetz- oder Rennjagd mit Geschwindigkeiten bis zu 55 km/h. Dabei sind die Jäger extrem erfolgreich (mit einer 95 %igen Erfolgsquote). Wo ihre natürlichen Beutetiere allerdings fehlen, reißen sie auch Nutztiere wie Rinder und Ziegen.

Afrikanischer Wildhund
(Wild Dog, Hunting Dog, Painted Dog) *Lycaon pictus*
KH 70–75; **KL** 80–110; **SL** 30–40; **G** 18–28; **LR** Savannen, Steppen; **A** tagaktiv, vor allem morgens und abends; **LD** 10–12 J.

Nach dem Abessinischen Wolf ist der Afrikanische Wildhund das am stärksten gefährdete Raubtier Afrikas

Streifenschakal

Afrikanischer Wildhund

Oben: Frische Hyänenspur

Die Rache der Farmer führte dazu, dass Wild Dogs heute genauso stark **vom Aussterben bedroht** sind wie Nashörner, denn jahrzehntelang wurden sie auf dem ganzen Kontinent erbarmungslos verfolgt und getötet. Heute weiß man, dass die sozialen Tiere nur dann Nutzvieh reißen, wenn sie keine natürlichen Beutetiere finden. Doch ihr Bestand ist inzwischen überall akut gefährdet. Man schätzt, dass in ganz Afrika nicht mehr als 3000–5000 dieser faszinierenden Tiere überlebt haben, davon in Sambia vielleicht 400 Wildhunde.

Tüpfelhyäne

(Spotted Hyaena) *Crocuta*
KH 70–90; **KL** 120–180; **SL** 25–30; **G** 55–85; **LR** Halbwüsten bis Feuchtsavannen; **A** Dämmerung und nachts; **LD** in Gefangenschaft bis 40 J.

Hyänen leben in Rudeln mit etwa zwanzig Tieren in markierten, festen Territorien und ziehen ihre Jungen gemeinsam in Erdbauten auf. Die **ortstreue**n **Nachtjäger** zeichnet ein hervorragendes Seh-, Hör- und Riechvermögen aus. Innerhalb ihrer Gemeinschaft dominieren die Weibchen, die auch größer und schwerer sind. Vor einem Angriff oder Beutezug hört man oft das typische Heulen der Hyänen: ein 2–3 Sekunden andauernder gezogener Heulton, der bis zu 15 mal wiederholt wird. Das schaurige Gelächter, das viel seltener zu hören ist, ist ein Angst- und Erregungsruf der Hyänen. Bei der Jagd sind sie ausgesprochen ausdauernd, warten geduldig auf den günstigsten Augenblick, ehe sie ihr Opfer mit bis zu 50 km/h niederreißen. Die Beute wird mit Haut, Haaren und Knochen verschlungen; Aas und tote Artgenossen verschmähen Hyänen auch nicht. Keineswegs fressen Hyänen nur die Reste eines Löwenrisses, vielmehr verjagen ebenso oft Löwen erschöpfte Hyänen von einem frischen Riss. Einsame Fußgänger können nachts von einem Hyänenrudel attackiert werden.

Links: Junge Hyäne nach einem Schlammbad, unten: Tüpfelhyäne bei einem Riss

Fährten afrikanischer Wildtieren

Hilfreich: Bei Hyäne und Afrikanischem Wildhund sind die Krallen im Abdruck erkennbar. Bei Löwen- und Leopardenspuren sind dagegen keine Krallen zu sehen.

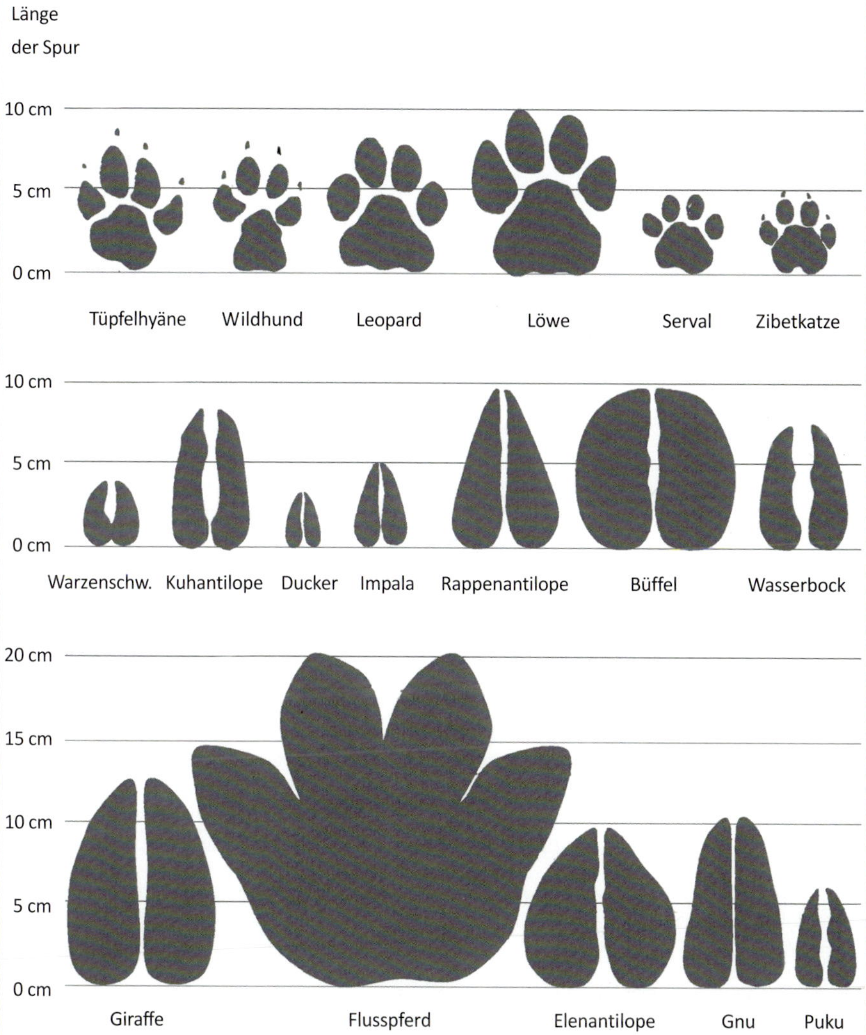

Ginsterkatze

(Large-spotted Genet)
Genetta maculata

KH 15–20; **KL** 40–55; **SL** 40–51; **G** 1–2,3; **LR** Wälder & Savannen **A** nachtaktiv; **LD** <9 J.

Die Großfleckginsterkatze ist eine einzelgängerische, nachtaktive Schleichkatze mit schlanker, niedriger Erscheinung. Ein extrem langer Schwanz, kurze Beine und ein langer Rumpf mit spitz zulaufendem, fuchsartigem Kopf sind ihre Merkmale. Das strohfarbene Fell ist von dicken schwarzen Flecken übersät, die am Schwanz in breite Streifen übergehen. In ganz Sambia ist diese Ginsterkatze weit verbreitet. Ihre nahe Verwandte, die sehr ähnliche Kleinfleckginsterkatze, kommt nicht in Sambia, sondern nur im nördlichen Afrika und Arabien sowie im Süden Afrikas vor. Alle Ginsterkatzen sind geschickte Kletterer und flüchten bei Gefahr bevorzugt in die Bäume. Auf nächtlichen Pirschfahrten gehören Ginsterkatzen zu den häufigsten Tieren, die Reisende im Lichtkegel von Taschenlampe oder Autoscheinwerfer erspähen.

Zibetkatze

(African Civet)
Viverra civetta

KH 25–40; **KL** 80–95; **SL** 40–53; **G** 9–20; **LR** Wald, Feucht- und Trockensavannen; **A** nachtaktiv; **LD** <14 J.

Die zur gleichen Familie zählende afrikanische Zibetkatze von der Größe eines mittelgroßen Hundes trägt ein stark schwarz geflecktes Fell mit grauem Unterton. Der Schwanz ist buschig, die Hinterläufe wirken länger als die vorderen, und ihren breiten Kopf hält eine Zibetkatze meist flach geduckt. Tagsüber versteckt sie sich in hohem Gras. Sie besitzt ein ausgezeichnetes Riech- und Hörvermögen sowie ein spezielles Dämmerungs- und Bewegungssehen. Auch bei Gefahr bleibt die Zibetkatze meist am Boden, nur selten flüchtet sie auf Bäume. Ihr Revier markiert sie mit Duftdrüsen, die ein Sekret enthalten, das bei der Parfumherstellung eine wichtige Rolle spielt.

Zebramanguste

(Banded Mongoose)
Mungos mungo

KH18–20; **KL** 30–45; **SL** 20–30; **G** 0,6–1,5; **LR** Feucht- und Trockensavannen nahe Gewässer; **A** tagsüber; **LD** <11 J.

Zebramangusten ziehen in Familientrupps bis zu 30 Tieren innerhalb eines Territoriums ständig umher, wo sie selbstgegrabene Erdhöhlen, hohle Baumstämme oder ausgehöhlte Termitenbauten bewohnen. Vor allem morgens und abends sind die munteren Gesellen aktiv, vormittags sonnen sie sich gerne ausgiebig. Ihren Feinden, größeren Raubtieren und Greifvögeln, entgehen die mutigen Kämpfer meist durch einen rechtzeitigen Warnruf und verteidigen sich notfalls auch gemeinsam gegen einen Angreifer. Sie können dabei selbst gefährliche Giftschlangen in die Flucht schlagen. Als Raubtiere sind sie somit Jäger und Beute zugleich und bewältigen diese Herausforderung sehr erfolgreich durch ihren engen Zusammenhalt und geschickte Kooperation.

Zibetkatze

Zebramanguste

Honigdachs

Buschhörnchen

Stachelschweine

In Größe und Gestalt ähnelt der Honigdachs dem europäischen Dachs. Auffällig ist seine weißgraue Schabracke (Oberseite von der Stirn bis zur Schwanzwurzel) gegenüber dem sonst schwarzen Körper. Sprichwörtlich ist die Aggressivität, mit der ein Honigdachs trotz seiner kleinen Körpergröße sogar büffelgroße Gegner angreift. Die meisten Tiere gehen dem Kampfwütigen daher gleich aus dem Weg. Der Honigdachs ist immun gegen Schlangengift und überlebt selbst die Bisse von Kobra und Puffotter. Er ernährt sich von Bienenhonig und kleinen Kerbtieren. Um an die Bienenwaben zu gelangen, lässt er sich von einem Vogel, dem Honiganzeiger, dorthin führen. Der Honigdachs zerstört die Waben, und jeder der beiden erhält seinen Anteil an Honig und Bienenlarven. Eine faszinierende Zweckgemeinschaft. Manchmal durchwühlen die wehrhaften Dachse nachts Mülltonnen auf der Suche nach Leckerbissen.

Honigdachs
(Honey Badger)
Mellivora capensis
KH 23–28; **KL** 65–75; **SL** 18–25; **G** 8–16; **LR** sehr vielseitig; **A** überwiegend nachts und bei Dämmerung; **LD** bis 24 J.

Männchen haben bis zu 800 km² Streifgebiete

Nagetiere

Die zierlichen, wendigen Buschhörnchen treten in variablen Farben von grau über braun und ocker auf. Sie sind im südlichen Afrika weit verbreitet (zehn Unterarten sind bekannt), fressen am Boden, flüchten aber bei Gefahr in die Bäume. Besondere Vorliebe haben die flinken Insekten- und Pflanzenfresser für lichte Trocken- und Mopanewälder. Dort sieht man die flinken Nagetiere häufig in der Sonne sitzen und sich gegenseitig putzen. Das Sozialverhalten innerhalb der Familienverbände ist sehr stark ausgeprägt.

Gelbfuß-Buschhörnchen
(Smith's Bush Squirrel)
Paraxerus cepapi
KL 13–20, **G** 120–250g; **LR** Busch- und Waldlandschaften **A** tagsüber

Völlig unverwechselbar aufgrund ihres langen Borstenkleides sind die größten Nagetiere Afrikas. Ihr plumper Körper ist kaum zu erkennen unter einer prächtigen Mähne aus bis zu 30 cm langen, schwarzweiß geringelten Hohlstacheln, die vom Kopf bis zum Schwanz reichen.

Stachelschweine sind nahezu überall in Afrika außerhalb der Sahara weit verbreitet. Meist deuten aber nur am Boden liegende ausgefallene Stacheln auf ihre Anwesenheit hin. Die Tiere hausen in geräumigen Wohnhöhlen mit mehreren Ausgängen. Bei Dämmerung und nachts treten sie auf festen, bis zu 15 km langen Wechseln die Nahrungssuche an. Sie fressen allerlei Pflanzen, abgefallene Früchte und nagen Knochen ab. Bei Gefahr und Verfolgung bleiben sie plötzlich stehen und lassen den Feind in die aufgestellten Stacheln laufen. Die Stacheln werden übrigens nicht abgeschossen, fallen aber leicht ab.

Südafrikanisches Stachelschwein
(Cape Porcupine)
Hystrix africaeaustralis
KH ca. 25; **KL** 65–85; **SL** 12–17; **G** 15–27; **LR** vielseitig; **A** nachts und bei Dämmerung; **LD** 20 J.

Pavian

(Baboon) *Papio*
LR Savannen, Galeriewälder, felsiges Gelände; **A** tagaktiv; **LD** 30 J.

Primaten

Die größte in Sambia vertretene Primatengattung sind die Paviane, die hier wiederum in unterschiedlichen Unterarten vorkommen. Die Unterscheidung ist kompliziert, da es bei Überlappung des Lebensraums zur Fortpflanzung untereinander und damit zur Hybridisierung kommt.

Die größte Art ist der **Bärenpavian** oder **Große Tschakma** (*Papio ursinus*, Foto unten), der aus dem südlichen Afrika nach Südsambia gelangte (explizit die Unterart Graufuß-Bärenpavian). Ihn findet man im Raum Livingstone und entlang des Sambesi. Sein Fell ist dunkelbraun, der Schwanz bis 71 cm lang und das Gewicht beträgt 15 kg bei Weibchen und 31 kg bei Männchen. Dieser imposante, selbstbewusste Kämpfer erreicht eine Kopf-Rumpf-Länge bis 1,15 m.

Am Luangwa und östlich davon ist der kleinere und schlankere **Steppenpavian** oder **Gelbe Pavian** (*Papio cynocephalus*) heimisch. Seine Ausbreitung reicht bis Ostafrika. Sein Fell ist gelblich-braun und das Gewicht beträgt 12 kg (Weibchen) und 25 kg (Männchen). Er trägt seinen Schwanz geknickt oder gebogen.

Westlich des Luangwa und nördlich des Sambesitals, d. h. in den Miombowäldern im Muchinga-Escarpment, im Kafue-Gebiet und in ganz Nordsambia ist der kleinste Pavian, der **Kindapavian** (*Papio kindae*, Foto links), heimisch. Es ist der hellste Pavian, was besonders deutlich wird bei den sehr hellen Jungtieren. Weibchen werden nur 10 kg schwer und männliche Tiere max. 16 kg; halb so viel wie ein imposanter Tschakma. Er trägt seinen Schwanz gebogen, nie geknickt wie andere Pavianarten. Die Siedlungsgebiete des Kindapavians überlappen sowohl mit denen des Bären- als auch des Steppenpavians, wodurch er mit beiden hybridisiert.

Bärenpaviane

Alle Paviane halten sich die meiste Zeit am Boden auf. Sie bilden Horden von 20 bis 80 Tieren mit festen Territorien und strengen Hierarchien. Paviane greifen Feinde als geschlossene Horde an und können sich Raubtieren dadurch meist gut widersetzen. Ihre kräftigen Reißzähne verursachen schwere Verletzungen. Die größte Gefahr droht ihnen durch Leoparden, aber auch Krokodile, Pythonschlangen und Löwen zählen zu den Feinden. Als Warnlaut dient ein tiefes, kehliges Bellen. Die cleveren Allesfresser reichern ihren Speiseplan aus Grünzeug, Blattwerk und Samen gerne mit Frischfleisch an. Alte Männchen fressen gelegentlich sogar Jungtiere aus der eigenen Horde. Zum Schlafen ziehen sich Paviane stets auf Bäume zurück.

Grünmeerkatze

(Vervet Monkey)
Chlorocebus
KL 40–80; **SL** 50–110; **G** 3–7; **LR** vielseitig, Parklandschaften; **A** tagaktiv; **LD** in Gefangenschaft <24 J.

Fotos von oben: Südliche Grünmeerkatzen; Weißkehlmeerkatze; Diademmeerkatze

Meerkatzen sind ausgesprochen neugierig und aktiv. Diese munteren Gesellen mit den langen, dünnen Schwänzen sind in zahlreichen Unterarten weit verbreitet und leben in Trupps von bis zu 60 Tieren. In Sambia sind die **Malbrouck-Grünmeerkatzen** (*Chlorocebus cynosuros*, von Westen bis an den Luangwa) und die **Südliche Grünmeerkatze** (*Chlorocebus pygerythrus,* vom Luangwatal nach Osten) beheimatet. Beide bewegen sich am Boden und auf Bäumen gleichermaßen geschickt, fliehen bei Gefahr aber immer in die Bäume. Sie sind ausgezeichnete Schwimmer, Springer und wahre Kletterkünstler. Anderen Horden gegenüber verhalten sie sich feindselig. In manchen Camps haben sie sich zu forschen Plagegeistern entwickelt, die sehr geschickt Lebensmittel stehlen.

Außerdem trennt der Luangwa den Lebensraum der **Diademmeerkatze** (*Cercopithecus mitis opisthostictus*) im nördlichen Sambia vom Habitat der **Weißkehlmeerkatze** (*Cercopithecus albogularis moloneyi*), die wiederum nur östlich des Luangwa vorkommt.

Pavian, Meerkatze & Galago

Galagos oder Buschbabys aus der Familie der Feuchtnasenaffen sind kaum je zu sehen, da sie tagsüber eingerollt auf Bäumen schlafen und nur nachts – vor allem in den ersten Abendstunden – aktiv werden. Dabei sind sie in Sambia weitverbreitet. Ihrem lauten, säuglingsartigen Geschrei verdanken die possierlichen Gesellen den englischen Namen Bushbaby. Beim Riesengalago ist unbekannt, ob und wo in Sambia auch der Silberne Riesengalago vorkommt.

Foto oben: Großohr-Riesengalago; Foto rechts: Moholi-Galago

Riesengalago

(Thick-tailed Bushbaby)
Galago crassicaudatus
KL 27–47; **SL** 30–50; **G** 1–2; **LR** Wald, Baumsavanne; **A** nachtaktiv; **LD** in Gefangenschaft <14 J.

Moholi-Galago

(Lesser Bushbaby)
Galago moholi
KL 14–21; **SL** 20–30; **G** 150–300g; **LR** Küstenwald, Baumsavanne; **A** nachtaktiv; **LD** in Gefangenschaft <14 J.

Die verborgene Welt der Termiten

Von den rund **3500** bekannten **Termitenarten** unserer Welt kommen etwa 400 in Afrika vor, und das seit etwa 100 Mio. Jahren. Ihre bis zu 6 m hohen Bauten aus Erde und Exkrementen sind demnach die ältesten Bauwerke der Welt. Im südlichen Afrika sind besonders jene Arten verbreitet, die unterirdisch Pilze kultivieren und Methangas produzieren. Diese **Erntetermiten** fressen ihre Umgebung kahl, insbesondere herumliegendes Gehölz und Blattstreu. Da sie die Zellulose aber nicht selbst verdauen können, kultivieren sie Pilze, die ihnen die Arbeit abnehmen. Voraussetzung für den Bau einer Termitenkolonie ist ein mindestens zehnprozentiger Lehmanteil in der Erde, wie ihn z. B. die Böden im Mopanewald bieten. Ihre Bauten und Höhlengänge sind extrem komplex und verfügen über ein spezielles Mikroklima. Bisher ist es den Wissenschaftlern nicht gelungen, künstliche Termitenbauten zu konstruieren; unter Laborbedingungen sterben die Tiere daher schnell. Die allermeisten Mitglieder eines solchen Termitenstaates mit bis zu 3 Mio. Tieren sind blinde, halbentwickelte Fließbandarbeiter, die pausenlos schuften, bis 40 m tiefe Tunnel graben, Bauten anlegen und reparieren. Nur rund 5 % der Termiten sind Soldaten. Diese größeren und besser entwickelten Termiten werden von den Arbeitern gefüttert, wenn sie nicht gerade die Gesamtanlage gegen Gefahren von außen, vornehmlich Ameisen, zu verteidigen haben.

Zu Beginn der Regenzeit findet alljährlich ein fantastisches Schauspiel statt: der **Massenflug der Erntetermiten**. Er wird bei allen Kolonien einer Region gleichzeitig ausgelöst, damit sich die Überlebenschancen der Hochzeiter erhöhen. Die schwerfälligen Fluginsekten können nicht weit ausschweben und haben zahlreiche Feinde, es gelingt daher nur wenigen, die ersten Stunden zu überleben. Zuerst gehen die Weibchen zu Boden, schwirren dort umher und verströmen Lockdüfte für die männlichen Termiten. Finden sich Paare, graben sie sich rasch im Boden ein und gründen dort eine neue Kolonie. Die Königin hat nun ein hartes Los vor sich, denn sie muss jetzt lebenslang nur noch bewegungslos Eier legen, bis zu 30 000 Stück pro Tag. Am Ende ihres Lebens werden es Millionen Eier sein, mit denen sie den Fortbestand ihres komplexen Staates sichert.

Wahr ist, dass einige Termitenarten massive Schäden anrichten und Möbel, Kleidung, ja sogar Häuser zerstören können. Es wird jedoch oft übersehen, dass ihr nützlicher Beitrag zur Verwertung von absterbenden Hölzern und der Auflockerung des Bodens weitaus größer ist.

In Afrika werden Termiten auch **White Ants** genannt, obwohl sie näher mit Schaben als mit Ameisen verwandt sind.

Lappenchamäleon

Das Insekten fressende **Lappenchamäleon** (*Chamaeleo dilepis*) gilt den meisten Afrikanern als Unglücksbote, deshalb meiden sie die Tiere und fassen sie auch nicht an, obwohl sie völlig harmlos sind. Die Augen dieser faszinierenden Echsen mit Klammerfüßen und Wickelschwanz sind unabhängig voneinander frei beweglich. Ihre Beute ergreifen sie mit der blitzschnell herausschnellenden langen Zunge, die doppelt so lang wie der Körper ist. Sie haben keine Zähne und können sich nicht gegen ihre Fressfeinde verteidigen; ihre einzige Überlebensstrategie besteht aus Tarnung. Dazu verfügen die Echsen mit den bedächtigen, wippenden Bewegungen über die einmalige Fähigkeit, ihre Körperfarbe der jeweiligen Umgebung anzupassen. Bei Erregung bekommen die Tiere dunkle Stressflecken, und die Weibchen wehren sich, sobald sie befruchtet sind, mit "Farben der Trächtigkeit" gegen aufdringliche Männchen. Ein Chamäleon im Gebüsch zu entdecken, ist fast unmöglich. Sehr viel leichter erspäht man das ungewöhnliche Tier, wenn es langsam eine Straße überquert (besonders während der Regenzeit).

Innerhalb kürzester Zeit passt sich die Hautfarbe des Chamäleons seiner Umgebung an

85 verschiedene Arten existieren weltweit, vor allem in Afrika und auf Madagaskar. Die meisten Arten legen Eier, doch einige wenige Spezies gebären auch lebende Junge. Weibliche Tiere werden in der Regel größer als männliche.

Chamäleon

Nilkrokodil

(Crocodile)

Crocodylus niloticus

Ob aus Krokodileiern weiblicher oder männlicher Nachwuchs schlüpft, entscheidet die Bruttemperatur: unter 30 °C wird das Geschlecht weiblich, über 30 °C männlich.

Krokodile halten sich oft in der Nähe von Flusspferden auf

Kaltblüter und Reptilien

Krokodile besiedeln die warmen Zonen der Erde seit rund 200 Mio. Jahren und gehören damit zu den ältesten Lebewesen der Welt. Von ursprünglich 108 verschiedenen Arten haben bis heute 22 überlebt. In Afrika sind die besonders großen, bis zu 6 m langen Nilkrokodile beheimatet. Die bis zu 700 kg schweren Echsen sind mit knöchernen Hautschilden gepanzert. Sie leben in Gewässern mit flachen Uferstellen und Sandbänken. Ihrer Beute lauern sie oft stundenlang im seichten Uferbereich auf. Haben sie ihr Opfer entdeckt, gleiten sie unbemerkt heran, stoßen mit unglaublicher Energie und Schnelligkeit aus dem Wasser und schnappen zu. Dann versuchen sie, die Beute unter Wasser zu ziehen und zu ertränken, denn Krokodile können nicht kauen und beißen. Durch Umherwirbeln um die eigene Achse reißen sie ihre Beute in Stücke, die sie dann herunterschlingen können. Durch diese rustikale Jagdmethode verlieren die Riesenechsen bis zu 3000 Zähne im Laufe ihres Lebens, die aber immer wieder nachwachsen.

Krokodile sind sehr ausdauernd und genügsam, wenn es die Lage erfordert. So können sie mit zwei stattlichen Rissen von der Größe eines Kudus pro Jahr auskommen. Bei Bedarf arbeiten die Opportunisten durchaus auch im Team. Außerdem können sie bis zu drei Stunden unter Wasser bleiben, indem sie ihren Herzschlag auf drei Schläge pro Minute drosseln, und dadurch nur noch die lebensnotwendigen Organe mit Sauerstoff versorgt werden.

Aus Furcht vor Angriffen und wegen ihrer begehrten Haut sind Krokodile intensiv bejagt worden und heute vielerorts ausgerottet, doch in den abgelegenen Flüssen Sambias, in den Nationalparks und im Luangwa und Sambesi sind die Bestände gesichert.

Nilwaran
(Nile Monitor)
Varanus niloticus

Zur Familie der Echsen zählt auch der bis zu 2 m lange Nilwaran, der ein äußerst flinker Jäger ist, Menschen allerdings ausweicht und als ungefährlich gilt. Als größte Echse Afrikas lebt der Nilwaran amphibisch und gilt als ausgezeichneter Schwimmer. Der tagaktive Einzelgänger prescht blitzschnell davon, wenn man ihn aufschreckt. Er ernährt sich bevorzugt von Eiern und Jungvögeln der am Boden brütenden Vogelarten und hält sich fast immer nahe Uferzonen auf. Männliche Warane haben zwei Penisse, die vermutlich abwechselnd eingesetzt werden.

Weißkehlwaran
(Rock Monitor)
Varanus albigularis

Mit maximal 1,5 m Länge ist der Weißkehlwaran schmächtiger als sein Vetter, der Nilwaran. Seine Färbung ist graubraun, die Kehle etwas heller. Der weit verbreitete Waran lebt in Bodenlöchern.

Schlangen
(Snakes)
Serpentes

Von den über 70 verschiedenen Schlangen Sambias sind etwa ein Viertel giftig. Dazu zählen die Gabun-Viper, die Afrikanische Speikobra, die Boomslang, die äußerst flinke Schwarze Mamba und die Puffotter. Zu den ungiftigen Riesenschlangen gehört der mehrere Meter lange **Felsenpython**. Er tötet seine Beute (Hühner und bis zu 25 kg schwere Antilopen), indem er sie umschlingt und erdrückt (Foto rechts).

Schlangen haben Körper ohne Gliedmaßen und eine von Schuppen bedeckte Haut. Ihr Rachen, die Speiseröhre und der Magen sind weit dehnbar, um die Beute vollständig verschlingen zu können. Die Tiere sind scheu und weichen dem Menschen aus. Geräusche und das Vibrieren des Bodens schrecken sie auf, und sie ziehen sich – wenn möglich – meist sogleich zurück. Eine gefährliche Ausnahme bildet allerdings die hochgiftige **Puffotter** (*Bitis arietans*). Sie ist sehr träge, bewegt sich nur langsam und wird daher leicht übersehen. Die meisten Unfälle passieren deshalb auch mit diesen zickzack-gemusterten Vipernschlangen. Die Puffotter stellt übrigens bei der Fortpflanzung einen **Weltrekord** auf: Von allen Wirbeltieren der Welt gebärt sie die meisten Jungtiere mit bis zu 150 rund 15 cm großen Babyschlangen pro Wurf! Ihr größter Feind sind die truthahngroßen Kaffernhornraben, die gut und gerne ein Dutzend Puffottern pro Woche verschlingen.

Mambas und Kobras gehören zu den wenigen Schlagen, die mit dem Kopf den Bewegungen ihres Opfers oder Gegners folgen. Die Schwarze Mamba wird zur Brutzeit und wenn sich jemand zwischen ihr und der Wohnhöhle aufhält besonders aggressiv.

Während der Trockenzeit sind Begegnungen mit Schlangen deutlich seltener als zur Regenzeit, wenn Erdlöcher und Spalten, in denen die Reptilien Unterschlupf suchen, voll Wasser laufen.

Fotos oben: Puffotter; Zwergsandschlange

Silhouetten von Greifvögeln

Falke

Habicht/Weihe/Milan

Adler

Leider decken die renommierten Vogelbestimmungsbücher "Sasol", "Robert's" und "Newman's" nur das südliche Afrika bis zum Sambesi ab und sind daher für Sambia nur eingeschränkt anwendbar.

Sattelstorch

DIE VOGELWELT

838 Vogelarten sind in Sambia bekannt (zum Vergleich: in Deutschland 330 Arten). Manche davon, z. B. einige Gänse, Enten, Stelzen und Fliegenschnäpper, ziehen nur zum Überwintern nach Zentralafrika. Der überwiegende Teil sind aber Vögel aus dem tropischen Afrika, und einige Arten kommen ausschließlich in Sambia vor. Um die beeindruckende Fülle an farbenprächtigen und unscheinbaren, häufigen und äußerst seltenen Spezies auseinander zu halten, empfehlen wir wärmstens den Einsatz guter Bestimmungsbücher (siehe Literaturliste) und eines vernünftigen Fernglases. Mit ein wenig Geduld und Muße wird das **Bird Watching** dann zum größten Vergnügen!

Greifvögel und andere Fleischfresser

Adler, Geier, Habichte, Bussarde, Milane und Falken zählen zu den weit verbreiteten Greifvögeln. Adler sind in Lebensraum und -weise sehr unterschiedlich. Der auffälligste Adler, ein Sinnbild Afrikas und Sambias Nationalvogel, ist der **Schreiseeadler** (*Haliaeetus vocifer*). Kopf, Brust, Rücken und Schwanzfedern sind weiß, Bauch und Schultern braun, und die Flügel (Spannweite 50–60 cm) schwarz. Charakteristisch und eindringlich ist sein möwenartiger, weittragender Schrei, den er auch während des Fluges ausstößt. Schreiseeadler werden etwa 75 cm groß und leben paarweise an Binnengewässern und Flüssen, vor allem am Kafue, Sambesi und Luangwa. Ihre Brutzeit fällt in die trockenen Monate Mai bis August.

Beim männlichen **Gaukler** (*Terathopius ecaudatus*), einem sehr hoch fliegenden, mittelgroßen schwarzen Adler, sind Schnabel und Füße rot gefärbt. Die weiße Unterseite seiner Flügel ist im Flug deutlich sichtbar. Der englische Name *Bateleur* kommt aus dem Französischen und nimmt Bezug auf die grandiosen artistischen Flugkünste des Gauklers. In Gebirgen kann man den seltenen großen, schwarzen **Felsenadler** entdecken, der nur eine feine weiße Zeichnung auf dem Rücken trägt. **Raubadler** und **Steppenadler** sind beide braun gezeichnet und leicht zu verwechseln. Sie fressen auch Aas und werden daher gelegentlich in der Gesellschaft von Geiern gesichtet. Die imposanten **Kampfadler** (*Polemaetus bellicosus*) ernähren sich von Affen, Schliefern und kleinen Antilopen. Sie sind häufige Greifvögel in den Nationalparks. Ihr Federkleid ist weiß mit dunklen Flecken und einem dunklen Kopf.

Der **Schmarotzermilan** (*Milvus migrans parasitus*) mit dem gegabelten Schwanz und dem gelben Schnabel trägt diesen Namen, weil er mit steilem Sturzflug nicht nur Beutetiere, sondern auch Lebensmittel aus den Camps und Dörfern stiehlt. Er hält sich während der sommerlichen Regenzeit in Sambia auf.

Habichte werden in Zentralafrika durch den Grauflügelhabicht (*Melierax metabates*), den Schikra (*Accipiter badius*) und den Gabarhabicht (*Micronisus gabar*) vertreten. Schwarzrückenfalken (*Falco dickin-soni*) sieht man in Baumsteppen. Die kleineren geselligen Rötelfalken (*Falco naumanni*) überwintern in großen Scharen in allen Landschaftsformen außer dem Wald.

Aasfressende **Geier** kreisen oft hoch über Tierkadavern. Die großen Vögel mit den ausladenden Flügeln und kleinen nackten Köpfen haben ein eher abschreckendes Äußeres. In wildreichen Regionen Sambias wie dem Luangwatal sind Kappengeier (*Necrosyrtes monachus*) und Weißrückengeier (*Gyps africanus*) vertreten.

Ein auffälliger Bodenvogel der Kalahari-Grasflächen in Westsambia ist der **Sekretär** (*Sagittarius serpentarius*), ein langbeiniger, blassgrauer Vogel mit einem weichen Schopf und langen mittleren Schwanzfedern.

Wasservögel, Watvögel und Vögel im Uferbereich

Tümpel, Uferzonen und Flussläufe sind Tummelplätze vieler verschiedener Vogelarten. An den Gewässern leben dunkle, langhalsige **Kormorane**, die schwimmend und tauchend Fische erbeuten. Sehr ähnlich, aber größer ist der Afrikanische **Schlangenhalsvogel** (*Anhinga rufa*), der tief im Wasser schwimmt und – genau wie eine schwimmende Schlange – nur den Kopf heraus streckt.

Der **Hammerkopf** (*Scopus umbretta*), dessen Kopf dem Umriss eines Hammers ähnelt, baut die größten Einzelnester unter den afrikanischen Vögeln (bis zu 1,5 m Durchmesser). Der braune, mittelgroße Vogel ist teilweise nachtaktiv und ernährt sich hauptsächlich von Fröschen.

Eine stattliche, auffällige Erscheinung mit einem rot-schwarz-gelben Schnabel ist der bis zu 1,65 m große **Sattelstorch** (*Ephippiorhynchus senegalensis*), den man in den Bangweulusümpfen, im Kafue Nationalpark, an den Lagunen des Luangwa und an verschiedenen Stellen im Sambesi beobachten kann. Der **Abdim**- oder **Regenstorch** (*Ciconia abdimii*) hält sich als Zugvogel nur etwa von Oktober bis März in Sambia auf und sucht dort überall auf den Äckern nach Insekten. Auch der grauweiße **Marabu** (*Leptoptilos crumeniferus*) zählt zu den Störchen. Er lebt von Aas, Fröschen und Heuschrecken. Eine einzigartige Morphologie hat dagegen der **Schuhschnabel** (*Balaeniceps rex*), ein Ruderfüßer, der früher zu den Störchen und Schreitvögeln gerechnet wurde. Der faszinierende Sonderling wird heute aber als eigene Familie angesehen.

Hammerkopf

Silberreiher

Schuhschnabel

Amethystglanzstar

Kronenkiebitz

Jacana

Zwergspint

Die zahlreich vertretenen Reiher unterscheiden sich im Flug deutlich von Kranichen und Störchen, denn sie fliegen nicht mit ausgestreckten Hälsen, sondern mit zurückgezogenem Kopf. Aus ihrer Familie sind **Graureiher** (*Ardea cinerea*), **Mittelreiher** (*Mesophyox intermedius*), **Silberreiher** (*Casmerodius albus*) und die bis zu 1,5 m großen **Goliathreiher** (*Ardea goliath*) verbreitet. Bei Großwild und Rindern halten sich häufig die nur 50 cm großen, weißgelblichen **Kuhreiher** (*Bubulcus ibis*) auf.

Zu den lautesten Vogelarten mit teilweise recht anhaltendem Geschrei zählen Ibisse, Kiebitze, Regenpfeifer und Gänse. Besonders charakteristisch ist das eindringliche Schreien des olivgrauen **Hagedasch** (*Bostrychia hagedash*), das in der Abenddämmerung weithin zu hören ist. Regenpfeifer wie der **Dreibandregenpfeifer** (*Charadruis tricollaris*), sind kleinere Watvögel mit teilweise lang anhaltendem, klagendem Geschrei. Auf den Sandbänken des Sambesi beobachtet man den **Langspornkiebitz** (*Xiphidiopterus albiceps*). Auch der **Senegalkiebitz** (*Afribyx senegallus*) ist in Sambia verbreitet. **Waffenkiebitze** (*Hoplop-terus armatus*) lieben die feuchten Sumpfregionen Sambias. Unter den Watvögeln sind neben Stelzenläufern und Wasserläufern auch Schnepfen, die vielfach nur periodisch als Zugvögel auftreten, typisch.

Marschen, Sümpfe und Seen bilden die Heimat des **Afrikanischen Löfflers** (*Platalea alba*), eines etwa 90 cm großen weißen Vogels mit roten Beinen und auffälligem Löffelschnabel. In den Sümpfen Sambias und am Tanganjikasee kommen vereinzelt **Zwergflamingos** (*Phoenicopterus minor*) vor. Sieht man einen hübschen Vogel mit riesigen Füßen auf Seerosen und schwimmenden Wasserpflanzen umherwandern, handelt es sich um das Blaustirn-Blatthühnchen oder **African Jacana** (*Actophilornis africanus*). Der kastanienbraune Vogel ist an Schnabel und Stirnschild blauweiß gezeichnet.

Kraniche, storchenähnliche Bodenvögel, bevorzugen Sumpfgebiete und offene Grasflächen. Die überwiegend blassgrauen **Klunkerkraniche** (*Bugeranus carunculatus*) sind heimisch in den Bangweulusümpfen. Sie werden bis zu 1,25 m groß, haben einen weißen Hals und zwei vom Kinn herabhängende „Hautklunker“. **Kronenkraniche** (*Balearica regulorum*) sind dagegen an der Oberseite schiefergrau, haben weiße Flügel mit rostbraunen Armschwingen und auf dem Scheitel eine rostfarbene Federkrone. Sie gehen eine lebenslange Einehe ein, und jedes Vogelpaar bezieht ein Revier mit 1,5 km^2 Radius. Ihre Brut verteidigen die anmutigen, großen Vögel heftigst selbst gegen Löwen.

Die kleinen, leuchtend gefärbten Eisvögel leben überwiegend direkt an Gewässer gebunden. Fische und Libellenlarven frisst der **Kobalteisvogel** (*Alcedo semitorquata*), der am Rücken blau und am Bauch rostrot gefärbt ist. Der bis zu 40 cm große **Riesenfischer** (*Ceryle maxima*) ernährt sich hauptsächlich von Süßwasserkrabben, wogegen der winzige Zwergfischer (*Ispidina picta*) Insekten und Grillen frisst. Dafür lebt der Zwergfischer genau wie der unauffälligere **Braunkopfliest** (*Halcyon albiventris*) durchaus gerne auch in Miombowäldern.

Hühnervögel

Zu den in Sambia vorkommenden Hühnervögeln zählen zahlreiche verschiedene Rebhühner, Frankoline, Wachteln und Perlhühner. Das **Helmperlhuhn** (*Numida meleagris*) ist in trockenem Buschland in ganz Sambia heimisch, während das **Kräuselhaubenperlhuhn** (*Guttera pucherani*) eher in Miombowäldern und dichtem Buschwald zu finden ist. In den feuchten Sümpfen und Marschen kommen dagegen Rallen vor. Laufhühnchen wie das **Hottentotten-Laufhühnchen** (*Turnix hottentotta*) halten sich in feuchten Dambos versteckt. Flughühner nennt man die taubenartigen Bodenbewohner, die gesellig Trockengebiete besiedeln.

Kräuselhauben-perlhuhn

Ein Blick in die Mythenwelt Afrikas: Manche Vögel, wie der männliche Gaukler und Kaffernhornraben, gelten traditionell als Teufels- oder **Unglücksboten**, denn ihre leuchtend roten Körperteile werden mit Blut in Verbindung gebracht

Waldvögel

In den Bäumen dichter Wälder lebt eine Vielzahl unterschiedlicher Vogelarten. Prachtfinken wie der winzige **Grünastrild** (*Estrilda melanotis*), der in den Bergwäldern Ostsambias beheimatet ist, und sog. Grasmücken, wie der unauffällige **Graue Bindensänger** (*Calamonastes simplex*) und der **Barrattbuschsänger** (*Bradypterus barratti*). Trogone, Bart- und Mausvögel sind typische Waldvögel Sambias, ebenso Spechte, Kuckucksvögel und natürlich Nashornvögel.

Nashornvögel sind relativ groß, haben einen auffälligen, gebogenen Schnabel und zeigen ein eigenwilliges Brutverhalten: Das Weibchen mauert sich zum Brüten in die Nisthöhle ein und wird durch eine kleine Öffnung vom Männchen gefüttert. Manche Nashornvogelmütter bleiben sogar in der Höhle, bis die Jungvögel ausfliegen. An den Viktoriafällen kann man häufig den etwa 60 cm großen, schwarzweißen Trompeter-Hornvogel (*Bycanistes bucinator*) beobachten. In Miombowäldern lebt der **Grautoko** (*Tockus nasutus*), in trockeneren Mopanewäldern dagegen der **Rotschnabeltoko** (*Tockus erythrorhynchus*). **Kaffernhornraben** (*Bucorvus cafer*) sind die größten afrikanischen Nashornvögel. Diese über 1 m großen Bodenbewohner sind schwarz gefiedert mit rotem Gesicht und ernähren sich mit Vorliebe von Puffottern.

Rotschnabeltoko

Reisende in Nordsambia werden von Oktober bis April vom steten Dreiton-Ruf des Einsiedlerkuckucks begleitet

Eine weitere prächtige afrikanische Waldvogelfamilie bilden die Turakos. Optisch der unscheinbarste Vertreter dieser Art ist der einfarbige **Graulärmvogel** (*Corythaixoides concolor*), der wegen seines lauten Geschreis jeden Eindringling verrät und den englischen Namen 'Go-Away-Bird' trägt. Der selbstbewusste Vogel lebt bevorzugt in trockenem Busch und Akazienwäldern. Der attraktive **Glanzhaubenturako** (*Tauraco porphyreolophus*) ist dafür ein recht scheuer Waldbewohner mit grünem Kopf, blauen Schwanzfedern, purpurschwarzer Haube und leuchtend roten Schwingen, die im Flug gut sichtbar werden. Auch der **Spitzschopfturako** (*Tauraco livingstonii*) ist eine Schönheit mit leuchtend grünem Gefieder, einer langen, spitzen Haube und rötlichem Schnabel. In Nordsambia kommt außerdem der lilafarbene **Rossturako** (*Musophaga rossae*) vor.

Vögel

Gabelracke

Karminspint

Weißstirnspint

Sonstige typische Vögel

Zu den häufigsten sambischen Vögeln gehört der recht zutrauliche **Graubülbül** (*Pycnonotus barbatus*), aber auch Stare sind sehr weit verbreitet. Der **Messingglanzstar** (*Lamprotornis chloropterus*) gilt als geselliger Miombowaldbewohner, während der **Mevesglanzstar** (*Lamprotornis mevesii*) Mopanewälder bevorzugt. In den Nationalparks sieht man **Rotschnabel-Madenhacker** (*Buphagus erythrorhynchus*) auf Großwild wie Büffel und Kudus sitzen, denn der Vogel ernährt sich von Zecken und Parasiten.

Schildraben (*Corvus albus*) sind Müllfresser, die gerne nahe menschlicher Siedlungen leben. Sie werden etwa 45 cm groß und sind schwarz gefiedert, mit weißer Brust und einem weißen Halsband.

Sehr vielfältig und mitunter schwer zu identifizieren sind die zahlreichen Webervögel. In Mopane- und Akazienwäldern leben **Büffelweber** (*Bubalornis albirostris*) und **Mahaliweber** (*Plocepasser mahali*). Die schwarzroten **Oryxweber** (*Euplectes orix*) bewohnen dagegen hohe Gräser, Schilf oder auch Maisfelder. Eine Ähnlichkeit mit dem Oryxweber zeigt der **Stummelwida** (*Coliuspasser axillaris*), doch haben die Männchen deutlich längere Schwanzfedern. Noch auffälliger präsentiert sich der **Hahnschweifweber** (*Coliuspasser progne*). Im Brutkleid erscheint das Männchen pechschwarz mit Halskrause und 60 cm langen Schwanzfedern. Man sieht ihn im äußersten Westen und im Nordosten von Sambia in hochgelegenen Moorlandschaften. Er fliegt dort sehr langsam und mit wehendem Schwanz über seinem Brutrevier.

Verschiedene Papageien kommen auch in Sambia vor, allen voran der prächtige und sehr schnatterfreudige **Goldbugpapagei** (*Poicephalus meyeri*). Das kleinere **Erdbeerköpfchen** (*Agapornis lilianae*) tritt örtlich in Mopanewäldern im Luangwatal auf, während das **Rußköpfchen** (*Lilianae nigrigensis*) nur in Südwestsambia lebt.

Bezaubernd sehen die schlanken, leuchtend gefärbten afrikanischen Bienenfresser aus, so der schlanke, scharlachrote **Karminspint** (*Merops nubicoides*). Während der Regenzeit brütet der Zugvogel gerne in riesigen Kolonien in den sandigen Steilufern der Flüsse in Niedrigzonen. Zu diesen Brutkolonien gesellen sich auch gerne einzelne **Weißstirnspinte** (*Merops bullockoides*).

Ein weiterer, höchst attraktiver afrikanischer Migrant ist der **Paradiesschnäpper** (*Terpsiphone viridis*). Die männlichen Vögel beeindrukken durch den sehr auffälligen langen, zierlichen Schwanz und ihr rostbraunes Gefieder. Nektarvögel haben noch deutlich längere schlanke Schnäbel als Bienenfresser, um an den begehrten Blütennektar zu gelangen. Verschiedene Arten findet man vorwiegend in Ostsambia, wo sie wie der **Bronzenektarvogel** (*Nectarinia kilimensis)* bevorzugt in größeren Höhen leben.

Im prächtigen Kleid präsentieren sich die mittelgroßen Racken, die meist einzeln oder paarweise auf trockenen Zweigen oder Stromleitungen sitzen. In offenen Savannen sind **Gabelracken** (*Coracias caudata*) sehr und **Strichelracken** (*Coracias naevia*) mäßig häufig, im Miombowald fühlt sich die **Spatelracke** (*Coracias spatulata*) wohl. Der hübsche **Zimtroller** (*Eurystomus glaucurus*) bevorzugt dagegen Galeriewälder.

Grünschwanz-Glanzstar

Weißbrauenrötel

Erdbeerköpfchen

Vögel

Die Nachtaktiven

Eulen, Uhus und Käuze gehören zu den Jägern mit nächtlicher Lebensweise. Sie haben meist Hakenschnäbel, große Köpfe und direkt nach vorne blickende Augen. Ihr Flug ist geräuschlos und der Blick starr. In den Dambos und Sümpfen Sambias ist die **Graseule** (*Tyto capensis*) verbreitet. Sie ernährt sich dort von kleine Nagetieren. In Trockenbuschsavannen ist der kleine **Perl-Sperlingskauz** (*Glaucidium perlatum*) manchmal auch bei Tage zu sehen. Der deutlich größere **Fleckenuhu** (*Bubo africanus*) hat auffällige Federohren und sitzt bei Dunkelheit öfters direkt auf den Straßen. Entlang der sambischen Flüsse ist die große, bräunlich gestreifte und gefleckte **Bindenfischeule** (*Scotopelia peli*) heimisch, denn sie ernährt sich von Fischen.

Bindenfischeule

Perl-Sperlingskauz

Nachtschwalben sind dämmerungs- und nachtaktive Vögel und in Sambia mit acht verschiedenen Arten vertreten. Sie ernähren sich von Insekten und sitzen tagsüber gut getarnt und unbeweglich im Gehölz. Es ist auch für Fachleute fast unmöglich, die verschiedenen Nachtschwalben voneinander zu unterscheiden. Einzige Ausnahme ist die männliche **Flaggennachtschwalbe** (*Semeiophorus vexillarius*) während der Brutzeit. Als afrikanischer Migrant halten sich die Flaggennachtschwalben zwischen August und Februar in Sambia auf. Im Oktober/November entwickeln die nur etwa 25 cm großen Männchen ein Brutkleid mit stark verlängerten inneren Handschwingenfedern, die als bis zu 70 cm lange "Flaggen" die Flügelschwingen verlängern. Es gehört zu den unvergesslichen Erlebnissen in Sambia, wenn man ein solches männliches Exemplar nach Einbruch der Dämmerung bei der Jagd nach Fluginsekten und Käfern beobachten kann. Die langen „Flaggen" schwingen geisterhaft und erinnern an das Schauspiel chinesischer Drachen (Foto oben).

Flaggennachtschwalbe

Vögel

UNTERWEGS IN SAMBIA

LUSAKA UND DIE DIREKTE UMGEBUNG

Die Landeshauptstadt Lusaka ist eine pulsierende Millionenstadt, bietet allerdings kaum touristische Sehenswürdigkeiten. Ihre hektische Atmosphäre wird bestimmt von einer kontrastreichen Mischung aus vernachlässigten sozialistischen Hochhäusern, breiten Avenuen vor blühenden, von hohen Mauern umschlossenen Gärten, modernen Einkaufszentren, einem chaotischen Verkehr und dem Treiben der vielen Straßenhändler. Entflieht man dem Großstadtrummel, gelangt man nahezu übergangslos in das ländliche Hinterland mit seinen weitläufigen Farmen und dörflichen Ansiedlungen.

Ein Blick zurück: Es begann 1905...

Wie die meisten afrikanischen Städte hat Lusaka eine relativ junge Entwicklungsgeschichte. Zu Beginn des 20. Jahrhunderts nannte man das hier ansässige kleine verschlafene Dorf *Lusakas* oder *Lusaakas*, nach einem Lenje-Häuptling, dem nachgesagt wurde, ein besonders gerissener Elefantenjäger zu sein.

Lusakas Stadtgeschichte begann 1905 mit der **Gründung einer Bahnstation**. Damals wurde in raschem Tempo die Bahnstrecke von den Viktoriafällen nach Kabwe verlegt. Exakt alle 32 km wurde eine Bahnstation gegründet, so auch im Oktober 1905 die Station Lusaka. Katholische Missionare und die ersten Geschäfte, eröffnet zumeist von aus dem Süden kommenden Buren, folgten 1908. Zunächst blieb es aber ein unbedeutender landwirtschaftlicher Flecken. Die erste Schule entstand 1909, drei Jahre später wurde das Grand Hotel gegründet, welches später in Lusaka Hotel umbenannt wurde und heute noch existiert. 1917 quälte sich zum ersten Mal ein Automobil über die ausgefahrenen Sandpisten der Stadt, die nach heftigem Regen stets derart verschlammte, dass ihre Anwohner 1926 fast evakuiert werden mussten. 1929 – inzwischen war der Ort auf 282 Europäer und 1596 Afrikaner angewachsen – erhielt Lusaka den Status einer *Township*.

Etwa zu gleicher Zeit suchte man einen geeigneten Platz für die Verlegung der Hauptstadt von Livingstone an einen zentraleren Ort im Lande. In die Überlegungen wurden Kabwe und Ndola eingeschlossen, doch man entschied sich 1931 aus klimatischen Gründen für Lusaka, denn Lusaka gilt als einer der windigsten Plätze Zentralafrikas. Der endgültige Umzug von Livingstone hierher erfolgte erst im Mai 1935, nachdem in der neuen Hauptstadt eifrig gebaut worden war.

Nach dem zweiten Weltkrieg entwickelte sich Lusaka zügig und erhielt wegen ihrer Grünflachen den Beinamen "**The Garden City**". Bis Anfang der 1950er Jahre wuchs die Stadt allerdings nur westlich der Cairo Road, denn östlich der Hauptstraße verhinderten die Bahnlinien zunächst jegliches Ausbreiten. Hatte Lusaka 1950 erst 26 000 Bürger, so waren es nur 20 Jahre später bereits zehnmal so viele. In den Jahren nach Erlangen der Unabhängigkeit entstanden die meisten dominierenden Gebäude, wie die Universität, der Internationale Flughafen, das Findeco House, die Nationalversammlung und das Mulungushi Conference Center. Um 1990 wurde die Millionengrenze überschritten. Heute zählt Lusaka mit einem Stadtgebiet von 360 km² zu den am schnellsten wachsenden Städten Zentralafrikas, und die Einwohnerzahl wird heute auf 2,2 Millionen geschätzt (genaue Erhebungen liegen nicht vor).

Cairo Road

Die berühmteste Straße des Landes

Bis Anfang der 1920er Jahre, als es in Lusaka erst sechs namenlose Wege gab, wurde diese Nord-Süd-Verbindung *Front Street* genannt. Irgendwann brachte ein spöttischer Siedler in Anspielung auf das große Abenteuer jener Tage, nämlich eine mögliche Autodurchquerung des Kontinents von Kairo bis zum Kap, den Namen Cairo Road ins Spiel, lag Lusaka doch genau entlang jener imaginären "Traumstraße Afrikas". Dieser Name setzte sich schließlich fest und blieb bestehen.

Unten: Die Überführung einer Giraffe sorgt in Lusaka für Aufsehen

Zur Orientierung in Lusaka

Die Bahnlinie teilt Lusaka noch immer in eine östliche und eine westliche Stadthälfte, die nur durch drei Brücken miteinander verbunden sind. Im **Westteil** haben sich vornehmlich die Industrie und Wirtschaft angesiedelt wie Speditionen, Reifenhändler, Mechaniker, Großhändler aller Art und der große City-Market mit dem Busbahnhof für Minibusse. Parallel zur Bahnlinie verläuft die **Cairo Road**, Lusakas breite, mehrspurige Hauptstraße im Zentrum. In Stoßzeiten bewegt sich der Verkehr nur im Schritttempo durch diese städtische Lebensader. Neben maroden staatlichen Komplexen, Fast Food Restaurants, Wechselstuben, dem Hauptpostamt und allerlei Bürogebäuden findet man hier auch ein paar Souvenirläden, Reisebüros, Stadthotels und Vertretungen verschiedener Fluglinien. **Im östlichen Teil** Lusakas wurden frühzeitig großzügige Avenuen angelegt, die die weitflächigen Ministerien, Schulen, Botschaftsresidenzen, einen Golfplatz und die eleganteren Hotels verbinden. Die Straßen sind hier deutlich breiter, besser gepflegt und baumbestanden. Manda Hill, der größte **Shopping Komplex** des Landes, die **Einkaufsmeile Arcades** und die neuere **East Park Mall** liegen an der Ausfallstraße Great East Road in Richtung Flughafen und Chipata.

Sehenswertes in Lusaka

Kabwata Cultural Village

Ein ehemaliges Gelände für kulturelle Tanzdarbietungen, das mit deutscher Entwicklungshilfe wieder aufgebaut worden ist. Seither gibt es hier Souvenirs wie Holzschnitzereien, Stoffe und Schmuck in ruhiger Atmosphäre zu kaufen. Von Zeit zu Zeit laden auch wieder Volkstänzer zum "Traditional Dancing" ein.

Zufahrt: Von der Independence Ave. nach Süden in die Burma Road abzweigen. Kabwata Village befindet sich nach 1700 m an der rechten Straßenseite und ist täglich ganztags geöffnet. Kein Eintritt, sicheres Parken auf dem Gelände möglich.

National Museum

Lusakas Nationalmuseum liegt zentral in der Independence Ave. Hier werden neben Fotos und anderen Zeugnissen aus der Kolonialzeit und dem Unabhängigkeitskampf auch moderne einheimische Kunst und eine beachtenswerte Sammlung zum Traditionellen Heilwesen ausgestellt. Geöffnet täglich von 9–16.30 Uhr, der Eintritt beträgt ca. 5 US$.

Lusaka Craft Market

Jeden letzten Samstagvormittag im Monat veranstaltet die Dutch Reformed Church auf dem Kirchengelände einen kunsthandwerklichen Freiluftmarkt. Hier trifft sich Lusakas Gesellschaft aller Hautfarben zum Einkaufen von Kunstgewerbe oder frischen Farmprodukten und dem gemütlichen Gespräch zwischen Pflanzenkübeln, bunten Batiken und Holzfiguren. Die Parkplätze rund um die Kirche werden bewacht; es fällt ein geringer Eintritt an.

Die afrikanischen Märkte: chaotisch und eng

Der älteste Stadtmarkt Lusakas, Luburma Market, entstand schon 1928 und breitet sich südlich der Independence Ave. aus. Größer ist allerdings der City Market an der Lumumba Road. Auf diesen Märkten gibt es praktisch alles, was man sich vorstellen kann, dicht gedrängt auf engstem Raum. Allerlei fremde Gerüche und Geräusche bombardieren den Besucher. Es dudeln afrikanische Rhythmen aus den Mini-Shops und Verkaufsbuden, dazwischen rufen Händler und auf kleinen Blechöfen braten Frauen Maiskolben. Was auf Fremde einen exotischen Eindruck macht, veranschaulicht jedoch die Problematik vieler Arbeitsloser vom Lande, die in der Großstadt vergeblich einen Job suchen und sich nun mit Kleinhandel über Wasser halten müssen.

Lechwe Trust Art Gallery

Kunstinteressierte sollten einen Besuch der zentral gelegenen Galerie einplanen, die in repräsentativen Räumlichkeiten die vielseitigen Werke eines sambischen Kunstvereins zeigt. Es gibt wechselnde Ausstellungen, hauptsächlich mit Gemälden unterschiedlichster Stilrichtungen, aber auch Skulpturen. Alle Exponate stehen außerdem zum Verkauf. Adresse: Plot 4015 Lagos Road, Rhodes Park, Tel. 0211-257256, https://lechwetrust.org. Öffnungszeiten: Di–Sa 10–18 Uhr, So 12–18 Uhr. Der Eintritt ist frei.

Schon gewusst?

Woher hat die Cha Cha Cha Road ihren Namen?
Der Latino-Tanz – in den 1960ern in Mode – wurde ein geheimes Code-Wort zu Zeiten des Unabhängigkeitskampfes, und markierte somit den Beginn des landesweiten gewaltlosen Widerstands gegen die Kolonialmacht

Chaminuka Nature Reserve

Vor den Toren der Stadt bietet das private Schutzgebiet Pirschfahrten, Interaction mit Geparden und Elefanten, Reiten und Fischen im eigenen Wildpark. Kontakt: Tel. 0973-736865, E-Mail: reservations@chaminuka.com, www.chaminuka.com. Beschilderte Zufahrt ab dem Flughafen. Preise: Day Trips kosten ab 70 US$ pP.

Oben: Geparden im Chaminuka Naturreservat

Rechts: Elefantenfütterung und das Nashorn "Thabo" im Lusaka Park

Munda Wanga Enviromental Park

Dieser Zoo & Botanische Garten liegt 18 km südlich der Stadt in Chilanga. Angelegt wurde er 1952 vom Forstbeamten Sanders, der wegen seiner Leidenschaft für den Garten völlig verarmte. Heute gibt es hier noch einige vernachlässigte Tiergehege mit Waisentieren und einen Erholungsbereich mit Bar und Grillplatz.

Täglich geöffnet von 8–17 Uhr, Tel. 0221-278614. Mit bewachtem Parkplatz. Eintritt knapp 3 US$ (inklusive Führung). Der Zugang liegt entlang der Kafue Road kurz vor dem 'Rural Health Centre' direkt in Chilanga (auf der rechten Straßenseite, beschildert).

Kalimba Reptilienpark

Ein Reptilienpark mit Schlangen, Krokodilen, Schildkröten und Chamäleons kann in Ngwerere, etwa 20 km von Lusaka, besichtigt werden. Mutigen Besuchern legt man hier auch einen Python um den Hals.

Es gibt zwei Zufahrten: Die bessere zweigt von der Great North Road ab (beschildert). Die Alternative zweigt von der Great East Road an der Caltex-Tankstelle links ab. Nach 11 km muss man rechts abbiegen und erreicht die beschilderte Farm nach weiteren 500 m. Diese Zufahrt ist auch ab dem Airport erreichbar. Kontakt & Infos: Tel. 0967-213272. Täglich geöffnet von 9–17 Uhr, der Eintritt beträgt 5 US$ und beinhaltet eine persönliche Führung.

Lusaka Nationalpark mit Elephant Orphanage

Der nur 46 km² große Lusaka Park liegt 10 km stadtauswärts, Zufahrt über die Leopard Hill Road (beschildert, GPS S 15.31.649 E 28.24.882). Auf dem Gelände gibt es Picknickplätze und Aussichtsplattformen, an denen man nach Kudus, Wasser-, Busch- und Blessböcken, Zebras, Kuhantilopen und Nyalas Ausschau halten kann. 1,5 km nach dem Eingang liegt das umzäunte Gehege eines einsamen Breitmaulnashorns namens *Thabo.* Leider wirkt der Park landschaftlich eher trist. Lusaka Park ist täglich von 6–18 Uhr geöffnet, der Eintritt beträgt 3 US$ pP.

Größere Anziehungskraft besitzt das Elephant Orphanage im angeschlossenen Wildlife Discovery Centre. Die Aufzuchtstation für Elefantenwaisen befand sich auf dem Gelände der Lilayi Lodge, bis sie in den Lusaka NP verlegt wurde (GPS S 15°31.113 E 28°25.290). Die Besuchszeiten sind dort täglich von 9-15 Uhr, die kleinen Elefanten können allerdings nur um 11.45 Uhr und 13 Uhr besucht werden. Dann darf man von einer erhöhten Plattform aus die Fütterung mit der Milchflasche beobachten und erfährt vieles über das Schicksal der Tiere und die Wildereibekämpfung in Sambia. Game Rangers International ist der Träger dieses Elefantenschutzprojekts. Wo immer in Sambia neugeborene oder sehr junge Elefantenbabys aufgefunden und gerettet werden, bringen sie die Tierschützer zur Pflege und Aufzucht hierher, denn in der freien Wildbahn hätten diese Tiere keine Überlebenschance. Der Eintritt beträgt 15 US$ pP, für Kinder 5 US$. Von Mi–So öffnet auch das Bush Café.

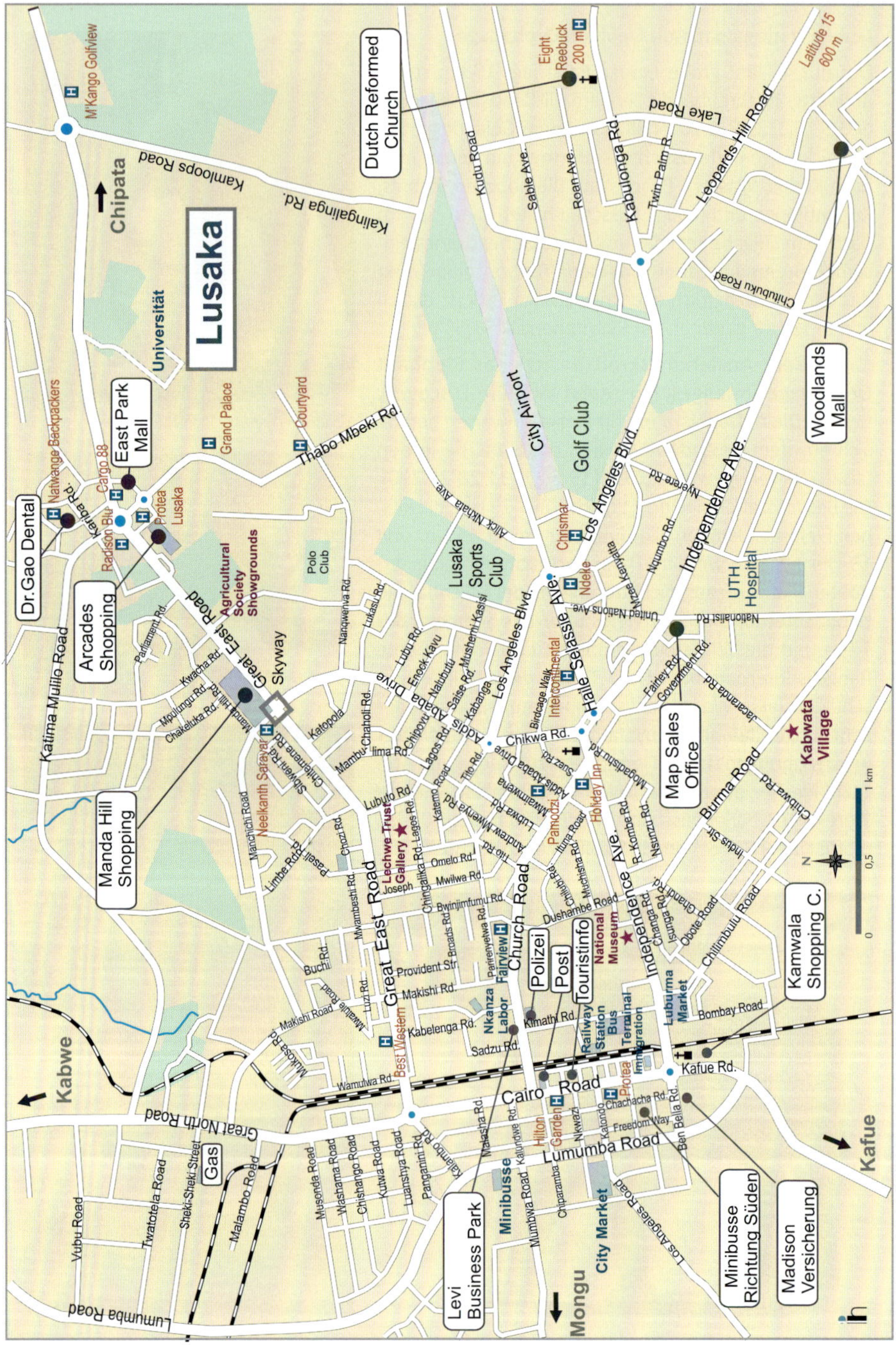
Lusaka
Chipata
Kabwe
Kafue
Mongu
Universität
Dr. Gao Dental
Arcades Shopping
East Park Mall
Manda Hill Shopping
Dutch Reformed Church
Woodlands Mall
Map Sales Office
Kamwala Shopping C.
Levi Business Park
Minibusse Richtung Süden
Madison Versicherung
Polizei
Post
Touristinfo
Gas
Minibusse
City Market
National Museum
Lechwe Trust Gallery
Kabwata Village
UTH Hospital
Golf Club
City Airport
Lusaka Sports Club
Polo Club
Agricultural Society Showgrounds
Skyway
Railway Station
Bus Terminal
Immigration
Luburma Market
Nkanza Labor
M'Kango Golfview
Natwange Backpackers
Cargo 88
Radisson Blu
Protea Lusaka
Grand Palace
Courtyard
Chrismar
Ndeke
Intercontinental
Pamodzi
Holiday Inn
Neelkanth Sarayar
Best Western
Fairview
Hilton Garden
Protea
Eight Reebuck 200 m
Latitude 15 600 m
Great East Road
Great North Road
Cairo Road
Church Road
Independence Ave.
Los Angeles Blvd.
Haile Selassie Ave.
Addis Ababa Drive
Thabo Mbeki Rd.
Kamloops Road
Kalingalinga Rd.
Lake Road
Leopards Hill Road
Kabulonga Rd.
Burma Road
Lumumba Road
Kafue Rd.
Katima Mulilo Road
Bombay Road
Chilimbulu Road
0 0,5 1 km

Einkaufen in Lusaka

•**Manda Hill Shopping Centre:** Lusakas längste "Fressmeile" liegt an der Great East Road. Hier finden sich der größte Shoprite-Supermarkt, das Kaufhaus Game (mit Campingbedarf), diverse Boutiquen, Buch- und Souvenirläden, eine Apotheke, Banken und Wechselstuben, ein Internetcafé und die Post.

•**Garden City Mall** und **Waterfalls Mall:** Die beiden Einkaufszentren liegen sich am Airport Rouandabout gegenüber. Vor allem in der Garden City Mall findet man hochwertige Boutiquen und gepflegte Lokale, Pick'n'Pay-Supermarkt und Foodlovers Market, ein Reisebüro, Banken, Kino und Apotheke.

•**East Park Shopping Mall:** Das neueste große Einkaufszentrum glänzt mit einem Foodlovers Market, Pick'n'Pay, Buch- und Outdoor-Laden; sonntags findet hier ein offener Kunsthandwerkermarkt statt.

•**Crossroads Shopping Centre:** Kleineres Einkaufzentrum mit Spar-Supermarkt, Internetcafé, Apotheke und Bank mit Geldschalter an der Leopards Hill Road stadtauswärts gelegen.

•**Woodlands Shopping Centre:** Im noblen Viertel Woodlands gelegen, mit riesigem Pick'n'Pay Supermarkt, Apotheke, Optiker, Autoworld, diervsen Lokalen und Boutiquen. Sichere Parkmöglichkeit.

•**Kabulonga Shopping Centre:** Neu gestalteter Ladenkomplex mit Pick'n'Pay-Supermarkt, Woolworth, Wechselstube, Bank, Post, Vinothek, Fast Food Lokalen etc. an der Ecke Chindo/Kabulonga Road.

•**Levy Business Park:** Moderner Einkaufspark im Stadtzentrum an der Church Road mit Pick'n'Pay Supermarkt, Woolworth, Kino, verschiedenen Fastfood-Restaurants und Läden.

•**Makeni Mall** und **Embassy Mall:** Die beiden Einkaufszentren liegen sich am südlichen Stadtrand an der Abzweigung nach Makeni gegenüber. Mehrere Supermärkte, Apotheken, Boutiquen, Game-Warenhaus und zahlreiche andere Läden und Lokale. Gute Parkmöglichkeit.

•**Arcades Shopping Complex:** Das Einkaufszentrum hat durch mehrjährige Baumaßnahmen deutlich an Attraktivität eingebüßt. Zahlreiche Läden und der SPAR-Supermarkt wurden geschlossen. Heute ist es mehr ein Vergnügungsort mit Kino, Kegelbahn, Kasino und verschiedenen Restaurants.

•**Abo Abbas Supermarket:** Libanesischer Feinkosthändler in Makeni in der Chipwnupwenu Road (bei Lamasat von der Kafue Road abbiegen) mit breitem Spezialitäten- und Gewürzangebot.

•**Majoru Butchery:** Metzgerei unter deutschem Management. Zunächst ca. 7 km stadtauswärts in Richtung Kafue fahren, dann rechts (beschildert) 3 km Teerstraße und nochmal 600 m Piste.

Souvenirs, Stoffe & Kunsthandwerk: Eine gute Auswahl an Stoffen bietet **Safique's** im Tazara House direkt östlich der Bahnüberführung in der Independence Road. Hochwertige Lederwaren, z. B. Taschen, und ein Tagescafé findet man in der Boutique **Jackal & Hide** in der Leopard Hill Road.

Campingbedarf: Wir empfehlen Mudpackers 4x4 Off Road Centre in der Leopard Hill Road stadtauswärts kurz hinter der American School.

Getränke-Großhändler: Bei Kazuma Enterprises in der Katanga Road nahe dem Linda Roundabout an der Kafue Road gibt es Bier, Wein und mehr zum günstigeren Großhandelspreis.

Gastronomie und Nightlife

Gepflegte Restaurants mit gutem Service, gehobener Atmosphäre und mitunter sogar ausgefeilter Küche versuchen die feineres Stadthotels wie Pamodzi, Radisson Blu und Southern Sun zu bieten. Sehr groß, wenngleich häufig eher leger, ist die gastronomische Auswahl in den zahlreichen modernen Einkaufszentren der Stadt: Im Manda Hill Shopping Centre sind die Lokale Vasilis, Spur Steak Ranch und Bamboo Chinese Restaurant beliebt, in der Arcades Mall gibt es ein Kino und die elegante Mint Lounge. Seafood-Gerichte und kreolische Küche gibt es im Marlin Restaurant beim Lusaka Golf Club. Ein guter Tipp für Freunde indischer Speisen ist die Bombay Lounge in der Garden City Mall. An der Kafue Road bietet sich eine Einkehr im Harry's Grill bei Sandy's Creation an. Wer spät abends Lusakas Nachtleben erkunden möchte, lässt sich z. B. mit dem Taxi zur Bar und Grillkneipe Grandaddy's Shoka Nyama in der Simon Mwansa Kapwepwe Road bringen. An der Kafue Road liegen mehrere chinesische Kasinos. Eine Einstimmung auf Safaris gelingt dagegen besonders gut im Gartenrestaurant der Lilayi Lodge.

Wie die meisten Städte Afrikas hat auch Lusaka kein besonders attraktives Nachtleben zu bieten

Hotels und Gästehäuser in Lusaka

•**Pamodzi Hotel:** Church Rd./Ecke Addis Ababa Drive, Tel. 254455, E-Mail: pamodzi.lusaka@tajhotels.com. Elegantes, traditionsreiches Fünfsterne-Luxushotel der Taj Hotelgruppe mit Restaurants, Coffee Shop, Pool, Bar, Kasino. Preise: B&B ab 135 US$/DZpP und ab 245 US$/EZ.

•**Radisson Blu Hotel:** Great East Road (gegenüber Arcades Shopping Centre), Tel. 0960-280900, E-Mail: info.lusaka@radissonblu.com. Luxushotel in modischkühlem Design mit 142 sehr geräumigen Zimmern, Restaurants, Health Club und schönem Poolbereich. Preise: B&B ab 135 US$/DZpP und ab 225 US$/EZ.

•**Latitude 15°:** Leopards Lane, Kabulonga, Lusaka. Tel. 268802, www.15.latitudehotels.com. Modernes Boutique-Hotel mit 32 Zimmern, Pool, zwei Restaurants, Gym und SPA. Jugendliches Ambiente, gratis WLAN und gute Lage. Preise: B&B ab 125 US$/DZpP und 245 US$/EZ.

•**Neelkanth Sarovar Premier:** 6111 Manchinchi Rd., Tel. 0211-427700, E-Mail: reservations@neelkanthsarovar premiere.com, www.neelkanthsarovarpremiere.com. Neues 5-Sterne-Business-Hotel im Stadtzentrum nahe der Manda Hills Mall mit sehr großen Zimmern, Pool und Gym. Preise: B&B ab 180 US$/DZpP und 280 US$/EZ.

•**InterContinental Hotel:** Haile Selassie Ave., Tel. 250000, E-Mail: reservations@interconti.com.zm, www.ihg.com. Lebhaftes, alteingesessenes First-Class-Hotel mit Ladenzeile, Restaurant, Brasserie, Cocktailbar und großem Poolbereich. Preise: B&B ab 180 US$/DZpP, ab 275 US$/EZ.

•**Southern Sun Ridgeway:** Ecke Church Rd./Independence Ave., Tel. 251666, www.southernsun.com. Das ehrwürdige Traditionshotel ist ein gehobenes, modernes Touristenhotel mit Stil. Schöner tropischer Innenhof, Steakhaus, gute Lage. Preise: B&B ab 157 US$/DZpP und 310 US$/EZ.

•**Protea Hotel by Marriott Lusaka Tower:** Great East Road, Arcades Shopping Complex, Tel. 375800, E-Mail: reservations@phlusakatower.co.zm, www.marriott.de. Direkt im Einkaufszentrum gelegenes Business Hotel mit 100 Zimmern, Pool und Restaurant. Preise: B&B ab 112 US$/ DZpP, 211 US$/EZ.

•**Protea Hotel by Marriott Cairo Road:** Mutaba House, Cairo Road/Ecke Katondo Road, Tel. 238360, E-Mail: reservations@phcairoroad.co.zm, www.marriott.de. Zentral direkt in der Stadtmitte gelegenes Mittelklassehotel. Preise: B&B ab 125 US$/DZpP und 335 US$/EZ.

•**Hilton Garden Inn:** Cairo Road, Tel. 0221-426500, E-Mail: luncc_res@hilton.com, www.hilton.com. Mitten im Zentrum thront dieser moderne Hochhauskomplex mit allen Annehmlichkeiten eines modernen Business-Hotels. Preise: B&B ab 68 US$/DZpP und 105 US$/EZ.

•**Cargo 88 Hotel:** East Park Mapp, Tel. 0973-579396, E-Mail: www.cargo88-hotel.com, www.cargo88-hotel.com. Der Neuzugang im schicken Design hat eine tolle Lage am Shopping Centre und ein gehobenes Restaurant. Preise: ab 55 US$/DZpP und 110 US$/EZ.

•**Best Western Plus Lusaka Paramount Hotel:** Great East Road, Tel. 239888, www.bestwestern.com. Mittelklasse-Stadthotel mit 92 Zimmern, zur Hotelgruppe Best Western gehörend. Zentral gelegen, ansonsten etwas nüchtern. Preise: B&B ab 52 US$/DZpP und 94 US$/EZ.

•**M'Kango Golfview Hotel:** Tel. 0979-727715, E-Mail: reservations@golfview-hotels.com, https://golfview-hotels.com. Das ehemalige Cresta Hotel bietet 60 schmucklose Zimmer, Restaurant und Pool. Preise: 58 US$/DZpP und 90 US$/EZ.

•**Reed Mat Ethnic Lodge:** 5th St., Munali, Tel. 0979-180339, E-Mail: reedmatlodge@gmail.com, www.reedmatlodge.com. Kleine Lodge mit Pool im Garten abseits im Viertel Munali (Great East Road bis Munali Roundabout, dort der Beschilderung folgen). Preise: Zimmer 13 US$/DZpP und 20 US$/EZ, Chalets 35 US$/Nacht.

•**Sandy's Creations:** 31/32 Farm 4300, Kafue Road, Lilayi. Tel. 0966-916259, E-Mail: reservations@sandyscreations.net, www.sandyscreations.net. An der Kafue Road 9 km von Lusaka (neben Baobab School) liegen Bungalows im sehr begrünten Gelände, mit zwei Restaurants und Pools. Preise: B&B ab 50 US$/DZpP und 90 US$/EZ.

Unterkünfte außerhalb von Lusaka

•**Lilayi Lodge:** Lilayi Road, Lusaka. Tel. 0777-949730, E-Mail: reservations@lilayi.com, www.lilayi.com. Gepflegte Safarilodge mit eigenem Wildpark, zwölf Rundchalets, edlem Restaurant mit Weinkeller, großzügigem Poolbereich und Freizeitaktivitäten wie Pirschfahrten und Game Walks. Sie liegt ca. 20 km südlich der Stadt entlang der Kafue Road (beschildert). Preise: B&B ab 125 US$/ DZpP und 220 US$/EZ.

•**Chaminuka Lodge:** Tel. 0973-736865, E-Mail: reservations @chaminuka.com, www.chaminuka.com. Eine Lodge vor den Toren der Hauptstadt mit privatem Schutzgebiet, in dem auch Geparden und Elefanten gehalten und Interaction mit den Tieren angeboten werden (siehe S. 122). Mit Weinkeller, Restaurant und vielen Aktivitäten. Beschilderte Zufahrt ab dem Flughafen. Preise: B&B ab 115 pP.

•**Protea Hotel by Marriott Lusaka Safari Lodge:** Tel. 0221-842843, www.marriott.de. Die Safarilodge mit zwanzig Chalets, Restaurant, Pool und Konferenzraum im privaten Wildreservat liegt 26 km nördlich vom Flughafen in Richtung Kabwe (3 km Zufahrt). Preise: B&B ab 92 US$/DZpP und 170 US$/EZ.

Camping, Safari-Chalets und Backpackerlodges in Lusaka und Umgebung

•**Pioneer Camp:** Palabana Road, Tel. 0966-432700, www.pioneercampzambia.com, E-Mail: mail@pioneercampzambia.com. Das nette Camp liegt östlich von Lusaka auf einem Farmgelände und bietet eine riesige Bar/Restaurant mit Fernsehecke und gratis WLAN, Pool und einen weitläufigen Garten (gute Vogelbeobachtungen). Ein guter Start- und Endpunkt für Flugreisende (Transfers zur Stadt und zum Airport möglich, auch Day Trips und Safaris im Angebot). Die 5 km lange Zufahrtspiste zweigt 2,5 km nach der Airport-Abzweigung von der Great East Road rechts ab. Preise: Chalets mit B&B ab 59 US$/DZpP und 79 US$/EZ, Mietzelte mit B&B 35 US$/DZpP und 50 US$/EZ, Camping 12 US$ pP (mit Stromanschluss).

•**Wild Dogs Lodge:** Plot 43, Palabana Rd., Tel. 0971-760423, E-Mail: zambia@nature-safaris.com, www.wilddogs-lodge.com. Hübsches, sehr ruhiges und begrüntes Camp unter deutscher Leitung mit zehn Zimmern, Chalets und Pool im Garten. Es liegt 1,3 km entlang der Zufahrt zum Pioneer Camp (GPS S 15.22.310 E 28.26.228). Nature Safaris bietet außerdem Rundreisen und Safaris an. Preise: B&B ab 88 US$/DZpP und 109 US$/EZ.

Lukasa BnB & Campsite: Tel. 0966-860445, E-Mail: ghhomecamp@gmail.com, www.lukasa.info. Das Gästehaus von Harry und Geke bietet charmante individuelle Zimmer und Camping im Garten im ruhigen Ortsteil Makeni Konga (GPS S 15°31.237 E 28°11.076; Zufahrt über die Linda Road/Majoru Butchery). Preise: Zimmer 45–85 US$/Nacht, Camping 15 US$ pP, es werden Flughafentransfers und Abendessen angeboten. Garten mit Pool und hohen Bäumen, Honesty Bar, gute Ausstattung (Waschmaschine, Kühlschrank), persönliche Betreuung. Siehe auch: Unser Übernachtungstipp, S. 328.

•**Eureka Camping Park:** Kafue Road, Lusaka. Tel. 0966-822448, E-Mail: eurekacamp.zm@gmail.com, www.eurekacamp .com. Auf einer Farm 9 km südlich der Stadt entlang der Kafue Road gelegenes Camp mit Billard-Bar (Snacks erhältlich), rudimentären Sanitäranlagen, Unterständen und Grillplätzen, Stromanschluss, Pool, Chalets und einem Wildtierbereich mit Zebras, Giraffen und Antilopen. Sehr leger, am Wochenende oft langer Barbetrieb mit Musik. Preise: A-Frames 40–45 US$/Nacht, Ensuite-Chalets 60–75 US$/Nacht, Dormitory 20 US$ pP, Camping 14 US$ pP. Siehe Foto rechts.

•**Natwange Backpackers:** 20 Kariba Road, Kalundu, Tel. 0963-102324 , E-Mail: info@natwange.com, www.natwangebackpackers.com. Neue familiäre Backpackerlodge in ruhiger Wohngegend nicht weit vom East Park Shopping Centre. Preise: Mehrbettzimmer ab 12 US$ pP, DZ ab 25 US$ pP.

•**Lusaka Backpackers:** 161 Mulombwa Close, Tel. 0977-805483, E-Mail: info@lusakabackpackers.com, www.lusakabackpackers.com. Bescheidene Backpackerlodge im Stadtzentrum mit einfachem Restaurant, Gemeinschaftsküche, WLAN. Preise: Achtbett-Schlafsaal 12 US$ pP, es werden auch Safaris organisiert.

•**Fringilla Lodge:** Fam. Woodley, Tel. 0972-182354, E-Mail: fringillalodge@gmail.com, www.fringillalodge.com. 50 km nördlich von Lusaka liegt die große Farm an der Straße nach Kabwe. Sie bietet den Verkauf frischer Farm- und eigener Metzgereiprodukte, ein Restaurant (an Wochenenden oft Buffets), Zimmer, Chalets und eine Campingwiese unter Bäumen (mit Stromanschluss). Viele Vögel. Preise: Zimmer ab 20 US$/Nacht, Selbstversorgerchalets ab 25 US$/Nacht, Camping 6 US$ pP.

•**Malangano Camp:** Tel. 0973-485833. Etwa 25 km östlich von Lusaka entlang der Great East Road zweigt die Zufahrt (2 km Piste) zum ruhigen Campingplatz mit sauberer Sanitärausstattung (heiße Duschen) für 6 US$ pP, Zimmervermietung für 16 US$ sowie einer Bar ab.

•**Leopard Hill Lodge:** Leopard Hill Road Plot 11340/M, Tel. 0971-860023, E-Mail: info@leopardshill-lodge.org, www.leopardshill-lodge.org. Am östlichen Stadtrand liegen sehr ruhig sieben gepflegte Chalets mit schönem Pool und Restaurant (kein Alkoholausschank), es gibt hier zudem Unterstellmöglichkeiten für Fahrzeuge. Preise: B&B 105 US$/Nacht (für 2 Personen).

•**Parays Game Farm:** Tel. 0966-845802, E-Mail: paraysinfo@gmail.com, https://parays.mystrikingly.com. 22 km westlich von Lusaka liegt an der Straße nach Mongu der Zugang zu einer weitläufigen Wildfarm mit Stausee, an der neben Boot- und Pirschfahrten, "Lion Viewing" und Picknick auch Camping auf einer gepflegten Wiese angeboten wird (viel Platz für Zelte, kleinerer Patz für Autos mit Dachzelt). Es gibt einen Kiosk mit Getränkeverkauf, einfache heiße Duschen, Strom und einen schönen Pool. Am Wochenende oft Tagesbesucher. Nur bis 18 Uhr zugänglich. Preise: Eintritt 4 US$ pP, Camping 10 US$ pP, Kinder die Hälfte.

Wichtige Adressen von A bis Z

Autobedarf

Reparaturen und Reifendienst

Toyota befindet sich am Nordende der Cairo Rd., Ford liegt an der Great North Rd. nahe Afrox Gases, Mercedes-Mitsubishi an der Kafue Rd., und Landrover etwas außerhalb an der Leopard Hill Rd. Ersatzteilhändler findet man rund um den Freedom Way, z. B. Autoworld mit reichhaltigem Sortiment. Impala Service Station an der Great North Rd. (kurz nach der Abzweigung der Great East Road, Tel. 243890) bietet maschinellen Reifenwechsel, fachmännische Montage und diverse Reparaturen. Auch Trentyres an der Malambo Rd. und Tyre King in Arcades bieten einen vernünftigen Reifenservice.

Bahnhof

Der Bahnhof ist über die Dedan Kimathi Road zugänglich. Zwischen Kitwe und Livingstone verkehren zweimal pro Woche Bummelzüge, die jeweils eine Stunde in Lusaka halten.

Bahnreisen empfehlen sich nur Reisenden ohne Zeitdruck – denn Verspätungen sind hier die Regel

Fahrplan des Ordinary Trains: Mo/Fr ab Kitwe um 16 Uhr, anderntags Aufenthalt in Lusaka von 7–7.36 Uhr, an Livingstone 2 Uhr morgens am Mi/So. Gegenrichtung: Mo/Fr ab Livingstone um 20 Uhr, Aufenthalt anderntags in Lusaka von 13.20–14.20 Uhr, an Kitwe 6 Uhr am Mi/So. Fahrpreis: ca. 10 US$ pro Strecke. Die Züge halten auch in Kapiri Mposhi, wo Bahnreisende nach Tansania Anschluss an die TAZARA finden (S. 239 und S. 367). Reservierung in Lusaka 0211-220646/228023, in Livingstone 0213-321001, in Kabwe 0215-224027.

Der deutlich bessere Nachtzug "Zambezi" (früher "Golden Jubilee Express") fährt die Strecke Lusaka–Livingstone nicht mehr nach festem Fahrplan, sondern nur noch als Vollcharter. Er bietet vier Klassen vom Eco-Sitzplatz bis zum klimatisierten Liegewagen.

Busse

Große Gepäckstücke kosten in der Regel eine Zusatzgebühr

Vorsicht vor Taschendieben am Bus Terminal

Langstreckenbusse fahren ab dem Intercity Bus Terminal in der Dedan Kimathi Road nahe dem Bahnhof. Hier herrscht heilloses Gedränge und Chaos, und ständig ändern sich die Busgesellschaften und ihre Routen. Einen guten Ruf genießen die Firmen Mazhandu Family Bus Service, Tel. 0977-806060, und Juldan Motors, Tel. 0211-247683, www.juldanmotors.com. Nach Livingstone bestehen täglich zahlreiche Direktverbindungen, die je nach Gesellschaft 12–20 US$ kosten. Mehrmals täglich fahren Busse nach Chipata und Mongu, fast stündlich in den Copperbelt und zumindest einmal täglich in den Norden bis Mpulungu oder Nakonde. Der Jonda-Bus fährt täglich um 05.30 Uhr von Lusaka über Chipata bis nach Mfuwe (etwa 25 US$ pro Strecke). Fragen Sie direkt im Bus Terminal, Tel. 0975-274224, nach den aktuellen Abfahrzeiten und versuchen Sie, bereits am Vortag ein Busticket zu ergattern, weil man ansonsten mit langen Wartezeiten für einen freien Platz rechnen muss.

Kurzstrecken-Minibusse: Die Station für Fahrten innerhalb Lusakas und in die westliche Richtung liegt an der Lumumba Rd. vor dem City Market. An der City Bus Station am Freedom Way/Ecke Katunjila Rd. starten die Minibusse in südliche Richtung.

Banken & Geldwechsel

Banken mit Geldautomaten und Wechselstuben findet man im Bereich der Cairo Road, in den modernen Einkaufszentren (siehe S. 125), in größeren Hotels (dort jedoch zu ungünstigen Wechselkursen) und am Flughafen (Bank mit Geldschalter). Banköffnungszeiten: Mo/Di/Mi/Fr von 8.15–14.45 Uhr, Do von 8.15–12 Uhr. Einige Banken öffnen samstags von 9–11 Uhr. Die Wechselstuben im Stadtzentrum akzeptieren meistens keine Reiseschecks.

Flughafen

Der Internationale Flughafen von Lusaka (Tel. 271044) befindet sich 26 km nordöstlich der Stadt, die Zufahrt erfolgt über die Great East Road. Es gibt keine Flughafen-Transferbusse, und die Taxis berechnen je nach Distanz 30–45 US$ für eine Fahrtstrecke (die Fahrt von der Innenstadt zum Flughafen ist etwas günstiger als von dort in die Stadt).

Flugrettung

Kurzzeitversicherungen für Rettungsflüge bieten:
- Health International (früher MARS), Tel. 0211-236570, www.healthinternational.co/zambia/
- MedRescue, Tel. 0211-273302, www.ses-zambia.com

Gas Auffüllen

Campinggas-Kartuschen (C206, CV 270, CV 470) und Gasflaschen sind bei GAME im Manda Hill Shopping Centre erhältlich. Gas auffüllen kann man bei Afrox Gases und bei OGAZ Zambia,

Oben: Stadtzufahrt von Süden

beide in der Sheki Sheki Street gelegen, die auf der Höhe von Ford von der Great North Road nach Westen abzweigt. Außerdem beim Mudpackers 4x4 Offroad Centre im Leopard Hill Business Park und beim ATS Farnmers Trade Centre neben PG-Glas an der Kafue Road.

Immigration

Visaangelegenheiten, z. B. Verlängerungen, klärt man im MEMACO House in der südlichen Cairo Road, zwischen Findeco- und Indeco-House.

Internet

Die meisten Hotels und Restaurants bzw. Cafés in Lusaka bieten ihren Gästen gratis WLAN. Internet-Cafés findet man zusätzlich in den modernen Shopping Malls, jedoch ist deren Ausstattung häufig überaltet.

Krankenhaus und medizinische Versorgung

Im Addis Ababa Drive liegt die vielfach empfohlene Privatklinik "Care for Business", Tel. 254396/254398. Eine weitere Privatklinik ist "TEBA Medical Centre", Tel. 290141, gegenüber der Universität an der Great East Road. Die Augenklinik "Lusaka Eye Hospital" findet man an der Kafue Road, Tel. 273298. Das orthopädische Hospital liegt nahe dem Ndeke Hotel am Dunduza Chisidza Ct., Tel. 255113. Medizinisches Labor (z. B. **Malaria-Tests**): Lancet-Nkanza Laboratories, Tel. 374800, Kabelenga Road. Notruf-Nummern in Lusaka: 999 sowie 991 für die Polizei und 992 für die Ambulanz. **Zahnarztpraxis:** Dr. Kenan Gao, Dental Surgery, Kariba Road. Mo–Fr 7.30–12.30 Uhr und 14–17 Uhr. Man fährt vom Arcades-Roundabout in die Katima Mulilo Road und biegt die erste Straße rechts ab in die Kariba Road.

Landkartenbüro

National Archives, Government Road. Im Erdgeschoss des *Mulungushi Houses*, zu finden via Independence Ave stadtauswärts rechts beim Ministry of Lands, werden im Map Sales Office noch einige sehr detaillierte Landkarten sowie Karten für die Nationalparks aus den älteren Beständen verkauft. Ansonsten bieten die Buchläden in den Einkaufszentren East Park Mall und Arcades die beste Landkartenauswahl.

Nationalparkbüro

Die Zentralverwaltung der Nationalparkbehörde befindet sich ca. 18 km südlich von Lusaka in der Ortschaft Chilanga direkt an der Kafue Road. Der Bungalow liegt etwas zurück links der Straße. Adresse: Chief Warden, DNPW, Privat Bag 1, Chilanga. Tel. 0221-278513.

Post & Telefon Das Hauptpostamt befindet sich in der Cairo Road/Ecke Church Road. Öffnungszeiten: 8.30–12 Uhr und 14–16 Uhr. Samstags 8.30–12 Uhr. Ruhiger sind die kleinen Postämter im Manda Hill Shopping Centre und im Castle Shopping Centre. Mobilfunkanbieter haben ihre Zweigstellen in allen Einkaufszentren der Stadt.

Taxi Innerhalb der Stadt kosten Taxifahrten zwischen 10 und 25 Euro, die Preise sollten vorher unbedingt ausgehandelt werden. Zuverlässiger Taxidienst: Mr. Friday, Tel. 0977-841759.

Tourist Information Das "Zambia National Tourist Board" im Century House, Tel. 229087, www.zambiatourism.com, liegt etwas zurückgesetzt an der Cairo Road (Verkauf von Postern, freundlicher Service, allerdings nur geringer Nutzen). Öffnungszeiten: Mo–Fr von 8–12 Uhr und 13–17 Uhr, Sa von 8–13 Uhr.

Versicherung Madison Insurance Company: Plot 255, Kaleya Rd., Tel. 0211-378700, www.madison.co.zm.

Wildlife Society Los Angeles Blvd./Ecke Lusaka Sports Club, neben dem Roten Kreuz. Tel. 0221-251630, E-Mail: wecsz@microlink.zm/, https://conservationzambia.org.

Warnung (Sicherheitstipps) Lusaka eilt ein schlechter Ruf voraus, was die Sicherheitslage anbelangt. Autoaufbrüche und Taschendiebstahl kommen immer wieder vor. Daher sollte man Fahrzeuge grundsätzlich nie unbewacht abstellen und bei Menschengedränge im Innenstadtbereich und auf den Märkten vor etwaigen Langfingern auf der Hut sein. Gefährdet sind Fußgänger in der Cairo Road (hier nicht auf die "Geldwechsler" hereinfallen) und den westlich daran anschließenden Straßen, in denen auch das größte Gedränge herrscht. Nachts die Stadt besser meiden, vor allem nicht in dunklen Straßen spazierengehen, sondern stets Taxis benützen. Vorsichtige Autofahrer verschließen beim Halten an den Ampeln die Türverriegelung von innen.

Oben: Typisch Lusaka: Einkaufen direkt auf der Straße

Mietwagenagenturen

•**The Wild Life:** Malaiti Road, New Kasama, Tel. 0963-134091, E-Mail: info@thewildlife.com, https://thewildlifeafrica.com. Reisebüro für Safaris in Sambia und Mietwagenverleih (auch Allradfahrzeuge mit Dachzelt).
•**African Destinations Tours and Safaris:** Washama Road, Tel. 0955-267401, E-Mail: enquires@africandestination.com, https://www.africandestinations-zambia.com.
•**Juls Car Hire:** Libala Road, Kalundu, Tel. 0211-292773, E-Mail: res@julstravel.co.zm, www.julstravelzambia.com (Vermietung auch von Allradfahrzeugen und Minibussen).
•**Limo Hire:** Lilayi Road, Tel. 0977-743145, E-Mail: limohirezambia@gmail.com, www.limohire-zambia.com (Fahrzeuge mit und ohne Allrad und Dachzelt).
•**Sepiso Car Rentals:** Great East, off Gardenia Road, Avondale, Tel. 0211-220388, E-Mail: sepisocarrentalsltd@gmail.com, www.sepisocarhire.com.
•**Europcar/Voyagers Rentals:** Suez Road, Tel.0211-375700, E-Mail: corporate@voyagerszambia.com, www.voyagerszambia.com. Am Airport Tel. 0211-271222.
•**Fair Car Hires & Tours:** Danny Pule Road (gegenüber Protea Hotel, Arcades), Tel. 0960-915636, E-Mail: info@faircarhires.com, www.avis.com. Campingfahrzeuge mit Allrad.

Reiseagenturen

•**Try Zambia Travel & Tours:** Great East Road, Tel. 0975-909027, E-mail: bookings@tryzambia.com, https://tryzambia.com.
•**The Wild Life:** siehe Mietwagen/The Wild Life
•**Voyagers Travel:** siehe Mietwagen/Europcar & Voyagers Rentals.
•**Juls Africa:** siehe Mietwagen/Juls Car Hire.

Airlines

•**Kenya Airways/KLM:** Comesa House, Ben Bella Road, Tel. 0966-861388.
•**South African Airways:** Haile Selassie Rd, Tel. 0975-910165. Am Flughafen Tel. 0211-271101.
•**Emirates:** Acacia Park, 2nd Floor, 3rd Building, Thabo Mbeki Rd, Tel. 0211-258484.
•**Ethiopian Airlines:** Garden Plaza Building, Thabo Mbeki Road, Tel. 0955-236401.
•**Air Malawi:** Makishi Road, Rhodespark, Tel. 0966-028381. Am Flughafen Tel. 0955-236402.
•**Zambia Airways:** East Park Mall, Tel. 0211-431500, 0763-886511, E-Mail: reservations@zambiaairways.co.zm, www.zambiaairways.co.zm.

Flugcharter und regionale Flugdienste

Darüber hinaus haben mehrere Air-Charter-Gesellschaften ihren Sitz in Lusaka. Flüge mit Chartergesellschaften wie Avocet Air Link, Staravia Air Charter und Ngwazi Air Charters bucht man am einfachsten in den örtlichen Reisebüros oder über das Safariunternehmen, dem man sich in Sambia anvertraut, denn die meisten Lodges haben feste Partner für die Transfers ihrer Gäste. Die bedeutsamste Regionalfluggesellschaft ist "**Proflight Zambia**" mit Sitz am Internationalen Flughafen Lusaka: Tel. 0777-034742 und 0971-246950, www.proflight-zambia.com, E-mail: reservations@proflight-zambia.com. Sie bietet ein dichtes Flugnetz mit festen Flugzeiten und ist auch in Kombination mit einem Langstreckenflug z. B. von Emirates Airlines und South African Airlines buchbar (günstige Durchgangstarife).

Proflight Zambia

Botschaften & Konsulate

•**Botswana:** 5201 Pandit Nehru Road, Diplomatic Triangle, Tel. 0211-250555.
•**Tansania:** Ujaama House, United Nations Ave, Tel. 0211-253323.
•**Großbritannien:** Independence Avenue, 15101 Ridgeway, Tel. 0211-251133/423200.
•**Mosambik:** 9592 Kacha Road, Northead, P. O. Box 34877, Tel. 0211-220333.
•**Südafrika:** D 26 Cheetah Road, Kabulonga, Tel. 0211-260497.
•**Namibia:** 30 B Mutende Road, Woodlands, Tel. 0211-260407.
•**Malawi:** Kabulonga, Bishop Road 31, Tel. 0211-265768.
•**Zimbabwe:** 11058 Haile Selassie Road, Longacres, Tel. 0211-254006.
•**Deutschland:** 5219 Haile Selassie Avenue, Longacres, Tel. 0211-250644, Notfall-Tel. 0977-773000, www.lusaka.diplo.de. Besuchszeiten von 9.30–11.30 Uhr.

DER SÜDEN – VIKTORIAFÄLLE, SAMBESI UND KARIBASEE

Im Süden des Landes setzt der Sambesi seine einmaligen, weltberühmten Akzente: Auf fast 1700 m Breite stürzt er die gewaltigen Viktoriafälle hinab und bricht durch einsame Schluchten, bis er schließlich zum Karibasee aufgestaut wird. Spektakulär ist auch das Zambezi-Escarpment, das jäh zum Karibasee und Sambesi hin abfällt und weiter im Osten einem entlegenen Tal seinen unvergleichlichen Zauber verleiht. Denn kaum ein Bild spiegelt das afrikanische Klischee besser wider als Elefanten und Flusspferde im Abendrot des Lower Zambezi Nationalparks.

Von Lusaka nach Chirundu

Verlassen Sie Lusaka auf der Kafue Road nach Süden. Die kleine Ortschaft **Chilanga** mit dem Sitz der Nationalparkbehörde, die man nach 18 km durchquert, wächst bald schon mit der Großstadt zusammen. In Chilanga liegt auch der Munda Wanga Enviromental Park (siehe S. 122). Nach der Shimbabala Toll Station wird es bis Kafue endlich etwas einsamer und der Verkehr ruhiger.

Die Kleinstadt **Kafue**, 45 km von Lusaka gelegen, beherbergt versteckt im Ortskern den ältesten Hindutempel des Landes (gegenüber der Engen-Tankstelle, siehe Foto rechts). Die neue Kafue River Mall an der Hauptstraße hat mit dem Pick'n'Pay das regionale Warenangebot deutlich verbessert.

Erst 10 km südlich der Stadt überquert man den Kafue River, der hier oft von Wasserhyazinthen überwuchert ist und bis zur Mündung in den Sambesi noch mehr als 500 Höhenmeter in der Kafueschlucht verliert. Dahinter passiert man eine feste Straßenkontrolle und erreicht 2 km weiter die Abzweigung nach Livingstone (siehe S. 162). Auf der Weiterfahrt führt die Straße bald durch eine spektakuläre Bergszenerie und windet sich in zahllosen Serpentinen und Kurven das **Zambezi-Escarpment** hinab (Foto oben). Merklich steigt die Außentemperatur an, und in der Ferne ist schließlich das Sambesital auszumachen.

Lusaka – Chirundu

Gesamtstrecke: 137 km
Fahrzeit: je nach Verkehr 2–3 Std.
Zustand: Teerstraße mit Schäden
Tankstellen: mehrere im Bereich Kafue
Besonderheit: steile Escarpmentabfahrt

Oben: Holzkohleverkauf ist oft die einzige Verdienstquelle der Dörfler im Sambesi Escarpment

Die Escarpmentabfahrt ist an den Steigungen und Kurven oft voller Schlaglöcher. Häufig bleiben an diesen Stellen auch überladene Lkws wegen Motorüberhitzung oder durch Schaltfehler beim Berganfahren hängen. Schwere Verkehrsunfälle beim Überholen sind hier leider keine Seltenheit; man sollte also vorsichtig fahren.

119 km südlich von Lusaka bzw. 18 km vor Chirundu zweigt rechts die Straße nach Siavonga am Karibasee ab (S. 136).

Ein vermüllter, chaotischer Grenzort

Die nur mehr auf 400 m Höhe gelegene Ortschaft **Chirundu**, aus staubigen Häusern, kleinen Läden und wartenden Lkws bestehend, markiert den Hauptgrenzübergang nach Zimbabwe (täglich von 0–24 Uhr geöffnet). Die etwas unübersichtliche Abwicklung findet in gemeinsamen Grenzgebäuden beiderseits der Sambesibrücke statt. Wichtig zu wissen: Grenzgänger beider Richtungen müssen immer erst die Brücke passieren, denn die Grenzabfertigung erfolgt stets am Ufer des Landes, in das man einreisen möchte. Chirundu bietet mehrere Tankstellen und die "Chirundu Mall" mit Shoprite und Apotheke. Übernachtungsgelegenheiten reihen sich entlang des Sambesi in Richtung Osten.

Fotos rechts: Abendstimmung; Sambesi Escarpment in der Regenzeit; Breezes River Lodge

Chirundu Fossil Forest

Ein versteinerter Wald mit bis zu 150 Mio. Jahre alten Exemplaren aus der Karoo-Periode liegt direkt neben der Straße. Von Lusaka kommend befindet er sich auf der rechten Seite, 400 m nach der Siavonga-Abzweigung, d. h. 18 km vor Chirundu. Manche der Stämme sind noch bis zu drei Meter lang. Auch Werkzeuge aus der Steinzeit wurden hier gefunden. Offiziell kostet der Besuch 15 US$ Eintritt, doch oft ist kein Caretaker anwesend.

Unterkünfte bei Chirundu

•**Machembere Lodge:** Tel. 0977-758691, Nur 2 km von Chirundu gelegen bietet dieses Freizeitcamp einfache gemauerte Cottages, ein Gästehaus, Pool und Restaurant am Ufer des Sambesi (mit Kanuverleih). Es ist ein beliebter Freizeitort für Einheimische, man hört hier allerdings noch die Stadt und den Verkehr. Preise: Chalets ab 35 US$/Nacht, Camping auf großer Wiese 10 US$ pP.

•**Breezes River Lodge:** Tel. 0979-158664 und 0772-235311, E-Mail: breezesriverlodge@gmail.com, www.breezesriverlodge.com. Legeres Camp mit schönem Aussichtsdeck, Restaurantbetrieb, Pool und Bootsverleih direkt am Sambesiufer 7 km von Chirundu entlang der Piste zum Lower Zambezi NP. Nachts viele Hippos im Camp, ansonsten sehr ruhig. Hier starten zahlreiche Kanutouren. Camping auf der gepflegten Wiese mit Strom, Grillstellen und guten Sanitäranlagen kostet 15 US$ pP.

•**Gwabi River Lodge:** Tel. 0950-089068, E-Mail: admin@gwabiriverlodge.com, www.gwabiriverlodge.com. Am Kafueufer 11 km von Chirundu auf dem Weg zum Lower Zambezi NP liegt die traditionsreiche Mittelklasselodge mit Chalets (ab 40–60 US$/DZpP und 80–120 US$/EZ), Mietzelten und Camping unter Bäumen am Flussufer (Zeltmiete ab 20 US$, Camping 8 US$ pP). Mit Pool auf dem Aussichtsdeck, Bar und Restaurant, Motorboot- und Kanu-Verleih sowie einer Tankstelle (7–16.30 Uhr). Die 2,7 km lange Zufahrt ist ausgewaschen (4x4 empfohlen).

11 km östlich von Chirundu gelangt man an den Kafue River, der hier unmittelbar vor seiner Mündung in den Sambesi von einer Brücke überspannt wird (mit Polizeikontrolle). Auf der Weiterfahrt um Lower Zambezi Nationalpark reihen sich zahlreiche Camps aneinander, beginnend mit der **Kiambi Lower Zambezi Lodge,** 9 km östlich der Kafuebrücke (siehe S. 158).

Oben: Souvenirverkauf an der Straße nach Siavonga

Ingombe Ilede

An der Straße nach Siavonga zweigt nach 13 km in östlicher Richtung eine kleine Allradpiste ab (unscheinbares Schild vorhanden). Sie führt zu den Resten eines Eisenzeitdorfes aus dem 7. bis 10. Jh. Die hier entdeckten, außergewöhnlich vielfältigen Funde bezeugen bereits frühzeitige Handelskontakte der Tonga zu den Küstenvölkern am Indischen Ozean. Eintritt 15 US$ pP und 5 US$/Auto.

Fahrt an den Karibasee

18 km vor Chirundu zweigt eine geteerte Straße in südlicher Richtung nach Siavonga am Karibasee ab. Hier ist ein Council Levy Kontrollposten stationiert, der von Autofahrern, die die Grenze passieren, eine kleine Gebühr kassiert. Die 65 km lange Strecke verläuft durch ein bewaldetes und hügeliges Gebiet mit zahlreichen schönen Baobabs, je näher man dem See kommt. Entlang der Straße bieten Dorfkinder manchmal Amethyst-Brocken von beachtlicher Größe zum Verkauf an. Doch Vorsicht, mitunter handelt es sich nur um bunte Glasstücke.

An der Abzweigung zwischen der Grenze nach Zimbabwe und Siavonga liegen zwei Tankstellen; hier befindet sich auch manchmal eine Polizeikontrolle, die Autoversicherungen überprüft und darauf achtet, dass alle Insassen angeschnallt sind.

Siavonga

Die kleine Siedlung wurde erst durch den Bau des Karibastaudammes in den 1950er Jahren gegründet und blieb bis heute ein unbedeutendes Nest. Nicht einmal der Niedergang des Tourismus im nahegelegenen Kariba in Zimbabwe hat Siavonga aus der stiefmütterlichen Ecke ins Rampenlicht heben können, und so kommen auch heute nur wenige ausländische Touristen vorbei. Siavongas Besucher sind eher Einheimische, die sich an den Wochenenden am ganzjährig milden Karibasee erholen möchten. Die ansässigen Hotels bieten ihren Gästen Entspannung beim Fischen, auf Hausbooten oder auf "Sundown-Cruises". Es gibt eine **Krokodilfarm** an der Mutinangala Road namens "Kaliolio", die nicht ausgeschildert ist und nicht kommerziell betrieben wird; Besucher dürfen sich hier dennoch umsehen.

Zwischen Siavonga und Lusaka fahren mehrmals täglich Busse. Das Hospital findet man nahe der Zufahrt zur Lake Safari Lodge. Die Lebensmittelversorgung von Siavonga ist eher dürftig; diverse Gemüsevariationen werden auf dem Markt feilgeboten. Der Ort hat drei Tankstellen und zwei Bankfilialen mit Geldautomaten.

Vorsicht beim Baden: Bilharziose und Krokodile!

An den Ufern des Karibasees besteht Bilharziosegefahr. Man entgeht dieser, wenn man im tieferen See vom Boot aus ins Wasser springt. Der Karibasee und das Sambesital gelten zudem ganzjährig als malariagefährdet.

Ausreise nach Zimbabwe

Grenzübertritt nach Kariba/Zimbabwe: Die Grenzformalitäten zwischen Siavonga und Kariba verlaufen in beschaulicher Atmosphäre (täglich von 6–20 Uhr, Zimbabwe-Visa sind erhältlich). Für das Befahren der Staumauer wird eine Toll Fee in Höhe von 1 US$ verlangt (für Lkws jedoch bis zu 30 US$), die stets beim Ausreisegrenzposten erhoben wird. Bei der Einreise aus Zimbabwe erhebt der Siavonga District Council zusätzlich etwa 5 US$ Council Fee.

Unterkünfte in Siavonga

•**Lake Safari Lodge:** Tel. 0962-202038, E-Mail: bookings@lakesafari.com, www.lakesafari.com. Die gepflegte Hotelanlage auf einer Landzunge bietet ein gutes Restaurant, schöne Pools, ein Aussichtsdeck mit Bar, Gym und mehrere Ausflugsboote (Bootsfahrten ab 30 US$/Std.). Preise: B&B je nach Zimmerausstattung ab 42 US$/DZpP und ab 62 US$/EZ.

•**Eagles Rest:** Tel. 0978-869126, E-Mail: manager.eagles@siavonga-zambia.com, www.eaglesrestresort.net. Selbstversorger-Chalets ab 40 US$/DZpP und 70 US$/EZ und ein kleiner Campingplatz auf schattiger Wiese am Seeufer für 10 US$ pP (mit Strom). Nett gelegen mit Beach Bar, Pool, Hausboot-Ausflügen und Kanutouren.

•**Lake Kariba Inns:** Tel. 0955-511290, E-Mail: info@karibainns.com, www.karibainns.com. Das schön eingewachsene, erhöht mit viel Aussicht gelegene Resort bietet geräumige Zimmer mit eigener Terrasse, zwei große Pools, Restaurant, Bar und viele Bootsausflüge, auch Tretboote. Preise: B&B ab 75 US$ /DZpP und 128 US$/EZ.

•**Manchinchi Bay Lodge:** Tel. 0976-849814, E-Mail: info@manchinbaylodge.com. Die weitläufige ältere Anlage mit in Reih und Glied geordneten Bungalows dümpelte lange freudlos vor sich hin, wurde aber wieder etwas restauriert. Zimmerpreise: je nach Ausstattung ab 60 US$/Nacht.

•**Sandy Beach Safari Lodge:** Herman Striedl, Tel. 0967 860739, E-Mail: sandybeachzm@gmail.com. Einsam gelegene klimatisierte Bungalows an einem Sandstrand mit Palmen unter deutsch-sambischer Leitung. Die beschilderte, 14 km lange Zufahrt zweigt 22 km nördlich von Siavonga ab. Mit Hausboot und Restaurant. Preise: 35–60 US$/Nacht.

•**Lotri Bay Camp:** Tel. 0974-775477 und 0975-684848, E-Mail: lotribaylodge@gmail.com, www.lotribay.com. Über die gleiche Zufahrt 22 km nördlich von Siavonga gelangt man auch nach 30 km grober Piste zu dieser außergewöhnlich schönen Oase mit Chalets und schattigem Camping, einem krokodilsicheren Pool im Karibasee und zahlreichen Aktivitäten zu Wasser und zu Lande. Viele Wildtiere! Preise: Chalets 65–100 US$/Nacht, Mietzelte 35 US$, Camping 12 US$ pP.

Hausboote & Bootsausflüge

Alle Unterkünfte organisieren auch Bootsausflüge, Sunset-Cruises und Angeltrips. Für mehrtägige Karibasee-Kreuzfahrten chartert man ein Hausboot mit Besatzung, Koch und Kapitän. An Bord vergeht die Zeit mit Ausruhen, Fischen und Wildbeobachtungen. Bateleur Houseboat Cruises im Eagles Rest Resort bietet ein Hausboot für bis zu zehn Gäste an, das 600 US$ pro Tag plus Verpflegung kostet. Alternative: www.karibahouseboats.com (in Zimbabwe).

Der Flussgott Nyaminyami

In der Glaubenstradition der Tonga lebt der Geist des mächtigen Sambesi in Gestalt der riesigen Wasserschlange Nyaminyami. Als die Briten die Stauung des Sambesi durchsetzten, prophezeiten die Ältesten der Tonga, damit den Unmut Nyaminyamis herauszufordern. Sie werteten die zahlreichen Unglücksfälle beim Dammbau denn auch als **Rachezeichen** ihres Flussgottes: im Dezember 1955, als der Sambesi eine Behelfsbrücke fortspülte, und im Januar 1957, als eine riesige Flutwelle einen Schutzdamm einriss. Im März 1958 zerstörte eine Jahrhundertflut eine wichtige Hängebrücke, und im Februar 1959 stürzten mehrere Gerüste ein und begruben 17 Arbeiter im frischen, feuchten Beton. Jahrelang sahen die Tonga darin Nyaminyamis Rache und prophezeiten den Einsturz der Staumauer. Erst die Gebete ihrer Ältesten, so sagen sie, haben den erzürnten Flussgott schließlich doch noch besänftigt. So entstand die berühmte **'Legende von Nyaminyami'**.

Die Staumauer von Kariba

Diese Staumauer beeindruckt nicht nur technisch versierte Besucher. Sie ist 617 m breit, 128 m hoch, an der Basis 26 m und oben 13 m stark. 1 Million Kubikmeter Beton und tonnenweise Stahl wurden dafür verarbeitet. Baubeginn war 1956, und trotz erheblicher Schwierigkeiten und Rückschläge wurde das kolossale Bauwerk am 22. Juni 1959 fertiggestellt. Fünf Jahre dauerte es, bis der See seine jetzige Größe erreicht hatte. Durch den Damm wurde der Sambesi für 280 km zu einem See mit 5230 km² Wasseroberfläche zurückgestaut. Mit einer beachtlichen technischen Meisterleistung hatte man den damals **größten Stausee der Welt** geschaffen. Die beiden Kraftwerke versorgen noch heute beide Anrainerstaaten mit Elektrizität, denn jeder Staat unterhält sein eigenes Kraftwerk.

Nach Jahren besorgniserregend niedrigen Wasserstandes füllt sich der Karibasee seit Ende der 1990er Jahre wieder. Seither öffnete man vereinzelt einen Teil der sechs Schleusen, was stets zu einem gigantischen Medienspektakel führte. Derzeit finden hier Renovierungsmaßnahmen statt.

Besichtigung der Staumauer: Ein Besuch der Staumauer zählt zu den typischen Ausflügen Siavongas. Wenn Sie Ihren Pass am Grenzgebäude abgeben, dürfen Sie mit dem Auto bis zum Parkplatz am Beginn der Staumauer weiterfahren bzw. dorthin laufen. Von hier aus kann man bequem die Staumauer betreten und deren gigantische Ausmaße auf sich wirken lassen. Die Besichtigung gilt nicht als Ausreise, ein neues Visum ist also nicht erforderlich.

Der Karibasee

Um 1912 war zum ersten Mal die Idee aufgetaucht, den starken jahreszeitlichen Schwankungen unterliegenden Sambesi zu stauen, um das trockene Land bewässern zu können. 1955 griff man diese Idee auf und nahm das ehrgeizigste Bauprojekt der Zentralafrikanischen Föderation in Angriff, um Nord- und Südrhodesien künftig mit Strom versorgen zu können. Die italienische Firma IMPRESIT erhielt den Auftrag, an der nur 100 m breiten Karibaschlucht eine Staumauer zu errichten. Das Gebiet war damals nur über uralte Elefantenpfade zugänglich, lag im ungesunden Tsetsefliegengürtel und bot auch klimatisch erschwerte Bedingungen. **Baubeginn** war im November 1956; Zehntausend Arbeiter wurden für das Projekt benötigt. Zunächst wurden am Nordufer riesige Silos für Zement gebaut und für die Turbinen Höhlen bis zu 150 m tief in die Felsen gesprengt. In den Folgejahren passierten immer wieder **Unglücksfälle** (siehe links). Oft kletterten die Mittagstemperaturen auf mehr als 50° C, und die glühend heißen Werkzeuge mussten an solchen Tagen in Wassereimern abgekühlt werden. Ab Dezember 1958 wurde der Sambesi gestaut. Schnell stieg das Wasser an, doch sollte es fünf Jahre dauern, ehe der Karibasee mit 180 Mrd. cbm Wasser gefüllt war. 125 Millionen US$ und 86 Menschenleben hatte seine Verwirklichung gekostet. Der Bau des Dammes war damals gegen den Willen der ansässigen Tonga durchgeführt worden. Unter massivem staatlichem Druck wurden **57 000 Menschen umgesiedelt**. Bis heute sind die Tonga Opfer dieser Zwangsmaßnahmen geblieben und noch immer von den damit verbundenen Errungenschaften wie Stromversorgung und Einkünften aus dem Tourismus weitgehend ausgeschlossen.

Mit einer Oberfläche von 5230 km² zählt der Karibasee heute zu den größten Seen Afrikas und ist zehnmal größer als der Bodensee. Seine Uferlinie beträgt rund 2000 km. Der See ist 280 km lang, misst an seiner breitesten Stelle 32 km und im Durchschnitt 18 km Breite. An seiner tiefsten Stelle misst er 120 m, und seine durchschnittliche Tiefe beträgt ungefähr 20 m.

Ökologische Veränderungen durch die Stauung des Sambesi zum gigantischen See

Der riesige See veränderte neben dem Landschaftsbild auch das Klima und die ökologischen Entwicklungen der Region. In den 65 Jahren seines Bestehens wurden der See und seine Uferzonen zu einem eigenständigen Lebensraum für viele Tier- und Pflanzenarten. Diese Spezies gerieten rasch in gegenseitige Wechselwirkung. Ein bekanntes Beispiel dieses Zusammenspiels ist das sog. **Kariba Weed** (*Salvinia auriculata*). Dieser südamerikanische Schwimmfarn breitete sich auf der Oberfläche des Karibasees schon bald nach seiner Stauung in erschreckendem Maße aus. In den 1960er Jahren, als Kariba Weed Angaben zufolge zwischen 15 und 25 % der Wasseroberfläche bedeckte, hielt man die Wucherpflanze für äußerst schädlich. Mit allerlei harmlosen und weniger harmlosen Mitteln versuchte man der Pflanze beizukommen. Man ging sogar soweit, südamerikanische Heuschrecken auszusetzen. Dabei zeigte sich aber bald, dass sich die Natur ganz von allein half: Immer häufiger konnten abgestorbene Pflanzenstränge entdeckt werden. Offenbar regulierte sich die Pflanze selbst. Sobald sie sich zu weit ausbreitete, verringerte sich der Sauerstoffgehalt im Wasser, was wiederum zum Absterben des Kariba Weed führte. Heute gelten die verbliebenen grünen Flächen von Kariba Weed längst nicht mehr als bedenklich, weil sie kaum noch 2 % der Wasseroberfläche bedecken.

Die Tonga – ein vergessenes Volk am Karibasee

Nicht allen hat der Karibasee Vorteile und Verbesserungen gebracht. Die Tonga zählen eindeutig zu den Verlierern des gigantischen Stauprojekts. Das kleine Volk siedelte seit Jahrhunderten im Zambezi Valley und verstand es in sehr naturverbundener Weise, in dieser trockenen, unwirtlichen Region zu überleben. Die Tonga ernährten sich durch Fischfang und Jagd und betrieben in den Überschwemmungsgebieten des Sambesi Landwirtschaft. Ihre Kultur war voller geheimer Bräuche und Riten, weshalb sie bei anderen Völkern als rückständig angesehen wurden. Den großen Fluss mit seinen jahreszeitlichen Schwankungen verehrten sie als ihre **zentrale Lebensader**. Als die Kolonialherren in den 1950er Jahren die Stauung des Flusses ankündigten, reagierten die meisten Tonga zunächst mit völligem Unglauben. Der Aufforderung zur Umsiedlung in das trockene Hinterland widersetzten sie sich mehrheitlich vehement. Die Regierungen der Zentralafrikaischen Föderation versuchten die Tonga mit Versprechungen umzustimmen, indem ihnen neue Schulen, Krankenhäuser und Brunnen zugesagt wurden. Doch schon die Vorstellung, durch den riesigen See für immer von den Freunden und Verwandten am gegenüberliegenden Ufer getrennt zu werden, entsetzte die Tonga. Schließlich wiesen die Kolonialherren den Dörfern neues Land zu und begannen rigoros mit einer **Zwangsumsiedlung von 57 000 Menschen**. Diese Umsiedlung verlief für die meisten Tonga traumatisch. Sie wurden kurzerhand mit ihrem Hab und Gut auf Lkws verladen und in das karge Hinterland verfrachtet. Verzweifelt versuchten manche von ihnen, die Verbindung zu den Ahnen, die nach ihrem Glauben in den alten Bäumen am Sambesi ruhten, dadurch aufrecht zu erhalten, dass sie große Zweige dieser Bäume abhackten und in die neue Heimat mitnahmen. Am Nordufer, auf sambischer Seite, spitzte sich die Lage 1958 sogar dramatisch zu, als Chief Chitepo und seine Leute sich weigerten, das Land zu verlassen. Bei ihrer gewaltsamen Entfernung wurden von den Soldaten acht Menschen erschossen.

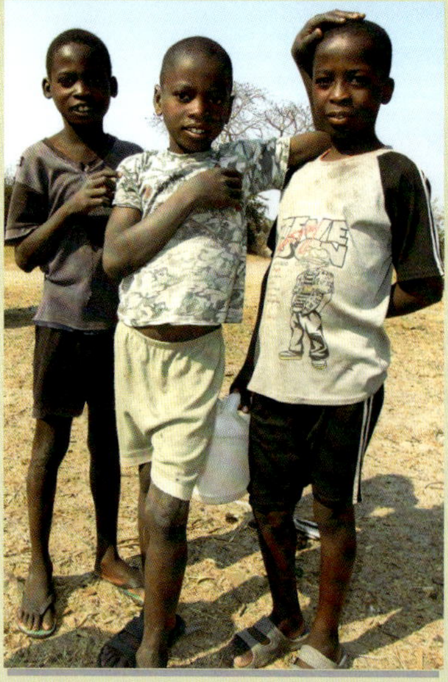

In den Jahren nach der Umsiedlung zeigten sich die Folgen der erzwungenen Migration. Die Jagd war den Tonga nun verboten, Fischerei in den meisten Fällen unmöglich, da die Dörfer nicht am See lagen, und dem kargen Land Feldfrüchte abzutrotzen sahen sich die Tonga außerstande. Ihnen fehlte hierzu die Erfahrung, denn bisher hatten sie ihre Felder im fruchtbaren Schwemmland des Sambesi angelegt. Not und Hunger brachen aus, die Kindersterblichkeit nahm dramatisch zu. Die neuen Dörfer lagen weit versprengt, was ihren gemeinschaftlichen Zusammenhalt zusätzlich schwächte. In den Jahren der Föderation wurden zumindest noch regelmäßige Fährverbindungen über den See aufrechterhalten, wodurch die Tonga beider Kolonien in Kontakt bleiben konnten. Doch mit der Unabhängigkeit Sambias verschlechterten sich die Beziehungen zwischen Sambia und dem von Europäern regierten Südrhodesien. Die Fährverbindungen nahmen ein jähes Ende, und die grenzüberschreitenden Kontakte der Tonga ebenfalls.

Auch heute noch haben die Tonga praktischen keinen Anteil an den Segnungen des Karibasees. Die infrastrukturelle Entwicklung der Region wurde vernachlässigt, es fehlt überall an Arbeitsplätzen und Schulen, die Dörfer haben keinen Stromanschluss. Nur wenige Projekte wie das **Tonga Crafts Museum** in Choma sind angelaufen, um ihre Situation zu verbessern. Es gibt einige Selbsthilfekooperativen, die Kunsthandwerk wie Trommeln und Korbwaren erzeugen. Im Gespräch ist auch die Einrichtung einer kleinen Grenzstation in Binga, um den Tonga wieder direkte grenzüberschreitende Verbindungen über den See zu ermöglichen. In Eigeninitiative informieren die Tonga mit einer in Choma organisierten Wanderausstellung, die innerhalb mehrerer Jahre verschiedene Städte Afrikas besuchte, über ihre Geschichte und heutige Lebenssituation, um die Öffentlichkeit für ihre schwierige Lage zu sensibilisieren. Dabei demonstrieren sie recht eindrucksvoll die Herausforderung, in der

modernen Gesellschaft Anschluss zu finden und trotzdem ihre tief verwurzelten Traditionen zu pflegen. Wie stark bei den Tonga Bräuche und Traditionen im Alltagsleben verankert sind, wird beim Besuch ihrer Dörfer augenscheinlich. Ihre Rundhütten sind auf Stelzen gebaut, die Erwachsenen rauchen trotz mancher Regierungskampagne ein Marihuana ähnelndes Rauschmittel in großen Kalebassen und viele Frauen feilen sich auch heute noch die vorderen Schneidezähne spitz zu.

Die größte Tierrettungsaktion der Welt

Operation Noah

Die Stauung des Sambesi bedeutete zugleich eine Tragödie für die Wildtiere der gesamten Region. Als das Wasser anstieg, retteten sich viele Tiere zunächst auf höher gelegene Gebiete. Allmählich wurden diese Bergkuppen aber zu Inseln, die langsam im steigenden Wasser versanken. Die Tiere saßen nun in der Falle und ertranken zu Tausenden. Engagierte Tierfreunde um den Wildhüter Rupert Fothergill starteten deshalb 1959 eine beherzte Aktion, die schon bald **als die größte Tierrettungsaktion der Welt** unter dem Namen 'Operation Noah' Geschichte machen sollte. Mit unermüdlichem Eifer trieben sie Tiere, die schwimmen konnten, an das rettende Ufer und brachten viele andere auf Booten in Sicherheit. Dabei kam es manches Mal zu gefährlichen Situationen, bei denen verstörte, aggressive Tiere getötet werden mussten. Deshalb versuchten die Wildhüter, Großwild zu betäuben und z. B. mit Flößen an Land zu ziehen. Immer wieder kam es zu traurigen Rückschlägen und Misserfolgen. T. Edelmann, ein Helfer am Nordufer, erlebte eine unglückliche Elefantenrettung: Drei apathische Kühe und zwei Kälber waren auf einer Insel entdeckt worden. Sie waren nicht dazu zu bewegen, die Insel selbständig zu verlassen, deshalb fingen die Männer beide Kälber ein und brachten sie zum Ufer. Doch die Elefantenkühe folgten ihnen nicht und die Kälber waren zu klein, um alleine zu überleben. Also wurden sie zur Insel zurück gebracht, wobei jedoch eine der drei Elefantenkühe in Notwehr erschossen werden musste. Man entschied sich, die gestressten Tiere für einige Tage in Ruhe zu lassen. Als Edelmann nach einer Woche zurückkehrte, hatte sich eine Tragödie zugetragen. Die beiden Kälber waren nach schweren Verletzungen, die ihnen wahrscheinlich die Kühe zugefügt hatten, gestorben. Von den beiden Elefantenkühen selbst fehlte jede Spur.

Doch gab es auch viele glückliche Momente, und manche Rettung gelang förmlich in letzter Minute. So konnte Edelmann einmal auf zwei kleinen Inseln, die bereits völlig aufgeweicht waren und in wenigen Stunden überspült worden wären, dicht aneinander gedrängt fünf Erdferkel, vier Impalas, zwei Buschböcke, zwei Mangusten, zwei Hasen und einige Perlhühner retten.

Das größte Problem, dem sich die Retter ausgesetzt sahen, war die psychische Verfassung der Wildtiere. Für die meisten Tiere waren die Rettungsaktion, das Eingefangenwerden und die unmittelbare Nähe zu den Menschen unglaublich traumatische Stresssituationen. Sie reagierten darauf mit einem dramatischen Anstieg der Körpertemperatur und gerieten in einen schweren, insbesondere für Impalas und Buschböcke schnell tödlichen **Schockzustand**. Um den Tieren die Überwindung des Schocks zu erleichtern, ging man schon bald dazu über, sie bereits im Wasser in Ufernähe freizulassen. Die Tiere flüchteten dann schwimmend ans Ufer, wodurch sich ihre Körpertemperatur und der rasende Herzschlag schneller erholten, als wenn man sie an Land aussetzte.

Die meisten der geretteten Tiere wurden ans Südufer des Sees (heute Zimbabwe) gebracht, wo anschließend Wildschutzgebiete eingerichtet wurden; nur einen kleineren Teil setzte man am Nordufer aus. Wie lange die Aktion dauerte, ist umstritten, da manche Quellen die Zeit von Dezember 1958 bis Juni 1961 angeben, andere dagegen Februar 1959 bis Juni 1963 nennen. Aus dem gleichen Grund besteht auch keine Einigkeit darüber, wieviele Tiere gerettet werden konnten. Die Gesamtzahl dürfte irgendwo **zwischen 4500 und 6000 Tieren** liegen. Die Aufstellung beim Denkmal in Kariba Heights (Zimbabwe) umfasst 4914 Tiere, darunter 23 Elefanten, 78 Büffel, 1866 Impala, 44 Nashörner, zehn Löwen, 585 Warzenschweine, 47 Stachelschweine und drei Hyänen. Operation Noah brachte darüber hinaus faszinierende neue Kenntnisse für die Wissenschaft. So wurde hier z. B. erstmals entdeckt, dass Perlhühner schwimmen können.

Diese selbstlose und erfolgreiche Rettungsaktion blieb dennoch nur ein Tropfen auf dem heißen Stein. Sie vermag nicht darüber hinweg zu täuschen, dass durch die Stauung des Sambesi viele Tausend Tiere durch Stress und Ertrinken sterben mussten.

Lower Zambezi Nationalpark

Vom Karibastaudamm bis zur Grenze Mosambiks durchfließt der Sambesi für mehr als 260 km das wildreiche Sambesital.

Beiderseits des trägen Flusses liegen traumhafte Nationalparks.

Der Mana Pools Nationalpark in Zimbabwe zählt schon seit Jahrzehnten zu den besonderen Attraktionen im südlichen Afrika, während sein sambisches Gegenstück, der Lower Zambezi Nationalpark, lange eine Art Dornröschenschlaf hegte, bis sich auch hier eine spektakuläre touristische Infrastruktur entwickelte.

Den Vergleich braucht Sambia längst nicht mehr zu scheuen.

Der 4092 km² große Park erstreckt sich zwischen dem Sambesital und dem Hochland unterhalb des bis 1500 m hohen Zambezi Escarpments. Die **touristische Infrastruktur** mit seinem Wegenetz und den Luxuscamps folgt dem Lauf des Sambesi.

Klima: Der Park ist in den heißen Monaten klimatisch eine Herausforderung. Mit weniger als 400 m über dem Meeresspiegel entwickelt das Tal von Ende September bis Dezember sehr hohe Tagestemperaturen (oft über 40° C), auch die Nächte kühlen dann nur mäßig ab. Zudem sind heiße Abendwinde von Osten typisch zum Ende der Trockenzeit.
In der Regenzeit verschlammen viele Wegpassagen, sodass die Camps fast alle zwischen Mitte November und Mitte April geschlossen werden.

Pirschfahrten & Selbstfahrer-Tipps: Im Park sind Individualreisende ganz auf sich selbst gestellt und sowohl bei den Wildhütern als auch bei den Lodgebetreibern eher unerwünscht. Seit langem wird innerhalb des Parks kein Camping mehr gestattet, wenngleich ein neuer Campsite wenige Kilometer östlich des Gates in Planung ist. Bis dahin können Individualreisende also nur außerhalb des Parks Quartier finden und somit im Grunde nur den westlichen Parkbereich besuchen. Wegen der dichten, buschigen und häufig dornigen Vegetation im Hinterland eignen sich eher die flussnahen Wege für Pirschfahrten. Meiden Sie aber unbedingt die Luxuscamps und deren Umgebung, denn sie betreiben einen hohen Aufwand für ihre Klientel und sehen es nicht gerne, wenn Selbstfahrer ihr Wegenetz befahren.

Eintrittspreise: 20 US$ für Residents aus Sambia / SADC-Staaten; 25 US$ für internationale Touristen auf gebuchten "Packages" oder als Campgäste, 30 US$ für individuell Reisende (Selbstfahrer). Fahrzeuge bis 3 t kosten 15 US$. Der Eintritt gilt von 6–18 Uhr.

Anreise

Die meisten Besucher lassen sich in den Lower Zambezi Nationalpark fliegen. Die Airline Proflight Zambia fliegt in der Saison täglich von Lusaka (1 Std.) und Mfuwe (1,5 Std.) ins Sambesital zu den beiden Airstrips Royal nahe dem Parkeingang am Chongwe und Jeki im Parkzentrum. Der nahe dem Amanzi Bush Camp gelegene Airstrip Kulefu wird dagegen nur von Privatcharterflügen angesteuert.

Eine bequeme, etwas günstigere Alternative sind Motorboot-Transfers ab Chirundu oder einem der nahegelegenen Camps. So lassen z. B. Pkw-Fahrer ihr Fahrzeug dort zurück und genießen die Anreise zur Lodge in Form einer Bootsafari.

Wer selbst in den Park fahren möchte, benötigt auf jeden Fall ein geländegängiges Fahrzeug mit entsprechender Bodenfreiheit, denn alle möglichen Zufahrten sind Allradstrecken. Die einzige gängige Zufahrt erfolgt **von Chirundu zum Chongwe Gate** (77 km, ca. 3 Std. Fahrtzeit). Diese äußerst ruppige, staubige Schotterpiste führt an den auf S. 135 beschriebenen Camps vorbei zur Brücke über den Kafue (11 km). 1,5 km dahinter liegt eine Kreuzung. Links geht es zur Mount Hermon Safari Lodge, geradeaus zu einer Farm; in den Park und zu allen anderen Camps führt dagegen die rechte Fahrspur. Die nächsten 25 km verlaufen parallel zum Sambesi durch kleine Dörfer, eine Bananenplantage und an den Lodges Kiambi, Kanyemba und Wild Tracks vorbei bis zur Siedlung **Chiawa**. In diesem Bereich ist die Straße besonders steinig, hart und ruppig. Obwohl hinter Chiawa eine GMA beginnt, entstehen seit der erfolgreichen Bekämpfung der Tsetsefliegen links und rechts der Straße immer mehr Ansiedlungen, wo früher nur Wildtiere umherzogen. Die Dörfer nehmen ein Ende beim Beginn des "Zambezia Sanctuary", einem umzäunten privaten Wildschutzgebiet, das man 52 km nach Chirundu erreicht und für 5 km durchquert. Jenseits des Malilansolo Wildlife Camps befindet man sich wieder in der Chiawa GMA. Die restlichen 20 km bis zum Parkeingang sind keine Dörfer mehr, dafür passiert man entlang dieser malerischen, ausgewaschenen Allradstrecke zahlreiche Camps und Lodges wie die Mvuu Lodge, das elitäre Baines River Camp und die Munyemeshi Lodge. Da zahlreiche kleine Flussläufe mit tiefen, ausgewaschenen Furten durchquert werden müssen, benötigt man allein für diese 20 km mindestens eine Stunde. Der Parkeingang, Chongwe Gate, liegt östlich des Chongwe Rivers, dessen Furt deutlich ausgeschildert ist. Bei hohem Wasserstand des Sambesi kann die Durchquerung wegen des Wasserrückstaus in den Chongwe durchaus schwierig oder gar unmöglich sein (siehe Karte, S. 148).

Reisende aus Lusaka hatten früher mit der **Leopard Hill Road-Zufahrt** eine kürzere Anreisealternative nach Chiawa, doch die anfangs gute Teerstraße endet bei GPS S 15.36.165 E 28.24.226. Ab hier verläuft eine Power Line Road über 30 km das steile, steinige Escarpment ins Tal hinab, die früher als Allradfreak-Strecke galt, später durch ein chinesisches Bauprojekt ausgebaut werden sollte, und seit der unvermittelten Einstellung der unfertigen Bauarbeiten inzwischen gar nicht mehr befahrbar ist. Bitte nicht versuchen – hier sind schon zahlreiche Fahrzeuge gescheitert!

Chakwenga-Route über das Mukamba Gate: Auf der Landkarte sieht auch die Zufahrt von der Great East Road über Mukamba Gate und den Chakwenga River reizvoll aus, in der Praxis ist sie es leider nicht. Auch hier ist man definitv völlig allein unterwegs auf einer der schwierigsten Bergpisten des Landes. Sie beginnt 200 m nach der verlassenen Tsetse-Kontrolle an der Great East Road (104 km östlich von Lusaka, keine Beschilderung). Das Mukamba Gate auf knapp 1200 Höhenmetern erreicht man noch zügig nach 13 km bei GPS S 15.25.124 E 30.15.312, doch wenige Kilometer danach beginnt der steinige, ausgewaschene und schwierige Abstieg ins Sambesital durch tsetsefliegenverseuchte Miombowälder. Irrwitzigerweise reparierte ein japanisches Hilfsprojekt alle Brücken auf dieser vergessenen Strecke, errichtete sogar Leitplanken und stellte Hinweisschilder auf. Vor und nach den Brücken ist die Piste jedoch völlig desolat. Die 94 km lange Strecke von der Great East Road bis zum Wegenetz am Chakwenga River verlangt mehr als 6 Std. konzentriertes Fahren.

Back Road: Die Back Road kennzeichnet die Durchquerung des Parks nach Osten. Sie beginnt nordöstlich der Chakwenga-Furt bei GPS S 15.09.667 E 29.41.073. Die schmale, selten befahrene Piste führt durch dichten Wald und überquert im Mittelstück einen steinigen Höhenzug (560 m). Auf der 84 km langen Strecke durch den Buschwald sind zahlreiche steinige Bachfurten zu meistern. Am Parkende befindet sich mitten in der Wildnis ein kleines neues Gate, wo ein Wildhüter stationiert ist. 13 km danach stößt man bei GPS S 15.26.712 E 30.22.004 schließlich auf die Teerstraße am Luangwa. Tiersichtungen sind kaum zu erwarten, und falls man doch auf Elefanten stößt, sind sie eher schreckhaft und gereizt.

Oben: Mukamba Gate; Karminspinte
Unten: Ruppige Schotterpiste zwischen Chirundu und Chiawa; Chongwe Gate
Fotos links: Wildhüter Morris und Maybe am Jeki Airstrip; Parkzufahrt von Chiawa; junge Hyäne

Büffelherde am Mushika River

Nilgans

Kronentoko

Weißbrauen-Sporenkuckuck

Hinweisschild auf der Zufahrt

Typisch Lower Zambezi: Flusspferde vor Elefanten

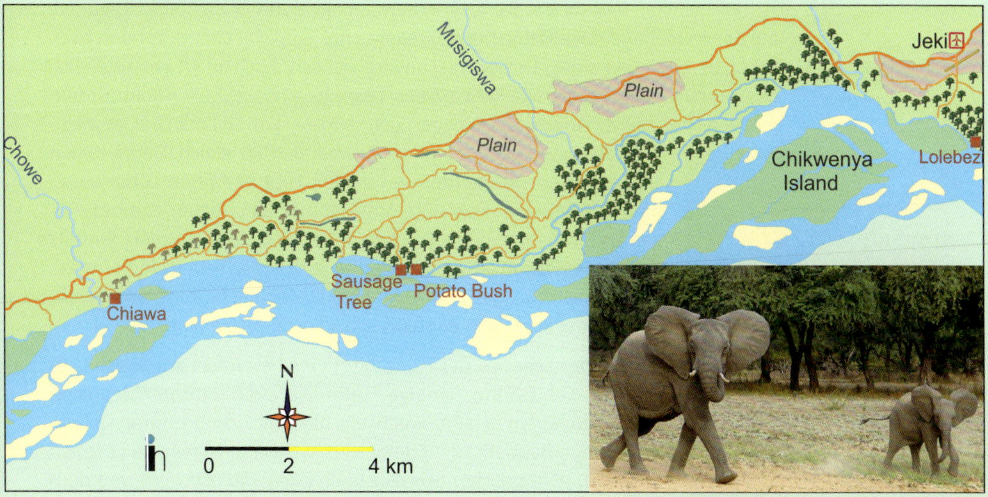

Die Vegetation – ein Garten Eden

Fotos oben: Python-Liane (*Fockea multiflora*); dichter Uferwald

Fotos rechts von oben links: Kulefu Island; Palmenwald bei Jeki; Fruchthülse des Anabaums; Büffel im Anabaumhain; Regenbaum mit abgefallenen Blüten

Das untere Sambesital wird nach Norden durch die steilen, bewaldeten Berghänge begrenzt. Unzählige sandige Flussbette entwässern das Escarpment, führen aber nur unmittelbar nach Regenfällen Wasser. Im Tal kam es hier früher zu großen Überschwemmungen, wenn der Sambesi Hochwasser führte, doch die Stauung des Karibasees regulierte und zähmte den breiten Strom. Dies hat allerdings zur Folge, dass nun auch die bei Überschwemmungen angespülten mineralischen Sedimente dem Boden fehlen, was sich mit einer zunehmenden Versandung der Uferzone bemerkbar macht. Zudem frisst sich der Sambesi allmählich nach Süden in das Zimbabwe-Ufer im Mana Pools NP, wodurch am sambischen Ufer herrliche Lagunen, Altarme und Kanäle entstehen.

Eine besonders attraktive Landschaft hat sich um den Chongwe gebildet. In der Trockenzeit läuft Wasser des Sambesi in den Chongwe zurück und bildet Lagunen, auf denen blühende Wasserhyazinthen regelrechte Teppiche bilden. Vor den bläulichen Bergen wirkt dieses Farbenspiel unvergleichlich. Auch im Altwasserbereich des Sambesi bilden saftiggrüne Kariba Weed-Teppiche einen reizvollen Kontrast zum dunklen Flusswasser. An den Ufern haben sich sandige, zum Teil mit Gras bewachsene Terrassen gebildet, einer Auenlandschaft gleich. Daran reihen sich schattenspendende Uferwälder. Hier gedeihen Leberwurstbäume, Mahagoni, Ebenholz, Afrikanischer Regenbaum, Zambezi-Feigen und Tamarinden. Dazwischen reihen sich Fächerpalmen. Jenseits der Uferwaldzone am Sambesi schließt sich rasch ein dichter, trockener Laubwald an, der überwiegend aus Mopane besteht, und durchsetzt ist mit knorrigen Baobabs von kolossalem Umfang.

Chongwe Falls

Wenn der Chongwe Wasser führt, stürzt ein schmaler Wasserfall 5 km oberhalb seiner Mündung fast senkrecht in einen kleinen Pool. Baden ist leider nicht möglich – zu viele Krokodile!

In der Trockenzeit ist meistens nur die nackte Felswand zu bewundern.

Der westliche Teil des Parks weist eine besonders artenreiche Vegetation auf. Offene, sandige Flutebenen, die mitunter deutliche Erosionsschäden zeigen, wechseln hier mit Combretumgestrüpp, zahlreichen Baobabs und Edelhölzern wie Natal-Mahagoni (*Trichilia emetica*), Afrikanischer Sternkastanie (*Sterculia africana*) und dem

Afrikanischen Ebenholz (*Diospyros mespiliformis*), der übrigens im unteren Sambesital keine imposanten Wälder (Ebony Groves) bildet wie im Luangwatal. In Ufernähe gedeiht überall entlang des 120 km breiten Nationalparks ein äußerst attraktiver Galeriewald, aber auch hier zeigt sich, dass mehr und imposantere Leberwurstbäume (*Kigelia africana*) und Regenbäume (*Philenoptera violacea*) im Westteil stehen als weiter östlich. Die hiesigen Regenbäume sind viel stattlicher als am Luangwa. Wenn ihre Blüten im Oktober abfallen, färbt sich die Umgebung der Bäume lila, und man versteht, warum die Briten diese Spezies auch "Lilac Tree" nennen.

Eine Baumart stellt aber alle anderen im Sambesital in den Schatten: der Anabaum (*Faidherbia albida*). Dieser dornige Hülsenfrüchtler ergrünt erst zum Beginn der Trockenzeit, wenn die meisten anderen kahl werden, was ihn als Futterquelle für Wildtiere und optisch extrem attraktiv macht. Im Lower Zambezi Nationalpark breitet sich der Anabaum wie nirgends sonst in Sambia zu herrlichen Hainen und Wäldern aus.

Auf der Höhe von Jeki und weiter in Richtung Anabezi Camp liegen riesige, staubtrockene und von Gestrüppgürteln und Makalani-Palmenwäldern umsäumte Ebenen, wie die Chakwenga Plain. Hier nehmen auch die Akazienwälder deutlich zu. Einer der schönsten Plätze dieses landschaftlich so reizvollen Parks ist Kulefu Island nahe Anabezi. Die dichte, abwechslungsreiche Vegetation dieser Insel mit Sambesi-Feigen (*Ficus bussei*), Tamarinden (*Tamarindus indica*) und Schäferbäumen (*Boscia albitrunca*) ist atemberaubend. Noch weiter östlich, jenseits von Amanzi Camp und Kulefu Airstrip, wird es zunehmend trockener und buschiger; es beginnen Mopanewälder, durchsetzt mit Farbkätzchensträuchern (*Dichrostachys cinerea*), Schotenakazien und Baobabs.

Die Tierwelt

124 Säugetierarten gibt es hier zu entdecken. Der Sambesi mit seinen Inseln, Lagunen und Seitenarmen ist das Reich der Flusspferde, Krokodile und Wasservögel. Es gibt hier trotzdem überraschend wenige Hippopfade, weil die **Flusspferde** bevorzugt ufernah und auf den flachen Flussinseln grasen.

Das untere Sambesital ist allerdings weniger artenreich als das Luangwatal und der Kafue Nationalpark. So fehlen hier die Gnus, Giraffen, Kuhantilopen und Pukus gänzlich, und es gibt vergleichsweise wenige Buschböcke und Crawshay-Zebras (die Zebras halten sich zudem mehrheitlich im Osten des Parks auf).

Zu den häufigsten Wildtieren zählen **Elefanten**, wenngleich ihre Population aufgrund zunehmender Wilderei abnimmt. Die afrikaweite Elefantenzählung von 2015 ermittelte etwa 1125 Dickhäuter im unteren Sambesital. Stark vertreten sind außerdem Kaffernbüffel, Impalas, Leoparden und Paviane. Mit etwas geringeren Populationen als z. B. im Luangwatal sind Kudus, Ellipsenwasserböcke, Warzenschweine und Meerkatzen vertreten. Meerkatzen kennen übrigens für jeden ihrer Fressfeinde einen eigenen Warnlaut; die Paviane dagegen nicht.

Impalas ziehen in dunklen Nächten zum Ruhen auf die offenen Plains, wo sie durch ihr gutes Gehör ihre zahlreichen Feinde frühzeitig bemerken; in mondhellen Nächten verbringen sie die Nacht dafür im dunklen, schützenden Gebüsch.

Raubtiere sind sehr zahlreich, insbesondere Leoparden, Zibetkatzen und Großfleckginsterkatzen. Über 90 % der Raubtiersichtungen bei Night Drives betreffen **Leoparden**, denn Geparde sind ausgestorben und Löwen kommen nur in einer kleinen, aber stabilen Population vor, die sich auf kleinere, weit versprengte Rudel verteilt. Manche Camps geben ihren "Hausleoparden" sogar Namen wie Anna und Kinky. Die Lower-Zambezi-**Löwen** sind weniger selbstbewusst als ihre Verwandten in anderen Parks; sie ernähren sich hier hauptsächlich von Impalas, einer viel zu bescheidenen, kleinen Kost für Luangwa-Löwen, die dort lieber Büffel jagen. Davon profitieren dann die Nahrungskonkurrenten; insbesondere **Tüpfelhyänen**, die dem "König der Tiere" am Lower Zambezi relativ häufig die frische Beute streitig machen.

Zum Erhalt und zur Verhaltensforschung der **Afrikanischen Wildhunde** gibt es hier ein erfolgreiches Schutzprojekt. So konnte die vom Aussterben akut bedrohte Art im Lower Zambezi Nationalpark stabilisiert und besser erforscht werden. Durch ihren extrem großen Revierbedarf und weil sie zur Aufzucht der Jungen isolierte, sichere Plätze aufsuchen, ist es ein Glücksspiel, Wildhundrudel zu entdecken; es leben heute aber wieder erfreulich gesunde und große Rudel im Park (siehe Foto S. 156).

Honigdachse sind nicht häufig im unteren Sambesital. Karakal und Serval kommen zwar in diesem Gebiet vor, sind aber extrem selten und scheu. Es ist in der Tat einfacher, ein **Erdferkel** zu entdecken. Früher waren die nachtaktiven Einzelgänger in den abwechslungsreichen Auen und Wäldern des Sambesitals sogar weit verbreitet, aber als bei Hochwasserstand im Karibasee plötzlich die Schleusen geöffnet wurden, flutete das hereinbrechende Wasser die Schlafhöhlen der Erdferkel und wurde für viele zur Todesfalle.

Stachelschweine sind im Bereich des Sausage Tree Camps besonders zahlreich, dort begegnet man ihnen regelmäßig auf den Night Drives, vor allem in der Nähe von Maulbeer- und Sambesi-Feigen, deren Früchte die stacheligen Nagetiere lieben. **Buschschweine**, die im Gegensatz zu Stachelschweinen zu den Echten Schweinen (Suidae) zählen, werden in den Wintermonaten von Mai bis Juli häufiger erspäht, weil die Allesfresser in kalten Nächten deutlich aktiver sind.

Äußerst interessant und leider noch weitgehend unerforscht ist die hiesige **Pavian-Population**, denn hier treffen in der Tat die Verbreitungsgebiete aller drei in Sambia heimischen Arten aufeinander: die kräftigen, dunklen Graufuß-Bärenpaviane, die schlankeren, hellen Steppenpaviane aus dem Luangwatal und die zierlichen Kindapaviane aus dem Kafuebecken. Hier hat offensichtlich eine starke Hybridisierung stattgefunden, denn die Lower-Zambezi-Paviane weisen Merkmale aller dreier Arten auf (siehe auch S. 104).

Auch die Gemeinen **Buschhörnchen** tragen hier ein eher rötliches Fell, während das Fell der Buschhörnchen am Luangwa heller und gelblich ist.

Fotos links: Tüpfelhyäne, Crawshay-Zebra; Ellipsenwasserbock, Wildhund
Fotos dieser Seite: Junger Pavian; Elefanten richten mitunter schwere Schäden an; Gemeines Buschhörnchen mit rötlichem Fell

Ein besonderes Vogelparadies

Für Ornithologen ist das Sambesital ein echtes Juwel. Mehr als 400 verschiedene Vogelarten sind hier bereits gesichtet worden. Zahlreiche Wasser- und Watvögel wie Reiher, Kiebitze, Gänse und Störche finden hier einen idealen Lebensraum. Neben einer großen Anzahl an typischen Raubvögeln wie Schreiseeadler, Schlangenadler und Kormoranen entdeckt der Vogelfreund hier auch zahlreiche seltenere Arten und sogar echte Raritäten wie Angola Pitta (*Pitta angolensis*) und Narina Trogon (*Apaloderma narina*), beide jedoch nur in der frühen Regenzeit, wenn die Camps geschlossen sind.

Eine Besonderheit des Sambesitals ist die Tatsache, dass es für viele Vogelarten aus Zentralafrika die Südgrenze ihres Lebensraumes bildet. Zu ihnen zählen z. B. Füllebornpieper (*Macronyx fuelleborni*) und Blassschnabeltokos (Tockus pallidirostris) .

Hobbyornithologen werden wassergebundene Aktivitäten wie Bootstouren und Kanufahrten empfohlen, bei denen man brütenden Vögeln in der geschützen Ufervegetation und solchen, die sich von Fischen ernähren, sehr nahe kommen kann. So gleiten z. B. bei Sonnenuntergang die möwenartigen Braunmantel-Scherenschnäbel (*Rynchops flavirostris*) flach über dem Sambesi.

Fotos rechts von oben: Swainsonfrankolin (Pternistis swainsonii); Weißschopf-Brillenwürger (Prionops plumatus); Dreifarben-Brillenwürger (Prionops retzii)

Conservation Lower Zambezi

CLZ ist eine 1995 gegründete Non-Profit-Naturschutzorganisation, die eng mit den staatlichen Organen zusammenarbeitet und ihre Basis nahe dem Chongwe Gate hat. Die mehr als 50 Mitarbeiter und Village Scouts arbeiten in vielen Bereichen: Wildschutz-Patrouillen zur Gebietsüberwachung, Einfangen und Versorgen verletzter Tiere, Einsatz von auf Elfenbein trainierten Drogensuchhunden, Überzeugungsarbeit in den Dörfern zur Bewältigung von Mensch-Wildtier-Konflikten, Training und Ausbildung von Safariguides, Jugendförderung u. v. m.

Trotz ihrer Erfolge und des großen Engagements wird ihre Aufgabe doch stetig größer. 2015 töteten Wilderer mehr als 80 Elefanten im Bereich des Lower Zambezi Nationalparks, und im Jahr 2016 wurde diese Zahl bereits im Juli überschritten. Antiwilderei-Patrouillen, die Strafverfolgung und präventive Aufklärungsarbeit bilden deshalb die Eckpfeiler ihrer Tätigkeit. Bis 2022 gelang es, die Elefantenwilderei auf zehn Tiere im Jahr zu reduzieren. Im selben Jahr wurden 53 Waffen, 1772 kg "Bushmeat" und 16 Stoßzähne konfisziert, auch mit Hilfe der erfolgreichen Hundestaffel. Die CLZ betreibt 63 Schulprojekte, um die Nachwuchsgeneration für den Tierschutz zu sensibilisieren. Alle Camps im Park unterstützen diese wertvolle Arbeit finanziell und führen zudem einen festen Beitrag all ihrer Gäste an die CLZ ab. Weitere Infos: www.conservationlowerzambezi.org

ANABEZI

Kanufahrten am Lower Zambezi

Kanutouren stehen **im Zeichen intensiven Naturerlebens** und gehören zu den (Adrenalin-)Highlights im Sambesital. Nirgends ist es hier schöner als direkt am Fluss. Die Uferzone eignet sich hervorragend zur Vogelbeobachtung, aber auch um Flusspferden, Krokodilen, Nilwaranen und Schildkröten in ungewohnter Perspektive aufregend nah zu kommen.

Vorkenntnisse und sportliche Höchstleistungen sind nicht erforderlich, um an einer Kanufahrt teilzunehmen, aber ein wenig Mut. In 5,7 m langen Fiberglasbooten, die Platz für zwei bis drei Passagiere bieten, lässt man sich den Fluss hinab treiben und paddelt durch malerische Kanäle. Dabei heißt es auf Hippos und Krokodile achtzugeben. Gereizte Flusspferde, die ihr Revier verteidigen wollen, stellen die größte Gefahr beim Kanufahren dar. Den Anweisungen der erfahrenen Guides ist deshalb strikt Folge zu leisten, um sicher an Flusspferden vorbeizugelangen. Wenn man unterwegs irgendwo an Land geht, muss man auf möglicherweise im hohen Gras dösende Büffel achten, die schnell aggressiv reagieren, wenn sie überrascht werden. Auf Sandbänken und den Inseln sonnen sich untertags viele Krokodile und gleiten beim Näherkommen schnell ins Wasser.

Diese eigenwillige Kombination aus **Nervenkitzel** und absoluter **Entspannung**, die sich in der trägen Stille auf dem Fluss bald einstellt, ist der besondere Reiz dieser Unternehmungen. Man sollte ein Faible für spektakuläre Stimmungen, abgeschiedene Wildnis und unerwartete Tiererlebnisse mitbringen, dann kommt man bei einer solchen Tour auf seine Kosten. Wem es unheimlich ist, in einem Kanu an Elefanten und dösenden Krokodilen vorbei zu paddeln, wer die starke Sonneneinstrahlung fürchtet oder wer nicht stundenlang in der Hocke sitzen kann, der sollte besser motorisierte Pirschfahrten vorziehen.

Besonders intensiv sind vier- bis fünftägige Kanutouren, denn erst nach einigen Tagen stellt sich das Gefühl der Zeitlosigkeit für den Einklang mit der Natur ein. Begeisterte Kanuten können auch die Gesamtstrecke zwischen Chirundu/Kariba und Luangwa-Feira/Kanyemba in ungefähr neun Tagen bewältigen.

Kanutouren werden von fast allen Camps und Lodges angeboten; als Halbtags-, Ganztags- oder mehrtägige Tour. Je nach Preiskategorie muss bei den mehrtägigen Touren auf Komfort und Luxus verzichtet werden. Mitunter wird auch die Mitarbeit beim Kochen auf dem Lagerfeuer, beim Zeltaufbau und Abwasch erwartet.

Unterkünfte im Bereich des Lower Zambezi NP

Von Chirundu bis zum Parkeingang

•**Machembere Lodge, Gwabi River Lodge** und **Breezes River Camp:** Camps nahe Chirundu, siehe S. 135.

•**Mount Hermon Safari Cottages:** Tel. 0966-769379, E-Mail: info@mounthermonsafari.com, www.mounthermonsafari.com. Das Ferienresort am östlichen Kafuehochufer liegt 11 km von der Kafuebrücke entfernt (1,5 km nach der Brücke links fahren, beschildert). Die weitläufige, erhöht gelegene und ruhige Anlage bietet Chalets, Spiel- und Campingplatz, Restaurant und einen Pool. Aktivitäten: Fischen, Bootstouren, Pirschfahrten, Wandern und Inselcamping. Preise: Cottages ab 90 US$/Nacht, Camping 10 US$ pP, Mietzelt 20 US$ pP.

•**Nsofu Safari Lodge:** Tel. 0960-993269, E-Mail: reservations@nsofu.co.zm, www.nsofu.co.zm. Direkt an der Kafuemündung in den Sambesi liegt das Fishing Camp mit sechs gemauerten Chalets. Preise: ab 240 US$/Nacht.

•**Winterthorn Lodge:** Tel. 0975-608500, E-Mail: info@winterthornlodge.com, www.winterthornlodge.com. Zwei hübsche klimatisierte Selbstversorgerchalets für je max. 4 Personen nahe der Kafuemündung in den Sambesi gelegen, mit Pool, separater Küche und viel Privatsphäre. Preise: ab 190 US$/Nacht.

•**Kiambi Lower Zambezi Lodge:** Tel. 0966-655878, E-Mail: info@kiambi.com, www.kiambi.com. Das legere, familienfreundliche Old-Style-Safaricamp liegt 9 km nach der Kafuebrücke. Von der Plattform am Sambesihochufer blickt man direkt auf die Kafuemündung. Kiambi bietet ein breites Angebot an klimatisierten gemauerten Chalets, Zeltchalets auf Holzplattformen, Selbstversorger-Cottages und einen Campingplatz mit eigener Bar und Pool. Von den acht Stellplätzen liegen zwei am sonnigen Hochufer, der Rest mit mehr Schatten als Ausblick dahinter. Das tropisch eingewachsene Mittelklassecamp bietet Kanusafaris (ab 68 US$, zwei Tage/eine Nacht für 220 US$), Sunset Cruises für 37 US$ und Game Cruises in den Park. Preise: mit VP im Aircon-Chalet 178 US$/DZpP und 216 US$/EZ, im Zeltchalet je 22 US$ weniger. Cottages ab 235 US$/Nacht. Camping 16 US$ pP, Mietzelte 31 US$ pP. Lunch und Dinner können hinzu gebucht werden.

•**Kanyemba Lodge:** Tel. 0977-755720, E-Mail: info@kanyemba.com, www.kanyemba.com. Familienfreundliche renovierte Lodge mit gemauerten Chalets in einem blühenden Garten, von Februar bis Dezember geöffnet. Auf der privaten, vorgelagerten Kanyemba Island werden Game Walks unternommen, ansonsten gleicht das Angebot dem der anderen Camps. Mit riesigem Infinity-Pool. Preise: Mit AI je nach Saison ab 400 US$/DZpP.

•**Wild Tracks Lodge:** Tel. 0976-899800, E-Mail: reservations@wildtracks-zambia.com, www.wildtracks-zambia.com. Ursprünglich ein reines Schulcamp, ist das legere Selbstversorgercamp bei KM 29 mit Chalets, Zelten und Camping nun für jedermann zugänglich; man sollte sich aber vorankündigen. Lebensmittel und Getränke müssen mitgebracht werden, der Koch bereitet dann alles zu. Mit Pool und buchbaren Aktivitäten wie Boat Cruise, Walks und Pirschfahrten. 3,5 km Zufahrt, beschildert. Preise: Zimmer ab 52 US$/Nacht, Luxuszelte ab 100 US$/DZpP. Die separaten großen und schattigen Campingstellflächen mit Strom, Wasser und Sitzgelegenheit für 8–12 US$ pP liegen abseits und idyllisch am Sambesiufer.

•**Woods Camp:** Tel. 0975-777885, 0966-940242, E-Mail: bookings@muchichilisafaris.com, https://muchichili.com. Bei KM 39 kurz nach dem Dorf Chiawa liegen das Muchichila Safari House (für Gruppen buchbar) und 300 m entfernt der Woods Campsite direkt am Sambesi. Die rustikale, nette Anlage ist sehr gepflegt und gut geführt, man kann Mahlzeiten, Kanutrips und Boots- und Pirschfahrten hinzubuchen, es gibt eine Bar, beim Ferienhaus einen Pool und regelmäßig Elefantenbesuche. Preise: Mietzelte 20 US$, Camping 12 US$ pP.

•**Mukuyu Camp:** Tel. 0977-851361. Hinter Chiawa führt eine 1,5 km lange Piste zum einzigen Camp unter lokaler Leitung. Am sonnigen Sambesiufer liegt ein Chalet für 30 US$/Nacht neben dem Campingplatz (15 US$ pP). Freundlicher Service und ruhig.

•**Kayila Camp:** Tel. 0764-746047, E-Mail: reservations@kayilacamp.com, www.kayilacamp.com. Im privaten Zambezia Sanctuary liegt ein Luxuscamp mit vier Suiten, das von Mai bis November öffnet. Es bietet mehr Ferien- als Safaricharakter. Preise: ab 550 US$/DZpP.

•**Mvuu Lodge:** Tel. 0966-363762, E-Mail: info@mvuulodge.com, www.mvuulodge.com. Die südafrikanische Anlage bei KM 60 ist der zum Parkeingang nächstgelegene Campingplatz und bietet Zeltchalets in dreierlei Kategorien und sieben Campingparzellen (zwei am

Flussufer, die übrigen im Gebüsch dahinter). Mit Restaurant und Pool, zudem stehen Ausflugsboote und Pirschfahrzeuge bereit. Geöffnet von März bis November. Preise: Luxuszelt mit VP ab 330 US$/DZpP, Safarizelt mit VP ab 250 US$/DZpP, Self-Catering-Zelt ab 295 US$/Nacht, Camping 24–30 US$ pP.

•**Baines River Camp:** Tel. (SA) +27-33-3427498, E-Mail: reservations@bainesrivercamp.com, www.bainesriver camp.com. Südafrikanisches, elitäres Luxuscamp bei KM 61 mit klimatisierten Suiten im Stil französischer Kolonialvillen, Spa und allerlei Schnickschnack für anspruchsvolle Gäste, die auch in der Wildnis ihren gewohnten Komfort erwarten. Preise: AI ab 652 US$ pP.

•**Munyemeshi River Lodge:** Tel. 0971-719778, E-Mail: munyemeshi@gmail.com. Ältere Mittelklasseanlage für Selbstversorger bei KM 62 mit Steinbungalows im Zimbabwe-Stil, weitem Ausblick über Pool, Bar und Wiese zum Sambesi, hohem Baumbestand und oft Elefantenbesuch. Man muss alles mitbringen, es sind nur ein paar Caretaker anwesend. Preise: ab 60 US$ pP.

•**Lower Zambezi Lodge:** Tel. 0777-838761, E-Mail: reservations@lowerzambezilodge.com, www.lowerzam bezilodge.com. Bei KM 70 liegt die gepflegte Anlage mit sieben Chalets zur Selbstversorgung. Im Angebot sind Pirschfahrten und Bootsausflüge. Preise: ab 60 US$/DZpP.

•**Zambezi Grande Lodge:** Tel. 0970-839287, E-Mail: reservations@zambezigrande.com, www.zambezi grande.com. Feudaler hotelähnlicher Neuzugang mit Wellnessangeboten. Preise: AI ab 650 US$ pP.

•**Kasaka River Lodge:** Tel. 0968-716265, E-Mail: info@ntandaventures.com. Ein schönes Selfcatering-Camp, das überwiegend an Gruppen vermietet wird.

•**Royal Zambezi Lodge:** Tel. 0966-748249, E-Mail: reservations1@royalzambezilodge.com, www.royal zambezilodge.com. KM 74. Gediegenes Luxusresort für US-amerikanische Gäste mit Zeltchalets, die teilweise über private Tauchbecken verfügen, Spa-Bereich, großem Pool, Leseraum und einer Bar unter einem Leberwurstbaum. Ganzjährig offen. Preise: AI ab 675 US$ pP.

•**Chongwe River Camp:** Tel. (SA) +27-60-6424004, E-Mail: cath@timeandtideafrica.com, https://timeandtideafrica.com. Stilvolles Zeltcamp in traumhafter, elefantenreicher Lage in einem Anabaum-Hain direkt am Parkrand an der Chongwe-Mündung. Mit Pool. Etwas abseits liegt das "Chongwe River House", ein Ferienhaus mit vier Schlafzimmern. Von Mitte April bis Mitte November geöffnet. Preise: AI ab 770 US$ pP, Chongwe House ab 900 US$ pP.

Foto links: Aussichtsdeck der Kiambi Lodge;
Unten: Frühstück am offenen Feuer im Chongwe River Camp

Oben: Water Lunch im Sausage Tree Camp

Camps im Lower Zambezi Nationalpark

•Chiawa Camp: G&G Safaris, Tel. 0977-767433, E-Mail: res@chiawa.com, www.chiawa.com. Ein selbstbewusstes Familienunternehmen führt dieses elitäre Camp mit acht Luxus-Safarizelten in elefantenreicher Lage, das von April bis Ende Oktober geöffnet ist. Mit Pool und zwei eigenen Hides. Preise: AI ab 1325 US$ pP.

•Sausage Tree Camp: Chifungulu Safaris, Tel. 0976-579155, E-Mail: reservations@sausagetreecamp.com, www.sausagetreecamp.com. Das legendäre Luxuscamp genießt die beste Lage im Park und veranstaltet Safaris auf höchstem Niveau: Muchinda-Service (Butler), Privat-Guide und -Fahrzeug, "Water Lunch" im Sambesi und ein Überraschungsdinner im Busch werden jedem Gast garantiert. Großartige Küche, die Mahlzeiten und Aktivitäten (Pirschfahrten, Walks, Bootssafaris, Kanufahren) werden flexibel den Gästewünschen angepasst. Dieses Traumcamp liegt mittig zwischen dem Chongwe-Parkeingang und Jeki Airstrip und ist nur von April bis November geöffnet. Preise: Drei-Tage-Paket 4700 US$ pP. Siehe auch: Unser Übernachtungstipp, S. 332.

•Potato Bush Camp: Das Schwestercamp neben dem Sausage Tree Camp und bietet die gleichen Annehmlichkeiten, ist aber kleiner und familiärer. Die modern-luxuriösen Zeltchalets, die über hölzerne Plattformen mit dem luftigen, eleganten Haupthaus verbunden sind, werden daher gerne von Kleingruppen und Familien gebucht. Preise: Drei-Tage-Paket 3710 US$ pP.

Unten: Anabezi Camp – stilvoll unter Anabäumen

•Mwambashi River Lodge: Tel. +44-7927-534647, E-Mail: mwambashi@gmail.com, www.mwambashiriverlodge.com. Das Camp gegenüber von Chikwenya Island wird wochenweise an Gruppen vermietet.

•Lolebezi Safari Lodge: Tel. (SA) +27-21-7010270, E-Mail: contact@africanbushcamps.com, https://africanbushcamps.com. Elegantes neueres Luxuscamp in der wildreichen Parkmitte am Sambesi gelegen, mit nur sechs Zeltchalets, die alle private Pools haben, zusätzlich ein Infinity-Pool, Yoga Deck, Fitness Centre, Aussichtsdeck, Pizza-Ofen und vieles mehr für anspruchsvolle Gäste. Preise: AI ab 724 US$ pP.

•Old Mondoro Camp: Dieses idyllische Schwestercamp des Chiawa Camps nimmt nur max. acht Gäste auf und hat von allen Unterkünften am Lower Zambezi den stärksten Bush-Camp-Charakter: Statt Pool und üppiger Bar konzentriert man sich auf das Wesentliche einer Safari, speist stets gemeinsam, und die offen gestalteten Naturchalets liegen so reizvoll am Fluss und einer Lagune, dass es schwer fällt, sich zwischen dem Game Drive und der eigenen Terrasse zu entscheiden. Nur von Mai bis November offen. Preise: AI ab 1325 US$ pP.

•Anabezi Camp: Tel. 0967-7863398, E-Mail: reservations@anabezi.com, www.anabezi.com. Rund 60 km östlich von Jeki genießt diese großartige Luxusanlage eine traumhaft einsame und spektakuläre Lage an der Mündung des Mushika River in den Sambesi. Die zwölf Luxuszeltchalets verfügen über Innen- und Außenduschen, riesige Aussichtsterrassen mit privaten Tauchbecken und sind über einen Stelzengang mit dem feudalen, geschmackvoll gestalteten Hauptbereich verbunden. Großartige Aussicht, gutes Birding und ständig viele Wildtiere in der Umgebung. Das durchdachte Konzept ist überzeugend. Preise: AI ab 920 US$/DZpP (kein EZ-Zuschlag). Siehe auch: Unser Übernachtungstipp, S. 333.

•Amanzi Camp: c/o Anabezi Camp (siehe oben). Nur 3 km entfernt von Anabezi schmiegt sich das beschauliche und deutlich rustikalere Bush Camp mit nur vier riesigen Stelzenzeltchalets an den Ngwenya Channel. Hier wohnt man intimer und stiller als nebenan, ein Pool vor dem Bootsdeck sorgt für Abkühlung. Wie Anabezi ist auch das Amanzi Camp von April bis November geöffnet. Preise: AI ab 920 US$/DZpP (kein EZ-Zuschlag).

•Redcliff Zambezi Lodge: Tel. 0957-920026, reservations@redcliff-lodge.com, www.redcliff-lodge.com. Die legere Fishing-Lodge mit acht Chalets 10 km östlich der Parkgrenze in der Rufunsa GMA kann nur per Boot erreicht werden. Preise: VP 165 US$ pP.

Oben: Elefanten vom Privatpool zu beobachten ist ein besonderer Luxus der Camps im Lower Zambezi Nationalpark

Robert Tinashe Chigure: Seit mehr als 30 Jahren ist Robert ein Guide aus Leidenschaft. Der Familienvater aus Lusaka liebt seinen Beruf, die Natur und ganz besonders Paviane – wegen ihrer Pfiffigkeit! Robert zählt zu den erfahrensten Guides im Sambesital und im Kafue Nationalpark; er hat sensationell gute Augen, auch bei Dunkelheit. Seit vielen Jahren ist der Senior Guide für die Camps Anabezi und Amanzi.

Willy Shuma: Willy ist ein Kunda und in Mfuwe aufgewachsen. Er verbrachte fast sein ganzes Leben im Luangwatal und ist dort mit der Natur und Tierwelt zutiefst vertraut. Aus Interesse wechselte er 2016 in den Lower Zambezi Nationalpark und staunte, wie unterschiedlich dort das Verhalten vieler Tiere ist: Elefanten malträtieren am Luangwa die Baobabs, am Sambesi dagegen die Leberwurstbäume, und Impalas fressen am Luangwa bevorzugt Kigeliafrüchte, selten jedoch am Sambesi. Während die Elefanten im Luangwatal Regenbäume niedrig halten, lassen sie sie im Lower Zambezi NP in Ruhe zu riesigen Exemplaren heranwachsen. Und am Sambesi hat er Paviane erlebt, die Leoparden töten. Inzwischen ist Willy wieder in seine Heimt zurückgekehrt und guided derzeit im Nsefu Camp von Robin Pope Safaris (S. 312).

Christopher Kadiwa: Der junge Mann aus dem Dorf Chiawa begann einst als Hilfskraft im Sausage Tree Camp. Bald fiel auf, wie ambitioniert und warmherzig er für seine Gäste sorgt, und so wurde Christopher zum Muchinda (Butler) befördert, eine Stellung, die er mit größter Begeisterung und entwaffnendem Charme ausfüllt.

Lusaka – Livingstone

Gesamtstrecke: 470 km
Fahrzeit: ca. 7–8 Std.
Zustand: Teerstraße mit Schäden
Tankstellen: in zahlreichen Ortschaften
Besonderheit: evtl. Radarkontrollen und Polizei-Checkpoints, 2 Toll Plazas

Schon gewusst?

Munali Pass ist nach Dr. David Livingstone benannt. Munali (eine Maisart) war sein Spitzname bei den Lozi, denn seine Hautfarbe erinnerte sie daran

Übernachtungstipp: Moorings Farm Campsite

50 km nach Mazabuka bzw. 11 km vor Monze (die 2 km lange Allee-Zufahrt ist deutlich beschildert) bietet die Moorings Farm einen weitläufigen, begrünten und ruhigen Campingplatz für 7 US$ pP sowie drei Chalets für 15 US$/DZpP und 20 US$/EZ und ein Familienchalet zur Selbstversorgung für 20 US$ pP. In der Bar werden Snacks und leichte Gerichte serviert. Saubere heiße Duschen, Unterstände mit Licht und Stromanschluss und die Erlaubnis, die Campküche zu benützen runden das freundliche Camp ab. Viele Meerkatzen und Vögel. Interessenten können die Farm und das Malambo Women's Centre and Craft Shop besuchen. Kontakt: Tel. 0969-924626 und 0978-619110, E-Mail: mooringscamp.enquiries@gmail.com, www.mooringscampsite.com.

Von Lusaka nach Livingstone

Sie verlassen Lusaka über die Kafue Road, wie auf S. 133 geschildert. Nach 57 km Fahrt bzw. 2 km nach der Kafuebrücke zweigt die Straße nach Livingstone ab. Sie verläuft zunächst entlang größerer Farmen und später durch die Berge über den Munali-Pass, von dem aus Dr. Livingstone zum ersten Mal den Kafue erblickt haben soll. Nach 65 km Fahrt erreichen Sie das prosperierende landwirtschaftliche Zentrum Mazabuka. 5 km vor der Stadt liegt rechts der Straße das Coffeberry Café, ein nettes Gartenlokal mit guter Küche und kleinem Laden.

Mazabuka

"The sweetest place in Zambia" – das kolonial geprägte Städtchen ist Sambias Zuckerstadt. Riesige Zuckerrohrplantagen lassen die flache Umgebung selbst in der Trockenzeit frisch und grün erscheinen. Zwei Krankenhäuser und zwei große Supermärkte, Tankstellen, zahlreiche Geschäfte und Werkstätten gewährleisten Mazabukas gute Versorgungslage.

Auf der Weiterfahrt nähert sich die Straße nun den **Kafue Flats**, einer riesigen Sumpfebene, die bis zum Bau des Itezhi-Tezhi-Staudamms alljährlich wochenlang vom Kafue überflutet wurde. Diese dünn besiedelte Region, in der die Nationalparks Blue Lagoon und Lochinvar liegen, ist auch der Lebensraum zahlreicher Vogelarten.

Monze

62 km nach Mazabuka gelangt man in die schnell wachsende Kleinstadt **Monze**. Sie bietet mehrere Tankstellen, einen Choppies-Supermarkt und mit dem Moorings Campsite auch die beste Unterkunft entlang der Strecke (Foto und Text links). Die Golden Pillow Lodge am Ortsrand ist ein beliebter Take-Away-Stopover der Expressbusse (mit sauberen Toiletten). Am östlichen Ortsrand von Monze beginnt außerdem die Zufahrt in den Lochinvar NP (37 km, S. 194).

Hinter Monze wird es rasch ländlich. Bei Chisekesi nach 20 km, etwa auf halber Strecke zwischen Lusaka und Livingstone, befindet sich neben der Straße das kleine Mayfair Guest House. Danach folgen kleine Weiler mit bunt bemalten Häusern wie Pemba und Batoka, die schon im Land der Tonga liegen. Bei Muzoka sind viele ungewöhnlich riesige Termintenhügel zu sehen. Der zunehmende Verkehr deutet schließlich die Stadt Choma an (99 km nach Monze).

Zur Info: Unterwegs passiert man mehrmals "**Levy Check Points**", die den Handel mit tierischen und pflanzlichen Produkten betreffen (nicht Touristen!). Sie sind nur zur jeweiligen Saison in Betrieb, ansonsten bleibt die Schranke offen.

Choma

Erste größere Stadt seit Mazabuka ist die lebhafte Hauptstadt der Tonga. Zugleich ist Choma ein wichtiges Zentrum landwirtschaftlicher Großfarmen, von denen eine ganze Reihe erst in den letzten Jahren durch den Zuzug südafrikanischer und zimbabwischer Farmer entstanden. Choma bietet einen SPAR direkt im Zentrum, zahlreiche eher einfache Unterkünfte und mehrere Tankstellen.

Choma Museum

Das Tonga Crafts Museum am Ortseingang von Choma entstand mit Hilfe eines niederländischen Entwicklungsprojekts und zeigt eine Ausstellung zu Geschichte und Kultur der Tonga mit Verkauf von kunstvollen Souvenirs. Eintritt: 5 US$, Kinder 3 US$, täglich von 8–17 Uhr.

Kalomo

Kalomo, 70 km von Choma entfernt, ist eher von historischer Bedeutung, war die unscheinbare Kleinstadt doch von 1902 bis 1907 erste Hauptstadt Nordwestrhodesiens. Es lohnt sich, aufmerksam durch Kalomo zu fahren, denn die Stadt ist eine Fundgrube frühkolonialer Architektur. Hier beginnt außerdem die beschilderte Zufahrt in den südlichen Kafue NP (s. S. 204).

Kalundu Mound

5 km nördlich von Kalomo, auf einem Acker neben der Teerstraße nach Choma, weist eine Gedenkplatte die Lage eines Eisenzeitdorfes, welches vermutlich seit 300 n. Chr. bewohnt war, aus. Für den Laien ist aber nur wenig erkennbar.

Administrator's House

Das älteste Regierungsgebäude von 1903 befindet sich an der Piste zum Kafue NP. Biegen Sie an der Gabelung 4 km nach Verlassen der Teerstraße rechts ab. 700 m danach an der neuen Administration links eine Piste zwischen Häusern durch, die nach 1 km an einer Kreuzung endet. Das alte Gebäude steht 500 m von hier unter einer Baumgruppe.

Die letzten 115 km bis Livingstone weicht die Kulturlandschaft bald einsamer Buschsavanne. Die Straße fällt nun sanft zum Sambesi hin ab. Bei Hochwasser im April/Mai sieht man schon lange vor Stadtbeginn die ferne Gischt der Viktoriafälle.

Unterkünfte bei Choma

- **Bruce Miller Game Farm:** Tel./WhatsApp 0977-766260 und 0969-924626. Auf der wildreichen Farm besteht idyllische Campinggelegenheit an einem Bach, mit kalten Duschen, Toiletten und spektakulärem Vogelreichtum. Vorausbuchung ist erforderlich. Preis: 20 US$ pP. Zufahrt: Die 3 km lange Zufahrtspiste zweigt 17 km nördlich von Choma entlang der Straße nach Namwala rechts ab.
- **Golden Pillow Lodge:** Tel. 0213-220374. 2 km westlich von Choma liegt abseits der Hauptstraße das Motel mit gepflegten Zimmern in einem Innenhof.

Abstecher an den Karibasee

An der Bahnstation Batoka zweigt eine Teerstraße in die Kohlestadt **Maamba** (81 km) und zum Fischereizentrum **Sinazongwe** (72 km) am Karibasee ab, wo man am Seeufer bei den ehemaligen "Lake View Chalets" campieren oder in einfachen Lehmchalets wohnen kann. Kontakt: Tel. 0962-667752. Der schönere Kariba Bush Club in Siansowa wurde 2016 geschlossen.

Unten: Getrocknete Kapenta-Fische aus Sinazongwe

Livingstone

Die Nähe zu den spektakulären Viktoriafällen begründete bereits im ausklingenden 19. Jh. Livingstones Anziehungskraft für Reisende aus aller Welt. Bis 1935 war die Stadt am Sambesi auch koloniale Landeshauptstadt, und zahlreiche Gebäude erinnern noch an die betriebsame Gründerzeit. Auch die moderne Stadt Livingstone bietet trotz aller Veränderungen ein paar Sehenswürdigkeiten, die einen ausgiebigen Besuch wert sind, allerdings liegen diese oft weit voneinander entfernt. Wer die Viktoriafälle von Sambia und Zimbabwe aus besichtigen und die Attraktionen der Umgebung besuchen will, möglicherweise auch das große Angebot an Rafting, Kanutouren und Rundflügen auskosten möchte, hat Programm für zwei bis vier Tage.

Schon gewusst?
"Monkeybread" heißt die große hölzerne Frucht des *Bauhinia thonnigii*. Man sollte sie trotz des Namens nicht verwechseln mit dem deutschen Wort "Affenbrotbaum", bezeichnet dieser doch den Baobab!

Foto oben: Historischer Boat Club in Livingstone
Foto rechts: Stolzer Empfang auf der African Queen

Stadtgeschichte

1898 entstand am Nordufer des Sambesi die erste europäische Siedlung Nordwestrhodesiens. Sie befand sich etwa 9 km vom heutigen Livingstone entfernt direkt am Sambesi an jener "Old Drift", die als breite Furt zur waghalsigen Überquerung des reißenden Flusses diente. Diese erste Siedlung war ein winziger europäischer Außenposten zwölf Tagesreisen von Bulawayo, der nächsten kolonialen Siedlung, entfernt.

Ein kurzer Rückblick: 1889 hatte der Lozikönig Lewanika um britischen Schutz gebeten, und Harry Ware hatte einen ersten Vertrag mit dem König ausgehandelt, den später die BSAC übernahm. 1890 handelte Frank Lochner für die BSAC Mineralrechte im Barotseland aus. Den Deutschen wurde im selben Jahr der Caprivi-Strip zugestanden. Von 1897 an wurde mit Robert Cryndon ein erster britischer Vertreter in die neue Kolonie Nordrhodesien gesandt und zwei jahre später zum Administrator Nordwestrhodesiens ernannt.

Zwischen den Briten Südrhodesiens und den Lozi fand reger Handel statt. Und da alle Wege über jene Furt an der Old Drift führten, erkannte der geschäftige F. J. "Mopane" Clarke seine Chance: Er organisierte die Flussüberquerungen und fungierte gleichzeitig als Händler und Hotelbesitzer. Das Geschäft lohnte sich, langsam zogen weitere Händler zu und die Pariser Missionsgesellschaft gründete eine Missionsstation. Im Jahr 1899 öffnete eine erste kleine Schule ihre Pforten. Die Missionarsfrau Coisson blieb aber noch weitere zwei Jahre die einzige Europäerin der kleinen Siedlung. Der Pionier Fred Mills eröffnete 1902 ein konkurrierendes Hotel. 1903 lebten an der Old Drift bereits 68 Europäer, darunter 17 Frauen und sechs Kinder. Der Sambesi wurde noch immer in Booten zu je acht Paddlern überquert, und das Siedlerleben jener Tage war sehr männlich geprägt.

Zur Orientierung

Livingstones älteste Straße und noch immer zentrale Lebensader ist die Mosi-oa-Tunya-Road, auch Main Road genannt. Hier findet man noch eine ganze Reihe kleiner kolonialer Häuser mit Säulenveranden und Gärten. Nach Süden führt diese Straße direkt zu den 10 km entfernten Viktoriafällen und der Grenze nach Zimbabwe. In der entgegengesetzten Richtung führt sie nach Kalomo und Lusaka. Wichtigste Querverbindung ist die Nakatindi Road, die Livingstone nach Westen verlässt und parallel zum Sambesi nach Kazungula und Sesheke führt. Hier liegen zahlreiche exklusive Lodges direkt am malerischen Flussufer.

Von Anfang an litten die Europäer unter den schlechten klimatischen Bedingungen. Die Siedlung lag direkt am sumpfigen und feuchtheißen Flussufer, die Bewohner litten gleichzeitig unter der schwülen Hitze und der verbreiteten Malaria. Da jährlich 20 % der Siedler an tropischen Krankheiten starben, wurde die Administration bereits 1901 an den erhöhten, vom Fluss abgewandten *Constitution Hill* (heute Livingstone) verlegt. Die Siedler harrten aber weiterhin am Sambesiufer aus.

Nachdem im Juni 1904 die Eisenbahnschienen aus dem Süden die Viktoriafälle erreichten, begann eine 14-monatige Schwerstarbeit, um die aus England angelieferten Fertigteile über der Sambesischlucht zu einer 152 m langen Brücke zusammenzusetzen. An den Fällen wurde noch im selben Jahr der Vorläufer des "The Victoria Falls"-Hotels erbaut, um die Arbeiter für den Brückenbau unterzubringen. Cecil Rhodes hatte vor sei-

nem Tod angewiesen, die Eisenbahnbrücke so nah wie möglich an die Viktoriafälle zu bauen, damit Reisende künftig einen perfekten Ausblick genießen könnten. Als 1540 Tonnen Eisen und Stahl verarbeitet waren, wurde die Brücke 1905 fertiggestellt und ersetzte von nun an die gefährliche Überfahrt an der Old Drift. Wer sie benützen wollte, musste 10 Cent Brückenzoll bezahlen. Zunächst war nur ein Bahngleis gebaut worden, erst 1930 kam es zu einer Brückenerweiterung für Autos. Die Bahnstation am Nordufer wurde einige Kilometer landeinwärts angelegt, und die Administration ordnete die Umsiedlung der Europäer von der Old Drift in die klimatisch günstigere, neu konzipierte Stadt Livingstone an (wenngleich einige der Old Drifter sich dagegen sträubten).

1907 konnte die Stadt nicht nur zwei Hotels und acht Läden vorweisen, sondern auch zwei Metzger, vier Baumeister, einen Friseur und eine Apotheke. Man ernannte sie zur Hauptstadt Nordwestrhodesiens. 1911 wurden die Provinzen Nordwest- und Nordostrhodesien zusammengelegt und Livingstone blieb Hauptstadt Nordrhodesiens bis 1935. Das erste Auto konnte auf Livingstones Straßen 1908 bewundert werden und blieb viele Jahre auch das Einzige.

Die Stadt bekam regen Zustrom, die alte Gründerzeit war vorüber. Über 300 Europäer und 1700 Afrikaner lebten 1911 in Livingstone. Damit befanden sich mehr als 20 % aller Europäer Nordrhodesiens dort. Im Jahre 1928 war die Stadt bereits auf 1350 Europäer und 6000 Afrikaner angewachsen. Livingstones Geschichte blieb weiterhin von frischem Geist und kosmopolitischem Leben geprägt. Da es als Landeshauptstadt aber geographisch ungünstig lag, wurde der Regierungssitz 1935 nach Lusaka verlegt.

Die Bevölkerungsentwicklung nahm trotzdem rasant zu. Anfang der 1970er Jahre wurden über 50 000 Einwohner registriert, Ende der 80er Jahre mehr als 100 000, und die heutige Bevölkerungszahl wird auf rund 150 000 geschätzt. Ihre Entwicklung zur Hochburg des sambischen Tourismus verdankt die Stadt den Viktoriafällen und dem großen Freizeitangebot am Sambesi.

Fotos von oben: Europäischer Friedhof an der Old Drift;
1903 erreichte die Bahn Victoria Falls;
Livingstones ehrwürdiger Golf Club;
The Capitol, das älteste Kino des Landes, eröffnete 1931

Livingstone International Airport
Airport Road
LIVINGSTONE
Kazungula Road
Shoprite
Railway Museum
Mosi - oa - Tunya Rd
Protea
Falls Park Shopping Centre
MOSI OA TUNYA NATIONALPARK (Game Park)
Zambezi Junction
Courtyard
Royal Sichango
Sichango Rd
Chrismar
Maramba Cultural Village
Park Eingang
ZAWA
Batoka Sky
Airstrip
Maramba
Croc Farm
Bootsanlegestellen
Waterfront
David Livingstone
Lwanda Island
Radisson Blu
Maramba
Baobab
Helicopter Rundflüge
N
500m
Zambezi Nationalpark
The Palm
Princess Elisabeth Island
Golfplatz
Elephant Hills
Namatobwe Island
Picknick Area
MOSI OA TUNYA NATIONALPARK (offenes Gebiet)
Mukuni Village 8km
Princess Helen Victoria Island
Victoria Falls Safari Lodge
Princess Victoria Island
The Royal Livingstone
Lookout Tree
Rainbow
Avani
Ilala
Grenzgebäude
Taita Falcon Lodge
The Kingdom (closed)
Grenzgebäude
Victoria Falls
The Victoria Falls
Abseiling und Gorges Swing

Sehenswertes in Livingstone

Livingstone Museum

Das renovierte Museum spannt einen abwechslungsreichen Bogen von der Frühzeit bis in das 21. Jahrhundert; von der Entwicklungsgeschichte des Menschen, der afrikanischen Naturgeschichte und dem Schwerpunktthema "David Livingstone" zum politischen Erwachen der Afrikaner und dem Unabhängigkeitskampf. Öffnungszeiten: täglich von 9–16.30 Uhr, der Eintritt beträgt 5 US$, für Kinder 3 US$.

The Railway Museum & Jewish Museum

Für Bahnfreaks ein Muss: Hier wird neben alten Dampfloks und zahlreichen Utensilien die Geschichte der Bahn in Sambia gezeigt. Außerdem gibt es hier eine interessante Ausstellung über jüdische Immigranten im 2. Weltkrieg und ihr Leben in Sambia. Das Museum liegt an der Chishimba Falls Road und ist täglich von 8.30–16.30 Uhr geöffnet, der Eintritt beträgt 15 US$, für Kinder die Hälfte.

Rundgang durch die Altstadt

Zahlreiche Orginalgebäude aus Livingstones Kolonialgeschichte dämmern mehr oder weniger vergessen im Stadtzentrum vor sich hin. Die Altstadt liegt im Viereck zwischen dem Postamt, dem Town Market, dem North Western Hotel und dem John Hunt Way. Wer sich auf Spurensuche begeben möchte, sollte durch den John Hunt Way schlendern, wo noch viele sehenswerte Gebäude aus den Jahren 1900–1930 stehen. Der Kuta Way wurde damals als Straße der indischen Händler "Bombay Alley" genannt.

Lookout Tree

An der Straße nach Mukuni ragt ein Baobab aus der trockenen Buschlandschaft. Eine steile Eisentreppe führt zu einer Plattform in seiner Baumkrone hinauf. Zahlreiche eingravierte Initialen zeugen von den Besuchern der vergangenen Jahrzehnte.

Mukuni Village

Mukuni liegt 9 km von Livingstone entfernt und ist Bestandteil touristischer Ausflugsfahrten. Hier befindet sich der Palast des Königs der Leya. Der derzeit regierende Chief Mukuni gilt als moderner Geschäftsmann, der touristische Dorfbesuche fördert. Geführte Dorfbesichtigungen kosten 5 US$ pP. Guides stehen bereit, um Gäste bei einem Rundgang zu begleiten, allerlei Alltagsgegenstände und Beschäftigungen im Dorfleben zu erklären (ein Trinkgeld wird erwartet). Neben dem Parkplatz in der Mitte des Dorfes liegt der Handwerkermarkt, wo die Leya Holzschnitzereien herstellen und verkaufen. Sie ergänzen ihr Angebot mit Schmuck, Steinfiguren, Batiken und Bastkörben.

Mosi-oa-Tunya Game Park (MOT)

Zambias kleinster, jedoch meist besuchter Nationalpark schmiegt sich oberhalb der Wasserfälle an das herrliche Sambesiufer und umfasst mit 66 km² Fläche einen rund 30 km langen Uferstreifen. Obwohl er relativ klein ist, besticht der umzäunte Park durch eine wunderschöne Vegetation und viele recht zutrauliche Tiere, insbesondere Büffel, Giraffen, Zebras, Gnus, Impalas, Buschböcke, Warzenschweine, Paviane und Meerkatzen. Eine Pirschfahrt entlang der alten Uferstraße, wo immer wieder der Blick zwischen den Ilalapalmen hindurch auf den trägen Sambesi fällt, ist ein Genuss. Während der Trockenzeit wandern zwischen den Flusspferden manchmal Elefanten durch den Fluss. 1996 nahm der Wildpark ein paar südafrikanische Nashörner auf, die trotz aller Mühe, sie durch eine „Enthornung" oder durch eine Rund-um-die-Uhr-Bewachung zu schützen, verunglückten oder gewildert wurden. Aktuell beherbergt der Park aber wieder mehrere Breitmaulnashörner. Parkbesucher haben die Möglichkeit, mit den örtlichen Wildhütern die streng bewachten, aber frei umherziehenden Nashörner zu besuchen. Man wendet sich an die Scouts, die beim Picknickplatz am westlichen Rand des Wildparks stationiert sind (keine Gebühr, ein Trinkgeld wird begrüßt). Dieser Picknickplatz bietet sich mit seinen Uferfelsen hervorragend für einen stimmungsvollen Stopp zum Sonnenuntergang an. Vorsicht ist allerdings geboten, denn hier sind mehrfach Diebstähle gemeldet worden.

Parköffnungszeiten: Täglich von 6–18 Uhr. Beim Nationalpark-Gate an der Sichango Road sind die Tickets für den Mosi-oa-Tunya Game Park erhältlich. Eintritt für Gäste auf gebuchten Ausflügen: 5 US$ für Residents und SADC-Bürger; 10 US$ für internationale Gäste. Eintritt für alle Selbstfahrer: 15 US$ pP und pro Fahrzeug. Die ansässigen Reiseagenturen bieten Pirschfahrten ab 65 US$ pP.

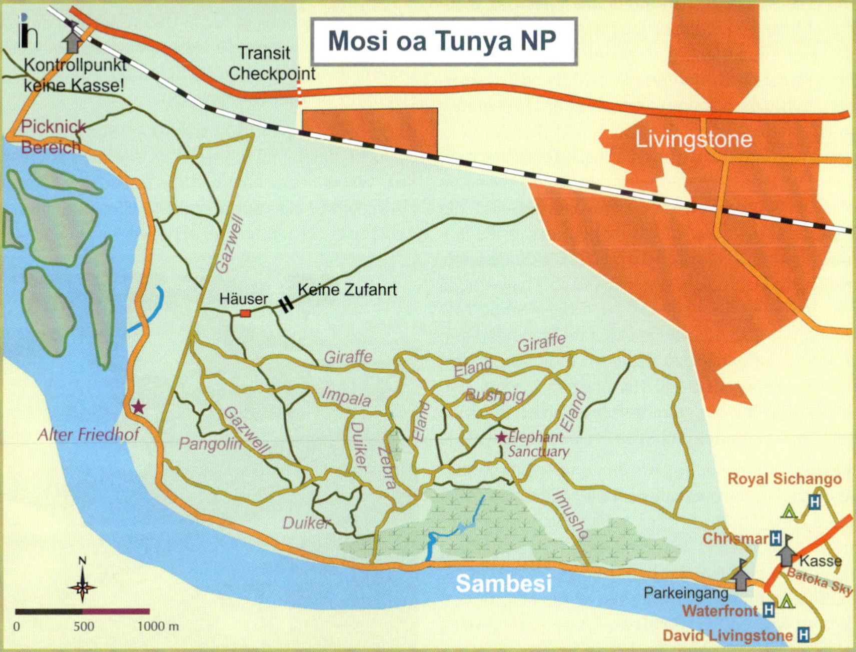

Weitere Unternehmungen...

White Water Rafting: Als 1980 die ersten Wildwasserfahrten in den Sambesischluchten starteten, war man der Meinung, es gäbe auf der Strecke keine Krokodile. Heute weiß man es besser, doch sind die Reptilien wohl der geringere Nervenkitzel für die Rafter, denn der Wildwassertrip am Sambesi zählt mit den Schwierigkeitsgraden 3 bis 5 (auf der Skala von 1 bis 6) zu den schwierigsten auch für Amateure zugänglichen Touren der Welt. Das hochwertige Material der Schlauchboote und die erfahrenen Profis, die die Boote lenken, sorgen für ein hohes Maß an Sicherheit, dennoch erfordert es viel Mut und Selbstvertrauen, sich diesen Touren anzuschließen. Fast immer "flippen" einige Boote in den Rapids und über Bord Gegangene müssen anschließend von Kajaks eingesammelt werden. Verletzungen sind trotz der Schwimmwesten häufig. Die Boote werden von Filmteams begleitet, die das Spektakel zu Videoclips verarbeiten, welche die Teilnehmer anschließend erstehen können. Die Wildwasserfahrten hängen stets vom Wasserstand ab: Etwa von Juli bis Januar findet das bei Rapid Nr. 4 beginnende *Low Water Rafting* statt, die übrigen Monate kann beim sog. *High Water Rafting* erst ab Rapid Nr. 11 gestartet werden. Die Preise liegen bei 140 US$ für eine Tagestour zzgl. 10 US$ Parkgebühren, durchgeführt werden die Trips von Bundu Adventures und Safari Par Excellence.

Kanutrips: Weniger aufregend und dramatisch verlaufen die Kanufahrten oberhalb der Fälle, wobei auch dabei einige kleinere Stromschnellen zu bewältigen sind. Hier steht das Naturerlebnis im Vordergrund, für den Nervenkitzel sorgen gelegentlich Begegnungen mit Hippos. Kanufahrten bilden die Alternative für alle, denen Rafting zu wild und ein Sundown-Cruise zu langweilig ist. Halbtagestouren gibt's für 125 US$ pP.

Bungee Jumping: Für Leute, die Spaß daran haben, sich kopfüber in eine Schlucht zu stürzen, ist der Sprung an den Viktoriafällen wohl das Höchste. Hier kann man sich für 160 US$ von der 111 m hohen Eisenbahnbrücke in den Boiling Pot hinabstürzen. Es gilt als der höchste kommerzielle Brückensprung der Welt. Pass mitnehmen, denn Ihr Sprungturm liegt im Niemandsland!

Maramba Cultural Village: Im Kulturzentrum in der Sichango Road finden jeden Sa/So von 15–17 Uhr traditionelle Tanzvorführungen statt. Die leidenschaftliche Veranstaltung richtet sich hauptsächlich an lokale Touristen; ein paar Europäer gesellen sich hier oft dazu. Eintritt: 3 US$ pP, Kinder die Hälfte.

Livingstone Art Gallery: Die Kunstgalerie in der Sichango Road hinter den Show Grounds zeigt eine Ausstellung zeitgenössischer Gemälde (mit Verkauf). Öffnungszeiten: Mo–Fr 9–18 Uhr, Sa/So 10–17 Uhr. Tel. 0977-364419. Der Eintritt ist frei.

Sambesi-Cruises: Bootstouren auf dem Sambesi werden zu verschiedenen Tageszeiten angeboten; besonders beliebt sind Cruises zum Sonnenuntergang inklusive Getränken und Snacks. In der Saison gerät der Ausflug zum Massenauflauf mit mehr als zwanzig Booten, nichtsdestotrotz bleibt er eine Empfehlung für Genießer und Vogelfreunde. Die Preise liegen je nach Boot und Anbieter bei 50–90 US$ pP. Das 120-Personen-Luxusboot African Queen bedient für 75 US$ stilgerecht das koloniale Klischee, wenn die Gäste mit einem gekühlten Drink in der Hand an den Flusspferden, Krokodilen und Elefanten am Ufer vorbeigleiten.

Gorge Swing, Zipline & Abseiling: Am Stahlseil über die Schlucht gleiten; 50 m freier Fall, ehe man am langen Seil "swingt" oder angeseilt die senkrechte Felswand hinabgleitet – alles buchbar ab 95 US$ bei Zambezi Eco Adventures, http://zambeziecoadventures.com.

Rundflüge: Aus der Vogelperspektive bieten sich großartige Aussichten auf die Viktoriafälle und die Zickzack-Schluchten des Sambesi. Batoka Sky bietet für etwa 180 US$ pP 15-minütige Rundflüge an; in offenen Microlight-Fliegern (täglich von 6.45–9 Uhr und 15.30–17 Uhr, keine Kameras erlaubt) und in Helikoptern mit 4–6 Sitzplätzen (täglich von 6–17 Uhr). Tipp: in den Morgenstunden hat man meistens das bessere Wetter und Licht. Tel. 0213-323589, www.livingstonesadventure.com.

Lion Walks, Elephant Interaction, Elephant Café: Mukuni Big 5 und Safari Par Excellence bieten Wildtierbegegnungen. Während Mukuni Big 5 (www.mukunibig5.co.zm) noch die umstrittenen Walks mit Löwen und Geparden für 40 US$ pP bietet, stoppte Safpar (https://safpar.com) dies. Stattdessen gibt es dort jetzt behutsame Begegnungen mit den Elefanten im sog. Elephant Café, wo man im Beisein der Elefanten einen High Tea oder Fine Dining erleben kann. Preise: Elephant Interaction 95 US$ pP, inklusive High Tea ab 160 US$ pP, inklusive Lunch oder Dinner ab 205 US$ pP.

Gwembe Castle Crocodile Park Tour: Tel. 0213-321733. Do–Di von 8–17 Uhr, Mi geschlossen. Hier kann man viele Krokodile und Schlangen besichtigen, im Gartencafé einkehren und täglich um 15 Uhr der Fütterung großer Krokodile beiwohnen. Der Eintritt beträgt 10 US$ pP, Kinder 5 US$. Siehe Foto oben.

Livingstone Island Tour: Green Safaris nützt die Exklusivrechte für die Insel direkt an der Fallkante einträglich: Ausflugsgästen wird dort ein perfektes Erlebnis mit Badegelegenheit und Champagner-Frühstück oder Cocktail-Lunch offeriert. Preise: ab 120 US$ pP (mehrmals täglich, aber nicht bei Hochwasser). Online buchbar bei https://livingstoneisland.com.

The Royal Livingstone Express: Ein nostalgischer Sonnenuntergangsausflug mit einer historischen Dampflok (Foto rechts) und feudalem Fünf-Gänge-Menü auf der Victoria Falls Brücke! Je nach Nachfrage mehrmals wöchentlich für 190 US$ pP buchbar bei Bushtracks Zambia, Tel. 0782-326907, www.bushtracksafrica.com.

Wem diese Auswahl nicht ausreicht, der kann in Livingstone ebenso Reiten, Golf spielen und mit einem Quadbike oder Segway durchs Gelände fahren.

Gut zu wissen: Alle genannten Aktivitäten und Ausflüge lassen sich unkompliziert in den Hotels und bei örtlichen Reiseagenturen buchen. Kombiniert man mehrere Ausflüge und Aktivitäten, werden deutliche Preisnachlässe gewährt. Es lohnt sich, die Preise zu vergleichen und zu verhandeln. Bei fast allen Activities sind außerdem die Transfers inklusive.

Wichtige Adressen von A bis Z

Autobedarf & Gas füllen Autoteile aller Art vertreibt "Auto World" in der Stadtmitte (mit Reifendienst). Als beste Werkstatt gilt der Landroverspezialist "Foley's Africa" in der Industrial Road, Tel. 0213-320888 (neben Toyota). Gaskartuschen füllt man bei Afrox-Gas an der Caltex-Tankstelle im Stadtzentrum oder bei Ankufa Supplies in der Limulunga Road.

Geldwechsel Banken mit Geldschalter findet man beim Shoprite Shopping Complex, beim Avani Victoria Falls Resort und in der Mosi-oa-Tunya Road in Stadtmitte auf Höhe der Post. Vorsicht: Tauschen Sie in Livingstone kein Geld auf der Straße, es besteht ein sehr hohes Betrugsrisiko!

Immigration Das Immigrationsbüro liegt in der Mosi-oa-Tunya Rd./Ecke Airport Rd. in einem hellgelben Gebäude neben der Finance Bank (Zimmer 12, Mo–Fr von 8–17 Uhr).

Klima & Gesundheit Livingstone liegt auf etwa 920 m Höhe, wodurch das Klima ganzjährig mild bis schwülwarm ist. In den heißen Monaten Oktober/November kühlt es auch nachts nur wenig ab. Ganzjährig sollte Malariavorsorge betrieben werden.

Krankenhaus Das staatliche Livingstone General Hospital, Tel. 0997-312204, ist das größte Krankenhaus der Region. Besser ausgestattet sind jedoch SES (Speciality Emergency Services) in der Maambo Way Road in Stadtmitte, Tel. 0977-740306, das Southern Medical Centre in der Makambo Road, Tel. 0213-323547, und das Dr. Shafiks Hospital in der Katete Ave., Tel. 0213-321130.

Einkaufen Gute Einkaufsmöglichkeiten mit sicheren Parkplätzen findet man beim Shoprite Shopping Centre im Stadtzentrum (mit Apotheken, Boutiquen, Souvenirläden, Restaurants, Toiletten). Für frische Lebensmittel, Fleisch, Käse und mehr empfehlen wir den Farmers Shop bei Kubu Café in der Kabompo Road. Die Falls Park Mall am südlichen Ortsausgang wurde geschlossen.

Mietwagen
- **AVIS Rent a Car:** Tel./Fax 0213-321122, Zweigstelle am Flughafen.
- **Travel & Tours Voyagers:** Tel. 0961-756666, www.voyagerszambia.com.
- **Hemingways Zambia:** Tel. 0977-866492, www.hemingwayszambia.com.

Reisebüros
- **Livingstone's Adventure:** Tel. 0213-323589, www.livingstonesadventure.com.
- **Bundu Adventures:** Tel. 0213-324406, www.bunduadventures.com.
- **Bushtracks Africa:** Tel. 0213-323232, www.bushtracksafrica.com.
- **Safari Par Excellence:** Tel. 0213-320606, http://safpar.com.

Restaurants Das gastronomische Angebot ist vielfältig. Wir empfehlen als lässigen städtischen Treffpunkt "Kubu Café" in der Kabompo Road (großes Lokal mit Sprühnebel, Souvenir- und Farmers Shop). Ganz in der Nähe backt "Olgas Italian Corner" echte Holzofenpizza. Genießer kehren im eleganten "Royal Livingstone Hotel" ein; samstags findet in der Boma im Garten des Avani Resorts ein Touristenspektakel mit traditionellen Tänzen statt, wo man zudem täglich üppige Buffets im Hauptrestaurant genießen kann. Für einen Sundowner gibt es keine bessere Lage als die große Bar der Zambezi Waterfront, denn hier blickt man direkt über die Hippos und Boote im Fluss in das Abendrot. „The Golden Leaf" am südlichen Stadtrand in Richtung Viktoriafälle ist ein Tipp für Freunde der Indischen Küche.

Telefon Ein Tipp: Zwischen Victoria Falls/Zimbabwe und Livingstone kann man zum Ortstarif telefonieren. Man wählt in Livingstone vor der Rufnummer in Victoria Falls eine "6", und in Victoria Falls vor der Livingstone-Nummer eine "8".

Tourist Info Die freundliche Touristeninformation neben dem Livingstone Museum in der Stadtmitte bemüht sich sehr und steht Touristen mit Rat und ein paar Broschüren und Prospekten zur Seite. Öffnungszeiten: Mo–Fr von 8–13 Uhr und 14–17 Uhr, Sa 9–12 Uhr, Tel. 0213-321404.

Versicherung Autoversicherungen schließt man an der Grenze ab. Günstiger und flexibler sind jedoch die Büros im Stadtzentrum, z. B. Professional Insurance gegenüber dem SPAR.

An- und Weiterreise

Sammeltaxis nach Kazungula (siehe S. 188) fahren fast stündlich ab Livingstone

Busse: In der Nakatindi Road wurde 2023 ein neuer Bus Terminal eröffnet, von dem seither die meisten Busse starten. Expressbusse befahren die Strecke Livingstone – Lusaka mehrmals täglich in beiden Richtungen. Die rund sechsstündige Fahrt kostet je nach Ausstattung des Fahrzeugs 18–25 US$.

Flughafen: Der Harry Mwaanga Nkumbula International Airport liegt 5 km nordwestlich der Stadt (Tel. +260-213-321153). Flughafentransfers in die Stadt kosten 14–20 US$.

Taxis erkennt man an der gestreiften Lackierung. Sie verlangen für die 10 km-Strecke zwischen der Stadt und den Fällen etwa 10–15 US$ (unbedingt vorher aushandeln).

Anreise von Zimbabwe

Bei Einreise aus Victoria Falls, Zimbabwe, müssen Autofahrer eine Levy über 25 Kwacha für Pkws und 80 Kwacha für Lkws bezahlen, zudem fällt für Lkws eine Brückengebühr an, die gestaffelt 5–30 US$ kostet.

Hotels und Gästehäuser in Livingstone

Unterkünfte im Stadtbereich

•Protea Hotel by Marriott Livingstone: Tel. 0213-324630, Mosi-oa-Tunya-Road, E-Mail: reservations@phlivingstone.co.zm, www.marriott.de. Modernes, etwas beengtes Hotel südafrikanischen Stils mit 80 klimatisierten Zimmern an der Straße zu den Viktoriafällen (Foto oben). Preise: B&B ab 120 US$/DZpP und 190 US$/EZ.

•Fawlty Towers Backpackers: Mosi-oa-Tunya Road, Tel. 0213-323432, E-Mail: info@adventure-africa.com, www.adventure-africa.com. Jugendliche Backpackerlodge mit großem Garten, Pool, lebhafter Bar und Werkstatt, zudem gratis WLAN und Transfers zu den Fällen. Preise: Übernachtung im Schlafsaal ab 20 US$ pP, Doppelzimmer je nach Ausstattung von 55–85 US$ pro Nacht.

•Jolly Boys Backpackers: Tel. 0213-324229, Kanyata Road, E-Mail: res@backpackzambia.com, www.backpackzambia.com. Nette Backpackerlodge mit engagiertem Service, lockerer Atmosphäre, schönem Pool und Garten. Preise: Übernachtung im Schlafsaal ab 20 US$ pP, Doppelzimmer (mit/ohne eigenem Bad) für 55 bzw. 85 US$/Nacht, Camping auf kleiner Zeltwiese 10 US$ pP.

•Olga's The Italian Corner: Mokambo Road, Tel. 0977-972475, E-Mail: info@olgasproject.com, www.olgasproject.com. Pizzeria im Stadtzentrum mit Zimmervermietung; eine kleine, beengte Anlage mit Innenhof. Jugendliches Flair, beliebt bei den Expats, aber (morgens) oft laut. Preise: ab 28 US$/DZpP und 50 US$/EZ.

•The Stone Guesthouse: Kombe Drive, Tel. 0213-320985, E-Mail: manager@stoneguesthouse.com, www.stoneguesthouse.com. Das kleine, familiäre Gästehaus mit unterschiedlichen Zimmern, Restaurant und Pool im Innenhof liegt in einem ruhigen Wohngebiet in Flughafennähe. Preise: Übernachtung ab 40 US$/DZpP.

•Okavango Lodge: 518 Limulunga Road, Tel. 0966-610063, E-Mail: okavangolodgelivingstone@gmail.com, www.okavanangolodge.com. Kleines Gästehaus mit Garten im Innenhof und 14 Zimmern (mit Kühlschrank) und Studios zur Selbstversorgung. Preise: B&B ab 20 US$/DZpP und 40 US$/EZ.

•Ngoma Zanga Lodge: 963 Kariba Crescent, Tel. 0976-325554, E-Mail: ngomazangalodge@gmail.com, www.ngomazangalodge.com. Geschmackvoll eingerichtete Lodge mit großen Zimmern und blühendem Garten mit Pool und Restaurant in beschaulicher Lage. Eine Empfehlung! Preise: B&B ab 80 US$/DZpP und 120 US$/EZ.

•New Fairmount Hotel & Casino: 411 Mosi-oa-Tunya Road, Tel. 0977-777014, E-Mail: fairmount_reservations@yahoo.com, www.newfaimounthotel.co.zm. Das alte Hotel erstrahlt nach seiner Renovierung in fröhlichen Farben. Mit Pool, Kasinobetrieb und vielen Konferenzräumen. Preise: B&B ab 53 US$/DZpP und 90 US$/EZ.

Unterkünfte in der Peripherie von Livingstone

•The Zambezi Waterfront: Safari Par Excellence, Tel. 0968-320606, E-Mail: waterfront@safpar.com, www.safpar.com. Legere, weitläufige Mittelklasseanlage für den modernen Reisenden, am Ufer des Sambesi gelegen. Unterschiedlich ausgestattete Chalets und Mietzelte verteilen sich im Palmengarten, daneben liegen einige Campingparzellen. Lässige Bar mit Plattform, Restaurant mit Pizzaofen, Pool und Activity-Center. Nachteil: Fluglärm, Moskitos und aggressive Paviane/Meerkatzen. Preise: B&B 80–175 US$/DZpP und 115–220 US$/EZ, Mietzelte ab 30 US$/DZpP und 45 US$/EZ, Camping 15 US$ pP.

•The Royal Sichango Village Lodge: Sichango Road, Tel. 0974-189914, E-Mail: rsv@lsa.co.zm, https://sites.google.com/view/the-royal-sichango-village/. Eingewachsene Mittelklasselodge mit 14 Chalets, Restaurant und Pool die ruhig im Hinterland jenseits des Helikopter-Flugplatzes liegt. Der angeschlossene Campingbereich ist vor Jahren abgebrannt und trotz aller Beteuerungen noch nicht wieder erneuert worden. Camper stehen daher momentan zwischen den Chalets. Preise: B&B ab 48 US$/DZpP und 90 US$/EZ, Camping 15 US$ pP.

•Baobab Camp & Cottages: Tel. 0977-873863, E-Mail: info@uaczam.com, www.uaczam.com. Südlich der Maramba Lodge liegen auf dem Gelände der Helikopter-Rundflüge drei ansprechende Selbstversorgerchalets, zwei Mietzelte (Tented Camp genannt) und vier gepflegte Campingstellflächen mit individuellen Sanitäranlagen und Strom um einen wassergefüllten Steinbruch (Foto unten). Für Ruhesuchende, die gerne bequem und ruhig campieren, ein echter Tipp. Preise: Cottages 40 US$ pP, Mietzelte 30 US$ pP, Camping 15 US$ pP.

•Thorn Tree House: Tel. 0974-436267, E-Mail: thorntreesafaris@yahoo.com. Claire Powell vermietet das am Maramba River zwischen der Stadt und den Viktoriafällen gelegene Gästehaus mit fünf Doppelzimmern und Küche zur Selbstversorgung für 500 US$/Nacht und bietet Camping auf der Wiese für 10 US$ pP. Leger, freundlich, oft Hippo- und Elefantenbesuch.

•Maramba River Lodge: Tel. 0213-324189, E-Mail: reservations@marambariverlodge.com, www.maramba-zambia.com. Romantische frisch renovierte Anlage am Maramba River mit Chalets, Safarizelten von basic bis luxuriös, ansprechendem Pool- und Barbereich, Restaurant und Kinderbereich. Oft Elefantenbesuch. Preise: B&B in den Zelten je nach Ausstattung 125–175 US$/DZpP und 175–280 US$/EZ, Chalets 145 US$/DZpP und 200 US$/EZ, Budget-Zimmer 60 US$/EZ.

•David Livingstone Safari Lodge & Spa: Sichando Road, Tel. 0950-368484, E-Mail: res@anthology.co.za, www.davidlivingstone.com. Lebhaftes Wellness-Ferienhotel mit 77 geschmackvollen Zimmern und Spabereich. Schöner Garten, der Pool grenzt hier unmittelbar an den Sambesi; leider gibt es auch viele Moskitos. Preise: B&B ab 245 US$/DZpP und 365 US$/EZ.

Direkt an den Viktoriafällen teilen sich zwei Schwesterhotels die allerbeste Lage. Weil deren Gäste freien Eintritt erhalten und einen direkten Zugang haben, können sie beliebig oft ohne Eintrittsgebühren die Fälle besuchen:

•Avani Victoria Falls Resort: Mosi-oa-Tunya Road, Tel. 0978-777044, E-Mail: victoriafalls@avanihotels.com, www.avanihotels.com/en/victoria-falls. Das weitläufige Resort der gehobenen Mittelklasse mit großem Garten und Poolbereich, in dem Zebras weiden, bietet Reisegruppen ansprechende Unterkunft im marokkanischen Stil-Mix (Foto S. 176). Es verfügt über 212 Zimmer. Preise: B&B ab 140 US$/DZpP und 280 US$/EZ.

•The Royal Livingstone Resort by Anantara: Mosi-oa-Tunya Road, Tel. 0768-850446, E-Mail: royallivingstone@anantara.com, http://royal-livingstone.anantara.com. Gediegenen Luxus und eine angenehm ruhige Atmosphäre in Bestlage finden Reisende in den 173 eleganten Zimmern des Schwesterhotels. Weitläufiger Garten mit zahlreichen Wildtieren; abends mit gedämpfter Live-Musik. Preise: B&B ab 295 US$/DZpP und 530 US$/EZ.

•Radisson Blu Resort: Tel. 0630-373250, E-Mail: Info.livingstone.zambia@radissonblu, www.radissonhotels.com. Neu eröffnetes und sehr modernes Luxusresort direkt im Nationalpark und nahe der Fälle gelegen mit 200 Zimmern, Fitness Centre, Spa, großem Pool. Preise: B&B 146–900 US$/DZpP und 181–935 US$/EZ.

•Sanctuary Sussi & Chuma: Tel. 0213-327426, E-Mail: info@sanctuaryretreats.com, www.sanctuaryretreats.com. Die elegante Luxuslodge liegt 9 km westlich von Livingstone in Richtung Kazungula und bietet zwölf Stelzenchalets, Infinity-Pool und Spa-Behandlungen. Preise: AI 755–1150 US$/DZpP und 755–1550 US$/EZ.

•Thorntree River Lodge: Tel. (SA) +27-21-7010270, E-Mail: contact@africanbushcamps.com, www.africanbushcamps.com. Die 10 km stromaufwärts der Viktoriafälle gelegene Safarilodge wurde von African Bushcamps zum Edelresort ausgebaut. Sie bietet acht Doppel- und zwei Familienvillen mit Privatpools, Gym und Spa, alles im modisch hellen Design. Eine Luxusunterkunft für Verwöhnte. Preise: AI für 795–1595 US$/DZpP und 795–1845 US$/EZ.

•**Toka Leya Camp:** Wilderness Safaris, Tel. 0213-327109, E-Mail: enquiry@wilderness.co.za, www.wilderness destinations.com. Luxuszeltcamp rund 12 km von Livingstone, das eine stimmungsvolle Safari-Atmosphäre verströmt. Die zwölf Zeltchalets liegen direkt am Sambesi. Preise: AI 814–1036 US$/DZpP und 814–1344 US$/EZ.

•**The River Club:** Nakatindi Road, Tel. 0211-391051, E-mail: reservations@theriverclubzambia.com, www.theriverclubafrica.com. Elf elitäre und sehr gediegene Chalets im britischen Kolonialstil, 15 km flussaufwärts am Sambesi gelegen. Grandioser Pool. Preise: AI 718–753 US$/DZpP, Einzelzimmer-Zuschlag 25 %.

•**Tongabezi Lodge:** Tel. 0969-864898, E-Mail: reservations @greensafaris.com, https://greensafaris.com/tongabezi. Die traditionsreiche, geschmackvolle Luxusherberge liegt ca. 20 km flussaufwärts am Sambesi und ist eine der bekanntesten Adressen am Platz. Die individuellen Chalets verteilen sich auf dem Festland und auf **Sindabezi Island** im Sambesi. Preise: AI 815–1340 US$/DZpP, im kleinen Inselcamp Sindabezi 650–750 US$/DZpP, der Einzelzimmer-Zuschlag beträgt jeweils 40 %.

•**Mukwa River Lodge:** Tel. 0960-649852, E-Mail: mukwa @theresidenceportfolio.co.za, https://mukwariverlodge.com, https://theresidenceportfolio.co.za. Die kleine inhabergeführte Anlage besteht aus nur drei Cottages, dafür ist sie vom Feinsten. Jede der Suiten hat ein Privatdeck mit Pool und sit sehr geräumig. Preise: Garden Cottage und Island Suite kosten 705 US$/DZpP und 1410 US$/EZ, die River Suite direk am Sambesiufer 855 US$/DZpP und 1710 US$/EZ.

•**Bushbock River House:** Liyoyelo Farm, Nakatindi Road, Tel. 0974-018501, E-Mail: bushbuckriverhouse@gmail.com, www.bushbuckriverhouse.com. Das inhabergeführte Gästehaus mit fünf Zimmern im Hauptgebäude, einem Ferienhaus und einem Pool und Bird Hide liegt gut 20 km von Livingstone entfernt. Im Garten besteht limitierte Campingmöglichkeit; eine vorherige Kontaktaufnahme wird allerdings erwartet. Preise: Cottage ab 220 US$/Nacht, Zimmer im Haupthaus ab 110 US$/DZpP und 145 US$/EZ; Camping 15 US$ pP (nur auf Anfrage).

•**Chundukwa River Lodge:** Tel. 0969-641797, E-Mail: reservations@chundukwa.com, www.chundukwariver lodge.com. 23 km flussaufwärts von Livingstone gelegen, bietet die hochwertige inhabergeführte Boutique Bush Lodge sechs idyllische Holzchalets auf Stelzen direkt am Sambesiufer und Reitgelegenheit auf dem eigenen Gelände, es werden auch mehrtägige Reitsafaris angeboten. Preise: AI 525–573 US$/DZpP und ab 657–860 US$/EZ.

•**Kayube Estate:** Nakatindi Road, Tel. 0978-323726 und 0977-437845, E-Mail: karien.kermer@outlook.com, https://kayubeonthezambezi.com. 25 km flussaufwärts von Livingstone befindet sich ein Privatgrundstück mit Cottages und Ferienhäusern zur Selbstversorgung. Die unterschiedlich großen Bungalows mit Namen wie "Mama out of Africa", "Kayube Boat House" und "Zambezi River House" haben Platz für 2–6 Personen und kosten pro Nacht 235–530 US$ (mit gratis WLAN und Pool). Getränke und einige Nahrungsmittel sind erhältlich, aber kein Barbetrieb oder Restaurant. Sehr ruhig und idyllisch gelegen. Langzeitreisende mit eigenem Fahrzeug können auf dem Gelände ihr Fahrzeug unterstellen.

•**Kubu Zambezi Campsite:** Tel. 0977-360469 und 0965-725698, E-Mail: kubuzambezi@gmail.com. Idyllisch gelegene, tropisch eingewachsene Anlage 26 km von Livingstone (plus 4,4 km Zufahrt) direkt am Sambesi mit drei Holzchalets zur Selbstversorgung (20 US$/DZpP, 40 US$/EZ) und ruhigem Campingplatz am begrünten Flussufer für 15 US$ pP. Viel Wildnischarakter mit Flusspferden und gutem Birdlife, zudem Komfort wie Strom, Licht und Außenduschen, aber ohne Bar/Restaurant.

•**Camp Nkwazi (Zambezi Dusk):** Tel. 0973-048830, E-Mail: info@campnkwazi.com, www.campnkwazi.com. Das sehr gepflegte Mittelklassecamp direkt neben Kubu Zambezi verfügt über ein imposantes Holzdeck (Foto oben) und einen kleinen Pool sowie zehn großzügige Zeltchalets. Auch die großzügigen Campingstellflächen zählen zu den bestausgestatteten der Region, liegen aber nicht am Flussufer. Sehr gute Küche! Preise: Chalets mit AI 350 US$/DZpP und 370 US$/EZ, Camping 25 US$ pP, Bootsfahrten 55 US$.

•**Waterberry Zambezi Lodge:** Tel. 0974-399737, E-Mail: reservations@waterberrylodge.com, www.waterberrylodge.com. Idyllische Bungalows, ein rustikales Zeltcamp und ein kreolisch anmutendes Ferienhaus liegen 27 km westlich von Livingstone direkt am Sambesi und sind ein Tipp für anspruchsvolle Individualisten. Preise: AI in den Bungalows 573 US$ pP, im Zeltcamp "The Woodlands" 463 US$ pP, im "River Farmhause" für vier Personen 645 US$/Nacht.

•**Tintswalo at Siankaba:** Tel. 0213-7730900, E-Mail: reservations@tintswalo.com, https://siankaba.africa. Luxus vom Feinsten findet man in diesem beschaulichen Inselcamp rund 34 km flussaufwärts; mit sieben "Treehouse River Tents", einem Spa-Bereich für entspannende Massagen, erstklassigem Service und großartiger Vogelwelt. Preise: AI ab 490 US$/DZpP und 735 US$/EZ.

•**Royal Chundu River Lodge:** Tel. (SA) +27-21-3002439, E-Mail:reservations@royalchundu.com, www.royalchundu.com. Die exklusive, abgeschiedene und äußerst ruhige Lodge befindet sich rund 48 km flussaufwärts am Sambesi und bietet zehn modern-elegante, weitläufig angelegte Villen. Auf der vorgelagerten Privatinsel Katombora liegen zudem die vier Villen der **Royal Chundu Island Lodge.** Hervorzuheben sind maßgeschneiderte Safaris und ein Spa zum Verwöhnen auf hohem Niveau. Preise: AI 1200 US$/DZpP und 1800 US$/EZ in der Royal Chundu River Lodge bzw. 1470 US$/DZpP und 2205 US$/EZin der noch exklusiveren Royal Chundu Island Lodge.

•**Taita Falcon Lodge:** Tel. (SA) +27-79-9799681, E-Mail: taitafalcon@everwild.travel, www.taitafalcon.com. Die ungewöhnliche Lodge mit herrlicher Aussicht direkt am Rande der Batokaschlucht (11 km Allradzufahrt) fiel einem Buschfeuer zum Opfer, wurde aber wieder aufgebaut und im moderneren Stil im Mai 2024 wieder eröffnet. Preise: VP ab 320 US$/DZpP und 355 US$/EZ. Die drei einsamen, rustikalen **Campsites** mit Namen "**Peregrine's Nest Bush Camp**" in der Nähe der Lodge können auf Anfrage gebucht werden für 20 US$ pP.

Foto links: Zebras weiden im Avani Victoria Falls Resort

Die Viktoriafälle

"Mosi-oa-Tunya" ("Donnernder Rauch") hatten die Afrikaner diese gewaltigen Wasserfälle genannt, ehe David Livingstone sie zu Ehren seiner Königin umtaufte. Die UNESCO stufte sie als Weltnaturerbe ein. Wissenschaftler streiten zwar darüber, welche die größten Wasserfälle der Welt sind, und je nach Kriterium – Wassermenge, Einzelfälle, Breite oder Tiefe – kommen sie zu unterschiedlichen Ergebnissen. Die Viktoriafälle sind definitiv etwas Besonderes, denn sie stürzen mit einer Falltiefe von bis zu 108 m direkt in eine 1688 m breite Spalte, was sie zur **größten einheitlich herabstürzenden Wassermasse der Welt** macht. Dabei sind sie doppelt so hoch wie die Niagarafälle und eineinhalb mal so breit. Doch die Superlative ist nicht das Wesentliche. Das Einzigartige an den Viktoriafällen ist ihre Formation. Vor den Augen des Betrachters verschwinden die Wassermassen förmlich in der brodelnden Tiefe. Bei Hochwasser werden die Fälle zum tobenden Hexenkessel, kaum zu erkennen in einem unglaublichen Spektakel aus Gischt, Getöse und ungebändigter Naturgewalt.

Die Viktoriafälle bestehen aus vier Einzelfällen

Devil's Cataract: Am Zimbabweufer liegt der kleinste, nur 62 m hohe Fall, der durch Cataract Island von den restlichen Fällen getrennt ist und ganzjährig Wasser führt.

Main Falls: Auch die 830 m breiten Main Falls führen ganzjährig Wasser und werden nach Osten durch Livingstone Island begrenzt. Von dieser Insel ließ Dr. Livingstone einst Kugeln an einer Schnur herunterhängen, um die Höhe zu messen. Nach etwa 90 m blieb die Schnur aber an einem Felsvorsprung hängen. Außerdem pflanzte er hier Kaffee an, da er die Bedingungen für ideal hielt, doch Flusspferde vernichteten seine Sämlinge. Heute können Touristen in Luxuszelten von Tongabezi auf der Insel übernachten oder während des niedrigsten Wasserstands vom sambischen Ufer hierher wandern, um in den zurückgebliebenen Tümpeln ein Bad zu nehmen. Die hufeisenförmigen *Horseshoe Falls* bilden den Übergang zu den Rainbow Falls.

Rainbow Falls: Sie führen weniger Wasser als die Main Falls und bilden somit weniger Gischt. In diesem Bereich liegen der 108 m tiefe *Greatest Fall* und der Ablauf des Sambesi.

Eastern Cataract: Die Fälle des Eastern Cataracts liegen zwischen dem *Danger Point*, wo die Wassermassen des Sambesi sich tief in der Schlucht sammeln und durch den engen Spalt zwängen, und dem sambischen Ufer.

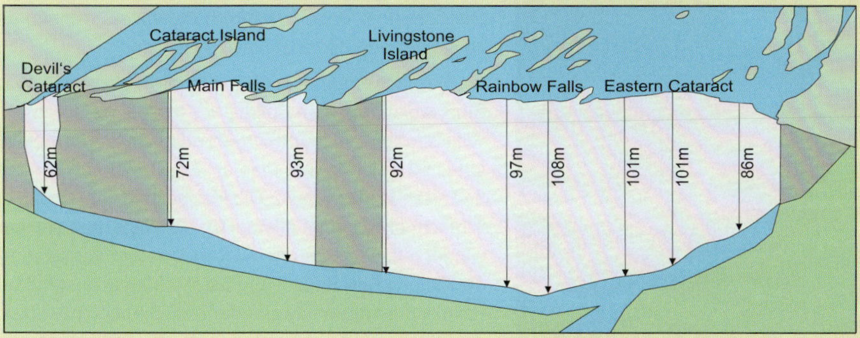

Besuch der Viktoriafälle

Der Eingang zu den Fällen liegt unmittelbar neben den Grenzgebäuden an der Brücke nach Zimbabwe. Eintritt pro Besuch (nicht pro Tag): Erwachsene 20 US$, Kinder 10 US$. Kfz-Parkplätze: innen 5 US$, vor dem Gate gratis. Öffnungszeiten: täglich von 6–18 Uhr.

Hinter dem Gate gelangt man zum Parkplatz, zahlreichen Souvenirständen und einem kleinen Besucherzentrum mit naturgeschichtlicher und geologischer Sammlung und einzelnen Steinzeitfunden. Die Ausstellung ist leider stark vernachlässigt.

Auf der anderen Seite des Parkplatzes markiert ein gemauertes Häuschen den Zugang zu den Fällen (mit einem Kontrollposten). Der beliebte **Rainforest Walk** führt entlang des Eastern Cataracts über einen sehr schmalen, spektakulären Grat, der **Knife Edge** (Messers Schneide) genannt und von einer eisernen Fußgängerbrücke überspannt wird (Foto links oben). Bei Hochwasser bietet dieser Pfad eine sensationelle Dauer-Volldusche. In der dichten Gischt kann man kaum noch etwas erkennen und es fühlt sich an, als würde man sich mitten im Wasserfall befinden. Manch ein Besucher wagt sich bei diesen Naturgewalten gar nicht über die Brücke, andere nur mit einem Regenponcho, den geschäftstüchtige Händler vor Ort verleihen (Foto S. 181 oben). Der betonierte Pfad endet schließlich an einem Aussichtspunkt, der dem Danger Point in Zimbabwe genau gegenüberliegt. Hier blickt man direkt in den tosenden Abfluss des Sambesi, wo sich der Fluss ächzend und strudelnd in die enge Schlucht zwängt. Beeindruckend sind auch die Aussichtspunkte direkt neben der Fallkante des **Eastern Cataracts**, die fotogene Ausblicke in die tosende Schlucht gewähren. Romantischer wird es, wenn man hier ein kurzes Stück flussaufwärts am Ufer des Sambesi weiterläuft. Diese Stelle eignet sich ausgezeichnet, um einen stimmungsvollen Sonnenuntergang über den Viktoriafällen zu erleben.

Die anstrengendste Wanderung, **Palmgrove Walk**, führt steil hinab zum Boiling Pot (Foto links unten). Der Weg ist unbefestigt und fordert etwas Trittsicherheit und gutes Schuhwerk, weil man am Ende über mehrere große Felsen klettern muss. Die Perspektive vom Grund der Schlucht entschädigt allemal für die Plage, den Steilhang wieder hinauf steigen zu müssen. Von hier aus sieht man die Victoria Falls Bridge, und bei Niedrigwasserstand starten hier auch die Wildwasserfahrten. Bemerkenswert sind die Pflanzen, die sich an diesem Hang ausbreiten.

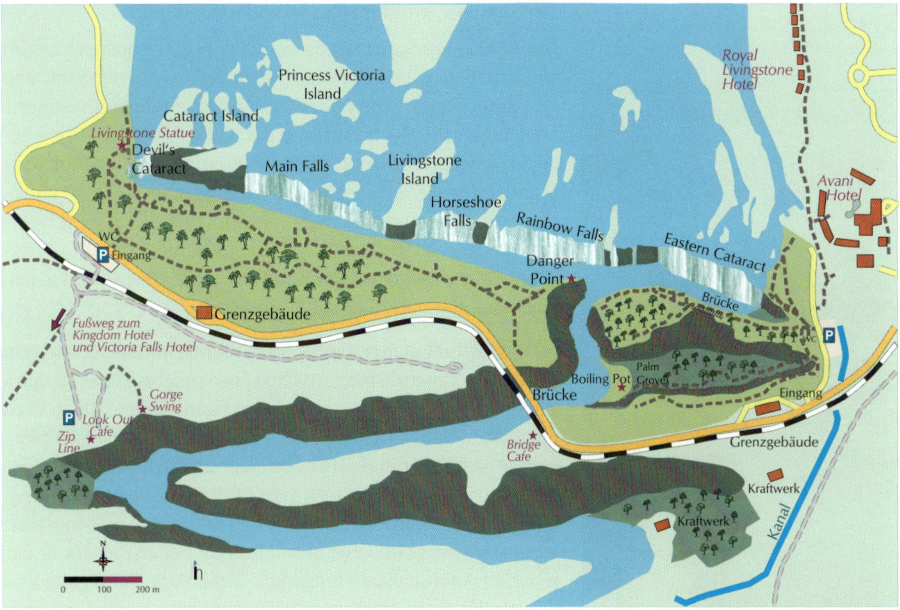

Der **Bridge Trail Walk** führt nahe der Straße bis kurz vor die Victoria Falls Brücke. Hier dominiert ein Trockenbuschwald, der viel Sonne durchlässt. Man trifft auf diesem Weg kaum noch Touristen, wird aber dafür häufig von aggressiven Pavianen bedrängt, die Essbares erbeuten wollen (besser nicht mit einem Rucksack oder anderen Taschen dorthin laufen).

Die visuellen Eindrücke sind auf der sambischen Seite der Viktoriafälle besonders stark vom Hoch- und Niedrigwasserstand des Sambesi abhängig. Während des Hochwassers ähneln sich die Erlebnisse auf beiden Uferseiten. Doch bei niedrigem Wasserstand, zwischen September und Dezember, verändert sich die Situation dramatisch. Je weniger Wasser den Fällen entgegenströmt, umso schwächer werden die östlichen (sambischen) Fälle, bis der Eastern Cataract – und später auch die Rainbow Falls – nahezu trocken liegen und höchstens noch dünne Rinnsale über die nackte Felswand fließen. Zu dieser Jahreszeit wird die sambische Uferseite dem tatsächlichen Ausmaß der Viktoriafälle nicht wirklich gerecht. Es sind einfach keine Fälle da! Doch aus der Not lässt sich eine Tugend machen und so wurde hier ein Highlight kreiert, wie man es sonst nirgends findet: Wenn die östlichen Fälle trocken liegen, kann man entlang der Fallkante bis **Livingstone Island** laufen. Um dort ganz nach Gusto und unter den staunenden Blicken der Zimbabwe-Touristen ein Bad im Devil's Pool zu nehmen, der direkt an der Fallkante liegt, oder einfach nur, um einen kühlen Drink zu genießen und sich vorzustellen, wie David Livingstone an eben dieser Stelle einst gestanden haben mag. Angeboten wird dies von Green Safaris (https://livingstoneisland.com, siehe S. 171).

Der Sambesi, größter Fluss im südlichen Afrika

Mit 2700 km Länge ist der Sambesi der bedeutendste Strom im südlichen Afrika und der viertlängste des Kontinents. Sanft und gemächlich legt er von seiner unscheinbaren Quelle im äußersten Nordwesten Sambias bis zu den Viktoriafällen 1440 km zurück. Als unscheinbarer Bach windet er sich von der „Lundaschwelle" im kongolesischen Grenzgebiet durch subtropische Wälder und fließt schon nach wenigen Kilometern ins Nachbarland Angola (siehe S. 248). Auf seinem Weg durch das angolanische Bergland führen ihm zahlreiche Zuläufe Wasser zu, ehe er wieder nach Sambia zurückkehrt.

Breit strömt er nun südwärts den Barotseflutebenen im Land der Lozi entgegen. In diesen weiten Ebenen schwillt der Sambesi alljährlich bei Hochwasser zu einem gigantischen, 50 km breiten See an. Danach gelangt der Strom zu den Caprivi-Sümpfen, vereint sich dort mit dem Chobe River und strömt bis drei Kilometer vor den Viktoriafällen gemächlich in östlicher Richtung. Dann knickt er plötzlich nach Süden ab und gewinnt merklich an Geschwindigkeit. Über viele Stromschnellen rauscht er der scharfen Abbruchkante entgegen. Ohne Vorankündigung und wie ein Vorhang stürzen die Wassermassen schließlich über 100 m senkrecht in die schmale Schlucht. Brodelnd wirbelt das Wasser hoch, steigt als riesige Wolke in den Himmel und regnet als feiner Sprühregen wieder ab. Tief im schmalen Spalt sammeln sich die tosenden Wassermengen. Hier zwängt sich der Sambesi mit immenser Kraft im Zickzackkurs durch steile, schmale Schluchten, erhält durch den Songwe-Zufluss neue Wassermengen und bricht im weiteren Verlauf durch die Batokaschlucht. Dabei verliert er rapide 260 Höhenmeter, während beiderseits die Felswände immer steiler und höher ragen. Er überwindet 60 Stromschnellen, bis er nach 100 km das Gwembe-Valley erreicht und nach der Devil's Gorge in den aufgestauten, 5230 km² großen Karibasee mündet (der See ist zehnmal größer als der Bodensee). Die Seeoberfläche hat bis zur Staumauer in Kariba eine Länge von 280 km. Danach zwängt sich der Fluss wieder in sein natürliches Bett im mittleren Sambesital. Hier liegen legendäre Safarigebiete und die von hohen Felsen gesäumte Mupataschlucht, ehe der Fluss nach 260 Flusskilometern nach Mosambik gelangt und dort dem nächsten gewaltigen Stausee zuströmt, dem 2660 km² großen Cahora-Bassa-See. Nach 270 km liegt in Songo die Staumauer, anschließend fließt der mächtige Strom ohne weitere Hindernisse durch das heiße, trockene Tiefland dem Indischen Ozean entgegen. Das Sambesidelta erreicht eine Ausdehnung von 1 330 000 km² und erstreckt sich über 120 km Küstenlinie. Diese drittgrößte Drainage Afrikas bildet einen eigenständigen Naturraum.

Die Tierwelt an den Fällen

Früher stürzten gelegentlich Flusspferde die Viktoriafälle hinab. Weil man an den Kadavern keine Krankheiten erkennen konnte, vermutete man, dass die Tiere zu dicht an die Fälle geschwommen und mitgerissen worden waren. Da sich die Flusspferde wegen der vielen Ausflugsboote weiter flussaufwärts zurückgezogen haben, passieren solche Unglücke heute nur noch sehr selten. Es kommt aber gelegentlich vor, dass Elefanten beim Überqueren des Sambesi oberhalb der Fälle durch die Strömung in Not geraten. Manchmal werden sie über die Fallkante in die Tiefe gerissen, oder sie stranden entkräftet auf einer kleinen Sambesiinsel, von der sie gerettet werden müssen.

Am Oberlauf des Sambesi lassen sich morgens oder spätnachmittags Flusspferde, Krokodile und Elefanten am Ufer oder auf den Inseln beobachten. In den Schluchten unterhalb der Fälle leben Leoparden.

Auch bei den Fischen im Sambesi gibt es Bemerkenswertes zu berichten: Die unüberwindliche Barriere durch die Viktoriafälle führte zu völlig unterschiedlichen Entwicklungen. So leben oberhalb der Fälle 80 Fischarten, unterhalb davon 64 Spezies, doch nur 30 davon sind auch gemeinsame Arten.

Während eines Aufenthalts an den Viktoriafällen bestehen sehr gute Möglichkeiten zur Vogelbeobachtung, denn 358 verschiedene Vogelarten sind hier bekannt. Es gibt ein paar sehr seltene Spezies zu entdecken wie Kurzschwanz- oder Taitafalken (*Falco fasciinucha*) in der Batokaschlucht und Schalows-Turakos (*Tauraco schalowi*) in den hohen Bäumen nahe der Fälle.

Rechts: Wassertriel (Burhinus vermiculatus), Trompeter-Hornvogel (Bycanistes bucinator)

Warum die Viktoriafälle verschwinden werden

Die geologischen Voraussetzungen für die Viktoriafälle wurden bereits vor etwa 135 Mio. Jahren geschaffen, als vulkanische, schwarze Basaltlava die Oberfläche zwischen Kazungula und der Mündung des Matetsi River in die Batokaschlucht bedeckte. Dieses breitet sich über ein etwa 200 km langes Feld aus. Mit dem Auskühlen und Erhärten der bis zu 300 m dicken Lavaströme entstanden tiefe Risse in Ost-West-Richtung und zartere Sprünge mit nord-südlichem Verlauf. Die Fugen vertieften sich im Laufe der Zeit, und Ton-, Sand- und Kalkschichten setzten sich auf der Lava ab, die sich als Kalkstein in den Spalten einlagerten. Durch Erdstöße und extreme Witterungsunterschiede verstärkten sich die Risse, und als schließlich der Fluss seinen Lauf über diese Oberfläche führte, fraß sich das Wasser allmählich in die weicheren Vertiefungen.

Uneinig ist sich die Wissenschaft, wann der erste Wasserfall den Sambesi herabstürzte, und die Schätzungen reichen von 5 Mio. vor unserer Zeit bis zu knapp 100 000 Jahren. Irgendwann in dieser Zeitspanne – die aus erdgeschichtlicher Sicht nur einen kurzen Augenblick darstellt – bildete sich rund 8 km südlich der heutigen Viktoriafälle der erste Wasserfall genau an der Stelle, wo der Fluss vom südafrikanischen Plateau in den Abgrund der Batokaschlucht stürzt. Jener erste Fall hatte noch eine Tiefe von 250 m.

Danach folgte ein dramatischer Erosionsprozess, bei dem die Strömung des Sambesi kurz vor der Fallkante die bestehenden Spalten vertiefte, Risse ausgehöhlt wurden und die gewaltigen Wassermassen schließlich neue Abgründe schufen. Flussaufwärts entstand auf diese Weise ein Fall nach dem anderen, deren Falltiefe dabei kontinuierlich nachließ. Die heute existierenden Viktoriafälle gelten als der achte Wasserfall das Sambesi. Jede der steilen Zickzack-Schluchten direkt unterhalb der Fälle stellte einmal die Fallkante eines früheren Wasserfalls dar.

Da die Erosion fortschreitet, werden auch die jetzigen Fälle irgendwann verschwinden und an einer gerade erst entstehenden Kluft ein neuer Wasserfall herabstürzen. Am Devil's Cataract haben sich bereits erste Spalten gebildet und man vermutet hier den Beginn der nächsten Bruchkante. Schon heute liegt der Devil's Cataract 10 m tiefer als der Eastern Cataract und erhält daher mehr Wassermengen als die östliche Fallkante. Je mehr Wasser hier hindurch gezwängt wird, umso stärker ist die erodierende Wirkung. Je tiefer der Riss ausgehöhlt wird, umso größere Wassermengen fließen hier entlang und verstärken den Erosionsprozess.

Die jahreszeitlichen Schwankungen an den Viktoriafällen

Der Wasserstand des Sambesi weist extreme saisonale Unterschiede auf, was sich deutlich auf die Viktoriafälle auswirkt. Bei Niedrigwasserstand im November/ Dezember stürzen pro Minute weniger als 20 Mio. Liter hinab. Dreißigmal soviel, etwa 550 Millionen Liter pro Minute, sind es einige Monate später bei Hochwasser. Im Rekordjahr 1958 wurden sogar über 700 Mio. Liter gemessen. Der Wasserstand des Sambesi hängt allerdings kaum von der regionalen Regenzeit ab, denn der Fluss sammelt seine großen Wassermassen bereits im angolanischen Hochland an. Deshalb ist der Wasserhöchststand in den meisten Jahren zwischen März und Mai, wenn die Flut aus dem angolanischen Bergland die Fälle erreicht. Anschließend fällt der Wasserspiegel deutlich ab und erreicht im November/Dezember seinen Tiefstand.

Für die Besucher heißt das: Bei einem Besuch im April können sie die gegenüber liegende Fallkante vor lauter Gischt und aufwirbelndem Sprühwasser mehr erahnen als sehen. Die Gischt steigt bis zu 500 m hoch und ist mitunter 60 km weit sichtbar. Reisen Sie dagegen im November an die Viktoriafälle, liegen die östlichen Fälle völlig trocken oder bieten nur noch schmale Rinnsale, so dass man auf sambischer Seite entlang der Fallkante bis Livingstone Island laufen kann. Die Eindrücke könnten konträrer kaum sein. Da hilft es nur, mehrmals an die Viktoriafälle zu reisen, und das zu unterschiedlichen Jahreszeiten.

Die saisonalen Schwankungen wirken sich natürlich besonders stark unterhalb der Fälle aus: Ein Meter Höhenunterschied über den Fällen verursacht fünf Meter Unterschied unterhalb der Viktoriafälle.

Schon gewusst?

Touristische Website für Livingstone: www.livingstonetourism.com.

Der Regionalführer "Viktoriafälle und Umgebung" aus dem Ilona Hupe Verlag bietet noch detailliertere Informationen für die ganze Region (auch mit Zimbabwe und Botswana).

Wer entdeckte zuerst die Viktoriafälle?

Es ist allgemein bekannt, dass der Forscher und Missionar David Livingstone am 16.11.1855 von Chief Sekeletu per Kanu zu dem geheimnisvollen "Donnernden Rauch" gebracht wurde. Auf Livingstone Island schlug er sein Lager auf und wagte den ersten Blick in den Abgrund. Weit weniger bekannt ist jedoch, dass Livingstone vermutlich gar nicht der erste Weiße an den Fällen gewesen sein dürfte. Bereits ab etwa 1840 erfuhren die Europäer im Süden Afrikas von der Existenz gewaltiger Wasserfälle. **Es klingt paradox** – doch die Afrikakarte von W. D. Cooley aus dem Jahre 1852 zeigt die Wasserfälle sogar schon relativ genau platziert. Neben Dr. Livingstone sind zwei weitere Kandidaten bekannt, die als erste Europäer vor den Wasserfällen gestanden haben könnten: Zum einen der portugiesische Sklaven- und Elfenbeinhändler Silva Antonio Francisco Porto, der 1848 von Bihe in Angola nach Osten zog. Und andererseits der Ungar Ladislaus Magyar, der 1851 aus dem heutigen Nordwestsambia nach Süden reiste und irgendwo in dieser Region den Sambesi überquerte. Beide Männer hinterließen der Nachwelt kaum Niederschriften, doch Nachforschungen geben Anlass zu der Vermutung, David Livingstone könnte sich den Entdeckerruhm evtl. unberechtigt angeeignet haben. Dennoch – dokumentarisch bewiesen ist als erster Besuch der des Dr. David Livingstone.

Noch ein Kuriosum: Wie alt ist der Tourismus an den Viktoriafällen? Ein gewisser Harry Ware warb bereits 1876 in einer Londoner Zeitung für seine Jagd- und Sightseeing-Touren dorthin! Zu einer Zeit, in der es noch keine einzige europäische Siedlung in der Region gab, lange bevor die BSAC die ersten Verträge schloss...

Victoria Falls und der zimbabwische Teil der Fälle

Um einen guten Gesamteindruck von den Viktoriafällen zu erhalten, empfiehlt es sich, diese auch von Zimbabwe aus zu besuchen. Beide Seiten haben ihre eigene Atmosphäre und gewähren dem Besucher unterschiedliche Ausblicke und Eindrücke.

Ein **Taxi von Livingstone zur Grenze**, die täglich von 6–22 Uhr geöffnet ist, kostet rund 10–15 US$; Sammeltaxis sind erheblich günstiger. Der Grenzübertritt erfolgt für Touristen rasch und unproblematisch. Zwischen den beiden **Grenzstationen** können Sie entweder laufen, ein Mietfahrrad benützen oder ein Taxi nehmen. Die Brücke ist einspurig, eine Ampel regelt den Autoverkehr. Für die Einreise nach Zimbabwe besteht für Deutsche, Österreicher und Schweizer Visapflicht. Das Visum wird direkt an der Grenze ausgestellt, eine einmalige Einreise kostet 30 US$. Bei der Einreise nach Zimbabwe müssen Fahrzeuge offiziell haftpflichtversichert werden. Außerdem fallen für Fahrzeughalter 10 US$ Road Toll und eine Carbon Tax an, die sich nach dem Hubraum staffelt: bis 1500 ccm 6 US$;1501–2000 ccm 11 US$; 2001–3000 ccm 15 US$; über 3001 ccm 30 US$.

Etwa 500 m nach der Grenzstation befindet sich der zimbabwische Eingang zu den Fällen, die gegen 50 US$ Eintritt täglich von 6–18 Uhr zugänglich sind. Gehen Sie zunächst geradeaus vor in Richtung der Wasserfälle und an der Gabelung links zum Livingstone Memorial und dem Devil's Cataract, da Sie sich dort noch außerhalb der nassen Gischt befinden. Das bronzene **Livingstone Memorial** zeigt den Forscher und Missionar in Überlebensgröße und wurde 99 Jahre nach der Entdeckung der Viktoriafälle errichtet. Dahinter bietet sich am **Devil's Cataract** ein Ausblick auf die ganze Länge der Fälle. Über steile Stufen erreicht man einen imposanten zweiten Aussichtspunkt direkt am Devil's Cataract.

Der Weg verläuft dann durch den kleinen "Regenwald" gegenüber der Fälle. Durch die Dauerberieselung mit Feuchtigkeit (hier fallen pro Jahr über 30 m Niederschlag, im Ort Victoria Falls dagegen nur 0,715 m) hat sich ein spezieller, **immergrüner Uferwald** gebildet, der sich deutlich von seiner Umgebung abhebt. Der Wald ist voller Palmen, Schlingpflanzen, Fackel-Lilien, Würgefeigen, Farne, seltener Vögel und Schmetterlinge. Nahe der Felskante wachsen allerdings nur Gräser und niedriges Gebüsch, die dem ständigen starken Wind aus der Schlucht standhalten können.

Der Fußweg bietet immer wieder faszinierende Aussichtspunkte und endet schließlich am **Danger Point**, der windumtosten Stelle, wo der Sambesi seinen Zickzackkurs durch die Schluchten beginnt. Zwischen März und Juni ist man auf diesem glitschigen Felsen einer heftigen Dauerdusche ausgesetzt, bei Niedrigwasser bietet er sich dagegen als aussichtsreicher Picknickplatz an.

Eine Abzweigung führt weiter durch hohes Gras zu einem Aussichtspunkt, der einen schönen Blick auf die Brücke und die waghalsigen Bungee-Jumper gewährt. Der andere Pfad führt direkt zum Ausgang zurück. Er ist weniger stark frequentiert und bietet die Chance, unterwegs Paviane, Ducker oder scheue Buschböcke zu entdecken. Rechnen Sie für den gesamten Rundweg mit etwa zwei Stunden.

Der kleine Ort **Victoria Falls** ist ganz auf den Tourismus eingestellt. Hotels, Gästehäuser, Boutiquen, Souvenirläden, Reiseagenturen und Restaurants prägen das Bild. Je nach Gusto können die Besucher auf der Terrasse des nostalgisch-eleganten "The Victoria Falls Hotel" einen High Tea genießen, durch die Läden schlendern, eine Krokodilfarm und den kolonialen kleinen Bahnhof besuchen oder beim Golfspiel zwischen Warzenschweinen den Schläger schwingen.

Zur Info: Der Regionalführer **"Viktoriafälle und Umgebung"** aus dem Ilona Hupe Verlag geht noch intensiver auf das Gebiet ein mit detaillierten Infos für die ganze Region zwischen den Fällen und dem Chobe River (inklusive Victoria Falls und Hwange Nationalpark in Zimbabwe und dem Chobe Nationalpark in Botswana). Dem ganzen Land Zimbabwe widmet sich der Reiseführer **"Reisen in Zimbabwe"**, ebenfalls aus dem Ilona Hupe Verlag.

Tipps zum Fotografieren

Die beste Tageszeit für einen Besuch der Fälle ist frühmorgens oder spätnachmittags zum Sonnenuntergang, denn die aufsteigende Gischt nimmt während der wärmsten Tageszeit deutlich zu.

Vorsicht bei **Hochwasserstand** zwischen März und Mai! Sie werden unweigerlich in dichten Gischtregen geraten, der Sie bis auf die Haut durchnässt inklusive aller Utensilien, die nicht regensicher verpackt worden sind. Tragen Sie entweder luftige Kleidung, die nass werden darf, oder einen guten Regenschutz. Das imposante Schauspiel wird die Bilder vermutlich stark vernebeln, außerdem sind die Fälle so großflächig, dass man sie kaum auf ein Bild bannen kann. Die klarsten Aufnahmen lassen sich dann bei einem Rundflug aus der Vogelperspektive machen.

Ausgezeichnete Fotochancen bieten die Monate Juni bis August. Die Fälle stürzen meist noch in ganzer Breite hinab, sind aber nicht mehr so vernebelt. Der gegenüberliegende Regenwaldstreifen hebt sich von der trockenen Umgebung reizvoll ab. Ab Oktober wird der Wasserstand so niedrig, dass **nackte Felswände** und dünne Rinnsale den Gesamteindruck trüben.

Oben: Touristen an der Fallkante bei Livingstone Island

Ein Abstecher nach Mulobezi

Livingstones bedeutendster Industriezweig war einst das Sägewerk *Zambezi Saw Mills*, das seit 1911 Edelhölzer in den riesigen Teak-Wäldern Westsambias schlug. Vor allem für den Bahnbau wurde das extrem harte sambische Teakholz benötigt. Die Nachfrage wuchs derart, dass Anfang der 1930er Jahre eine eigene Bahnlinie 180 km weit bis nach Mulobezi verlegt wurde, um die Hölzer abzutransportieren. Bis 1950 beschäftigte der größte Arbeitgeber der Region rund 8000 Afrikaner und 200 Europäer und hatte etwa 1 Mio. cbm Wald abgeholzt. Doch dann kam der Niedergang. Für den Bahnbau wurden keine Hölzer mehr verwendet, die Produktionskosten stiegen, und schließlich gab man das Sägewerk auf. Seither ist Mulobezi ein **Relikt alter Tage.** Wie in einem Freilichtmuseum rosten uralte Loks und Waggons vor sich hin. Das Guest House hat schon lange geschlossen; die Bahnstrecke wird nur noch von Passagierzügen befahren. Freitags und dienstags startet der Bummelzug um 9 Uhr morgens zur zwölfstündigen Fahrt durch einsame Wälder und neun von der Außenwelt abgeschnittene Dörfer, in denen überall gehalten wird. Am nächsten Morgen beginnt dann die gemütliche Rückfahrt.

Livingstone – Sesheke

Gesamtstrecke: 203 km
Fahrzeit: 4–5 Std.
Zustand: Teer- und Schotterstraße
Tankstellen: nur am Kazungula-Turnoff
Besonderheit: evtl. Radarkontrollen und Polizei-Checkpoints bei Kazungula

Die ehemalige Kazungulafähre

Diese Fähre war ein Politikum: Seit Jahrzehnten wurde gestritten, ob Sambia und Botswana eine gemeinsame Grenze haben. Brisant wurde die Frage, als die Länder eine gemeinsame Brücke anstrebten, um Direktexporte von Rindfleisch und anderen Gütern zwischen den unabhängigen Nachbarstaaten zu ermöglichen. Südafrika, damals noch ein Apartheidregime, das von Botswanas Transportwegeabhängigkeit profitierte, setzte alle Hebel in Bewegung, diese zu verhindern. So baute man beiderseits des Sambesi regelrechte Highways, doch die verbindende Brücke fehlte, und zwei gemütliche Motorfähren hielten den Grenzverkehr über Jahrzehnte tapfer aufrecht. Im Frühjahr 2010 trieb eine der Fähren im Sambesihochwasser ab und lief auf einer Sandbank auf. Der lang ersehnte Brückenbau wurde 2015 mit japanischer Finanzhilfe endlich begonnen und im Jahr 2022 fertiggestellt (Foto oben).

Von Livingstone nach Sesheke

Die ersten 60 km bis zum Kazungula-Turnoff führen durch eine wellige, ereignislose Trockenbuschvegetation. Nur die Abzweigungen zu den ab S. 175 beschriebenen Luxusresorts und Camps verraten die Nähe zum Sambesi.

Am **Kazungula-Turnoff** mehren sich Verkehr und Ansiedlungen, auch sollte man mit Polizeikontrollen rechnen, weil hier die Zufahrt zur Grenzbrücke nach Botswana liegt (siehe Seite 189). Zur Info: Es gibt zweierlei Kazungulas; in Sambia bezeichnet der Name nur den kleinen Flecken um die Grenze, im gegenüberliegenden botswanischen Kazungula handelt es sich um eine moderne Ortschaft.

Hinter Kazungula wendet sich die Straße vom Fluss ab, um die sumpfigen Simalaha Flats zu umgehen. Warum dieses Sumpfgebiet so gefürchtet ist, sieht der Autofahrer sofort, denn von der einst modernen Schnellstraße ist kaum noch etwas übrig. Obwohl die Strecke mit Drainagen und massiven Fahrdämmen verstärkt worden war, setzten ihr die häufigen Flutschäden massiv zu. Bei den letzten Baumaßnahmen wurde daher der Teer überwiegend abgetragen; es ist jetzt wieder eine Schotterstraße.

Auf der Höhe von Mwandi markiert ein Wildzaun die **Simalaha Community Conservancy** als Teil des KAZA-Parks. Hier wurden seit 2013 zahlreiche Gnus und Impalas ausgesetzt, auch rund 850 Pukus, 50 Zebras und acht Giraffen fanden hier eine neue Heimat. Im Schutzgebiet leben keine gefährlichen Raubtiere, weshalb dort Reitsafaris stattfinden (z. B. über die Chundukwa River Lodge, siehe S. 176).

Kaza Park (**Kavango-Zambezi-Transfrontier Conservation Area**) ist ein gigantisches Großprojekt, bei dem fünf Staaten das größte grenzüberschreitende Naturschutzgebiet der Erde schaffen wollen. Das riesige Naturschutzgebiet erstreckt sich über Teile von Angola, Namibia, Botswana, Zimbabwe und Sambia, integriert das Okavangodelta, den Chobe NP, den Hwange NP, den Karibasee und den Kafue NP. Die international unterstützten, sehr langwierigen politischen Planungen für diesen Superpark begannen 2003, im März 2012 folgte die offizielle Eröffnung. Das Hauptziel sind der Schutz und die Bewegungsfreiheit der rund 250 000 Elefanten. Dieses extrem ehrgeizige und vielversprechende Mammutprojekt stockt nicht zuletzt wegen der teilweise kontroversen politischen Lage in den beteiligten Ländern; auch der geplante touristische Ausbau geht kaum voran. Erkennbare Entwicklungsschritte sieht man in Sambia an den Ngonye Falls (S. 227) und an der Simalaha Community Conservancy im Sambesi-Flutgebiet (siehe oben).

Nach 203 km Fahrt gelangt man schließlich in die Kleinstadt **Sesheke**, die sich am Ostufer des Sambesi ausbreitet. Als eine der ältesten historisch belegten Siedlungen des Landes hat sie außer einer Bankfiliale und einer Tankstelle nur ein paar bescheidene Unterkünfte zu bieten. Brendas Baobab Lodge mit einem riesigen Baobab am Flussufer wird nach einem Besitzerwechsel derzeit renoviert und voraussichtlich unter dem Namen Tambokeni Lodge wiedereröffnen, aber kein Camping mehr anbieten (Tel. 0766-793572). Nicht weit entfernt bietet die ebenfalls am Ufer gelegene kleine Riverside Lodge saubere Zimmer an (Tel. 0957-850568).

4 km westlich von Sesheke überspannt eine imposante Stahlbrücke den Sambesi. Am Westufer besteht die Möglichkeit, nach Mongu weiterzufahren (s. S. 226) oder über die Wenela Border Post nach Namibia auszureisen.

Kazungula One Stop Borderpost

Seit eine mächtige Brücke mit mehrspurigen Zufahrten den Sambesi überspannt, ist Kazungula eine moderne One Stop Borderpost: Grenzgänger beider Richtungen müssen immer erst die Brücke passieren, denn die Grenzabfertigung erfolgt stets am Ufer des Landes, in das man einreist. Das frühere Chaos an der sambischen Fähranlegestelle von Kazungula ist seither einer ruhigen Abwicklung gewichen. Außerhalb der riesigen Abwicklungshalle sind auf Botswana-Seite eine Wechselstube, Geldschalter und moderne Toiletten untergebracht. Es gibt dort auch Desinfektionswannen, und einreisende Fahrzeughalter werden aufgefordert, durch die Desinfektionsbrühe zu fahren. Meistens wird man auch nach etwaigen Fleischimporten befragt (die Einfuhr aller tierischer Frischprodukte nach Botswana ist verboten). Neben dem Brückenzoll für Autofahrer (Pkw 200 Pula in Botswana bzw. 15 US$ in Zambia) fallen für die Einreise nach Botswana eine Kfz-Haftpflichtversicherung (Third Party Insurance für 50 Pula), Straßenbenützungsgebühren (Road Permit ab 165 Pula für Fahrzeuge aus Comesa-Staaten und ab 190 Pula für europäische Fahrzeuge) und der „Road Fund“ für 50 Pula an. Für die vorübergehende zollfreie Einfuhr des Wagens muss beim Zoll das Importdokument TIP (Temporary Import Permit) ausgestellt werden, wenn man kein Carnet de Passages vom ADAC verwendet (siehe S. 358).

Einreise nach Sambia von Botswana oder Namibia

Bei der Einreise nach Sambia fallen an den Grenzen Kazungula und Sesheke ca. 3 US$ Council Fee an. Vorsicht: Mietwagen werden an beiden Grenzen öfters als "Commercial Cars" eingestuft, was zu teureren Gebühren für Versicherung und Temporary Import Permit führt. Auch Reisende mit großem Wohnmobil sollten auf eine Einstufung als „Private Vehicle/ Caravan“ bestehen, sonst wird es erheblich teurer. In Sesheke kann die Road Toll in Rand gezahlt werden, ansonsten braucht man Kwacha.

Alternative Strecken: Fahrt nach Namibia über Zimbabwe und Botswana

Als Alternative zur Schlaglöcherfahrt von Livingstone nach Sesheke bieten sich für Reisende mit Ziel Namibia folgenden Strecken an:

Reisen Sie über Kazungula nach Botswana ein (siehe oben). Von Kasane führt eine 64 km lange, geteerte Transitstrecke durch den Chobe NP zur Namibia-Grenze bei Ngoma Bridge (täglich von 6–18 Uhr). Für Deutsche, Österreicher und Schweizer ist in Namibia kein Visum notwendig, der Reisepass genügt. Autofahrer mit nicht-namibischem Kennzeichen zahlen eine Straßengebühr ("Cross Border Charge") über 371 N$, zahlbar nur in N$ und Rand. Nach 54 km Teerstraße im sog. **Caprivistreifen** erreichen Sie die Kleinstadt Katima Mullilo mit guten Versorgungsmöglichkeiten und zahlreichen Unterkünften. Über die **Wenela Border Post** können Sie wieder nach Sambia einreisen (täglich von 6–18 Uhr).

Darüber hinaus lässt sich eine touristisch reizvolle Rundfahrt gestalten, indem man von Livingstone direkt über die Eisenbahnbrücke nach Victoria Falls in Zimbabwe ausreist (Visapflicht und Fahrzeuggebühren; Visa sind an der Grenze erhältlich, siehe S. 173 und 186), dort die Viktoriafälle besucht und danach über die Landesgrenze bei Kazungula, 60 km westlich von Victoria Falls, nach Botswana reist. Der Anschluss erfolgt dann wie zuvor beschrieben.

DER WESTEN – SAMBIAS WILDER WEITER WESTEN

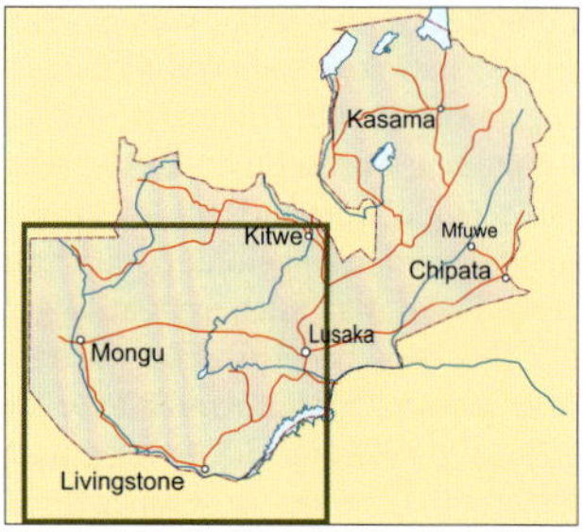

Wer in den Westen reist, begegnet Menschen, deren Alltag noch nach den überlieferten Traditionen verläuft, und erlebt Dörfer, die wie aus vergangenen Zeiten wirken. Die schwach besiedelte Region wird von den mächtigen Flüssen Sambesi, Kafue und Kabompo geprägt. Hier findet man riesige saisonale Sumpf- und Flutgebiete, weite Grassteppen auf Kalaharisandflächen und dichte Laubwälder. Wenig besuchte Nationalparks, einsame Autofähren und die Begegnung mit der freundlichen, authentischen Bevölkerung stellen die Höhepunkte einer Reise in den Westen Sambias dar.

Von Lusaka nach Mongu

Lusaka – Mongu

Gesamtstrecke: 600 km

Fahrzeit: ca. 7–9 Std.

Zustand: teils beschädigte Teerstraße

Tankstellen: Nangoma, Mumbwa, Kaoma

Besonderheiten: überwiegend einsam; Transitstrecke durch den Kafue NP

Man verlässt Lusaka auf der Kalundwe Road, welche an den beiden Wasserbassins von der Lumumba Road abzweigt. Ein starkes und chaotisches Verkehrsaufkommen ist typisch für diese Stadtausfahrt. Allmählich geht die wild wachsende Hauptstadt in ländliche Gebiete und kleine Ortschaften über; großflächige Farmen und Buschsavanne wechseln einander ab. Nach 25 km zweigt an Farmers Filling Station links die beschilderte Zufahrt in den **Blue Lagoon NP** ab (siehe S. 192). Bei Nangoma, etwa auf halbem Weg nach Mumbwa, steht häufig ein Kontrollposten an der nahe gelegenen Polizeistation. Nach 153 km Fahrt erreicht man die 3 km lange Zufahrt nach **Mumbwa**. Die quirlige Stadt verfügt über bescheidene Supermärkte, eine Bankfiliale mit Geldautomat und eine Tankstelle (von hier aus führt eine Piste zu den selten besuchten Mumbwa Caves). In den Kafueebenen nördlich der Stadt entsteht durch den Konzern Amatheon Agri ein riesiges neues Landwirtschaftszentrum. Von Mumbwa führt auch eine Erdstraße an der aktuell unzugänglichen Mushingashi Conservancy vorbei nach Kasempa und zum nördlichen Teil des Kafue Nationalparks (siehe S. 202).

Bild oben: Eine junge Frau beim Fischfang in der Nähe von Mongu

Auf der zügigen Weiterfahrt gelangt man nach 37 km an das Nasulanga Gate, das den Beginn des Kafue Nationalparks nördlich der Straße markiert. 27 km weiter passiert man nach Süden eine Abzweigung zum Itezhi-Tezhi-Staudamm (S. 204) und erreicht 60 km später schließlich am breiten Kafue River die **Kafue Hook Bridge** mit einem Militärposten. Ab hier durchquert die Straße den Kafue NP und teilt diesen in einen nördlichen und einen südlichen Sektor (Parkbeschreibung s. S. 200). Transitfahrzeuge zwischen Lusaka und Kaoma werden in den Registrierbüchern der Nationalparkbehörde eingetragen, es fallen aber keine Gebühren an. Vorsicht: Es gibt im Transitbereich zahlreiche Bodenschwellen. Rechtzeitig bremsen! Und vor allem nachts ist hier erhöhte Vorsicht wegen der vielen Wildtiere geboten; Unfälle sind hier nicht selten.

Vorsicht: Sehr viele Straßenschäden und Schlaglöcher zwischen dem westlichen Kafue NP-Parkrand und Kaoma

Der Tatayoyo Wildlife Checkpoint markiert den Westrand des Kafue Nationalparks. Auch hier trägt man sich wieder in die Registrierbücher der Wildhüter ein. 78 km weiter liegt ein paar Kilometer abseits der Straße die Ortschaft **Kaoma**, mit einfachen Versorgungsmöglichkeiten, einem Krankenhaus und einer Tankstelle. 14 km danach zweigt eine Waldpiste nach Lukulu und zur Watopafähre in Richtung Zambezi und Kabompo ab (siehe S. 230).

Die 186 km lange restliche Fahrtstrecke bis Mongu führt anfangs noch weiter durch einsame Wälder ohne größere Ansiedlungen. Auch das Verkehrsaufkommen ist gering. Am Straßenrand lagern achtlos die gefällten Stämme von Edelhölzern wie Teakholz, Rosewood und Mukwa. Je näher man Mongu kommt, umso lichter werden die Wälder und gehen schließlich in weite Grasebenen über.
Die Ortsbeschreibung von Mongu folgt auf S. 216.

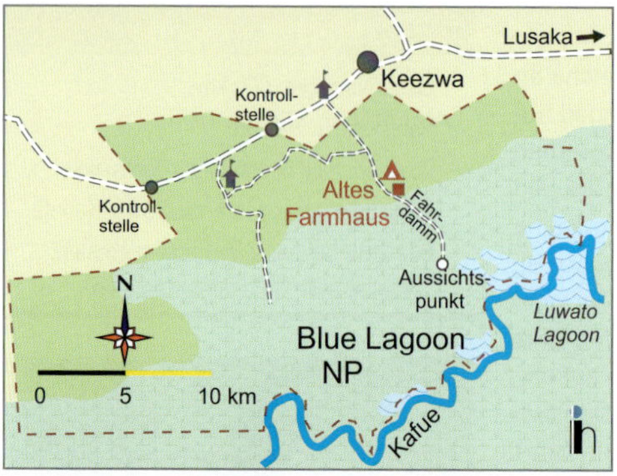

Blue Lagoon Nationalpark

Der 450 km² große Nationalpark liegt nördlich des Kafue direkt im Übergangsbereich zwischen der Dornbuschsavanne und den Dauersümpfen und Lagunen der Kafue Flats. Die endemischen Kafue-Moorantilopen und zahlreiche Wasservögel sind die Besonderheit dieses stark vernachlässigten Kleinods.

Anreise: 25 km westlich von Lusaka zweigt die Zufahrtspiste von der Mongu Road ab. Nach 19 km entlang dieser Piste gelangt man an eine Gabelung zur Nampundwe Mine (bitte ignorieren). Nach weiteren 56 km durchquert man das Dorf Keezwa, 5 km dahinter liegt das Gate an der Stichstraße in den Park. 6 km weiter erreicht man das alte Farmhaus (GPS: S 15.27.21 E 27.27.44). Gesamtstrecke ab Lusaka: 112 km, ca. 3 Stunden Fahrzeit.

Mit 149 km etwas länger wird die Anreise, wenn man erst in Nangoma, 37 km nördlich von Keezwa, den Mongu-Highway verlässt.

Eintrittspreise für internationale Gäste: Eintritt 10 US$pP, Fahrzeuge 15 US$. SADC-Bürger: Eintritt 7 US$.

Oben: Eine typische Erscheinung in der heißen Trockenzeit sind aufwirbelnde Staubteufel

Übernachten: Die früher als "Nakeenda Lodge" bekannte Unterkunft in einfachen Selbstversorgerchalets beim alten Farmhaus ist aufgegeben worden. Notfalls kann man dort unter den hohen Bäumen ohne jegliche Einrichtungen campieren. Viel schöner steht man jedoch direkt an der Aussichtsplattform (siehe unten).

Vor 100 Jahren zogen 250 000 Lechwe durch die Kafue-Auen, heute nur noch ein Zehntel dessen

Tierbeobachtungen: Südlich des Farmgebäudes beginnt sogleich die offene Grasebene. Man fährt quer über den Airstrip, an den sich der erhöhte Fahrdamm zur Luwato Lagune anschließt. Er endet nach 6,5 km an einem Wendeplatz mit relativ neuer Aussichtsplattform. Unter der soliden Plattform befinden sich mehrere Betonbänke und -tische. Vor dem Betrachter dehnen sich hier frisches Sumpfgras und Lagunen aus, in denen zahlreiche Tiere ein geschütztes Habitat vorfinden. Pythonschlangen sind ungewöhnlich zahlreich vertreten, und für die Ornithologen gibt es in diesem Gebiet neben rund 400 anderen Spezies den endemischen Chaplin's Barbet zu entdecken. Kenner schätzen den Blue Lagoon Nationalpark daher als einen der besten Spots Sambias für Vogelfreunde ein.

Mehr als 400 Vogelarten sind in den Kafue Flats gesichtet worden

Reisezeit: Für Vogelbeobachtungen ist ein Besuch während und nach der Regenzeit am günstigsten. Die klaren, kühlen Wintermonate bieten eine faszinierende Feuchtvegetation, und die größten Lechweherden sieht man im Juni. In den heißen Wochen von September bis November bläst oft ein unangenehm heftiger Sturm aus Nordost, und die ausgedörrten Ebenen wirken etwas abweisend.

Sie hatten eine Farm in Afrika...

Die Eheleute Critchley betrieben hier zur Kolonialzeit eine "Barotse Cattle Farm". Ziemlich isoliert in der dünn besiedelten Ila-Region entwickelten die beiden eine starke Liebe zur Natur und Tierwelt der Kafue-Auen. Zu Zeiten, als man die riesigen Herden der Kafue-Lechwe (Foto rechts) noch sorglos als unerschöpflich erachtete, erkannte Critchley bereits die Gefahren. Der Rinderfarmer stieg auf gemischte Tierhaltung mit Wildtieren und Rindern um und gewährte so den Antilopen ein sicheres Rückzugsgebiet. Denn beiderseits des Stromes entlang des gesamten Kafue-Flutgebietes wurden die Tiere immer effektiver – da mit Schusswaffen – gejagt. Critchleys Farm und die gegenüberliegende Lochinvar Farm bildeten seit den 1950er und 60er Jahren die einzigen Schutzzonen.

Critchleys Farm lag im Vegetationsstreifen zwischen Dornbuschsavanne und Dauersümpfen. Um die Vogel- und Tierwelt an den Lagunen nachhaltig zu schützen, verbot er den Ila, auf seinem Land zu jagen und zu fischen, ließ dafür in den Dörfern Brunnen errichten. Für seine Frau, eine begeisterte Ornithologin, baute Critchley einen Fahrdamm (**Causeway**) direkt zu den Lagunen. Nach ihrem Tod vermachten die beiden ihre Farm dem jungen unabhängigen Staat, um sie zum Nationalpark erklären zu lassen. Leider wurde ihr Vermächtnis tragisch zweckentfremdet, denn das Militär bemächtigte sich 1976 der Farm. Nationalpark hin oder her – die Soldaten wollten ein eigenes Jagdgebiet und da lag Blue Lagoon einfach praktisch. Zwanzig Jahre lang blieb Blue Lagoon nun eine No-Go-Area. Hier tobten sich schießwütige Soldaten aus und ranghohe Offiziere feierten Parties im alten Farmhaus. Weil der Platz nicht reichte, errichtete man drei einfache weiße Steinbauten für die Soldaten.

Ende der 1990er Jahre schrieb die Regierung den desolaten Park zur Privatisierung aus, und nach längerem Hin und Her pachtete ein regionales Safariunternehmen das Kleinod. Die alten Soldatenunterkünfte wurden einer Totalrenovierung und einem Face-Lifting unterzogen, neue Safari-Lodge-Rieddächer darüber gesetzt und für ein ansprechendes Interieur gesorgt. Auch das alte, koloniale Farmhaus dient weiterhin als Küche und Dining Room. Zwischen den Bungalows und der Farm bieten alte, hohe Bäume viel Schatten für Campinggäste. In den Sumpfebenen und an den Dauerlagunen südlich der Farm sind wieder Antilopenherden und hunderte Vögel zu sehen, die erfreulich wenig Furcht zeigen.

Trotzdem ist die Situation ernst: Die 250 000 Kafue-Lechwe, die hier vor hundert Jahren umherzogen, wurden bis 1970 auf 100 000 reduziert, und zehn Jahre später, als das Militär hier hauste, sogar auf weniger als 45 000. Die Schutzmaßnahmen ließen die endemischen Herden bis 1999 wieder auf 78 000 Tiere anwachsen, doch seither erfolgte ein katastrophaler Niedergang um 69 % in den letzten 19 Jahren. Der letzte "Aerial Animal Count" von 2015 ermittelte nur noch 28 711 Lechwe. Es steht schlecht um die Kafue-Lechwe, denn neben der Wilderei bedrohen die zunehmende Regulierung des Kafue und die Ausbreitung der Landwirtschaft ihren Lebensraum.

Lochinvar Nationalpark

Wegen der Black Cotton Soil kann man nach Regenfällen nur mit Allrad zur Lagune fahren

Vor hundert Jahren lag hier eine Rinderfarm. Wie Blue Lagoon hatte auch die Lochinvar Ranch einen fortschrittlichen, verantwortungsbewussten Besitzer, der frühzeitig die Bedrohung der scheinbar unermesslich wildreichen Kafue Flats erkannte. Deshalb galt Lochinvar schon in den 1950er Jahren trotz des Farmbetriebs als Refugium für Wildtiere und half maßgeblich, die Kafue-Lechwe vor der Ausrottung zu bewahren. Nach der Unabhängigkeit wurde die Farm mit ihren Lagunen und Auen zum Nationalpark erklärt und blieb somit die Heimat riesiger Lechwe-Herden und einer der besten Vogel-Beobachtungsplätze Sambias.

Anreise

Der Park liegt entlang der Straße zwischen Namwala und Monze. Die 22 km lange holprige Zufahrtspiste zweigt 15 km vor Monze ab. Es gibt hier zwar viele Abzweigungen und Dörfer, die Zufahrt ist aber gut ausgeschildert.

Natur und Tierwelt

Moorantilopen und andere Wildtiere sind von der Wilderei stark bedroht; zahlreiche Arten sind in den letzten Jahren sogar ausgestorben, darunter Löwen und Leoparden, Elen- und Pferdeantilopen, Wasserböcke, Pukus und Warzenschweine

Die etwa 30 000 **Kafue-Lechwe-Antilopen** (*Kobus leche kafuensis*) sind in den wasserreichen Auen des Kafue endemisch (siehe S. 93). Die Herden wandern, waten und schwimmen durch die Lagunen und Dauersümpfe (Mulemas) und weiden unter Wasser gedeihende Gräser ab. Ihre Paarungszeit fällt in den Dezember/Januar. Bei Hochwasser halten sie sich bevorzugt in den offenen Grasflächen des Südens auf, bei Niedrigstand ziehen sie durch austrocknende Flutebenen weit nach Norden zu den verbliebenen Feuchtgebieten. Im Zentrum des Parks liegt die sog. "Anthill-Zone", ein buschiges Grasland voller Termintenhügel, Dornbüsche, Palmen und Euphorbien, wo sich Büffel, Zebras, Oribis und Riedböcke aufhalten. Den Süden wiederum dominieren überweidungsgeschädigte Miombowälder mit Akazien, Sichelbuschgestrüpp, Albizia- und Combretumgewächsen. Es ist das versteckreiche Refugium der Kudus, Paviane, Meerkatzen und einiger weniger Buschböcke. Streifenschakale und einzelne Hyänen kommen ebenfalls vor.

428 Vogelarten sind im Park bisher registriert worden, darunter über 50 verschiedene Raubvögel. Der Großteil aber sind Wat- und Wasservögel wie Flamingos, Purpur- und Goliathreiher, rosa und weiße Pelikane, Kormorane, Ibisse, Löffler, Marabus, Klaffschnabelstörche, fahlgraue Wildenten und Sporengänse. Während der Regenzeit überwintern zusätzlich viele Zugvögel aus dem Norden Afrikas und aus Europa in den Kafue Flats.

Oben: Beschilderung im Park; Parkeingang
Foto rechts: Klunkerkraniche

Infos zum Park

Der nur 410 km² große Lochinvar NP liegt auf 1020 m Höhe und ist ganzjährig zugänglich. In den kühlen, trockenen Monaten ab Mai hat der Kafue River seinen Wasserhöchststand, der Tiefstand wird in den windig-heißen Wochen im Oktober erreicht. Bis zur Gipsmine mitten im Park ist die Straße gut, danach wird sie sehr holprig (Black Cotton Soil).

Parkgebühren: Eintritt 10 US$ pP, Fahrzeuge 15 US$, Camping 5 US$ pP. Der Tageseintritt gilt von 6–18 Uhr.

Übernachten: Freies Campieren wird gestattet, z. B. an der flachen Chunga Lagune, allerdings ohne jegliche Einrichtungen. Bis 2007 lag hier einmal ein Zeltcamp, und beim Gate hatte der WWF einen Campingplatz mit Bungalows errichtet, die allerdings nie fertiggestellt wurden und längst wieder aufgegeben sind.

Was es sonst zu sehen gibt

An der heißen Quelle **Gwisho Hot Springs** wurden Skelette aus der späten Steinzeit entdeckt. Nicht weit entfernt liegen die Bwanzi Hot Springs, die heute allerdings als Rindertränke dienen. Als nationales Denkmal wurde der **Sebanzi Hill** eingestuft, denn auch hier ist die Besiedlung seit der Steinzeit belegt. Ein kurzer Fußweg führt hinauf. Das alte **Lochinvar Farmhouse** aus Backstein verfällt zusehends. Zahlreiche markante Baobabs prägen den Park. Der beschilderte, ausgehöhlte **Baobab Tree** nahe der kolonialen Farm bietet Platz für mehrere Menschen und diente früher angeblich als Versteck vor dem Steuereintreiber (siehe Foto S. 196).

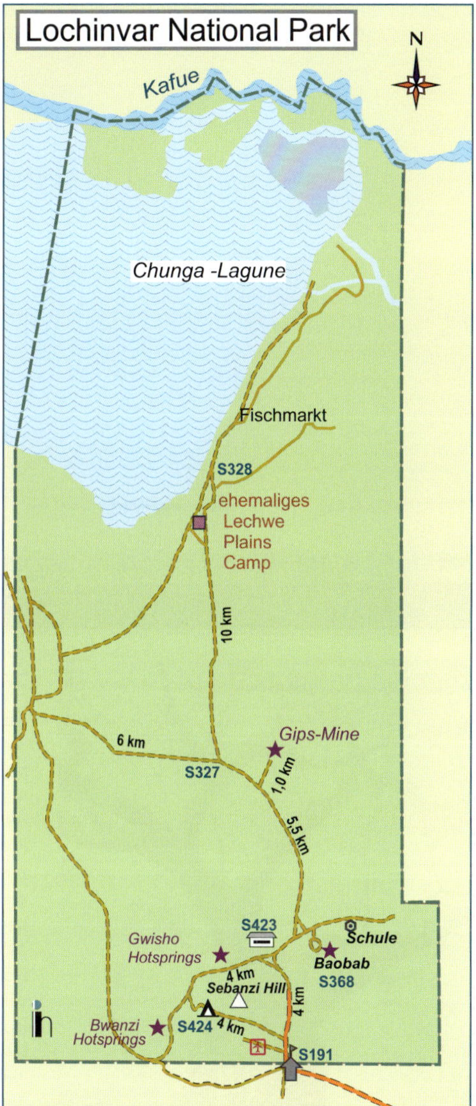

S191 S 16.01.00 E 27.15.56 Gate
S327 S 15.55.53 E 27.14.29 Gabelung
S328 S 15.50.35 E 27.14.08 Gabelung
S368 S 15.58.79 E 27.16.16 Baobab
S423 S 15.59.00 E 27.15.39 Old Farmhouse
S424 S 15.59.94 E 27.13.74 Camping

Parkeingang ★ Sehenswertes Wildhütercamp
Camping
0 2 4 km

Die Kafue Flats wurden von IUCN und WWF zu einem Feuchtgebiet von internationaler Bedeutung erklärt. In einem Pilotprojekt sollten die Flutgebiete und ihre einmalige Tierwelt geschützt werden bei gleichzeitiger nachhaltiger Nutzung durch den Menschen. Die Anwohner sollten dabei ein Eigeninteresse für den Erhalt des Ökosystems entwickeln. Daher wird in den Kafue Flats und auch im Lochinvar NP Nutzfischerei betrieben. Die Umsetzung dieses ADMADE-Programms schlug jedoch in der Praxis fehl, denn die Resultate muten traurig an: Die völlig heruntergewirtschaftete Lochinvar Lodge wurde schon 1995 geschlossen. Der vom WWF 1989 gebaute Campingplatz mit Bungalows blieb unvollendet und ist seither dem Verfall preisgegeben. Auch das Besucher-Informationszentrum ist geschlossen, die Infoblätter des WWF sind schon lange nicht mehr erhältlich, an den Hot Springs weiden Rinderherden und im Park fahren statt Touristen die Lkws der Fischer. Einige Jahre engagierten sich Reiseunternehmen im Park und betrieben an der Chunga Lagune das Lechwe Plains Tented Camp; doch hatten sie mit dem Problem der zügellosen Wilderei und der störenden Anwesenheit von Fischern und Rinderherden im Park zu kämpfen. 2007 wurde das Camp weiter verkauft, aber nie mehr eröffnet. Dabei böte eine starke Präsenz von zahlungskräftigen Touristen den besten Schutz für die Wildtiere.

Fotos von oben: Kafue-Lechwe an der Chunga Lagune; der berühmte hohle Baobab

Das Ende der Holub-Expedition und die Angst vor den Ila

In den Jahren 1883 bis 1887 befand sich eine "**Österreichisch-Ungarische Expedition**" unter Dr. Emil Holub, Arzt und vielseitig interessiertem Naturforscher aus Prag, auf Forschungsreise im Südlichen Afrika. Holub, seine Begleiter aus Tschechien, Ungarn und Österreich, und seine junge Ehefrau versuchten als erste Europäer die bislang völlig unerforschten Schwemmgebiete des Kafue zu durchqueren. Ein mutiges Unterfangen, galten das Land doch als unzugänglich sumpfig und seine Bewohner als grausam. Die kleine Reisegruppe glaubte sich auf das Schlimmste vorbereitet und sollte doch hier in den Kafue Flats das Ende ihrer Expeditionsreise erleben: Holubs Expedition ging als die erste und einzige in die Geschichte ein, die jemals auf dem Gebiet des heutigen Sambia einem organisierten Überfall zum Opfer fiel, der ein Mitglied das Leben kostete, zum Totalverlust aller mitgeführten Waren, gesammelten Exponate und Aufzeichnungen führte und die Überlebenden in heilloser Flucht aus dem Lande trieb.

In Holubs Aufzeichnungen und Reiseberichten finden sich Hinweise, wie es ihn schockierte, dass die Ila-Chiefs so wenig Respekt bei ihren Untertanen genossen. Er schreibt, von allen Völkern Afrikas habe er nur hier so eine schwache Position der Chiefs erlebt. Interessanterweise gibt es ähnliche Bemerkungen von F. Fraser Darling, einem Naturwissenschaftler, der 1956/57 im Auftrag der britischen Kolonialmacht Forschungsreisen durch die Kolonie unternahm. Fraser Darling schreibt, die Ila veranstalteten **traditionelle Massentreibjagden** auf die Lechwe. Diese "Chilas" seien die reinsten Horrorszenarien, wenn hunderte Männer mit ebenso vielen Hunden und zahlreichen Ochsenkarren die wehrlosen, verängstigten Tiere mittels riesiger Buschbrände hetzten und abschlachteten. Einer solchen Chila im Jahr 1957 fielen 1993 Tiere zum Opfer, von denen 64 % trächtig waren (sie lassen sich leichter abschlachten als kräftige Bullen). Die Kolonialverwaltung beobachtete dieses Massentöten mit Schrecken und versuchte, die Ila vom drohenden völligen Ausrotten der Antilopen abzuhalten. Doch die Situation geriet "völlig außer Kontrolle", weil die Ila aggressiv reagierten und sogar ihre Chiefs, wenn sie die Treibjagden verbieten wollten, verhöhnten und in einem Fall öffentlich verprügelten. Daher ließ sich schließlich kein Wildlife-Scout mehr im Ila-Land blicken.

Maschukulumbe ist eine Lozi-Bezeichnung für die Ila, welche übersetzt "Those who brush their Hair" bedeutet und damit Bezug nimmt auf den extremen Kopfschmuck der jungen Ila-Krieger. Es handelte sich um eine rund einen Meter lange, **konisch zulaufende Haartracht**, in der mit Hilfe von Wachs und Tonerde das Horn einer Pferdeantilope auf dem Kopf des Kriegers verankert wurde. Die Prozedur, einen solchen Kopfschmuck anzufertigen, galt als äußerst schmerzhaft und langwierig, das Tragen im Alltag als höchst unbequem. Doch es schmückte die Männer imposant und neben dem Rinderbesitz war so eine prächtige "Isusu" der größte Stolz junger Männer. Der Ursprung dieser merkwürdigen Mode ist nicht bekannt; vielleicht stimmt ja die Theorie, nach der die Ila solch riesige Trachten trugen, um sich gegenseitig im hohen Elefantengras bei Jagden und Kämpfen besser sehen zu können. Auf alle Fälle verstärkte die Haartracht die Ängste der Nachbarvölker bis weit ins 20. Jh. vor den wilden, fremdartigen Ila.

Ein Maschukulumbe

Rechts: Von der traditionellen Ila-Kopftracht gibt es heute nur noch zeitgenössische Beschreibungen und Zeichnungen

Die Flutebenen zwischen Namwala und Itezhi-Tezhi

Namwala hat als größte Ortschaft dieser rückständigen, aber sehr malerischen Region eine Teerstraßenanbindung nach Choma sowie eine Tankstelle, ein Hospital, eine Bank und einfache Versorgungsmöglichkeiten. Von hier kann man mit einer Motorfähre beschaulich an das Nordufer des Kafue übersetzen (150 Kwacha für Fahrzeuge) und auf holprigen Pisten bis Itezhi-Tezhi oder Mumbwa weiterfahren.

Weitaus reizvoller sind jedoch die kleinen Sandwege, die am Südufer durch die Kafue Flats nach Itezhi-Tezhi führen, denn die weitläufige, mit traditionellen Lehmhütten versetzte Palmenszenerie gehört zu den schönsten des Landes. Je nach Fahrspur erreicht man nach etwa 40 km das Dorf Musungwa und 18 km weiter nördlich die Staumauer des Itezhi-Tezhi-Damms. Der letzte Streckenabschnitt führt durch einen schönen Palmenwald und an den eingefassten Longolo Hot Springs vorbei (GPS S 15.49.05 E 26.03.73). Dieses Wegegewirr ist aber nur in der Trockenzeit befahrbar und erfordert aufgrund fehlender Wegweiser gute Navigationskenntnisse.

Fotos von oben: Die Kafue-Auen westlich von Namwala; Heiße Quelle im Palmenwald zwischen Musungwa und Itezhi-Tezhi; Motorfähre bei Namwala; Fahrt durch die Tonga- und Ila-Dörfer.

Fotos rechts: Palmenwald und Abendstimmung am Itezhi-Tezhi-Stausee

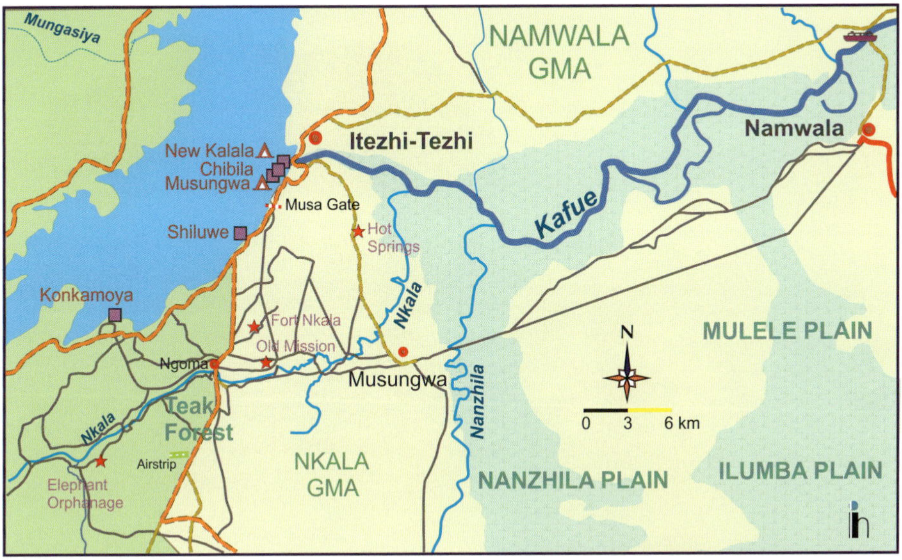

Historische Ruinen: Fort Nkala und Nkala Mission

13 km südlich des Musa-Gates zum südlichen Kafue Nationalpark ruhen auf dem Nakalomwe Hill die Reste eines 1901 erbauten Polizeiforts (2 km von der Hauptpiste entfernt, schlechte Zufahrt). Die Mauern sind längst eingestürzt, der Grundriss ist aber noch zu erkennen. Ursprünglich sollte die Bahnlinie von Livingstone über Nkala in den Copperbelt verlegt werden. Nachdem diese Pläne geändert und Lusaka zur Hauptstadt ausgebaut wurden, verlor das Fort an Bedeutung und verfiel. Nicht weit entfernt liegt auch die Ruine der 1890 vom Methodisten Buckenham gegründeten Nkala Mission, der ersten des Landes (GPS S 15.54.37 E 25.59.84; siehe auch S. 17).

Kafue Nationalpark

Oben: Typische Kafue NP-Szenerie mit Pukus vor dem großen Fluss

Fotos rechts von oben: Halsband-Bartvogel; Löwe; verfallene Beschilderung im Park; Kafue River

Mit 22 480 km² ist der Kafue Nationalpark nicht nur der mit Abstand größte Park Sambias, sondern auch **mehr als halb so groß wie die Schweiz** und eines der weitflächigsten Schutzgebiete der Welt. Dennoch ist er noch vergleichsweise unbekannt und wenig besucht. Die Camps und Lodges verteilen sich in diesem riesigen Gebiet in unterschiedlichsten Vegetationszonen von Sümpfen und Flutgebieten über Mischwälder und Savannen bis zu feuerresistenten Termitaria-Ebenen. Die Lebensader bildet mit seinen zahlreichen Zuflüssen der Kafue, Westsambias längster Strom, der im Süden zu einem riesigen See gestaut wurde. Den Park in seiner Gesamtheit zu erkunden, erfordert weite Fahrstrecken auf mitunter schlechten Wegen. Man fährt dabei manchmal stundenlang durch eintönigen, dichten, tsetseverseuchten und großflächig abgebrannten Busch ohne Wildtiere zu entdecken, folgt aber ebenso malerischen Flussläufen und sieht Tierherden durch weite Grasebenen voller Bauminseln ziehen. Vor allem die außergewöhnlich große Artenvielfalt dieses riesigen Parks macht einen Besuch lohnenswert.

Kapiamema Hot Springs

In den heißen Quellen nahe der Hippo Lodge konnte man beim Baden Wildtiere entdecken. Seit sich ein Krokodil dort eingerichtet hat, ist der Badespaß vorbei.

Der Nationalpark wurde 1950 als erster des Landes gegründet. Seine Grenze folgte einem alten Cordon Track und wurde entlang der Wasserscheide zwischen Kafue und Sambesi festgelegt. Als einer der ersten, die für den Aufbau des Park zuständig waren, kam Norman Carr, der später im Luangwatal berühmt wurde, nach Ngoma. Seine beiden Löwen, die er zähmte und später in die Freiheit entließ, kamen aus dem Kafue Park. Ab 1957 gab es für den zunehmenden Safaritourismus elf Selbstversorgercamps. 1977 wurde der Kafue gestaut, wodurch einige Straßen und Camps geflutet wurden. Die Spinal Road im Südteil des Parks wurde erst 2013 wieder rekonstruiert. Der stete Niedergang in Sachen Infrastruktur, Wildtierschutz und Tourismus wendete sich endlich wieder zum Positiven, als die NGO African Parks (AP) zum 01. Juli 2022 das Management des riesigen Parks für die nächsten 20 Jahre übernahm. AP hat große Pläne: Hunderte Gnus, Zebras und Kafue-Lechwe sowie fast 60 Breitmaulnashörner sollen wieder eingeführt werden, die Straßen repariert und ein Tsetsefliegenprogramm aufgelegt werden.

Reisezeit, Klima und Eintrittspreise

Der Park liegt durchschnittlich 1120–1220 m über dem Meeresspiegel. Er erhält viel Niederschlag in den Regenmonaten und hat Frostnächte im Juni/Juli. Die touristische Saison dauert je nach Einsetzen der Regenzeit etwa von Mai bis November. Für die Busanga- und Nanzhila-Plains beginnt die Saison frühestens Ende Mai. In diese Sumpfregionen sollte man sich ganzjährig nur mit Geländefahrzeugen begeben, aber auch alle anderen Wege erfordern robuste Fahrzeuge mit hoher Bodenfreiheit. Wegen der langen Anreise- und Verbindungsstrecken sollte man ausreichend Zeit einplanen, für den gesamten Park etwa 7–10 Tage.

Parkgebühren: Der Tageseintritt beträgt 20 US$ pP (SADC-Bürger 15 US$), Camping 5 US$ pP, Fahrzeuge 15 US$. Öffnungszeiten: täglich von 6–18 Uhr. Bei Übernachtungsgästen gilt die 9-Uhr-Regel: Die Eintrittspreise gelten pro Tag, und wer im Park nächtigt, wird für einen neuen Tageseintritt zur Kasse gebeten, wenn er den Park nicht bis 9 Uhr morgens verlässt.

Von oben: Lubungu Ponton; Lunga River Ponton; Trockenwald am Rande der Busanga Flutebene; verschlammte Piste nach Regenfällen Rechts: Lichtenstein-Antilopen in den Busanga Plains

Anreise in den nördlichen Kafue-Sektor

Hauptzufahrt von Lusaka

Von Lusaka kommend bietet sich die zuvor beschriebene Strecke entlang des Mongu-Highways an. 275 km westlich von Lusaka liegt direkt nach der Kafue Hook Bridge am Westufer des Kafue der Zugang in den nördlichen Sektor (täglich von 6–13 und 14–18 Uhr). Vom Chunga Gate führt die Piste zu den Camps Kafwala, Lufupa und in die Busanga Plains.

Von Mumbwa zum Kabanga Gate

Eine Alternativzufahrt in den nördlichen Teil des Parks ist auf harter Wellblechpiste ab **Mumbwa** möglich: Biegen Sie dort an der Tankstelle links in Richtung Kasempa ab. Nehmen Sie nach 1 km rechts die Abzweigung in die unbeschilderte Kasempa Road. Nach 34 km erreichen Sie eine Gabelung, wo Sie links abbiegen. Nach weiteren 10 km Fahrt halten Sie sich an der nächsten Gabelung rechts. Nach 8 km gelangen Sie an das Chalanta Wildlife Gate, wo man früher registriert wurde. Erst hier endet die Besiedlung. Die weitere Strecke führt an der Mushingashi Conservancy vorbei (S. 203), passiert das verfallene Kabulushi Gate und erreicht 20 km dahinter eine Gabelung: Links führt die Piste zu McBrides' Camp und zur Hippo Lodge; geradeaus erreicht sie nach 9 km den **Lubungu Ponton** am Kafue (150 Kwacha/Fahrzeug). Am Nordufer, der Lunga Luswishi GMA, geht es zum Kafue River Camp oder über ein 86 km langes einsames Zwischenstück zum malerischen **Lunga River Ponton** (150 Kwacha/Fahrzeug), wo man erstmals wieder auf Dörfer und eine breite Piste nach Kasempa trifft (S. 235). Fahren Sie 17 km in diese Richtung und biegen Sie dann in den kleinen, unbeschilderten Waldweg nach Süden. Er führt nach einsamen 18 km zum **Kabanga Gate** am Nordrand des Parks. Von hier bis zur Lufupabrücke wurde die Piste breit geschoben, doch nur loses Material verwendet, und so verfiel die Strecke bald wieder. Dieser Parkbereich ist daher nur mit Allrad und auch nur in der Trockenzeit erreichbar, frühestens ab Juni.

Eine einsame Zufahrt zu den Busanga Plains ist theoretisch auch entlang der Boundary Road vom Tatoyana Gate zum Chishima Scout Camp möglich, doch muss man dort dann ein enges Dornendickicht durchfahren (extrem einsam, Allrad unerlässlich).

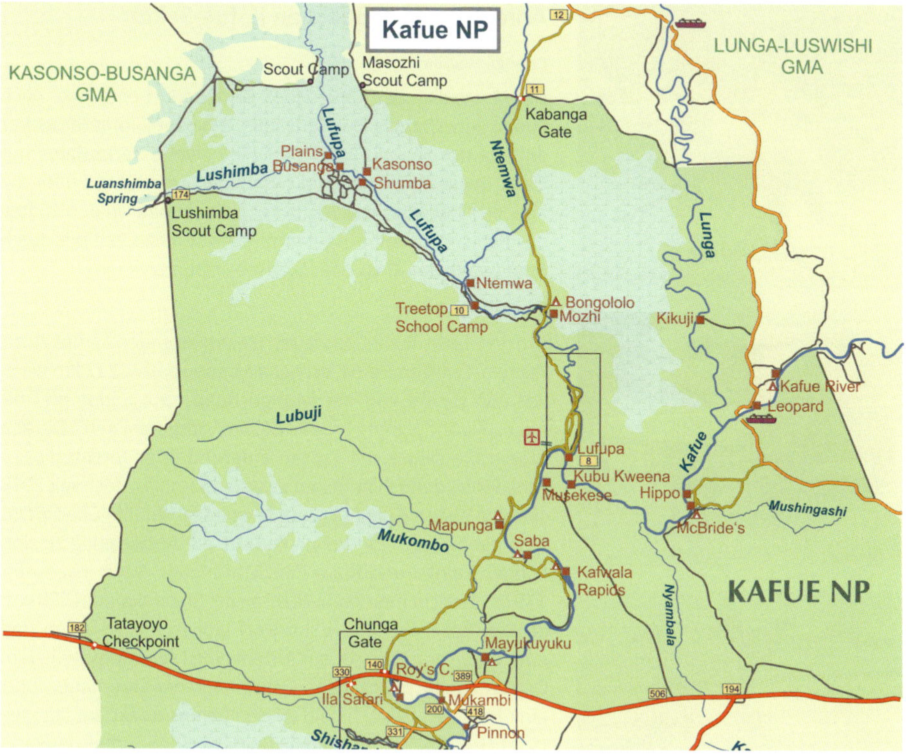
Kafue NP
KASONSO-BUSANGA GMA
LUNGA-LUSWISHI GMA
Scout Camp
Masozhi Scout Camp
Kabanga Gate
Plains
Busanga
Kasonso
Shumba
Lushimba
Luanshimba Spring
Lushimba Scout Camp
Lufupa
Ntemwa
Lunga
Treetop School Camp
Bongololo
Mozhi
Kikuji
Kafue River
Leopard
Lubuji
Lufupa
Kubu Kweena
Musekese
Hippo
Kafue
Mushingashi
McBride's
Mapunga
Mukombo
Saba
Kafwala Rapids
Nyambala
KAFUE NP
Tatayoyo Checkpoint
Chunga Gate
Mayukuyuku
Roy's C.
Ila Safari
Mukambi
Pinnon
12
11
174
10
8
182
330
140
389
200
418
331
506
194

Anreise in den südlichen Kafue-Sektor

Chunga-Region

Direkt westlich der Kafue Hook Bridge führt eine Piste nach Süden zum Chunga Headquarters, ein paar Kilometer weiter entlang der Mongu-Road liegt eine zweite Parkzufahrt mit Gate. Beide Zufahrten sind beschildert und führen über die alte, 2013 wieder hergerichtete „**Spinal Road**" in den Südteil des Parks. Die breit ausgebaute Schotterpiste verläuft durch Buschwald; den Fluss oder Stausee sieht man kaum.

Itezhi-Tezhi-Region

Um den Itezhi-Tezhi-Damm und die umliegenden Camps zu erreichen, zweigen Sie 64 km nach Mumbwa bzw. 217 km westlich von Lusaka von der Mongu Road nach Süden ab (mit "Nanzhila and Ngoma Lodges 120 km" ausgeschildert). Die alte Teerstraße zählte seit Jahren aufgrund ihrer fürchterlichen Schäden zu den schlimmsten Strecken Sambias, doch seit 2018 sind die ersten 47 km bis zum Mweenga Wildlife Checkpoint frisch geteert. 3 km weiter kommt die Abzweigung zu den Lodges Kaingu und Puku Pan/Mufungata. Nach insgesamt 110 km erreicht man Itezhi-Tezhi an der Staumauer des 370 km² großen Itezhi-Tezhi-Sees. Im Dorf gibt es kleine Läden und einen ATM von Zanaco, außerdem eine Meru-Tankstelle (am Ortsrand in Richtung Musa Gate). Nach der Staumauer führt eine Piste den Hügel hinauf zu den Camps direkt am Stausee (S. 212) und weiter über das Musa Gate in den Südteil des Parks (siehe Karte auf S. 199).

Allrad-Anreisealternative: Zwischen Mukambi und Kaingu Lodge führt eine Piste entlang des wildreichen Kafueufers durch die Mumbwa GMA. Wenn dort Jagdsafaris stattfinden, versuchen die Jäger, Touristen an der Durchfahrt zu hindern, wenngleich die Strecke offiziell befahren werden darf.

Zufahrt ab Kalomo

Die 74 km lange Zufahrt zum südlichen Parkeingang ist in Kalomo ausgeschildert. Nach 4 km muss man sich an der Gabelung links halten, anschließend folgt man der breiten Straße über zahlreiche Dörfer bis zum Dundumwenze Gate (6–16.30 Uhr). 5 km nach dem Gate führt in einer Rechtskurve die alte unscheinbare Piste geradeaus in den Park (in die Nanzhila Plains) und ist nur in der Trockenzeit befahrbar.

Die breite Hauptpiste verläuft hingegen am Parkrand entlang bis nach Ngoma und weiter bis zum Musa Gate und nach Itezhi-Tezhi. Wer diese Haupt- bzw. Transitpiste befährt, muss keinen Eintritt bezahlen. Dundumwenze Gate–Musa Gate: 131 km.

Fotos links: Pavian; Autoschaden und Piste in den Busanga Plains; Impalamutter mit Nachwuchs

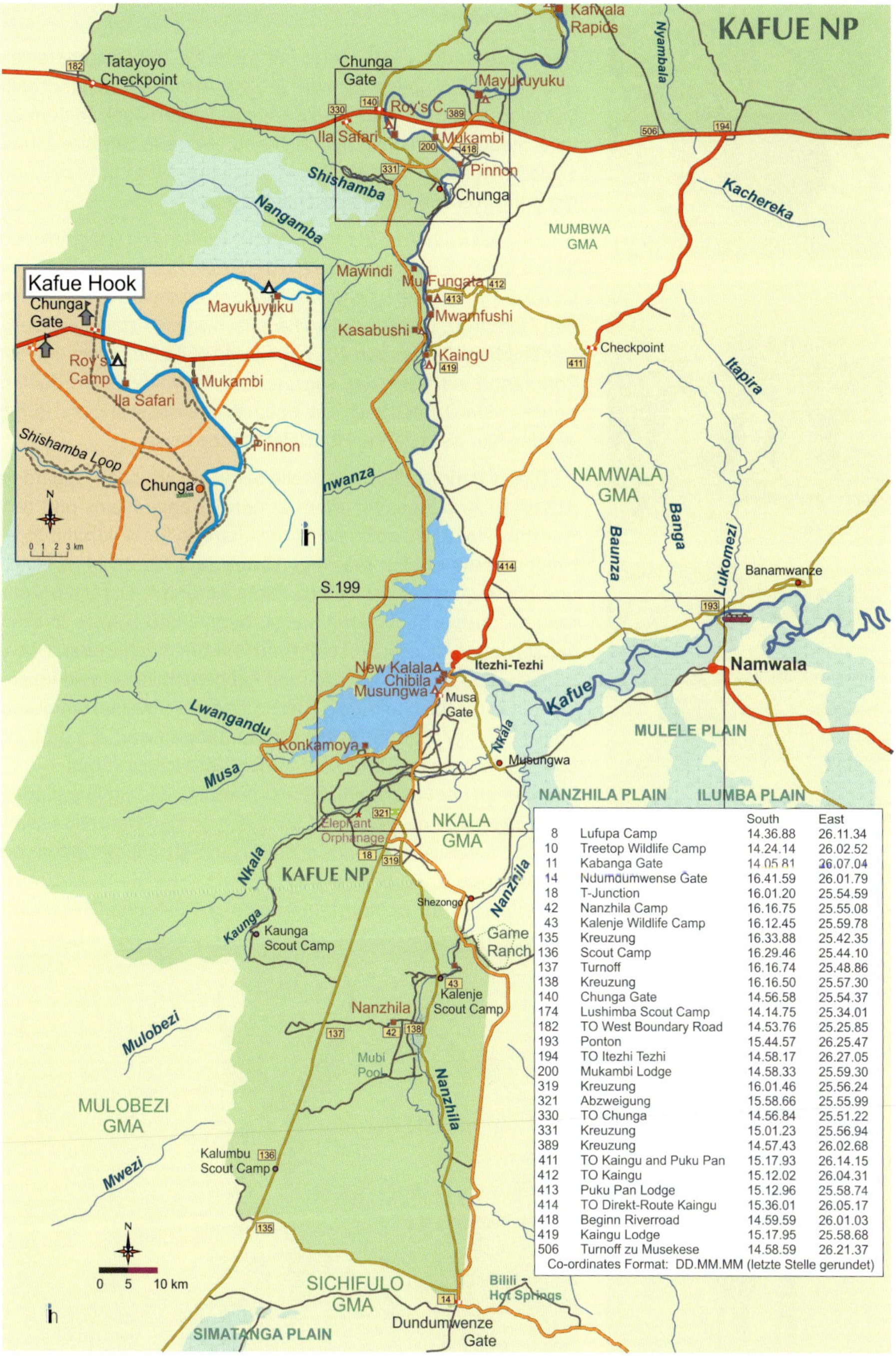

		South	East
8	Lufupa Camp	14.36.88	26.11.34
10	Treetop Wildlife Camp	14.24.14	26.02.52
11	Kabanga Gate	14.05.81	26.07.04
14	Ndumdumwense Gate	16.41.59	26.01.79
18	T-Junction	16.01.20	25.54.59
42	Nanzhila Camp	16.16.75	25.55.08
43	Kalenje Wildlife Camp	16.12.45	25.59.78
135	Kreuzung	16.33.88	25.42.35
136	Scout Camp	16.29.46	25.44.10
137	Turnoff	16.16.74	25.48.86
138	Kreuzung	16.16.50	25.57.30
140	Chunga Gate	14.56.58	25.54.37
174	Lushimba Scout Camp	14.14.75	25.34.01
182	TO West Boundary Road	14.53.76	25.25.85
193	Ponton	15.44.57	26.25.47
194	TO Itezhi Tezhi	14.58.17	26.27.05
200	Mukambi Lodge	14.58.33	25.59.30
319	Kreuzung	16.01.46	25.56.24
321	Abzweigung	15.58.66	25.55.99
330	TO Chunga	14.56.84	25.51.22
331	Kreuzung	15.01.23	25.56.94
389	Kreuzung	14.57.43	26.02.68
411	TO Kaingu and Puku Pan	15.17.93	26.14.15
412	TO Kaingu	15.12.02	26.04.31
413	Puku Pan Lodge	15.12.96	25.58.74
414	TO Direkt-Route Kaingu	15.36.01	26.05.17
418	Beginn Riverroad	14.59.59	26.01.03
419	Kaingu Lodge	15.17.95	25.58.68
506	Turnoff zu Musekese	14.58.59	26.21.37

Co-ordinates Format: DD.MM.MM (letzte Stelle gerundet)

Die Tierwelt

Der Kafue Nationalpark bietet mit mehr als 160 Säugetierarten und fast 500 Vogelspezies die **größte Artenvielfalt** innerhalb Sambias. Es gibt in ganz Afrika keinen zweiten Park, in dem 21 verschiedene Antilopen heimisch sind. Wer also Sambias Artenvielfalt entdecken möchte, kommt am Kafue NP nicht vorbei und muss ihn von Süden bis Norden bereisen.

Lediglich Nashörner (da ausgerottet), Giraffen und Leierantilopen fehlen unter den Großwildtieren. Die Größe des Parks schafft viel Lebensraum für umherziehende Tierarten, erschwert aber zugleich den Tierschutz, und so wird im Park nach wie vor stark gewildert. Der **Elephant Census** von 2015 ermittelte 6688 Elefanten; und die Population gilt Dank der engagierten Antiwilderei-Patrouillen heute als stabil. Doch auch Antilopen, Warzenschweine und Büffel werden hier als begehrte Fleischlieferanten bejagt.

Dieser Park ist die beste Stelle Sambias, um nach Geparden Ausschau zu halten, vor allem in den Busanga Plains und den Nanzhila Plains, wo außerdem gute Chancen für Wildhund-Sichtungen bestehen. Für prächtige Löwen sind die Busanga Plains und die Region um das Lufupa Camp berühmt; Elefanten sieht man besonders häufig um Chunga, Ngoma und Lufupa. In allen Flüssen leben Hippos, Krokodile und Warane. Auch Zebras, Gnus, Impalas, Kudus, Elen-, Pferde- und Rappenantilopen sind im gesamten Parkgebiet heimisch; ebenso Warzenschweine, Büffel und Pukus. Riesige Herden Roter Moorantilopen und die äußerst scheuen Sitatungas kann man in den nördlichen Sümpfen und Flutebenen der Busanga Plains aufspüren; Oribis, Steinantilopen und Fingerotter dagegen weit im Süden an den Nanzhila Plains, und dort in felsigem Gelände auch versprengte Kleingruppen von Klippspringern. Es bieten sich im Park gute Beobachtungsmöglichkeiten für Lichtenstein-Antilopen, Ried- und Greisböcke.

Im Gegensatz zum Lower Zambezi NP und dem Luangwatal lebt im Kafue Nationalpark der Defassa-Wasserbock, der anstelle eines Rings einen hellen Fleck am Gesäß trägt.

Im nördlichen Parkgebiet ermittelte ein Wild Dog Project die Bestandsdichte der Wildtiere. Erfreulich ist die Erkenntnis, dass hier durchschnittlich 18 Afrikanische Wildhunde pro 1000 km² leben, ebenso viele wie im südafrikanischen Kruger NP.

Unter den über 400 Vogelarten im Kafue NP sind die auffälligen Schreiseeadler, Weißkopf-Bartvögel, Scharlachspinte und Stanleytrappen. In den Nanzhila und Busanga Plains entdeckt man Klunkerkraniche, Brachschwalben, den Braunen Sichler und Braunmantel-Scherenschnabel. Eine besondere Seltenheit sind die Rußköpfchen im Südteil des Kafue NP.

Die besten Spots für Pirschfahrten

Busanga Plains (Sitatungas, Rote Moorantilopen, Lichtenstein-Antilopen, Löwen, Geparden)

Dreieck Lufupa, Hippo Lodge und Kafwala (Löwen, Oribis, Hippos, Riedböcke, Kindapaviane)

Mukambi-Chunga-Area mit **Sishamba Loop** (Leoparden, Löwen, Wildhunde, Büffel, Blauducker, jedoch auch reizbare, angriffslustige Elefanten)

Itezhi-Tezhi-Gebiet (Klippschliefer)

Nkala River Region (Elefanten, Büffel)

Nanzhila Plains (große Artenvielfalt, z. B. Fingerotter, Steinböckchen, Rußköpfchen, Stachelschweine und Springhasen)

Camp Phoenix Elephant Orphanage

Das Elefantenwaisencamp liegt im Südteil des Parks am South Nkala Loop (GPS: S 15.57.998 E 25.51.746). Das Projekt von Game Rangers International, zu dem auch das Elefantenwaisenhaus von Lusaka zählt (S. 123), ist ein Aufzuchtprogramm und kein Touristenevent. Wildereibekämpfung und die Aufzucht von Jungtieren, deren Mütter Wilderern zum Opfer fielen, sind die Hauptaufgaben. Elefantenbabys bis drei Jahre werden nach Lusaka gebracht; in Camp Phoenix leben Elefantenkinder zwischen drei und zwölf bis fünfzehn Jahren, um sie bei Geschlechtsreife allmählich auszuwildern. Interessierte Besucher dürfen täglich um 11 Uhr an einer Führung teilnehmen (5 US$ Eintritt), wenn die Tiere mit ihren Betreuern zur Fütterung und zum Baden ins Camp kommen. Die übrige Zeit verbringen sie abseits im Busch.

Fotos links von oben: Klippschliefer; Geparden; Leopard; Defassa-Wasserbock; Riedböcke. Unten: Defassa-Wasserböcke

Fischbarrieren im Lufupa River

Obwohl mitten im Nationalpark gelegen, gestattet der sambische Staat dem Volk der Kaonde, dort traditionelle Fischerei zu betreiben. 18 verschiedene Fischbarrieren stellen die Kaonde in jedem Jahr vor der Regenzeit im Lufupa auf. Ab April werden die durch die imposanten Barrieren festgehaltenen Fische abgeerntet.

Die Vegetation

Dambos (Sumpfsenken), saisonal überflutete Grasebenen, Miombo-Mischwälder, Mopane-Dickichte und Flüsse mit Galeriewäldern sind charakteristisch für den großen Park.

Die Busanga-Plains im Norden

Der Lufupa strömt im äußersten Norden in den Park. In der Regenzeit tritt er über die Ufer und überflutet weitflächig das flache Land. Während der Regenmonate wird die **Busanga-Flutebene** zu einem 750 km^2 großen See, der nach seinem Höchststand zwischen März und Mai allmählich abfließt. Das durchweichte Land trocknet als fruchtbares Grasland ab, und tausende **hellgraue Termitenhügel**, nicht höher als etwa einen halben Meter, prägen dann das skurrile Bild der Busanga Plains (siehe S. 74). In den verbleibenden Pools drängen sich die Flusspferde. Aber auch in der Trockenzeit bleiben einzelne Wasserläufe erhalten und stellen einen hervorragenden Lebensraum für Antilopenherden dar. Der Lufupa mündet beim gleichnamigen Camp in den Kafue. Der Bereich zwischen dem Nordeingang und der Lufupamündung ist der landschaftlich reizvollste. Die Wege führen oft an den gewundenen Flussläufen entlang; flaches Schwemmland mit unzähligen Termitenhügeln wechselt mit sanften Grasflächen voller großer Euphorbien, Palmen, einzelner Baobabs, Mukwa- und Leberwurstbäume. Dazwischen sind schwarze Felsblöcke. Südlich vom Lufupa Camp wird der Buschwald dichter.

Schon gewusst?

Tigerfish ist in sambischen Flüssen weit verbreitet, doch im Kafue kommt der Raubfisch gar nicht vor

Der trockenere Süden

Der Südteil des Parks liegt auf Kalahari-Sandfeldern und ist abgesehen von den Flüssen Nanzhila und Nkala überwiegend trocken. Der Nanzhila überflutet zur Regenzeit die **Nanzhila Plains**, eine reizvolle Grassavanne mit kleinen Bauminseln. Besonders malerisch ist daher die innere Piste entlang des Nanzhila Stream. Ansonsten dominieren hier Mopane- und Combretumwälder mit Baobabs, Termitenhügeln und Euphorbien. Bei Ngoma steht ein beeindruckender Teakholzwald. Einen gewissen Reiz haben auch die toten Baumstämme im Itezhi-Tezhi-See.

Unterkünfte im Bereich des Kafue NP

Die Camps und Lodges verteilen sich auf fünf Bereiche: Im nördlichen Park zwischen Kafwala und den Busanga Plains, im Osten am Kafue zwischen McBrides und Kafue River Lodge, im Zentrum nahe der Kafue Hook Bridge, südlich davon bei Kaingu/Kasabushi und schließlich am südlichen Itezhi-Tezhi-Stausee und den Nanzhila Plains.

Etliche Unterkünfte liegen außerhalb des Nationalparks in den angrenzenden GMAs. Dies hat den Vorteil, dass dort bei der Übernachtung keine Parkgebühren für Eintritt und Fahrzeug anfallen.

Nördlicher Sektor: Busanga Flutebene

•**Wilderness Safaris:** Tel. 0213-327109, E-Mail: enquiry@wilderness.co.za, www.wildernessdestinations.com. Der Unternehmen unterhält in den Busanga Plains zwei kleine, höchst elitäre Luxuscamps, die nur von Juni bis Oktober öffnen. Die vier Zelte im **Busanga Bush Camp** werden für 1239 US$/DZpP vermarktet, das exklusive **Shumba Camp** mit sechs Zelten für 1520 US$/DZpP. Highlight beider Camps sind die Heißluftballonfahrten.

•**Mukambi Plains Camp:** Mukambi Safaris: Tel. 0974-424013, E-Mail: info@mukambi.com, www.mukambi.com. Die inhabergeführte Mukambi Lodge nahe der Kafue Hook Bridge hat auch ein kleines Camp mit vier Luxuszelten im nördlichen Bereich der Busanga Plains, das nur von Juli bis Oktober zugänglich ist. Preise: AI 875 US$/DZpP.

•**Ntemwa-Busanga Camp:** Tel. 0974-173403, E-Mail: info@classiczambiasafaris.com, www.classiczambiasafaris.com (S. 210). Fly Camp mit vier rustikal-charmanten Zelten am südlichen Ende der Busanga Plains (Juli–Oktober). Preise: AI 810 US$/DZpP.

•**Kasonso Busanga Camp:** c/o Kafue River Lodge, S. 210. Von Juli bis Oktober ergänzt dieses Camp der gehobenen Mittelklasse das Portfolio von Paul Barnes, einem erfahrenen Safarispezialisten. Preise: 590 US$/DZpP (kein EZ-Zuschlag).

•**Chisa Busanga Camp:** c/o Ila Safari Lodge, S. 211. Green Safaris unterhält dieses moderne Luxuscamp mit vier futuristischen Baumhäusern in den Busanga Plains (Juni–November). Preise: ab 1055 US$/DZpP und 1465 US$/EZ.

Oben: Sundowner auf der Plattform der Lufupa River Lodge
Unten: Zeltchalet im Mozhi Bush Camp
Fotos links: Frische Triebe nach einem Waldbrand; Warzenschweine im Breich Lufupa

•**Mozhi Bush Camp & Bongololo Campsite:** Tel. E-Mail: info@shearzonesafaris.com, www.shearzonesafaris.com. Ein Mittelklassecamp in Top-Lage, da von hier die Busanga Plains in gut 1 Std. erreichbar sind (näher können Selbstfahrer nicht übernachten). Tolles Holzdeck mit Bar/Restaurant (und WLAN), fünf rustikale Zeltchalets, Pool. 1 km entfernt liegen die sieben naturbelassenen und wildreichen **Camping**stellflächen, jeweils mit Licht, Strom, Wasser, Mülltonnen und Grillstellen sowie zwei Sanitärblöcken. Tagestouren in die Busanga Plains und Mahlzeiten sind im Angebot. Preise: AI ab 450 US$ pP, Camping 30 US$ pP (inkl. Bed Levy).

Oben: junger Buschbock

Nördlicher Sektor: Lufupa-Kafwala Area

•Lufupa River Lodge: Wilderness Safaris hat die Lodge und die Ableger Musanza Tented Camp und Lufupa Tented Camp exklusiv an einen US-amerikanischen Reiseveranstalter vergeben.

•Mapunga Bush Camp: Tel. 0979-278255, E-Mail: mapungabushcamp@gmail.com, http://mapunga-bush-camp.com. Gepflegtes Selbstversorgercamp mit Safarizelten, Gemeinschaftsküche, Planschpool und großem **Camping**platz (Mai–Oktober, Nr. 1, 2, 6 schattig und mit Flussblick). Pirschfahrten und Mahlzeiten im Angebot. Preise: Mietzelte 150 US$ pP, Camping 45 US$ pP (inkl. Bed Levy).

•Saba Safaris: Tel. 0973-753155, E-Mail: sabasafariszm@gmail.com. Selbstversorgercamp unter indischer Leitung mit acht individuellen **Camping**stellflächen (mit Tisch, Sitzbänken, Licht, Stromanschluss, Grillstelle, Spüle, Tiefbrunnenwasser) und schönen Sanitäranlagen. Pirsch- und Bootsfahrten im Angebot, Zeltchalets und ein Pool sind in Bau. Preise: Camping 35 US$ (inkl. Bed Levy).

•Kafwala Conservation Camp ist für Mitglieder der Wildlife Society of Zambia reserviert.

•Kafwala Rapids Camp: Tel. 0977-811717, E-Mail: kafwalarapidscamp@gmail.com. Vier ältere Selbstversorger-Rondavel mit Gemeinschaftsküche direkt an den Stromschnellen des Kafue, drei Campingstellflächen liegen etwas abseits am Flussufer (mit Unterstand, Tisch und Bänken, aber ohne Strom). Nur April bis November. Preise: Chalets 85 US$/DZpP, **Camping** 15 US$ pP (inkl. Bed Levy).

•Musekese Camp: c/o Ntemwa-Busanga Camp, S. 209. Das Vier-Zelte-Camp liegt an einer Lagune am Ostufer des Kafue und öffnet von Juni bis November. Die Zufahrtspiste beginnt 10,5 km westlich der Itezhi-Tezhi-Abzweigung an der Mongu-Road. Preise: AI ab 690 US$ pP.

•Kubu Kweena: Tel. 0955-666786, E-Mail: info@kubukweena.co.zm, www.kubukweena.co.zm. Ein einfaches Camp mit Zelten und **Camping**. Zufahrt wie zum Musekese Camp (40 km Piste). Preise: AI 230 US$/DZpP, Camping ab 15 US$ pP.

Nördlicher Sektor: Lunga-Luswishi-Area

•McBrides' Camp: Tel. 0773-507089, E-Mail: camp@mcbridescamp.com, www.mcbridescamp.com. Idyllisches, einsames Buschcamp mit rustikalen Chalets und Camping. Sehr wildreiche Region. Preiswerte Walking Safaris, Bootstrips und Night Drives. Preise: AI ab 205 US$/DZpP, **Camping** 25 US$ pP (zzgl. 30 US$ Bed Levy). Siehe auch: Unser Übernachtungstipp, S. 326.

•Kafue River Lodge: Tel. 0978-016191, E-Mail: res@kafueriverlodge.com, www.kafueriver.com. Das Mittelklassecamp 6 km östlich der Leopard Lodge bietet Steinchalets, ein Holzdeck und Camping (März–Dezember). Preise: AI ab 390 US$ pP, **Camping** 15 US$ pP, Mietzelt 50 US$ pP.

•Lungu Kikuji Camp: c/o Kafue River Lodge. Das Schwestercamp am fischreichen Lunga River wird mit vier Zelten zu gleichen Preisen vermarktet.

Buschbrände und Tsetsefliegen

Der Park leidet unter den jährlichen Buschbränden, die teilweise vom Park Management, vielfach aber auch von Wilderern gelegt werden. Zwischen Mai/Juni und Oktober zeigt sich die abwechslungsreiche Vegetation abschnittsweise kilometerlang trostlos abgebrannt.

Eine schwer erträgliche Plage sind für viele Besucher auch die Tsetsefliegen, die überall im Park, verstärkt jedoch in zentralen und nördlichen Wäldern zwischen Chunga und Lufupa auftreten. Sie sind meistens nachmittags aggressiver als vormittags.

Parkzentrum: Kafue Hook Area

•**Mayukuyuku Camp:** Tel. 0977-721284, E-Mail: info@kafuecamps.com, www.kafuecamps.com. Ganzjährig zugängliches lässiges Zeltcamp (die 8 km lange Zufahrt beginnt 14 km östlich der Kafue Hook Bridge) mit geräumigen Zelten und Campingstellflächen. Transfers, Mahlzeiten, Bushwalks, Boots und Pirschfahrten sind im Angebot. Preise: AI ab 450 US$ pP, VP ab 325 US$ (kein EZ-Zuschlag), **Camping** ab 25 US$, Aktivitäten 45 US$. Das Camp liegt im Kafue NP, daher fallen Parkgebühren an.

•**Roy's Kafue Camp & Campsite:** Tel. 0970-381474, E-Mail: royskafuecamp@gmail.com. Einfacheres Übernachtungscamp 1,5 km südlich der Kafuebrücke mit heißen Duschen und Gemeinschaftsküche (ohne Gas/Strom). Bootsmiete möglich. Oft Hippos und (eher unentspannte) Elefanten im Camp. Preise: **Camping** 15 US$ pP, Mietzelte ab 40 US$ (da in der GMA gelegen ohne NP-Eintritt).

•**Mukambi Safari Lodge:** Tel. 0974-424013, E-Mail: info@mukambi.com, www.mukambi.com. Ganzjährig geöffnete, größere Safarilodge (nur 2 km südlich der Teerstraße, mit Pkw erreichbar), die direkt am Ostufer des Kafue in der Mumbwa GMA liegt (kein NP-Eintritt). Die beliebte lebhafte Lodge bietet elegante Chalets und Safarizelte mit Pool und Aussichtsrestaurant; Bootsausflüge und gratis WLAN. Leider lebt "Basil", das Flusspferd, das sich so gerne in der Lodge aufhielt, nicht mehr. Preise: AI ab 370 US$/DZpP. Im Kafue NP liegt das rustikale, idyllische **Fig-Tree Bush Camp** mit vier Zelten auf Plattformen am Ufer des Shishamba River ab 470 US$ pP (nur von Mai bis November).

•**Ila Safari Lodge:** Tel. 0969-864898, E-Mail: reservations@greensafaris.com, https://greensafaris.com. Die moderne Öko-Luxus-Lodge befindet sich in der GMA (kein NP-Eintritt) 5 km südlich der Kafue Hook Bridge. Zehn geschmackvolle Zeltchalets für max. 24 Gäste, Infinity-Pool, ganzjährig geöffnet. Preise: AI ab 475 US$/DZpP und 670 US$/EZ. Siehe auch: Unser Übernachtungstipp, S. 329.

• **Pinnon Safari Lodge:** Tel. 0963-325382, E-Mail: info@pinnonlodges.com, https://pinnonlodges.com. Die etwas schattenlose, einfache Anlage mit Zeltchalets liegt südlich der Mukambi Lodge. Preise: AI ab 285 US$/DZpP und 315 US$EZ.

Südlicher Sektor: Puku Pan Area

•**KaingU Safari Lodge:** Tel. 0211-256992, E-Mail: info@kaingu-lodge.com, www.kaingu-lodge.com. Gepflegtes Zeltcamp in der Namwala GMA (kein NP-Eintritt) mit sechs Zelten und drei individuellen **Camping**stellflächen (private Sanitäranlagen, gute Ausstattung, aber kein Strom). Es werden Kanutrips und Packages mit anderen Camps angeboten. Preise: AI ab 445 US$/DZpP, Camping 28 US$ pP.

•**Kasabushi Camp:** Tel. 0979-668343, E-Mail: info@kasabushi.com, www.kasabushi.com. Das Camp liegt 45 km entlang der Spinal Road und bietet zwei Kasas (Zeltchalets) und mehrere große, schattige **Camping**plätze am westlichen Kafueufer mit außergewöhnlich schönen Duschen. Preise: AI ab 245 US$ pP, VP ab 185 US$, Camping 30–40 US$ pP.

•**Mawimbi Bush Camp:** Tel. +263-242-861286, E-Mail: res@mawimbibushcamp.com, www.mawimbibushcamp.com. Das kleine Camp liegt mit drei geschmackvollen Zeltchalets 2 km abseits der Spinal Road am Kafue und konzentriert sich besonders auf Kanufahrten. Es ist von April bis Dezember geöffnet. Preise: ab 380 US$ pP.

Südlicher Sektor: Itezhi Tezhi Area

•**Mwamfushi Safari Lodge:** Tel. 0776-861719, E-Mail: mwamfushilodge@gmail.com, https://mwamfushisafarilodge.co.zm. Das rustikale Camp unter engagierter lokaler Leitung bietet neun einfache Chalets mit Pool und Restaurant sowie die gängigen Aktivitäten. Preise: AI ab 170 US$ pP, Selfcatering ab 136 US$ pP, **Camping** wird auf Anfrage gestattet.

•**Konkamoya Camp:** Tel. 0969-806957, E-Mail: info@konkamoya.com, www.konkamoya.com. Kleines Camp in einsamer Lage unter italienischer Leitung. Die vier geräumigen Safarizelte auf Plattformen und ein Mini-Pool reihen sich an das flache Ufer des Itezhi-Tezhi-Stausees. Geöffnet von Mitte April bis November. Preise: AI ab 800 US$ pP.

•**Chibila Camp:** Tel. 0977-240113, E-Mail: wecsz@microlink.zm, www.conservationzambia.org. Das Selbstversorgercamp der Wildlife Conservation Society of Zambia, früher bekannt als David Shepherd Camp, kann auch von Nichtmitgliedern besucht werden. Es liegt sehr schön zwischen malerischen Felsen mit weitem Blick über den See und ist ganzjährig geöffnet. Mit Küche. Preise: Chalets und Zelte ab 35 US$ pP, **Camping** 15 US$ pP.

•**New Kalala Camp:** Tel. 0979-418324, E-Mail: info@newkalala.com, www.newkalala.com. Eingewachsene Gartenanlage am Hang neben der Staumauer mit gemauerten Bungalows, Pool, Restaurant und **Camping** auf einer Wiese auf dem Hügel (mit Stromanschluss, Sitzgarnituren, einfachen Sanitäreinrichtungen). Viele Klippschliefer, Buschböcke und Meerkatzen. Bootstouren und Pirschfahrten im Angebot. Preise: Chalets ab 40 US$/Nacht, Camping 15 US$ pP.

•**Musungwa Safari Lodge:** Tel. 0964-791585, E-Mail: Musungwasafarilodge@gmail.com, www.musungwalodge.co.za. Ältere renovierte und weitläufige Bungalowanlage mit Tennis, Pool, Sauna, Bar/Restaurant, die eher Resortcharakter hat und 2 km vor dem Musa Gate liegt. Es werden Bootstrips und Pirschfahrten angeboten. Preise: B&B ab 60 US$ pP, Self Catering ab 30 US$ pP, **Camping** 20 US$ pP (kleine Wiese).

•**Lake Camp:** Tel. 0963-006202, E-Mail: nanzhila@everwild.travel, www.nanzhila.com. Schwestercamp des Nanzhila Plains Camp (siehe unten) mit vier Zelten reizvoll an der Musa-Mündung in den Stausee gelegen. Ganzjährig geöffnet. Preise: AI ab 465 US$ pP.

Südlicher Sektor: Ngoma Area & Nanzhila Plains

•**Nanzhila Plains Safari Camp:** Tel. (SA) +27-82-7720804 und 0963-006202, E-Mail: nanzhila@everwild.travel, www.nanzhila.com. Weit im Süden des Parks liegt das inhabergeführte gemütliche Camp mit sechs Chalets einsam an einem Weiher. Durch die isolierte Lage in den wildreichen Nanzhila Plains ist man hier auf den Pirschfahrten sehr privilegiert. Gute Mittelklasse, geöffnet von Mai bis Dezember. Preise: AI ab 465 US$ pP.

Fotos links von oben: McBrides'Camp; Pool der Musungwa Safari Lodge; New Kalala Camp (Campsite und Bungalows); Luxuszelt in der Ila Lodge.

Fotos dieser Seite von oben: Kafue-Sonnenuntergang; Klaffschnabel; Stilleben mit schlafendem Hippo und Kuhreiher.

Fotos von oben: Kanäle durchziehen die Ebene und sind wichtige Transportwege; Ochsenkarren; Umzug im Barotseland mit allem Hab und Gut

Die Barotseflutebenen

Zwischen Lukulu und den Ngonye Falls erstrecken sich die riesigen Barotseflutebenen. Bei Mongu erreichen sie eine Ausdehnung von bis zu 50 km Breite und sind insgesamt fast 250 km lang. Durch die Regenfälle am Oberlauf des Sambesi schwillt der Fluss zum Ende der Regenzeit derart an, dass er zwischen Februar und April riesige Landstriche überflutet. Auf bis zu 17 Billionen m^3 steigt dann das Wasser in der Ebene. In kleinen temporären Fischerdörfern leben die Menschen in dieser Zeit abgeschieden auf den winzigen verbleibenden Sandbänken. Sie können ihre Wohnstätte nur noch im Einbaum verlassen. Nach der großen Flut trocknet die Ebene allmählich wieder ab und bildet einen fruchtbaren Boden.

Die Bewohner des Schwemmlandes sind es seit jeher gewöhnt, in temporären Dörfern zu leben. Um die empfindlichen Böden zu schonen, wechseln die halbnomadisch umherziehenden Rinderzüchter während der Trockenperiode in den Barotseflutebenen ihre Siedlungsplätze alle zwei bis drei Monate. Der Umzug fällt nicht schwer, weil man nicht viel Besitz kennt. Was sich nicht tragen lässt, wird im Zugschlitten transportiert. Das Hauptnahrungsmittel stellt in dieser Region Reis dar, gefolgt von Mais, Fingerhirse und Cassava. Gelegentlich wird der Speiseplan durch Hühnerfleisch und Fisch aufgebessert, der das ganze Jahr über in den klaren "Ponds" noch traditionell mit Speer und Fischreuse gefischt wird.

Die Geschichte der Lozi

Das Barotseland ist die Heimat der Lozi, die vor Jahrhunderten aus dem Kongogebiet eingewandert waren. In der zweiten Hälfte des 19. Jh. tauchten die ersten europäischen Händler, Jäger und Missionare in dieser Region auf. Skurrile Persönlichkeiten waren darunter, wie der portugiesische Händler Silva Porto, der schon lange vor Dr. Livingstones Ankunft im Barotseland lebte. Sein tragisches Ende, als er sich nach Zwistigkeiten mit den Einheimischen selbst durch den Kamin seines Hauses in die Luft jagte, ist in die Geschichte eingegangen. David Livingstone brachte die Kunde vom Barotseland nach Europa, und schon bald drangen Jäger wie George Westbeech und Missionare wie F. S. Arnot und Walter Fisher ins Land (S. 250). Sie erlangten großen Einfluss am Hofe der Lozi und berichteten später von Gräueltaten und Menschenopfern.

1878 bestieg der junge Lubosi den Lozi-Thron. Sechs Jahre später musste er wegen Machtkämpfen aus Lealui fliehen; es gelang ihm jedoch, sich gegen seine Feinde durchzusetzen und den Thron zurückzuerobern. Seither nannte er sich Lewanika, "der Eroberer", unterzeichnete Schutzverträge mit der BSAC, bemühte sich um ein gutes Verhältnis zu Großbritannien und wurde sogar zur Krönungsfeier König Edwards VII. eingeladen. Der König ließ sich die Uniform eines britischen Konsuls anfertigen, welche er fortan bei der Kuomboka-Zeremonie zu tragen pflegte. Als der Herrscher mit über 70 Jahren starb, fand in den Barotseflutebenen eine riesige Begräbnisfeier statt, bei der 170 Rinder geopfert wurden.

Die stolzen Lozi versuchten immer wieder, sich vom restlichen Sambia abzuspalten. Sie erstritten sich zur Unabhängigkeit das Barotseland-Abkommen, das ihnen weitgehende Selbstverwaltung zugestand, von der Regierung heute aber nicht mehr anerkannt wird. Deshalb erklärte sich Barotseland 2012 einseitig für unabhängig – ohne Auswirkungen. Doch es gärt im Land der Lozi, die sich wirtschaftlich benachteiligt und von der Hauptstadt gegängelt fühlen.

Fotos von oben: Fischerdorf am Sambesi; Einbaum mit schwimmenden Rindern; Grashütte eines Rinderhirten; Lozi-Frauen auf dem Weg zum Pond-Fischen

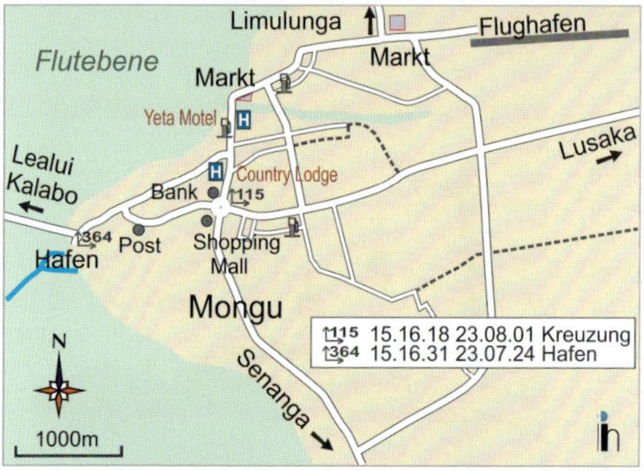

Mongu

Die Provinzhauptstadt ist das Zentrum der Lozi und liegt mit zahlreichen Cashewbäumen am Rande der Barotseflutebenen auf einem Hochufer und ist mit dem 25 km westlich fließenden Sambesi durch den sehenswerten Malile-Kanal verbunden.

Obwohl Mongu in den letzten Jahren stark gewachsen ist, wirkt das Leben hier immer noch beschaulicher als anderswo. Es gibt tägliche Busverbindungen in die Landeshauptstadt und Kleinbusse nach Senanga und Kalabo; ansonsten scheint sich die Stadt in ihrer Abgeschiedenheit wohl zu fühlen. Nirgendwo sieht man heute noch so viele alte Landrover auf den Straßen. Banken und Tankstellen sind zahlreich verhanden. Das Einkaufszentrum *Barotse Mall* bietet einen Shoprite und eine Apotheke am großen Roundabout im Zentrum.

•**Country Lodge:** Independence Ave, Tel. 0977-222216, E-Mail: mongu@countrylodgezambia.com, www.countrylodgezambia.com. Zentral gelegenes Gästehaus mit Restaurant, Garten und klimatisierten Zimmern. Preise: B&B ab 35 US$/Nacht.

•**Greenview Guest House:** Tel. 0955-221029. 2,5 km in Richtung Limulunga liegt das bescheidene Gästehaus hinter der New Apostolic Church. Preise: Zimmer ab 30 US$/Nacht, Camping ca. 8 US$ pP.

•**Liseli Lodge:** Tel. 0964-409805, www.liselilodge.com. 5 km in Richtung Limulunga gelegene klimatisierte Bungalowanlage mit Restaurant und großem Pool. Preise: Zimmer ab 30 US$/Nacht, Chalets ab 40 US$/Nacht, Camping beim Parkplatz 10 US$ pP.

•**Mutoya Campsite:** Auf dem Missionsgelände von "The Zambia Project/Village of Hope" 3,5 km südlich vom Zentrum ist Camping für 5 US$ pP wieder möglich. Sehr steile, sandige Allradzufahrt. GPS: S 15.30.57 E 23.14.85.

Sehenswertes in Mongu und Umgebung

Der Hafen am Malile-Kanal

Unterhalb des Hochufers, auf dem Mongu sich ausbreitet, liegen viele Boote und Einbäume im Hafen. Von hier aus besteht eine kanalisierte Wasserverbindung zum 25 km entfernten Sambesi, die während der Trockenzeit mit flachen Booten eifrig zum Transport von Waren und Personen genützt wird. Bei Hochwasser reicht das Sambesiwasser bis an den Hafen, sodass ein riesiger See entsteht.

Ausflug nach Limulunga: Lozi-Palast und Nayuma Museum

Über eine 15 km lange Teerstraße ist Mongu mit Limulunga, dem Hochlandwohnsitz des Litunga, verbunden. Die Straße führt am Hochufer entlang und gibt einen weiten Blick auf die meistens dunstige Flutebene frei. Im Zentrum von Limulunga liegt der Litungapalast, der dem Lozikönig während der Überschwemmungsmonate als Zweitwohnsitz dient (während der Trockenzeit residiert er in Lealui an der Straße nach Kalabo). Direkt gegenüber befasst sich das Nayuma Museum mit der Lozi-Kultur und Traditionen wie der Kuomboka. Im angeschlossenen kleinen Laden werden heimisches Kunsthandwerk und günstige Korbwaren verkauft. Eintritt: ca. 1 US$. Öffnungszeiten: Mo–Sa 9–13 Uhr und 14–16.45 Uhr, So 9–16 Uhr.

Fotos links von oben: Die imposante King Lubosi Imwiko II Brücke überspannt den Sambesi zwischen Mongu und Kalabo. Bei Sambesi-Hochstand ist die Barotseflutebene bis ins 25 km entfernte Mongu überspült. Wo sonst Autos fahren und Rinder weiden staken dann Kanus zwischen den Fischerhütten.

Fotos unten: Kuombuka; Besucherauflauf in Mongu während der Zeremonie

Der Lozi-Palast in Lealui

Königssitz seit vielen Generationen und Schauplatz der Kuomboka-Zeremonie

Zwischen dem Sambesi und Mongu liegt Lealui, die alte "Hauptstadt" des Lozireiches, mit dem Tieflandpalast des Litunga. Mitten im Lehmhüttendorf stehen der palisadengeschützte Litungapalast, der königliche Gerichtshof und die Schule. Alles wirkt recht unspektakulär, selbst die schwarz-weiß gestreifte, königliche Barke *Natikwanda* liegt scheinbar achtlos neben dem Mwayawano-Kanal. Während der **Kuomboka**, wenn Lealui durch das Hochwasser von der Außenwelt abgeschnitten ist, finden sich hier tausende Besucher ein, den Rest des Jahres legen die Anwohner jedoch Wert auf Ruhe und Diskretion. Besucher werden sofort von Mitarbeitern des Hofes angesprochen, und wer sich hier umsehen möchte, benötigt zuerst eine Genehmigung des Litunga bzw. einer einflussreichen Persönlichkeit. Das gilt ebenso fürs Fotografieren. Den Palast dürfen Fremde in der Regel nicht besichtigen. Mitunter bitten Besucher um eine Audienz beim Litunga, die manchmal auch gewährt wird. Weitere Infos: S. 39, Fotos: https://www.hupeverlag-shop.de/c/reiseberichte. **Anreise:** Lealui (GPS: S 15.13.60 E 23.01.37) liegt 13 km von Mongu in der Flutebene und entlang der Teerstraße nach Kalabo (mit eigener asphaltierter Dorfzufahrt).

Liuwa Plain Nationalpark

Westlich des Sambesi ist Sambia unerschlossen, dünnst besiedelt, tiefsandig und nur mit Geländefahrzeugen bereisbar. Inmitten dieser an sich schon außergewöhnlichen Gegend liegt ein ganz besonderes und dennoch wenig bekanntes Naturparadies. Die NGO African Parks engagiert sich mit Unterstützern wie dem Zambian Carnivore Programme seit 2003 erfolgreich im Wildschutz und dem touristischen Ausbau des in seiner Art einzigartigen Liuwa Plain Nationalparks. Im Jahr 2017 besuchten erstmals mehr als tausend Gäste den Park.

Der Park verdankt seinen Namen der baumlosen, 70 x 30 km großen Liuwa Plain, einer geologischen Besonderheit, füllt sie sich doch alljährlich zwischen Januar und Mai zu einem riesigen, flachen See. Hier findet alljährlich die **zweitgrößte Gnu-Migration Afrikas** mit rund 43 000 Gnus statt. Szenen wie in der Serengeti!

Parkentwicklung

Bereits Ende des 19. Jh. ernannte König Lewanika die Liuwa Plain zum königlichen Jagdgebiet, und er siedelte zum Schutz gegen Jäger und Wilderer einige Familien an diversen Pfannen und Wassertümpeln in dem bislang unbewohnten Gebiet an. Auf dieses Recht berufen sich die ansässigen Dörfer bis heute, und so ist dieser Nationalpark der einzige des Landes, im dem rechtmäßig Menschen leben. Pond-Fischer und Rinderherden mit ihren Hirten gehören also zum alltäglichen Bild. Was nicht ohne Komplikationen abläuft, denn während der Trockenzeit müssen sich Mensch, Nutz- und Wildtier mit dem limitierten Wasserangebot arrangieren, was häufig zu Lasten der Wildtiere geht. Problematisch sind auch die Haushunde der Dorfbewohner, denn sie übertragen Krankheiten und reißen Wildtiere. Bisher ist es niemandem gelungen, die Dörfer zum Umzug außerhalb der Parkgrenzen zu bewegen, und so hofft African Parks zumindest auf ein Partizipieren der Bewohner mit den Tierschutzvorgaben, indem die Campingeinnahmen durch die Touristen direkt an die Dörfer weitergeleitet werden.

Oben: Die schier endlose Weite im Liuwa Plain Nationalpark

Fotos rechts: Verschlammte Hyäne; Gnu im gelben Gras; typische Vegetation nahe der Waldinseln

Natur und Tierwelt

Kaum verlässt man von Kalabo kommend den letzten Waldgürtel, öffnet sich die weite Grasebene und gibt bis zum Horizont eine gelbe Steppe frei. Das kurz gefressene, sehr robuste Gras der Liuwa Plain wächst auf einem außerordentlich harten Bodenbelag, der in der Trockenzeit problemlos befahren werden kann, aber zwischen Januar und Mai völlig überflutet ist. Blassblaue Bauminseln zeichnen sich am Horizont ab und vereinzelt lockern Ponds (Wassertümpel) die flache Ebene auf.

Die **Gnus** wandern zu Beginn jeder Regenzeit südwärts und kalben gemeinsam im November/Dezember im Gebiet um Matamanene. Sie bleiben dort mit ihrem Nachwuchs, während sich zwischen Januar und Mai die Pfannen füllen und tausende Wasservögel anziehen. Vier stattliche Hyänenrudel mit je etwa 50 Mitgliedern ernähren sich in dieser Zeit hauptsächlich von den jungen Gnus. Wenn die Pfannen im Juni/Juli abtrocknen, ziehen die Gnuherden nach Norden; zurück bleiben nur einzelne Bullen. Entgegen bisheriger Vermutungen verdeutlichten die jüngsten Forschungen, dass die Gnus nicht bis nach Angola wandern, sondern in Sambia bleiben.

Rund 4500 Steppenzebras mischen sich unter die Gnus, vereinzelt sieht man auch Steinantilopen, Rote Moorantilopen, Oribis, Streifenschakale, Büffel, Stachelschweine, Feldhasen und Mangusten. In Bauminseln tummeln sich Meerkatzen. Geier, Sekretäre und Damara-Baumhopfe sind häufig. Kiebitze, Marabus, Finken und Scharlachspinte entdeckt man an Lagunen. Auch Kronen- und Klunkerkraniche halten sich in außerordentlich großen Gruppen nahe der Frischwasserponds auf. Etwa 230 auffallend kräftige Hyänen, über 40 Afrikanische Wildhunde, zwischen 15 und 20 Geparden und zehn Löwen stehen unter der Beobachtung der Tierschützer. Damit haben sich die Bestandszahlen deutlich erhöht.

Im August 2017 starb die berühmteste Löwin des Landes, die 17-jährige **Lady Liuwa**, eines natürlichen Todes. Sie war die einzige Überlebende ihrer Art, als der Park in den 1990ern schutzlos den Wilderern ausgeliefert war. Jahrelang streifte sie einsam umher und näherte sich schließlich den Mitarbeitern von African Parks an, indem sie ihre Gesellschaft suchte und sich gerne in deren Nähe aufhielt, ohne sie jemals zu attackieren. Die Tierschützer unternahmen mehrere Versuche, fremde Löwen anzusiedeln, damit Lady Liuwa ein eigenes Rudel gründen könnte, doch alles schlug fehl, und schließlich wurde offensichtlich, dass sie unfruchtbar war. Erst 2011 gelang es den Forschern nach dramatischen Entwicklungen, ein junges Weibchen erfolgreich anzusiedeln, mit dem sich Lady Liuwa zusammenschloss und deren Nachkommen sie fortan mit aufzog. So konnte sich nach langen Jahren wieder ein erstes Löwenrudel in der Liuwa Plain bilden.

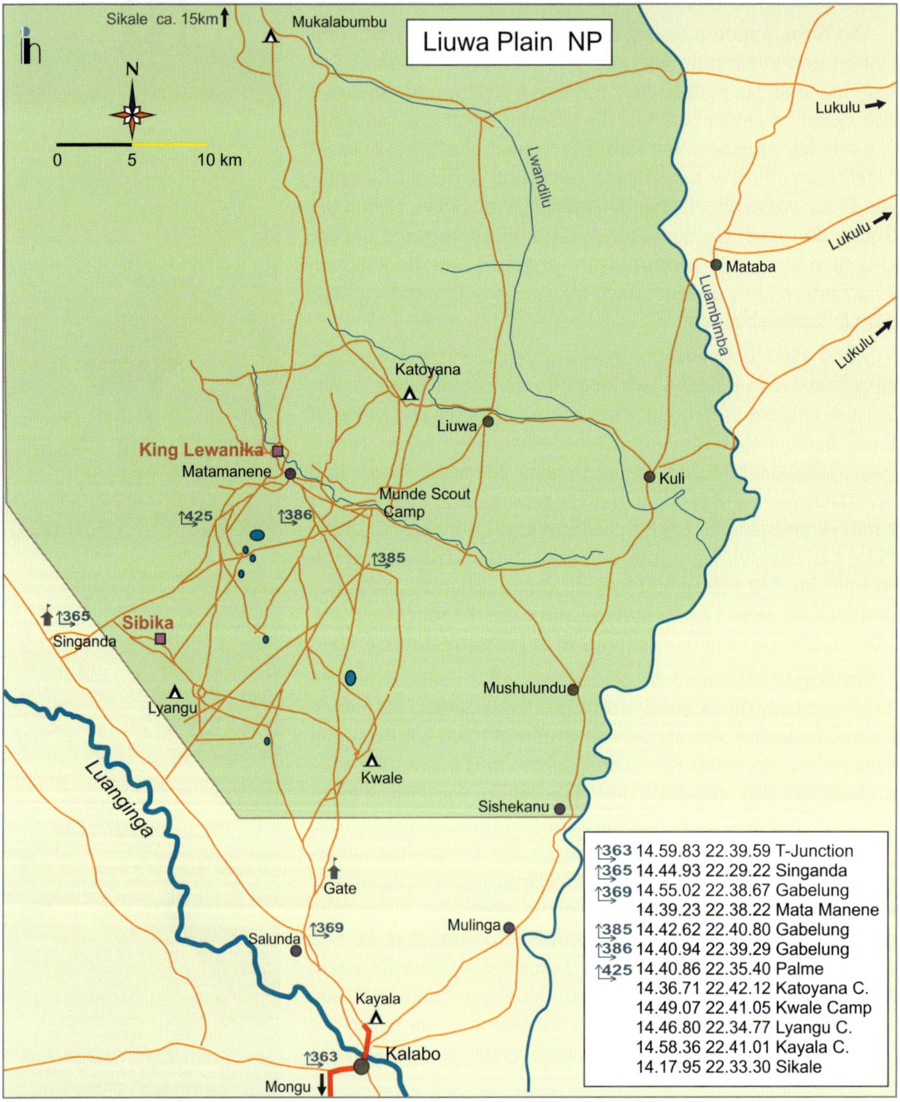
Liuwa Plain NP
Sikale ca. 15km
Mukalabumbu
N
0 5 10 km
Lwandilu
Lukulu
Lukulu
Lukulu
Mataba
Luambimba
Katoyana
Liuwa
King Lewanika
Matamanene
Munde Scout Camp
Kuli
425
386
385
365
Sibika
Singanda
Lyangu
Luanginga
Mushulundu
Kwale
Sishekanu
Gate
369
Salunda
Mulinga
Kayala
Kalabo
363
Mongu
363 14.59.83 22.39.59 T-Junction
365 14.44.93 22.29.22 Singanda
369 14.55.02 22.38.67 Gabelung
14.39.23 22.38.22 Mata Manene
385 14.42.62 22.40.80 Gabelung
386 14.40.94 22.39.29 Gabelung
425 14.40.86 22.35.40 Palme
14.36.71 22.42.12 Katoyana C.
14.49.07 22.41.05 Kwale Camp
14.46.80 22.34.77 Lyangu C.
14.58.36 22.41.01 Kayala C.
14.17.95 22.33.30 Sikale

Anreise via Kalabo

Zwischen Mongu und Kalabo liegen rund 67 km Tiefsand, zahlreiche glasklare Lagunen, von Kanälen durchzogene Flutebenen und der breite Sambesi. Auf unmerklichen Erhöhungen drängen sich strohgedeckte Dörfer um einzelne Mangobäume. Früher kämpfte man sich hier auf schmalen, sich häufig gabelnden und nirgends ausgeschilderten Sandwegen vorwärts. Mehrfach wurde versucht, eine Ganzjahrespiste mit Brücken und Fahrdämmen aus Sand anzulegen, doch überstand die Straße stets nicht einmal die nächste Regenzeit; die Sambesiflut unterspülte die Sanddämme und riss ganze Straßenabschnitte fort. Die Fahrtstrecke gehörte zu den unangenehmsten Strecken Sambias, bis der Straßenbau von Mongu aus erneut angegangen wurde und 15 km westlich von Lealui eine massive Brücke über den Sambesi errichtet worden ist (siehe Foto, S. 216). Seither gelangt man ganz einfach auf Teerstraße nach Kalabo.

52 km westlich der Sambesibrücke erreicht man über die Teerstraße die Kleinstadt **Kalabo** (GPS: S 14.59.24 E 22.41.00), mit einem großen Krankenhaus, einer Bank und einfachen Versorgungsmöglichkeiten, aber ohne Tankstelle. Kalabo liegt am Luanginga River, der bis Ende 2023 mit einer Autofähre überquert werden musste. Heute gibt es dort eine nagelneue Brücke. Etwa 1,5 km weiter ist eine zweite Brücke (beide sind umsonst befahrbar), direkt danach beginnt die tiefsandige, gut beschilderte Allradpiste zum neuen Headquarters von African Parks, wo die Besucher registriert werden und ihre Gebühren bezahlen (8–16 Uhr). Der **Eintritt** beträgt 40 US$ pro Tag, für Kinder 10 US$, Camping 25 US$ pP; für Kinder 12 US$; Fahrzeuge 15 US$ (mit Zambia-Kennzeichen 30 Kwacha). Nur Barzahlung in US$ möglich.

Nach dem Parkbüro geht es tiefsandig weiter durch Buschwald. Allmählich wird die Vegetation lichter, der Wald weicht einzelnen offenen Grasebenen. Je weiter man kommt, umso fester wird der Untergrund. Nach 30 km durchfährt man den letzten Waldgürtel, dahinter breiten sich die schier endlos wirkenden Grasebenen der Liuwa Plain aus.

Fotos von oben: Katoyana Campsite; Beschilderung im Park; Termitenhügel auf der Plain; Tiefsand zu Beginn der Parkzufahrt

Übernachten im Park

Im Park liegen vier einfache, von Caretakern betreute **Community Campsites** mit jeweils vier Einzelplätzen, Toiletten/heißen Duschen und Unterständen, aber ohne Trinkwasser: **Katoyana**, **Kwale** und **Lyangu** befinden sich im Zentrum des Parks, **Mukalabumbu** rund 4 km nördlich der Miyanda Pools. Ein fünftes Camp, **Sikale**, liegt als Wilderness Camp ohne jegliche Einrichtungen noch weiter im Norden des Parks. Die Camps ähneln sich und sind etwa gleichwertig, sie befinden sich in der Peripherie der offenen Liuwa Plain und somit im Vegetationsgürtel abseits der großen Tierherden und bieten ausreichend Privatsphäre. Die Caretaker kommen aus den nahegelegenen Dörfern, denen auch die Einnahmen zugutekommen.

Von African Parks werden zwei weitere Übernachtungsmöglichkeiten angeboten:

Sibika Camp: Selbstversorgercamp mit vier Stelzenchalets im Süden des Parks in der Nähe des Lyangu Camps gelegen. Preise: 90 US$ pro Nacht.

Liuwa Camp: Sechs Luxuszeltchalets auf Plattformen, seit 2024 eröffnet. Preise: AI 540 US$ pP.

King Lewanika Lodge: Time + Tide, https://www.timeandtideafrica.com/camp/time-tide-king-lewanika/. Diese elitäre Luxuslodge im Herzen des Nationalparks mit sechs modernen Canvas-Villen wird geführt von einem der größten Safarianbieter Sambias (ehemals Norman Carr Safaris, siehe S. 309 und 311). Preise: AI 1760 US$ pP und 2640 US$/EZ.

Fotos dieser Seiten: Szenen einer Safari im Liuwa Plain Nationalpark Unten: Schlankmanguste

Tipps & Infos für Parkbesucher

Der Besuch des 3660 km² großen Liuwa Plain NP ist eine **Extremtour**, die man im Konvoi von möglichst zwei autarken Allradfahrzeugen unternehmen sollte. Geöffnet ist der Park von 01. April bis 15. Dezember; doch bis Juni kann er oft nur eingeschränkt befahren werden. Je nach Stärke und Dauer der Regenzeit ist der Park mitunter sogar erst im Juli/August zugänglich. Die beste Reisezeit ist von August bis Dezember, vor allem von Mitte Oktober bis Ende November, wenn sich die Gnuherden im Südteil einfinden und gemeinsam kalben.

Wie in allen vegetationsarmen Zonen ist das **Klima** extrem: tagsüber heiß, nachts kühlt es deutlich ab. Ein besonderes Spektakel sind die Gewitterstürme voller Blitze und Wolkentürme, die sich hier im November und Dezember zu Beginn der Regenzeit häufen.

Parkbesuche sollten möglichst vorreserviert werden, da die Besucherzahl streng limitiert ist (Tel. 0964-168394, E-Mail: liuwatourism @africanparks.org, www.africanparks.org) Wer sich bis 15 Uhr am Anreisetag nicht in der Rezeption gemeldet hat, verliert die Reservierung inklusive aller geleisteten Anzahlungen. Die strengen Regeln sollen den Individualtourismus im Park reglementieren und in feste Bahnen lenken. Daher wird auch propagiert, einen Scout mitzunehmen, der die Besucher durch die etwas orientierungsfeindliche Landschaft führen kann (35 US$ pro Tag). Sofern der Park nicht ausgebucht ist, werden Besucher auch ohne Reservierung eingelassen. Bei der Ankunft und Registrierung im Headquarters müssen sich alle Gäste mit einem Pass ausweisen. Zahlungen können dort nur in bar in US$ oder Zambia-Kwacha getätigt werden, nicht mit Kreditkarten. Nachtfahrten, Offroadfahrten und Wildcamping sind nicht erlaubt. Wer als Autofahrer im Park Hilfe braucht, wird für das Abschleppen mit bis zu 200 US$ zur Kasse gebeten.

Extremstrecken für Liebhaber

Bitte beachten Sie: Diese äußerst einsamen Strecken auf der Westbank zwischen Mongu, Kalabo und Lukulu erfordern Allrad, gutes Kartenmaterial und GPS sowie entsprechende Ausrüstung (Sprit, Wasser, Werkzeug). Bis in den September hinein muss man hier fahrerisch neben Tiefsandpassagen auch Wassertümpel bewältigen.

Extremroute: Von Kalabo direkt nach Lukulu

Die 105 km lange, selten befahrene Sandstrecke beginnt bei Kalabo am Nordufer des Luanginga. Die ersten 25 km verlaufen über tiefsandige Dünenzüge und durch Dorngebüsch. Dann führt die Spur in die tiefer liegende Flutebene hinab und lässt sich dort besser befahren. Man kommt an mehreren stets leicht erhöht liegenden Schulen vorbei, die in dieser regelmäßig überfluteten Ebene als Orientierungshilfen dienen und deren Zufahrten sehr tiefsandig sind. Nach **Lukulu** am Ostufer des Sambesi verkehrt eine Fähre, die von der katholischen Santa Maria Mission in Lukulu betrieben wird (150 Kwacha) und nur bei Bedarf verkehrt; man muss also an der Mission nach dem Fährmann fragen bzw. fragen lassen. Lukulu bietet eine Dieseltankstelle. Von hier führt eine dicht besiedelte und ruppigharte Piste zur Watopafähre am Kabompo (65 km, S. 230).

Zwischen Mongu und Lukulu: Die Luena Flats

Das Gebiet zwischen Mongu und Lukulu ist eine Herausforderung zu jeder Jahreszeit. Als Teil der Barotseflutebene gleicht dieser Landstrich während der Regenzeit einem riesigen flachen See, und in der Trockenzeit warten die Luena Flats mit tief ausgefahrenem Kalaharisand auf. Die einfachste Anreise von Mongu nach Lukulu erfolgt daher auch über den langen Umweg via Kaoma, der ganzjährig befahrbar ist. Es bestehen aber auch zwei Direktverbindungen, die jedoch selbst unerschrockenen Allradfahrern nur in der späten Trockenzeit anzuraten sind. Route Nr. 1 führt von Limulunga aus direkt über die Flutebenen nach Norden. Route Nr. 2 zweigt zwischen Lealui und der Sambesifähre ab, ist ebenso unbeschildert, und führt kreuz und quer in nördliche Richtung. Sie trennt sich in unzählige Einzelspuren, verläuft aber stets nahe dem Sambesi.

Der Luena River ist übrigens ein "Okavango im Kleinen": Er fließt ganzjährig dem Sambesi zu, erreicht ihn aber nicht, sondern versandet vorher in den sandigen Luena Flats.

Fotos links: Ochsenkarren sind hier ein typisches Verkehrsmittel; Wildcampen auf der Westbank; Rinderherde
Oben und rechts: Korbfischen im Luena; stolzer Junge mit seinem Fang

Mongu – Sesheke

Gesamtstrecke: 322 km
Fahrzeit: ca. 4–5 Std.
Zustand: Teerstraße mit Schlaglöchern
Tankstellen: Senanga, Sesheke
Besonderheiten: kaum Verkehr

Auf der Höhe von Sioma kommt man an der **Sambesi-Insel Mbeta** vorbei. Einigen Quellen zufolge soll diese Insel einst der Schauplatz eines bemerkenswerten militärischen Schachzuges der Kololo gegen die Matabele gewesen sein. Im 19. Jh. wurden die Kololo von einer Matabele-Armee bedroht, welche am Westufer des Sambesi stromaufwärts vordrang. Nur durch einen Trick entkamen die Kololo den überlegenen, aber ortsunkundigen Matabele: Die bedrängten Kololo brachten all ihre Rinder auf die Insel Mbeta. Der Lärm der Tiere ließ die Matabele glauben, die Insel sei das bewohnte Ostufer des Sambesi. Deshalb zogen sie auf die große Insel, wo die Kololo noch in der selben Nacht die Kanus der Eindringlinge stahlen. Die Matabele saßen nun in der Falle – die meisten konnten nicht schwimmen, gerieten in Panik und wurden von den Kololo schließlich vernichtet.

Manche Quellen vermuten den Schauplatz des Gemetzels in den Linyanti-Sümpfen südlich von Sesheke, doch lassen die hier auftauchende Namen wie "Matabele Plains", "Matabele School & Village" doch eher auf diese Örtlichkeit schließen.

Von Mongu nach Sesheke

Bis Senanga verläuft die Strecke als erhöhter Fahrdamm durch flache, eintönige Marschen im Schwemmgebiet östlich des Sambesi. **Senanga** liegt wie Mongu auf einem flachen Höhenzug mit weitem Ausblick über die Szenerie der Barotseflutebenen. Die Kleinstadt ist für mehrere hundert Kilometer die letzte Station mit Läden, einfachen Unterkünften und Tankstelle.

Von Senenga führt die vor einigen Jahren erst gut ausgebaute Teerstraße nach Süden weiter bis Sioma / Ngonye Falls, wo eine ebenso neue Brücke den Sambesi überspannt. Von diesem Augenblick an folgt die Straße bis Sesheke dem Westufer. Oberhalb der Sambesibrücke liegen die besuchenswerten Ngonye Falls und mehrere Camps (siehe rechts). Der Sioma Distrikt verlangt von Autofahrern entlang der Strecke gelegentlich eine Council Levy über 65 Kwacha.

Die Region ist dünn besiedelt, der Boden ausgelaugt, und der Straßenbau hat hässliche Wunden in die Landschaft gerissen. In den wenigen Dörfern stehen noch traditionelle Strohhütten, und vereinzelt entdeckt man die auf sandigen Kalahariböden typischen Zugschlitten und Palisaden zwischen den Wohnhütten. Da und dort wird die Abzweigung zu einem Fishing Camp ausgeschildert. Ansonsten bleibt die etwa 125 km lange Fahrtstrecke bis Sesheke und zur Grenze Namibias eher ereignislos.

Auf den letzten 40 km gibt die neue Teerstraße gelegentlich Ausblicke auf den trägen Sambesi frei, und allmählich nimmt der spärliche Verkehr wieder zu und man gerät in die Zivilisation zurück. Vor Sesheke und der Sambesibrücke gelangt man an Sambias einzigen Grenzübergang nach Namibia, "Wenela Border" genannt.

Infos zur Grenze und Anschlussstrecke: siehe S. 188.

Ngonye Falls (auch Sioma-Falls)

Als Teil des KAZA-Parks wurden die Ngonye Falls 2009 zum Nationalpark erklärt, und auf dem 1760 ha großen umzäunten Gelände Impalas, Buschböcke und Kudus ausgewildert. Auch ein Informationszentrum und einige Campingstellflächen sind beim Haupteingang am Westufer entstanden. Ein Fußweg führt hier zu den Wasserfällen hinab (15 Min.). Die schönere Sicht hat man allerdings vom Ostufer, wo der 1,2 km lange Pfad zur Aussichtsstelle 9 km nördlich der Sambesibrücke beginnt. Bei niedrigem Wasserstand führen die Wildhüter Besucher auch im Einbaum an die Fälle heran, denn vom Boot aus ist der Ausblick auf die 21 m tiefen Wasserfälle am schönsten. Oft wird geschwärmt, die Ngonye Falls wären berühmter geworden, lägen sie nicht lediglich 300 km stromaufwärts der gigantischen Viktoriafälle. Großartig ist jedenfalls die Ruhe im Vergleich zu den Viktoriafällen. Außerdem kann man hier noch einen künstlichen Kanal von König Lewanika aus dem Jahr 1902 besichtigen. Der Eintritt (für beide Uferseiten) beträgt 5 US$ pP, für Fahrzeuge 15 US$, Camping kostet 5 US$ pP. Öffnungszeiten: 6–18 Uhr.

Lodges am Sambesi (von Nord nach Süd)

•**Country Lodge Sioma:** Tel. 0976-980800, http://countrylodgezambia.com. Motelähnliches Gästehaus mit Restaurant direkt an der Sambesibrücke (eher laut). Preise: B&B ab 15–40 US$/DZpP.

•**Ngonye River Camp:** Tel. 0973-222549, E-Mail: ngonyecamp@yahoo.com, www.ngonyerivercamp.com. Das kirchlich geführte Camp liegt mit schönem Aussichtsdeck, begrünten Stellflächen, Gemeinschaftsküche, Stromanschluss und gratis WLAN nahe der Brücke am Westufer des Sambesi. Hier werden Chalets für 50 US$/Nacht, Zelte für 35 US$/Nacht, Camping für 10–15 US$ pP und Bootstouren zu den Sioma Falls für 35 US$ pP angeboten.

•**Whispering Sands:** Tel. 0969-617888, E-Mail: inquires@whisperingsands.co.za, www. whisperingsands.co.za. Ruhig gelegene südafrikanische Anlage 2 km nördlich der Sambesibrücke (am Westufer, in Richtung Sioma-Dorf) mit Restaurant, Pool, netten Selbstversorgerchalets ab 15–20 US$ pP, Miet-Caravans ab 12 US$ pP und sechs Campingstellflächen (mit Strom, WLAN und teilweise super Aussicht) für 15 US$/Stellplatz.

•**Lumbe Pools Camp:** https://lumbepoolscamp.com. Etwa 30 km südlich der Sioma Falls liegt das südafrikanische Fishing Camp mit fünf Open-Air-Zeltchalets am Ostufer des Sambesi. Preise: ab 50 US$.

•**Kabula Lodge:** Tel. (SA) +27-82-5508642, E-Mail: info@kabulalodge.com, www.kabulalodge.com. Rustikale Mittelklasseanlage am Sambesi 60 km südlich der Sambesibrücke bzw. 56 km nördlich der Namibiagrenze mit Stelzen-Chalets zur Selbstversorgung für 50–70 US$/Nacht und schattigen, begrünten Campingparzellen für 10 US$ pP. Das ganzjährig geöffnete Camp wird ein wenig nachlässig geführt, ist jedoch ein Tipp für Ornithologen.

•**Mutemwa Lodge:** Tel. (SA) +27-82-6259264, www.mutemwa.co.za. 9 km südlich der Kabula Lodge liegt das Fishing Camp mit sechs Zeltchalets unter hohen Bäumen. Preise: AI ab 220 US$ pP.

Sioma Ngwezi Nationalpark

Der 5276 km² große Nationalpark liegt im Grenzgebiet zu Angola und Namibia und markiert eine selten besuchte und vernachlässigte Wildnis. Während des angolanischen Bürgerkriegs diente der Park der zügellosen Fleischversorgung bewaffneter Truppen und Rebellen. Zugleich strömten tausende Flüchtlinge an die Ufer des Grenzflusses Kwando und schnitten den bedrängten Wildtieren den notwendigen Zugang zum Wasser ab (der Park selbst bietet in der Trockenzeit keine Wasserstellen). Nach dem Bürgerkrieg waren die Dörfer entlang des Kwando nicht zu einer Umsiedlung bereit und zudem hoffte die Holzindustrie auf eine Parkfreigabe, um die reichen Teakholzwälder abzuholzen. Erstmals Hoffnung gab es für den Park, als die NGO African Parks im Mai 2003 einen Pachtvertrag schloss und mit dem Wiederaufbau des Parks, mit Patrouillien gegen Wilderer und Plänen für die Wiederaufstockung des Wildbestands und den touristischen Ausbau begann (gemeinsam mit dem Projekt im Liuwa Plain NP). Doch während sich dort Erfolge einstellten, zeigte sich im Sioma Ngwezi NP ein katastrophales Bild. Von mehr als 3000 Elefanten (1972) hatten vielleicht 200 überlebt, von 1000 Büffeln (1972) nur 20 Tiere. Zudem 18 Zebras und 20 Giraffen – mehr haben die Scouts in acht Monaten nicht entdecken können. Dieses traurige Ergebnis, der ungleiche Kampf um den Zugang zum Wasser und die Lobby der Holzindustrie hatten zur Folge, dass sich African Parks im Mai 2004 aus dem Park zurückzog und ihm keine Chance mehr auf Rehabilitation einräumte.

Doch 2009 war die Geburtsstunde jenes ländergreifenden KAZA-Park-Projekts, das zwar sehr langsam, aber stetig voranschritt. Denn im Herzen dieses riesigen Schutzgebiets liegt der Sioma Ngwezi NP, und so bekommt er doch endlich eine Chance. Es begann mit einer beachtlichen Finanzspritze der deutschen KFW, die 2015 das neue Park-Headquarters mit Büros und Wohnhäusern für die Scouts, Bohrlöchern, Satelliten- und Funkanlagen errichtete. Seither werden mehrere Pfannen im Park mit Tiefbrunnen versorgt, sodass die Wildtiere dort jetzt ganzjährig Wasser finden. Der WWF stellte Kamerafallen auf, die belegen, dass sich Afrikanische Wildhunde und Hyänen im Park aufhalten; außerdem stattete er zehn der letzten 48 Elefanten und zwei Löwen mit Sendern aus. Die Luftaufklärung der Nationalparkbehörde im Jahr 2020 erbrachte den erfreulichen Beweis, dass sich der Park regeneriert; es wurden wieder rund 200 Elefanten gesichtet und große Herden an Büffeln, Zebras, Elen- und Rappenantilopen. Zudem sollen noch zahlreiche Gnus, Kudus, Pukus, Buschböcke und Impalas im Park leben, der außerdem als einziger Park Sambias neben dem Luangwatal noch Giraffen beherbergt. Aufgrund der jahrzehntelangen starken Wilderei und der Abgeschiedenheit sind alle Tiere allerdings extrem scheu.

Als nächstes sollen ein Wegenetz entstehen und private Investoren für die touristische Entwicklung gefunden werden, denn sein Potenzial wird durch die Nähe zu den Viktoriafällen und dem Chobe NP in Botswana hoch eingeschätzt. Die Vegetation wechselt von trockenen Laubwäldern mit Terminalia, Teakholz und Akazien zu dichtem Busch und lichten Kalaharisandfeldern.

Es ist möglich, den Park zu durchqueren. Im Westen beginnt die Zufahrt nahe **Imusho** am **Kwando River** bei GPS S 17.31.798 E 23.14.056. Von hier sind 72 km bis zum verstreuten Großdorf Ngwezi zu fahren, die über weite Strecken fast zugewachsen sind (zahlreiche umgestürzte Bäume müssen umfahren werden) und daher 4,5 bis 5 Fahrstunden in Anspruch nehmen. Bei **Ngwezi** gelangt man in eine offenere Lagunen-Landschaft und über das Silumbo GMA Gate zur Fernstraße Sesheke–Mongu (bei GPS S 16.54.649 E 23.51.067, etwa 80 km nördlich von Sesheke). Nähere Informationen, Permits und bei Bedarf auch einen ortskundigen Führer erhält man beim zuständigen ZAWA-Parkbüro südlich des Ngonye Falls NP (bei GPS S 16.40.323 E 23.34.210). Der Parkeintritt beträgt 5 US$ pP, Camping kostet 5 US$, Fahrzeuge kosten 15 US$. Im Park ist man völlig auf sich allein gestellt, es gibt keinerlei Einrichtungen.

Fotos: Im Sioma Ngwezi NP müssen sich Besucher noch mit den Entdeckungen von Buschhörnchen, Kronenduckern, Schmetterlingen und Vögeln wie diesen weiblichen Arnotschwätzer begnügen. Die zugewachsenen Pisten erfordern die volle Aufmerksamkeit; auch Buschbrände kommen immer wieder vor.

Unterwegs im Nordwesten:

Von Kaoma nach Zambezi und Chavuma

Diese Strecke setzt bei Kaoma an der Straße zwischen Mongu und Lusaka an (siehe S. 191). 10 km westlich des Kaoma-Turnoffs zweigt eine Piste nach Norden ab, die durch sehr ursprüngliche Dörfer entlang des Luena Rivers zur 164 km entfernten **Watopafähre** (Fahrzeuge 150 Kwacha) am Kabompo River führt. Die Ufer des Kabompo sind stärker als am Sambesi mit Feldern bebaut, da er nicht zu Überschwemmungen neigt. 21 km nach der Fährüberfahrt trifft man in Mumbeji auf die Teerstraße zwischen den Städten Zambezi und Kabompo (S. 234). Nach Westen fahrend erreicht man nach 72 km zügig die Stadt Zambezi.

Zambezi

Die verschlafene Stadt versprüht eine besondere Atmosphäre. Ein wenig scheint die Zeit stillzustehen, ein typisches Phänomen im Nordwesten Sambias. Immerhin gibt es bescheidene Versorgungsmöglichkeiten, einen kleinen Markt beim Hospital und neuerdings auch zwei Tankstellen, die nicht immer Treibstoff lagernd haben (dafür funktioniert der Schwarzmarkt zuverlässig). Der einzige Geldschalter der Stadt akzeptiert bisher keine internationalen Kreditkarten. Eine gute Übernachtungsmöglichkeit am Hochufer des Sambesi bietet dafür die gepflegte, zentral gelegene Royal Kutachika Lodge mit 15 Chalets, einem Pool und Restaurant. Tel. 0969-657441, E-Mail: info@kutachika.com, https://kutachika.com. Preise: B&B ab 15 US$/DZpP.

Mit einer Fähre (150 Kwacha pro Fahrzeug) können Verwegene ans Westufer des Sambesi übersetzen, zum Luvale-Palast Mize (s. S. 40, Luvale-Zeremonie) sowie weiter zum Lungwebungu River und an den Lake Mwange gelangen.

82 Kilometer nördlich von Zambezi liegt an der angolanischen Grenze Chavuma, ein einsamer Außenposten Sambias. Die Teerstraße dorthin ist in gutem Zustand und führt parallel zum Fluss durch ein stark besiedeltes Gebiet. Die Dörfer wirken sehr gepflegt und sind mit großen Bäumen aufgelockert. Unterwegs lohnt sich der Abstecher zur Chinyingi-Hängebrücke (S. 232).

Fotos von oben: Stolze Kioskbesitzerin "Shopping Centre" am Wegesrand; ein Schneider und Einbaum-Taxis in Zambezi
Fotos rechts: Fröhliche Frauen; Transport-Kanu auf dem Sambesi

Chavuma

Ein britischer Gouverneur nannte Chavuma einst den entlegensten Fleck des gesamten Britischen Empire. Zur Kolonialzeit, vor dem Straßenbau, gab es denn auch nur sehr unregelmäßige Bootsverbindungen nach Chavuma. Damals verlief der gesamte Handel über den Sambesi. Die bäuerlichen Luvale tauschten Kanus gegen Rinder und verkauften den Lozi ihren Cassava.

Chavuma liegt nur 11 km von der angolanischen Grenze entfernt. Der kleine Ort wird von der großen CMML Mission (Christian Missions in Many Lands) überragt, die auf dem einzigen größeren Hügel liegt. In weitem Umkreis weisen kleine Kirchen auf die Aktivitäten der Missionsstation hin. Die Mission entspricht einer kleinen Siedlung, die sich selbst versorgt. Neben dem großen Krankenhaus, einer Schule, der Kirche und einem religiösen Buchladen gibt es auch eine eigene Tankstelle und Werkstatt. Die Häuser der Missionare sind gepflegt, die Gärten grün und voller Bäume, der Ausblick über den Sambesi grandios.

Chavuma Falls

Bei Chavuma ist der Sambesi bereits 300 km lang durch Angola geströmt und dabei mächtig angeschwollen. 1 km südlich der Mission überwindet er einen sehr felsigen Abschnitt. Den besten Blick darauf genießt man von der Fähre, die genau unterhalb der Stromschnellen den Sambesi quert (150 Kwacha pro Fahrzeug). Bei Hochwasser handelt es sich jedoch eher um Stromschnellen als um einen Wasserfall.

Lunda und Luvale

Die beiden großen Volksgruppen dieser Region sind eng miteinander verwandt. Die Luvale sind stärker mit dem Sambesi verbunden und gelten als geschickte Händler. Die Lunda, Nachfahren des mächtigen Luba-Lundareiches im Kongo, sind seit dessen Untergang weniger dominant und schlechter organisiert, sie haben dafür eine ausgefeilte Handwerkskunst und sind begnadete Jäger.

Traditionelle Fertigkeiten, die anderswo verschwunden sind, gehören hier noch zum Alltag. Ein schönes Beispiel sind die wie Garne aufgerollten Stricke, die geschickt aus der Rinde eines Baumes geschnitten werden. In den Astgabelungen hoher Bäume liegen mitunter längliche Behältnisse aus Baumrinden, traditionelle Bienenkörbe. Aus dem Honig wird später auch Bier gebraut.

Fotos dieser Seiten: Szenen von der Hängebrücke; Wildcamping am sandigen Flussufer und ein Makishi-Tänzer

Chinyingi-Hängebrücke

23 km nördlich von Zambezi (2 km nördlich einer Betonbrücke) zweigt links eine Sandpiste zur Chinyingi Mission, einer kanadischen Franziskaner-Missionsstation, ab. Entlang dieser Piste erreicht man nach 8 km die über 200 m lange Fußgängerhängebrücke über den Sambesi (GPS: S 13.21.13 E 23.00.81).

Es gibt noch eine kürzere, allerdings unbeschilderte Zufahrt zur Brücke. Sie zweigt exakt 21,5 km nördlich vom Zambezi Post Office links ab und erreicht die Hängebrücke nach 6 km Fahrt über die Flutebenen.

Die Mission am Westufer war 1954 gegründet worden und zunächst nur mit Booten zu erreichen. Als sich ein tragisches Unglück mit mehreren Todesopfern ereignete, errichteten die Missionare in den 1970er Jahren die Hängebrücke als seinerzeit einzige Brücke über den Sambesi zwischen Angola und den Viktoriafällen. Eine der längsten Hängebrücken Afrikas ist sie heute noch. Direkt unterhalb der "Swinging Bridge" liegt ein Ponton für den Transport von Fahrzeugen.

Reger Fußgängerverkehr herrscht an dieser Stahlhängebrücke oft. Die Menschen tragen allerlei Waren und Fischkörbe auf dem Kopf, schieben Fahrräder mit Körben voller Hühner und Cassavamehl über das schwankende Stahlgerüst. Durch die vielen Fußgänger gerät der Übergang zur ziemlich wackeligen und unvergesslichen Angelegenheit mit freiem Blick in die Tiefe – unbedingt ausprobieren!

Von Chavuma nach Solwezi

Oben: Frühmorgens sind die Dambos und Flutebenen oft feucht und neblig

Die Straße führt von Chavuma zurück nach Zambezi und zur Abzweigung zur Watopafähre wie auf S. 230 beschrieben, und von dort weitere 68 km durch Kaonde-Dörfer bis nach Kabompo. Der Verkehr ist sehr mäßig; markante Mukwabäume und hohe, schmale Termitenhügel begleiten den Reisenden. Der Ort **Kabompo** liegt leicht erhöht über dem gleichnamigen, zweittiefsten Fluss Afrikas und wird von einer katholischen und einer CMML Mission dominiert. 27 km weiter wird in Manyinga der Kabompo River überquert, hier gibt es eine Tankstelle.

Querverbindung nach Mwinilunga

In Manyinga zweigt die Direktverbindung nach **Mwinilunga** (S. 246) ab. Sie finden diese Straße am einfachsten, wenn Sie der Beschilderung in Richtung Hospital folgen. Die schmale Straße trifft bald auf eine breitere Piste und verläuft durch die Wälder nach Norden. Früher wurden hier die wenigen Lundadörfer durch dichte Mavunduwälder voller Affen geschützt, und nach der Regenzeit stand zusätzlich das Gras bis 2 m hoch. Doch leider wird hier inzwischen stark abgeholzt und chinesische Lkws zerstören die insgesamt 220 km lange Strecke zusehends durch tief ausgewaschene Fahrrinnen und Schlaglöcher.

Weiterfahrt Von Manyinga nach Osten zum West Lunga NP

Die Hauptstraße führt von Kabompo allerdings weiter durch dichter besiedeltes Gebiet. Der nahe Fluss erlaubt hier intensive Landwirtschaft und eine ertragreiche Fischerei. Gute 50 km weiter, noch vor dem Dorf Chizela, zweigt nach Norden die Zufahrt zum West Lunga Nationalpark ab. Es ist nur eine recht unscheinbare Piste bei GPS: S 13.12.14 E 24.40.92. Der schmale Weg führt nach 12 km zum Jivundu Scout Camp am Eingang zum Park (siehe rechts).

Eine Übernachtungsmöglichkeit in dieser Region bietet die beschauliche einfache **Kabompo River Lodge** gegenüber des West Lunga Nationalparks am Ufer des Kabompo. Die beschilderte Zufahrt liegt an der Matushi Primary School 89 km östlich von Kabompo bzw. 27 km westlich von Mufumbwe. Von dort geht es 14 km auf Piste bis zum Camp mit einfachen Selbstversorgerchalets (25 US$ pP) und idyllischem Campingplatz (20 US$ pP) mit Grillplatz und Sanitärgebäude am Kabompo-Steilufer, die von einem freundlichen Attendant betreut werden. Tel. 0977-441567.

Die Weiterfahrt in Richtung Solwezi verläuft auf gut ausgebauter Teerstraße durch eine dicht besiedelte Region voller Kaonde-Dörfer mit vielen Schulen. Vorsicht: An den Schulen sind stets Bodenschwellen! 225 km nach Kabompo erreicht man die Abzweigung nach Kasempa (siehe unten). Auf der Strecke nach Solwezi sind die kleinen **Mutanda Falls** erwähnenswert (GPS S 12.23.58 E 26.14.26, siehe Foto S. 243), eine Reihe von Stromschnellen im gleichnamigen Fluss bei Mutanda, etwa 37 km vor Solwezi. Hier bietet sich Bade- und Campinggelegenheit im angeschlossenen bescheidenen Rest House direkt am Flussufer. Auf der gegenüberliegenden Flussseite liegt die Mutanda Nature Lodge mit Zimmern ab 30 US$ pro Nacht, Restaurant, Campinggelegenheit für 10 US$ pP und WLAN. Kontakt: E-Mail: mutandanature lodge@gmail. com, Tel. 0974-411815.

Wer an der oben genannten Abweigung in Richtung **Kasempa** abbiegt, gelangt nach 45 km auf Teerstraße in das kleine Städtchen, das Sitz einer kanadischen Missionsstation mit Hospital und Werkstatt ist. Ein paar Läden in Kiosk-Größe, ein Freiluftmarkt und die Tankstelle stellen die größten Errungenschaften Kasempas dar. Eine breite Piste führt von hier durch Kaonde-Dörfer bis zur Lunga-River-Fähre und weiter durch die Lunga Luswishi GMA zum Lubungu Ponton und nach Mumbwa bzw. in den nördlichen Kafue NP (siehe Beschreibung / Karte auf S. 202/203).

West Lunga Nationalpark

Dieser selten besuchte Nationalpark ist ein Kleinod für Naturfreunde, die spärliche Tiererlebnisse durch Highlights wie die Überquerung des Kabompo mit einem handbetriebenen Ponton, den schönen Baumbestand und der einsamen Lage kompensieren können. Der 1684 km² große Park besticht durch seine dicht bewaldete Uferszenerie, Teakwälder, Papyrussümpfe und flache Dambos, auf denen in bizarrer Weise tausende hellgraue Termitenhügel stehen. Bis vor wenigen Jahren war der Park nahezu leer gewildert und die Wege zugewachsen. Dabei ist er als Korridor für Wildtiere im Kabompo-West-Lunga-Ökosystem von enormer Bedeutung. Mit der Gründung des **West Lunga Conservation Projects** kam die Wende: 2018 wurden einige Büffel mit Peilsendern ausgestattet, 2019 führte der WWF eine Bestandsaufnahme durch, zugleich wurde das Wegenetz erneuert und Fotofallen aufgestellt. Der Tierbestand steigt erfreulich: nach mehr als zehn Jahren werden wieder Elefanten in Kleingruppen gesichtet, zudem Karakals, Kudus, Pukus und Oribis, ein paar Flusspferde, und sogar extrem seltene Gelbrückenducker haben überlebt.

Anreise zum Jivundu Scout Camp und dem handbetriebenen Pontoon am Kabombo River wie auf S. 234 beschrieben. Am gegenüberliegenden Ufer beginnt der Nationalpark. Eine kleine Piste führt landeinwärts und erreicht nach 4,5 km wieder den Kabompo (geeignet als Campsite am Steilufer); im weiteren Verlauf führt die Piste noch einige Kilometer in Ufernähe nach Osten, ehe sie nach Norden knickt. Die steinigen Wege im Park von Zeit zu Zeit ausgebessert. In der Trockenzeit ist es möglich, den Park nach Norden zu durchqueren. **Eintritt:** 10 US$ pP, Camping 5 US$ pP ohne Einrichtungen, Fahrzeuge 15 US$.

Von Norden kann man sich über die Minenstadt Kalumbila (S. 243) dem Park nähern; eine 90 km lange Piste führt dort zum **Kafunfula Community Camp** beim Ntambu Community Game Reserve mit Camping (5 US$) und Mietzelten (20 US$) am Kabompo River. Tel. 0963-362657, www.westlunga.org, GPS S 12.30.54 E 24.51.50.

DER NORDEN – HISTORISCHE ROUTEN UND MODERNE INDUSTRIE

Der Copperbelt, Sambias nördliche "Kupfergürtel"-Region, ist das größte Bergbaugebiet Afrikas. Verkehrstechnisch gut erschlossen reihen sich hier Kupferminen, Abraumhalden und Bergbaustädte aneinander. Touristen besuchen den Copperbelt meistens nur als eine schnelle Transitstrecke zum Schimpansen-Waisenhaus Chimfunshi oder in den äußersten Nordwesten Sambias, wo bei Mwinilunga, im Land der Lunda, ein eigenwilliges Kleinod liegt: An der Quelle des Sambesi findet man die Zeugnisse frühester Kolonialgeschichte und trifft auf eine faszinierende, facettenreiche Bevölkerung.

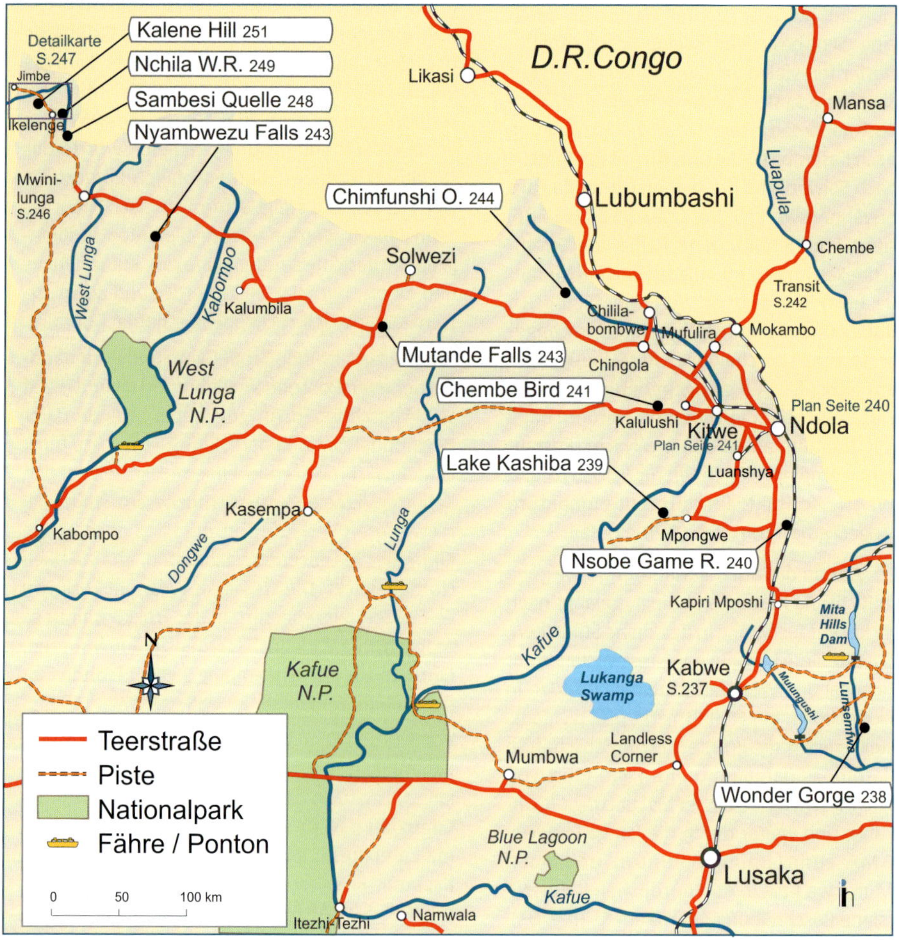

Von Lusaka in den Copperbelt

Man verlässt Lusaka auf der Great North Road. Die verkehrsreiche Straße führt durch den **Chisamba Farming Block** und über Landless Corner (mit einer Abzweigung nach Mumbwa) nach Kabwe. Beiderseits der Straße liegen große Farmen, von denen die meisten in "weißer Hand" sind; manchmal sieht man auch die kleinen Townships der Landarbeiter und immer wieder Gemüsestände am Straßenrand. Am Wegesrand liegen auch die Protea Safari Lodge und die Fringilla Farm mit Camping etc. (siehe S. 127). 2 km nördlich der Fringilla Farm ist "Van's General Dealer" auch Afrox-Gas-Agent. Nach 140 km Fahrt erreicht man Kabwe.

Einkehrempfehlung: Etwa 7 km südlich von Kabwe liegt am linken Straßenrand ein kleines Tagescafé mit Gartenbereich und Verkauf diverser Farmprodukte. Das **Fig Tree Café** öffnet Mo–Sa von 6–18 Uhr und bietet viele Leckereien wie Kuchen, Wraps und Burger, auch zum Mitnehmen.

Lusaka – Ndola / Kitwe

Gesamtstrecke: 316 km / 358 km

Fahrzeit: ca. 4,5–6 Std.

Zustand: Teerstraße mit zahlreichen Schäden

Tankstellen: zahlreich vorhanden

Besonderheiten: zumeist stark befahren; viele Road Blocks, zwei Road Toll Stationen

Kabwe

1906 als Siedlung für die Broken Hill Mine entstanden, wuchs Broken Hill rasch zur größten Stadt der Kolonie, doch mit der Gründung Lusakas kam der Niedergang. Nach der Unabhängigkeit erhielt sie ihren Namen nach der früheren Ortsbezeichnung *Kabwe ka Muluba* zurück und ist heute die eher verschlafene Hauptstadt der Zentralprovinz. Mit dem Shoprite und weiteren Geschäften in der Kabwe Mall am nördlichen Stadtrand wurde die Versorgungslage deutlich verbessert.

- **Palm Farm Guest House & Camping:** Tel. 0976-963598, E-Mail: palmfarmkabwe@gmail.com, www.palmfarm.co.zm. Familiengeführte Ferienhäuser (ab 20 Euro/Nacht) und Campinggelegenheit mit Strom, sauberen Sanitäranlagen und Tischen/Sitzbänken unter schattigen Bäumen für 6 US$ pP rund 2 km vor dem Fig Tree Café auf dem Gelände der Gärtnerei „Palm Farm Nursery“ (etwa 600 m Zufahrt von der Hauptstraße).
- **Kabwe Safari Lodge**: 7 Godetia Street, Tel. 0975-668000, E-Mail: booking@kabwesafarilodge.com, https://kabwesafarilodge.com. Die Bungalowanlage mit Restaurant, Pool und gratis WLAN steht unter dt. Leitung und liegt zwischen Bahnlinie und Hospital, 700 m von der Hauptstraße entfernt (Zufahrt über die Luangwa Ave). Preise: B&B ab 45 US$/DZpP und 75 US$/EZ, im Zelt 15 US$ pP.

Bilder von oben: Das markante Haus an der Hauptstraße in Chisamba war in den 1950er Jahren ein beliebtes Hotel. Ein umtriebiger Reifendienst in Chisamba; traditionelle Wohnhäuser der Lenje am Rande der Lukanga-Sümpfe, wo Sumpffischer auf schwimmenden Inseln leben (Chilwa Island und die Lukanga Swamps liegen westlich von Kabwe)

Die Bell Point Road zur Wonder Gorge

Ein einsamer, entlegener Aussichtspunkt befindet sich am Steilabhang des Muchinga-Escarpments oberhalb der tiefen Schlucht, in der sich die Flüsse Mkushi und Lunsemfwa vereinigen. 1913 entdeckte der erste Europäer den Aussichtspunkt und gab ihm damals den Namen "Bell Point", später wurde eine Piste durch das unwegsame, steile Waldgelände geschlagen und ein Fußweg zur exponierten Landspitze angelegt, von dem aus der imposante Ausblick bis hinab zur Flussmündung reicht.

Die Stichstraße zur Wonder Gorge zählt zu den vergessenen Allradpisten des Landes. Von Kabwe aus gibt es zwei Anreisevarianten zur Lunsemfwa Hydrostation am gleichnamigen Fluss; doch beide Strecken sind ruppige, ausgewaschene Schotterpisten. Direkt an der Hydrostation am Ostufer des Lunsemfwa (bei GPS S 14.30.316 E 29.07.385) beginnt eine Piste nach Süden und trifft nach 9,3 km auf die Stichstraße zur Wonder Gorge (weitere 16 km). Man sieht unterwegs Paviane und schreckt ein paar Turakos und Kaffernhornraben auf. Leider findet hier massive Abholzung statt, obwohl in der Gegend nur wenige Menschen leben. Die letzten 13 km sind unbewohnt und in schlechtem Zustand; 2 km vor dem Ziel liegt mahnend die verrostete Karosserie eines alten Vauxhall. Der Parkplatz am Endpunkt (GPS S 14.37.954 E 29.07.699) bietet nur wenig Platz in leichter Hanglage zum Campieren. Ein ca. 15-minütiger Fußweg verläuft von hier zur besten Aussichtsstelle. Theoretisch kostet der Besuch Eintritt, weil es sich um ein Nationaldenkmal handelt; doch liegt es so einsam und abgelegen, dass hier auch kein Wächter vorbeikommt. Wir empfehlen, die Tour wegen dieser Abgeschiedenheit nur mit zwei Fahrzeugen zu unternehmen.

Mögliche Weiterreise: Von der Wonder Gorge kann man statt nach Kabwe zurück auch über Masansa bis Mkushi an der Great North Road weiterfahren. Die ca. 160 km lange und überwiegend schlechte Piste verläuft durch dicht besiedelte Farmgebiete.

Weiterfahrt nach Ndola

60 km nördlich von Kabwe liegt **Kapiri Mposhi**; zuvor passiert man die erste von zwei Road-Toll-Stationen (keine Gebühr für ausländische Fahrzeuge). Der staubige Ort ist ein chaotischer Fernfahrertreffpunkt mit mehreren Tankstellen, südafrikanischen Supermärkten, bescheidenen Unterkünften und der Endstation der TAZARA-Eisenbahnverbindung nach Dar-es-Salaam (die TAZARA-Station liegt 2 km abseits vom Ortszentrum und dem Bahnhof von Zambian Railways). Von der Straße aus sieht man eine nostalgische Drehscheibe zum Umkehren der Lokomotiven.

5 km nördlich vom Zentrum Kapiri Mposhis zweigt auf Höhe der Weighbridge die **Great North Road** ab (S. 253), während die Straße in den Copperbelt nördlich weiter führt und etwas einsamer wird. Am Straßenrand liegen Holzkohlebündel und gelegentlich auch Kalebassen zum Verkauf aus. Nach 37 km kommt der Abzweig nach Mpongwe und zum Lake Kashiba (siehe unten), nach 62 km zum Nsobe Game Camp (S. 240). Etwa 80 km nördlich von Kapiri Mposhi zweigt links die Straße nach Chingola und Kitwe ab, geradeaus erreicht man dagegen 23 km weiter die Ölraffinerie, das Industriegebiet und schließlich das Zentrum von Ndola.

Oben: Holzkohletransport auf dem Fahrrad

Der Kratersee Lake Kashiba

Haben Sie Lust, in einem "Sunken Lake" zu schwimmen? Unterirdische Einstürze ließen einen kristallklaren Kratersee mit 230 m Durchmesser entstehen, der an seinen Rändern schon über 100 m Tiefe misst und dessen Gesamttiefe nie ergründet wurde. Er wird von steilen (Sprung-)felsen umrahmt, ist krokodilfrei und bietet eine **schaurig-schöne Badegelegenheit**. Einer Legende nach soll einst das Volk Bena Mbushi im See Massenselbstmord begangen haben. Nur eine Schwangere habe damals überlebt und sei die Urahnin der heutigen Seeanwohner.

Anreise: 37 km nördlich der Great North Road-Gabelung zweigt die Piste nach Mpongwe ab (67 km). Die St. Anthony's Mission liegt 30 km nordwestlich von Mpongwe, der See nur 400 m neben der Missionskirche. Camping ist im unebenen Waldgelände gegen eine kleine Gebühr möglich.

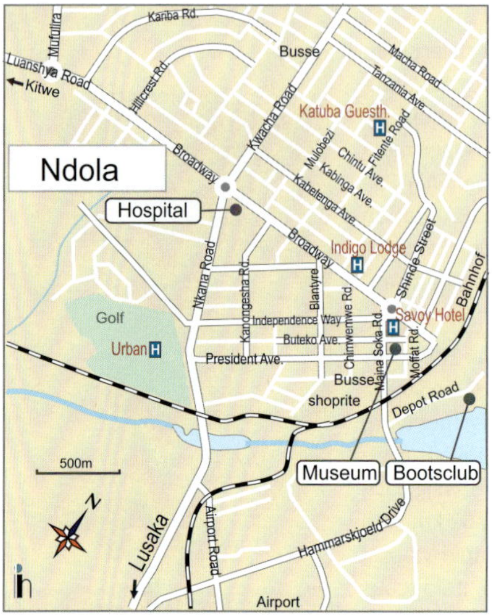

Ndola

Die drittgrößte Stadt Sambias, das Zentrum der Minen und Verarbeitungsindustrie, wirkt mit ihren weitläufigen, breiten Straßen weniger industriell, als zu vermuten wäre. Zahlreiche Shopping Malls wurden hier zuletzt aus dem Boden gestampft; die größte, Kafubu Mall, liegt direkt im Zentrum (mit Shoprite und ATM). Weil sich in Ndola die Ölraffinerie befindet, gibt es hier den billigsten Sprit des Landes. Das Copperbelt Museum in der Buteko Ave ist eine Sehenswürdigkeit Ndolas (gemischte Ausstellung, Souvenirladen mit Literatur). Geöffnet täglich von 9–16.30 Uhr, Eintritt 5 US$.Das Hospital ist unter Tel. 0212-611585 erreichbar.

Unterkunft in Ndola

•**The Urban Hotel:** Ndola Golf Estate, Tel. 0963-881684, E-Mail: res@theurbanhotelgroup.com, www.theurbanhotelgroup.com. Das hippe Hotel im Golfplatz verbindet modernen Schick mit lässigem Ambiente und guter Gastronomie. Ruhig und trotzdem zentral gelegen. Preise: B&B ab 60 US$/DZpP und 118 US$/EZ.

•**Protea Hotel by Marriott Ndola:** Tel. 0212-626200, www.marriott.de. Modernes Nichtraucher-Business-Hotel am westlichen Stadtrand gelegen mit 80 Zimmern. Preise: B&B ab 80 US$/DZpP und 160 US$/EZ.

•**Mukuba Hotel:** Tel. 0212-651000, E-Mail: mukubahotel@gmail.com. An der Hauptstraße beim Messezentrum gelegenes, älteres Hotel mit herbem Charme, Restaurant, Gym und Pool. Preise: B&B ab 35 US$/DZpP.

•**Indigo Lodge:** Kopa Road, Tel. 0977-826997, E-Mail: info@indigolodge.co.za, www. indigolodge.co.za. Kleines Gästehaus in einem ruhigen Stadtgebiet mit Garten, Pool, Restaurant. Preise: B&B ab 25 US$/DZpP und 50 US$/EZ.

Eine zweispurige Autobahn verbindet Ndola mit der etwas chaotischen und reizlosen Arbeiterstadt Kitwe. Nach 8 km Fahrt weist ein Schild zum Dag Hammarskjöld Memorial (5 km), an der Stelle, wo der damalige UN-Sekretär 1961 bei einem ungeklärten Flugzeugabsturz verunglückte. 2 km weiter nähert man sich dem umzäunten "Chichele Mofu Tree". Dieser uralte Baum steht unter Denkmalschutz, und auf dem Gedenkstein ist eine Mahntafel mit einem Gedicht gegen die verheerende Abholzung angebracht. Danach führt die Straße durch großflächige Forste und an der Abzweigung zum gepflegten Minenort **Luanshya** vorbei direkt nach Kitwe, der zweitgrößten Stadt des Landes.

Unterkunft in der Peripherie von Ndola

•**Nsobe Game Camp:** Tel. 0968-934342, E-Mail: reservations@nsobe.com.zm, www.nsobegamecamp.com, . Etwa 45 km südlich von Ndola (plus 9 km Zufahrt) liegt die große Wildfarm idyllisch an einem Stausee. Sie bietet günstige Aktivitäten und ein Restaurant auch für Tagesgäste, Safarizelte und Selfcatering-Chalets (mit HP 57 US$/DZpP und 61 US$/EZ) sowie eine **Camping**wiese für 9 US$ pP inkl. Eintritt. Zudem wird das **Mukuyu Bush Camp** mit VP für 68 US$ pP oder bei Selfcatering für 22 US$ pP angeboten; das Ferienhaus "**Birders Cabin**" ab 95 US$/Nacht und ein romantisches Hideout in den Felsen namens "**Miombo Woodland View**" mit HP ab 38 US$ pP. Es gibt günstige Bush Walks (mit Hides zur Sitatunga-Beobachtung), Game Drives, Kanufahrten, auch ein Besuch im Reptilienpark ist möglich. Unsere Meinung: Ein erholsames Camp mit vielfältigem Angebot für Naturfreunde. Am Wochenende herrscht am Campingbereich aber mitunter viel Betrieb durch Tagesgäste.

•**Lowden Lodge:** Tel. 0966-781105, E-Mail: bookings@ lowdenlodge.com. Zwischen Ndola und Luanshya liegt 1 km abseits der Luanshya-Zufahrt das Gästehaus im großen blühenden Garten. Mit Pool, Gym, Sauna, gratis WLAN, auf Wunsch sind auch Mahlzeiten erhältlich. Preise: Zimmer mit B&B ab 85 US$/Nacht, Ferienhaus mit B&B ab 135 US$/Nacht. GPS S 13.03.48 E 28.27.36.

Kitwe

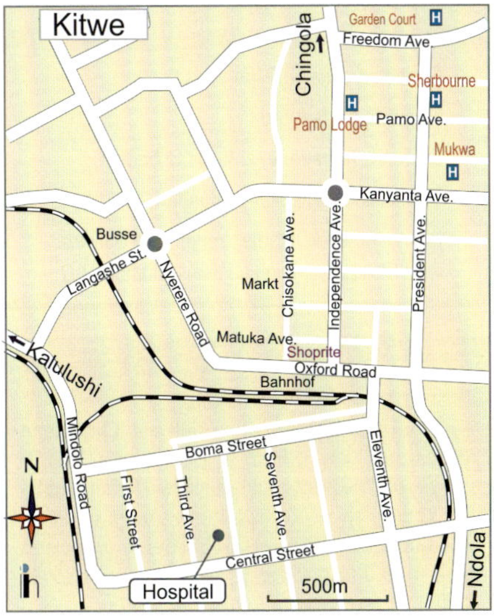

Nachdem man den Kafue überquert hat, empfängt die Stadt an der Nkana Mine ihre Besucher gleich mit einer riesigen Abraumhalde. Wer nach Kalulushi, Kasempa oder zum Chembe Bird Sanctuary fahren möchte, sollte am besten am Ortseingang links zur Nkana Mine abbiegen und damit den chaotischen Ortskern umgehen. Kitwe ist zu einer großflächigen Stadt mit mehr als einer halben Million Einwohner angewachsen, jedoch völlig ohne touristische Attraktionen geblieben. Einkaufen kann man hier allerdings bestens; es gibt zahlreiche neue Malls, von denen die Copperhill Mall an der Ausfallstraße nach Chingola die bedeutendste ist und alles bereithält, was der Reisende benötigt. Das Central Hospital, Tel. 0212-228011, liegt in der nördlichen Independence Ave, das Nkana Hospital, Tel. 227355, zwischen Central und Boma Street.

Unterkunft in Kitwe

•**Garden Court Kitwe:** Ecke Independence/Freedom Ave, Tel. 0212-291400, E-Mail:gckitwe.reservations@southernsun.com. Das moderne Business-Hotel, 2018 eröffnet, ist die beste Unterkunft der Stadt und bietet 130 Zimmer, Pool, Restaurant und gratis WLAN. Preise: B&B ab 85 US$/DZpP und 150 US$/EZ.

•**Sherbourne Hotel:** 20 Pamo Rd, Parklands, Tel. 0956-675468, E-Mail: reservations@sherbournekitwe.com, www.sherbourne.co.zm. Ein etwas schnörkelig eingerichtetes Stadthotel mit gepflegtem Pool und Restaurant. Preise: B&B ab 55 US$/DZpP und 100 US$/EZ.

•**Shamba Lodge:** Plot 7122 off Zambezi Way, Riverside, Tel. 0976-206739, E-Mail: shambalodge@gmail.com, www.shambalodge.com. Die gepflegte Lodge mit schönem Garten und Pool liegt im Nordosten der Stadt nahe dem Kafue River. Preise: B&B ab 80 US$/DZpP und 120 US$/EZ.

•**Mukwa Lodge:** Mpezeni Ave., Tel. 0212-230389, E-Mail: reservations@mukwalodge.com, www.mukwalodge. com. Die Anlage im Kolonialstil mit gutem Restaurant und Pool im tropischen Garten ist eine traditionsreiche Unterkunft. Leider konnten wir bis Redaktionsschluss keinen Kontakt herstellen; die Lodge ist möglicherweise geschlossen.

•**Pamo Hotel:** Pamo Ave, Tel. 0977-990990, E-Mail: pamo@zamnet.zm, www.copperbelt lodging.com. Bescheidenes Stadthotel mit wenig heimeligem Ambiente, Restaurant und kleinem Pool. Preise: ab 32 US$/DZ und 50 US$/EZ.

•**Mindolo Dam Campsite:** Tel. 0961-998623 und 0966-747284. Etwa 10 km westlich der Stadt liegt ein beliebtes Freizeitgelände am kleinen Mindolo Stausee, mit Bootsverleih, Motocross-Strecke, Barbetrieb, Pool, Grillplätzen und der Möglichkeit, dort zu campieren (mit Strom und bescheidenen Sanitäranlagen für 10 US$ pP). An Wochenenden ist oft viel Betrieb.

•**Kamfinsa Dairy Farm:** Tel. 0966-518558. 10 km vor der Kafuebrücke im Süden Kitwes besteht die Möglichkeit, auf einer Milchfarm neben der Fernstraße von Ndola zu übernachten. Sie bietet Zimmer zur Selbstversorgung für 20 US$ und Camping auf kleiner Wiese im blühenden Garten (mit Duschen/WC) für 6 US$ pP. Sehr freundliche Betreuung, mit interessanter großer Bibliothek und Verkauf von frischer Milch, man hört allerdings die nahe Straße.

•**Chembe Bird Sanctuary:** Das 450 ha große Vogelschutzgebiet erstreckt sich über ein Waldgelände um einen sumpfigen See 27 km westlich von Kitwe an der Straße nach Kasempa. Es ist heute hauptsächlich ein Naherholungsziel für die Städter. Der Staat hat Pläne, das Gelände zu umzäunen und wieder mit Wildtieren zu bestücken, aber bisher fehlt es an der Finanzierung. Reisende finden hier nur ein paar Picknickplätze und einen rudimentären Campingplatz mit Toiletten und fließend Wasser, aber ohne Duschen. Eintritt: Non-Residents zahlen 20 US$ Tageseintritt pP und 15 US$ für Fahrzeuge unter 3 Tonnen, Campinggäste zusätzlich 5 US$ pP.

Kitwe – Mwinilunga

Gesamtstrecke: 499 km

Fahrzeit: ca. 5–8 Std.

Zustand: Teerstraße, z. T. mit Schäden

Tankstellen: zahlreich vorhanden

Besonderheiten: starker Verkehr bis Solwezi, viele Straßenschäden ab dem Kalumbila T.O.

Der Kongo-Transit

Zwischen Mufulira im Copperbelt und Chembe in der Luapula Provinz führt eine sambische Transitstrecke, die "**Pedicle Road**", durch den Katangazipfel des Kongo. 16 km östlich von Mufulira markiert eine Militärkontrolle den sambischen Grenzposten Mokambo. Jenseits der Schranke in der Republik Kongo gilt es, die Durchreiseerlaubnis für den Kongo zu erhalten (ein Akt zwischen Komödie und Spießrutenlauf, bei dem alle persönlichen Dokumente geprüft werden und die Grenzer oft kleine "Cadeaus" fordern). Etwa 40 km der 72 km langen Transitstraße bis zur Chembe Bridge am Luapula sind bereits asphaltiert.

Für den Transit durch den Kongo sind offiziell keine neuen Sambia-Visa erforderlich, aber es fallen zahlreiche kleine "Transit- und Sondergebühren" für die Abwicklung an. Eine Zeit lang verlangte der Kongo z. B. rechtswidrig Transitvisa für 50 US$ pP. Seither versuchen auch sambische Grenzer, von Touristen bei der Wiedereinreise Geld für ein neues Visum zu verlangen. Wichtig ist zudem der Nachweis einer Gelbfieberimpfung für den Kongo. Und nicht vergessen: Im Kongo herrscht Rechtsverkehr! Rechnen Sie für den Transit insgesamt mit drei bis vier Stunden. Die Grenzposten schließen jeweils um 18 Uhr.

Von Kitwe nach Mwinilunga

Die 50 km lange Straße nach Chingola führt an Farmen und Townships, eintönigem Busch und Aufforstungsgebieten vorbei.

Chingola

Auch diese Minenstadt mit viel Tagebau geizt mit touristischen Anreizen und liegt umgeben von hässlichen Abraumhalden; bietet aber gute Versorgungsmöglichkeiten und einige Unterkünfte.

- **Protea Hotel by Marriott Chingola:** Kabundi Road, Tel. 0212-312810, www.marriott.de. Das Haus verfügt über 40 klimatisierte Zimmer, eine schöne Gartenanlage mit großzügigem Pool und ein gutes Restaurant. Preise: B&B ab 81 US$/DZpP und 147 US$/EZ.
- **Mokorro Hotel:** Kabundi Road, Tel. 0968-123190, E-Mail: mokorro@mokorro.co.zm, www.mokorrohotel.com. Das Mittelklassehotel wird viel für Konferenzen gebucht. Preise: B&B ab 328 US$/DZpP und 60 US$/EZ.
- **Icon Hotel:** Kabundi Road, Tel. 0954-454296, E-Mail: info@iconhotel.co.zm, www.iconhotel.co.zm. Gepflegtes Motel neben dem Golfclub mit ruhigen Zimmern und Restaurant. Preise: B&B ab 65 US$/DZpP und 116 US$/EZ.
- **Riverbend Campsite:** Tel. 0966-990251, E-Mail: reevo.chas@gmail.com. Das Selbstversorgercamp mit Zelten, Küche und Sanitäranlagen liegt ruhig und einsam an einer Flussschleife des Kafue. Die Zufahrt zweigt 35 km westlich von Chingola bei GPS S 12.30.261 E 27.32.682 von der Solzwezi Road ab. Preise: Camping 6 US$ pP, Mietzelt 23 US$.

Etwa 20 km weiter nördlich liegt **Chililabombwe** am Hauptgrenzübergang zum Kongo. Militärische Roadblocks kontrollieren hier den regen Transport- und Personenverkehr zwischen Lubumbashi und den sambischen Städten im Copperbelt.

Die Strecke nach **Mwinilunga** zweigt an einem Road Block im Minenbereich westlich von Chingola ab. Sogleich wird der Verkehr ruhiger, doch dafür mehren sich die Schlaglöcher und Ausbesserungsarbeiten. Nach 50 km empfehlen wir Tierfreunden den Abstecher zur Chimfunshi Orphanage (18 km Zufahrtspiste, siehe S. 244).

Fernab der übrigen Minenstädte gelangt man nach weiteren 170 km Fahrt (226 km von Kitwe) in die Bergbaustadt **Solwezi**, wo der kommerzielle Bergbau seinen Höhepunkt mit der Privatisierung der Kansanshi Mine zur Jahrtausendwende erlebte. Dies ließ den Ort stark anwachsen.

Weiterfahrt nach Mwinilunga

Man verlässt Solwezi entlang der Straße nach Kabompo / Kasempa. Nach 34 km zweigt in **Mutanda** – etwa mittig zwischen Kitwe und Mwinilunga gelegen – von jener Fernstraße die Straße nach Mwinilunga ab. 300 m vorher liegt die kurze Zufahrt zu den **Mutanda Falls** (Foto oben; GPS S 12.23.58 E 26.14.26, siehe Beschreibung auf S. 235, mit Camping/Lodge).

Auf der Mwinilunga-Strecke wird es nun ruhiger bis zur Zufahrt nach **Kalumbila**, einer Minenstadt, die erst im Jahr 2010 aus dem Boden gestampft wurde. Inzwischen ist die Kupfermine Arbeitgeber für 11 000 Arbeiter und bietet zwei Krankenhäuser, Tankstellen, moderne Supermärkte und einen modernen Golfplatz.

Die weitere Streck leidet unter Straßenschäden. 82 km vor Mwinilunga zweigt bei GPS S 11.49.32 E 25.06.20 eine kleine Allrad-Waldpiste zu den 15 km entfernten **Nyambwezu Falls** (auch Nyambwezi Falls) ab. Ein Holzsteg führt dort über einen Bach zum kleinen Wasserfall in dichter Vegetation (Foto rechts). Der Eintritt beträgt 15 US$ pP und inkludiert Camping (ohne Einrichtungen).

Foto links: Eine dörfliche Destille, in der Schnaps gebrannt wird

Unterkünfte in Solwezi

•**Royal Solwezi:** Old Chingola Road, Tel. 0966-271422, E-Mail: reservations@solwezi.com, http://solwezi.com. Der Viersterne-Resort ist schön gelegen mit einem großen Gartengelände, Pool und Restaurant. Preise: B&B ab 78 US$/DZpP und 152 US$/EZ.

•**Kansanshi Hotel:** Old Chingola Road, Tel. 0965-611611, E-Mail: info.kansanshihotel@gmail.com, www.kansanshihotel.com. Großzügige Anlage mit Bungalows, Pool, Spielplatz und Restaurant entlang der alten Straße nach Chingola. Preise: B&B ab 50 US$/DZpP und 100 US$/EZ.

•**Floriana Lodge:** President Ave, Tel. 0968-163967, https://florianalodges.com. An der Hauptstraße am Ortseingang liegt die Pension mit 42 Zimmern, Restaurant, Gym und Spa in einer schönen Gartenanlage. Preise: B&B ab 25 US$/DZpP und 48 US$/EZ.

Chimfunshi Wildlife Orphanage

50 km nach dem Chililabombwe-Turnoff weist ein Schild zur Chimfunshi Wildlife Orphanage (18 km Piste). Dahinter verbrigt sich ein engagiertes Projekt für ausgesetzte Schimpansenwaisen. Sheila und David Siddle gründeten das **Schimpansenwaisenhaus** 1983 auf ihrem Privatgelände, nachdem ihnen ein Wilderern abgenommenes, verletztes Schimpansenbaby übergeben worden war, das sie mühsam mit der Flasche aufzogen. Seither ist sehr viel geschehen. Mehr als 150 Schimpansen führen heute ein nahezu artgerechtes Leben in den sechs großen, elektro-umzäunten Freigehegen auf einem insgesamt 4200 Hektar großen Gelände.

Die meisten dieser Menschenaffen haben Trauriges erlebt, ehe sie aus aller Welt nach Sambia kamen: Als Baby der getöteten Mutter entrissen und auf Märkten verkauft, wurden viele wie Kleinkinder in Familien gehalten, ehe sie dafür zu groß wurden; für Zirkuseinlagen verkleidet; als Maskottchen in Bierkneipen gegängelt, alkoholsüchtig gemacht... In Chimfunshi finden solche Tiere eine neue Heimat und werden behutsam in die Clans integriert. Nicht alle Tiere können später im Freigehege leben, manche sind so angeschlagen, dass sie ihr Leben in Käfigen verbringen müssen. Aber jedes einzelne Tier rufen Sylvia Siddle, und die rund 70 Festangestellten der Farm beim Namen und kennen ihre Vorlieben, Ängste und Schwächen.

Chimfunshi schenkt den tropenbewohnenden Primaten, die sich aufgrund der Rahmenbedingungen in Sambia nicht ganzjährig selbst aus der Natur versorgen könnten, die größtmögliche Freiheit, die man Wesen überhaupt gewähren kann, die sowohl von Zufütterung abhängig sind als auch Schutz vor der Wilderei brauchen. Kein Zoo bietet Schimpansen ein großzügigeres Umfeld, und nirgendwo in ihrer eigentlichen tropischen Heimat fänden sie heute noch diesen Frieden.

Bitte beachten Sie: Dies ist kein touristisches Projekt. Im Mittelpunkt stehen das Wohl der Schimpansen und der Bildungsgedanke, z.B. bei Schulklassenbesuchen. Da Chimfunshi aber gänzlich von Spenden abhängig ist, sind Besucher willkommen. Bei der Ankunft meldet man sich zunächst bei der Rezeption im Education Centre. Hier lassen sich Aktivitäten wie Kanufahren im Kafue River und die Übernachtungen reservieren. Das Waisenhaus liegt von der Rezeption 8 km entfernt und die Schimpansengehege 4,5 km, daher sollte man möglichst motorisiert sein. Für Übernachtungsgäste stehen beim Education Centre einfache, saubere Selbstversorger-Cottages mit Sanitäranlagen und Gemeinschaftsküche zur Verfügung, und an der Rezeption besteht Campingmöglichkeit.

Preise: Tagesgäste bezahlen 6 US$ Eintritt. Die Cottages kosten 15 US$/DZpP und 10 US$ im Dormitory, Camping 6 US$ pP (abends warme Duschen, aber kein Strom). Um Vorausbuchung wird gebeten; auch Vollverpflegung ist möglich, wenn sie vorausgebucht wird. WLAN gegen Gebühr. Es ist möglich, Transfers ab Ndola (85 US$ pro Strecke), Kitwe oder Chingola zu buchen.

Öffnungszeiten: Täglich von 9–15 Uhr, ideale Besuchszeiten sind 10–11.30 und 13.30–15 Uhr. Tierfütterungen finden statt um 11.30 Uhr und 13.30 Uhr.

Kontakt: Tel. 0212-311293 (Chingola-Office), 0975-519881 (Mobile), E-Mail: enquiries@chimfunshiwildlife.org, info@chimfunshi.de, www.chimfunshi.de.

Früher fand ein **Walk with the Chimps** statt, der förmlich "unter die Haut" ging, doch seit 2019 wird dieser Spaziergang mit den Schimpansen nicht mehr angeboten.

Bilder links von oben (alle drei © Chimfunshi E. V.): Schimpansen Bruce, Bussie und Brent in den Bäumen; das Education Centre; Ingrid und ihr Baby.

Bilder dieser Seite: Tess, Tina und Taylor (© Chimfunshi E. V.); darunter: neugieriges Schimpansenbaby; Ausblick auf die Fischerboote im Kafue River

Mwinilunga

Mwinilunga ist ein gemütliches Städtchen auf hügeligen 1370 m Höhe, eine Hochburg der kleinbäuerlichen Ananas- und Honigproduktion, mit großem Distriktkrankenhaus, zwei Tankstellen, kleinen Läden und einem Geldautomat der Finance Bank. Unterkunft bietet die River Front Lodge (Tel. 0960-795465). Das Gebiet zählt zu den Important Bird Areas, und Ornithologen können spezielle vogelkundliche Safaris bei Frank Willems buchen:

•**Kalwelwa Bushcamp:** Tel. 0978-430655, E-Mail: info@birdingzambia.com, www.frankwillems.org. Der Vogelexperte Frank Willems unterhält am West Lunga River rund 60 km nordöstlich von Mwinilunga ein Zeltcamp (Juni–November). Preise: VP 130 US$/DZpP und 150 US$/EZ, mit Selbstversorgung 55 US$/DZpP und 75 US$/EZ, ein Campingplatz ist in Bau.

•**Wini wa Nzambi Lodge & Campsite:** Tel. 0966-904376, E-Mail: info@ntandaventures.com, www.ntandaventures.com. Zwischen Mwinilunga und dem Airport zweigt die 7 km lange beschilderte Piste zum gleichnamigen Wildreservat am West Lunga River ab, wo Selbstversorgerchalets und Camping mit Gemeinschaftsküche und guten Sanitäranlagen für 8 US$ pP angeboten werden. Sehr idyllisch und wildreich, Wandern und Kanufahren möglich.

Von Mwinilunga führt eine Piste nach Kabompo im Süden, die auf S. 234 beschrieben wird. Es lohnt aber zuerst der Abstecher in den äußersten nordwestlichen Zipfel des Landes, wo Angola und Kongo die kleine Ikelenge-Region umschließen, und nur die Straße von Mwinilunga die Verbindung mit dem Rest Sambias aufrecht hält. Dieser abgelegene Fleck ist von großer geologischer und historischer Relevanz; als bedeutendste Wasserscheide im südlichen Afrika und durch die Missionstätigkeit in Kalene Hill (siehe S. 250).

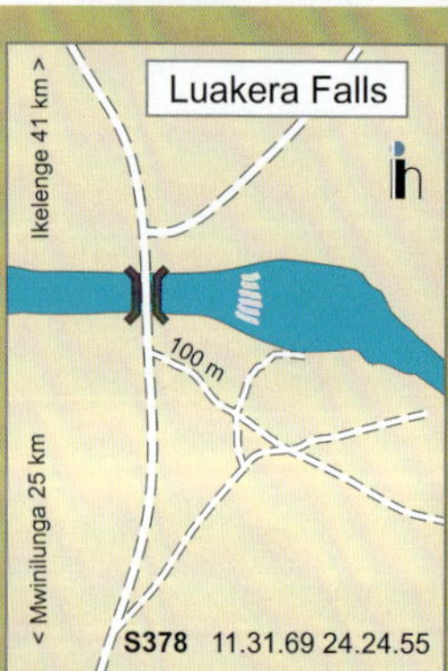

Luakera Falls

25 km nach Mwinilunga in Richtung Ikelenge überbrückt die Straße den Luakera River. Einige hundert Meter vor der Brücke zweigt rechts ein Waldweg ab, der an die Wasserfälle des Luakera führt. Unterhalb des Wasserfalls liegt ein Badeweiher mit Sandboden; der Platz eignet sich auch zum Campen.

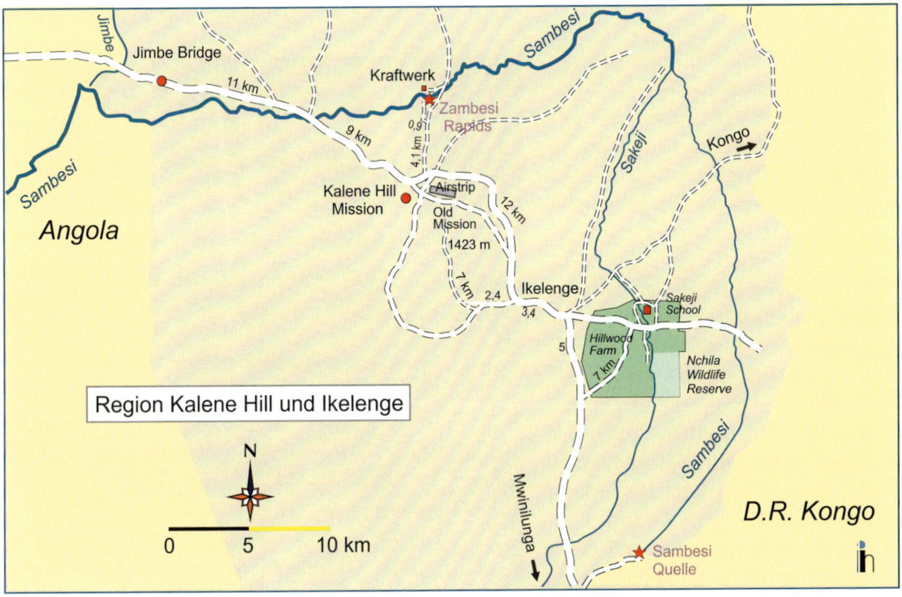

Mehrere Sehenswürdigkeiten liegen entlang der 67 km langen Strecke nach Ikelenge (die ersten 10 km sind geteert, danach geschottert): Zuerst nach 25 km die Luakera Falls (siehe links), 22 km danach das Nationaldenkmal der Sambesiquelle (S. 248), und 15 km später eine Zufahrt zur Hillwood Farm. Das Dorf **Ikelenge** verfügt über ein Immigration-Office, ein Gesundheitszentrum, eine Mission und einen kleinen Markt, an dem sich die Straße gabelt: Links geht es nach Jimbe Bridge an der Grenze zu Angola (36 km); geradeaus zur DR Kongo, und nach rechts erneut zur Hillwood Farm und dem Nchila Wildlife Reserve (siehe S. 249).

Auf dem Weg nach Angola kann man nahe der Kalene Hill Mission Stromschnellen im Sambesi besuchen, doch seit dem Bau der Zengamina Power Plant sind sie nicht mehr so spektakulär.

In Jimbe Bridge an der angolanischen Grenze findet neben der Grenzbrücke regelmäßig ein lokaler Grenzmarkt statt. Die Angolaner bieten dort Lebensmittel aller Art an, die Sambier verkaufen Haushaltswaren wie Seife, Scheren und Fahrradersatzteile. Mit Glück kann man auf dem Markt sogar einen der außergewöhnlichen Cassavakörbe dieser Region, "Musado" genannt, erstehen (Foto rechts).

Die Sambesiquelle

22 km nach der Brücke über den Luakera weist ein Schild rechts die Zufahrt zur Sambesiquelle aus. An der Schranke von National Heritage werden 20 US$ Eintritt pP, 5 US$ pro Fahrzeug und ggf. weitere 15 US$ pP für Camping berechnet. Dahinter führt ein 4,8 km langer Waldweg zum Parkplatz beim Visitor Centre und Mini-Museum, wo man ohne Wasser und Duschen campen darf. Ein Fußweg führt von hier durch Auenwald in eine Senke, wo der junge Sambesi als klares Rinnsal durch das Dickicht plätschert. Zur Quelle selbst, einst vom Pionier-Missionar Fred Arnot entdeckt, gelangt man über einen Trampelpfad und Holzstege.

Die Lundaschwelle: Wasserscheide zwischen Sambesi und Kongo

Der Sambesi entspringt 1433 m über dem Meeresspiegel. Von seiner Quelle im Wald strömt der unscheinbare Bach zunächst nordwärts und erhält durch den Sakeji seinen ersten Zufluss. Bald knickt er nach Westen ab und fließt in einem Bogen schließlich nach Angola. Die sambische Staatsgrenze orientiert sich dabei am Lauf des Sambesi.

Das Hochplateau, auf dem der Sambesi entspringt, führt ganzjährig Wasser. Unzählige Bäche lassen rasch größere Flüsse entstehen. Das allein ist nicht ungewöhnlich, doch ganz nahe der Sambesiquelle entspringen weitere Quellen, die die Wissenschaft lange Zeit als die Kongoquellen angesehen hat. Inzwischen gilt allerdings als bewiesen, dass die Quelle des Chambeshi in Nordostsambia die eigentliche Kongoquelle ist. Doch Fakt ist: Auf der südlichen Seite strömen alle Flüsse und jedes Rinnsal dem Sambesi zu und schließlich in den Indischen Ozean. Wenige Meter daneben fließen alle Gewässer nach Norden in die tropischen Urwaldflüsse des Kongobeckens und münden viele Tausend Kilometer weiter schließlich in den Atlantik. Diese Wasserscheide zwischen den beiden mächtigsten Flüssen im südlichen Afrika verläuft quer durch Angola, entlang der Nordgrenze Sambias und weiter bis an den südlichen Tanganjikasee.

Das Plateau leidet keinen Wassermangel, erhält mehr Regen als das übrige Sambia und gilt deshalb als sehr fruchtbar. Der Naturraum wird von dichten Wäldern, die von sumpfigen Marschen durchsetzt sind, geprägt. Überall stehen Termitenhügel, auf manchen wachsen riesige Bäume. Die Region war einst sehr wildreich. Doch die Lunda gelten als begnadete Jäger, und seit zahlreiche Flüchtlinge aus den Nachbarländern einströmten, gibt es kaum noch frei lebendes Wild. Selbst Vögel und Affen werden hier intensiv bejagt.

Hillwood Farms, Sakeji School und das Nchila Wildlife Reserve

Hillwood Farms ist DIE Institution der Region. Hier lebt die fünfte und sechste Generation der Fishers, deren Vorfahr Kalene Hill einst gründete (siehe S. 250), und ihre Farm ist noch immer der größte Arbeitgeber nördlich von Mwinilunga. Dabei handelt es sich keineswegs um ein verstaubtes Familienunternehmen. Mit großem Engagement wird nach neuen Wegen für eine erfolgreiche Landwirtschaft gesucht, und die Bemühungen sind vielseitig. Die Farm betreibt Maisanbau und Rinderzucht und verkauft in einem kleinen Laden Fleisch, Käse und Milchprodukte aus eigener Produktion. 1993 entstand auf einem dazugehörenden naturbelassenen Waldstück das Nchila Wildreservat, in dem zahlreiche Antilopen und kleinere Raubtiere leben. Neben den Touristen werden auch finanzkräftige Jagdgäste aus aller Welt angeworben. Diese Einnahmen und das Fleisch erlegter Wildtiere sichern die Versorgung der mangelernährten Lunda.

•**Nchila Wildlife Reserve:** Tel. 0978-053295, E-Mail: nchila@nchilawildlifereserve.com. Am idyllischen Sakeji River liegt mitten im Wildreservat ein Campinggelände mit Gemeinschaftsküche und heißen Duschen/Toiletten, aber ohne Strom/WLAN. Zwischen Mai und November ist auch eine Unterkunft in Selbstversorgerchalets möglich. Preise: Eintritt 10 US$ pP, Camping 25 US$ pP, Chalets auf Anfrage. Eine Vorreservierung ist unerlasslich.

Ein kurzer Besuch auf Hillwood Farm lohnt sich auch für Geschichtsinteressierte, denn auf dem Farmgelände befindet sich die **Sakeji School**, die ursprünglich als Schule für Missionarskinder errichtet worden war. Als die Missionstätigkeit zu Beginn des 20. Jh. im Norden Sambias zunahm, bedurfte es einer Internatsschule für die vielen europäischen Kinder. 1923 nahm Dr. Julyan Hoyte den Schulbetrieb auf. In den Anfangsjahren kamen die Missionskinder von sehr weit her, und bis zu drei Wochen dauerte ihre Anreise von den entlegenen Missionsstationen. Die gemischte Primary School gibt es heute noch, und es besuchen sie derzeit etwa hundert Schüler. Außerdem wird auch noch das **Waisenhaus** aufrechterhalten, das einst Anna Fisher in Kalene Hill gründete. Durchschnittlich 25 Kinder leben dort. Eine alte Tradition der Lunda verlangte, Neugeborene, deren Mutter im Kindbett starb, auf ihrem Grab zum Sterben auszusetzen. Anna Fisher war entsetzt und nahm solche Halbwaisen bei sich auf. Sie gründete deshalb vor rund hundert Jahren ein Waisenhaus für die Unglückskinder. Im Alter von vier oder fünf Jahren wurden die meisten Kinder wieder in ihre eigentliche Familie integriert, wenn sie sie wieder aufnahm.

Bilder oben: So weit im Norden Sambias ist die Vegetation viel feuchter und tropischer als im Süden. Termitenhügel sind allgegenwärtig.

Eine starke Persönlichkeit: Dr. Walter Fisher und seine Kalene Hill Mission

Im Juni 1889 treffen in Banguella, einer Hafenstadt in der portugiesischen Kolonie Angola, eine Handvoll Missionare ein. Es sind Männer und Frauen, die unter der Führung von Fred Arnot ins völlig unerschlossene Innere Afrikas gehen wollen, darunter auch der 23-jährige Walter Fisher. Ein langer Treck mit über hundert Trägern wird zusammengestellt. Die Frauen werden zeitgemäß in Hängematten getragen, die Männer laufen zu Fuß. Jeden Tag bricht die Gruppe vor dem Morgengrauen auf, mittags wird bereits ein Rastplatz gesucht. Abends singen die angehenden Missionare und predigen den Trägern das Wort Gottes. Diese halten die Briten für Geisteskranke, weil sie unbewaffnet durch halb Angola ziehen und verrückte Dinge sagen. Nach wenigen Wochen sind bereits zwei Missionare dem Fieber erlegen.

Zunächst bleibt die Gruppe im angolanischen Bihe. Sie lernen die Landessprache, ihre Wohnhütten selbst zu bauen und mit der fremdartigen Nahrung zurechtzukommen. Ihr größter Feind ist die Malaria, da in jener Zeit Chinin noch nicht zur Vorbeugung eingesetzt wird.

Zwei Jahre später gelangt die junge irische Krankenschwester Anna Darling nach Bihe, wo sie Walter Fisher begegnet und ihn heiratet. Schon bald ziehen Anna und Walter Fisher weiter, denn sie wollen eine eigene Missionsstation weit im Innern Afrikas aufbauen. Etwa auf halbem Weg nach Bunkeya in der Katangaprovinz, wo Arnot bereits missionierte, gründen sie die Station Kavungu. Auf hunderte Kilometer in alle Richtungen sind dort die Fishers der **einzige Arzt** und die einzige Krankenschwester. Tatkräftig bauen sie die Mission auf. Zur Außenwelt besteht kaum Kontakt, alle Waren müssen mühsam aus den Häfen Angolas herangeschleppt werden. Sie leiden Not an Mehl und Zucker, ernähren sich vorwiegend von Cassava, Honig und wilden Früchten. Immer wieder sind sie wochenlang fieberkrank. Deshalb geben sie Kavungu schließlich auf und ziehen des deutlich gesünderen Klimas wegen nach Kazombo. Doch hier herrscht der König Sakawumba und steht den Missionaren zuerst äußerst kritisch, ja fast feindlich gegenüber. Im Laufe der Zeit verbessert sich das Verhältnis, und als Sakawumba im Sterben liegt, ruft er sogar nach Dr. Fisher. Dieser kann zwar nichts mehr für ihn tun, verhindert aber, dass ein alter Brauch durchgeführt wird. Demzufolge wären fünf der zehn Witwen getötet und mit ins Grab gelegt worden. Zwei weiteren wären die Arme und Beine abgehackt worden, und sie wären so verstümmelt als "Wachposten" auf das Grab des Königs gelegt worden.

Walter Fisher ist ruhelos. Er wünscht sich, dort eine Mission zu gründen, wo die Menschen noch nie von Christus gehört haben. 1906 besucht er erstmals das Sambesiquellgebiet. Es liegt im hoch gelegenen Grenzbereich zwischen Portugiesisch-Angola und Belgisch-Kongo. Noch hat keine Nation so recht Anspruch auf diese Region erhoben. Einen einsamen Hügel im Flachland hatte Arnot einst "Border Craig" genannt. Walter Fisher gibt ihm jetzt den Namen Kalene Hill und **gründet hier sein Lebenswerk**.

Mit seiner Familie zieht er noch 1906 an den Kalene Hill mitten im Lundaland. Der Sklavenhandel ist noch immer nicht vorbei, eine Sklavenroute führt sogar mitten durch das Gebiet, hat das Land verwüstet und die Menschen verschreckt. Alle Dörfer sind durch Palisaden geschützt. Durch die vielen Angriffe herrscht eine Atmosphäre voller Angst. Viele Dörfer liegen versteckt im Urwald, nicht einmal Pfade führen dorthin. Dr. Fisher findet sie nur, wenn er abends vom Berg Ausschau hält und irgendwo Rauch aufsteigen sieht. Wenn er dann am nächsten Tag zu den Dörfern läuft, flüchten die Menschen in Panik. Die Stammeskriege zwischen den Häuptlingen Ikelenge dem Elefantenjäger, Ibala Mukangala, der seit dem Kampf mit einem Löwen einäugig ist, und Swanakabinda, verschlimmern die Lage im Land der Lunda. Es kursiert ein bezeichnender Name: **Hungry Country**. Walter Fisher muss unglaublich viel Geduld aufbieten. Neben der schweren Aufgabe, auf einem Steinhaufen eine blühende Mission zu errichten, muss er sich mühsam das Vertrauen der Afrikaner erarbeiten. Lange wird er als Menschenfresser gefürchtet. Noch in den 1920er Jahren laufen manche Menschen davon, wenn ihnen auf der Straße ein Weißer begegnet. Doch die Fishers sind zäh. 1908 wird der erste Hospitalblock fertiggestellt; weitere Wohnhäuser und Gästehäuser kommen hinzu. Dann wird Kalene Hill zur Poststation und damit als ferner Außenposten der britischen Kolonie weithin ein Begriff. Kalene Hill blüht. In jeder Hinsicht hat Dr. Walter Fisher endlich die Entwicklung der Region in die Wege geleitet.

Das Ehepaar bekommt acht Kinder, und alle setzen sich in ganz unterschiedlichen Bereichen für das Land ein: Sohn Singleton heiratet Kitty Marks. Sie gründen im Kongo weitere Missionsstationen in Mutshatsha und Kasaji und übersetzen die Bibel in die Lundasprache. Kitty wird im hohen Alter eine große Ehre zuteil, als sie 1971 als "Mutter des Lichts" die **Häuptlingswürde der Lunda** verliehen bekommt. Die Lunda ehren Kitty, weil sie noch jene ersten Missionare verkörpert, "die das Licht ins Lundaland brachten".

Tochter May Fisher heiratet Dr. Julyan Hoyte, der die Sakeji School leitet (S. 249). Sohn Ffolliott gründet Hillwood Farms. Der jüngste Sohn Charles wird ein anerkannter Chirurg in Sambia.

In den 1930er Jahren wird Walter Fishers Gesundheit schwächer, sein Augenlicht lässt nach und er kann nicht mehr operieren. Dennoch bleibt er in Kalene und besucht mit seinem Fahrrad die umliegenden Dörfer. 1935 stirbt er und wird in großen Ehren auf Kalene Hill beigesetzt. Anna Fisher überlebt ihren Mann nur um zwei Jahre. Die Mission auf dem Hügel wird 1935 wegen Wassermangels und der beschwerlichen Zufahrt verlassen und in die Ebene verlegt, wo sie noch heute ganz im Sinne ihres Gründers tätig ist.

Zur Info: Wer mehr über Kalene Hill und die Fishers erfahren möchte, sollte versuchen, in Ikelenge oder an der Sakeji School die sehr informativen Bücher 'Ndotolu', 'Lampposts to Searchlights' und 'Nswana–The Heir' zu erstehen.

Besuch der Old Kalene Hill Mission

3,4 km von Ikelenge an der Jimbe-Straße liegt die Abzweigung zur alten Mission. Nach 2,4 km biegt nach rechts eine schmale Spur zu den noch 7 km entfernten Ruinen ab. Der Weg verläuft bergauf durch Busch und Felder. Das letzte Wegstück ist steinig. Von der alten Mission sind nur noch Mauerreste zu sehen. Ein Fußweg führt zu einem großen Felsblock mit Ausblick auf das weite, flache Land zu Füßen des Kalene Hill. Von hier sieht man die neue Mission im Tal und dahinter den Sambesi, an klaren Tagen sogar bis nach Angola. Unterhalb des Aussichtspunkts führt ein Weg zu den drei Gräbern von Walter und Anna Fisher und ihrer Tochter Hettie.

DER NORDOSTEN – LAND DER WASSERFÄLLE UND SEEN

Wasserfälle, Dambos, Dauersümpfe, tropische Flüsse und unzählige Seen! Hier liegen zahlreiche attraktive Wasserfälle und die größten natürlichen Gewässer des Landes. Als zweittiefster See der Erde weist der Tanganjikasee eine fast noch unerforschte Artenvielfalt auf. Weiter südlich entspringt der Chambeshi River und gilt als die Quelle des mächtigen Kongos, er durchströmt und bewässert unterwegs die riesigen Bangweulu Wetlands. Und das Muchinga Escarpment mit seiner reizvollen bewaldeten Felsen- und Bergszenerie bildet die größte Wasserscheide im südlichen Afrika.

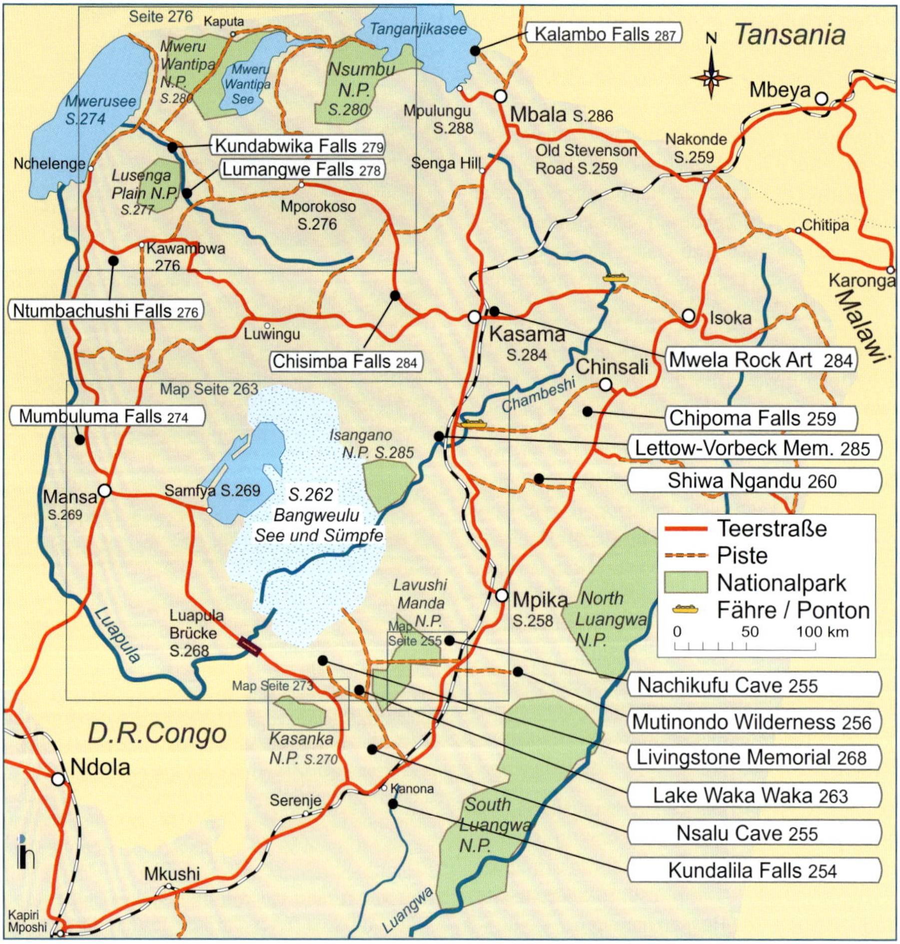

Die Great North Road: Von Kapiri Mposhi bis nach Tansania

Bis Kapiri Mposhi, 200 km nördlich von Lusaka, folgt man der Beschreibung auf S. 237. Die Great North Road zweigt 5 km nördlich der Ortschaft in östlicher Richtung ab und führt zunächst mehr oder weniger parallel zur TAZARA-Bahntrasse zur tansanischen Grenze. Die Teerstraße verläuft durch Wald- und Farmgebiete; gelegentlich werden am Straßenrand Gebrauchsartikel wie Hacken, Beile und Besen verkauft, von Zeit zu Zeit kreuzt man die Bahnlinie.

Die meisten Ortschaften entlang der Great North Road entstanden als Bahnstationen und liegen daher nicht direkt an der Straße, sondern an der Bahnstrecke. Nach 86 km Fahrt erreicht man die Abzweigung nach **Mkushi**, einem Ort, der seit seiner Gründung schon viermal verlegt worden ist. Hier wird neuerdings viel Mangan abgebaut. Beim Kilometerstein 93 zweigt vor der Bahnunterführung eine Piste südlich zur Wonder Gorge ab (S. 238). Die Great North Road durchfährt jetzt die attraktive Hügellandschaft der Irumi Hills; die Berge im Hintergrund bilden bereits die nahe Grenze zum Kongo.

Abstecher für Historiker: Fort Elwes Monument

Die verfallenen Mauerreste eines britischen Forts aus den Jahren 1896/97 ruhen vergessen nahe der Grenze zum Kongo an einem Wegpass zwischen den Irumi Hills und Shaba auf 1600 m Höhe. Für die extrem schlechte, 40 km lange Allradzufahrt ab Mkushi entschädigt der grandiose Ausblick. Vor der Fahrt dringend im Ort erkundigen, ob die Strecke überhaupt passierbar ist!

Die nächste Stadt, **Serenje**, erreicht man nach 196 km Fahrt entlang der Great North Road. Sie liegt 3 km nördlich der Straße in einer bergigen, rund 1500 m hoch gelegenen Region. Bereits an der Abzweigung gibt es einfache Restaurants und drei Tankstellen (nicht versäumen: nächste Tankgelegenheit erst wieder in Mpika oder Samfya!). Serenje besitzt außerdem eine große Busstation, ein Hospital, Banken, eine Bäckerei mit Zimmerver-mietung, viele Kneipen und einen Freiluftmarkt.

40 km nach dem Serenje-Turnoff erreicht man eine Abzweigung. Nach Norden führt hier die Straße zum Kasanka NP (55 km, S. 270) und entlang des "Northern Circuit" nach Mansa (319 km, Beschreibung ab S. 268). Entlang der einsamen Great North Road geht die nächste Ortschaft Kanona auch wieder auf eine Bahnstation zurück. 3 km nach dieser kleinen Ansiedlung weist ein Schild die Piste zu den **Kundalila Falls** aus (siehe S. 254).

Lusaka – Nakonde / Tansania

Gesamtstrecke: 1072 km

Fahrzeit: je nach Verkehr 11–16 Std.

Zustand: Teerstraße, teilweise voller Schlaglöcher, vor allem von Isoka nach Nakonde

Tankstellen: Kabwe, Kapiri Mposhi, Mkushi-Turnoff, Serenje, Mpika und Chinsali-Turnoff

Besonderheiten: Toll Stations, Road Blocks und zumeist viel Lkw-Verkehr aus Tansania

Übernachtungstipps bei Mkushi

- **Fika Lodge** (früher Forest Inn)**:** Tel. 0966-423388, E-Mail: fikalodgezambia@gmail.com, http://fikalodge.online/wp. 61 km nach Kapiri Mposhi bzw. 25 km westlich von Mkushi liegt das begrünte Camp gut beschildert direkt neben der Straße. Es bietet ein nettes, preiswertes Restaurant mit gutem Service, ansprechende Chalets und Zimmer (43 US$/DZpP, 60 US$/EZ) und Camping (10 US$ pro Platz plus 10 US$ pP) mit heißen Duschen, Stromanschluss, Grillstellen und überdachtem Aufenthalts und Küchenbereich. Naturnah, freundlich, sicher und durch den blühenden Garten auch ein Tipp für Vogelfreunde.
- **Tembusha Forest Camp:** Tel. 0968-205468, E-Mail: gemma.stotter@gmail.com. Idyllische Campsite mit drei gut ausgestatteten Stellflächen (private Bäder und Küchenbereiche mit Trinkwasser und Feuerholz), einem schönen Pool und guten Wandermöglichkeiten in der felsigen Umgebung für 15 US$ pP. Zufahrt: 46,5 km nach der Meru-Tankstelle in Mkushi (in Richtung Serenje) zweigt die 10 km lange beschilderte Piste ab. Voranmeldung erwünscht.

Unten: Tomatenverkauf bei Mkushi

Kundalila Falls

Zufahrt: Vom beschilderten Abzweig an der Great North Road führt die gute, 12 km lange Erdpiste zum Gate und weitere 1,5 km zum Parkplatz. Der Eintritt zum Naturdenkmal beträgt seit 2019 inklusive Camping 15 US$ pP. Wer auf Wasser/Dusche verzichten kann und mit der gemauerten Aufenthaltshütte und einfacher Trockentoilette zurechtkommt, kann auf dieser einsamen, stillen Lichtung wunderbar campieren.

Von der idyllischen leichten Senke beim Parkplatz führt der Fußweg zur neuen Brücke über den Kaombe River, der ein kleines Stück weiter 65 m in freiem Fall von der Felskante in die Tiefe stürzt. Man kann den Wasserfall von hier aus noch nicht sehen, aber die Pfade führen hinab bis zu den herrlichen, erfrischenden Badepools direkt unterhalb des Wasserfalls. Für den unbefestigten Abstieg (ca. 15 min) ist allerdings Trittsicherheit nötig! An den unbeschilderten Weggabelungen folgt man dazu stets der Hauptspur abwärts.

Weiterfahrt entlang der Great North Road:

Schlaglöcher und eine pittoreske Felsenszenerie nehmen zu. Ein wenig Abwechslung bieten gelegentliche Kartoffel- und Holzkohlemärkte. Außerdem kommen nun einige Abzweigungen zu Sehenswertem: 30 km nach Kanona der Abzweig zur Nsalu Cave, 85 km danach bzw. 72 km vor Mpika an der Kalonje Station der Abstecher nach Mutinondo (S. 256), 12 km später die Zufahrt zum Lavushi Manda NP (siehe unten) und kurz danach der Abzweig zur Nachikufu Cave (rechts).

Nsalu Cave

30 km nach Kanona führt an einem Lay-by ein beschilderter Weg nach Norden. Das Haus des Caretakers mit dem Schlüssel (15 US$ Eintritt pP) liegt nach 14 km; 7 km weiter der Berg mit kurzem Fußweg hinauf zur Höhle mit den Felsbildern aus unterschiedlichen Zeit- und Entwicklungsepochen, z. B. 17 000 Jahre alten Malereien der "Red Animal Tradition". Die Höhle wurde vermutlich schon vor 20 000 Jahren bewohnt, und ihre vielen Felsmalereien zählen zu den wertvollsten in Sambia. Umso trauriger ist, dass der schützende Zaun zerstört und die Malereien größtenteils überschmiert worden sind. Der Laie kann kaum unterscheiden, was alte Relikte und was moderne Schmierereien sind. Siehe Foto S. 55.

Nachikufu Cave

56 km vor Mpika zweigt links der beschilderte 2 km lange Abstecher zur Nachikufu Cave ab (nach 1 km rechts noch 1 km zum Parkplatz am Nachikufu Hill). Ein kurzer Fußweg führt zur umzäunten Felshöhle; der Caretaker mit dem Schlüssel kommt, sobald er ein Auto hört; er wohnt nur 300 m von der Teerstraße entfernt (10 US$ Eintritt). Es handelt sich hierbei um einen dreistöckigen Komplex aus einer Höhle und zwei Felsüberhängen. Die halbwegs naturalistischen schwarzen Malereien der Haupthöhle – zwei Elefanten, bewaffnete menschliche Figuren und eine kleine Antilope – sind die ältesten Bilder. Aus einer jüngeren Periode stammen die Zeichnungen in dickschmierigem Weiß. Die roten schematischen Bilder an den Felsüberhängen über der Höhle stammen aus einer mittleren Epoche. Am Eingang zur Höhle befindet sich auch ein kleines Museum (mit Trockentoilette). Man kann hier auch campieren für 15 US$ pP und 5 US$ pro Fahrzeug.

Lavushi Manda Nationalpark

60 km vor Mpika zweigt eine Piste zu den Bangweulu Wetlands ab, die auf der 67 km langen Strecke bis Chiundaponde (S. 262) für 30 km den Lavushi Manda NP durchquert. In diesem stark vernachlässigten, wildromantischen Park entstanden vor ein paar Jahren drei Campsites, doch während der Corona-Pandemie verfiel das Projekt, ehe es richtig aufgebaut worden war. Die Camps sind derzeit verlassen und die Zufahrten zugewachsen; die weitere Entwicklung ist ungewiss. Wegen der unzureichenden Wildereibekämpfung sind die Wildtiere wie Rappenantilopen, Buschböcke und Warzenschweine sehr scheu.

Wer im Park (wild) campieren möchte, findet die beste Gelegenheit in der Lichtung an der Brücke über den Lukulu.

Preise: Fahrzeuge und Besucher je 15 US$, Camping 5 US$ pP. Transitfahrten durch den Park sind kostenlos.

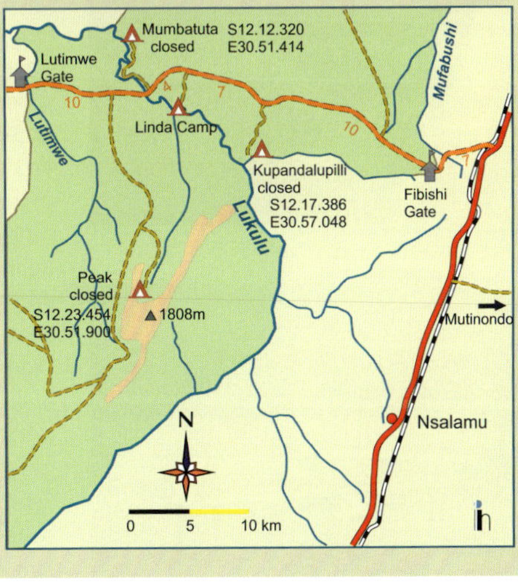

Wanderparadies Mutinondo Wilderness

An der Kalonje Bahnstation, 72 km vor Mpika, zweigt die gut ausgeschilderte und zügig befahrbare, 24 km lange Waldpiste zur Mutinondo Wilderness von der Great North Road ab. Sie endet direkt am Mayense Camp des privaten, 10 000 ha großen Schutzgebiets inmitten einer grandiosen Bergszenerie: Buckelige, kahle Granitfelsrücken, Inselberge genannt, ragen aus den unberührten Miombo-Bergurwäldern und vereinzelten Dambos hervor und bilden ein einzigartiges Wanderparadies für Naturfreunde. Die idyllische Abgeschiedenheit dieses Fleckens am Rande des Escarpments hoch über den Weiten des Luangwatals ist geradezu berauschend. Gäste können hier frei wandern, z. B. die höchste Bergkuppe Mayense erklimmen (3 Std. hin/zurück), im klaren, krokodilfreien Fluss baden und Kanufahren, mehrere Wasserfälle besuchen, ein- bis mehrtägige geführte Hiking Trails erwandern, Mountainbiken oder Reiten. Mutinondo ist dabei so verschieden von allen anderen touristischen Anziehungspunkten Sambias, dass es auf keiner Rundreise im Norden fehlen sollte. Die besondere Vegetation mit Aloen, Misteln, Pilzen und Proteen beeindruckt auch botanisch Desinteressierte. Ornithologen begeistern sich für die 324 bereits gelisteten Arten, Tierfreunde für die zahlreichen Schmetterlinge und 40 Säugetierarten, darunter so seltene wie Karakal, Diademmeerkatze, Klippspringer, Kapotter und Sitatunga.

Es stehen folgende Unterkünfte mit viel Flair und Ausblick zur Verfügung:

•**Mayense Lodge:** Versteckt und doch mit toller Aussicht schmiegen sich vier individuell gestaltete Chalets in die Felsen; auch der Barbereich beim Restaurant hat eine spektakuläre Aussicht (siehe rechts). Preise: HP ab 113 US$/DZpP und 125 US$/EZ, VP 125 US$/DZpP, und 140 US$/EZ. Kinder jeweils die Hälfte.

•**Mayense Campsite:** Unterhalb der Lodge breiten sich sieben Campingstellflächen im Miombowald aus; der größte an der halboffenen Nsaka mit weitem Ausblick. Heiße Duschen und Toiletten mit Aussicht liegen in der Mitte des Geländes. Preise: Camping 20 US$ pP bzw. 25 US$ in der Nsaka. Mietzelte und das kleine Campsite-Rondavel kosten 36 US$ pP.

•**Kankonde Self Catering Camp:** 11 km vom Hauptcamp schmiegt sich das kleine Selbstversorgercamp an das Flussufer. Es wird immer nur an eine Gruppe vergeben, und ein Attendant betreut die Gäste. Preise: 25 US$ pP.

Transfers ab Mpika, Mahlzeiten (Frühstück und Lunch je 12 US$, Dinner 16 US$) und Guides sind zusätzlich buchbar. Kontakt: Tel. 0978-198198, 0974-319707, E-Mail: info@mutinondozambia.com und ecotillfarming@gmail.com, www.mutinondozambia.com.

Bilder: Szenen einer Wanderung zum Mayense; Nsaka-Feuerstelle; Bar in der Mayense Lodge

Luangwatal-Abfahrt für Allradprofis: die berühmte Escarpment Road

36 km vor Mpika zweigt die beschilderte Escarpment Road, eine der berüchtigsten Straßen Sambias, von der Great North Road ab. Dabei sind die ersten 42 km bis zum **Ntunta Wildlife Camp** noch gut befahrbar. Das kleine Scoutcamp am Rande des noch 1180 m hohen Escarpments bietet einen spektakulären Blick in das dunstige Luangwatal. Anschließend folgt unmittelbar der extrem ausgewaschene und steinige Abstieg ins Tal. Für diesen sehr schlechten Abschnitt ist Allrad absolut unerlässlich. Im Tal angelangt wird die Piste wieder besser und führt 12 km nach dem Ntunta Camp zur Brücke über den **Mutinondo River.** Am Flussufer liegen hier die Gebäude des verlassenen Munyamadzi Community Camps.

8 km nach der Brücke gabelt sich der Weg: Links führt die sehr ausgewaschene Fahrspur durch die Munyamadzi GMA zu den Dörfern von Nabwalya am Munyamadzi River und in die Jagdgebiete am Luangwa. Die breitere Hauptspur führt dagegen nach 8 km zum **Chifungwe Gate & Wildlife Camp**, dem Nordeingang in den South Luangwa Nationalpark, wo man den Eintritt bezahlt. Gute 2 km nach dem Parkeingang erreicht man eine Furt durch den flachen, aber sandigen **Mupamadzi River.** Falls der Fluss Wasser führt, sollte man die Strecke vor dem Befahren zu Fuß erkunden. In den letzten Jahren sind dort Sandsäcke ausgelegt worden. Jenseits des Mupamadzi verlässt die Sandpiste nach etwa 2 km den Fluss, durchquert ein weiteres sandiges Flussbett und knickt schließlich deutlich nach Süden ab (an dieser tsetseverseuchten Stelle führen Spuren zu den flussabwärts am Mupamadzi liegenden saisonalen Camps für Walking Safaris).

Die als **"05 Road"** bekannte Sandpiste führt nun immer direkt nach Süden, durchquert nach 11 km ein imposantes, tief eingegrabenes Flussbett, dem in leicht hügeliger Umgebung noch mehrere kleine, sandige Bachbette folgen. 56 km südlich des Mupamadzi River gilt es als letzte Herausforderung das tiefsandige Flussbett des Lubi River zu durchfahren. 15 km weiter trifft man auf die breite Schotterpiste zum Mfuwe Gate und ist im Pirschfahrtengebiet des Parks.

Fazit: Die rund 178 km lange Strecke erfordert in den Furten durch Mupamadzi und Lubi und ganz besonders beim Escarpmentabstieg unbedingt Allrad und viel Geländeerfahrung. Sie ist definitiv nur zum Ende der Trockenzeit jeden Jahres, etwa ab Juli/August, befahrbar und extrem einsam. Bei Problemen und Pannen ist unterwegs eher keine Hilfe zu erwarten.

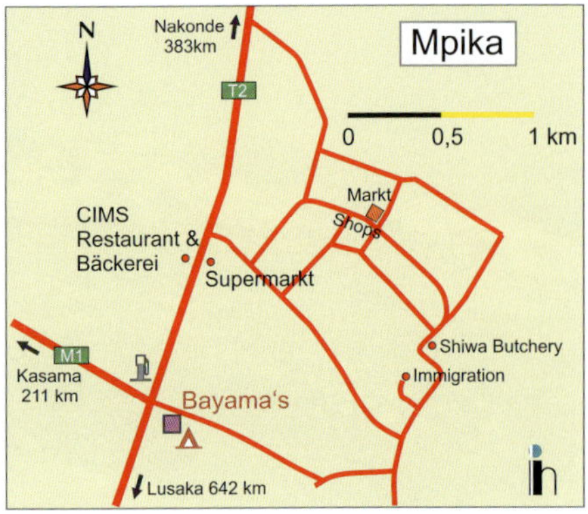

Mpika

Starke Abholzung kündigt Mpika an. Wer hier ankommt, hat bereits 714 km seit Lusaka zurückgelegt und noch 375 km bis zur Grenze vor sich. Die Stadt liegt auf der Wasserscheide zwischen Sambesi und Kongo, dem Muchinga-Escarpment. Im lebhaften Ortszentrum reihen sich viele kleine Geschäfte um den sehenswerten Freiluftmarkt; am Highway liegen dagegen die Tankstellen, eine Bank mit Geldautomat und ein paar einfache Gästehäuser, die im Garten auch Campinggelegenheit anbieten. Im älteren Teil der Stadt, Boma genannt, sind das Krankenhaus und eine Metzgerei der Shiwa Butchery. Beste Unterkunft und Einkehrmöglichkeit finden Sie unseres Erachtens nach in der Bayama's Lodge.

- **Bayama's Lodge, Pub & Grill:** Casanova St., Tel. 0977-410839, E-Mail: bayamakumpika@gmail.com, www.bayama.de. Freundlich geführte Bungalowanlage im Stadtbereich, unter deutscher Leitung, die auch ein beliebtes Restaurant mit Pizzeria/WLAN und Camping im Garten anbietet (mit Strom/Wasser). Preise: Chalets ab 15 US$/Nacht, Camping 6 US$ pP.

Auf der Weiterfahrt von Mpika passiert man nach 60 km rechts die beschilderte Zufahrt zum North Luangwa NP (S. 320) und 28 km danach links die Abzweigung zum Shiwa Estate (12 km) und den Kapishya Hot Springs (weitere 20 km Piste, S. 260). Danach wird die Strecke immer einsamer und eintöniger. Tankgelegenheit bietet sich noch einmal am Abzweig nach **Chinsali**, der 14 km abseits gelegenen Hauptstadt der

Provinz Muchinga. Sie bietet nur bescheidene Stadtunterkünfte; Selbstfahrer bevorzugen daher die Campinggelegenheit an den **Chipoma Falls** (Eintritt 10 US$, Camping 15 US$ pP, Auto 5 US$); die gut 6 km lange Zufahrt zweigt 155 km nach Mpika bzw. 19 km vor dem Chinsali-Turnoff ab. In den Kaskaden kann man baden.

Letzte bescheidene Versorgungsmöglichkeiten bietet das Städtchen **Isoka**. Von hier führt eine Teerstraße nach Kampumpu am Luangwa. Für Ein- oder Ausreisende über eine der kleinen Grenzen nach Malawi: Isoka hat zwar ein Immigration-Büro, aber keinen Zoll.

•**Kings Highway Kalungu Restcamp:** 56 km vor Nakonde liegt beim Dorf Kalungu 800 m abseits der Great North Road das kirchliche, sehr engagiert geführte Kings Highway Kalungu Selbstversorger-Camp mit gemauerten Chalets für 15 US$/DZpP und 20 US$/EZ, ein Flat für 50 US$/Nacht sowie Camping mit sauberen Sanitäranlagen und einer Gemeinschaftsküche für 10 US$ pP. Kontakt: Tel. 0968-826903, E-Mail: kalungu@kingshighway.co.za, Sehr empfehlenswert; für Naturfreunde gibt es auch einen 3,5 km langen Hiking Trail.

Die Great North Road endet nach weiteren 110 km auf der in Auflösung begriffenen Straße im chaotischen Grenzort **Nakonde**, der regelrecht mit der tansanischen Grenzstadt Tunduma zusammenwächst. Der Grenzwechsel nach Tansania wird hier von Jahr zu Jahr chaotischer, überfüllter und unübersichtlicher, besonders für Autoreisende. Man braucht starke Nerven und muss mit mehrstündigen Wartezeiten rechnen.

Unten: An Mpikas Tankstellen wird eine Seltenheit verkauft: Salzkegel aus dem Chibwa-Sumpf im Luitikila Valley. Nur hier kennt man noch die Technik, aus speziellen Gräsern Salz zu gewinnen

Weiterreise nach Malawi

Nakonde liegt auf einer historischen Bergstraße, die "Old Stevenson Road" heißt und zwischen dem Tanganjika- und dem Malawisee verläuft. Zwischen Mbala und Nakonde ist die 185 km lange Strecke geteert, von hier bis Chitipa in Malawi (93 km) verläuft sie als schlechte Piste. Beim Immigration-Grenzposten in Nyala ist die Ausreise möglich, einen Zoll gibt es aber nur in Nakonde. Einfacher lässt sich die Strecke über Nsasawanje befahren.

Die legendäre "Old Stevenson Road"

Was verbirgt sich eigentlich hinter dem Namen "Old Stevenson Road"? Obwohl die Bezeichnung noch allgegenwärtig ist, herrscht über den Namensgeber Unklarheit, was auch daran liegt, dass der Name Stevenson in verschiedenen Schreibweisen in diesem Teil der Welt so häufig vorkommt. Tatsächlich lässt sich der Name auf James Stevenson zurückführen; schottischer Finanzier und Vorstand der African Lakes Company, und damit 1879 Auftraggeber dieser Querverbindung zwischen Tanganjika- und Malawisee. In Sambia erinnert man sich heute aber gerne eines ganz anderen Mannes, wenn von der Stevenson Road die Rede ist: John Edward Stephenson, geb. 1876, kam mit zwanzig Jahren nach Blantyre, Nyasaland, wo sich der Abenteuerlustige von Cecil Rhodes anheuern ließ, um Teile der legendären Cape-to-Cairo-Straße zu bauen. Für diese Aufgabe hielt sich Stephenson viel in Nordostrhodesien auf. Er vollendete den Ausbau der Straße zwischen Karonga und Mpulungu und gründete rund 40 Handelsstationen. Stephenson heiratete zum Missfallen seiner Landsleute eine Afrikanerin und pflegte ausgezeichnete Kontakte zu den Einheimischen. Man erzählte sich heute noch, er habe in jeder dieser Handelsstationen eine Freundin gehabt. Stephenson gründete die Orte Mkushi und Ndola, verabschiedete sich dann von der BSAC und ließ sich auf einer Farm nieder. Dort pflegte er einen exzentrischen Lebensstil, heiratete eine zweite Afrikanerin, hatte mit beiden Frauen acht Kinder und schrieb skurrile Geschichten, Anekdoten und eine spannende Autobiographie. Als guter Unterhalter, ein wenig verrückt, aber liebenswert und großzügig, wurde Stephenson beschrieben. Als er im Alter von 81 Jahren starb, bildeten hunderte Lala den Trauerzug. Man sagt, "er hatte tausend Freunde und keinen einzigen Feind". Ein interessanter Zeitgenosse.

Manor House

Shiwa Ngandu – Britisches Herrenhaus im tiefsten Afrika

Inmitten dieser abwechslungsreichen, ländlichen Region stößt der Reisende hier unvermittelt auf ein schlossähnliches, altenglisches Herrschaftsanwesen. Stewart Gore-Browne, ein einsamer Visionär aus dem britischen "Niederen Adel", hatte sich 1920 am "See der königlichen Krokodile" (die Übersetzung von "Shiwa Ngandu") niedergelassen und dieses feudale, im sambischen Busch doch seltsam deplatziert wirkende Anwesen geschaffen.

Für den eigenwilligen 37-jährigen wurde es zum Lebenswerk: Rund tausend Arbeiter benötigte er allein für den Gewaltakt, das Baumaterial von weither zu transportieren. Keinerlei Straßen standen ihm damals zur Verfügung. Dennoch ließ er englische Möbel kommen und sie von Ndola hunderte Kilometer durch die Sümpfe tragen. Auch auf alte Familiengemälde und die Bibliothek mit tausenden Werken wollte er in der Wildnis nicht verzichten. Mit dicken Steinmauern, Türmchen und schmalen Fenstern glich sein Anwesen schließlich einer mittelalterlichen Burg. Gore-Browne wäre kein Brite gewesen, hätte er nicht auch einen Garten englischen Stils und eine Eukalyptusallee angelegt. Er baute nicht nur für den Eigenbedarf, sondern errichtete eine ganze Siedlung. Es gab ein Hospital, eine Poststation (Gore-Browne schrieb bis zu 100 Briefe pro Woche!), ein Marktgebäude und Ziegelhäuser für die Arbeiter. Und alles im gleichen Stil.

Gore-Browne setzte trotz der Abgelegenenheit große Hoffnungen in die Rentabilität seines Estates. Mit ätherischen Ölen verdiente er seinen Lebensunterhalt, bis ein Virus die Pflanzen tötete. Dann stieg er auf Rinderzucht um und ging später in die Politik, wurde gar einer der führenden Sprecher für die afrikanische Unabhängigkeitsbewegung. So kauzig Gore-Browne gewesen sein mag, so moderat und aufgeklärt war seine Gesinnung. In seiner Heimat wurde er geadelt, und zugleich verband ihn lebenslang eine Freundschaft mit Kenneth Kaunda. Als Gore-Browne 1967 starb, ordnete dieser ein Staatsbegräbnis an, denn Gore-Browne sei "als Brite geboren, aber als Sambier gestorben".

Weißbrauenrötel

Nach dem Tod des Aristokraten wurde es einsam in Shiwa Ngandu. Seine deutlich jüngere Witwe hatte ihn schon lange verlassen. Tochter Lorna und Gatte John Harvey führten das Estate und altehrwürdige Herrenhaus allein weiter, trugen aber zeitlebens schwer an den hohen Kosten. Noch immer ist Shiwa Ngandu im Familienbesitz und die dritte Generation bemüht sich, den fortschreitenden Verfall des Anwesens durch Einnahmen aus dem Tourismus aufzuhalten. Im Herrenhaus werden Zimmer als Nobelunterkünfte vermietet, zahlreiche Räume sind als **Museum** zugänglich (Führung durch den Außenbereich mit Kapelle Mo–Sa von 8.30–11 Uhr für 5 US$, inklusive der Innenräume für 20 US$). Überall erinnern liebevolle Details wie der Uhrturm, die bemerkenswerte Bibliothek und die kleine Kapelle an den britischen Geist, der dieses Leben mitten im Nichts erweckte. Und doch – unaufhaltsam scheint sich der afrikanische Busch auszubreiten, sich beharrlich zurückzuholen, was der willensstarke Brite, den die Afrikaner wegen seines aufbrausenden Gemüts "Chipembele" (Nashorn) nannten, mit großem Aufwand schuf. Wie ein später Sieg Afrikas über den europäischen Gestaltungswillen. Weitere Infos: Tel. 0973-311246, http://www.shiwangandu.com. Als Hausgast bezahlt man mit AI und zahlreichen Aktivitäten im wildreichen Estate ab 600 US$ pP/Tag. Für Familien oder Gruppen steht zudem zur Selbstversorgung das koloniale Ferienhaus "Impandala House" von 1933 offen (ab 480 US$/Nacht inkl. Personal).

Hauskapelle

Lesetipp: Spannende Lektüre über Shiwa Ngandu und Sir Stewart Gore-Browne bietet die Biogaphie "The Africa House" (siehe S. 390).

Kapishya Hot Springs

Kapishya Hot Springs

Vom Herrenhaus Shiwa Ngandu, das 12 km neben der Great North Road liegt, führt die Erdstraße weiter durch das Estate zu den 20 km entfernten Kapishya Hot Springs. Schon Gore-Browne liebte es, mit einem Whiskey im 37° C heißen Quellwasser zu baden – heute macht es nicht weniger Spaß! Die eingefasste Quelle ist Lebensspender für eine tropische Vegetation mit riesigen Raffiapalmen, in denen Raritäten wie Weißbrauenrötel, Glanzhaubenturako und die endemische Westafrikanische Drossel umherfliegen.

- **Kapishya Hot Springs Lodge:** Tel. 0976-970444, E-Mail: kapishya@shiwasafaris.com, www.shiwasafaris.com. Mark Harvey, Gore-Brownes Enkel, führt direkt neben dem Quellbecken eines der schönsten Resorts in Nordsambia, eine gemütliche Mittelklasselodge mit blumenreichem Garten, Pool, Restaurant und Spa. Auf der anderen Seite der heißen Quellen schließt sich eine Campingwiese am idyllischen Fluss an. Preise: Chalets mit HP 125 US$/DZpP, zur Selbstversorgung 70 US$/DZpP (EZ je 40 % Zuschlag), Camping 20 US$ pP (Strom 5 US$). Besucher können beim Shiwa Estate Bootsausflüge auf dem "See der königlichen Krokodile" unternehmen und am Bird Hide die Vogelwelt aufspüren. Alternativ führt ein Wanderweg von den Hot Springs zu Felsbildern.

Schon gewusst?

Die Bangweulu Wetlands sind halb so groß wie Österreich

Die Bangweulu Wetlands

"Wo das Wasser den Himmel trifft", so wird der Name Bangweulu übersetzt. Durchaus passend für einen so ebenen Naturraum, der hauptsächlich aus Feuchtgebieten und Dauersümpfen besteht und mit mehr als 1400 mm/Jahr zu den regenreichsten Regionen Sambias zählt.

Der **Bangweulusee** erreicht nur eine durchschnittliche Tiefe von 5–7 m, verdoppelt seine Oberfläche aber während der Regenzeit von 5000 km² auf 11 600 km². Seine Nord-Süd-Ausdehnung beträgt bis zu 75 km, von Osten nach Westen 35 km. Mehr als 60 verschiedene Fischarten im See sichern die Versorgung der ansässigen Fischervölker Unga, Batwa und Bisa.

Oben: Moorantilopen im Sonnenuntergang

Unten: Oribi, Kafferntrappe

Südlich des Bangweulusees erstreckt sich eine **riesige Sumpflandschaft**. Ihre Ausmaße sind mit bis zu 15 000 km² noch gigantischer als die des Sees. In diesem Bereich liegen sechs verschiedene Game Management Areas und ein Nationalpark. Diese besonders unzugänglichen Feuchtgebiete stellen ein einzigartiges Naturparadies dar. Unzählige Kanäle und Lagunen stehen voller Papyrus- und Sumpfgewächse; dazwischen bleiben leicht erhöhte Inseln ganzjährig trocken. Die Fischer haben künstliche Kanäle errichtet und tausende niedriger Fischwehre, die insgesamt mehr als 4000 km Länge ergeben – eine unbekannte Weltsensation!

Die wenigen existierenden Wege sind nur in der Trockenzeit etwa von Ende Mai bis Dezember befahrbar. Ansonsten muss man sich in Booten fortbewegen. Direkt nach der Regenzeit sind die Pisten im schlechtesten Zustand; voller Wasserlöcher und Schlammpassagen, und hohes Gras erschwert zudem die Sicht.

Anreise in die Bangweulu Wetlands

Es gibt zwei Zufahrten; entweder über den Lavushi Manda NP (S. 255) oder von der Straße nach Mansa über die Abzweigung zum Livingstone Memorial (S. 268), ohne zum Memorial abzubiegen. Nach 30 km Waldpiste erreichen Sie den Lake Waka Waka (siehe rechts). 2 km weiter ist eine Gabelung, 1 km danach noch eine. Fahren Sie beide Male links (sonst kämen Sie zur Nsalu Cave, S. 255). Nun geht es sehr beschwerliche 33 km durch dichten, von mehreren Dambos durchbrochenen Buschwald und kleine Ansiedlungen zum Bisa-Dorf **Chiundaponde.** Jenseits des Dorfes überquert man auf einer neuen Brücke den Lukulu Stream. 800 m dahinter

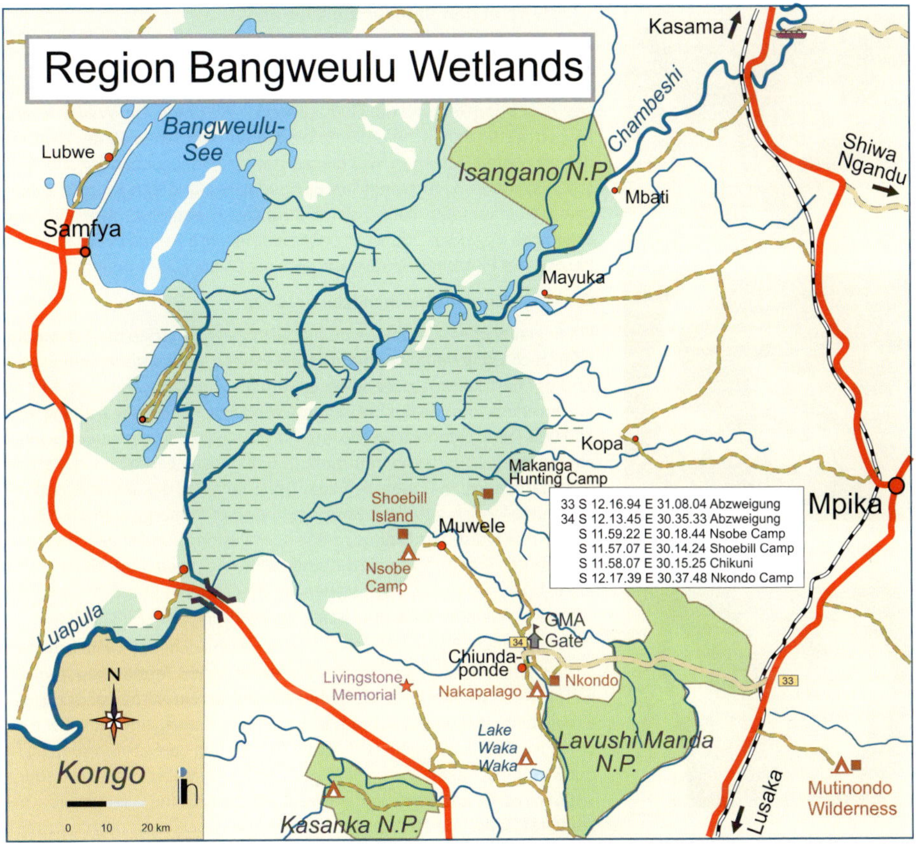

liegt links das Bangweulu Wetlands-GMA-Gate (geradeaus weiter geht es zum Lavushi Manda NP, siehe S. 255). Beim GMA-Gate bezahlt man 10 US$ pP und 15 US$ für Fahrzeuge pro Tag als Conservation Fee). Von hier aus führt die Erdstraße 28 km durch Bisa-Reihendörfer und Cassavafelder, ehe der erhöhte Fahrdamm beginnt, der Wald sich lichtet, und anstelle der Dörfer unzählige kleine, graue Termitenbauten auftauchen. 35 km nach dem Gate gabelt sich vor dem Dorf **Muwele** die Piste. Links geht es an der Schule vorbei zum Nsobe Camp (10 km, S. 266). Ab hier gerät man in die staubige Grasebene. Letzte Bauminseln und die Anthills weichen zurück, in der flimmernden Ferne lassen sich Baumreihen erahnen. Nach 8 km wird die Chikuni-Station mit Gate, Schule und Antipoaching Team erreicht. Shoebill Camp liegt 3 km dahinter.

Lake Waka Waka

Ein klarer Badesee ohne Krokodile und Bilharziose, umrahmt von Wiesen und Wäldern mitten in Sambia? Gibt es wirklich: am Lake Waka Waka. Einst führte der Kasanka Trust hier ein einsames Buschcamp, dann brannte es ab, und seither leitet es recht notdürftig die Dorfgemeinschaft bzw. es ist meistens verlassen und verwaist, auch die Zufahrt wächst allmählich zu. Tagsüber sind hier winzige Waldfliegen lästig, die abends zuverlässig verschwinden.

Wildtiere in den Bangweulu Wetlands

Gigantische Antilopenherden und ein seltsamer Ruderfüßer

Ein typisches Merkmal für den Naturraum Bangweulu sind die großen Weiten, die Einsamkeit und die eher spärliche Vegetation. Die Wildtiere sind hier entweder sehr scheue Sumpfbewohner oder leben an der Rändern der saisonalen Flutzonen, was die meisten zu einer Lebensweise mit zyklischen Wanderungen zwingt. Im Bangweulusee und den kaum zugänglichen Dauersümpfen halten sich Sitatungas, Flusspferde, Krokodile und zahlreiche Vögel auf. Touristen unternehmen ihre Safaris in der Regel im Bereich der Flutzonen, in der sich auch die Chikuni GMA befindet.

Schwarze Moorantilopen mögen's gesellig

Ein unglaubliches Spektakel sind hier die riesigen Herden der **Schwarzen** oder auch **Bangweulu-Moorantilopen** (*Kobus leche smithemani*). Diese Antilopenart kommt nirgendwo außerhalb von Bangweulu vor. Vor 80 Jahren ergab eine von der britischen Kolonialmacht initiierte Zählung rund 150 000 Tiere. Dennoch wurde ihre Art innerhalb der folgenden 25 Jahre auf nur noch 10 % dessen reduziert. 135 000 Tiere waren den hungrigen Minenarbeitern im Copperbelt zum Opfer gefallen, die überwiegend mit Fisch und Fleisch aus dem Bangweulu-Gebiet versorgt wurden. Glücklicherweise wurde der Exodus gerade noch gestoppt, und in den folgenden Jahrzehnten erholten sich die Bestände allmählich wieder auf bis zu 75 000 Tiere. Doch auch heute noch stehen die Herdentiere unter dem Druck der Jäger und Wilderer; ihr Schutz ist ein Hauptanliegen von African Parks.

Weit unauffälliger sind die wenigen und sehr scheuen **Oribis**, die sich einzeln oder paarweise zumeist in Zonen mit hohen Terminenbauten aufhalten. Auch sie werden leider sehr stark bejagt. Ein Mitbewohner dieser Randgebiete zwischen Wald und Flutzone, den aufmerksame Besucher rund um Chikuni in der Morgen- und Abenddämmerung beobachten können, ist der **Streifenschakel**. In den sich südlich der Flutgebiete ausbreitenden Wäldern ist die endemische **Bangweulu-Tsessebe**, eine Leierantilope, beheimatet. Tausende Tiere ziehen während der Trockenzeit nachts von den Wäldern zum Trinken an den Lukulu und kehren frühmorgens wieder zurück. African Parks brachte zehn **Zebras** und 200 **Büffel** aus dem North Luangwa NP in die Wetlands; beide Arten haben sich prächtig vermehrt (die inzwischen rund 300 Zebras gesellen sich gern zu den Moorantilopen). Auch drei **Geparden** wurden erfolgreich wieder angesiedelt. Flusspferdherden und Krokodile besiedeln die Wasserläufe. Selbst Elefanten wandern mitunter zwischen den Sümpfen und dem Kasanka Nationalpark.

Der Star der Bangweulu-Region ist allerdings der ungewöhnliche **Schuhschnabel**. Dieser tagaktive Einzelgänger ist in vielerlei Hinsicht ein Sonderling. Er bewegt sich nicht gerne und fliegt nur, wenn es sich gar nicht vermeiden lässt. Am liebsten verharrt er stundenlang regungslos. Vermutlich existieren in Afrika weniger als 1500 Exemplare dieser Gattung, die Bangweulusümpfe stellen dabei einen ihrer letzten natürlichen Lebensräume dar. Um die gefährdete Art zu erhalten, steht der Schuhschnabel im Mittelpunkt mehrere Schutzprogramme. Früher hielt man ihn für einen Storch, doch neue Forschungen lassen eine Verwandtschaft zu den Pelikanen vermuten. Mittlerweile haben sowohl der Kasanka Trust als auch African Parks genauere Kenntnis über die Standorte einzelner Schuhschnäbel, was die Sichtungen für Touristen deutlich vereinfacht, wenngleich ein abenteuerlicher Marsch durch die Sümpfe fast immer notwendig ist.

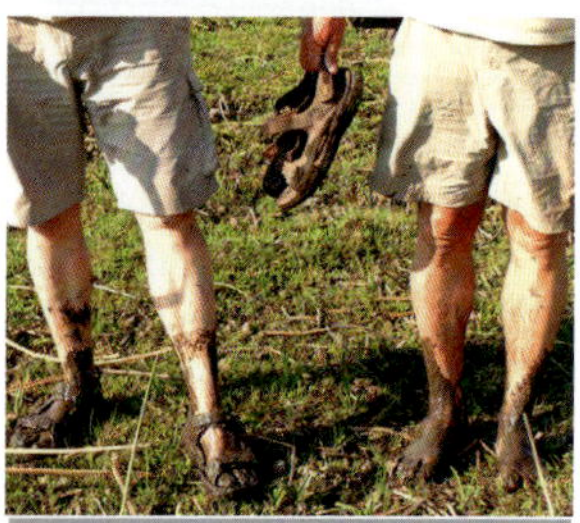

Die Bisa der Bangweulusümpfe

In Sambia leben etwa 20 000 Bisa in der Bangweulu-Region, rund um Mpika und im Luangwa Valley. Gegen März ziehen viele Bangweulu-Bisa aus den Dörfern vom südlichen Festland in die Sumpfgebiete, um dort bis September in einfachen, temporären Strohhütten auf trockenen Inseln zu leben, fischen und jagen. Das andere Halbjahr bauen sie in ihren Heimatdörfern **Cassava** an, denn die Maniok-Wurzelknollen wachsen hier besonders schnell und können schon nach einem Jahr geerntet werden. In den Dörfern zwischen Chiundaponde und Chikuni gibt es eine **lokale Besonderheit**: Anstelle üblicher runder Tröge verwenden die Frauen lange, an Einbäume erinnernde Holztröge zum Cassava-Stampfen. So sitzen hier mehrere Frauen nebeneinander und stampfen gemeinsam im gleichen Kanu-Trog.

Suchexpeditionen zum Seeungeheuer

Wie viele außergewöhnliche Gewässer hat auch der Bangweulusee ein **Ungeheuer**: "Chipekwe" mit dem Elfenbein-Einhorn. In der frühen Kolonialzeit nahmen die Europäer die Legende sehr ernst und unternahmen mehrere vergebliche Suchexpeditionen. Aber wie Nessie in Schottland lässt sich auch Chipekwe nur selten blicken.

Fotos links: Schwarze Moorantilopen; Schuhschnabel; Bilder vom Shoebill-Walk durch Schlamm und Sümpfe

Fotos oben: Szenerie in der Chikuni GMA; Raupenernte und Cassavastampfen bei den Bisa

Die Camps in den Bangweulu Wetlands

Alle Camps unterstehen der NGO African Parks, die wie den Liuwa Plain NP (siehe S. 218) auch die Bangweulu Wetlands verwaltet, und sollten möglichst vorgebucht werden: Tel./WhatsApp: +260-971-605960, E-Mail: bangweulu@african-parks.org, www.african-parks.org. African Parks bietet verschiedene Aktivitäten wie Wanderungen zu den Schuhschnabel-Nestern, die von lokalen Fischern bewacht werden ("Shoebill Track", 30 US$ pP, nur in der Trockenzeit), Pirsch- und Kanufahrten (April/Mai, 30 US$ pP). Guides kosten 30 US$/Tag.

•**Nkondo Tented Camp:** Ca. 6 km südlich vom Chiefs Palace in Chiundaponde können Touristen beim Headquarters von African Parks in sechs Zeltchalets zur Selbstversorgung für 60 US$/DZpP und 100 US$/EZ unterkommen. Das Camp bietet die freie Benützung der Küche, Grillplatz und Dining Area; es liegt noch rund 50 km südlich der Wetlands im Miombowald ruhig am Lulimala Stream.

•**Nsobe Photographic Campsite:** 45 km nördlich des GMA-Gates am Rande der Chimbwe Plain verteilen sich weit voneinander sechs individuelle Campsites unter Bäumen mit Feuerstellen und reizvollem Ausblick auf die Palmen und Termitenbauten am Rande der Sumpfebene. Zwei Caretaker kümmern sich um Feuerholz und heizen die zentral gelegene Buschdusche mit WC; sie fungieren auch als Scouts bei Wandersafaris. Direkt von den idyllischen Stellplätzen aus sieht man Meerkatzen, Streifenschakale, Hornraben und Tsessebe. Das Camp ist auf dem Landweg nur von April bis November erreichbar. Preis: 10 US$ pP, zahlbar in Chikuni.

•**Shoebill Island Camp:** Das traditionsreiche, großartig direkt an den Lagunen und Kanälen gelegene Zeltcamp wurde 2019 renoviert und von AP und Remote Africa Safari gemeinsam wieder eröffnet. Der berühmte Schuhschnabel stakt von Ende Februar bis April/Mai ganz in der Nähe durchs Feuchtgras, und in der Trockenzeit kann man direkt vom Camp aus die Vögel und Moorantilopen beobachten. Die vier Zelte werden mit AI für 650 US$/DZpP und 900 US$/EZ angeboten.

•**Nakapalayo Homestay / Community Camp:** Im Dorf Nakapalayo, 4 km südlich von Chiundaponde, unterstützte African Parks ein Projekt, bei dem Touristen an den Alltagsgeschäften der Bisa teilhaben, den Dorfchef sprechen, die Schule besuchen und traditionelles Essen testen können. Unterkunft findet man in einfachen, landestypischen Wohnhütten mit Moskitonetzen. Preise: Chalet 25 US$ pP, Camping 15 US$ pP. Aktivitäten und Abendessen ebenfalls 15 US$. Tel. 0957-873480.

Fotos von oben: Die Frauen der Fischer tragen Lebensmittel in die Sümpfe; Tsessebe; Streifenschakel; GMA Gate

Der **visuelle Eindruck** wechselt mit den Jahreszeiten. In der Regenzeit erlebt man hier eine grüne Seen- und Sumpflandschaft und ist auf Einbäume angewiesen, um in den verschlungenen Kanälen Wildtiere und Wasservögel aufzuspüren. Auf kleinsten Erhebungen stehen im Sumpf Grashütten neben dünnen Palmen, in denen Fischer leben, die endlos lange, aber sehr niedrige Dämme errichten, zwischen denen sie ihre Fischreusen auslegen. Später wird diese Ebene morastig und von hohem Gras bedeckt, das riesige Lechwe-Herden zum Weiden anzieht. Ab Juni werden die Grasflächen systematisch abgebrannt. Das erleichtert die Sicht, aber dafür bekommt die Natur einen trockenen, fast tristen Touch. Im Oktober/November wirbeln heftige, heiße Sturmböen viel Staub auf und lassen die Ebenen im dunstigen Sonnenlicht geradezu bizarr und unheimlich wirken.

Nsobe Campsite

Dr. Livingstones Tod in den Bangweulu Wetlands und seine "Heimkehr nach England"

Ende April 1873 liegt Livingstone fiebernd in einer notdürftig gebauten Hütte. Seit Wochen irrt der alte Mann mit seinen afrikanischen Gefährten durch unwegsame Sümpfe. Regen von oben und Sumpf von unten! Die Männer sind völlig durchnässt, Kleidung und Zelte zerrissen, die Vorräte aufgebraucht, und dabei sind sie noch nicht einmal dem Ziel nahe. So krank Livingstone auch ist, gilt sein einziges Interesse nur der Nilquelle, die er im Süden der Bangweulusümpfe vermutet. Er lagert beim Dorf von Chief Chitambo, ist aber zu schwach, ihn zu empfangen. Am Abend des 30. April wird der berühmte Forschungsreisende zuletzt lebend gesehen. Er stirbt im Alter von 60 Jahren einsam in einer kalten, mondlosen Nacht.

Susi und Chuma, seine langjährigen, treuen Begleiter, befinden sich mit über 50 Trägern, Frauen und Kindern 1500 Meilen von ihrer Heimat auf Sansibar entfernt. Eigentlich eine verzweifelte Lage, verloren in einer fremden Region voller kriegerischer Völker und krimineller Sklavenjäger. Susi und Chuma fällen dennoch in dieser Nacht eine bemerkenswerte Entscheidung: Sie wollen zusammenbleiben und die einbalsamierte Leiche Livingstones quer durch Afrika zu den Briten tragen!

Daraufhin wird der Leichnam gesalzen, in der Sonne getrocknet, gegen die Hyänen bewacht und in Tücher und die Rinde eines Myongobaumes gewickelt, die dann mit Teer aus Livingstones Beständen überzogen wird. So ziehen sie los. Fünf Monate später, im September 1873, trifft die zerlumpte Truppe in Tabora, Zentraltansania, auf die ersten Engländer. Offizier Cameron führt da gerade die letzte Suchexpedition nach dem vermissten Forscher. Er kann kaum glauben, dass Susi und Chuma den Leichnam monatelang durch Afrika geschleppt haben. Cameron will den Leichnam sofort begraben lassen, stößt aber auf den Widerstand der Afrikaner. So trennen sie sich schließlich. Cameron durchquert in den nächsten Jahren den afrikanischen Kontinent, Susi und Chuma tragen die Mumie weiter bis zu den Briten in Sansibar. Elf Monate nach dem einsamen Tod in den sambischen Sümpfen erhält David Livingstone dank seiner getreuen Helfer ein Heldenbegräbnis in der Westminster Abbey.

Die großmütige Tat der beiden wühlt die britische Bevölkerung auf. Nicht nur die hohe Moral des Verstorbenen, sondern insbesondere die uneigennützige und treue Initiative seiner Begleiter beeindrucken die Bevölkerung. Ihre Tat zeichnet ein ganz neues Bild vom schwarzen Menschen.

Kapiri Mposhi – Mansa

Gesamtstrecke: 566 km

Fahrzeit: ca. 6–8 Std.

Zustand: Teerstraße mit starken Schäden im Luapula-Flutbereich (auf etwa 50 km Länge)

Tankstellen: Mkushi, Serenje, Samfya, Mansa

Besonderheiten: 3 km lange Luapula-Brücke über die Flutebenen und Sümpfe

Livingstone Memorial

10 km nördlich des Eingangs zum Kasanka NP zweigt rechts die beschilderte Zufahrt zum Memorial ab (nach 1,5 km beim Schild zu *'Chief Chitambo's Palace'* links halten). Die Piste führt durch ein dicht besiedeltes Denkmal nach 25 km. Hier wurde einmal ein Sanitärblock für Campinggäste errichtet, der leider verfällt (meist kein Wasser). Wenn ein Caretaker mit dem verschlissenen Visitor Book auftaucht, fallen 15 US$ pP Eintritt an, für Camping weitere 15 US$ pP.

"Northern Circuit"

Streckenbeschreibung: Von Serenje nach Mansa

Zunächst befährt man die Great North Road bis zur Abzweigung nach Mansa nach 244 km (siehe Beschreibung auf S. 207). Die Straße in den Norden ist schmäler und nicht so massiv ausgebaut wie die Great North Road, aber im Großen und Ganzen in gutem Zustand. Nach 55 km kommt man am Eingang des Kasanka NP (S. 270) und 10 km danach an der Zufahrt zum Livingstone Memorial vorbei (siehe links).

Auf dieser Höhe beginnen bereits die Ausläufer der Bangweulusümpfe. Es wird immer flacher und sumpfiger. Beiderseits der Straße stehen Palmeninseln, klare Lagunen mit Schilfgras, Papyrus und Seerosen, und schließlich unzählige Termitenbauten (Foto unten). 76 km nach der Abzweigung zum Livingstone Memorial erreicht man bei Mukuku die Luapulabrücke.

Straße und Brücke über den Luapula sind eine echte **Meisterleistung**: Für die Straße musste ein 40 km langer Damm gebaut werden und die Brücke ist 3 km (!) lang. Bis 1983 gab es keinerlei Straßen durch dieses Labyrinth aus Wasserläufen, Lagunen und Sümpfen. Jeglicher Verkehr und Handel zwischen der Luapula Provinz und dem Süden des Landes musste über den Transit durch den Kongo erfolgen. Immer wieder kam es dabei zu Problemen und Verzögerungen, und Sambia bat mehrere Staaten um den Bau einer Direktverbindung. Doch Europäer wie Amerikaner hielten das Projekt für undurchführbar, erst China realisierte

den sambischen Traum im August 1983. Seither wird sie beidseitig von Militärposten bewacht.

Bis zum Horizont sind nur wenige Bauminseln und Palmen wahrnehmbar. Man bekommt hier einen guten Eindruck von den riesigen Ausmaßen des Bangweulugebietes. Nach der Regenzeit erkennt man nicht einmal, wo der Fluss in die Sümpfe übergeht. Man sieht kleine, wie Grasiglus gebaute Fischerhütten. Hier fischen die Ushi mit Netzen und Reusen und staken in Einbäumen durch die klaren Wasserläufe. Ihr Fang sind meist kleine Fische, die getrocknet oder geräuchert werden. Man kann sie am Straßenrand kaufen.

Erst 24 km nördlich der Brücke weicht die Sumpflandschaft zurück und sofort verändert sich die Szenerie: Die Luapula-Provinz ist sehr dicht besiedelt, und beiderseits der Straße reihen sich nun fast übergangslos die Hütten und Häuser aneinander. 113 km nördlich der Luapulabrücke gabelt sich die Straße (links nach Mansa, rechts nach Samfya, 8 km).

Die restlichen 68 km bis Mansa führen durch mehrere Sumpfsenken, die noch Monate nach der Regenzeit unter Wasser stehen und oft für Straßenschäden sorgen. Dazwischen liegen Savannen mit dichter Besiedlung und intensiv bewirtschafteten Feldern. Außer Mangobäumen steht hier kaum noch ein Baum, so stark wurde der Wanderfeldbau betrieben. Die freundlichen Menschen haben ein Faible für farbenfrohe Kleidung, und an vielen der viereckigen Häuser fällt als lokale Besonderheit auf, dass die Eingangstüren etwas zurückgesetzt wurden.

Mansa

Die 1200 m hoch gelegene Kleinstadt ist wohl neben Chinsali Sambias unspektakulärste und kleinste Provinzhauptstadt. Sie bietet Banken, Tankstellen und einen Shoprite-Supermarkt. Eine 90 km lange Teerstraße führt in südlicher Richtung nach Chembe zur Transitstrecke durch den Kongo ("Pedicle Road", S. 242). Unterkunft bieten das Mansa Hotel in der Main Road (Tel. 0217-821606) und die dahinter gelegene Wetuna Garden Lodge (Tel. 0979-101018, Camping im Garten – keine Dusche – möglich für 8 US$ pP).

Weiterfahrt nach Norden: S. 274.

Abstecher: Samfya am Bangweulusee

Der flache Bangweulusee weist enorme jahreszeitliche Schwankungen auf. Seine Ufer sind sandig, sumpfig und flach. Samfya ist neben unzähligen abgelegenen Fischerdörfern die einzige nennenswerte Ortschaft an diesem riesigen See. Das koloniale Städtchen war einst Ausgangspunkt des alten Postschiffes, das früher zweimal wöchentlich die einsamen Fischerdörfer ansteuerte, doch inzwischen ist es zu einem vermüllten Ort verkommen. Umso schöner gestaltet sich die neue asphaltierte Uferpromenade am Seeufer vor der Ortschaft. Hier reihen sich am feinen weißen Sandstrand mehrere Ferienresorts für den lokalen Markt. Gleichzeitig leben die Fischer in ihren rudimentären Grashütten am Strand und werfen abends malerisch direkt aus dem Einbaum ihre Netze aus. Kinder baden und toben trotz der hohen Bilharziosegefahr im See. Samfya und der Bangweulusee sind außerdem Sambias Malaria-Hochburg; hier gilt es sich unbedingt zu schützen.

- **Samfya Waterfront Lodge:** Tel. 0973-045769, E-Mail: pmwamfuli@yahoo.de. Die motelähnliche Strandlodge hat Zimmer mit B&B ab 30 US$/Nacht und Chalets zur Selbstversorgung für 68 US$/Nacht.
- **Marines Beach Lodge:** Tel. 0971-631290, E-Mail: mikemchipasha@outlook.com. Am Ende der Uferpromenade gelegen bietet das umzäunte ältere Strandresort ein Stelzenrestaurant, zwei Chalets (35 US$/Nacht) und ein kleines schmuckloses Campinggelände im Garten mit kalten Duschen für 10 US$ pP.
- **Samfya Beach Resort:** Tel. 0772-022222. Ältere bescheidene Anlage am Seeufer, die nach mehrfachem Besitzerwechsel aktuell mit Zimmern ab 18 US$/Nacht, größere Chalets ab 65 US$/Nacht und Camping am Ufer für 10 US$ pP anbietet.

Fibwe Hide und BBC Hide

Der 12 m hohe Fibwe Hide in der Krone eines Mahagonibaumes ist ein Muss, um morgens nach den scheuen Sitatungas Ausschau zu halten. Auch den abendlichen Aufbruch der Flughunde beobachtet man am besten von den Grasflächen neben den beiden Hides.

Kasanka Nationalpark

Dieser Park genießt eine Sonderstellung. Er steht seit langem unter privatem Management in Zusammenarbeit mit der Naturschutzbehörde und dörflichen Gemeinden. Im Kasanka NP war einst derart gewildert worden, dass viele Tierarten vor der Ausrottung standen und dem Park Mitte der 1980er Jahre beinahe der Status eines Nationalparks entzogen wurde. In Privatinitiative wurde daraufhin der Kasanka Trust gegründet und ein Schutzprogramm entwickelt: Wege gebaut, Scoutcamps eingerichtet und mehr als hundert Wildhüter engagiert, um Wilderei, unkontrollierte Buschfeuer und illegale Abholzung zu bekämpfen. Durch die Einnahmen aus dem Tourismus versucht sich der Park selbst zu tragen und die umliegenden Dörfer zu unterstützen. So wurden zwei Schätze der Natur gerettet: Der vermutlich beste Platz Afrikas, um die scheuen, seltenen **Sitatunga-Sumpfantilopen** zu beobachten, und die alljährlich stattfindende, sensationelle Invasion von mehreren Millionen **Palmenflughunden** mitten im Park.

Mit 390 km² ist der Kasanka NP einer der kleinsten Parks. Seine maximale Ost-West-Ausdehnung beträgt 35 km, von Norden nach Süden nur 15 km. Hauptsächlich wird er vom Luwombwa River und seinen Zuflüssen Mulembo, Kasanka und Musola bewässert. Die durchschnittliche Höhe mit 1250 m über dem Meeresspiegel sorgt für ganzjährig frische Nächte.

Natur & Tierwelt: Im Kasanka NP wechseln sich Sümpfe, Marschen und Feuchtebenen mit dichten Miombowäldern ab. Die acht kleinen Seen liegen fast alle im östlichen Teil des Parks. Auffällig sind die vielen hellgrauen Termitenhügel. Außerhalb der Flughundesaison sind Tiersichtungen wenig ergiebig, außerdem leiden viele Besucher unter den aggressiven Attacken der Tsetsefliegen. Entlang der Marschen und Seen entdeckt man Pukus, Wasserböcke, mitunter Riedböcke, Warzenschweine und vereinzelt Streifenschakale. Die Elefantenpopulation ist sehr scheu und liegt bei nur 30 Tieren. Leoparden und Hyänen sind mit kleinen Beständen vertreten, ein paar Flusspferde und Krokodile leben in den Lagunen und Flüssen. Auf den Grasebenen beim alten Airstrip erspäht man manchmal Pferde- und Rappenantilopen. Büffel und Tsessebe wurden 2002 aus den Bangweulu Wetlands im Kasanka NP angesiedelt.

Besondere Beachtung verdient der Bestand an **Sitatungas**, die in den dicht bewachsenen Sümpfen ideale Lebensbedingungen vorfinden. Da sich die äußerst scheuen Antilopen gerne im Kapabi-Swamp aufhalten, wurde hier der *Fibwe* oder *Machan Sitatunga Hide* errichtet (siehe links). Stille, aufmerksame Beobachter erspähen sie von dort frühmorgens oder spätnachmittags.

Auch annähernd 400 Vogelarten wurden bisher im Park registriert, darunter endemische Schwarzrücken-Bartvögel und Rossturakos.

Reisezeit: Von März bis Juni steht das Gras hoch und erschwert Tierbeobachtungen, Großwild lässt sich besser von Juli bis November beobachten. November und Dezember ist die Zeit für die Flughunde und damit Hochsaison im Park. Aggressive Tsetsefliegen gibt es hier leider ganzjährig.

Der Parkzugang liegt 55 km nördlich der Great North Road entlang der Straße nach Mansa. Der Eintritt beträgt 10 US$ für internationale Gäste, 5 US$ für Kinder, Fahrzeuge bis 3 t 15 US$, darüber 30 US$ (nur Barzahlung, keine Kreditkarten). Der Eintritt gilt pro Tag von 6–18 Uhr. Übernachtungspreise: siehe S. 273.

Fotos links: Fibwe Hide; Rondavel in der Wasa Lodge
Fotos von oben: Sitatunga-Beobachtung vom Fibwe Hide; Sitatungas im Sumpf; Kasanka-Grasebene; farbige Raupen

Die Invasion der Flughunde

Das phänomenale Spektakel, wenn Tausende, nein Millionen von Palmenflughunden (*Eidolon helvum*) allabendlich pünktlich zum Sonnenuntergang für etwa eine halbe Stunde in gigantischen Schwärmen auf Futtersuche ausfliegen, lässt sich in jedem Jahr zwischen Ende Oktober und Ende Dezember im Kasanka Nationalpark, und dort besonders gut beim Fibwe Hide, beobachten. Abertausende Flughunde gleiten dort lautlos über den Betrachter hinweg, während sich der Abendhimmel verdunkelt. Die rund 20 cm großen, 300 gr schweren Säugetiere haben einen hundeähnlichen Kopf mit auffallend großen Augen und fledermaustypische Flügel mit einer Spannweite von bis zu 85 cm. Ihre Nachtsichtfähigkeit ist hervorragend, auch der Geruchssinn sehr gut, aber eine Echoortung wie Fledermäuse kennen Flughunde nicht. Tagsüber hängen sie in riesigen Trauben an den Palmen und Bäumen der Umgebung. Werden sie aufgeschreckt, umkreisen sie mit lautem Geschrei die Baumgruppe, um sich rasch wieder einen neuen Ruheplatz zu suchen. Gefahren drohen den geheimnisvollen Fledertieren nur durch die Menschen und geschickte Jäger wie Pythonschlagen und Schreiseeadler. Trotz aller Forschung ist immer noch wenig bekannt über den Wanderzyklus der faszinierenden Vegetarier. Ende Oktober trudeln die ersten Flughunde aus den Urwäldern des Kongo im Kasanka Park ein. In Kürze wächst ihre Kolonie auf **mehr als acht Millionen Tiere** an, die nachts wie eine Armada über die Früchte (Mangos, Bananen, wilde Baumfrüchte) der Umgebung herfallen. Wenn Ende Dezember alles abgeerntet ist, treten die Gruppen wieder ihren Rückzug in ferne, unbekannte Gebiete an.

Wenn Sie zur "Bat Season" im Park weilen, sollten Sie den Sonnenuntergang beim Fibwe Hide erleben. Im Wasa Camp wird auch ein "Bat Experience" für 30 US$ pP (20 US$ für Selbstfahrer) angeboten, das den Besuch des exklusiven BBC-Hides bei den Schlafplätzen der Flughunde vorsieht. Andere mögliche Aktivitäten umfassen einen Wasa Lake Walk für 15 US$ pP, Pirschfahrten für 80 US$ pro Fahrzeug, Fahrrad- und Kanumieten für ja 20 US$ und die empfehlenswerte Tour "Sunrise & Sitatungas" für 25 US$.

Die Unterkünfte im Kasanka NP

Die Philosophie des Kasanka Trust ist, Natur- und Tierfreunden Zugang zu diesem Gemeinschaftsprojekt zu gewähren. Die Camps sind eher einfach und zweckmäßig. Caretaker schüren Feuer, erhitzen Duschwasser und säubern den Platz. Wir empfehlen, ein paar frische Lebensmittel mitzubringen, um den Alltag dieser Attendants oder der Scouts zu erleichtern. Reservierung: Kasanka Trust, Tel. 0966-689816, E-Mail: internationalres@kasanka.com, www.kasanka.com.

• **Wasa Lodge:** Die gemütliche Hauptlodge des Parks liegt direkt am Wasasee mit einigen Hippo-Tümpeln in der näheren Umgebung. Rondavels und Steinchalets bieten Platz für 20 Personen, wahlweise bei Selbst- oder Vollverpflegung. Man kann Kanus und Mountainbikes mieten, Night Drives, Bush Walks und zur Flughundesaison geführte Bat Walks buchen. Das Restaurant bietet Seeblick, und es gibt einen kleinen Ausguck, von dem man Pukus, Flusspferde und manchmal sogar Sitatungas beobachten kann. Preise: AI ab 175 US$/DZpP im Rondavel und ab 205–230 US$/DZpP im Chalet; der EZ-Zuschlag beträgt 50 %.

• **Luwombwa Lodge:** Idyllisch am Luwombwa River gelegenes, einsames Camp. Kanufahrten sind möglich; viel Wildnischarakter. Preise: Von Januar bis September 60 US$ pP, von Oktober bis Dezember 80 US$ pP.

• **Kapabi Tented Camp:** Zeltcamp zur Selbstversorgung im südlichen Teil des Parks. Preise: Von Januar bis September 60 US$ pP, von Oktober bis Dezember 75 US$ pP.

• **Camping:** Es stehen fünf Campingsites mit Grubenlatrinen und Duschen, aber ohne Trinkwasser zur Verfügung. "**Pontoon Campsite**" beim schilfigen Kasanka River bietet drei schattige Einzelplätze. Nr. 1 ist groß (max. 20 Pers.) mit Schutzhütte und Blick auf den Kapabi-Sumpf. Nr. 2 und 3 (je max. 6 Pers.) haben leichte Hanglage, gemeinsame Sanitäranlagen, blicken zum Kasanka River und den Vivien's Hide. Abseits und einsam liegt "**Kabwe Campsite**" (max. 10 Pers.) mit Schutzhütte und Ausblick ins offene Gelände. Preise: Von Januar bis September 15 US$ pP, von Oktober bis Dezember 25 US$ pP.

Beim Conservation Centre, das 1 km von der Teerstraße auf der Parkzufahrt liegt, können Spätankommende für 15 US$ pP campen oder für 25 US$ pP Zimmer beziehen (mit WC/Duschen, Parkeintritt fällt nicht an).

Mansa – Mporokoso

Gesamtstrecke: 369 km

Fahrzeit: ca. 5–7 Std.

Zustand: Teerstraße und schlechte Piste

Tankstellen: Mwense, Mbereshi-Turnoff, Kawambwa, Mporokoso (in Bau)

Der **Mwerusee** hat eine Länge von 130 km und misst an seiner breitesten Stelle 45 km. Seine Hauptzuflüsse sind der Luapula und der Kalungwishi, nach Norden entwässert ihn der Luvua. 58 % der 4580 km² großem Seeoberfläche und die Insel Kilwa gehören zu Sambia, der restliche Teil zur DR Kongo. Als erster bekannter Europäer erreichte Dr. David Livingstone am 8.11.1867 den See.

Der Mwerusee ist heute vor allem durch die intensive Nutzfischerei ein Begriff. Seit in den 1920er Jahren Griechen im Kongo die kommerzielle Fischerei am See begannen, hat sich dieser Erwerbszweig enorm vergrößert. Dabei wurde der See völlig überfischt und Fischarten wie der berühmte Mpumbu, auch Luapula Salmon genannt, sind ausgerottet worden.

Streckenbeschreibung: Von Mansa nach Mporokoso

Diese Strecke ist eine abwechslungsreiche, tropische Wasserfall-Tour. Verlassen Sie Mansa auf der Teerstraße nach Norden. Vorsicht: Nach 9 km zweigt die Straße über Mwense nach Nchelenge links ab. Fährt man hier versehentlich geradeaus, gelangt man nur teilweise auf Teer über eine einsame Bergstrecke nach Kawambwa (144 km) bzw. über Luwingu nach Kasama (331 km).

33 km nördlich von Mansa zweigt die 8,4 km lange Zufahrtspiste zu den **Mumbuluma Falls** ab. Hier besteht ruhige Campinggelegenheit mit Buschlatrinen, aber nur wenig Schatten. Über Steinstufen gelangt man vom Campinggelände zu den Upper Falls und den Lower Falls, die einen netten „Duschfelsen" mit Badepool bieten. Eintritt inkl. Camping 15 US$, Fahrzeuge 5 US$.

24 km danach erreicht man die Brücke über den Luonga und die direkt dahinter liegenden kleinen **Musonda Falls**, deren Besuch sich wegen des Wasserkraftwerks nicht mehr lohnt. 30 km weiter nördlich erstrecken sich die Stromschnellen der **Mambilima Falls** über mehrere Kilometer; man kann dort campen (Eintritt inkl. Camping 15 US$, Fahrzeuge 5 US$; Zufahrt über das Christian Brethren Church Conference Centre).

Die Straße verläuft nun durch hügeliges Gebiet und bietet Schlaglöcher und gelegentlich Ausblicke auf den von Palmen gesäumten Luapula. Immer öfter sieht man bunt bemalte Häuser. Bis zum Mwerusee bleibt die Strecke jetzt durchgehend besiedelt und belebt.

50 km nach der Luonga-Brücke (101 km nach Mansa) erreicht man die Abzweigung nach **Mwense**. Ab hier flacht die Umgebung deutlich ab. Die Straßen sind voller Menschen, und die Natur wirkt immer tropischer mit Palmen, Bananenstauden und riesigen Mangobäumen. Der Luapula wird breiter, träger und bildet Lagunen. Nach 80 km liegt bei Mwansabombwe das historische Kazembe, ein Kreuzungspunkt alter Sklavenrouten und königliches Zentrum der Lunda, wo stets Ende Juli die Mutomboko-Zeremonie gefeiert wird (siehe S. 40).

Die Straße führt nun an der Mofwe-Lagune vorbei und nähert sich den Mündungsauen des Luapula. In den Wasserläufen liegen viele Fischreusen. Die Sümpfe und Tümpel voller Seerosen gehen hier in den ganzjährig 20–30 °C warmen Mwerusee über. Die Ortschaft **Nchelenge**, 238 km nördlich von Mansa, liegt am Südufer des Mwerusees und ist mit dem Nachbarort

Kashikishi zusammengewachsen. Am Hafen herrscht reger Betrieb, da hier viele Trucks aus Tansania Kupfer aus dem Kongo aufnehmen. Durch die hohe Nachfrage und viele chinesische Entrepreneure ist der Mwerusee hoffnungslos überfischt. Die Uferzone des Sees ist so dicht besiedelt, dass man nur mit Mühe überhaupt ans Wasser gelangen kann. Touristen halten sich daher nur zum Tanken im Ort auf.

Die Teerstraße geht nach einigen Kilometern jenseits von Kashikishi in eine schlechte Steinstraße über und führt am See entlang bis nach Chiengi/Pweto an der kongolesischen Grenze. Auf halbem Weg dorthin zweigt nach 51 km bei Nkosha Village eine Piste in Richtung Mporokoso ab. Auf dieser Straße kommt man nach 21 km an eine Weggabelung zur "Nkosha School". Hält man sich hier geradeaus, erreicht man nach 15,5 km die Kundabwika Falls (S. 279). Fährt man nach Norden, gelangt man über den Mweru Wantipa NP (44 km) nach Kaputa (96 km) und zum Nsumbu NP (S. 280).

Weiterfahrt nach Mporokoso: 46 km südlich von Nchelenge zweigt bei Mbereshi die 40 km lange Teerstraße nach Kawambwa ab. Direkt neben der Straße thront die 1900 erbaute, massive **Mbereshi Mission Church** der Londoner Missionsgesellschaft. Sie war die erste Mädchenschule der Kolonie und wurde damals "Mabel Shaw" genannt. 21 km nach Mbereshi führt ein kurzer Abstecher von 1 km zu den Ntumbachushi Falls (sprich: *Ntumba Schuschi*). Siehe S. 276.

Fotos links: Mumbuluma Falls; bemaltes Haus am Luapula
Fotos von oben: Ntumbachushi Falls; Korbfischen ist ein Frauenjob

Ntumbachushi Falls

Je nach Wasserstand stürzen zwei oder drei Fälle von einem 30 m hohen Felsen herab. Darunter bilden sich kleine Pools, die zum Baden inmitten der tropischen Vegetation geradezu einladen, denn in diesem geschützten Sprühnebel wachsen Farne, Moose, Bromelien, Palmen und allerlei Schlingpflanzen. Gischt und Sonne lassen Regenbögen entstehen. Am Fuße der Fälle kann man direkt unter dem Wasserfall duschen. Vom Parkplatz führen Stufen den Felsen hinauf zu einem weit verzweigten Wegenetz und zu weiteren kleinen Wasserfällen. Am Park- und Picknickplatz ist Camping erlaubt (Buschlatrinen sind vorhanden). Preise: Eintritt inklusive Camping 15 US$ (Kinder die Hälfte), Fahrzeuge 5 US$. Siehe Foto S. 275 oben.

Weiterfahrt nach Mporokoso und Kasama

Die Kleinstadt **Kawambwa** (mit Tankstelle) wurde durch Sambias einzige Teeplantage, das östlich des Ortes gelegene "Kawambwa Tea Estate", landesweit bekannt. Bis dorthin wurde die Straße geteert, danach verläuft die Lateritstraße weiter zur 60 km entfernten Brücke über den Kalungwishi. 2,5 km nach der Brücke liegt die Zufahrt zu den Lumangwe & Kabwelume Falls (9 km, S. 278).

Zwischen der Kalungwishibrücke und der Kleinstadt **Mporokoso** liegen 75 km staubige, beschwerliche Piste. Außer einem Krankenhaus, bescheidenen kleinen Läden und dem Freiluftmarkt hat die auf einem Plateau gelegene verschlafene Ortschaft als neue Errungenschaft nur eine Tankstelle in Bau zu bieten, obwohl die 173 km lange Straße nach Kasama nun durchgehend asphaltiert ist.

Anschluss Kasama (mit Chilambwe Falls & Chishimba Falls): S. 284; zum Nsumbu Nationalpark: S. 280.

Lusenga Plain Nationalpark

Dieser nur 880 km² große, einsame Park ist touristisch nahezu unerschlossen. Er wird von einem rund 1300 m hoch liegenden, ovalen Grasdambo, der Lusenga Plain, mit den beachtlichen Ausmaßen von 5 x 12 km Durchmesser geprägt. Die Grasebene ist von dichten Mushitu-Feuchturwäldern und Sumpfwäldern umschlossen, in denen Quellen entspringen. Dass es sich um die Reste eines Vulkankraters handelt, beweist das vulkanische Gestein auf der Plain.

Einst waren hier Elefanten, Giraffen und Büffel beheimatet, doch nur wenige Rappenantilopen, Impalas und Wildschweine überstanden die Wilderei. Halbherzig bemüht sich die Regierung um das Kleinod und stockte den klammen Tierbestand vor ein paar Jahren mit scheuen Zebras und Riedböcken auf. Für mangelnde Tiererlebnisse entschädigt die Vogelwelt.

Die Zufahrt in den Park ist nur ab Kawambwa möglich. Eine Erdstraße führt 18,3 km nach Norden und zweigt in Muchulila rechts in eine unauffällige, einsame und enge Waldpiste, die nach 34 km zur Ring Road um die Plain gelangt. Diese Ring Road kann auf einer Seite bis zum gegenüberliegenden Ende der Plain befahren werden, zudem existieren ein paar Fahrspuren auf der offenen Ebene.

Da im Park keine Scouts stationiert sind, sollte man das Permit vorab beim Wildlife Office in Kawambwa besorgen (Eintritt 5 US$ pP, Fahrzeuge 15 US$, Camping 5 US$). Wildcamping wird im Park gestattet.

Fotos von oben: Morgenstimmung in der Lusenga Plain; Beginn der Zufahrt in Muchulila; durch die Feuchtwälder bildet sich über der Plain frühmorgens oft ein dichter Nebel, den die Sonne später kraftvoll verdrängt

Kalungwishi – Juwel des Nordens

Diesen wirklich traumhaft schönen, urwaldbestandenen, ungebändigten und klaren Fluss mit seinen legendären Wasserfällen Lumangwe Falls, Kabwelume Falls und Kundabwika Falls bezeichnen wir als Juwel. Der unbekannte Wilde führt auch direkt am Lusenga Plain Nationalpark entlang, ehe er in den Mwerusee mündet.

Lumangwe Falls & Kabwelume Falls

Wer vor den Lumangwe Falls steht, wird unwillkürlich an die Viktoriafälle erinnert, denn sie sehen aus wie deren kleinere und ursprünglichere Kopie: schwer zu erreichen, vollkommen unverbaut mitten im Urwald gelegen – ohne Hotels, laute Helikopter-Rundflüge, Souvenirshops und Touristenmassen. Natur pur.

Die einsamen, malerischen Lumangwe Falls zählen wir zu den großen Highlights jeder Nordsambiareise. Der Kalungwishi liegt eingebettet in dichten, hohen Regenwäldern, die sich durch den Sprühnebel des Wasserfalls bilden. Abrupt stürzt der 120 m breite Kalungwishi hier eine 30 m hohe Felswand hinab, von der man direkt in die tosende Tiefe blicken kann. Gepflasterte Wege führen zu zwei Aussichtspunkten und ein kleiner glitschiger Pfad zum Grund hinab.

Zugänglich sind die Fälle über das Gate an der Straße nach Mporokoso, 2,5 km östlich der Kalungwishibrücke. Der Eintritt inklusive Camping kostet 15 US$ pro Tag (Kinder die Hälfte), Fahrzeuge 5 US$. Von hier führt die 9 km lange Waldpiste direkt zu den Lumangwe Falls. Vor einigen Jahren wurde dieses National Monument touristisch aufgewertet und dafür ein Information Centre und ein schattiger Campingplatz mit solarbeheizten Duschen, Toiletten und Unterständen mit Grillstellen bei Campsite Nr. 1 errichtet. Man steht hier sehr idyllisch direkt neben der Fallkante; viele bunte Schmetterlinge schwirren umher. Und etwa 100 m oberhalb der Fallkante kann man herrlich im erfrischenden Fluss baden.

Die ebenso schönen und doch ganz unterschiedlichen **Kabwelume Falls** liegen nur 5 km unterhalb der Lumangwe Falls. Sportliche Naturen wandern in 1–2 Stunden dorthin. Wer ein Geländefahrzeug hat, fährt 1,9 km vor den Lumangwe Falls in Richtung Gate zurück und biegt dort in den 6 km langen, stellenweise sehr ausgewaschenen Waldweg ab. Früher war man an den Kabwelume Falls völlig allein, doch inzwischen ist hier ein Caretaker stationiert. Vom Parkplatz verläuft ein markierter Pfad teilweise auf Holzplattformen zu den Fällen.

Der Anblick ist atemberaubend: In zahlreichen Einzelfällen und von dichtem Urwald umrahmt stürzt das Wasser über hohe, hufeisenförmige Terrassen in die Tiefe (Foto oben) und bildet dabei die malerischsten Wasserfälle am Kalungwishi. Eine Kulisse wie geschaffen für einen Hollywood-Film! Mit Glück und Aufmerksamkeit erspäht man hier die scheuen, dunklen Diademmeerkatzen im Geäst oder entdeckt sogar einen Felsenwaran, von denen es in diesem einsamen Gebiet vereinzelte imposante Riesenexemplare bis 2 m Länge gibt.

Fotos links: Lumangwe Falls;
Regenbogen über den Lumangwe Falls; Parkeingang
Oben: Kabwelume Falls; rechts: Kundabwika Falls

Kundabwika Falls

Diese Fälle sind so einsam und selten besucht, dass hier nicht einmal ein Caretaker stationiert ist (Zufahrt siehe S. 275). Nur Fischer errichten zeitweilig ihre Trockengestelle neben dem Parkplatz. Die unbeschilderte, 5 km lange Stichzufahrt zum Wasserfall liegt bei GPS S 09.11.40 E 29.19.89, auf halber Strecke sollte man einen Blick auf die auffällige Felsformation werfen, an der sich rote Felszeichnungen aus der Eisenzeit befinden. Zum Wasserfall läuft man vom Parkplatz 800 m flussabwärts mehr oder weniger querfeldein durch das Gestrüpp. Belohnt wird man dafür mit dem Anblick des etwa 70 m breiten Wasserfalls, der senkrecht über die 25 m hohe Abbruchkante in eine steile Schlucht stürzt. In den Pools kann man baden, und der unberührte Urwald mit seiner speziellen feuchttropischen Vegetation mit Baumflechten, Moosen, Farnen und Sukkulenten ist eindrucksvoll.

Nsumbu Nationalpark

Die Buchten des Nsumbu Nationalparks (auch "Sumbu" NP genannt) sind vergessene Flecken Sambias. Anglerherzen schlagen höher, wenn sie an die Fischgründe des Tanganjikasees denken, und Insider schätzen die unberührten Sandstrände des Parks. Doch der große Nachteil dieses Parks: er ist schwer zugänglich. Neben der beschwerlichen Hauptzufahrt von Mporokoso zum Dorf Nsumbu existierte früher eine Transitstrecke von Mbala durch die Berge bis an die Ostgrenze des Parks am Lufubu River, die jedoch nach einem Brückeneinsturz völlig verfiel. In der Regenzeit 2002/2003 verschlechterten sich die Wege im Park derart, dass die Wildhüter niemanden mehr mit Fahrzeugen einreisen ließen. So geriet der Park völlig ins Abseits.

Schon gewusst?

Die Straßen rund um Mporokoso sind seit jeher verrufen, weil schlechte Sandsteinböden und der praktizierte Wanderhackbau zu massiver Erosion führen. Dann brechen die Wege einfach weg.

Doch seit 2017 gibt es positive Entwickungen: Die finanzstarke Zoologische Gesellschaft Frankfurt erklärte diesen Park zu ihrem jüngsten Projekt und kümmert sich seither um den Schutz der etwa 150 verbliebenen Elefanten, übernimmt tatkräftig Antiwildereiaufgaben und kämpft für eine Regulierung der Überfischung. Wer das ZGF-Engagement im North Luangwa NP kennt (S. 316), weiß, was das für eine Chance für den Park bedeutet. Im Park wurden zahlreiche Wildtiere wieder angesiedelt, bald sollen Spitzmaulnashörner und Löwen hinzukommen, auch ein Touristencamp in der Tondwa GMA ist geplant (Kapelembe Camp). Am Seeufer wurden bereits ein paar neue Pirschwege erschlossen.

Mweru Wantipa See und Nationalpark

Der in einer riesigen Depression gelegene ungewöhnlich dunkle, flache See ist wegen des schlammigen, öliges Wassers mysteriös und zudem ein Heuschrecken-Brutgebiet. Sein Wasserstand steigt und fällt in Fünfjahreszyklen, die schilfrigen und von Dickichten umgebenen Ufer sind fast unzugänglich. Nur Fischer in Einbäumen wagen sich dorthin. 1930 kam es hier zu einer gigantischen Heuschreckenplage, die sich bis 1945 über das ganze südliche Afrika ausbreitete. Riesige, bis zu 50 000 Tonnen schwere Schwärme zerstörten damals die Ernten und lösten eine Hungersnot aus.

Der gleichnamige 3134 km^2 große Nationalpark schmiegt sich an das Westufer des Sees. Früher lebten hier allerlei Wildtiere, doch mit jeder Dekade wurde das Bild düsterer. Nachlässig stehen die Wildhüterschranken zumeist offen entlang der einzigen Transitstrecke durch den Park. Die verbliebenen Warzenschweine, Meerkatzen, Büffel, Wasserböcke und Impalas sind sehr scheu. Es gibt keine touristische Infrastruktur, kein Wegenetz und keine Aussichtsplätze, dafür Tsetsefliegen und viel undurchdringliches Dickicht.

Es gibt nur drei Nationalparks entlang des riesigen Tangajikasees, und Nsumbu gilt mit seinen gefährdeten Elefanten und Fischgründen entlang der 80 km Uferlinie und den endemischen Sumbu-Itigu-Dickichten als der bedeutendste. Ein Zitat der ZGF: "**Für uns ist die Existenz der Elefanten an den Ufern eines der ältesten Seen der Erde entscheidend für seinen Schutz und ein Symbol dafür, was im Naturschutz möglich ist.**"

Besser lässt sich die Bedeutung nicht ausdrücken. Und die Elefanten vermehren sich wieder. An der Kala Bay/Kasaba Bay und Nkamba Bay werden sie nach Jahrzehnten des Versteckens wieder beim Schwimmen im See beobachtet und haben zahlreiche Jungtiere. Ihre Scheu legen sie langsam ab.

Zu verdanken ist diese Entwicklung vor allem Craig Zytkow von der Ndole Bay Lodge, der wie David gegen Goliath für den Wildschutz im Park kämpft und 2012 die NGO "Conservation Lake Tanganyika" gründete, die jetzt wichtigster örtlicher Partner der Zoologischen Gesellschaft Frankfurt ist. Siehe: https://fzs.org/de/projekte/nsumbu/.

Anreise

Die 166 km lange Hauptzufahrt von Mporokoso (S. 276) ist anstrengend und erfordert ein Geländefahrzeug. Sie verläuft überwiegend rippig und steinig durch einsame Wälder. Einzige nennenswerte Ortschaft ist **Nsama**, danach geht es durch die Wälder der Tundwe GMA, der Büffel, Riedböcke, Elen- und Pferdeantilopen gejagt werden. Auf Höhe des Mweru Wantipa Sees beginnen Reihendörfer bis zum Mutundu-Wildhüter-Checkpoint (nach 135 km). Hier mündet von Norden die alternative Zufahrt von Nchelenge über den Mweru Wantipa NP und Kaputa ein (siehe S. 275; diese Piste zwischen dem Kongo und den Sumpfgebieten des Mweru Wantipa Sees ist aktuell etwas besser befahrbar als die Mporokoso-Zufahrt).

Bis Nsumbu sind ab dem Wildhüter-Checkpoint noch 39 km zu fahren. Nach 5 km beginnt eigentlich der Nationalpark, ohne dass ein Schild darauf verweist. Die Piste bleibt steinig, die Vegetation wird von eintönigem Combretumgestrüpp geprägt. Erst beim Abstieg auf den letzten Kilometern zeigt sich ein Ausblick auf den Tanganjikasee. **Nsumbu** ist ein verschlafenes Dorf mit fester Militärkontrolle und zahlreichen malerischen Fischerbooten an der alten Mole.

Zur Info: Im grenznahen Gebiet zwischen Kaputa und Nsumbu wurden während des kongolesischen Bürgerkriegs Militärkontrollen eingerichtet, um die Landbevölkerung vor Übergriffen der Maji-Maji-Rebellen zu schützen. Hier passiert man zudem mehrere "Fish-Levy-Barrieren", an denen die Trockenfischhändler eine Quellensteuer entrichten müssen.

Die Direktverbindung zwischen Nsumbu und Mbala ist wegen extrem steiler Abfahrten und wegen der fehlenden Brücke über den Lufubu River weiterhin nicht möglich, wie ein Versuch im Oktober 2019 ergab.

Eine Alternative zur langwierigen Anreise auf dem Landweg bietet der Bootstransfer ab Mpulungu. Die Fahrt dauert je nach Boot 4–6 Std., ist jedoch nur für Passagiere und nicht für Fahrzeuge möglich. Behilflich ist die Ndola Bay Lodge (S. 283).

Die bequeme Anreise mit einem Charterflug ist kostspielig. An der Kasaba Bay Lodge existiert noch eine Landebahn, die von sambischen Fluggesellschaften wie Proflight angeflogen werden kann.

Der Tageseintritt beträgt 10 US$ für internationale Gäste bzw. 7 US$ für SADC-Bürger und 15 US$ für Fahrzeuge. Öffnungszeiten: täglich von 6–18 Uhr.

Traditionelle Salzgewinnung

Eine sehr alte, regional begrenzte Tradition verdient Beachtung: Zwischen Chiengi am nördlichen Mwerusee und dem Nsumbu NP liegen mehrere Seen und Sumpfregionen in einer fast unmerklichen Senke, die vor langer Zeit ein großflächiger See ausgefüllt haben mag. Aus dem Schlamm der Zuflüsse von Mweru- und Mweru Wantipa See gewinnen die hier Ansässigen auf geschickte Weise Salz. Schon lange vor der Kolonisierung des Landes blühte in den Dörfern die traditionelle Salzgewinnung, bis sie weitgehend zurückgedrängt und vergessen wurde. Doch noch immer kann man vereinzelt in dieser Region solche Praktiken entdecken, so z.B. bei Kabwe rund 10 km südlich von Kaputa. Das Foto oben zeigt einen Trichter zum Auswaschen des Salzes. Nach dem Abkochen des Salzwassers bleibt reines Salz zurück.

Oben: Die steinige Zufahrt zur Ndole Bay Lodge wirkt stellenweise wie ein Bachbett

Oben: Nimmersatt

Unten: Mole im Dorf Nsumbu

Fotos rechts von oben: Buntbarsch im Flachwasser; Strand der Ndole Bay Lodge; Graufischermit Brillenwebernest; Schild beim Nsumbu Parkeingang

Natur und Tierwelt

Der 2020 km² groß Nsumbu Nationalpark schmiegt sich für rund 80 km an den Tanganjikasee, mit Sanddünen, Felsen, fjordähnlichen Buchten und sumpfigen Überschwemmungsgebieten. Im Uferbereich gedeihen Schirmakazien, Euphorbien und Feigen, während sich im Hinterland eine eigentümlich dichte, Tierbeobachtungen erschwerende und Tsetsefliegen begünstigende Vegetation aus Weidengewächsen ausbreitet. Dieses typische Dorngestrüpp, eine Sandsteinvegetation, heißt "**Mateshi-Bush**". Zusätzlich findet man hier noch endemische Sumbu-Itigu-Dickichte. In den höheren Lagen des Südens ist der Park von Miombowald bedeckt, und die Ostgrenze bildet der tief eingegrabene Lufubu River mit zahlreichen Wasserfällen im Yendwe Valley wie den Chaka, Mwepwe und Keso Falls.

Die dichten **Sumbu-Itigi-Wälder** – einst das Habitat der längst ausgerotteten Spitzmaulnashörner – wurden zu idealen Rückzugsgebieten für die massiv gewilderten letzten Elefanten von Nsumbu, die sich dort versteckten und kaum noch in offener Natur gesichtet wurden. Dickicht und Dorngestrüpp sicherten den Elefanten so vermutlich das Überleben. Durch die Schutzmaßnahmen seit 2012 zeigen sich die Elefanten jetzt auch wieder in Parkregionen, in denen sie seit Jahrzehnten verschwunden waren. Eine Zählung der Dickhäuter wird jedoch erschwert, und so kann man nur vermuten, dass von ehemals 5000 Elefanten heute schätzungsweise noch 150 im Park leben.

Einst waren im Nsumbu Nationalpark Pukus, Flusspferde, Krokodile, Löwen, Büffel, Meerkatzen, Wasserböcke, Warzenschweine und Hyänen zahlreich, zudem Leoparden, Gnus, Zebras, Impalas, Ducker, Elen- und Pferdeantilopen. Doch die Wilderei hatte dramatische Auswüchse angenommen, und so muss sich der Tierbestand erst wieder erholen. Schlechte Pisten und viele Tsetsefliegen machen Pirschfahrten im Park sehr beschwerlich; es empfiehlt sich dagegen eine Bootsafari von der Ndole Bay Lodge in die flache, fruchtbare Mündungsebene des **Nkamba River**, zur **Kasaba Bay/Kala Ba**y und zur Halbinsel Inangu. Dort lassen sich zahlreiche Wasserböcke und mitunter auch Elefanten beobachten. Empfehlenswert ist ein geführter Walk im **Kampasa Forest**, ein mit 300 m² kleiner, sehr artenreicher Regenwald ein paar Kilometer von der Nkamba Bay Lodge entfernt, der zusätzlich zu seiner botanischen Vielfalt auch zahlreiche Wildtiere wie die seltenen Blauducker anzieht. **Ornithologen** entdecken hier Vögel, die weiter südlich in Sambia nicht mehr oder nur sehr vereinzelt vorkommen, z. B. den Langschnabel-Sylvietta und den Diademhaar-Bärtling. Zwischen August und Oktober hält sich hier auch der Prachtglanzstar auf. Pelikane, Flamingos, Kronenkraniche und Afrikanische Löffler sind häufig im Park zu sehen.

Unterkunft

Traurig, aber leider wahr: Innerhalb des Nsumbu Nationalparks gibt es keine Unterkünfte, seit die traditionsreiche Kasaba Bay Lodge und die Nkamba Bay Lodge geschlossen wurden. Die Kasaba Bay Lodge war einst eine berühmte Vorzeigelodge Sambias, und Präsident Kaunda hielt hier seinerzeit bevorzugt Konferenzen und wichtige Empfänge ab. Als die staatliche Lodge heruntergewirtschaftet war, wurde sie privatisiert und wechselte von einem Besitzer zum nächsten, bis sie ganz geschlossen wurde. Nicht viel anders erging es der schön gelegenen Nkamba Bay Lodge, die ebenfalls seit Jahren brach liegt.

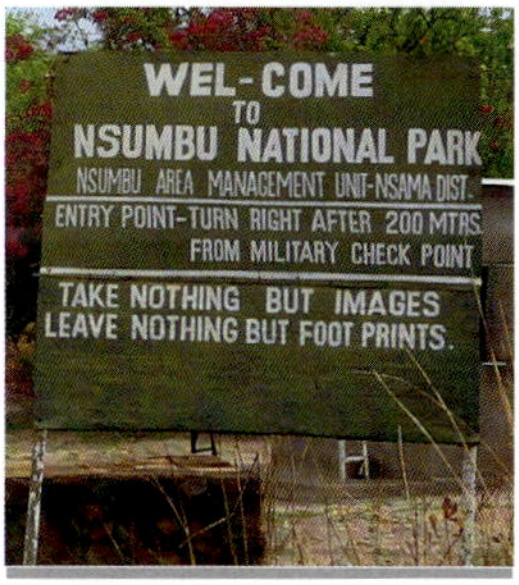

•**Ndole Bay Lodge & Camping:** Craig Zytkow, Tel. 0962-036871, E-Mail: info@ndolebaylodge.com, www.ndolebaylodge.com. Die inhabergeführte Lodge am Ufer des Tanganjikasees ist ein abgelegenes Juwel. Sie schmiegt sich an den schönen feinen Sandstrand der Ndole Bay und offeriert mit Baden, Tauchen, Schnorcheln, Wasserski, Angeln, Dhow-Fahrten und Bootsausflügen in den Nsumbu NP ein überaus reichhaltiges Ausflugsprogramm. Dazu gibt es einen Pool, ein Aussichtsdeck auf Stelzen und ein legeres Restaurant. Anreise: 5 km vor Nsumbu und dem Nationalparkeingang führt links eine 7 km lange, beschilderte, sehr ausgewaschene und auf den letzten Kilometern extrem steinige Piste zur Ndole Bay. Preise: Übernachtung im Garden Chalet 69 US$/DZpP und 138 US$/EZ und im Beachfront Chalet 115 US$/DZpP und 230 US$/EZ. HP-Zuschlag 58 US$/DZpP, VP-Zuschlag 75 US$. Der schattige Campingplatz am Strand mit guten Sanitäranlagen und Strom kostet 20 US$ pP (Kinder die Hälfte). Beliebte Aktivitäten sind Schnorcheln und Sunset Cruises für 25 US$ pP, zudem stehen Angelausflüge, Bootstrips zum Nationalpark, Kampasa Forest Walks, Tauchen und Motorboot-Transfers auf dem Programm, z. B. ab Mpulungu für 745US$ (Hin- und Rückfahrt für max. 3 Personen).
Siehe auch: Unser Übernachtungstipp, S. 334.

Mpika – Mbala/Mpulungu

Gesamtstrecke: 383 km bzw. 418 km
Fahrzeit: ca. 5–6 Std.
Zustand: Teerstraße, tw. beschädigt
Tankstellen: Kasama, Mbala, Mpulungu
Besonderheiten: wenig Verkehr, Toll Stationen

Chishimba Falls

Diese Wasserfälle liegen 1,6 km westlich der Kasama-Mporokoso-Straße (36 km von Kasama entfernt/2 km südlich der Luombe Bridge). Der beschilderte Abzweig folgt der Power Line zum Chishimba Falls Kraftwerk. Durch das Kraftwerk wurde der Fluss zwischen den Einzelfällen mehrmals gestaut. Der erste, 20 m hohe Mutumuna Fall stürzt in einen kleinen Stausee. Imposanter sind die eigentlichen Chishimba Falls, die man über einen rund 300 m langen Fußweg durch das Palmengestrüpp erreicht. Sie donnern über eine Abbruchkante in die Tiefe, haben einen steinigen Canyon gegraben und durch den Sprühnebel eine tropische Ufervegetation kreiert. Beim Picknickplatz mit kleinem Tageslokal und Visitor Centre ist Camping erlaubt (Eintritt inkl. Camping 15 US$ pP, Auto 5 US$, keine Duschen).

Chilambwe Falls

Entlang der gleichen Straße liegen 22 km weiter nördlich die naturbelassenen und von einem Mushituwald umschlossenen Chilambwe Falls am Kafubu River (beschildert). Auch hier kann man campen (preisgleich, ohne Einrichtungen).

Isangano Nationalpark

118 km nördlich von Mpika zweigt eine Piste nach Mbati am Südufer des Chambeshi ab (43 km). Das Dorf in der Randzone der Bangweulu Wetlands liegt gegenüber dem Isangano NP. Man müsste sich per Einbaum übersetzen lassen, wollte man den 840 km² großen Park am nördlichen Flussufer besuchen. Während Grasebenen und Dambos seine Vegetation im Osten prägen, liegt der westliche Teil im Flutbereich der Bangweulusümpfe und wird von mehreren Flussläufen durchzogen. Diese unzugängliche Wildnis scheint sich selbst und etwaigen Wilderern überlassen zu sein, wenngleich uns trotz Nachforschungen keine genauen Informationen vorliegen.

Streckenbeschreibung: Von Mpika nach Mbala und Mpulungu

Die Teerstraße von Mpika nach Kasama verläuft in etwa parallel zur TAZARA-Bahnlinie. Nach 86 km Fahrt zweigt zwischen einigen Hütten ein Weg nach Osten. Der kleine Waldweg führt nach 45 km zu den Kapishya Hot Springs und nach Shiwa Ngandu (S. 260).

32 km weiter erinnert 1 km nördlich der Brücke über den Chambeshi ein Denkmal an die deutsche Niederlage im Ersten Weltkrieg (siehe rechts, 1 km Zufahrt, deutlich beschildert, 10 US$ Eintritt, Kinder die Hälfte, 5 US$ für Fahrzeuge). 90 km danach gelangt man nach Kasama.

Kasama

Die Hauptstadt der Nordprovinz und des "Bemba Empire" liegt auf erfrischenden 1400 Höhenmetern und bietet Einkaufsmöglichkeiten (Shoprite), Tankstellen und Banken. Im alten Siedlungsteil stehen noch viele nette koloniale Wohnhäuser, im Ortszentrum dominieren kleine, bunte Häuser, und in der weitflächig abgeholzten und erosionsgeschädigten Peripherie entstehen Neubausiedlungen mit großen Villen. Die Stadt wird von Granitbergen umringt, deren Kopjes eine wahre Fundstätte an Felsmalereien sind (siehe rechts: Mwela Rock Art).

•**Luke's Golf House Campsite:** Luke Powell, Tel. 0976-664999, E-Mail: mishembebay@gmail.com. Nachdem das Thorn Tree Guesthouse geschlossen wurde, bietet sich Campern, die in der Stadt übernachten möchten, nur noch der kleine Garten in Luke Powells Haus beim Golfplatz an (GPS: S 10.20.45 E 31.19.64). Hier gibt es Strom, Duschen und WC für 10 US$ pP. Man sollte jedoch vorreservieren. Ruhiger sind allerdings die Plätze an den Felsbildern der Mwela Rock Art und (zumindest wochentags) an den Chishimba Falls.

Auf der Teerstraße von Kasama nach Mbala zweigt nach 89 km auf 1650 m Höhe vor dem Dorf Senga Hill eine mit "Chikoti School" beschilderte, 70 km lange Querverbindung nach Mporokoso ab, die 80 km vor Mporokoso auf die Teerstraße trifft. Sie wird gelegentlich gegradet.

Nach weiteren 59 km zweigt am Kreisverkehr mit Militärkontrolle die "Old Stevenson Road" nach Malawi ab (S. 259). 8 km weiter nördlich liegt die T-Kreuzung zwischen Mbaba (2 km nach rechts, S. 286) und Mpulungu (35 km nach links, S. 288).

Mwela Rock Art

Die Felsbildstätte liegt am Stadtrand von Kasama direkt nach der Brücke über die Bahnlinie (an der Isoka-Road, beschildert, leicht zugänglich, GPS S 10.12.18 E 31.13.37). Nach 500 m erreicht man das bewaldete Gelände voller Felsen und Granitblöcke, in dem sechs Höhlen und zahlreiche Felsbildstätten zu sehen sind. Mit einem Guide wandert man in 30–45 Minuten zu den weit verteilten Bildern, von denen die meisten Striche und Punkte der Red Geometric Tradition zeigen, es gibt außerdem ein paar naturalistische Tierdarstellungen. Hier liegen zwei ausgewiesene Stellen für Camping ruhig und idyllisch zwischen den Felsen (nur einfache Toiletten vorhanden).

Eine weitere Fundstelle besonders schöner Felsbilder befindet sich ein paar hundert Meter weiter entlang der Isoka-Straße links (GPS S 10.12.39 E 31.13.96). Vom Wärterhaus führt die Piste nach etwa 200 m zu einem nahen Felsüberhang, der eine Jagdszene mit Buschschwein zeigt (siehe Fotos S. 12/55). Preise (gültig für beide Fundstellen): Eintritt inklusive Camping 15 US$ pP, Fahrzeuge 5 US$.

Der Chambeshi und das Denkmal von Lettow-Vorbeck

Der Chambeshi entspringt im Hochland zwischen Mbala und Kasama. Neuesten Forschungen zufolge ist seine Quelle auch die **Kongoquelle**. Von hier aus speist er die riesigen Bangweulusümpfe, verlässt sie im Südwesten als Luapula River, fließt durch den Mwerusee und weiter ins Kongobecken. Von der Quelle bis zur Mündung in den Atlantik legt er 5000 km zurück, und diese Reise dauert sechs Monate.

Im 1. Weltkrieg wurde der Fluss zum wichtigsten Verkehrsweg für die Versorgung der britischen Truppen in Ostafrika. Vom Ende der Bahnstrecke in Ndola trugen fast 7000 Träger die Waren entlang von Luapula und Chambeshi flussaufwärts bis Mbala. Zeitweise befanden sich 900 Kanus gleichzeitig auf dem Fluss.

General von Lettow-Vorbeck (1870–1964), stolzer deutscher Feldherr, verlor in den ersten Kriegsjahren keine einzige Schlacht und verstand es, eine hohe Truppenmoral aufrecht zu erhalten. Im November 1917 drang er von Deutsch-Ostafrika nach Portugiesisch-Ostafrika (Mosambik) vor und erlebte dort erste Niederlagen. Zehn Monate später bestand seine Kompanie nur noch aus knapp 200 Deutschen und 1500 Askaris. Ihre Hauptsorge galt damals der Nahrungsmittelbeschaffung. Lettow-Vorbeck drang deshalb nach Rhodesien ein, um das wichtige Proviantlager der Briten in Isoka einzunehmen. Als er erfuhr, dass die Stadt Truppennachschub erhalten hatte, drehte er nach Westen ab und durchquerte ungehindert die Chambeshi-Ebene. Am 9.11.1918 nahm er Kasama ein. Vier Tage später lagerte seine Kompanie am Chambeshi, als sie telegrafisch von der deutschen Kapitulation erfuhr und sich am nächsten Morgen selbstbewusst in Kriegsgefangenschaft begab. Die ganze Truppe, 1300 Soldaten und 1500 Träger mit Frauen und Kindern, marschierte nach Abercorn (Mbala) zurück, wo die offizielle Kapitulationszeremonie stattfand und die Askaris der Deutschen ihre Waffen im Chilasee versenkten. Noch heute sind alte Schützengräben von den Stellungskämpfen des Ersten Weltkriegs erkennbar, und aus dem Chilasee werden gelegentlich noch alte Waffen gefischt.

Unterkunft am Tanganyikasee zwischen Mpulungu und den Kalambo Falls

•**Isanga Bay Lodge:** Tel. 0973-472317, E-Mail: bookings@isangabay.com, www.isangabay.com. Das Strandresort an der malerischen Isanga Bay liegt nur 18 km Luftlinie von Mpulungu entfernt, die Zufahrt erfolgt jedoch von Mbala: 16 km entlang der Kalambo Falls-Piste, ab dort schlechte Allradstrecke zur Lodge (nach Regenfällen ist sie unpassierbar). Alternativ wird deshalb ein Bootstransfer ab/bis Mpulungu angeboten. Die sechs Holzchalets und Steinbungalows schmiegen sich an den felsigen Hügel bzw. direkt an den Palmenstrand, wo zudem etwas beengte Campingmöglichkeit besteht. Preise: ab 38 US$/DZpP und 75 US$/EZ, Camping 15 US$ pP.

•**Luke's Beach – Mishembe Bay:** Luke Powell, Tel. 0976-664999, E-Mail: mishembebay@gmail.com. Einsam gelegenes Selbstversorgercamp mit Robinson-Crusoe-Flair und drei Chalets mit Küche und Traumstrand nahe der Kalambomündung. Hierher gibt es keine Zufahrtswege, nur die Bootsanreise ab Mpulungu ist möglich (öffentliche Bootstaxis vom Fischmarkt fahren Mo/Mi/Fr für 5 US$) oder man wandert von den Kalambo Falls zum Camp hinab (6 km, ca. 2 Std.). Preise: Chalet 25 US$ pP, Zelt 15 US$ pP, Camping am Strand 10 US$.

Mbala

Die 1893 gegründete Siedlung Abercorn war von strategischer Bedeutung, um die Deutschen, die sich Tanganjika einverleibt hatten, an weiterer Expansion zu hindern. Kolonialbauten mit breiten Straßen und Eukalyptusalleen und das Gefängnis von 1912 sind noch zu sehen. Im Ersten Weltkrieg war Abercorn Schauplatz jahrelanger Kämpfe, lag die kleine Ortschaft doch unmittelbar an der Kriegsfront. Nach der Unabhängigkeit folgte die Umbenennung in Mbala ("Buschbock"). Die beschauliche Kleinstadt bietet nur bescheidene Versorgungsmöglichkeiten, zwei Tankstellen, Banken und ein Immigration Office, denn etwa 30 km von Mbala liegt bei Zombe ein kleiner Grenzübergang nach Tansania.

•**Lake Chila Lodge:** Tel. 0979-876550, E-Mail: lakechilalodge@yahoo.com. 1,5 km von Mbala in Richtung Kalambo Falls erstreckt sich das Bungalowresort mit großem Garten und Restaurant am flachen Ufer des Lake Chila (neben dem Golf Club). Preise: B&B 35 US$ pP, Camping im Hof (freundlich, doch etwas beengt und ohne Privatsphäre) 10 US$ pP.

•**Flowers and Ferns Cottage & Campsite:** Tel. 0967-891315. 18 km vom Mbala-Turnoff in Richtung Nakonde liegt der idyllische Farmcampingplatz mit Unterständen und guten Sanitäranlagen auf einer Wiese der Saise Farm (10 US$ pP); ein Cottage zur Selbstversorgung kostet 50 US$/Nacht.

Unser Tipp: Moto Moto Museum

Das Museum geht auf Father Corbeil zurück, der mehr als 7000 Objekte zu Kunst, Kultur, Landesgeschichte, Traditioneller Medizin und dem Alltagsleben der Bemba zusammengetragen hatte. Benannt wurde diese Schatzkammer der Bembakultur nach Bischof Dupont von den "Weißen Vätern" (siehe unten). Sehr interessant ist die umfangreiche Ausstellung über den 1. Weltkrieg. Im Laden wird Kunsthandwerk verkauft. Anreise: Man fährt durch Mbala bis zum Ende des Teerbelags zwischen dem alten Gefängnis und der Polizeistation. Hier beginnt die 3 km lange Zufahrt (beschildert). Geöffnet täglich von 9–16.45 Uhr, Eintritt 5 US$.

1891 hatten sich die "Weißen Väter" erstmals in dieser Region niedergelassen. Nach und nach erwarb sich Father Joseph Dupont das Vertrauen der Bemba, und bald eilte ihm der Ruf Moto Moto, "Man in a hurry", voraus. 1897 wurde Dupont vom Vatikan zum Bischof ernannt. Im darauffolgenden Jahr rief der mächtige Bemba-König Mwamba Dupont an sein Sterbebett und ernannte ihn zum Erben der Königswürde. Wenngleich die Bemba den Missionar niemals vollständig als ihr Oberhaupt anerkannten, so konnte Dupont doch alle Machtkämpfe und Streitigkeiten nach dem Tod Mwambas beilegen und sicherte dem Land Frieden. Die britische Verwaltung erkannte das Vermächtnis des Bembakönigs allerdings nicht an und gestand Dupont lediglich zu, weitere Missionen im Bembaland zu gründen. 1911 verließ er das Land und starb 1930 in Nordafrika.

Kalambo Falls

Direkt an der Grenze zu Tansania stürzt der Kalambo River 221 m senkrecht in eine schmale Schlucht und strömt 8 km weiter in den Tanganjikasee. Damit sind die Kalambo Falls mehr als doppelt so hoch wie die Viktoriafälle und zählen zu den höchsten Wasserfällen Afrikas.

Archäologen stufen die Kalambo Falls zudem als eine der bedeutendsten Fundstätten des Landes ein: Hier, wo sich die menschliche Besiedlung auf bis zu 100 000 Jahre zurück datieren lässt, liegt der älteste Beweis Schwarzafrikas für die Verwendung von Feuer.

Zufahrt: Die Kalambo Falls liegen 38 km von Mbala entfernt unmittelbar an der Tansania-Grenze. Fahren Sie von Mbala über das Ende der Teerstraße zum Chilasee und am Golfclub vorbei weitere 5 km bis zur beschilderten Abzweigung. Hier beginnt die 31 km lange Stichstraße. Vor zwanzig Jahren war dies noch eine Urwaldstrecke voller Paviane; doch inzwischen sind die ersten 18 km dicht besiedelt und weitere 2 km abgeholzt. Erst danach gibt es noch die dichten Wälder. Etwa 3 km vor dem Ziel geht es dann steil und steinig bergab (Allrad nötig), bis zur Great Kalambo Lodge und den Kalambo Falls mit Parkplatz und Gate. Der Eintritt beträgt inklusive Camping 15 US$ pP (Kinder 7 US$) und 5 US$ für Fahrzeuge. Beim Parkplatz wurden eine überdachte Aufenthaltshütte und Sanitäranlagen mit Duschen/WCs errichtet. Mit dem Bau der Great Kalambo Lodge erhielt auch dieser Platz eine Stromleitung und einen Wassertank, aber meistens gibt es nur kaltes Duschwasser. Von hier aus führen Steinstufen zur Fallkante an den Kalambo River hinab, und auf betonierten Fußwegen kann man entlang der Schlucht wandern. Folgt man vom Parkplatz dem Weg, der den Berg hinauf führt, erreicht man nach einer etwa zweistündigen steilen und anstrengenden Wanderung bei Mwina Point die Mündung des Kalambo in den Tanganjikasee. Unterwegs entschädigen die Ausblicke auf den See für die Anstrengungen der sonnigen Wanderung.

•**Great Kalambo Falls Lodge:** Geoffrey Chella, Besitzer der Lake Chila Lodge in Mbala, Tel. 0977-430894, https://kalambolodge.com. Mittelklasselodge mit gemauerten Bungalows direkt an den Kalambo Falls. Es gibt eine kleine Campingstellfläche für ein bis zwei Autos (beengt zwischen den Bäumen und Bungalows). Preise: ab 40 US$/DZpP und 50 US$/EZ, Camping 8 US$ pP.

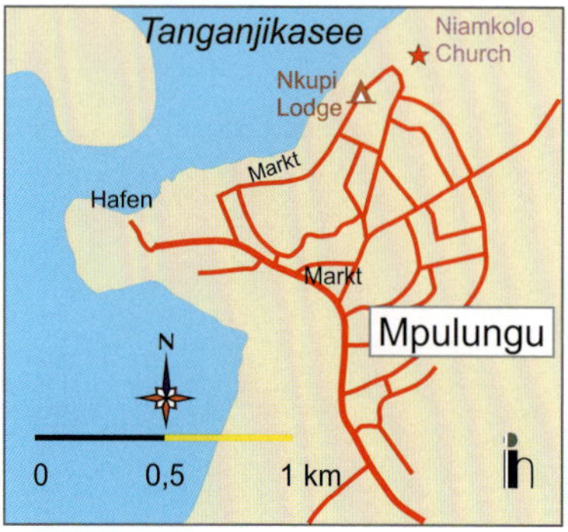

•**Nkupi Lodge:** Tel. 0965-086976, Alteingesessene bescheidene Anlage nahe dem Fischmarkt mit Rundbungalows ab 12 US$/Nacht und Camping im Garten für 6 US$.

Westlich von Mpulungu in Richtung Kasakalabwe Village besteht Campingmöglichkeit im **Lake Tanganyika Resort** (Tel. 0974-074337, www.laketanganyikaresort.com, Chalets 80 US$/Nacht, Camping 10 US$ pP) und in der bescheidenen **Tanganyika Science Lodge**.

Mpulungu

Von Mbala führt eine 38 km lange Teerstraße gleichmäßig ins völlig konträre Mpulungu hinab. Während Mbala kühle 1647 m Höhe und ein postkoloniales Flair genießt, herrscht im chaotischen, vermüllten Mpulungu das schwüle Klima des unter 800 Höhenmeter liegenden Sees.

Zambias einziger Hafen wird von Frachtschiffen aus Tansania, Burundi und Kongo angelaufen. Auch die MV Liemba pendelt fahrplanmäßig mit Fracht und Passagieren zwischen Bujumbura und Mpulungu, liegt aber aktuell zur Reparatur auf Reede (siehe auch S. 367).

In Mpulungu herrscht das lebendige und bunte Treiben Zentral- und Ostafrikas. Händler aus dem Kongo, Burundi und Tansania verkaufen ihre Waren auf dem sehenswerten Fischmarkt; Kisuaheli-Wörter sind so geläufig wie Chibemba und Chilungu, und der ganze Ort erweckt den Eindruck, mit Ostafrika stärker als mit dem sambischen Hinterland verbunden zu sein. Die Versorgung ist bescheiden und reduziert sich auf zwei Tankstellen und einen Fischvertrieb gegenüber der Nkupi Lodge.

Niamkolo-Kirche

Am Ortsrand von Mpulungu steht die Ruine der ältesten erhaltenen Steinkirche Sambias. 1880 gründeten Missionare der Londoner Missionsgesellschaft eine erste Mission am Ufer des Tanganjikasees. Nach unruhigen Anfangsjahren zwischen den Sklavenjägern wurde die Kirche 1896 mit einem 15 m hohen Kirchturm fertiggestellt, doch schon zwölf Jahre später verließen die Missionare wegen der verbreiteten Schlafkrankheit den Ort. Kurz danach brannte die Kirche ab. 1962 wurde sie renoviert, und heute erinnert sie – ohne Dach, mit bröckelnden Steinwänden – an den missionarischen Eifer vergangener Tage (Foto links).

Die abenteuerliche Geschichte der MV Liemba, die schon zweimal gesunken ist

Um ihre Kolonie zielstrebig zu erschließen, errichten die Deutschen eine Bahnlinie von der Küste quer durch das Landesinnere nach Kigoma, der größten deutschen Stadt am Tanganjikasee. Gleichzeitig wird in der Heimat ein Dampfschiff angefertigt, das künftigen Handel auf dem riesigen See ermöglichen soll. 1914 kommen die Einzelteile der "**Graf von Götzen**" in Kigoma an und werden dort mühselig zusammengesetzt. Ab Januar 1915 wird sie als Fracht- und Handelsschiff eingesetzt. Doch schon vier Monate später bricht der Erste Weltkrieg aus und die "Graf von Götzen" wird dem Militär unterstellt und mit Kanonen ausgestattet. Zu diesem Zeitpunkt fehlen noch immer Anker, Ketten und Lichter, die durch die Kriegswirren Kigoma nie mehr erreichen werden. Das Schiff ist nicht allzu lange im Einsatz, denn nach belgischem Bombardement läuft es schon im Juni 1916 auf Grund. Als nach Kriegsende die Belgier die Kontrolle über den Tanganjikasee erhalten, heben sie die gesunkene "Graf von Götzen" und schleppen sie nach Kigoma, wo sie allerdings gleich wieder sinkt. 1921 übernehmen die Briten die Verwaltung der ehemaligen deutschen Kolonie. Drei Jahre später – die Besitzansprüche zwischen Belgien und Großbritannien sind endlich geklärt – wird das Schiff zum zweiten Mal aus dem See gehoben und erweist sich als voll funktionsfähig. So wird beschlossen, die "Graf von Götzen" ab 1927 unter dem neuen Namen Liemba wieder als Frachtschiff einzusetzen. Das alte deutsche Schiff fasst 500 Passagiere und erfüllt bis heute ächzend, aber brav seinen Dienst.

Der Tanganjikasee

Seine Ausmaße sind gigantisch: Der bis zu 1395 m tiefe See nimmt eine Fläche von fast 34 000 km^2 ein. Mit einer Nord-Süd-Ausdehnung von fast 700 km ist er der längste See der Welt. In der Gesamtfläche ist er die Nr. 2 in Afrika und der siebtgrößte der Erde. Und dann ist er auch noch extrem tief: Nur der Baikalsee in Sibirien ist tiefer als der Tanganjikasee. Ein Sechstel aller Süßwasserreserven unseres Planeten befinden sich hier in diesem einen See!

Seine Entstehung: Der See liegt in einer tiefen Falte des Ostafrikanischen Grabenbruchs eingebettet. Dieser durchzieht das östliche Afrika vom Jordan im Nahen Osten bis nach Mosambik. Eine ganze Reihe weiterer Seen liegt in diesem Graben, die alle eine lang gezogene Form, zumeist steile Ufer und eine beachtliche Tiefe haben. Doch während der Malawisee drei Millionen Jahre "jung" ist, existiert der Tanganjikasee bereits seit ungefähr zwölf Millionen Jahren.

Sambias Anteil an dem riesigen Gewässer beträgt 7 % (2160 km^2) mit 240 km Küstenlinie. Den Rest teilen sich die Länder Kongo, Tansania und Burundi. Der sambische Teil des Seeufers ist nur dünn besiedelt und teilweise schwer zugänglich. Ein großer Anteil entfällt auf den Nsumbu Nationalpark. Der Wildtierreichtum am Seeufer war einst grandios, wurde aber stark dezimiert.

Der Artenreichtum an Fischen und Unterwasserpflanzen ist im Tanganjikasee derart außergewöhnlich, dass der See zum Objekt unzähliger Forschungen wurde. 98% allein der mehr als 250 Zichliden-Arten sind hier endemisch (im Vergleich: Europas gesamte Seen und Flüsse beherbergen insgesamt nur rund 200 Fischarten). Die Biologie ist hier einen ganz eigenen Weg gegangen. Man vermutet, dass chemische Interaktionen in den großen Tiefen des Sees zu der beispiellosen Vielfalt in der Entwicklung der Arten führten. So sind unter den Zichliden gelbe Schlankzichliden besonders häufig, und auch Wulstlippenbarsche, deren auffällig große Lippen als Schutzpolster gegen Verletzungen dienen. Erbgutanalysen belegen, dass der Formenreichtum auf mehr als 250 Arten binnen hunderttausend Jahren aus nur zwei Buntbarschlinien entstanden sein muss. Außerdem gibt es hier zahlreiche Krabbenarten, Süßwasserquallen und eine Wasserkobra, die Fische innerhalb von Sekunden töten kann. Der See gilt zudem als das südlichste Gewässer, in dem Nilbarsche vorkommen. Viele Lebewesen sind noch nicht erforscht, etliche völlig unentdeckt, aber sicher ist, dass rund ein Drittel der mehr als 2000 Arten an Flora und Fauna im Tanganjikasee endemisch sind und dass hier die ältesten Fische der Welt leben, wie es z. B. der seit 400 Mio. Jahren existierende Flösselhecht beweist.

Die **Nutzfischerei** begann in den 1950er Jahren in Burundi und setzte 1962 auch in Sambia ein. In erster Linie werden Nilbarsche, Buka Buka-Fische und verschiedene Sardinenarten abgefischt. Der massive Ausbau der Fischindustrie führte zu deutlichen Anzeichen von Überfischung. So sank der durchschnittliche nächtliche Fang eines Bootes von 3,5 t Fisch in den 1960er Jahren auf heute kaum mehr als eine Tonne.

Viele Besucher kommen ganz gezielt zum Angeln hierher, denn im Tanganjikasee werden sensationell große **Goliath-Tigerfische** gefangen. Tigerfisch, ein Vertreter der Characidae-Familie, dessen lateinische Bezeichnung *Hydrocynus vittatus* "gestreifter Wasserhund" bedeutet, ist ein den südamerikanischen Piranhas verwandter Jäger, der Menschen jedoch nicht attackiert. Fünf verschiedene Tigerfischarten sind in Afrika bekannt. Der Goliath-Tigerfisch erreicht in Sambia in der Regel nur rund 12 kg Körpergewicht – hier im Tanganjikasee leben dagegen kolossale Prachtexemplare mit 40 kg. Auch Barsche und der berühmte Vundu, ein Riesenkatzenfisch, erreichen hier bis zu 50 kg Gewicht. Für Hobbyfischer ist das ein Eldorado. Die beste Angelsaison ist von November bis März, wenn sich die großen Raubfische der Küste nähern. Die Wassertemperatur des 800 m hoch gelegenen Sees schwankt übrigens ganzjährig zwischen 23 und 28°C.

DER OSTEN – AUF SAFARI IM LUANGWATAL

Im Osten Sambias liegt der größte Schatz des Landes: das Luangwatal. Wer hierher reist, geht direkt auf Tuchfühlung mit der afrikanischen Wildnis, wie sie Hemingway und Karen Blixen beschrieben. Zu Fuß durch den Busch wandern, am Lagerfeuer Hyänen lauschen, Elefantenbesuche im Camp und Fischer beobachten, die ihre Netze direkt neben den Flusspferden vom Einbaum aus in den Luangwa werfen – das sind Erlebnisse, die unter die Haut gehen. Exklusive Camps verwöhnen den Reisegast, und die erfahrenen, engagierten Guides garantieren ein unvergleichbares Safari-Erlebnis.

Streckenbeschreibung: Von Lusaka nach Chipata

Lusakas Besiedlung breitet sich rasant entlang der Great East Road aus bis etwa 20 km nach der Abzweigung der Airport Road, erst danach verläuft die Straße durch flaches Farmland bis Chongwe (50 km nach Lusaka). Ab der verlassenen Tsetse-Kontrollstation, 104 km östlich von Lusaka, fahren Sie entlang der Nordgrenze des Lower Zambezi NP ohne es zu bemerken (eine einsame Allradzufahrt in den Park beginnt ca. 200 m nach dem alten Tsetse-Kontrollposten, s. S. 147). Ab Rufunsa, 164 km von Lusaka entfernt, gibt es bis zum Luangwa River kaum noch Ansiedlungen. Die Straße schlängelt sich durch malerisch bewaldete Berge und schließlich kurvenreich und voller Schalglöcher in das breite Tal des Luangwa hinab.

Oberhalb der Luangwabrücke ist ein bemerkenswertes Dorf entstanden, das hauptsächlich aus Verkaufsbuden für Korbwaren, Garküchen und Minigasthäusern besteht. Zu den Käufern zählen viele Fernfahrer, die die Waren später in den Städten teurer weiterverkaufen.

Im Dorf zweigt eine gute Teerstraße zum Ort Luangwa an der Flussmündung in den Sambesi ab (s. S. 292).

Am Ausgang des **Luangwa Bridge Markets** befinden sich ein Veterinär- und an der Brücke über den breiten, trägen Luangwa ein militärischer Checkpoint. Bitte beachten: Es darf immer nur ein Auto die Brücke in Schrittgeschwindigkeit befahren. Rund 10 km vor und nach der Brücke fallen Baobabs und Afrikanische Kastanien, *Sterculia africana*, mit silberweißer Rinde auf.

Nach 60 km einsamer Fahrt erreichen Sie das Dorf Kacholola mit einem Polizeicheckpoint wegen der nahen Grenze zu Mosambik. Auf der 40 km langen Weiterfahrt nach **Nyimba** werden Bambuskörbe und hölzerne Bettgestelle feilgeboten. Die Besiedlung nimmt jetzt wieder zu, es wird etwas flacher, den Horizont begrenzen Berge. **Petauke**, die bedeutendste Kleinstadt zwischen Lusaka und Chipata, liegt 4 km abseits der Great East Road (die Abzweigung liegt an der BP-Tankstelle). Entlang der Ortszufahrt passiert man die Chimwemwe Lodge. Im Zentrum liegen ein Choppies Supermarkt, ein ATM und zwei Tankstellen. Petaukes Markt ist der einzige des Landes mit klaren Preisauszeichnungen beim Gemüse, seit der Bürgermeister dies seinerzeit 2001 in Holland entdeckte und übernahm. Im Ortszentrum beginnt zudem die "Petauke Road"-Allradzufahrt in den South Luangwa NP (S. 301).

Lusaka – Chipata

Gesamtstrecke: 570 km

Fahrzeit: ca. 7–8 Std.

Zustand: Teerstraße, z. T. mit Schäden

Tankstellen: Chongwe, Rufunsa-Turnoff, Nyimba, Petauke, Sinda, Katete

Besonderheiten: im Mittelteil sehr bergig

Oben: 32 km vor der Luangwabrücke werden an einem Stand am Straßenrand köstliche Bananen verkauft

Unterkünfte an der Great East Road

•**Golden Springs Country Resort:** Tel. 0977-797882. In den Hügeln bei Rufunsa 46 km westlich der Luangwabrücke eröffnete ein kleines Camp mit Restaurant, Chalets (noch in Bau) und Camping (mit Dusche/WC, ohne Strom, etwas hanglagig für 7 US$ pP) nahe der Kasisi Falls.

•**Bridge Camp:** Tel. 0973-682286, https://bridgecampzambia.co.zm. 3 km südlich der Luangwabrücke in Richtung Luangwa-Feira führt Mr Mulenga ein legeres Camp mit Bar, Pool und rustikalen Chalets am steilen Westufer des Luangwa (direkt an der Straße) Preise: Camping 10 US$ pP, Chalets ab 20 US$ pP.

•**Chimwemwe Lodge:** Tel. 0216-371543. Die Lodge an der Ortszufahrt nach Petauke ist die beste Option zum Übernachten: Restaurant, Chalets (ab 25 US$/Nacht) und ein abgeschirmtes Campingareal zwischen den Bäumen mit Strom, Duschen und Küchenraum für 7 US$ pP.

Oben: Die mächtige Backsteinkirche der Katondwe Mission

Fotos rechts: Scheue Kinder aus den Senga-Dörfern entlang der Strecke; die Ruinen der verfallenen Kapoche Mission sind heute von allerlei Gewächsen überwuchert

Ein Abstecher nach Luangwa-Feira

Vom Luangwa Bridge Market führt eine Teerstraße am Westufer des Luangwa malerisch durch eine Tiefebene voller Baobabs und Palmen bis zu seiner Mündung in den Sambesi am Dreiländereck von Sambia, Mosambik und Zimbabwe. In den kleinen Senga-Dörfern entlang der Strecke werden Unmengen von Bastmatten produziert. Auf halber Strecke thront in Katondwe auf einem Hügel die eindrucksvolle Backsteinkirche polnischer Jesuiten aus Krakau (erbaut 1912), während von der Kapoche Mission weiter südlich bei KM 59, ein Jahr zuvor vom gleichen Orden gegründet, heute nur noch Ruinen zwischen hohem Gras und riesigen Baobabs ruhen. Nach 91 km endet die Straße in einer heißen, verschlafenen Siedlung, die wahlweise Luangwa, Luangwa-Boma oder Luangwa-Feira genannt wird. Bisher sind hier nur eine Tankstelle, Gedenktafeln, ein kleiner Markt für Trockenfisch und Bootsanlegestellen für Überfahrten nach Zumbo (Mosambik) und Kanyemba (Zimbabwe). Es gibt allerdings Pläne, die Isolation aufzubrechen und durch eine Schwimmbrücke am Sambesi eine neue Fernstrecke für den Handel mit Zimbabwe zu öffnen.

Der Ort ist geschichtsträchtig. Vermutlich lebten schon um 1546–1600 Portugiesen in Zumbo am gegenüberliegenden Luangwaufer. Dann verfiel die Siedlung, und erst 1725 errichteten portugiesische Händler am Westufer einen Markt- und Umschlagplatz für Sklaven, Gold und Elfenbein, auf portugiesisch "Feira". Dieser Name bürgerte sich rasch als Ortsbezeichnung ein. Zum Ende des 18. Jh. lebten rund 200 portugiesische Familien an der Luangwamündung. Doch dann entstanden neue Handelsrouten, und der Blütezeit in der heißen Niederung folgte ein rascher Niedergang zu wirtschaftlicher Bedeutungslosigkeit. Als der Senga-Chief Mburuma 1804 Zumbo attackierte, flüchteten die meisten Händler nach Feira.

Sieben Jahre später überfiel der Senga-Chief erneut die Portugiesen. Nach dem dritten Angriff und der Zerstörung von Feira und Zumbo verließen die Europäer 1836 den Ort und zogen sich vom Luangwa zurück.

David Livingstone besuchte 20 Jahre später die Ruinen von Feira. Nach ihm drangen die Briten vor und erklärten Luangwa-Feira 1901 zu einem BSAC-Verwaltungssitz, der genau an der damals aufstrebenden Rindertrek-Route zwischen Tanganyika und Südrhodesien lag: Weil die Rinderpest im Süden Afrikas den Viehbestand dahingerafft hatte, holten die Farmer Nachschub aus Ostafrika. Die Rindertreks zogen damals von Abercorn/Mbala längs durch das Luangwatal und setzten in Luangwa-Feira über den Sambesi. Doch wieder sollte die Blütezeit Feiras mit Hotels und Nachtleben nur von kurzer Dauer sein, denn ab 1915 breiteten sich die Tsetsefliegen, Überträger der Schlafkrankheit, im Luangwatal aus und führten zum jähen Ende der Rindertreks. 1926 folgte der Bau der Great East Road und besiegelte endgültig das Schicksal Luangwa-Feiras. Der abgelegene, klimatisch so ungesunde Ort geriet in Vergessenheit.

Die berüchtigte Great East Road

In der frühen Kolonialzeit, als die Briten schon Fort Jameson (heute Chipata) als Verwaltungszentrum ihrer Kolonie Nordostrhodesien gegründet hatten, gab es nur einen Fußweg nach Tete in Mosambik, der die Siedlung mit der Außenwelt verband. Alle Waren und Lasten mussten damals von "Tenga Tenga"-Trägern über diesen Pfad herangeschleppt werden. Ochsengespanne ersetzten zwar bald die Träger, und Jahre später führten erste Erdstraßen für Automobile von Fort Jameson nach Nyasaland (heute Malawi).

Nach Westen jedoch, in die anderen Siedlungen Nordrhodesiens, blieb die Wildnis unberührt. Von Broken Hill (heute Kabwe) bis Fort Jameson war man zu Fuß oder mit einem Fahrrad mindestens einen Monat unterwegs. Wollte jemand von Livingstone nach Fort Jameson, so reiste er gewöhnlich lieber auf dem Umweg über die Länder Südrhodesien, Portugiesisch-Mosambik und Nyasaland dorthin.

Erst 1925 traute man sich nach umfangreichen Untersuchungen den schwierigen Bau einer Straße zu. 300 Soldaten schlugen drei Jahre lang Schneisen durch die unwegsamen Berge, dann gab es einen ersten staubigen Weg, der allerdings zu jeder Regenzeit gesperrt werden musste. Zwei Wochen dauerte eine Reise auf der Great East Road damals, wegen der vielen angeschwollenen Flüsse, umgestürzten Bäume, einstürzenden Holzbrücken und der abenteuerlichen Luangwaüberquerung auf Holzplanken. Seit 1933 gab es wenigstens eine Brücke über den Luangwa. Breit ausgebaut und asphaltiert wurde die Great East Road allerdings erst nach der Unabhängigkeit Sambias.

Auf der Weiterfahrt nehmen Felsformationen, Besiedlung und die Abholzung stetig zu. Von Sinda nimmt man nur das Sinda Motel und die Tankstelle wahr. 75 km östlich von Petauke liegt die Kleinstadt **Katete**. Sie hat ein überregionales Krankenhaus, Bank und Tankstelle, und bietet Übernachtungsgelegenheit im New Mphangwe Motel (Bungalows für 25 US$, Tel. 0955-924203) und in der Tiko Lodge des Tikondane Community Centres. Von Katete führt eine Teerstraße zur 55 km entfernten Grenze nach Mosambik, die täglich von 6–18 Uhr öffnet.

•**Tiko Lodge:** Tel. 0777-501737, E-Mail: tikoeducation@gmail.com, www.tikondane.org. Für kulturinteressierte Besucher dürfte das Missionsgästehaus 1 km vor dem Ortszentrum interessant sein. Hierbei handelt es sich um ein Musterdorf mit Viehhaltung, Töpferei, Schreinerei und Projektschule, dessen Ziel es ist, den Menschen mehr Nachhaltigkeit und Umweltbewusstsein im Alltag zu vermitteln. Touristen sind hier sehr willkommen, Mahlzeiten und Getränke erhältlich; bei Interesse werden unterschiedliche "Tiko Touren" wie Dorf- und Missionsbesuche, Traditionelle Tänze, Trommeln, Weben und vieles mehr organisiert. Preise: Übernachtung im Mehrbett- oder DZ kostet 8–10 US$ pP, Camping auf dem Tikondane-Gelände 9 US$ pP. Ein Projekt mit Tiefgang, das seine Besucher einlädt, zu partizipieren und Neues kennenzulernen.

Unten: Der Gemüsemarkt von Petauke ist nicht nur groß, er hat auch als einziger im Land feste Preisauszeichnungen

Chipata

Die Stadt in den rund 1000 m hohen Hügeln geht auf den britischen Regierungsbeauftragten Worringham zurück, der sie 1898 unter dem Namen "Fort Jameson" gründete, um von hier aus die Aktionen der BSAC zu kontrollieren. Rasch wuchs sie zur Hauptstadt Nordostrhodesiens und dem Zentrum des Baumwollanbaus heran. Heute bietet die Provinzhauptstadt Reisenden gute Versorgungsmöglichkeiten mit Hotels, Banken und großem Hospital (Tel. 0216-222808). Ein starker islamischer Einfluss und die Nähe zum bevölkerungsreichen Malawi sind überall in der quirligen Stadt spürbar.

Die modernen Supermärkte wie Shoprite oder der Spar in der Great East Mall liegen alle an der Hauptstraße. Zum städtischen Markt gelangt man über die Straße zwischen der Polizei und dem Municipal Council. Hinter dem Markt liegt der Bus Terminal, wo die Fernstreckenbusse nach Lusaka und Lilongwe abfahren. Vor einer Tour ins Luangwatal sollte man sich in Chipata gut eindecken, denn in Mfuwe und dem restlichen Tal gibt es kaum Versorgungsmöglichkeiten für Frischwaren wie Brot, Käse und Fleisch. Campinggasflaschen füllt man auf bei Afrox-Gas an der Abzweigung in Richtung Mfuwe nach 50 m in einem Hintergebäude.

Ausreise nach Malawi

20 km östlich von Chipata liegt die Grenze nach Malawi. Der Mwimi Border Post ist 24 Stunden täglich geöffnet. Auf beiden Seiten warten Geldwechsler auf Grenzgänger, weil es dort bislang keine Banken oder Wechselstuben gibt. Die Beamten fragen Durchreisende von Zeit zu Zeit nach einem Gelbfieber-Impfnachweis, obwohl dieser offiziell gar nicht erforderlich ist. Außerdem sind an beiden Grenzposten Versicherungsagenten stationiert. Einreise Sambia: Autoversicherung Pkw ca. 18 US$, Landcruiser ca. 25 US$ für 30 Tage; Council Levy derzeit 4 US$ pro Fahrzeug.

Unterkunft in Chipata

•**Protea Hotel by Marriott Chipata:** Tel. 0216-222905, E-Mail: reservations@phchipata.co.zm, www.marriott.de. Am Ortseingang von Chipata gelegen bietet das gepflegte Hotel 40 klimatisierte Zimmer gehobenen Standards, ein Restaurant, gratis WLAN und einen Pool im Garten. Preise: B&B ab 68 US$/DZpP und 130 US$/EZ.

•**Kigelia Campsite:** Tel. 0962-847905, E-Mail: kigeliacampsite@gmail.com. Das familiengeführte Camp liegt 3 km westlich von Chipata entlang der Great East Road und bietet Zimmer, Chalets und einen großzügigen Wiesen-Campingplatz mit Gemeinschaftsküche und Stromanschluss (jedoch kaum Schatten). Preise: Chalets 25 US$/DZpP, Zimmer 15 US$/DZpP, Camping 10 US$ pP.

•**Mama Rula's B&B:** Tel. 0960-2341236, E-Mail: richardsbnjm@gmail.com. Früher DER Treffpunkt der Traveller und Overlander, fristet die Anlage heute nach einer Grundstücksverkleinerung und durch die Teerstraße nach Mfuwe ein ruhigeres Dasein. An die große, rustikale Bar schließen sich Zimmer und Chalets an (B&B je nach Ausstattung/ Lage 10–33 US$/DZpP und 12–50 US$/EZ), dahinter erstreckt sich eine große schattige Campingwiese für 8 US$ pP. Die Sanitäranlagen sind stark vernachlässigt, aber das Camp liegt ruhig unter Bäumen (viele Vögel). Es gibt WLAN (teilweise gegen Gebühr), und die beliebte Bar serviert gute Snacks, saftige Steaks und Pizza. Anfahrt: 4 km in Richtung Mfuwe, dann rechts 2 km (gut beschildert).

Chipata – Chama

Gesamtstrecke: 316 km

Fahrzeit: ca. 4,5–5 Std.

Zustand: Teerstraße bis Lundazi, dann Schotterpiste, letzte 32 km Teer

Tankstellen: nur in Lundazi

Lukusuzi Nationalpark

Am Osthang des Luangwatals dehnt sich der Nationalpark über 2720 km² aus. Vom Hochplateau führt eine sehr verwaschene Allradspur durch den Park an den Luangwa hinab, ansonsten existiert keinerlei Infrastruktur. Wildtiere wie Elefanten und Büffel halten sich in dem bergigen Gelände in der Regenzeit auf, wenn die Bäche und Flüsse Wasser führen. Daher ist der Park ein wertvolles Rückzugsgebiet, aber er leidet unter starker Wilderei und allgemeiner Missachtung.

Streckenbeschreibung: Von Chipata nach Chama

Am westlichen Ortsrand von Chipata beginnt die Straße nach Lundazi. Nach 8 km zweigt die Teerstraße nach Mfuwe ab, danach wird der Verkehr ruhiger und die Besiedlung lässt nach. Nach 174 km Fahrt erreicht man die verschlafene, freundliche Kleinstadt **Lundazi** im Land der bäuerlichen, fleißigen Tumbuka. Sie hat noch viel koloniales Flair, ein paar Straßenzüge mit bunten Läden, Bäckereien, eine Tankstelle und das sehenswerte, originelle Lundazi Castle Hotel mit Zimmern ab 15 US$/Nacht und Restaurant mit Barbetrieb. Hinter dem Hotel wird Camping gestattet (der Preis scheint verhandelbar zwischen 5 und 20 US$ pro Fahrzeug). Kontakt: Tel. 0975-1142811 und 0216-480173.

Zur Info: Die Grenze nach Malawi ist nur 16 km von Lundazi entfernt (unkomplizierter Übergang, täglich 6–18 Uhr, bei Einreise Autoversicherung erhältlich; auf der Malawi-Seite jedoch nicht). Von Lundazi führt zudem eine einsame und schlechte Piste durch die Lumimba GMA nach Chitungulu im Luangwatal (102 km, S. 318).

Die Piste nach Chama folgt dem Grenzverlauf zu Malawi und gabelt sich nach 113 km. Links führt hier eine Teerstraße nach Chama (32 km, S. 319) und darüber hinaus bis Katangalika am Luangwa (der unvollendete Weiterbau zur Great North Road steht derzeit still).

Zur Info: Fährt man an der Gabelung statt nach Chama geradeaus, gelangt man nach Kampumpu am nördlichen Luangwa und von dort auf neuer Teerstraße bis Isoka (S. 259). Entlang dieser Strecke passiert man bei KM 92 eine unbeschilderte Abzweigung zur Malawi-Grenze in Katumbi; der sambische Grenzposten Muyombe für die offizielle Ausreise liegt jedoch 25 km weiter nördlich.

Nyika Plateau Nationalpark

Das durchschnittlich 2000 m hohe Nyika Bergplateau liegt größtenteils in Malawi; nur 80 km² davon befinden sich auf sambischem Staatsgebiet. Daher besteht auch nur über Malawi ein Zugang zu Sambias 3,15 km² kleinem Nationalpark. Auf dem Berggelände befindet sich das historische, nach langem Leerstand 2017 renovierte Zambian Rest House (Foto oben). Doch noch hat sich kein Investor gefunden, der diesem Kleinod wieder Leben einflößen wird.

Foto rechts: Zebras im Nyika-Hochland

Lundazi Castle Hotel

Die verrückte Idee, in Lundazi ein Hotel im Stil eines normannischen Schlosses zu errichten, stammte von Errol Button, der eigentlich nur den Auftrag hatte, ein Government Resthouse auf halbem Wege zwischen dem Luangwatal und den Nyikabergen zu errichten. Man ließ ihn gewähren, solange er den finanziellen Spielraum einhielt. Das Resultat war in jedem Falle beachtlich: Rundbögen, Türmchen und Zinnen schmückten den verwinkelten Ziegelbau, im großzügigen Schlossgarten waren Bänke zwischen Blumenbeeten und Teichen aufgestellt, und im Zimmer Nr. 9 im Westturm legte sich sogar einmal die junge Queen Elisabeth zur Ruhe – seither heißt das runde Turmzimmer ehrfurchtsvoll "Queen's Room", duftet schwer nach Mottenkugeln und wird jedem Interessierten gerne gezeigt.

Rumpelstilzchen – Das Märchenschloss des Errol Button

Errol Button, Distriktverwalter in Diensten der nordrhodesischen Kolonialverwaltung, hatte einen Traum: Er wollte ein normannisches Märchenschloss mitten in Zentralafrika bauen. Dafür fehlte ihm allerdings die Vollmacht, denn seine Vorgesetzten in Lusaka gaben ihm 1948 lediglich den Auftrag, ein kleines Government Resthouse im fernen Außenposten Lundazi zu errichten, damit reisende Regierungsvertreter künftig eine adäquate Unterkunft finden würden. Für diesen unspektakulären Job wurden ihm auch nur 500 Pfund anvertraut. Button haderte lange mit dem Projekt, denn er wusste, dass er seine Kompetenzen überschritt. Auf die Rückseite einer Zigarettenschachtel zeichnete er eine Skizze seines Traumschlosses mit allerlei Zinnen und Verzierungen, und schon bald schob er alle Einwände bezüglich der fragwürdigen Finanzierung und möglicher statischer Probleme beiseite. Seine afrikanischen Bauarbeiter hatten zwar keine Vorstellung von dem wehrhaften Phantasiegebäude, das sie da errichten sollten, aber sie legten sich ins Zeug. Aus Kostengründen konnte Button nur vier doppelstöckige Ecktürme an das ansonsten einstöckige, einem wehrhaften Fort gleichende Gebäude bauen. Zwischen den verwinkelten Gängen, einer Küche, dem Gastraum und schmalen Treppen an den Türmchen fanden auch sechs kleine Gästezimmer mit niedrigen Decken Platz. Gegen den Rat der Experten schuf Button außerdem einen kleinen Stausee vor dem Hotel und ließ den angrenzenden Wald zum Vogelreservat erklären. Nun brauchte das eigenwillige Schlösschen noch einen passenden Namen, und den vergab Buttons Tochter, sie taufte es „Rumpelstilzchen". Mit 2000 Pfund Gesamtkosten überrumpelte der forsche Distriktverwalter seine Auftraggeber gewaltig, doch die Zukunft sollte ihm recht geben. Die Durchreisenden liebten sein Märchenschloss zwischen den Nyikabergen und dem Luangwatal. Schon 1952 wurden die Betten knapp, und das verschachtelte Rumpelstilzchen musste auf zwölf Zimmer erweitert werden. Im Laufe der Jahre erlangte das Government Rest House sogar Berühmtheit, wurde später privatisiert und ist noch immer geöffnet. Heute kennt man es unter dem Namen „Lundazi Castle".

Das einzigartige Luangwatal

Das 15 500 km^2 große Luangwatal birgt einen der größten Schätze Afrikas. Der vollkommen naturbelassene Fluss verläuft zu Füßen des mächtigen Muchinga-Escarpments, welches als Teil des Ostafrikanischen Grabenbruchs eine natürliche Barriere darstellt. Diese abgeschiedene Wildnis bot einst einer unermesslichen Anzahl an Wildtieren sicheren Lebensraum. Noch immer beherbergt das Tal, in dem 40 000 Kunda und Bisa in traditionellen Dörfern leben, ein Naturparadies. Doch auch das traurige Kapitel der Wilderei ist untrennbar mit ihm verknüpft.

Die **Wilderei** hat im Luangwatal eine lange Geschichte: Bereits im 19. Jahrhundert wurden Elefanten und Flusspferde durch die Jagd fast ausgerottet. Daher leitete die BSAC schon im 19. Jh. erste Schutzmaßnahmen ein, verbot z. B. die Jagd auf Hippos. Um die gefährdeten endemischen Thornicroft-Giraffen zu schützen, wurde 1904 als erstes Schutzreservat der "Luangwa Game Park" eingerichtet, aber schon sieben Jahre später wieder aufgelöst.

Denn die Elefanten vermehrten sich nun so stark, dass sie den ansässigen Kleinbauern Probleme bereiteten. Man engagierte "**Elephant Control Hunter**", um aggressive Elefanten zu erschießen. Die Arbeit der Elefantenjäger war gefährlich; einer wurde von einem Löwen, und ein anderer von einem Elefanten getötet.

1938 entstanden die Wildreservate South Luangwa, North Luangwa und Lukusuzi. Im darauffolgenden Jahr trat **Norman Carr** seinen Dienst als Elefantenjäger an (er sollte später "Vater des Tierschutzes im South Luangwa" genannt werden, siehe S. 309). Sein Engagement für den Naturschutz bezog die Dörfer mit ein. Chief Nsefu überredete er 1949, einen Teil seines Landes in ein Wildreservat, den **Nsefu Sektor** (S. 314), umzuwandeln und dafür Dörfer umzusiedeln.

In den 1970er Jahren wurden im Bereich des South Luangwa Allwetterstraßen und Brücken gebaut und die Tierreservate zu Nationalparks erklärt. Doch gleichzeitig setzte erneut die **Wilderei** ein. Und diesmal wurde mit modernen Schusswaffen für den internationalen Markt gewildert. Das Ausmaß war dramatisch: Während 1975 noch rund 8000 Nashörner im Luangwatal lebten, wurden sie in den nächsten zwölf Jahren völlig ausgerottet. Das Horn wurde teurer als Gold gehandelt. Drei Viertel der fast 100 000 Elefanten im Luangwatal wurden in nur zehn Jahren abgeschossen. Expertenschätzungen zufolge wurden Ende der 1970er Jahre im Luangwatal täglich 20 Elefanten und zwei Nashörner getötet. Eine ähnlich erschreckende Bilanz wiesen alle Naturschutzgebiete Sambias auf. Die Nationalparkbehörde war hoffnungslos überfordert. Zu wenig Geld floss in Ausbildung und Ausrüstung der Wildhüter. 1980 brachte die unabhängige NGO "**Save the Rhino Trust**" (SRT) finanzielle Unterstützung durch den WWF. Spenden aus aller Welt wurden erwartungsvoll für die Scouts und Ranger verwendet. Doch der große Optimismus wurde enttäuscht. Die Scouts waren 20 Tage im Monat zu Fuß auf Streife unterwegs. Mit Jagdgewehren ausgerüstet, die sie ausschließlich zum Selbstschutz einsetzen durften, blieben sie den schwer bewaffneten Wilderern unterlegen. Bei einem Schusswechsel gab es für die Scouts kaum eine Rechtsgrundlage. Diese Ungleichheit führte immer wieder zu Verletzten und demoralisierte die Wildhüter. Auch lag der Verdienst eines Scouts bei etwa 30 US$ im Monat, während die Wilderer teilweise astronomische Profite erzielten. Dennoch konnte der SRT in den ersten acht Jahren seiner Tätigkeit 1500 Wilderer verhaften sowie 500 Waffen, 58 Nashornhörner und 1260 Elefantenstoßzähne beschlagnahmen. Die Wilderer agierten nur noch in kurzen, eiligen Aktionen und wagten keine Jagdcamps mehr im Tal zu errichten.

Zu dieser Zeit verfügte der SRT über 73 Scouts und viele Wildlife Ranger, die in vier Einheiten aufgeteilt waren. Jeweils fünf Scouts gingen mit mehreren Trägern auf Patrouille. Aus Mangel an Funkgeräten waren sie praktisch ohne Verbindung zur Außenwelt unterwegs. Sehr schwierig war es, Mittels- und Hintermänner im Elfenbeinhandel zu erwischen.

Das Inkrafttreten des Internationalen Handelsverbots für Elfenbein im Jahre 1989 entzog der Wilderei endlich den Absatzmarkt. Für die Nashörner vom Luangwa kam dies zu spät; die Elefanten wurde gerade noch gerettet. Ihr Bestand erholte sich in den 90er Jahren deutlich. Doch 1997 wurde das Handelsverbot für Elefantenprodukte auf der CITES-Konferenz in Harare schon wieder zurückgestuft. Tierschützer in aller Welt kämpfen seither vergeblich um ein neues Handelsverbot, weil die Wilderei wegen des Elfenbeins längst wieder dramatische Ausmaße angenommen hat.

Als durchaus hilfreiche Unterstützung gegen die Wilderei dient der Safaritourismus. Je mehr Touristen eine Region besuchen, umso unbequemer wird es für Wilderer. Leider ist der Tourismus im Luangwatal ein Saisongeschäft, und während der Regenzeit verlassen auch die meisten ansässigen Weißen das Tal. Zu dieser Zeit bleibt die Wildnis eben doch fast ohne Kontrolle, und die Elefanten sind den Wilderern weitgehend schutzlos ausgeliefert.

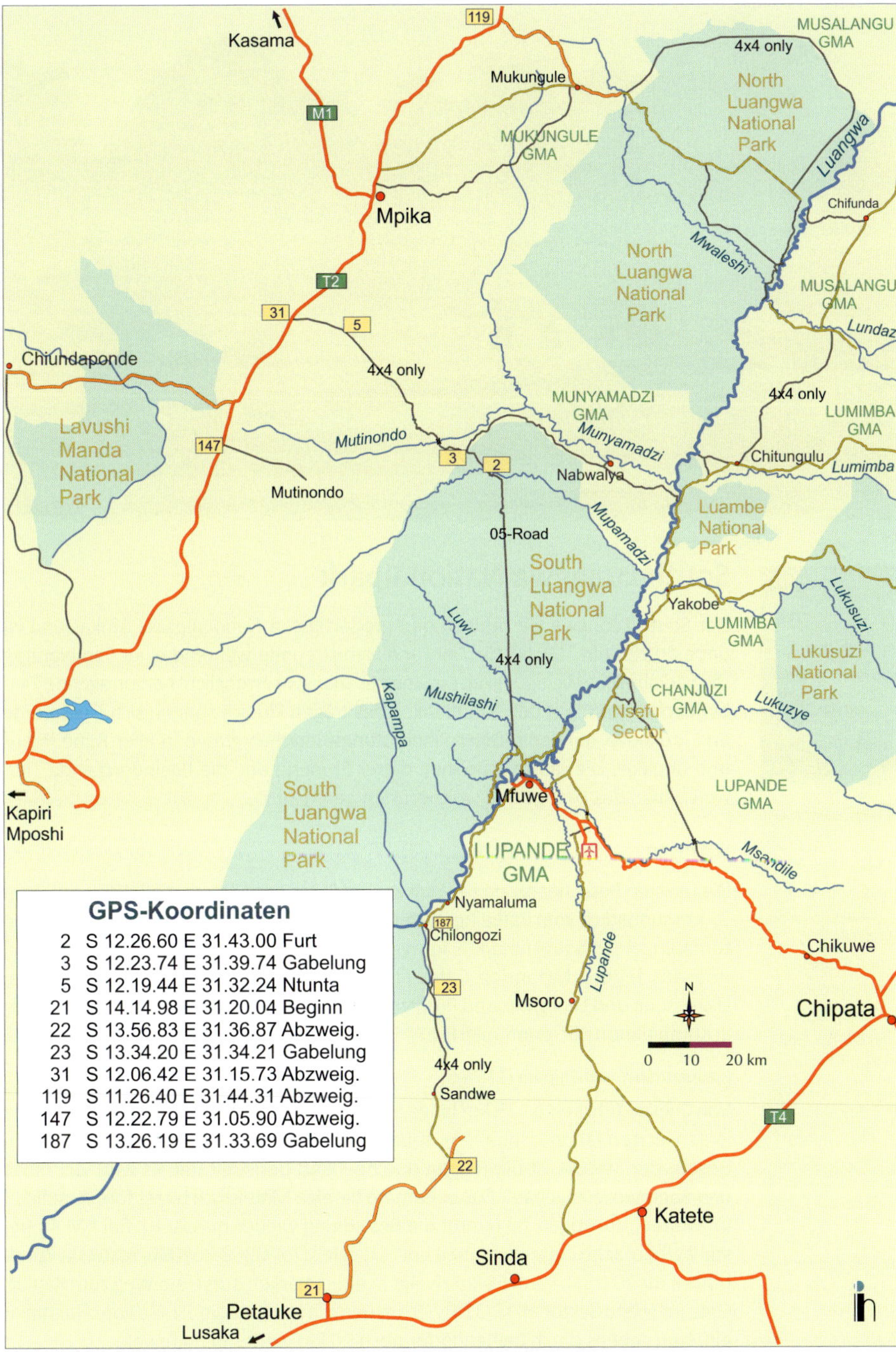

GPS-Koordinaten

2	S 12.26.60 E 31.43.00	Furt
3	S 12.23.74 E 31.39.74	Gabelung
5	S 12.19.44 E 31.32.24	Ntunta
21	S 14.14.98 E 31.20.04	Beginn
22	S 13.56.83 E 31.36.87	Abzweig.
23	S 13.34.20 E 31.34.21	Gabelung
31	S 12.06.42 E 31.15.73	Abzweig.
119	S 11.26.40 E 31.44.31	Abzweig.
147	S 12.22.79 E 31.05.90	Abzweig.
187	S 13.26.19 E 31.33.69	Gabelung

South Luangwa Nationalpark

Der South Luangwa NP zählt zu den großartigsten Nationalparks Afrikas und ist unbestritten ein "Muss" für Tier- und Naturfreunde während einer Sambiareise. Die parkähnliche Weitläufigkeit entlang des Luangwa ermöglicht hervorragende Tierbeobachtungen. Auf den Sandbänken des trägen Flusses sonnen sich Flusspferde und Krokodile, auf den saftigen Überflutungsmarschen grasen in aller Ruhe Pukus und Impalas. Die sanfte Schönheit dieser Szenerie und die beeindruckende Tierwelt haben das Luangwatal weltberühmt gemacht.

Schon gewusst?

Elefanten übernehmen für andere Wildtiere die Rolle des "Hausmeisters", Wegbereiters, Wassergräbers (bei Dürre), und sie sind zudem Samenverbreiter. Ihre Aufgaben im Ökosystem sind ausgesprochen vielseitig.

Oben: Elefanten kehren frühmorgens aus der GMA in den Park zurück; Hippo auf seinem Pfad

Anreise

Die meisten Besucher reisen per Flug an. Der "Masumba International Airport" liegt 25 km südöstlich vom Parkeingang bei Mfuwe und bietet Bankfilialen mit Geldautomaten, einen Souvenirladen, Immigration-Büro (Visa-Verlängerungen möglich) und das legere Moondog-Café. Flugverbindungen bestehen nach Lusaka, Livingstone und Lilongwe, und Proflight Zambia bietet attraktive Durchgangstarife in Kombination mit renommierten Airlines wie Emirates und South African Airways.

Hauptzufahrt von Chipata (135 km)

Von Chipata führt eine 135 km lange Straße direkt nach Mfuwe. Die Straße wurde in den letzten Jahren asphaltiert, sodass man dafür kaum noch 2 Std. benötigt. Zu Beginn der Strecke ist die Region durchgehend besiedelt und es wird viel Tabak und Baumwolle angebaut. Das einsamere bergige Mittelstück bietet tolle Ausblicke. Im weiten, dunstigen Tal nimmt die Besiedlung wieder massiv zu. Bei KM 48 besteht Übernachtungsgelegenheit bei "Maggie" (Tel. 0968-357096, rustikale Rundhütten für 20 US$). Nach 68 km zweigt in einer starken Kurve ein Weg zum Kauluzi Gate im Nsefu Sektor ab (S. 314); 39 km danach mündet die Straße vom Flughafen ein. Nun geht es durch Reihendörfer noch 20 km weiter bis Mfuwe.

Die "Petauke Road" von Petauke nach Mfuwe (170 km)

Von Petauke besteht eine reizvolle Anreisealternative, die allerdings nur in der Trockenzeit und mit Geländefahrzeugen befahrbar ist. Sie ist zeitraubend und anstrengend; wer Lusaka–Mfuwe an einem Tag schaffen möchte, muss auf alle Fälle extrem früh starten. Im Ort **Petauke** zweigt die "Ukwimi Road" nach dem 2. Funkmast links ab (GPS 21). Die breit ausgebaute Piste führt durch eine dicht besiedelte Region. Noch vor wenigen Jahren handelte es sich um einen unbedeutenden Weg durch tsetseverseuchten Busch; doch heute ist es eher ein Reihendorf und der Wald massiv abgeholzt. Nach 58 km, in denen die Strecke kontinuierlich an Höhe verloren hat, erreicht man eine unscheinbare Gabelung. Wer auf der breiten Straße geradeaus fährt, landet im Ukwimi Village für Kongo-Flüchtlinge. In das Luangwatal gelangt man dagegen über die linke, kleine Fahrspur in Richtung "Sandwe GMA" (GPS 22). Der Abstieg ins Tal beginnt sofort. Die schwierigsten Passagen wurden 2012 bis zum Dorf Sandwe geschoben und verbreitert; seither ist der Talabstieg relativ gut befahrbar. Nach 17 km durchquert man Sandwe, 30 km weiter biegen Sie an der Gabelung nach rechts. Leider entstehen auch hier immer mehr Dörfer, die die Tierwelt zurückdrängen und die alten Wälder vernichten. Konnte man hier vor zwanzig Jahren schon die ersten Elefanten und Giraffen sehen, laufen heute Kinder mit "Sweetie! Sweetie!"-Rufen bettelnd auf die Autos zu. Nach 16 km folgt eine Gabelung, an der man wieder nach rechts fährt, da man sonst zum Lusangazi Gate und der Chilongozi Area des Parks käme. Nach 7 km passiert man die Malanga School und 19 km weiter (bei KM 90 ab GPS-Punkt 22) markiert ein Wildlife-Gate den Beginn der Lupande GMA. Ab jetzt befindet man sich im Wildgebiet und wird vermutlich bald die ersten Elefanten, Impalas und Giraffen entdecken. Der Blick öffnet sich auf den Luangwa und die restliche Strecke bis Mfuwe führt nun parallel zum Fluss an den ersten Camps vorbei, die meiste Zeit aber ohne Flussblick durch den Mopanewald. Mfuwe und den Parkzugang erreicht man nach 170 km (ca. 6–7,5 Std. Fahrt).

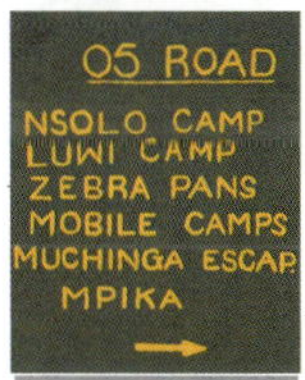

Msoro Mission Road nach Mfuwe

Bei Katete an der Great East Road existieren mehrere Pisten in Richtung Luangwatal, die sich alle der alten Missionsstation Msoro zuwenden. Besonders schön ist die erste Abfahrt ca. 15 km hinter Sinda, weil die Panoramastrecke über Chimtende und Kasamanda durch viele freundliche und malerische Chewa-Dörfer führt. Hier sind Touristen so selten, dass die meisten Dorfbewohner grüßend winken. Auch der Talabstieg verläuft hier sanft. In Msoro gilt es unbedingt, die anglikanische St. Luke's Cathedral zu besuchen, eine beeindruckende Backsteinkirche, die auf die frühen Missionsversuche von 1910 zurückgeht. Nach Msoro wird die im Jahr 2015 frisch präparierte Piste breit und führt parallel zum Lupande Stream am Flughafengelände vorbei bis Mfuwe. Sie trifft kurz nach dem Airport auf die Teerstraße von Chipata.

Oben: Petauke Road; Wegmarkierungen im Park; Senegalliest

Anreise von Mpika über die Escarpment Road und die "05 Road": siehe S. 258.

Mfuwe

Das Zentrum des langgezogenen Dorfes Mfuwe, das sich vor der Luangwabrücke und dem Parkzugang erstreckt, markiert die Tankstelle (täglich von 6–20 Uhr, mit ATM). Nebenan liegt der COMACO Shop für Honig und allerlei Literatur für die Nationalparks. Der Freiluft-Gemüsemarkt erstreckt sich beiderseits der Hauptstraße zwischen den kleinen Bars, Friseursalons und Mini-Läden. Hier gehen täglich die Busse nach Chipata ab; der große Jonda-Bus nach Lusaka um 3 Uhr (20 US$), der kleinere Green Bus nach Chipata um 5.30 Uhr (6 US$).

Der "Mayana Supermarket" am Ortsrand in Richtung Chipata vertreibt Getränke, Tiefkühlfleisch, Milchprodukte und häufig auch Brot aus Chipata. Wenn Mfuwes Lebensmittelangebot auch bescheiden ist, so gibt es im restlichen Luangwatal gar keine Einkaufsmöglichkeiten mehr. Auch bei „Kalawani General Dealers" in Mfuwe gibt es meisten frisches Brot, Eier und haltbare Lebensmittel.

Praktische Infos für den Nationalpark

Mit 9050 km² erstreckt sich der Park zwischen dem etwa 1600 m hohen Muchinga-Escarpment und dem 1050 m tiefer gelegenen Luangwa. Der GMA-Schutzgürtel, der den Nationalpark umschließt, ist noch dreimal größer. Der Park ist zwar ganzjährig zugänglich, viele Camps sind aber nur während der Trockenzeit von Ende Mai bis Anfang November geöffnet; der Nsefu-Sektor und der Luambe NP sind gar erst ab Juni zugänglich. Die UNWTO hat den South Luangwa Nationalpark 2017 zum ersten „International Sustainable Park of Tourism Development" ausgezeichnet. Mehr als 27 000 Touristen haben den Park in diesem Jahr besucht.

Eintrittspreise

Der Eintritt beträgt pro Tag 20 US$ für Residents aus Sambia und SADC-Staaten; 25 US$ für internationale Touristen auf gebuchten "Packages" bzw. als Gäste eines Camps und 30 US$ für alle individuell reisenden Touristen (Selbstfahrer). Für Kinder gilt stets die Hälfte. Fahrzeuge kosten 15 US$. Der Tageseintritt gilt von 6–18 Uhr (keine 24-Std-Regel). Selbstfahrer müssen den Park bis 18.30 Uhr verlassen, während die Lodges auch Nachtpirschfahrten bis 20 Uhr unternehmen dürfen.

Das Wegenetz im Park

Außer den befestigten Straßen zwischen der Mfuwe-Brücke und der Chichele Lodge gibt es nur Pisten, die nach Regenfällen verschlammen und unpassierbar werden können. Für ausgedehnte Pirschfahrten ist ein Allradfahrzeug unerlässlich.

Sehenswertes jenseits der Safaris

Das **Chipembele Education Centre**, ein paar KM südwestlich der Kafunta River Lodge an der Piste in Richtung Petauke gelegen, macht sich das engagierte Projekt eines britischen Ehepaares den Naturschutz und Aufklärungsarbeit bei Schulkindern zur Aufgabe. Besucher dürfen das Projekt und Museum von Steve und Anna Tolan gegen 20 US$ Spende besichtigen; um Voranmeldung und Terminabsprache wird gebeten unter E-Mail enquiries@ chipembele.org . www.chipembele.org.

Bei der bekannten Batikfabrik **Tribal Textiles** gibt es die kunsthandwerkliche Produktion in allen Arbeitsschritten zu sehen und ausgefallene Souvenirs zu kaufen, z. B. (Kinder-)Kleidung, Taschen, Tischdeko, Kissen- und Bettbezüge. Unbedingt Zeit und Geld bzw. Kreditkarten mitbringen! Der Shop und das angegliederte Café sind täglich von 7.30–16.30 Uhr geöffnet, die Produktion nur wochentags . Tel. 0976-815114, www.tribaltextiles.co.zm. Shop/Café befinden sich 2 km vor dem NP-Gate; im Flughafen von Mfuwe gibt es eine Zweigstelle.

Neben der Tankstelle in Mfuwe eröffnete der „**Project Luangwa Women's Craft Workshop**", ein Frauenprojekt, in dem kunstvolle Taschen, Stoffe und Holzartikel produziert und verkauft werden. Tel. 0216-246265, www.projectluangwa.org.

Auf dem Gelände der ehemaligen Kapani Lodge (in Richtung Chinzombo Lodge) befindet sich ein weiteres Frauenprojekt, „**Mulberry Mongoose**", das Schmuckwaren aus den Schlingen der Wilderer herstellt/verkauft. https://mulberrymongoose.com.

Wellness im afrikanischen Busch bietet das "**Bush Spa**" in der Mfuwe Lodge. Hier kann man sich im Angesicht der Wildtiere an der Lagune massieren lassen. Tel. 0979-306826, www.bush-spa.com.

Fotos links: Mfuwe bei Sonnenaufgang; Tundwe Scout Camp; Parkeingang in Mfuwe. Fotos dieser Seite: COMACO-Shop; Tribal Textiles-Produkte; Chipembele-Museum; Project Luangwa

Die Natur

Der Luangwa zählt zu den unberührtesten Flüssen Afrikas. Steile, kaum zugängliche Berghänge des mächtigen Muchinga-Escarpments schützen das Tal, das der Luangwa auf seinem Weg zum Sambesi durchfließt. Dabei mäandert der breite Strom und verändert ständig seinen Lauf. Jedes Jahr frisst er sich weiter in die sandige Uferböschung. In der Trockenzeit veranschaulichen zahlreiche mitgerissene Baumriesen im trägen Flussbett die tosende Wassergewalt während der Regenmonate. Nicht wenige Camps sind im Laufe der Jahre schon vom reißenden Fluss weggespült worden. Alte Flussschleifen, "Oxbow Lagoons", bleiben zuweilen als Tümpel und Lagunen voller Schlingpflanzen zurück. Parkähnliche Landschaftsbilder mit sanften Auen und Galeriewäldern prägen die Uferzonen, dahinter schließt sich ein trockener Mopanewald an. Typisch sind Leberwurstbäume und Baobabs, knorrige Ahnen- und herrliche Mahagonibäume. Manche dieser gewaltigen Uferbäume sind über tausend Jahre alt.

Typische Szenen im Luangwatal

Der Park wäre auch ohne Wildtiere eine Augenweide. Der entlegene Baobab Forest (Karte S. 314), Altwasserlagunen mit Jackalberry-Tree-Hainen (*Diospyros mespiliformis,* S. 73), Auwälder mit prächtigen Anabäumen (*Faidherbia albida*), markante Ahnenbäume (*Combretum imberbe,* Foto unten), die Steilufer des Lusangazi (Foto rechts) und die Leopard-Orchidee (*Ansellia africana,* Foto oben), eine im Tal häufige Aufsitzerpflanze, sind nur einige der Besonderheiten, die der Park neben den ansonsten dominierenden Mopanewäldern aufweist.

Die Tierwelt

Schon gewusst?
Giraffen kamen im Luangwatal bis 1960 nur am Ostufer des Flusses vor. Erst seit jüngerer Vergangenheit mehren sich die Sichtungen auch am Westufer des Luangwa

Die Tierwelt im Luangwatal ist mit über 100 Säugetierspezies und fast 500 Vogelarten überaus vielfältig. Besonders häufig sind Pukus, die in den fruchtbaren Überschwemmungsebenen weiden und wenig Scheu vor dem Menschen zeigen. Auch Ellipsen-Wasserböcke, Kudus und Buschböcke zählen zu den weit verbreiteten Antilopen im Park. Es leben riesige Pavianhorden im Tal. Eine besondere Stellung genießen die im Luangwatal und angrenzenden Gebieten endemischen Arten Crawshay-Zebras, Cooksons-Gnus und Thornicroft-Giraffen.

Unzählige Flusspferde und Krokodile liegen allerorten träge am Ufer und im Fluss. Auf jedem Flusskilometer leben hier mehr als 40 Hippos, die in der späten Trockenzeit, wenn nur noch einzelne tiefe Tümpel zurückbleiben, stark zusammenrücken müssen. Legendär sind die riesigen Büffelherden des Luangwatals, vor allem im Nsefu Sektor und North Luangwa Nationalpark. Und nicht umsonst trägt das Tal den Titel "Valley of the Leopards"; denn nirgendwo sonst leben so viele Leoparden wie hier – trotz der Präsenz von Löwen, Hyänen und Afrikanischen Wildhunden.

Nachts sieht man hier besonders oft Stachelschweine und Leoparden

Rätsel geben den Forschern die hiesigen Elefanten auf, denn ungewöhnlich viele bleiben ohne Stoßzähne. Die genetische Anomalität wird auf die heftige Wilderei zurückgeführt (von 1973 auf 1989 stieg die Zahl der "Zahnlosen" von 12 auf 38 %). Auch sind die Luangwa-Elefanten kleiner als ihre Verwandten in anderen Regionen. Der "Great Elephant Census" von 2015 ermittelte knapp 14 000 Tiere im Luangwatal; sie stellen damit zwei Drittel der Dickhäuter Sambias.

Unter den fast 500 Vogelarten sind als Besonderheiten Erdbeerköpfchen, Braunmantel-Scherenschnabel, Kapbreitrachen und Fischeulen zu nennen. Scharlachspinte überwintern in riesigen Kolonien an den sandigen Steilufern des Luangwa. Ein Geheimtipp für Ornithologen sind die Hot Springs im Nsefu Sektor, an denen hunderte Kronenkraniche auf engem Raum zusammenkommen. Prächtige Kaffernhornraben schreiten würdevoll im Mopanewald. An den Lagunen und am Luangwaufer leben allerlei Wat- und Wasservögel wie Waffenkiebitze, Schlangenhalsvögel, Heilige Ibisse, Afrikanische Löffler und Sattelstörche. Im dichteren Buschwerk sind rastlose Goldbugpapageien, unauffällige Trauerdrongos, Büffel- und Mahaliweber unterwegs.

Die besten Chancen zur Tierbeobachtung ergeben sich am Luangwa, seinen Lagunen und den zahlreichen baumlosen Grasebenen wie Zebra Plain, Numbu Plain, Lion Plain und Mtanda Plain. An Lagunen wie der Luangwa Wafwa Lagune halten sich besonders viele Wildtiere und Wasservögel wie der seltene Scherenschnabel, Pelikane, Marabus, Schreiseeadler und der stolze Nimmersatt auf. Großfleck-Ginsterkatzen, Stachelschweine und Riesengalagos entdeckt man mit etwas Glück bei Nachtfahrten. Nächtlicher **Tierbesuch** ist auch in den Camps keineswegs ungewöhnlich, z. B. grasende Hippos, neugierige Elefanten oder hungrige Hyänen auf der Suche nach Abfällen. Abseits der Flussläufe im trockenen Buschwald und schützenden Dickicht liegt das Revier der Lichtenstein-Kuhantilopen, Pferde- und Rappenantilopen. Auch Kudus, Impalas, Paviane und Buschhörnchen spürt man dort auf. Löwen sieht man häufig im Bereich der Chichele Lodge; Elefanten sind auffallend häufig rund um die Mfuwe Lodge zu sehen.

Foto links: Entspannte Crawshay-Zebras an der Lion Plain
Fotos dieser Seite: Dösendes Krokodil;
Weder Impalas noch Pukus stören sich an der Tüpfelhyäne

Tipps für die Pirschfahrten

Morning Drives: Frühmorgens bestehen die besten Chancen, Raubkatzen, die nachts gejagt haben, zu entdecken, weil sie sich oft noch bei ihrem Riss aufhalten. Anhaltspunkte, ob Raubtiere mit einem frischen Riss in der Nähe sind, geben z. B. eintrudelnde Geier, die allerdings erst mit einsetzender Thermik fliegen können, oder Hyänen und Schakale. Manchmal verraten frische Tierspuren eine versteckt im Gebüsch liegende Großkatze. Antilopen halten sich morgens noch eher versteckt, dafür veranstalten die Vögel ein umso größeres Spektakel. Mangusten genießen in den ersten Sonnenstrahlen gerne ein wärmendes Morgenbad, selbst Pythonschlangen suchen die Morgenwärme auf offener Straße nach einer kühlen, feuchten Nacht. Unser Tipp: Die Morgenpirschfahrt nach Südwesten beginnen, dann hat man die Sonne im Rücken und besseres Licht.

Tagsüber: Während der heißen Mittagszeit ruhen die meisten Tiere. Manche kommen zum Trinken an den Luangwa und seine Lagunen, ansonsten halten die Tiere Siesta. Am besten macht man es ihnen nach und verbringt die Zeit mit Fernglas und Vogelkundebuch im Camp.

Afternoon Drives: Die besten Lichtverhältnisse und die schönste Stimmung bringen die letzten beiden Stunden vor Sonnenuntergang, wenn die Hitze nachlässt und die Schatten lang werden. Kurz vor Sonnenuntergang finden sich Paviane in der Nähe ihrer Schlafplätze ein, kehren Warzenschweine zu ihren Erdbauten zurück und schließen sich die Antilopen zu schützenden größeren Herden zusammen. Löwen und Hyänen werden jetzt munter, Elefanten bleiben ungerührt auf Futtersuche. Keine andere Tageszeit drückt das afrikanische Klischee besser aus! Unser Tipp: Zum Sundowner an die Luangwa Wafwa Lagune fahren!

Night Drives: Die Besonderheit von Nachtfahrten liegt darin, Raubkatzen und nachtaktive Tiere zu entdecken, die man sonst nicht zu sehen bekommt. Meist wird fieberhaft nach Leoparden und Wildkatzen gesucht, die im Luangwatal auch fast täglich gesichtet werden. Außerdem stehen die Chancen gut, Stachelschweine zu beobachten. Erdferkel oder Schuppentiere zu entdecken sind dagegen seltene Höhepunkte. Haben die Safari Guides mit Lichtstrahler und Fernscheinwerfer Besonderheiten wie eine Großkatze mit frischem Riss entdeckt, fährt der Fahrer hier auch querfeldein durch den Busch. Vorsicht: Elefanten und Flusspferde niemals direkt anleuchten!

Generelle Tipps: Sie sollten sich den Tieren nie abrupt nähern, weil sie sonst die Flucht ergreifen. Wenn man Ihre Fluchtdistanz akzeptiert, kann es vorkommen, dass sich neugierige Tiere wie Elefanten, Giraffen und Buschböcke von sich aus dem Auto nähern. Schade wäre es, wenn Sie mit dem festen Ziel, eine bestimmte Tierart zu suchen, auf Game Drive gehen. Die Suche verkrampft sich dann leicht, und viele aufregende Pflanzen und Tiere am Wegesrand bleiben unbemerkt. Es ist auch meistens effektiver, nicht zuviel herumzufahren, sondern an Wasserläufen oder weiten Grasebenen abzuwarten. Auch wenn zuerst nichts zu sehen ist, kann sich die Situation innerhalb weniger Minuten dramatisch verändern. Interessante Zusammenhänge im Verhalten der Tiere untereinander kann man sowieso nur beobachten, wenn man sich Zeit dafür nimmt.

Tierbeobachtung im Camp: Auch das ruhige Verweilen in den Camps kann sich lohnen, weil man hier zutraulich gewordenen Tierarten weitaus näher kommt, als dies in der freien Wildnis möglich ist. Das gilt besonders für Vögel, Buschhörnchen und Mangusten, aber auch für Buschböcke, Warzenschweine, Elefanten, Nilwarane und Hyänen. Auf diese Weise ergeben sich oft ausgezeichnete Fotochancen. Besonders typisch ist hier nächtlicher Elefantenbesuch. Bitte leuchten Sie die Tiere nicht mit Taschenlampen an, das irritiert und verschreckt Elefanten.

Auf Wandersafari: Man wird sich bei einer Fußsafari in der Regel Wildtieren nicht so weit nähern können wie in einem Fahrzeug, aber dafür stehen ganz andere Eindrücke im Vordergrund. Der erfahrene Guide kann dem Busch viele seiner Geheimnisse entlocken: Er erklärt Tierspuren, zeigt die Plätze, wo ein Tier ein Staubbad genossen oder ein Krokodil seine Eier vergraben hat, kennt Pflanzen und Vögel, kann mit kleinen Hölzern ein Lagerfeuer entfachen etc. Allen Reisenden, bei denen sich die Freude an der Bewegung und die Leidenschaft für die afrikanische Wildnis paaren, kann man eine Walking Safari wärmstens empfehlen. Wer nicht gleich für mehrere Tage in den Busch geht, kann auch eine Art Schnuppertour machen, z. B. eine Morgenwanderung buchen. In Kleingruppen geht man dabei im Gänsemarsch – voran der bewaffnete Wildhüter und der Guide, dann die Gäste und zum Schluss ein Träger – durch den Park. Nach ein bis zwei Stunden gibt's eine Teepause mit Gebäck, das eigens mitgebracht wurde. Wichtig: Man trägt Kleidung in unauffälligen Naturfarben und knöchelhohe Schuhe. Sonnenbrille, Sonnencreme und Kopfbedeckung nicht vergessen!

Norman Carr – Vater des Wildschutzes im Luangwatal

Wenn es einen Menschen gibt, dessen Name untrennbar mit dem Luangwa Valley verbunden ist, dann kann dies nur **Norman Carr** sein. Der ehemalige "Elephant Control Hunter" verbrachte fast sein ganzes Leben im Tal und war maßgeblich an den Naturschutzentwicklungen beteiligt.

Er leistete Pionierarbeit: Norman Carr gründete 1961 das erste Safariunternehmen Sambias und führte bald die ersten Besucher zu Fuß durch den Busch. Die "**Walking Safari**" war damit erfunden! Von Kritikern zunächst als unverantwortlich und gefährlich bemängelt, wurde dieses Modell jedoch rasch derart beliebt, dass es heute weit über die Grenzen Sambias bekannt ist und in vielen Ländern Afrikas praktiziert wird.

Er führte ein 84 Jahre langes Leben voller Auszeichnungen und mit einer faszinierenden Wandlung vom Abenteurer und Großwildjäger zum erklärten Naturschützer und Förderer der Afrikaner. Ein Gedenkstein unter Ebenholzbäumen nicht weit vom Haupteingang erinnert an „Kakuli“, den "alten Büffel", wie ihn die Menschen im Tal respektvoll nannten.

Die Camps im und am Rande des South Luangwa Nationalparks

Direkt im Nationalpark liegen nur wenige - zumeist elitäre - Luxuscamps; alle anderen reihen sich in der Lupande GMA an das gegenüberliegende Ufer des Luangwa (mit Blick in den Park). Viele unterhalten eigene "**Bush Camps**", in denen die Gäste vorzugsweise bei den mehrtägigen Walking Safaris nächtigen. Traditionelle South-Luangwa-Safaris sehen einen ein- bis dreitägigen Aufenthalt in der eleganten Lodge vor, wo man morgens und abends Pirschfahrten im Geländewagen unternimmt, dem sich eine mehrtägige Wandersafari mit Übernachtung in den deutlich rustikaleren, äußerst charmanten Bush Camps anschließt. So eine Traumsafari können sich nur zahlungskräftige Gäste leisten. Preiswerte Unterkünfte findet man im Bereich Mfuwe.

Die Übernachtungspreise der Camps hängen nicht nur von der Ausstattung und dem gebotenen Komfort ab, sondern auch von ihrer Lage, der maximalen Bettenanzahl und dem Bekanntheitsgrad. In den Preisen schlagen sich zudem die sehr kurze Saison, die aufwändigen Versorgungswege und die große Zahl an hochqualifiziertem Personal nieder. Man bemüht sich hier deutlich um einen persönlichen Kontakt zu den Gästen und legt sehr viel Wert auf gute Betreuung. Auch erfahrene Afrikareisende sind von der hohen fachlichen Qualität dieser Safaris beeindruckt. Dafür sorgt schon eine eigens für das Luangwatal geltende, anspruchsvolle Sonderprüfung, ohne die niemand im Luangwatal Safaris leiten darf.

Mwamba Bush Camp

Der klassische Tagesablauf in den Camps

Wecken der Gäste vor Sonnenaufgang. 15 Minuten später "*Tea or Coffee*" mit Gebäck und Joghurt, dann folgt auch schon der Aufbruch zum *Morning Drive* oder der *Walking Safari*. Nach der Rückkehr gemeinsamer stärkender Brunch. Gäste, Guides und Lodgemanager sitzen leger beieinander, man spricht sich mit Vornamen an und unterhält sich über die Erlebnisse der Pirschfahrt. Anschließend Freizeit im Camp (Vögel beobachten, einschlägige Literatur lesen, Reisetagebuch schreiben, ruhen oder im Pool baden). Gegen 15.30 Uhr trifft man sich erfrischt zum *Afternoon Tea* mit frischem Kuchen, und startet wenig später zum *Afternoon* oder *Night Drive*. Unterwegs wird zum Sonnenuntergang eine Pause eingelegt, der Guide baut einen Tisch auf und bietet aus der Kühlbox *Sundowner* an (Bier, Wein, Gin&Tonic oder Soft Drinks). Auf der Rückfahrt zur Lodge strahlt der Guide mit einem Scheinwerfer in die Dunkelheit, um nachtaktive Tiere aufzustöbern. Vor dem gemeinsamen Dinner trifft man sich an der Bar auf einen Drink. Auch nach dem Abendessen genießen die Gäste ein Glas Wein oder ähnliches am großen Lagerfeuer. Spätestens gegen 22 Uhr fallen alle müde ins Bett.

Unterkunft im South Luangwa Nationalpark

Von Juli bis Oktober ist hier Hochsaison, die restlichen Monate Nebensaison, und während der Regenzeit schließen viele Camps. Wer offen hat, bietet zu dieser sog. "Emerald Season" besonders günstige Raten an.

Camps direkt im South Luangwa Nationalpark

•**Mfuwe Lodge:** The Bushcamp Company, Tel. 0216-245041, E-Mail: info@bushcampcompany.com, www.mfuwelodge.com. 1960 von Norman Carr erbaut, seither mehrfach umgestaltet, ist dies heute eines der größten Resorts der Region, und zudem berühmt geworden, weil in der Trockenzeit Elefanten mitten durch die Lobby laufen, um zu einem schmackhaften Wilden Mangobaum zu gelangen. Eine stimmungsvolle Anlage mit Stelzenchalets an der Mfuwe-Lagune, hervorragender Küche, schönem Poolbereich und edlem Bush-Spa. Preise: AI ab 620 US$/DZpP und 695 US$/EZ. Ein Neuzugang der Bushcamp Company ist das kleine **Luxuscamp Kukaya** nahe dem Parkeingang. Die sechs Villen mit Privatpools kosten ab 695 US$ pP. The Bushcamp Company unterhält im einsamen südlichen Parkgebiet außerdem noch sechs Bushcamps: **Bilimungwe, Chamilandu, Kuyenda, Chindeni, Zungulila** und **Kapamba**; alle sehr elitär, professionell geführt und für höchste Ansprüche geeignet. Preise: AI ab 790 US$ pP.

•**Nkonzi Tented Camp:** Gavin Opie, Jackalberry Safaris, Tel. 0964-279284, E-Mail: info@gavinopiesafaris.com, www.gavinopiesafaris.com. Kleines Bushcamp unter engagierter Leitung mit vier Zelten inmitten des Parks am sandigen Flussbett des Mushilashi River. Kein Luxus, aber stilgerecht. Juni bis Oktober. Preise: AI ab 750 US$ pP.

•**Mchenja, Kakuli, Luwi** und **Nsolo Bush Camps:** Time +Tide, Tel. 0216-246015, E-Mail: cath@timeandtideafrica.com, www.timeandtideafrica.com. Exklusive Bushcamps, von Ende Mai bis Ende Oktober geöffnet, die niveauvolle Luxussafaris bieten. Kakuli und Mchenja liegen mit je fünf Zelten am Luangwa und kosten mit AI ab 980 US$ pP, Luwi und Nsolo mit je fünf Chalets am sandigen Luwi River im Hinterlandkosten mit AI ab 1130 US$/EZ.

•**Island Bush Camp:** Kafunta Safaris, Tel. 0216-246046, E-Mail: bookings@luangwa.com, www.luangwa.com. In der einsamen, wildreichen Lusangazi-Area des Parks gelegenes, stilvolles Bushcamp mit vier Stelzenchalets und eigenem Hide, von Ende Mai bis Oktober offen. Sehr ansprechend. Preise: AI 665 US$/DZpP und 785 US$/EZ.

•**Chichele Presidential Lodge:** Chiawa Safaris, Tel. 0977-767433, E-Mail: res@chiawa.com, www.chiawa.com. Die traditionsreiche Hotelanlage wurde 2019 von Chiawa Safaris übernommen und ist seither im Umbau.

Oben: Pelikane in der Fish Eagle Lagoon

•**Puku Ridge Camp:** Chiawa Safaris, Tel. 0977-767433, E-Mail: res@chiawa.com, www.chiawa.com. Schön gelegenes Luxuscamp, Ende 2019 eröffnet. Preise: AI ab 1375 US$/DZpP.

•**Lion Camp:** Tel. 0965-156181, E-Mail: info@lioncamp.com, www.lioncamp.com. Das Camp mit zehn Luxuszeltchalets auf Stelzen genießt eine Traumlage an einer Lagune in der wildreichen Lion Plain, weitab der viel besuchten Mfuwe-Region. Nur von Ende Mai bis Oktober. Preise: AI ab 946 US$ pP.

•**Kaingo Camp:** Shenton Safaris, Tel. 0216-245064, E-Mail: info@kaingo.com, www.kaingo.com. Nicht weit vom Lion Camp genießt dieses feine Luxuscamp von Derek Shenton eine ebenso großartige Lage am Hochufer des Luangwa mit Blick auf den Nsefu Sektor. Von Mai bis Oktober geöffnet. Herausragend sind die verschiedenen, zum Teil sogar mobilen Hides für Tierbeobachtungen, weshalb Shenton Safaris besonders viele Dokumentarfilmer und Tierfotografen beherbergt. Preise: AI je nach Chalet ab 939 US$ pP und ab 1229 US$/EZ.

•**Mwamba Bush Camp:** Das kleinere, intime Bushcamp von Shenton Safaris (siehe oben) ist eines unserer Lieblingscamps. Extrem stimmungsvolle Naturchalets, eine Freiluft-Bar und der berühmte "Last Waterhole Hide" am Mwamba River – perfekt! Juni bis Oktober. Preise: AI ab 887 US$/DZpP und ab 1177 US$/EZ.

•**Chikoko Tree Camp** und **Big Lagoon Camp:** John Coppinger, Remote Africa Safaris, Tel. 0216-246185, E-Mail: reservations@remoteafrica.com, www.remoteafrica.com. Die beiden Bushcamps für Walking Safaris nehmen je max. sechs Gäste auf und liegen einsam in einer selten besuchten Parkregion nördlich des Hauptcamps Tafika (S. 312). Nur von Ende Mai bis Oktober. John Coppinger ist eine Legende unter den Guides im Luangwatal. Preise: AI ab 535 US$/DZpP und ab 835 US$/EZ.

•**Chikunto Safari Lodge:** Tel. 0966-250577, E-Mail: contact @chikunto.com, www.chikunto.com. Das Luxuszeltcamp mit großzügigen Holzdecks steht unter deutsch-sambischer Leitung und liegt an einer wildreichen Flussschleife. Februar–November. Preise: AI ab 670 US$ pP.

•**Nsefu Camp:** Robin Pope Safaris, Tel. 0957-090441, E-Mail: info@robinpopesafaris.net, www.robinpopesafaris.net. Das älteste Camp Sambias, 1950 von Norman Carr errichtet, mit Bedacht zum eleganten Luxuscamp ausgebaut, bietet von Mai bis November sechs Rondavel in Traumlage im Nsefu Sektor. Preise: AI ab 790 US$ pP.

•**Tena Tena Camp:** Mondänes Schwestercamp des Nsefu Camp direkt am Luangwaufer. Sehr elitär. Nur von Ende Mai bis Oktober. Preise: ab 925 US$ pP.

•**Safari Explorers Camp:** Ramon Diaz, Tel. +34-94-2085824, www.luangwa.org. Mittelklasse-Zeltcamp unter spanischer Leitung am Nordrand des Nsefu Sektors. Viele jugendliche Gäste. Preise: AI ab 390 US$ pP.

•**Sungani Lodge & Kulandila Camp:** Tel. (UK) +44-7760-966011, E-Mail: reservations@sungani.com, www.sungani.com. Über das Lusangazi Gate im äußersten Süden des Parks gelangt man zu den beiden exklusiven Neuzugängen. Preise: AI ab 1465 US$/DZpP und 1835 US$/EZ.

Zur Info: Landkarte der Mfuwe-Region mit den Camps: siehe Umschlagklappe hinten!

Unterkunft in der GMA (östliches Flussufer)

Luxus

•**Chinzombo Lodge:** Time+Tide (ex Norman Carr Safaris, siehe Mchenja Bushcamp, S. 311). Tradition trifft hier auf modernsten Luxus: Die alteingesessene Lodge wurde 2013 zum schicken Edelcamp mit vier riesigen Zeltchalets, die private Pools und klimatisierte Breeze-Beds besitzen, ausgebaut. Das Vorzeigecamp polarisiert – man liebt es oder nicht. Ganzjährig geöffnet. Preise: AI ab 1430 US$/DZpP und 2130 US$/EZ.

•**Kafunta River Lodge:** Kafunta Safaris, (siehe Island Bush Camp, S. 311). Sehr ansprechende, frisch renovierte Wohlfühlanlage mit geräumigen Stelzenbungalows, Infinity-Pool und heißem Quellpool in den wildreichen Auen des Luangwa. Engagierte deutsch-australische Leitung, von April bis Januar offen. Preise: AI ab 560 US$/DZpP und ab 680 US$/EZ.

•**Three Rivers Camp:** Kafunta Safaris, (siehe oben). Nach dem Island Bush Camp (S. 311) eröffnete Kafunta Safaris 2017 ein zweites, elegantes Bushcamp in der Lupande GMA nahe dem Lusangazi Gate (Mai bis Oktober). Fünf Luxus-Zeltchalets liegen unter riesigen Leberwurstbäumen mit Star-Beds und Solarstrom. Sehr viele Hippos und Wasserböcke. Preise: AI 775 US$/DZpP und 895 US$/EZ. Siehe auch: Unser Übernachtungstipp, S. 330.

•**Nkwali Camp:** Robin Pope Safaris, (siehe Nsefu Camp, S. 311). Das idyllische Naturcamp am Luangwa-Steilufer ist die Basis von Robin Pope Safaris. Die geschmackvollen Chalets in offener Bauweise und das Ferienhaus "Robin's House" sind ganzjährig buchbar. Preise: AI ab 555 US$ pP, Robin's House ab 715 US$/DZpP.

•**Luangwa River Camp:** Robin Pope Safaris, (siehe oben). Fünf Chalets und Pool direkt am Luangwa nördlich von Mfuwe, fast ganzjährig offen. Ruhig mit viel Aussicht am Fluss gelegen, mit kleinem Pool und geräumigen Chalets. März bis November. Preise: AI ab 540 US$ pP.

•**Painted Dogs Lagoon Lodge:** Tel. +503-78570563, www.painteddogslagoon.vom. Neues Stelzencamp unter deutscher Leitung an der Mündung des Msandile in den Luangwa, das zur Saison 2025 eröffnet.

•**Shawa Luangwa Camp:** Green Safaris, Tel. 0976-366054, E-Mail: reservations@greensafaris.com, www.greensafaris.com. 2020 eröffnete dieses Camp nahe dem Südrand des Nsefu Sektors mit fünf ungewöhnlichen Stelzen-Zeltchalets, Elektro-Pirschfahrzeugen und Bootsafaris. Preise: AI ab 760 US$/DZpP und 1064 US$/EZ.

•**Tafika Camp:** John Coppinger, Remote Africa Safaris, Tel. 0216-246185, E-Mail: reservations@remoteafrica.com, www.remoteafrica.com. Das kleine, beschauliche Camp, in dem Familie Coppinger lebt, liegt versteckt am Nordrand des Nsefu Sektors und nimmt max. 12 Gäste auf. Gemütlich, aber ohne Luxus in der Ausstattung, denn hier geht es um erstklassige Naturerlebnisse. Möglichst mit einer Walking Safari zu den Camps Chikoko Tree und Crocodile River, S. 311, kombinieren! Mai bis Oktober. Preise: AI ab 660 US$/DZpP und 960 US$/EZ.

Info für Individualreisende

Die Camps auf S. 313 sind gut auf Individualreisende eingerichtet, haben Restaurants und bieten zahlreiche Aktivitäten sowie Airporttransfers an.

Mittelklasse und einfachere Camps

•The Wildlife Camp: Tel. 0968-852028, E-Mail: info@wildlifezambia.com, www.wildlifecampzambia.com. Weitläufiges Naturcamp in einer Luangwaschleife mit Restaurant, Pool, Selbstversorgerchalets, Bushcamp, Safarizelten und großem Campingbereich. Preise (ohne Parkgebühren): Chalets mit VP ab 172 US$/DZpP und 222 US$/EZ, Safarizelt mit VP ab 139 US$/DZpP und 189 US$/EZ. Walking-Safari-Bush-Camp 319 US$/DZpP und 415 US$/EZ. Die separat an einer Lagune liegenden Selfcatering-Chalets mit Gemeinschaftsküche kosten ab 53 US$/DZpP und 68 US$/EZ, einfache Safarizelte ab 35 US$/DZpP und 45 US$/EZ, Camping auf großer Wiese mit Unterständen, eigener Bar und Pool 11–13 US$ pP. Game Drives/Walks 50/60 US$ pP. Ein lässiges Camp mit viel Wildnis-Flair und Hide. Foto unten links.

•Flatdogs Camp: Tel. 0772-374997, E-Mail: info@flatdogscamp.com, www.flatdogscamp.com. Familienfreundliche und beliebte Lodge beim Parkeingang mit unterschiedlichen Chalets und Safarizelten, Restaurant, Bar und Pool. Elefanten besuchen das Camp regelmäßig. Preise: AI im Chalet ab 381 US$/DZpP und 464 US$/EZ, in den Zelten ab 365 US$/DZpP und 448 US$/EZ. Nur Übernachtung im Chalet oder Luxuszelt ab 77 US$/DZpP und 96 US$/EZ, im Standardzelt ab 52 US$/DZpP und 64 US$/EZ. Ferienhäuser: "Jackalberry Treehouse" (ab 389 US$/DZpP), "Crocodile Nest" (ab 458 US$/DZpP).

•Croc Valley Camp: Tel. 0216-246074, E-Mail: reservations@crocvalley.com, www.crocvalley.com. Legeres Backpacker- und Overlandercamp neben dem Track & Trails River Camp mit Pool, Bar und Restaurant mit Pizzaofen. Es gibt einfache "Turtle Rooms" (25 US$ pP), Safarizelte (ab 65 US$/DZpP und 81 US$/EZ, mit VP ab 216 US$/DZpP und 226 US$/EZ). Zur Lagune im Hintergrund blicken die Selbstversorger-Stelzenchalets (ab 45 US$/DZpP und 65 US$/EZ; mit VP ab 192 US$/DZpP und 212 US$/EZ). Unter hohen Bäumen liegt der Campingplatz mit Strom, Unterständen und Gemeinschaftsküche direkt am Fluss (12 US$ pP, Vorreservierung erbeten). Game Drives/Walks 50/60 US$. Sehr oft Elefantenbesuch.

•Track and Trail River Camp: Tel. 0977-600556, E-Mail: info@trackandtrailrivercamp.com, www.trackandtrailrivercamp.com. Nahe dem Parkeingang liegt die niederländische Mittelklasselodge mit Restaurant, Gym, Spa, erhöhtem Pool, Chalets und einem Campinggelände im Hintergrund (mit Grillstellen, Strom, Tischen, Unterstand und Hide, jedoch kein Blick auf den Fluss). Oft Elefantenbesuch und dreiste Paviane. Preise: Chalet mit AI ab 355 US$/DZpP und 444 US$/EZ, Zelte mit AI ab 269 US$/DZpP und 324 US$/EZ, Camping 15–17 US$ pP. Game Drives/Walks kosten 60/70 US$.

•Thornicroft Lodge: Tel. 0774-640840, E-Mail: info@thornicroft-lodge.com, www.thornicroft-lodge.com. Mittelklasseanlage mit Chalets, Safarizelten, Restaurant und Pool, nahe dem Ort Mfuwe am Luangwa gelegen. Preise: Chalets mit AI ab 220 US$/DZpP und 255 US$/EZ. Es gibt zahlreiche Package-Angebote, Anschlussprogramme und Gruppenrabatte.

•Marula Lodge: Tel. 0763-455789, E-Mail: marulalodge22@gmail.com, www.marulasouthluangwa.com. Ältere Anlage unter neuem Management nahe dem Parkeingang mit renovierten Bungalows, Mehrbettzimmern und Pool. Preise: Chalet mit AI ab 255 US$/DZpP und 290 US$/EZ, im Mehrbettzimmer ab 205 US$ pP.

•Njobu Safari Lodge: Tel. 0976-942984, E-Mail: Wildlife.nico@gmail.com, info@njobvusafaris.com, www.njobvusafaris.com. 2020 eröffneten zwei Brüder aus Kakumbi mit langer Guiding-Erfahrung ein eigenes Camp mit neun netten Chalets an der Pelican Lagune zwischen Mfuwe und dem Parkeingang. Sehr engagiert geführt, mit Pool und WLAN. Preise: AI 325 pP.

•Pelican Lagoon Bushcamp: Tel. 0973-481892, E-Mail: pelican_lagoon@yahoo.com, www.pelicanlagoonbushcamp.com. Mittelklassechalets und drei Campingstellflächen an der Lagune nahe dem Parkeingang. Preise: AI ab 120 US$ pP, Camping 11 US$ pP.

•Msandile River Lodge: Tel. 0996-746460, E-Mail: team@msandileriverlodge.com, www.msandileriverlodge.com. Mittelklasseanlage mit Pool und WLAN direkt am Luangwa gelegen. Preise: Chalets mit AI 258 US$/DZpP und 310 US$/EZ, Safarizelte mit AI 225 US$/DZpP und 276 US$/EZ.

•Zikomo Safari Camp: Tel. 0955-798752, E-Mail: reservations@zikomosafari.com, http://zikomosafari.com. Mittelklasselodge mit Stelzenchalets und Camping in großartiger einsamer Lage direkt am Südrand des Nsefu Sektors (Zufahrt ab dem Milyoti Gate). Mit Pool, Bar/Restaurant. Geöffnet von Mitte Mai bis Mitte November. Preise: AI ab 484 US$/DZpP und 584 US$/EZ. Die idyllischen Campingstellflächen am Fluss werden nur noch auf Anfrage vergeben (für 50 US$ pP, ohne Stromanschluss/WLAN).

•Malama Umoyo Cottages: Kevin Horne, Tel. 07488-395217, E-Mail: reservations@malama-umoyo.com, www.malama-umoyo.com. 40 km von Mfuwe entlang der Petauke-Road-Zufahrt (10 km vor dem Lusangazi Gate) liegen am Steilufer des Luangwa zwei Selbstversorgerbungalows (GPS S 13.22.39 E 31.37.05) mit Gemeinschaftsküche und freundlichen Caretakern. Nur von Mai bis November. Vorausbuchung empfehlenswert. Preis: 100 US$ pP, mit VP 170 US$ pP.

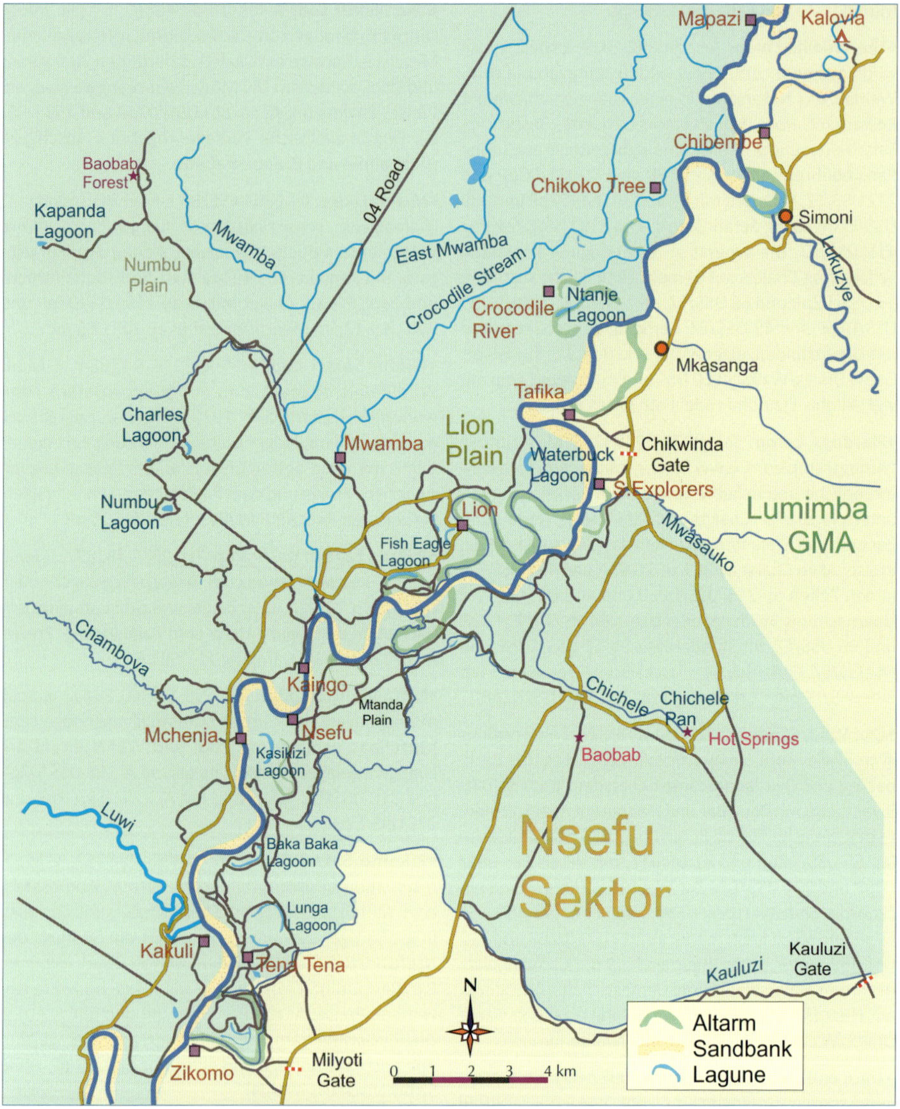
Mapazi
Kalovia
Chibembe
Chikoko Tree
Simoni
Lukuzye
Baobab Forest
Kapanda Lagoon
Numbu Plain
Mwamba
04 Road
East Mwamba
Crocodile Stream
Crocodile River
Ntanje Lagoon
Mkasanga
Tafika
Charles Lagoon
Mwamba
Lion Plain
Waterbuck Lagoon
Chikwinda Gate
S. Explorers
Numbu Lagoon
Lion
Fish Eagle Lagoon
Mwasauko
Lumimba GMA
Chambova
Kaingo
Mtanda Plain
Nsefu
Mchenja
Kasikizi Lagoon
Chichele
Chichele Pan
Hot Springs
Baobab
Luwi
Nsefu Sektor
Baka Baka Lagoon
Lunga Lagoon
Kakuli
Tena Tena
Kauluzi
Kauluzi Gate
N
Zikomo
Milyoti Gate
0 1 2 3 4 km
Altarm
Sandbank
Lagune

Nsefu Sektor

Die beschilderte Zufahrt in den Nsefu Sektor beginnt 6,5 km östlich der Tankstelle von Mfuwe. Auf dieser 15,3 km langen Sandstrecke zum Milyoti Gate müssen zwei trockene Flussläufe durchquert werden (Allrad erforderlich). Wenn die beiden Flussbette noch nicht befahrbar sind: Entlang der Straße nach Chipata zweigt kurz nach der Chiutika Basic School eine weitere beschilderte Piste zum Nsefu Sektor ab, die unterwegs auf die Route aus Mfuwe trifft (siehe Karte auf der Umschlaginnenklappe hinten).

Der Nsefu Sektor erstreckt sich zwischen den Zuflüssen Kauluzi und Mwasauko. Im Süden dehnt sich die Grassavanne Mtanda Plain nahe dem Luangwa aus. Im Uferbereich drängen sich hier mehr als 2000 Hippos und stehen mit die schönsten und größten Ebenholzhaine des Luangwatals. Ein dichtes Wegenetz schlängelt sich entlang der Baumriesen, Auen und Senken in Ufernähe. Neben Leoparden, Löwen und Afrikanischen Wildhunden halten sich hier zahlreiche nachtaktive Tiere auf, die andernorts schwer zu entdecken sind, z. B. Stachelschweine und Honigdachse. Legendär sind auch die riesigen Büffelherden im Nsefu Sektor.

Jenseits der bizarr schönen Uferwälder geht die Flora übergangslos in eine wüstenhafte Ebene über, die alljährlich geflutet wird. Vereinzelte Baumgerippe ragen aus der staubigen Ebene heraus und untermauern die düstere Endzeitstimmung in der späten Trockenzeit. Hier, entlang der Transitstrecke, wirkt der Park abweisend und lebensfeindlich. In Parkmitte allerdings, in der Chichele Salt Pan bei der Wegkreuzung zum Kauluzi Wildlife Camp, ergrünt die Grasdecke plötzlich, und sumpfartige Feuchtwiesen und ein in den Lehmboden eingegrabener Bach tauchen auf, der sich hier entwässert. Dieses Rinnsal lässt sich mehrere Kilometer bis zur 53 Grad heißen Chichele-Quelle zurückverfolgen. Durch das Quellwasser bildet sich ein spezielles Habitat mit Salzgräsern, Makalanipalmen, Kassien und Wooden Banana Trees. Zahlreich sind die Wildtiere in der nahen Umgebung. Hyänen und Afrikanische Wildhunde ruhen sich hier aus, Zebras, Gnus und Büffel ziehen langsam ihrer Wege, Pukus und Wasserböcke grasen ungestört. Zudem ziehen die Heißen Quellen zahlreiche Vogelschwärme an. Hunderte Kronenkraniche auf engem Raum sind hier keine Seltenheit. All dies macht den Nsefu Sektor zu einem außergewöhnlichen Juwel.

Fotos dieser Seite: Szenen an den Chichele Hot Springs

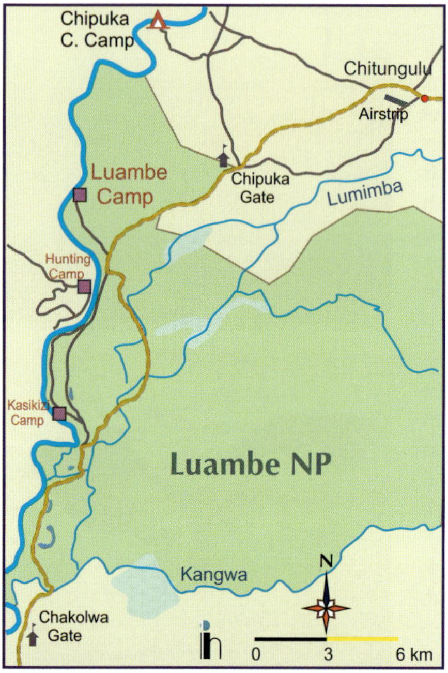

Luambe Nationalpark

Hier wandelt man auf historischen Pfaden: Chief Luambe ernannte 1954 ein traumhaft schönes Stück Land gegenüber der Munyamadzi-Mündung in den Luangwa zum zweiten königlichen Wildschutzgebiet des Landes (nach dem Nsefu Sektor) und errichtete mitten in diesem wildreichen Kleinod ein erstes Besuchercamp mit sechs Betten. 1972 wurde der 254 km² kleine Park zum vierten Nationalpark Sambias erhoben und anschließend das Camp zur Lodge ausgebaut. Doch seine Abgeschiedenheit und die schlechte Infrastruktur setzten dem Park schwer zu. In den 1970ern und 80ern wüteten die Wilderer ungestört und die bedrängten Tiere wurden extrem scheu. Durch die kurze Saison und ein fehlendes Wegenetz konnte das touristische Potenzial des kleinen Parks kaum ertragreich genutzt werden. Trotzdem fanden sich in den 1990er Jahren Investoren, die das alte Camp zu einer modernen Lodge mit hochwertigen Safarizelten aufmöbelten, denn die Lodge liegt geradezu ideal für einen Zwischenstopp auf dem Weg zum North Luangwa Nationalpark. Zwischen 2003 und 2012 übernahm eine private Initiative mit Sitz in Köln das Management, zog sich dann aber überraschend aus dem Park zurück und ließ die Lodge leerstehen. 2015 fanden sich endlich wieder ambitionierte Betreiber – erneut aus Deutschland – die den idyllischen Park wieder aufblühen lassen.

Anreise

Von Mfuwe durchquert man zunächst den Nsefu Sektor. Von dessen Ausgang am Chikwinda Gate liegt das Chakolwa Gate des Luambe NP 38 km entfernt (insges. 85 km von Mfuwe). Der eigentliche Parkbeginn ist erst 3 km weiter an der Furt durch den Kangwa. Kurz bevor man den Park nach 22 km am Chipuka Gate schon wieder verlässt, führt eine kurze Stichstraße zum Luambe Camp.

Natur und Tierwelt

Die dichte Ufervegetation mit daran anschließenden Mopanewäldern und Kasense-Grasflächen bietet den Wildtieren gute Weidegründe. Zahlreiche Flusspferde und Krokodile, Impalas, Pukus, Warzenschweine und Wasserböcke halten sich in den lieblichen Auen dauerhaft auf, auch nächtliche Jäger wie Leoparden, Löwen und Wildkatzen. Elefanten, Büffel und Elenantilopen nutzen den kleinen Park als sicheren Korridor zwischen dem Luangwa und den Bergen im Hinterland, in die sie sich während der Regenzeit zurückziehen. Viele Tiere, insbesondere Elefanten, sind hier aufgrund der Wilderei und der nahen Jagdgebiete scheuer und reizbarer als im South Luangwa NP, aber seit der Wiedereröffnung der Luambe Lodge hat sich dies bereits spürbar entspannt.

Infos zum Park

Die berüchtigte Erde "Black Cotton Soil" verschlammt nach starken Regenfällen derart, dass der Park nur in der Trockenzeit ab Ende Mai/Anfang Juni mit Allrad erreichbar ist. Parkeintritt: 15 US$ pP für internationale Gäste und 10 US$ für Gäste aus den SADC-Staaten. Fahrzeuge 15 US$.

Unterkunft

•**Luambe Camp:** E-Mail: luangwa@everwild.travel, https://luangwavalleysafaris.com. Das zweitälteste Safaricamp Sambias verfiel im Laufe der Jahrzehnte, doch inzwischen überzeugt es mit vier riesigen, geschmackvollen Luxuszelten am schattigen Hochufer des Luangwa. In unmittelbarer Nähe residiert eine riesige Flusspferdherde – mehr Tuchfühlung zu den dicht im seichten Luangwa gedrängten Hippos bietet kein anderes Camp! Es eignet sich zudem sehr gut als Zwischenstation auf dem langen Weg zwischen Mfuwe und dem North Luangwa NP, wo das Schwestercamp North Luangwa River Camp liegt (S. 325). Preise: AI ab 600 US$/DZpP und 900 US$/EZ.

•**Kasikizi Bushcamp:** Das kleine Bushcamp für Walking Safaris ist aktuell nicht in Betrieb.

•**Chipuka Community Camp** (auch **Kamukonzo Campsite**): Camper und Selbstfahrer finden hier eine gute Übernachtungsgelegenheit auf dem langen Weg zum North Luangwa NP. Zufahrt: Direkt hinter dem Chipuka Gate führt die 7,5 km lange, schmale Waldpiste zum Camp am Luangwa-Hochufer (beschildert). Der relativ große, ruhige und sandige Platz bietet einen Tiefbrunnen, Toilette, Dusche, Schatten und viel Aussicht (kein Strom oder WLAN). Caretaker schüren Feuer und verkaufen gekühlte Getränke. Das Camp untersteht Chewa-Chief Chitungulu und liegt nahe der Kamukonzo Lagune. Preis: 8 US$ pP und 3 US$ pro Fahrzeug.

Fotos links: Hippoherde vor dem Camp; Wasserböcke
Fotos dieser Seite: Luambe Camp; Impalas; Thornicroft-Giraffe

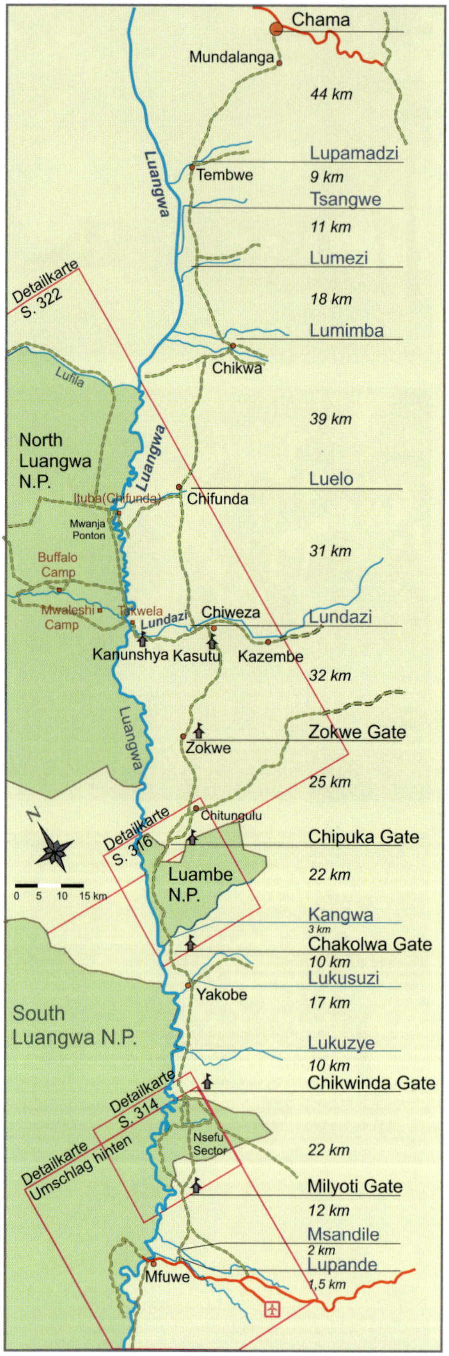

Streckenbeschreibung: Von Mfuwe nach Chama

Die Fahrt durch das Luangwatal

Diese Fahrtstrecke stellt besondere Anforderungen an **Erfahrung, Orientierungssinn** und ein **zuverlässiges Fahrzeug.** Auf der 330 km langen, einsamen und äußerst kläglich beschilderten Allradstrecke durch Jagd- und Schutzgebiete dominieren schier endlose Mopanewälder, die zuweilen von Zuflüssen des Luangwa unterbrochen werden, an denen noch sehr traditionelle Dörfer liegen. Unsere Grafik zeigt die markanten Flüsse und Checkpoints. Unterwegs gibt es keine Versorgungsstellen oder Hilfe; die Durchschnittsgeschwindigkeit beträgt 30–40 km/h. Die Strecke lässt sich nur in der Trockenzeit von frühestens Ende Mai oder Juni bis Anfang November befahren. Zusätzliche Informationen bieten die Detailkarten auf der Zambia Road Map und der detaillierte Naturführer "Luangwa – Afrikas einzigartige Wildnis".

Bereits kurz nach Verlassen der Teerstraße vor Mfuwe sind zwei Furten zu durchqueren, ehe man auf guter Piste den **Nsefu Sektor** (S. 315) erreicht. Wer keinen Eintritt bezahlt, darf den Sektor nur auf direktem Transitweg durchfahren.

Nach dem Lukuzye Flussbett trifft man auf die Uferkante des Luangwa (guter Ausblick). In **Yakobe**, einem ausladenden Dorf am Lukusuzi, beachten Sie unbedingt die kleine, unscheinbare Abzweigung, sonst gelangen Sie in das Dorf Mwanya und zum Lukusuzi NP. Durch eine reizvolle lichte Waldvegetation gelangt man zum **Luambe NP**, wo friedlich grasende Pukus den Reisenden erwarten (S. 316). Nach dem Exit am Chipuka Gate geht es weiter bis Chitungulu und dort bei GPS-Punkt 158 (siehe Karte auf S. 322) links durch dichten Mopanewald in Richtung **Zokwe**. Im Dorf müssen Sie zum Zokwe-GMA-Gate nach rechts abbiegen und sich dort in die Bücher eintragen. Nach 25 km Mopanewaldstrecke passiert man das Kasutu GMA Gate und gelangt nach weiteren 4 km an die **Chiweza** Schule (GPS 156). Hier hält man sich zuerst links, zweigt aber nach 2,6 km wieder rechts ab (beschildert) und durchquert daraufhin das breite, leicht sandige Flussbett des Lundazi vor einem hübschen Palmenwald. Über die Dörfer **Chifunda** (mit Abzweig zum North Luangwa NP, S. 320), **Chikwa,** Tembwe und Mundalanga gelangt man schließlich nach Chama**.**

Die Kleinstadt **Chama** hat eine nette Atmosphäre, aber nur bescheidene Versorgungsmöglichkeiten in kleinen Läden oder auf dem Markt und ein Distriktkrankenhaus zu bieten. Bisher gibt es hier weder Bank noch Tankstelle. Wer nach Malawi ausreist, sollte in Chama das Immigration Office aufsuchen. Anschlussstrecke nach Chipata: S. 296.

Unterkunft entlang der Strecke

Chibembe New Bush Camp: Tel. (UK) +44-777-6131807, E-Mail: chibembe@chibembe.com, www.chibembe.com. Auf dem Gelände der ehemaligen, verfallenen Chibembe Lodge ein paar Kilometer nördlich des Chikwinda Gates wurden vor Jahren einfache Zelte mit heißen Duschen errichtet, die von netten Caretakern betreut wurden. Hier konnten Selbstfahrer campieren oder günstig in den Zelten nächtigen. Seit 2023 ist dort allerdings eine neue Lodge in Bau.

•**Kalovia Campsite:** Kalovia liegt vor Kalovia Island bei GPS S 12.45.34 E 32.04.55 an einem Altarm des Luangwa (18 km nördlich des Chikwinda Gates beginnt die beschilderte, 1,2 km lange Campzufahrt). Das großzügige, schattige Gelände mit Toiletten und Duschen wurde zunächst von Remote Africa Safaris betreut, doch seit der Coronakrise hat sich das Unternehmen zurückgezogen, und offiziell gilt der Campingplatz als geschlossen. Möglicherweise finden Selbstfahrer dort noch freundliche Caretaker vor, die sie bereitwillig gegen einen kleinen Obolus übernachten lassen.

•**Weitere Campingmöglichkeiten** bestehen im Chipuka Community Camp (S. 317) und im Ituba Camp (S. 325).

Fotos dieser Seite: Kasutu GMA Gate; typische Hütte im Luangwatal; Furt im Lundazi River; frischer Löwenriss

North Luangwa Nationalpark

North Luangwa ist einer der wildesten Plätze der Welt. Der 4636 km² große Nationalpark, nur wenige Monate im Jahr zugänglich und zwischen dem steilen Muchinga-Escarpment und dem Luangwa gelegen, bietet tausenden Wildtieren einen abgeschiedenen und noch nahezu unberührten Lebensraum.

Eintrittspreise: 15 US$ für Besucher aus SADC-Staaten; 20 US$ für internationale Touristen auf gebuchten "Packages", 25 US$ für individuell Reisende (Selbstfahrer). Fahrzeuge 15 US$, Camping 5 US$, die Bed Levy beträgt 30 US$. Der Eintritt gilt für 24 Stunden. Von Dezember bis April ist der Park geschlossen.

Selbstfahrern wurde der Zugang in diesen streng reglementierten Park nur zögerlich gewährt, und eigenständige Pirschfahrten und ohne Reservierung die Camps anzusteuern, wird nicht gestattet. Es soll überhaupt möglichst wenig gefahren werden. Während das Wegenetz am Mweleshi River reduziert wurde, ist es entlang des Luangwa ausgebaut worden (mit neuen Campsites). Oberste Priorität hat neben dem Schutz der Nashörner die Privatsphäre der Camps und ihrer Gäste während der Walking Safaris. Körperlich anspruchsvoll sind die Wanderungen im flachen Gelände nicht, in den heißen Monaten aber durchaus anstrengend.

Natur und Tierwelt

Juwel des Parks ist der **Mwaleshi River**, der das Escarpment in mehreren Kaskaden hinabstürzt und dem Luangwa entgegen mäandert. Alle anderen Zuflüsse trocknen in den Sommermonaten aus und hinterlassen Pools, die den Wildtieren als Tränken dienen. Nach Regenfällen können sie stark anschwellen und weite Flächen überschwemmen. Im Tal herrschen Mopane- und Combretum-Gebüsch vor, das sich stark ausbreitete, als viele hohe Mopanebäume in den 1970er Jahren abstarben. Damals hatten die Elefanten schwere, noch immer sichtbare Vegetationsschäden angerichtet, die wie eine Mondlandschaft wirken.

Die Tierwelt ähnelt der des South Luangwa NP, ist aber weniger artenreich. Etwa 14 000 Büffel durchstreifen in riesigen Herden die entlegene Wildnis. Stattliche Löwen und Hyänen, die zum Ende der Trockenzeit, wenn der Mwaleshi zu einem Rinnsal zwischen Sandbänken schrumpft, stundenlang im kühlen Flachwasser dösen, folgen den wandernden Herden. Rund 2000 Gnus, 4000 Impalas, 15 000 Pukus und 1800 Zebras weiden an den Flussauen. Kudus durchstreifen die Wälder, und im Schutz des Dickichts ruhen Greisböcke. Auch Stachelschweine sind zahlreich, lieben sie doch die Leberwurstbäume im Luangwatal. Die Elefantenpopulation war in den 1980ern von 10 000 auf nur noch 700 Tiere dezimiert worden, erholte sich seither aber wieder auf etwa 2500 Tiere (ein "gesunder" Bestand läge bei 5000 Tieren). In den Flüssen tummeln sich Hippos und Krokodile. Einige der Riesenechsen am Mwaleshi sind sogar in der Lage, Löwen die Beute abzunehmen.

Zum Prestigeprojekt Sambias geriet allerdings das Nashornprojekt der Zoologischen Gesellschaft Frankfurt. Seit 2003 kehrten in mehreren Schüben südafrikanische **Spitzmaulnashörner** in ihr früheres Habitat zurück und leben, von etwa 160 paramilitärisch ausgebildeten Rangern strengstens bewacht und für Besucher unzugänglich, in einem sicheren Wildgehege innerhalb des Parks. Inzwischen haben sich die Tiere auf annähernd vierzig Spitzmaulnashörner vermehrt. Die Bedrohung durch die seit Jahren im Süden Afrikas wütende Nashornwilderei wächst, doch bislang ist das Projekt überaus erfolgreich. Das Rhino-Schutzgelände wurde inzwischen vergrößert, sodass nun auch Touristen die Tiere gelegentlich auf den Walking Safaris sehen können.

Fotos links: Barfuß durch den Mwaleshi waten; ein Hirtenbaum wächst direkt aus dem abgestorbenen Ahnenbaum ;
Fotos dieser Seite: Erosionsschäden; Szenen einer Walking Safari

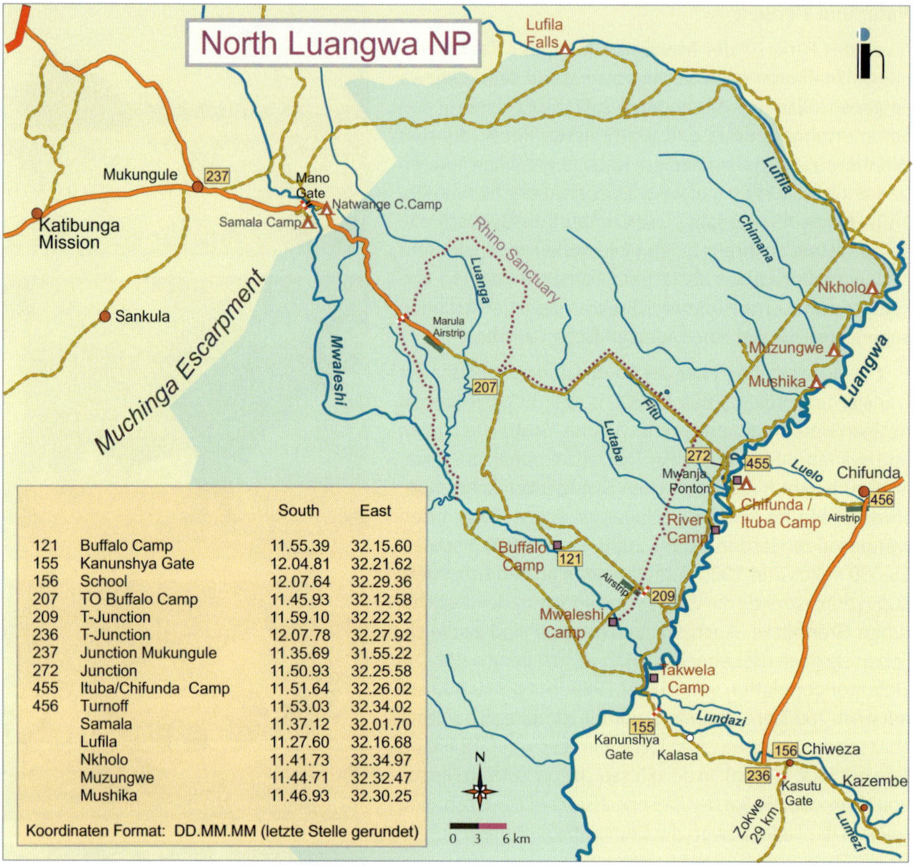

		South	East
121	Buffalo Camp	11.55.39	32.15.60
155	Kanunshya Gate	12.04.81	32.21.62
156	School	12.07.64	32.29.36
207	TO Buffalo Camp	11.45.93	32.12.58
209	T-Junction	11.59.10	32.22.32
236	T-Junction	12.07.78	32.27.92
237	Junction Mukungule	11.35.69	31.55.22
272	Junction	11.50.93	32.25.58
455	Ituba/Chifunda Camp	11.51.64	32.26.02
456	Turnoff	11.53.03	32.34.02
	Samala	11.37.12	32.01.70
	Lufila	11.27.60	32.16.68
	Nkholo	11.41.73	32.34.97
	Muzungwe	11.44.71	32.32.47
	Mushika	11.46.93	32.30.25

Koordinaten Format: DD.MM.MM (letzte Stelle gerundet)

Anreise

Zufahrt über Mano Gate: 60 km nördlich von Mpika zweigt die beschilderte Zufahrt von der Great North Road ab (S. 258). Sie führt durch den Miombowald zu einer 30 km entfernten T-Kreuzung im Dorf Mukungule, an der man sich links hält (erneut beschildert) und nach 12 km den Parkeingang beim Mano Headquarters erreicht. Danach überquert man auf einer Holzbrücke den Mwaleshi und die Piste windet sich ins Tal hinab. Nach 19 km passiert man den Rhino-Fence, 8 km danach den Marula-Airstrip. Von hier aus sind es noch 31 km bis zum Buffalo Camp. Die Strecke ist eine relativ leichte Escarpment-Abfahrt in das Luangwatal.

Zufahrt über Luelo: Für diese Strecke folgt man der Luangwataldurchquerung bis zum Dorf Chifunda, zweigt am Airstrip links ab und folgt den Schildern "Luelo" und "Mwanja". Nach 22 kurvigen Kilometern, erst durch Dörfer, dann durch Mopanewald, erreicht man das Ituba Camp (S. 325) und den handbetriebenen kleinen Ponton, der nur bei ausreichend hohem Wasserstand etwa zwischen Juni und Mitte September eingesetzt wird (ansonsten benützt man die seichte Furt). Der Piste am anderen Ufer folgt man 1,5 km bis zu einer T-Kreuzung. Hier geht es für alle Transitbesucher ohne Reservierung in einem der Camps rechts weiter zum Mano Camp. Links führt die Piste zu den Camps am Mwaleshi. Unterwegs passiert man das streng bewachte Kakuya Gate des Nashorn-Sicherheitsbereichs (Rhino-Fence).

Zufahrt über Kanunshya Gate: Diese Zufahrt für Gäste der Camps Takwela und Mwaleshi darf nur nach Rücksprache mit John Coppinger, dem Betreiber beider Camps, befahren werden. Man fährt bis zur Chiweza Schule (GPS 156, S. 318) und dort weiter zum Kanunshya GMA-Gate. Hier sollte man sich nach der Furt durch den Luangwa erkundigen, da diese praktisch jedes Jahr an einer anderen Stelle liegt. Profis können den Luangwa hier ab Juni/Juli durchqueren (die tiefste Stelle ist ca. 1 m tief; im September oft nur noch durchschnittlich 30 cm mit einer kurzen, etwa 60 cm tiefen Passage). Auf der Weiterfahrt im North Luangwa NP bildet die seichte Mwaleshi-Flussdurchquerung wegen ihrer sandigen Steiluferkanten dann noch eine weitere Herausforderung für die Autofahrer.

Foto links: Eine Pirschfahrt am Ufer des Mwaleshi; Bilder oben: Luelo-Ponton; im Buffalo Camp; Gate im Rhino-Zaun

Zur Info: Die Wege im Park sind gut, entlang des Luangwa aber durch die vielen Büffel- und Elefantenabdrücke auf dem harten Lehm sehr holprig. Alles in allem ist die Fahrt von Mfuwe in den North Luangwa ein echtes Abenteuer und nur für erfahrene Fahrer geeignet, die die Möglichkeiten ihres Allradfahrzeuges einschätzen können. Die Wassertiefe der Flüsse im Luangwatal variiert von Jahr zu Jahr; unsere Angaben sollten daher als Richtwerte angesehen werden.

Der lange Kampf gegen die Wilderer

Im einsamen North Luangwa Park nahm die Wilderei der 1970er und 80er Jahre derart verheerende Ausmaße an, dass das Schicksal der Elefanten besiegelt schien. Jedes Jahr wurden allein hier 1000 Elefanten gewildert. Am besser erschlossenen South Luangwa Nationalpark wehrten sich die Tierschützer erbittert gegen den drohenden Exodus der Dickhäuter, aber den unwegsamen Norden überließ man seinem traurigen Schicksal und hatte ihn praktisch abgeschrieben. Zu dieser Zeit lenkten die US-Zoologen Mark und Delia Owens ihre Aufmerksamkeit auf die abgelegene Wildnis, um dort Löwenforschung zu betreiben. Im Oktober 1987 begannen die beiden ihre Arbeit im Park. Mit Entsetzen erkannten sie dabei das Ausmaß der Tragödie und stürzten sich sofort in den verzweifelten Kampf gegen die Elefantenwilderei. Die Probleme und Risiken waren erdrückend, und sie schufen sich mächtige Feinde. Die Wilderer waren zahlreich und schwer bewaffnet, der Park groß und weitläufig, die wenigen Scouts desinteressiert oder sogar in den Elfenbeinschmuggel verstrickt. Die Männer der umliegenden Dörfer verdingten sich als Träger für die Wilderer, und selbst die Behörden hatten ihre Finger im Spiel. Unermüdlich unternahm Mark Owens Aufklärungsflüge über den Park, fand oft genug nur noch die blutigen Kadaver der getöteten Elefanten und sah nachts die Lagerfeuer ihrer Jäger. Zugleich begannen die Owens eine intensive Aufklärungsarbeit in den umliegenden armen Dörfern mit dem Ziel, den Menschen zu vermitteln, dass ein lebender Elefant mehr Wert hat als ein toter. Ihre Arbeit zeigte lange mehr Rückschläge als Erfolge, nicht zuletzt durch Marks unkonventionelle Methoden. Eine Besserung zeichnete sich erst 1991 ab, als die Auswirkungen des CITES-Abkommens spürbar wurden. Der Elefant war zur gefährdeten Tierart erklärt und weltweit der Handel mit

Elfenbein verboten worden. Sambia förderte nun außerdem den Tourismus stärker. Man erkannte: Touristen bringen Devisen, doch nicht in einen leer gewilderten Park. In den zehn Jahren ihres Aufenthalts hatten die Owens entscheidenden Anteil daran, dass der Park nicht aufgegeben wurde. 1996 verließen sie Afrika in einer überraschenden Nacht-und-Nebel-Aktion. Die genauen Umstände und Hintergründe ihrer überstürzten Abreise wurden nie geklärt. Danach übernahm die Zoologische Gesellschaft Frankfurt, die vorher schon finanzielle Unterstützung geleistet hatte, das Management des Projekts und erhielt nun endlich auch den nötigen Rückhalt durch den Staat. Die Südafrikaner Hugo und Elsabé Westhuizen führten das ambitionierte Projekt bis 2007 weiter, danach übernahm es der Brite Ed Sayer. Sie kümmerten sich um die Versorgung und Ausbildung der Scouts und um den Ausbau der Wege im Park. Die Wilderei kam tatsächlich zum Erliegen, und mit den deutschen Finanzhilfen wurde sogar die erfolgreiche Rückführung von Spitzmaulnashörnern realisiert. Heute sind die Scouts im North Luangwa die bestausgebildeten und sicherlich auch stolzesten Wildhüter im Land. Und sie rüsten mit internationaler Unterstützung weiter auf, denn schon nimmt die Elefantenwilderei wieder zu. In den letzten Jahren verlor der Park wieder zahlreiche Dickhäuter an skrupellose Wilderer.

Über ihre Jahre im North Luangwa schrieben Mark und Delia Owens folgende Bücher: „Das Auge des Elefanten" (1994) und „Secrets of the Savanna" (2006).

Oben: Auch Frauen engagieren sich im Wildschutz
Links: Mark Harvey und ein Wildlife Scout

Unterkünfte im North Luangwa NP

Die folgenden Camps sind einfach und nur für Selbstversorger geeignet. Es gibt keine Lebensmittel oder Getränke vor Ort. Caretaker kümmern sich um heißes Duschwasser und Feuer. Alle drei Camps liegen noch außerhalb des Parks und kosten daher keine Parkgebühren (auch die im Norden nahe Mano Gate).

•**Natwange Community Camp:** 1 km südlich vom Mano Gate liegt ein kleiner, sich selbst überlassener Campsite im Wald am Mwaleshi River, mit einem Unterstand, Betontischen, sehr bescheidenen Toiletten und Duschen. Für Notübernachtungen möglich, aber man sollte autark sein. Preise: ca. 5 US$ pP (keine Parkgebühren).

•**Salama Community Camp:** Tel. 0950-987579, E-Mail: samalacamp@gmail.com / bookings@northluangwa.org, www.northluangwa.org. Dieses gut und freundlich geführte Camp ersetzt das verfallene Chikolongo Camp nahe dem Mano Gate (GPS S 11.37.120 E 32.01.699) . Es liegt beschaulich am Mwaleshi River (Baden möglich), bietet schöne Safarizelte für 75 US$ pP und Camping unter schattigen Bäumen für 10 US$ pP, mit gepflegten Toiletten, Outdoor-Duschen und Grillstellen. Es ist nur Flusswasser vorhanden, und es gibt keinen Strom/WLAN.

•**Ituba Camp** (früher Chifunda Bushcamp): Tel. 0950-987579, E-Mail: bookings@northluangwa.org, https://northluangwa.org. Das Camp beim Mwanya Ponton am Ostufer des Luangwa wird ebenfalls sehr gut und engagiert von der örtlichen Gemeinde geführt und liegt bei GPS S11.51.64 E 32.26.02. Es bietet vier Walk-In-Safarizelte mit kleiner Küche zur Selbstversorgung und Außenduschen sowie drei Campingplätze. Mit Tiefbrunnen und Unterstand mit Sitzgelegenheit, ein Kühlschrank für Lebensmittel wird mit Solarstrom betrieben. Im Camp sind oft Elefanten und Hippos, aber auch Tsetsefliegen. Preise: Safarizelte 75 US$ pP, Camping 10 US$ pP.

•**Amatololo Experience Camps:** Tel. 0950-987579, E-Mail: bookings@northluangwa.org, www.northluangwa.org. Um abenteuerlichen Selbstfahrern einen reizvollen Allrad-Rundkurs im Park zu ermöglichen, wurden im nördlichen Parkgebiet neue Campingstellen ausgewiesen; eine an den **Lufila Falls**, die anderen drei am Luangwa. Sie sind jeweils nur mit Buschlatrinen und einem Brunnen ausgestattet. Der Platz **Mushika** hat weiten Ausblick über den Luangwa, **Muzungwe** liegt dagegen an einer Lagune, und **Nkholo** weit im Norden nahe der Mündung des Lufila in den Luangwa. Nur von Juni bis Oktober zugänglich. Preise: je 10 US$ pP.

Luxuriöse Bush Camps

•**Mwaleshi Camp:** Remote Africa Safaris (siehe S. 312). Vier Riedchalets am Mwaleshiufer, von Juni bis Oktober geöffnet. Dieses idyllische Camp bietet Walking Safaris von besonders hoher Qualität. Preise: AI 700 US$ pP.

•**Takwela Camp:** Neueres Schwestercamp vom Mwaleshi Camp, auch von Remote Africa Safaris (siehe oben) in Traumlage gegenüber der Mwaleshi-Mündung in den Luangwa. Preise: AI 750 US$/DZpP und 1050 US$/EZ.

•**North Luangwa River Camp** (ex Delia Camp): Tel. 0750-288083, E-Mail: northluangwariverlodge@gmail.com. Dieses Camp ist nach mehrfachem Besitzerwechsel jetzt wieder eröffnet, liegt nahe dem Ponton direkt am Luangwa und bietet vier komfortable Chalets auf Stelzen und ein rustikales Bush Camp am Fluss. Preise: AI ab 390 US$ pP, Self-catering-Chalet ab 210 US$ pP, Bush Camping 85 US$ pP.

•**Buffalo Camp:** Mark Harvey, Shiwa Safaris, Tel. 0976-970444, E-Mail: kapishya@shiwasafaris.com, www.shiwasafaris.com. Das rustikale, legere Bushcamp mit Atmosphäre und Familientradition ist leider seit der Coronapandemie noch nicht wieder eröffnet worden.

Buffalo Camp

Kurz vorgestellt: Neues – Spektakuläres – Bewährtes
7 besondere Camps

McBRIDES' CAMP

Was für eine großartige Gelegenheit, bei einem anerkannten Löwenforscher und Autor mehrerer Bücher über Löwen und die afrikanische Wildnis zu residieren! Chris und Charlotte McBride führen mitten im Kafue Nationalpark ein beschauliches Camp, in dem sie seit vielen Jahren leben.

Die beiden Individualisten sind charmante und ausgesprochen anregende Gastgeber, die ihre kenntnisreiche Naturliebe gerne mit ihren Besuchern teilen. So werden Bootsfahrten oder die Walking Safaris mit Chris McBride unverwechselbar und sehr persönlich.

Statt luxuriöses Hemingway-Klischee gibt es hier denn auch ganz passend sieben gemütliche Riedgras-Chalets und ein Campinggelände für Selbstversorger.

Unsere Meinung: Absolut empfehlenswert für Naturfreunde und Hobby-Ornithologen, denn auch die Vogelwelt ist phantastisch!

(siehe S. 210)

LUKASA BnB & CAMPSITE

Das Gästehaus vor den Toren der Hauptstadt ist ein beliebter Treffpunkt für Traveller, Expats und interessante Leute aus Lusaka und Umgebung.

Die herzlichen Gastgeber Harry und Geke haben gern Gäste um sich und sorgen für eine entspannte, fröhliche Atmosphäre. Abends sitzt man oft leger beieinander auf der Terrasse am Pool. Es gibt eine Honesty Bar zur Selbstbedienung, und Geke kocht bei Bedarf schmackhafte Abendessen.

Zum Übernachten kann man zwischen Doppelzimmern wählen, die alle unterschiedlich und geschmackvoll gestaltet wurden. Campinggäste wählen nach Gusto ein gemütliches Plätzchen im wunderschönen tropischen Garten mit hohen Schattenbäumen und viel Wiese.

Zum Service gehören außerdem Flughafentransfers, und wer mag, kann hier auch temporär sein Fahrzeug unterstellen.

Unsere Meinung: Ein großartiger und ruhiger Platz zum Wohlfühlen in Lusaka – und mit freundlichen Hunden.

(siehe S. 127)

ILA SAFARI LODGE

Die Ila Safari Lodge ist ein jüngerer Stern unter den Lodges im Kafue Nationalpark, hat aber bereits zahlreiche Preise und Auszeichnungen eingeheimst. Sie positioniert sich im Luxusbereich und verbindet das Safarierlebnis elegant mit einem rundum gehobenen Standard.

So haben die Zelt-Suiten bequeme Deluxe-Betten, Safe und Morgenmäntel sowie teilweise auch ausladende private Holzdecks mit Tauchbecken und Außenduschen. Ein weiterer großer Pool steht zentral beim imposanten Hauptgebäude zur Verfügung.

Bei „Green Safaris" ist der Name auch vorbildliches ökologisches Konzept: Solarstrom und nachhaltige Technologien sind selbstverständlich, zudem finden hier „Silent Game Drives" auch im Elektro-Pirschwagen und im Elektroboot statt.

Unsere Meinung: Nur drei Fahrstunden von Lusaka erlebt man hier den Kafue Nationalpark auf hohem Niveau.

(siehe S. 211)

THREE RIVERS CAMP

Wo Kapamba und Lusangazi in den Luangwa fließen und zahlreiche Elefanten, Giraffen, Wasserböcke, Warzenschweine und allerlei Antilopen durch die malerische Wildnis streifen, erstreckt sich dieses weitläufige Luxuscamp unter gigantischen Leberwurstbäumen.

Alle fünf modischen, mit Solarstrom versorgten Zeltchalets haben Innen- und Außenduschen, Aussichtsplattformen und Star-Beds. Einige dieser Canvas-Villen liegen unmittelbar an der wildreichen Flutebene, andere blicken vom Luangwahochufer direkt auf die Flusspferde.

Pirschfahrten und Walking Safaris sind hier die Hauptaktivitäten, z. B. der 7 km lange Walk zwischen den Schwestercamps Three Rivers und Island Bush Camp.

Die ausgesprochen schöne, ja geradezu idyllische Lage wird noch gesteigert durch ihre Exklusivität, denn die beiden Camps von Kafunta Safaris sind die einzigen im Bereich des Parkzugangs von Lusangazi.

Unsere Meinung: Ein großartiges Camp in einer Parkregion, die noch als Geheimtipp gehandelt wird!

(siehe S. 312)

SAUSAGE TREE CAMP

Das Sausage Tree Camp ist eine Legende.

Das Team ist extrem motiviert und aufmerksam. Den Gästen wird Individualität garantiert, z. B. mit privatem Guide und Fahrzeug, und mit einem Muchinda (Butler), der auf Wunsch schon frühmorgens frischen Tee oder Kaffee im Luxuszelt serviert.

Kulinarisch bewegt man sich auf hohem Niveau, zudem werden Überraschungsdinner im Busch und Bootsausflüge zum „Water Lunch" im seichten Sambesiwasser auf einer Flussinsel organisiert.

Im Camp kann man wählen zwischen der privaten Veranda mit erfrischendem Tauchbecken oder dem eindrucksvollen Hauptdeck. Denn beides gewährt einen atemberaubenden Ausblick über die Inseln im Sambesi bis hin zu den Escarpmentbergen.

Unsere Meinung: In jeder Hinsicht Spitzenklasse!
(siehe S. 160)

ANABEZI CAMP

Unter den Luxuscamps im Lower Zambezi Nationalpark setzt das Anabezi Camp neue Maßstäbe in Sachen Vornehmheit, Flair und Romantik. Das äußerst weitläufige Camp erstreckt sich zwischen der zauberhaften Kulefu Island und den fruchtbaren, mit Anabäumen durchsetzen Sambesiauen.

Vom imposanten Hauptdeck führen breite Holzstege zu den riesigen, modernen Zelt-Villen, in denen die Gäste so stilvoll wie in einer Hotelsuite residieren. Mit Innen- und Außenduschen, einer ausladenden Terrasse, Sonnenliegen und einem privaten Pool mit Traumaussicht auf die vielen Elefanten und Warzenschweine am Flussufer.

Unsere Meinung: Anabezi Camp ist ein elegantes Honeymoon-Resort inmitten einer unbeschreiblich malerischen und wildreichen Szenerie. Traumhaft schön! (siehe S. 160)

NDOLE BAY LODGE

Zugegeben, es ist eine lange Anreise bis zur Ndole Bay Lodge, die sich herrlich an die gleichnamige beschauliche Bucht im Tanganjikasee schmiegt. Ist man aber erst mal da, bieten sich dem Reisenden vielfältige wasserorientierte Aktivitäten wie Schnorcheln und Tauchgänge in die bunte Wasserwelt, Bootsausflüge, Kajakfahren und Angeln.

Zudem gibt es keine bessere Variante, den Nsumbu Nationalpark zu besuchen, als mit einem kombinierten Boots- und Landausflug der Ndole Bay Lodge.

Abgesehen davon ist es ziemlich verlockend, einfach nur den Tag in der gepflegten Lodge zu verbummeln: Am feinen Sandstrand zu dösen, im klaren See oder im Pool zu baden, Malbrouk-Meerkatzen in den blühenden Büschen und Bäumen zu beobachten und gelegentlich ein Hippo grunzen zu hören.

Unsere Meinung: Die Lodge ist ziemlich einzigartig und mit ihren unterschiedlichen Bungalows und dem Campsite unter hohen Anabäumen auch preislich attraktiv.

(siehe S. 283)

Wertvolle Reiseinformationen

Service & Infos

Das Klima

Sambias tropisch-semihumides Klima wird durch seine Höhenlage abgemildert. Diesem Umstand verdankt es seinen Beinamen *"The Air-Conditioned State"*. Auf dem zentralen Hochplateau liegt der Jahresmittelwert bei 21 °C, in den ganzjährig heißen Flussniederungen bei bis zu 25 °C (heißeste Orte Sambias: Sesheke und das Luangwatal).

Die Niederschläge werden hauptsächlich durch Feuchtwinde am Indischen Ozean verursacht und steigen von 600–800 mm im Süden auf 800–1000 mm im Norden an. Das Land hat nur eine jährliche Regenzeit. Sie beginnt im Norden eher und dauert dort auch länger an.

Man unterscheidet **drei Jahreszeiten**:

- die kalte und trockene Jahreszeit von Mai bis August mit Temperaturen von 15–27 °C, wobei die Nächte bis nahe der Frostgrenze abkühlen können. Im August kühlt es z. B. in Lusaka nachts bei 80 % Luftfeuchtigkeit auf bis 7 °C ab, erreicht aber mittags oft trotzdem 30 °C.
- die heiße und trockene Jahreszeit von September bis November, mit Temperaturen von 24–32 °C.
- die warme und feuchte Jahreszeit von November bis April, die klassische Regenzeit, gerne "Emerald Season" oder "Green Season" genannt. Sie dauert im äußersten Norden rund 190 Tage/Jahr, etwa von Anfang November bis Mitte April. Im Süden des Landes setzt sie erst Anfang Dezember ein und dauert bis März (durchschnittlich 120 Tage).

Klimatabellen (durchschnittliche Mittelwerte)

Stadt	Lusaka	Livingstone	Kasama	Ndola
kältest. Monat (Juni)	min. 7,7° max. 24,2°	min. 6,5° max. 25,2°	min. 9,6° max. 24,6°	min. 6,4° max. 24,3°
wärmst. Monat (Oktober)	min. 17,8° max. 35,0°	min. 18,9° max. 34,5°	min. 16,5° max. 31,1°	min. 16,8° max. 31,6°
Höhenlage	1154 m	986 m	1384 m	1270 m

Maximale Luftfeuchtigkeit und Temperaturen im Luangwatal

Jahreszeit	Luftfeuchte	morgens	mittags	frühabends
Mai-August	55 %	9–12 °C	28–30 °C	25–28 °C
Sept./Oktober	44 %	17–20 °C	37–42 °C	33–36 °C
Dez.-April	72 %	18–20 °C	30–34 °C	28–32 °C

Lusaka	Jan	Feb	Mar	Apr	Mai	Jun	Jul	Aug	Sep	Okt	Nov	Dez
Tageshöchst-temperatur	26	26	26	25	23	23	23	25	29	31	29	27
Tagestiefst-temperatur	17	17	17	15	12	8	9	12	15	18	18	17
mittlere Tagestemp.	21	21	21	20	18	16	16	18	22	24	23	22
Tage ohne Regen	10	11	16	27	30	30	31	31	30	28	19	14

Reisezeit im Jahreszyklus

Monat	Reisewetter	Besonderheiten
Januar, Februar	Viel Regen, einzelne Sonnentage, gemäßigte Temperaturen bei hoher Luftfeuchtigkeit. Beweglichkeit eingeschränkt, viele Pisten aufgeweicht	Sog. "Green Season": üppige Vegetation, weniger Wildlife, sehr gutes Birding durch mehrere Hundert Zugvogelarten. Viele Safaricamps geschlossen (vor allem die abgelegenen), die Camps in der Mfuwe Region im South Luangwa NP sind dennoch erreichbar.
März, April, Mai	Regenschauer im März, die bis Mai ausklingen. Gleichzeitig Temperaturrückgang. Flüsse, Seen und Sümpfe haben jetzt Hochwasserstand. Gras steht sehr hoch. Pisten oft noch unbefahrbar	Beste Zeit für die Bangweulusümpfe: Shoebill und andere Wasservögel, Moorantilopen etc. halten sich direkt am Shoebill Camp auf. Ebenso klasse: Hochwasser an den Viktoriafällen. Überall noch tropische Vegetation, ab Mai Herbstlaub. Angenehmes Klima für alle tiefliegenden Gebiete wie Luangwatal und Lower Zambezi NP.
Juni, Juli	Winter: Kühle, aber durchweg sehr sonnige Monate. Kein Niederschlag, kalte Nächte (Frost in hohen Lagen). Laub fällt ab. Pisten trocknen ab, werden nach und nach repariert	Start der Hochsaison für Safaris. Alle Parks und Camps sind offen. Gute Wildbeobachtungen, da keine dichte Vegetation mehr. Sehr klare Luft, gute Lichtverhältnisse. Angenehme Temperaturen in allen niedrigen Höhenlagen, aber sehr kalt auf Plateaus und in den Bergen. Ideal für Aktivitäten in tiefliegenden Gebieten.
August, September, Oktober	Temperaturen steigen wieder an und erreichen Maximum im Oktober ("Suicide Month"). Beste Straßenbedingungen. Kein Regen, aber viel Wind und Dunst. Vegetation oft trostlos trocken.	Kleinere Flüsse und Tümpel trocknen aus und das Wild konzentriert sich nahe verbleibenden Wasserquellen auf engerem Raum, weshalb diese Saison trotz der ansteigenden Hitze für Wildbeobachtungen geradezu ideal ist. August/September sind prima Monate für Walking Safaris, während es dafür im Oktober schon zu heiß wird.
November, Dezember	Gewaltige Wolkenstimmungen, erste regionale Gewitter und Regen, die Abkühlung bringen. Danach lange Sonnenperioden, daher Straßenverhältnisse meist noch passabel.	Übergang vom trocken-heißen zum feucht-milden Klima, mit heftigen Wolkenbrüchen einhergehend. Safarigebiete mit "Black Cotton Soil" werden unpassierbar, Flutgebiete und Sümpfe sind anfangs noch trocken. Größtes Highlight: Im Kasanka NP sammeln sich mehrere Millionen Flughunde. Blütezeit auf dem Nyika Plateau. Zugvögel treffen ein.

Service & Infos

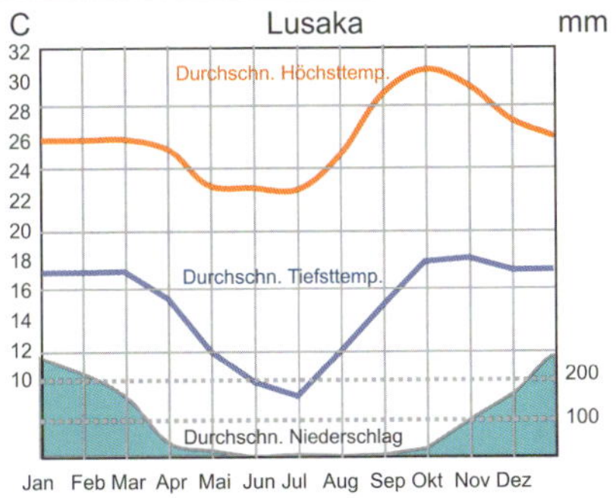

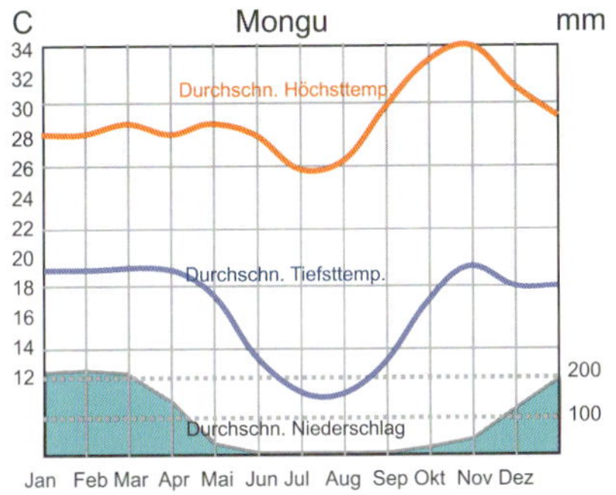

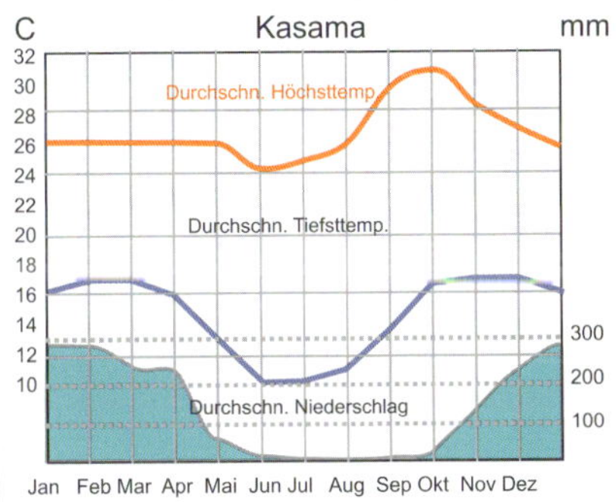

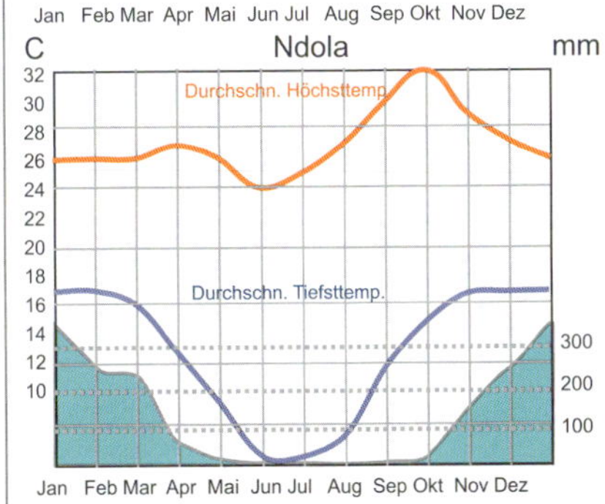

Die Wahl der Reisezeit

April/Mai bis Juli

Die Monate direkt nach der Regenzeit zeichnen sich durch angenehme Temperaturen aus. Die Tage sind warm (ähnlich den mitteleuropäischen Sommertagen); doch die Nächte können je nach Höhenlage bis an die Frostgrenze abkühlen, besonders in den kältesten Monaten Juni und Juli. Die Luftfeuchtigkeit ist mit 40–90 % noch relativ hoch.

Landschaftlich ist dies eine attraktive Jahreszeit, da anfangs noch alles saftig grün ist. Die Viktoriafälle haben Hochwasser, und es ist ab Mai die richtige Zeit für einen Besuch der Bangweulusümpfe und aller tiefliegenden Gebiete. Andererseits wird die Tierbeobachtung durch oft noch hoch stehendes Gras erschwert. Manche Straßen sind nach der Regenzeit in sehr schlechtem Zustand und erst ab Ende Mai/Juni befahrbar.

August bis November

Für Safaris eignen sich die trockenen und heißen Monate von Ende August bis in den November am besten. Die Tiere kommen jetzt mitunter nahe an die Camps heran. Ab Oktober treiben die Bäume wieder und geben der ausgedörrten Landschaft frische Farbe. Die Viktoriafälle führen jetzt allerdings weniger Wasser; Sümpfe und Marschen liegen auf weiten Strecken trocken. Die heißen Nächte werden im Lower Zambezi NP ab Oktober nahezu unerträglich. In dieser Zeit bietet es sich an, hochgelegene Übernachtungsplätze aufzusuchen.

Je nach Einsetzen der Regenzeit schließen viele Camps und manche Nationalparks zwischen Anfang November und Ende Dezember bis März/April ihre Pforten. Allerdings sind November und Dezember beliebte Reisemonate für das Nyika Plateau (Blütenpracht), den Liuwa Plain Nationalpark (Gnu-Wanderungen) und vor allem für den Kasanka NP (Flughund-Kolonien).

Dezember bis März/April

Die Regenzeit beginnt je nach Region und Saison zwischen Oktober und Dezember und endet im März/April. Trockene Regionen wie das Zambezi Valley erhalten in den meisten Jahren wenig Regen. Andere stehen dagegen völlig unter Wasser und sind wochen- oder gar monatelang lang unpassierbar, z. B. die Barotse Flutebenen in Westsambia und die Bangweulu Wetlands. Auf alle Fälle ist das Reisen in der Regenzeit deutlich eingeschränkt und schwerer kalkulierbar. Februar, März und April entschädigen dafür mit einer atemberaubend tropischen Vegetation.

Oben: Abenteuerliche Ponton-Zufahrt in den North Luangwa NP

Reiseroutenplanung

Eine vernünftige Routenplanung sollte vor Beginn der Reise stehen. Es gilt zunächst die Hauptinteressen auszuloten: Naturerlebnisse und Tierbegegnungen oder eher Kultur? Aktiv sein mit Wandern und Tauchen oder eher viel Erholung? Rundreisen in untouristische Gebiete im Norden und Westen des Landes sind oft anstrengender als eine Tiersafari.

Die klassischen Kennenlernrouten für erstmalige Besucher sind der Süden Sambias – von den Viktoriafällen über Lusaka zum Lower Zambezi NP und South Luangwa NP. Diese Regionen weisen nicht nur eine verhältnismäßig gute Infrastruktur, sondern auch ein etabliertes touristisches Netz auf und lassen sich daher verhältnismäßig gut vorausplanen und bereisen.

Unser Rat: Planen Sie sehr großzügig. **Selbstfahrer unterschätzen oft die mitunter sehr beschwerlichen Straßenbedingungen und nehmen sich viel zu lange Tagesetappen vor.** Planen Sie Puffertage ein. Viele Mietwagenfahrer „radeln" in wenigen Wochen tausende Kilometer herunter, die viel Geld kosten und doch im Nachhinein wenig in Erinnerung bleiben. Dabei sind viele Plätze viel zu schön und schwer erkämpft, um sie nur im schnellen "Vorbeifahren" zu genießen.

Ein abwechslungsreiches Programm empfehlen wir, weil drei Wochen Dauersafari auch den größten Tierfreund ermüden, wenn nicht zwischendrin ein wenig Kontrastprogramm eingeplant wird.

In einem Nationalpark sollte man immer mindestens zwei Nächte bleiben, in großen Parks wie Kafue NP und South Luangwa NP deutlich länger.

Wir haben einige Themenschwerpunkte für eine Sambiareise zusammengestellt:

Schwerpunkt Safari: Die sambischen Nationalparks im Luangwa Valley sowie Kafue NP und Lower Zambezi NP; Chimfunshi Orphanage, Liuwa Plain NP, Kasanka NP.

Schwerpunkt Vogelbeobachtung: Bangweulu Wetlands, Lochinvar NP, Blue Lagoon NP, South Luangwa NP, Lower Zambezi NP, Kafue NP, Liuwa Plain NP, Mutinondo Wilderness, Mwinilunga/Kalene Hill Region sowie überhaupt alle Nationalparks.

Schwerpunkt Natur: Viktoriafälle, Sambesi- und Luangwatal, Tanganjikasee, Nyika Plateau, Mutinondo Wilderness, die Wasserfälle des Nordens, Bangweulu Wetlands, Lower Zambezi NP – fast ganz Sambia!

Schwerpunkt Kultur: Gesamtes West- und Nordostsambia, alle speziellen Feste wie die Kuomboka, Kalene Hill Mission, Kirchen bei Luangwa-Feira, Shiwa Ngandu, Bangweulu Wetlands und Chambeshi Swamps.

Schwerpunkt Wandern: Mutinondo Wilderness, die Walking Safaris in den Parks, Walking Trails im Kasanka NP und Lavushi Manda NP, Shiwa Ngandu.

Schwerpunkt Fischen/Angeln: Die Flüsse Sambesi und Kafue und die Seen Tanganjikasee und Karibasee.

Schwerpunkt Aktivreisen: Rafting an den Viktoriafällen, Kanufahren im Lower Zambezi NP, Wandersafaris im Luangwatal, Reiten in Mutinondo Wilderness, Fliegenfischen am Sambesi, im Karibasee und im Tanganjikasee, Shoebill-Tracking im Bangweulugebiet.

Die Wahl des Verkehrsmittels

Eigenes Auto oder Mietwagen?

Autoreisen sind für die Länder im südlichen Afrika sicherlich die ideale Reiseart: man ist unabhängig, kann auch die abgelegenen Regionen besuchen, in den Nationalparks auf Pirschfahrten gehen und dabei beliebig Gepäck und Proviant zur Selbstversorgung aufnehmen. Vor allem für Touren in abgelegene Gebiete Sambias und für die meisten Nationalparks ist das eigene Gefährt fast unerlässlich. Langzeitreisende verschiffen ihre afrikatauglich-gerüsteten Fahrzeuge von europäischen Häfen nach Afrika, z. B. Durban, Kapstadt, Walfish Bay, oder Mombasa, und reisen in der Regel mit einem „Carnet de Passage" (siehe S. 369). Dieses für eine zollfreie vorübergehende Einfuhr erforderliche Dokument des heimatlichen Automobilclubs kann alljährlich erneuert werden. Damit steht dem Reisen durch verschiedene Länder Afrikas mit eigenem Fahrzeug nichts im Wege. Bei der Auswahl des Fahrzeugs sollte man allerdings bedenken, dass die meisten Nationalparks und kleineren Pisten Sambias nicht geeignet sind für größere Wohnmobile oder Lkws (zu eng, zu kurvig, voller Bäume).

Die Alternative zum eigenen Fahrzeug ist der **Mietwagen**. Allradfahrzeuge sind teuer in der Anmietung, aber bei Touren in die Parks nahezu unerlässlich. Vor der Entscheidung, einen normalen Pkw oder einen Allrad zu mieten, sollte die Routenplanung stehen. Aus den Routenbeschreibungen im Reiseteil wird ersichtlich, bei welchen Strecken Geländefahrzeuge notwendig oder zu empfehlen sind. Wer sich hauptsächlich auf Hauptstraßen bewegt und die Pirschfahrten in den Übernachtungscamps bucht, kommt auch mit einem deutlich günstigeren Pkw zurecht. Dagegen sind für Touren in die Nationalparks und für die meisten kleineren Pisten robuste Fahrzeuge ratsam oder notwendig. Außerdem gibt ein vierradbetriebenes Fahrzeug auch ein sichereres Gefühl auf Pisten, selbst wenn die Strecke mit einem Pkw befahrbar wäre.

Worauf Mietwagenfahrer achten sollten

• **Mietvoraussetzungen**: Das Mindestalter beträgt je nach Mietwagenanbieter 21–25 Jahre. Voraussetzung sind der nationale und ein Internationaler Führerschein sowie der Besitz einer Kreditkarte, mit der die Kaution hinterlegt wird.

• **Versicherungen**: Die Haftpflichtversicherung (Third Party Insurance) ist zwingend vorgeschrieben. Zusätzlich werden in der Regel eine Unfallversicherung (Personal Accident Insurance) und eine Diebstahlversicherung (Theft Protection) abgeschlossen. Außerdem wird eine freiwillige Voll- oder Teilkaskoversicherung (Collision Damage Waiver) angeboten.

• **Fahrzeugcheck bei Abholung**: Wagenheber vorhanden?; Allradantrieb ok?; Kupplung und Bremsen auf ihre Funktionsfähigkeit prüfen; Bereifung des Fahrzeugs, Wasserstand, Batterie und Ölstand checken.

• **Bei Vertragsabschluss zu klären**: Wie verhält sich der Vermieter bei Pannen; inwieweit besteht ein Rückholservice; schließt die Versicherung irgendwelche Regionen/Gebiete aus, und welche Schäden, z. B. an Glas und Bereifung, sind abgedeckt? Nicht vergessen: Lassen Sie sich für etwaige Grenzüberschreitungen ein Permit Ihres Vermieters ausstellen.

Siehe auch: Hinweise für alle Autofahrer, S. 369 und 377.

Wo einen Mietwagen anmieten?

Wir empfehlen, einen Mietwagen bereits vor dem Reiseantritt zu reservieren. Dies ist oftmals preiswerter, bietet mehr Sicherheit in Schadensfällen, und man kann sich darauf verlassen, dass der gewünschte Wagen bei der Ankunft auch fahrbereit ist.

Kontaktadressen der Mietagenanbieter werden im Reiseteil genannt und zusätzlich in der nächsten Spalte. Die meisten Mietwagenagenturen bevorzugen es, die Fahrzeuge mit Chauffeur zu vermieten. Sie hatten früher vornehmlich mit Geschäftskunden zu tun und öffnen sich den Belangen und Wünschen von Individualtouristen oft nur zögerlich. Daher werden in Sambia bisher noch immer relativ wenige Fahrzeuge mit Dachzelten und Campingausstattung angeboten.

Viele Mietwagenreisende reservieren ihr Fahrzeug in den Nachbarländern Südafrika und Namibia, die ein günstigeres und breiteres Angebot aufweisen. Vor allem mit Campingausrüstung und Dachzelt ausgestattete Allradfahrzeuge sind dort leichter zu bekommen. Beachten Sie jedoch, dass nicht alle Mietwagenagenturen eine Ausreise nach Sambia gestatten und dafür mitunter besondere Gebühren anfallen. Die nachfolgend genannten Anbieter erlauben auch eine Ausreise nach Sambia.

Adressen von Mietwagen-Anbietern

in Deutschland:

- **Nature Trekking:** Armin & Petra Bischoff, Hauptstr. 29, 73110 Hattenhofen. Tel. 07164-14261, E-Mail: service@nature-trekking.com; www.nature-trekking.com. Das Unternehmen bietet eine vielseitige Auswahl an Camping- und Allradfahrzeugen.
- **AVIS:** Zimmersmühlenweg 21, 61437 Oberursel. Tel. 01805-557755, www.avis.de. Internationaler Anbieter, neben Sambia auch in Zimbabwe, Südafrika und Namibia vertreten.
- **Hertz:** Ginnheimer Str. 4, 65760 Eschborn. Tel. 01805-333535, www.hertz.com. Internationaler Anbieter, neben Sambia auch in Zimbabwe, Südafrika und Namibia vertreten.
- **Europcar:** PF 620240, 22402 Hamburg. Tel. 01805-800000, www.europcar.de.Internationaler Anbieter, neben Sambia auch in Zimbabwe, Südafrika und Namibia vertreten.

Unten: Ein robustes Allrad-Fahrzeug mit Dachzelt und Campingausstattung ist ideal für eine Sambia-Safari
Rechts: Luangwadurchquerung beim North Luangwa NP, von den Löwen beobachtet

in Südafrika:

- **Bushlore Africa:** Randburg, Südafrika, Tel. +27-11-3128084, E-Mail: info@bushlore.com, www.bushlore.com. Pkws, Wohnmobile, Allradfahrzeuge mit Campingausstattung.
- **Britz Afrika:** Kempton Park, 1620, Johannesburg, Südafrika, Tel. +27-11-2305200, E-Mail: bookings@britz.co.za, www.britz.co.za. Überregionales Unternehmen mit Sitz in Südafrika und Zweigstellen in Maun, Victoria Falls und Windhoek. Auch die Fahrzeuge von **Maui** (www.maui.co.za) und **Kea Campers** (http://sa.keacampers.com) werden hier vermittelt.

in Namibia:

- **Camping Car Hire:** 36 Joule St., Windhoek, Namibia. Tel. +264-61-237756, E-Mail: carhire@africaonline.com.na; www.camping-carhire.de.
- **ASCO Car Hire:** P.O.B. 40214, Windhoek, Tel. +264-61-377200 (dt. Leitung), E-Mail: info@ascocarhire.com, www.ascocarhire.com.
- **Africa on Wheels** (früher Kessler Car Hire): Windhoek, Namibia. Tel. +264-61-232871, E-Mail: info@africa-on-wheels.com, www.africa-on-wheels.com.

in Sambia:

Die lokalen Mietwagenanbieter werden jeweils im Reiseteil genannt:

- Lusaka: siehe S. 131
- Livingstone: siehe S. 172

Motorrad & Fahrrad

Sambias Distanzen zwischen den verschiedenen Städten sind zum Teil außerordentlich lang und vielfach sehr einsam. Dafür gibt nur wenige Bergstrecken und das Verkehrsaufkommen ist eher dünn (außer entlang der Strecke von Lusaka in den Copperbelt).

Auf Afrikas Straßen gilt das Recht des Stärkeren – der kleinere Verkehrsteilnehmer hat stets auszuweichen. Als Zweiradfahrer steht man dabei zwangsläufig immer an letzter Stelle und sollte entsprechend vorsichtig und vorausschauend unterwegs sein.

Oben: Buschbock im Camp

Reisen mit öffentlichen Verkehrsmitteln

Der Vorteil vom Reisen mit öffentlichen Verkehrsmitteln liegt neben den deutlich günstigeren Preisen in der Nähe zu Land und Leuten. Auf langen Busfahrten oder im Zug schließen viele Reisende Bekanntschaften und gewinnen Einblicke in den Alltag ihres Gastlandes. Allerdings fordert diese Reiseart erhöhte Flexibilität von den Besuchern. Längere Wartezeiten in der Mittagshitze, überfüllte Fahrzeuge, Reifenpannen auf einsamer Strecke und eintönige Fahrten gehören in Afrika stets dazu. Und in Sambia gilt es zu betonen, dass beim Reisen mit öffentlichen Verkehrsmitteln viele Naturschönheiten und Safarigebiete gar nicht zugänglich bzw. nur schwer erreichbar sind.

Per Bus: Zahlreiche Fernstreckenbusse fahren entlang der Hauptstraßen. Minibusse sind auf Kurzstrecken und innerhalb von Städten verbretet.

Für Touristen sind **Expressbusse** aus vielerlei Hinsicht vorzuziehen: Sie lassen sich vorab reservieren, sind zügig und bequem, bieten eine Sitzplatzgarantie und gewähren ein relativ hohes Maß an Verkehrssicherheit. Auch fahren sie nach halbwegs festen Fahr- und Streckenplänen. Weitere Infos: siehe S. 369.

Minibusse bzw. Sammeltaxis kommen besonders im städtischen Nahverkehr zum Einsatz. Sie unterliegen keinen festen Fahrtrouten oder Abfahrtszeiten, sondern starten, sobald sie voll sind. Die Fahrtziele werden von den Kassierern, die in den Minibussen mitfahren, an den Haltestellen ausgerufen. Man bezahlt einen Festpreis und quetscht sich auf die überfüllten Sitze. Es geht dabei ziemlich eng und unbequem zu.

Per Taxi: In allen größeren und und vielen kleineres Städten findet man private Taxis, die ihre Gäste auch gerne über weitere Distanzen chauffieren."Shared" heißt die günstigere Variante, bei der der Fahrer unterwegs noch weitere Fahrgäste aufnimmt; "booked" hingegen bedeutet, man hat das Taxi für sich allein.

Per Bahn: In Sambia wird die TAZARA-Bahnstrecke von Kapiri Mposhi nach Tansania von einigen Touristen genutzt (siehe S. 367).

Die organisierte Pauschalreise

Im Safaribereich wird vom einfachen Lkw für Budget-Traveller (man nennt diese Reiseart in Afrika „Overlander-Safari", Foto rechts) bis zur „Premium Safari in Style" alles angeboten. Die meisten Touren finden in englischer Sprache statt und werden je nach Preisklasse von unterschiedlich gut geschulten und kompetenten Guides begleitet. Die Regel besagt: Je exklusiver das Camp und der Park bzw. die Parkregion, umso tiefer muss der Gast in die Tasche greifen, bekommt dafür aber auch außergewöhnlich gute Guides.

Kostengünstige Alternativen wie die Campingrundreisen im Overlander-Truck haben den Nachteil, dass man fast nur entlang der geteerten Hauptstraßen durch Sambia reist und die eigentlichen Highlights meistens gar nicht oder nur auf zusätzlich gebuchten Safariausflügen zu sehen bekommt.

Die Mittelklasse zwischen einer Budget-Tour und einer Luxussafari ist in Sambia eher schwierig zu finden, am ehesten bei den Rundreisen von Rotel Tours, Wigwam Naturreisen und Wikinger Reisen (Adressen siehe rechts). Preisinformationen zu Pauschalreisen: S. 356.

Europäische Reiseveranstalter

Agenturen in Deutschland

Abendsonne Afrika: Zur unteren Mühle 1, 89290 Buch, Tel. 07343-929980, www.abendsonneafrika.de

African Special Tours: Homburger Str. 69a, 61118 Bad Vilbel, Tel. 06101-499000, www.ast-reisen.de

Africa Wildtours: J. & A. Louis, Bäumlstr. 19, 82178 Puchheim, Tel. 089-804915, www.afrikareise.info

Afrika Tours Individuell: Belgradstr. 9, 80796 München, Tel. 089-32729288, www.afrika-tours.de

Australia Plus Reisen: Partnachstr. 6, 81373 München, Tel. 089-7266940, www.australiaplus.de

Bwana Tucke-Tucke Touren: Asternweg 4, 25551 Hohenlockstedt, Tel. 04826-5208, www.bwana.de

CHUI Tours: Biebricher Allee 58, 65187 Wiesbaden, Tel. 0611-182490, www.chui-tours.de

Dertour GmbH: Emil-von-Behring-Str. 6, 60439 Frankfurt, Tel. 069-958800, www.dertour.de

DIAMIR Erlebnisreisen: Berthold-Haupt-Str. 2, 01257 Dresden, Tel. 0351-312070, www.diamir.de

DUMA Naturreisen: Salierstraße 24, 70736 Fellbach, Tel. 0711-8386580, www.duma-naturreisen.de

Gebeco: Holzkoppelweg 19, 24118 Kiel, Tel. 0431-54460, www.gebeco.de

GoSafari: Zeppelinstr. 147, 14771 Potsdam, Tel. 0331-98223750, www.gosafari.de

Hauser Exkursionen: Spiegelstr. 9, 81241 München, Tel. 089-2350060, www.hauser-exkursionen.de

Ikarus Reisen: Postfach 1220, 61452 Königstein, Tel. 06174-29020, www.ikarus.com

Jacana Tours GmbH: Willibaldstr. 27, 80689 München, Tel. 089-5808041, www.jacana.de

Karawane Reisen: Postfach 909, 71609 Ludwigsburg, Tel. 07141-28480, www.karawane.de

Lernidee Erlebnisreisen: Kurfürstenstr. 112, 10787 Berlin, Tel. 030-7860000, www.lernidee.de

Nature Trekking: Hauptstraße 29, 73110 Hattenhofen. Tel. 07164-14261, www.nature-trekking.com

Outback Africa: Schwarzenbrunn 7, 08645 Bad Elster, Tel. 037437-53880, www.outback-africa.de

Reiseservice Africa: Bauseweinallee 4a, 81247 München, Tel. 089-8119015, www.reiseservice-africa.de

Rotel Tours: Postfach, 94100 Tittling, Tel. 08504-40430, www.rotel.de

S.A. Landprogramm: Plaikengasse 5, 82487 Oberammergau, Tel: 08822-932392, www.suedafrika-reisen.de

Shamiso Tours: www.shamisotours.com. Deutscher Anbieter für Touren mit Sitz in Zimbabwe, siehe S. 131.

South Africa Travel: Buddestr. 9, 336027 Bielefeld, Tel. 0521-33676880, www.sa-travel.de

Studiosus Reisen: Postfach 500609, 80976 München, Tel. 089-500600, www.studiosus.com

Take Off Erlebnisreisen: Dorotheenstraße 65, 22301 Hamburg, Tel: 040-4222288, www.takeoffreisen.de

TARUK International: Friedrich-Ebert-Str. 18, 14548 Caputh, Tel. 033209-21740, www.taruk.com

Trails Reisen: Salierstraße 24, 70736 Fellbach, Tel. 0711-64589945, www.trails-reisen.de

Travel Team Africa: Alfred-von-Groddeck Str. 25, 38678 Clausthal Zellerfeld, Tel. 05323-93710, www.travelteam.de

Venter Tours: Friedrich-Engels-Ring 27, 17033 Neubrandenburg, Tel. 0395-5553185, www.ventertours.de

Wigwam Naturreisen: Lerchenweg 2, 87448 Waltenhofen /Allgäu, Tel. 08379-92060, www.wigwam-tours.de

Wikinger Reisen: Kölner Str. 20, 58135 Hagen, Tel. 02331-9046, www.wikinger-reisen.de

Windrose Fernreisen : Neue Grünstr. 28, 10179 Berlin, Tel. 030-2017210, www.windrose.de

Agenturen in der Schweiz

Africa Tours: Vogelsangstrasse 5, CH-8561 Ottoberg TG, Tel: +41-71-6202121, www.africa-tours.ch

Africa Design Travel: Oberer Graben 12, 9000 St. Gallen, Schweiz, Tel. +41-71-2989000, www.africadesigntravel.ch

Knecht Reisen: Schwimmbadstr. 1, 5210 Windisch, Schweiz, Tel. +41-41-7291401, www.knecht-reisen.ch

Private Safaris: Geroldstr. 4, 8010 Zürich, Schweiz, Tel. +41-44-3864646, www.privatesafaris.ch.

Zingg Event Travel: Kirchgasse 2, 8907 Wettswil-Zürich, Schweiz, Tel. +41-1-7092010, www.zinggsafaris.com

Name	Adresse	Internet	Camps/Lodges bzw. Reiseangebot	Preis-klasse
Safari par Excellence	Tel. +260-973-403270, E-Mail: waterfront@safpar.com	zaminfo@safpar.com, www.safpar.com	Kanusafaris und Lodges am Sambesi, Rafting an den Viktoriafällen, The Waterfront Lodge	Mittel bis Luxus
AVANI	Livingstone, Mosy-oa-Tunya Road, Sambia. Tel. 0978-7770447	victoriafalls@avanihotels.com www.avanihotels.com	Luxushotels an den Viktoriafällen	Mittel bis Luxus
Chundukwa Safaris	Livingstone, Tel. 0969-641797	E-Mail: reservations@chundukwa.com, www.chundukwariverlodge.com	Reitsafaris, Chundukwa River Lodge	Luxus
G&G Safaris	Grant Cumming, Lusaka, Tel. 0211-261588,	res@chiawa.com www.chiawa.com	Luxuscamps im Lower Zambezi NP und im South Luangwa NP	Luxus
Wilderness Safaris	Benmore, Südafrika, Tel. +27-11-8071800	enquiry@wildernessdestinations.com,www.wildernessdestinations.com	Bush Camps im Kafue NP, Toka Leya Camp in Livingstone	Luxus
Mukambi Safaris	Lusaka, Sambia, Tel. 0974-424013	info@mukambi.com, www.mukambisafaris.com	Mukambi Lodge und Bushcamps im Kafue NP	Mittel – Luxus
Wild Dogs Nature Safaris	Lusaka Tel. 0971-760423	zambia@nature-safaris.com, www.nature-safaris.com	Wild Dogs Lodge in Lusaka, deutschsprachige Rundreisen	Mittel – Luxus
Frank Willems	Lusaka, Tel. 0978-430655	info@kigeliasolutions.org, www.frankwillems.org	Ornithologische Touren, Bushcamp bei Mwinilunga	Mittel
African View Tours and Safaris	Livingstone, Tel. 0979-374953	info@africanview.it, www.africanview.it	Motorradreisen, Camping-touren, kulturelle Reisen (Besuch von Zeremonien)	Mittel

Name	Adresse	Internet	Camps/Lodges bzw. Reiseangebot	Preis-klasse
Kasanka Trust	Serenje, Tel. 0966-689816	internationalres@kasanka nationalpark.com www.kasanka.com	Kasanka NP, Lavushi Manda NP	Preis-wert bis Mittel
Green Safaris	Tel. 0979-312766	reservations@ greensafaris.com, www. greensafaris.com	Kafue NP, South Luangwa NP, Lower Zambezi NP, Livingstone	Luxus
Kiambi Safaris	Tel. 0966-655878	info@kiambi.com, www.kiambi.com	Kiambi Lodge und Kanusafaris im Lower Zambezi NP	Mittel
Robin Pope Safaris	Mfuwe, Tel. 0957-090441,	info@robinpopesafaris. net, www.robinpope safaris.net	Nsefu Camp, Tena Tena Camp, Nkwali Lodge, Walking Safaris	Luxus
Remote Africa Safaris	John Coppinger, Mfuwe, Tel. 0216-246185,	reservations@remote africa.com, www.remoteafrica.com	Tafika Camp/South Luangwa, Mwaleshi Camp/North Luangwa NP	Luxus
Shiwa Safaris	Mark Harvey, Tel. 0976-970444	kapishya@shiwasafaris .com, www. shiwasafaris.com	Kapishya Lodge, Buffalo Camp im North Luangwa NP, Walking Safaris	Mittel
Ndole Bay Lodge	Tel. 0962-036871	info@ndolebaylodge.com, www.ndolebaylodge.com	Ndole Bay Lodge am Tanganyikasee	Mittel
Shenton Safaris	Derek Shenton, Mfuwe, Tel. 0216-245064	info@shentonsafaris .com, www.kaingo.com	South Luangwa NP: Kaingo Camp/Mwamba Bush Camp	Luxus
African Parks Ltd.	Africa House, Fairway Office Park, Johannesburg, Südafrika	Tel. 0027-11-4650050, info@africanparks.org, www.africanparks.org	Liuwa NP, Bangweulu Wetlands, Kafue NP	Luxus
Bushcamp Company	Mfuwe, Tel. 1978-770055	info@bushcamp company.com, www.bushcamp company.com	Mfuwe Lodge und Bushcamps im South Luangwa NP	Luxus
Time+Tide	Mfuwe Tel. 0216-246015 Tel. (SA) +27-87-7006555	travel@timeandtide africa.com, www. timeandtideafrica.com	Chinzombo Camp, Bushcamps im South Luangwa NP	Luxus
Kafunta Safaris	Mfuwe, Tel. 0216-246046	bookings@kafunta safaris.com www.luangwa.com	Kafunta River Lodge, Island Bush Camp, Three Rivers Camp	Luxus
North Luangwa Conservation Program	Tel. 0959-987579	bookings@north luangwa.org, www.northluangwa.org	Ituba Camp, Samala Camp, Amatololo Experience Campsites	Preis-wert

Die Unterkünfte: Hotel, Lodge oder Camping

Nahezu flächendeckend findet man einfache **Hotels** und **Herbergen** ("Rest House") mit Zimmern ab 25 US$. Mittelklasseunterkünfte sind seltener. Dagegen bieten die Großstädte Businesshotels zu entsprechenden Preisen. In touristisch erschlossenen Regionen und Wildgebieten (Nationalparks) zeigt sich ebenfalls diese Lücke im mittleren Preissegment. Entweder handelt es sich um elegante Safaricamps mit Übernachtungspreisen von mehreren Hundert US$ oder um einfache Pensionen, Backpackerunterkünfte für jugendliche Rucksackreisende und Campingplätze. Bungalows zur Selbstversorgung und Frühstückspensionen (Bed&Breakfast) sind nicht allzu häufig.

Nicht alle **Campingplätze** Sambias weisen einen Standard wie in Namibia oder Südafrika auf, mit modernen Sanitäreinrichtungen, teilweise auch einem Küchenblock und Unterstand gegen Regen, Schattenplätzen, Pool, Bar und Restaurant. Viele sind sehr viel einfacher ausgestattet. In den Wildgebieten sind Campingplätze nicht umzäunt. In Ortschaften ohne Campingplatz kann man manchmal im Hof oder Garten kleinerer Hotels campen und deren Sanitäreinrichtungen benützen.

Camping ist mehr als eine preiswerte Alternative. Die **afrikanische Wildnis** mit ihren nächtlichen Geräuschen und der ihr eigenen Atmosphäre lässt sich nicht vom Stadthotel aus, sondern nur in freier Natur erleben. Man ist zugleich auf der sicheren Seite: Findet man einmal kein Übernachtungsquartier, kann man notfalls irgendwo campen.

Camping-Tipps: **Campingbedarf** wie Stühle, Kocher, Kochgeschirr, Gaslampen etc. gibt es im Kaufhaus GAME, Manda Hill Shopping Centre, Lusaka. Wer seine Reise in Namibia, Botswana oder Südafrika beginnt, findet entsprechende Läden in den jeweiligen Hauptstädten. Viele Campingfreunde benützen robuste **Paraffin-Lampen**, die warmes Licht spenden, welches nachtaktive Insekten weniger anlockt als z. B. grelle Neonröhren. Paraffin wird in Sambia Kerosin genannt und kann an Tankstellen aufgefüllt werden; es empfiehlt sich, einen Vorrat von mehreren Litern dabei zu haben.

In ländlichen Regionen wird es als normal angesehen, dass Reisende sich abends einen **Platz zum Campen** suchen. Da auch die Einheimischen für Besorgungen oder Verwandtenbesuche oft tagelang (zu Fuß) unterwegs sind, kennt man allerorten das Bedürfnis nach einem Schlafplatz. In abgelegenen Regionen empfinden es viele Menschen sogar als Ehre, wenn ein Tourist höflich um die Erlaubnis zum Wildcampen in der Nähe ihres Dorfes bittet. Man wird Sie sogar bitten, möglichst nahe beim Dorf zu bleiben, weil es dort am sichersten sei.

Safari Lodges & Camps

Unter einem klassischen Safaricamp versteht man eine kleine Anlage aus riedgedeckten Chalets, die sich locker um einen halboffenen zentralen Aufenthaltsraum – Boma genannt – gruppieren. Bei neueren Camps ersetzen hochwertige Safarizelte die Bungalows. Die Camps sind geschmackvoll, aber rustikal aus natürlichen Baustoffen gefertigt (viel Holz und Riedgras finden hier Verwendung) und liegen einsam und idyllisch in der Wildnis. Für nur wenige Gäste konzipiert schaffen die engagierten Manager und ihre zahlreichen Helfer mitten im Busch ein perfektes Klischeebild, lassen den uralten Traum von der Romantik Afrikas wahr werden. Hier dreht sich alles um die Natur und die Tiere, werden die Gäste aufmerksam verwöhnt und umsichtig an die „Gefahren Afrikas" herangeführt, ohne dabei auf den bisweilen elitären Komfort verzichten zu müssen. So viel Exklusivität und Zuwendung haben ihren stolzen Preis, denn die kostenintensiven Transportwege in die Wildnis, die oft kurze Saison und der hohe Personalaufwand für wenige Gäste schlagen sich in den Preisen nieder. Dabei bleiben viele Anlagen von der Bausubstanz eher zweckmäßig und die kulinarischen Freuden bodenständig. Man findet aber auch immer öfter äußerst feudale und moderne Luxusunterkünfte. Neben den stationären Camps gibt es im Luangwatal mobile Zeltcamps für Walking Safaris. Einmal angekommen, kann man kaum noch Geld ausgeben, denn hier ist das All-inclusive-System üblich (Vollpension und zwei Aktivitäten pro Tag sind inklusive). Unterschiede gibt es bei den Getränken, den Parkgebühren und bei den An- und Abreisetransfers, die teilweise extra abgerechnet werden.

Reisen mit Kindern

Es spricht nichts dagegen, mit Kindern durch Sambia zu reisen, wie es viele dort lebende Familien und südafrikanische Touristen praktizieren. Allerdings reisen Familien mit Kindern fast immer mit einem Auto, was sie unabhängig macht und großzügig Proviant und Gepäck mitzunehmen ermöglicht. Diese Vorteile wiegen bei Kleinkindern umso stärker, denn die Versorgung mit kleinkindgerechten Lebensmitteln oder Windeln ist außerhalb der Großstädte sehr dünn.

Afrikaner sind ausgesprochen kinderfreundlich und begegnen ihnen überall geduldig und liebevoll. Sie können davon ausgehen, dass Ihr Nachwuchs fast überall willkommen sein wird. Ausnahmen bilden einige Camps in den Wildgebieten.

Nicht von der Hand zu weisen ist jedoch die medizinische Lücke, die in diesen Ländern klafft. Eine intensive Gesundheitsvorbereitung und eine gute Reisekrankenversicherung, möglichst auch der Abschluss einer Flugrettungsversicherung, sind ratsam. Ferner sollte man sich bewusst machen, dass Kinder in Wildgebieten stärker gefährdet sind als Erwachsene (Paviane oder Hyänen attackieren Kinder eher als Erwachsene). Zahlreiche Camps in den Nationalparks nehmen aus Sicherheitsgründen und wegen der Unruhe, die Kinder erzeugen, keine jüngeren Kinder (unter 12 Jahren) auf.

Frauen allein unterwegs

Alleinreisende Frauen können unbeschwert durch Sambia reisen, wenn sie gewisse Standards berücksichtigen: Keine aufreizende Kleidung wählen (die Beine bedeckt halten und auf einen allzu freizügigen Ausschnitt verzichten), nächtliche Fahrten oder Spaziergänge meiden, nicht per Anhalter fahren, bei Männerbekanntschaften Zurückhaltung üben.

Diese Regeln gelten weltweit. Sambia hat – wie fast alle Länder Schwarzafrikas – einen guten Ruf bei alleinreisenden Frauen, da hier die Toleranz und Achtung gegenüber fremden Frauen hoch ist. Einheimische weiße Frauen führen hier oft einen sehr selbständigen Alltag, indem sie resolut Farmen bewirtschaften, rustikale Fahrzeuge steuern und als Arbeitgeber auftreten. So hat sich das Bild der selbstbewussten (weißen) Frau in Afrika verankert und erleichtert die Stellung ihrer Geschlechtsgenossinnen auf Reisen. Erfahrene weibliche Afrikareisende erfinden beim Small Talk mit Einheimischen dennoch gerne einen Ehemann und Kinder, die nur gerade abwesend sind, wodurch die Situation für Afrikaner viel mehr allgemeinverständliche Normalität erhält, als die Geschichte einer selbstbewussten emanzipierten Single-Frau. Denn Familie und die Mutterschaft gelten hier unangefochten als wichtigste Eckpunkte im Leben einer Frau.

Reiseausrüstung

Persönliche Dokumente

Wichtigstes Dokument ist der noch sechs Monate über das Reiseende hinaus gültige Reisepass. Packen Sie ferner den Internationalen Impfpass und ggf. den Internationalen Führerschein ein. Von allen Dokumenten sollte man Kopien dabei haben und an getrennten Plätzen verwahren.

Empfehlungen zur Reisekasse: S. 356,
Gefahren auf Reisen: S. 362.

Kleidung & Kleideretikette

In den Tropen ist angenehme Baumwollbekleidung angebracht. Man kleidet sich eher sportlich und salopp. Auf Safaris in Wildgebieten trägt man das klassische „Safari-Outfit" in Khaki- und Naturfarben und bequeme Sandalen oder Trekkingschuhe. Neben der leichten Sommerkleidung sollte man auch einen dicken Pullover oder eine warme Jacke einpacken. Regenschutz, Sonnenhut und Badebekleidung dürfen auch nicht fehlen. Nur in den Firstclasshotels und eleganten Restaurants der Großstädte wird nach Sonnenuntergang der sog. Formal Dress erwartet, d. h. lange Hose und Hemd für die Herren, nur sehr selten auch Jackett und Krawatte.

In Sambias Städten kleiden sich junge Frauen heute oft sehr modisch und sexy; doch traditionell tragen Afrikanerinnen keine Shorts und Miniröcke. Während der weibliche Oberkörper mit einem Trägerhemd bereits anständig bekleidet ist, bleiben die Beine traditionell bis zu den Knien bedeckt. An den Anblick von Touristinnen in kurzen Hosen haben sich die Menschen in Safarigebieten und touristischen Orten gewöhnt, doch in den Dörfern im Hinterland bilden nackte Frauenbeine immer noch einen ungewohnten Anblick. Daher ist es angemessen, in der Öffentlichkeit jenseits von Strand & Safari knielange Hosen, Röcke oder Kleider zu tragen.

Sonstiges

- Fotoausrüstung mit Ersatzbatterien/Akkus
- Ladegerät für Kameraakkus
- Fernglas, Sonnenbrille, Kopfbedeckung, Taschenlampe, Feuerzeug, Taschenmesser, Flaschenöffner, Wasserflasche, Nähzeug, Adapter für Steckdosen, Wörterbuch, Landkarten, Reiseführer, Lesestoff, Reiseapotheke
- Bei Bedarf Ersatzteile, Mikropur (Tabletten oder Pulver) zur Entkeimung des Trinkwassers, Zelt, Schlafsack und Moskitonetz (für die Tropen empfohlene Maschenweite: 1,2x1,2 mm bzw. 180–200 mesh/square inch)

Geschenke & Mitbringsel

Es ist sinnvoller, Geschenke zu verteilen, als Geld zu geben. Verzichten Sie möglichst auf Süßigkeiten zum Verteilen. Schenken Sie lieber Dinge, die in Afrika nützlich sind: An erster Stelle der Beliebtheitsskala stehen Schuhe, Kinderkleidung bzw. Kleidung aller Art (evtl. am Ende der Reise einen Teil des Gepäcks zurücklassen?). Männer freuen sich über Zigaretten, Fahrradflickzeug, Taschenmesser und Taschenlampen. Zündhölzer und Feuerzeuge sind ebenfalls beliebt, und Salz, Speiseöl und Zucker sind bei den Dorfbewohnern im Hinterland stets gefragt. Englischsprachige Bücher und Zeitschriften, Armbanduhren, ausrangierte Handys und verschließbare Behälter sind immer beliebt. Kinderherzen erobern Sie mit Malutensilien und (Fuß-)Bällen!

Verteilen Sie Geschenke bitte nicht wahllos. Es gilt stets abzuwägen zwischen einer möglicherweise sogar beschämenden, peinlichen Situation für den Beschenkten und sinnvoller Hilfsbereitschaft. Auch sollte man bedenken, dass allzu freigiebiges Schenken die Bettelei fördert. Deswegen ist ausgerechnet das beliebte Beschenken von Kindern kritisch: Nicht selten verzichten Kinder auf den Schulbesuch, wenn sie die Touristen als einträgliche Geldquelle entdeckt haben. Damit entsteht ein nicht beabsichtigter Kreislauf. Deshalb: Wer einem Kind etwas Gutes tun möchte, sollte seine Mutter beschenken.

GPS-Satellitennavigation

Die beschriebenen Touren sind aufgrund der detaillierten Routen- und Wegebeschreibungen auch ohne Satellitennavigationsgerät machbar. Dennoch erweisen sich GPS-Geräte zur Absicherung auf anspruchsvollen, einsamen Routen, zur Orientierung in der Wildnis und auch zum Auffinden abseits gelegener Orte als nützlich. Wir veröffentlichen daher zahlreiche eigens ermittelte Koordinaten. Alle GPS-Angaben folgen dem Kartendatum WGS 84, Format DD.MM.MMM. Zur Vereinfachung haben wir die letzte Ziffer gerundet.

GESUNDHEITSVORSORGE

Auch die schönste Reise ist verdorben, wenn man unterwegs krank wird. Bevor Sie nach Afrika reisen, sollten Sie deshalb an einen **Besuch beim Tropenarzt** denken, besonders wenn es sich um Ihre erste Reise ins subtropische Ausland handelt.

Zu einer rundum gesunden Afrikareise gehört zunächst auch eine **„gesunde" Lebenseinstellung**. Medien und umsatzorientierte Apotheker zeichnen gelegentlich ein überzogenes Bild von den Gefahren Afrikas. Ein gesunder Mensch mit intaktem Immunsystem wird auch in Afrika mit allerlei Bakterien und Viren fertig bzw. kommt auf einer durchschnittlichen Reise mit vielem gar nicht in Berührung. Auch die psychische Einstellung und das Zutrauen in den eigenen Körper sind von Bedeutung. Viele Krankheiten lassen sich durch ein **vernünftiges, vorbeugendes Verhalten** vermeiden. Dazu zählen: Sich vor zu starker Sonneneinstrahlung schützen, täglich auf genügend Flüssigkeitszufuhr achten (über den Durst hinaus trinken, damit der Urin stets hell gefärbt ist), auf Nahrungsmittel von zweifelhafter Herkunft verzichten, kein ungefiltertes Wasser zu sich nehmen (auch nicht zum Zähneputzen), selbst kleine Wunden Ernst nehmen, für ausreichend Schlaf sorgen, bei Unpässlichkeit und Magenproblemen Ruhepausen einlegen, krassen Temperaturunterschieden mit angemessener Kleidung begegnen und nur durchgebratenes Fleisch verzehren. Darüber hinaus sollte man sich über typische Krankheiten im südöstlichen Afrika informieren und entsprechend vorbeugen. Das Thema Nr. 1 ist sicherlich die Frage nach der Malariagefahr und den Vorsorgemaßnahmen.

Malaria

Malaria ist eine Blutinfektion, die durch den Stich der infizierten weiblichen Anopheles-Mücke übertragen wird. Während die Mücke Ihr Blut abzapft, dringen die Malariaparasiten in die Blutbahn und wandern in die Leber. Dort vermehren sie sich, werden von Zeit zu Zeit ausgeschüttet (Fieberattacke) und zerstören die roten Blutkörperchen. Es gibt **vier Malariaarten**: Malaria Tertiana, Malaria Quartana, Malaria Ovale und Malaria Tropica. Die drei ersten Arten verbleiben in der Leber und können bei Nichtbehandlung zur chronischen Erkrankung führen. Lebensgefährlich und leider auch die häufigste Erkrankung in Afrika ist die **Malaria Tropica**. Wenn die Diagnose rechtzeitig gestellt und behandelt wird, ist jedoch jede Malaria heilbar. Pro Jahr werden in der BRD rund 900 "importierte" Malariainfektionen gemeldet, wovon ein großer Teil im tropischen Afrika erworben wurde.

In Sambia tritt Malaria landesweit vor allem in niedrigen Höhenlagen auf. Während und direkt nach der Regenzeit ist das Risiko einer Malariaerkrankung deutlich größer als zum Ende der Trockenzeit. **Der beste Schutz vor Malaria ist die Vorbeugung**: Mückenstiche vermeiden, unbedeckte Hautstellen mit Insektenschutzmitteln einreiben, abends hautbedeckende helle Kleidung tragen, sich in moskitogeschützten Räumen aufhalten und unter einem Moskitonetz schlafen. Moskitonetze werden in hochwertigen Camps gestellt, auch bei gemieteten Dachzelten gehören sie zur Ausstattung. Vorsichtige bringen sich eines von zu Hause mit (siehe S. 350).

Zur medikamentösen Vorbeugung (Prophylaxe) stehen folgende Medikamente zur Verfügung: **Chloroquin** (Resochin), **Proguanil** (Paludrine, nur in Kombination mit Chloroquin einsetzbar und zudem hohe Resistenzen), **Mefloquin** (Lariam, sehr starke Nebenwirkungen, aber gute Wirksamkeit in Regionen mit hohem Infektionsrisiko durch Erreger der Malaria tropica), **Atovaquon / Proguanil** (Malarone, häufig verschrieben sowohl als Chemoprophylaxe als auch als Standby-Medikament), **Artemether / Lumefantrin** (Riamet, ein Kombinationspräparat, das nur selten verschrieben wird) und **Doxycyclin** (Antibiotika). In Afrika wird zudem noch Sulfadoxin-Pyrimethamin (Fansidar) eingesetzt; dieses Medikament ist in Deutschland allerdings nicht mehr zugelassen. Viele Reisende, vor allem Viel- und Langzeitreisende, bevorzugen, auf eine medikamentöse Vorbeugung zu verzichten, und dafür ein Standby-Medikament mitzunehmen, welches bei malariaverdächtigen Symptomen eingenommen wird.

Das größte Malariarisiko besteht zwischen Januar und Mai, das geringste zwischen Juli und Oktober. Die trokkenen Kalaharigebiete sind nahezu ganzjährig moskitofrei. Eine Prophylaxe bietet keinen 100%igen Malariaschutz; doch eine trotzdem ausbrechende Erkrankung verläuft dann meistens etwas flacher. Leider vergrößert eine Prophylaxe aber auch das Risiko der Spätdiagnose, weil die Erreger schlechter im Blut identifizierbar sind. Der goldene Weg wurde also noch nicht gefunden, was die Malaria angeht, und erfordert eine eigenverantwortliche Entscheidung des Reisenden.

Eine Entscheidung über die Art der Prophylaxe muss aufgrund der Reisezeit, des konkreten Reiseziels,der Reisedauer und auch des Reisestils individuell – am besten nach Absprache mit einem **versierten Facharzt** – getroffen werden. Dabei sind auch mögliche Nebenwirkungen, Unverträglichkeiten und Wechselwirkungen mit anderen Medikamenten zu berücksichtigen.

Kommt es zu einer **Malariainfektion**, treten die ersten Symptome 8 bis 20 Tage nach dem Mückenstich auf. Typisch sind vor allem hohe Fieberanfälle, die nach einigen Stunden wieder abklingen. Weitere Symptome sind Kopf- und Gliederschmerzen, schweres Krankheitsgefühl, aber auch Brustschmerzen, Schüttelfrost und Schwitzanfälle. Einzig sichere Diagnose ist der Nachweis von Parasiten im Blut. Die örtlichen Krankenhäuser sind meistens rasch in der Lage, eine Malariainfektion zu diagnostizieren. Generell wird hier pragmatisch gehandelt nach dem Motto: jedes unklare Fieber gibt Anlass zum Malariaverdacht, bis das Gegenteil bewiesen ist. Folglich schreitet man im Zweifelsfall lieber auch ohne eindeutiger Diagnose zur Malariabehandlung, als durch lange Untersuchungen Zeit zu verlieren.

Da eine Prophylaxe das Ausbrechen der Malaria unter Umständen nur verzögert, kann es auch noch Wochen nach der Rückkehr aus den Tropen zur Erkrankung kommen. Wenden Sie sich deshalb bei fiebrigen Krankheitsanzeichen gleich an einen Tropenfacharzt, um eine mögliche Fehldiagnose zu vermeiden. Sicherheitshalber sollten Sie bei Krankheitssymptomen Ihren Arzt auch noch nach Monaten auf die zurückliegende Urlaubsreise aufmerksam machen.

Bilharziose

Bilharziose ist eine chronische Infektionskrankheit, die man sich weltweit in tropischen Gebieten in stehendem oder leicht fließendem Süßwasser mit Uferbewuchs einhandeln kann. In dieser Umgebung lebt eine spezielle Wasserschnecke, die als Zwischenwirt der Erreger fungiert. Als torpedoförmige Zerkarien lösen sie sich von der Wasserschnecke, um im Wasser menschliche Haut aufzuspüren und unbemerkt zu durchbohren. Über die Venen nisten sie sich im Darm oder der Blase ein und wachsen zu Würmern heran, die bis zu 15 Jahre lang überleben können. Die Symptome einer chronischen Infektion sind Fieber, Schwäche und später blutiger Urin. Bei Touristen wird eine Erkrankung meistens erst bemerkt, wenn routinemäßig nach einer Fernreise eine Untersuchung beim Facharzt gemacht wird (die Antikörper sind allerdings erst mehrere Wochen nach der Infektion erkennbar).

Die recht unkomplizierte Behandlung besteht heute aus einer Einmaldosierung mit dem Medikament Biltricide. Um eine Schistosomiasis-Infektion zu vermeiden, sollten Sie nicht in stehenden oder nur schwach fließenden Gewässern baden. Grundsätzlich können alle Gewässer im südlichen Afrika bilharziosegefährdet sein. Dennoch tritt der Erreger immer nur örtlich an bestimmten Uferbereichen auf; nicht im offenen, tiefen Gewässer und nicht an Uferabschnitten, wo die Wirtsschnecke nicht vorkommt.

Gelbsucht / Leberentzündung

Hepatitis **A** wird durch mangelnde Hygiene und infizierte Nahrungsmittel (Wasser, Salate, Obst) übertragen. Die Leberinfektion ist nicht lebensbedrohlich, aber langwierig in der Ausheilung.

Die schwerwiegendere, seltenere Hepatitis **B** (Serumhepatitis) wird dagegen durch direkten Blutkontakt oder den Austausch von Körperflüssigkeiten übertragen. Neben den allgemein gültigen Vorsorgemaßnahmen besteht die Möglichkeit einer passiven Immunisierung gegen Hepatitis A für einige Monate durch die Injektion von Immunglobulinen (Stärkung des Immunsystems).

Daneben gibt es eine aktive Immunisierung durch den Impfstoff Twinrix. Dies ist eine Doppelschutzimpfung für Hepatitis A und B. Es handelt sich dabei um eine Dreifachinjektion (die zweite Injektion nach einem Monat, die dritte nach sechs bis zwölf Monaten), die mit ca. 70 Euro pro Injektion zwar teuer ist, aber 100% igen Schutz gegen beide Krankheitsformen gewährt.

Gelbfieber

Gelbfieber ist eine schwere, häufig tödlich verlaufende Virusinfektion der Leber. Sie wird durch die Aedes-Stechmücke übertragen. Die Inkubationszeit beträgt 3 bis 6 Tage, die Symptome sind Erbrechen, Kopf- und Gliederschmerzen, hohes Fieber, Schüttelfrost und innere Blutungen. Für Touristen besteht nur ein geringes Infektionsrisiko, hauptsächlich in Dschungelgebieten. Manchen Quellen zufolge gilt Westsambia noch als Gelbfiebergebiet, während die übrigen Regionen Sambias gelbfieberfrei sind. Durch die sehr empfohlene Schutzimpfung sollte man sich bei Reisen in gefährdete Gebiete sicherheitshalber vor der Krankheit schützen. Außerdem ist bei Einreise aus einem Infektionsgebiet wie Ost- und Zentralafrika nach Sambia die Schutzimpfung vorgeschrieben und wird häufig bei der Einreise an den Landesgrenzen überprüft, z. B. von Tansania kommend.

Cholera

Die Bazillus-Infektion überträgt sich durch unzureichende Hygieneverhältnisse und unsauberes Wasser. Sie gilt als Armutskrankheit. In sehr unterentwickelten Lebensbereichen breitet sie sich schnell als Epidemie aus, in hygienisch einwandfreier Umgebung kommt sie praktisch nicht vor. Die Symptome sind starker Durchfall mit Erbrechen und Bauchkrämpfen, die Behandlung erfolgt mittels Antibiotika. Die Schutzimpfung gilt als umstritten, wenig wirksam und kann unangenehme Nebenwirkungen haben. Sie wird selten angewendet, da das Infektionsrisiko eines Touristen nur auf 1:500 000 geschätzt wird.

Oben: Riesige Termitenhügel im Nordosten Sambias

Weitere Krankheiten

Tollwut ist eine lebensgefährliche Infektion, die durch den Biss eines infizierten Tieres auf den Menschen übertragen wird. Der beste Schutz ist Vorbeugung. Tollwutbefallene Tiere verhalten sich auffällig: Zahme Haustiere werden aggressiv und scheu, Wildtiere wirken ungewöhnlich zahm. Sich vorbeugend gegen Tollwut zu impfen, wird vor allem Tierpflegern und Tierärzten in betroffenen Ländern angeraten.

Seit einigen Jahren ist die **Tuberkulose** wieder auf dem Vormarsch, weil sie eine typische Folgeerkrankung bei Aidspatienten ist. Eine Übertragung kann nur bei lang anhaltendem Kontakt und geschwächtem Immunsystem erfolgen, daher gelten Urlauber als wenig gefährdet.

Typhus ist eine Infektionskrankheit, die auf ähnliche Weise wie die Cholera ausgelöst werden kann. Es gibt eine Schluckimpfung mit Impfschutz von einem halben Jahr.

Vor **Polio, Diphtherie** und **Tetanus**, gefährlichen Krankheiten, die in Europa ebenso vorkommen, sollte man sich auch ohne Afrikareise alle zehn Jahre per Impfung schützen (also die Grundimmunisierung auffrischen).

Durchfall gehört zu den häufigsten Krankheitserscheinungen bei Fernreisen. Es handelt sich in den meisten Fällen um harmlose Reaktionen des Körpers (z. B. bei ungewohnter Nahrung, Klimabelastungen) oder um bakterielle Infektionen (z. B. bei unreinem Wasser). Viel trinken! Normaler Reisedurchfall verschwindet nach zwei bis vier Tagen, sonst ist ein Arztbesuch notwendig.

Aufgrund der hohen **Aidsrate** im südlichen Afrika sollte man sich hier mehr denn je vor einer Übertragung der Immunschwächekrankheit in Acht nehmen. Geschlechtsverkehr mit Unbekannten birgt ein hohes Risiko, sich dabei selbst zu infizieren. Eine Übertragung durch Mückenstiche ist nicht bekannt, auch durch normale soziale Kontakte kann man sich nicht anstecken. Die Gefahr geht allein vom Austausch von Körperflüssigkeiten aus, durch Geschlechtsverkehr, Bluttransfusionen oder infizierte Nadeln und Spritzen. Landesweit werden im medizinischen Bereich normalerweise sterile Einwegspritzen verwendet, vorsichtshalber kann man auch einige Spritzen von zu Hause mitbringen. Blutkonserven werden zwar seit vielen Jahren auf Aids getestet, doch ist nicht abschätzbar, wie zuverlässig und konsequent die Kontrollen durchgeführt werden.

Viel schneller als man erwartet, handelt man sich auch in Afrika eine **Erkältung** ein. Meist werden die starken Temperaturrückgänge in der Nacht unterschätzt oder von Klimaanlagen zu exzessiv Gebrauch gemacht.

Meningokokken-Meningitis: Der eitrigen Hirnhautentzündung, einer bakteriellen Tröpfcheninfektion, die in Mosambik und anderen Ländern Schwarzafrikas von Zeit zu Zeit epidemieartig auftritt, lässt sich durch eine Schutzimpfung begegnen. Die Krankheit kann im schlimmsten Fall rasch zum Tode führen und muss schnellstens mit Penicillin behandelt werden. Die einmalige Schutzimpfung mit Totimpfstoff wirkt für drei Jahre. Laut dem Münchner Tropeninstitut wird Touristen eine Schutzimpfung aber nur im Falle einer aktuellen Epidemie angeraten.

Erkrankungen mit dem **Ebola-Virus** treten als örtlich begrenzte Epidemien in West- und Zentralafrika auf (zuletzt 2014/2015 in Westafrika, bisher noch nie in Sambia). Für Reisende besteht nur ein sehr geringes Risiko, da die Übertragung ausschließlich bei engem Kontakt mit infektiösen Ausscheidungen erfolgt.

Die **Schlafkrankheit** ist eine Trypanosomen-Infektion, die durch die **Tsetsefliege** (*Glossina species*) übertragen werden kann. Sie bricht nur selten aus, wenn man sich infiziert hat, und führt erst nach Monaten bis Jahren zu schweren Krankheitserscheinungen. In Ostafrika sind aber in letzter Zeit vermehrt Krankheitsfälle beobachtet worden. Auch wenn eine Infektion als sehr unwahrscheinlich gilt, stellen die schmerzhaften Stiche eine Plage dar, und man sollte sich bei einem Fieber nach Reiseende auch dahingehend untersuchen lassen. Den besten Schutz vor den aggressiven tagaktiven Tsetsefliegen bieten konsequenter Mückenschutz und angepasstes Verhalten: helle Kleidung, Insektenschutzmittel, wenig Bewegung, Rauch (Rauchen oder Moskitospiralen aufstellen). Tsetsefliegen kommen in tiefliegenden Wildschutzgebieten vor; nicht in Städten und Bergregionen.

Schlangenbisse

Viele Menschen fürchten sich übertrieben stark vor Schlangenbissen. In der Regel wird man allerdings kaum einer Schlange begegnen, da sie rechtzeitig die Flucht ergreift. Sollte es dennoch zu einem Schlangenbiss kommen, den jede Schlange nur zur Verteidigung ausführt, wäre es von großem Vorteil, die Schlange zu identifizieren, denn nur wenige Schlangen Sambias sind für den Menschen lebensgefährlich giftig, und ihr Gift wirkt auf unterschiedliche Weise. Kobras, Mambas, Trugnattern und Vipern sind im südlichen Afrika mit etwa 40 Arten vertreten, von denen einige harmlos, andere gefährlich bis tödlich giftig sind. Außer der Puffotter flüchten alle Schlangen, sobald man sich ihnen nähert, und greifen nur im Verteidigungsfall an. Ein Großteil aller gefährlichen Unfälle passiert daher durch die träge **Puffotter**, deren Gift eine zellenzerstörende Wirkung hat, weil sie sich anstelle zu flüchten bewegungslos zu tarnen versucht. Kommt man ihr unbemerkt zu nahe, greift sie schließlich an. Kobras und die Schwarze Mamba haben dagegen ein fatales Nervengift; und das Gift von Boomslang und Vipern wirkt hämotoxisch; es wird die Blutgerinnung zerstört. Falsche Behandlungsmethoden können ein Schlangenbissopfer daher mehr gefährden als der eigentliche Biss. Am wichtigsten ist es, das Opfer ruhig zu stellen, damit sich die Blutzirkulation verlangsamt. Der Patient sollte viel Flüssigkeit zu sich nehmen. Ggf. können in Erste Hilfe Geübte bei dem betroffenen Körperteil eine Stauung anlegen (frisches Blut kann in den gebissenen Körperteil fließen, infiziertes Blut aber nicht zum Herz zurück). Laien dürfen die Wunde nur vorsichtig säubern (nicht aufschneiden oder aussaugen!), verbinden und möglichst kühl halten. Nun gilt es, den Verletzten schnellstmöglich in eine Klinik zu bringen. Schlangenserum auf Reisen mitzunehmen empfiehlt sich schon aus organisatorischen Gründen nicht (es muss konstant gekühlt werden) und es kann auch nur eingesetzt werden, wenn die Schlange eindeutig identifiziert wurde. Dies wiederum ist in den meisten Fällen sehr schwierig, da Giftschlangen in den verschiedenen Lebensstadien in zahlreichen Farbvariationen auftreten.

Grobe Richtlinie: Schlangen mit Querstreifen oder Ringelmuster sind eher giftige Arten, längs gestreifte Schlangen dagegen eher harmlos. Schlangen, die ihren Oberkörper aufrichten und drohend „fauchen" sind meist den gefährlichen, sehr giftigen Arten zuzurechnen. Giftige Vipern, zu denen auch die Puffotter zählt, erkennt man am kurzen, dicken Körper und einem dreieckigen Kopf.

Verhalten bei Bisswunden

Die meisten Schlangenbisse sind nicht tödlich. Die Bissstelle schmerzt und schwillt an. Wenn viel Gift injiziert wurde, kommt es zu Übelkeit, Erbrechen, Kopfschmerzen und Herzjagen. Panikreaktionen und der Schockzustand sind oft gefährlicher als das Gift selbst, daher ist oberstes Gebot: **Ruhe bewahren!** Wenn man die Schlange nicht identifizieren kann, gilt als grobe Faustregel:

- **Bissstelle stark geschwollen und schmerzhaft:** Vermutlich ein Blut- und Gewebegift; eher Puffotter/Viper. Keine Stauung anlegen, sofort zum Arzt.
- **Kaum Schwellung oder Blutung, unscheinbare Wunde:** Vermutlich ein Nervengift; eher Kobra/Mamba. Oberhalb der Bisswunde sofort Stauung anlegen (frisches Blut kann in den gebissenen Körperteil fließen, infiziertes Blut aber nicht zum Herz). Körperteil notfalls abbinden. Sofort zum Arzt, hier zählt jede Stunde!

Sonstige Maßnahmen: Wunde mit desinfizierender Lösung reinigen. Sog. Schlangensets (kleine Sauggeräte zum Absaugen der Wunde) eignen sich zur Anwendung innerhalb der ersten fünf Minuten nach dem Biss. Niemals eine Wunde mit dem Mund absaugen! Den Betroffenen ruhig stellen, und er sollte möglichst viel trinken.

Auch die nachtaktiven **Skorpione** greifen nur an, wenn sie sich bedroht fühlen. Sie scheinen in windigen Nächten aktiver zu sein als bei Windstille. Rund 100 verschiedene Arten kommen im südlichen Afrika vor. Der Stich ist für gesunde Erwachsene nicht lebensbedrohlich, aber sehr schmerzhaft. Um zu vermeiden, dass ein Skorpion auf nächtlicher Wanderung es sich im warmen Schuh gemütlich macht, lässt man grundsätzlich keine Schuhe im Freien stehen bzw. klopft sie vor dem Anziehen aus. Bei Walking Safaris kann man sich **Zeckenbisse** einhandeln. Dagegen – und gegen Schlangen und Skorpione – schützen hohe Schuhe bzw. Stiefel und Socken.

Notfall-Vorsorge

Um im Falle eines Notfalls im Ausland versicherungstechnisch abgedeckt zu sein, sollte jeder Reisende eine **Auslandskrankenversicherung** abschließen. Sie wird von zahlreichen Versicherungen angeboten, die Jahresgebühren sind relativ günstig. Vergleichen Sie aber vor dem Abschluss die Leistungen. Wichtig für Afrikareisende sind ein kostenloser **Rückholservice** und die Erstattung möglichst hoher **Bergungskosten**. Gerade bei den Bergungskosten haben viele Reisende, die sich ausreichend versichert glauben, eine klaffende Lücke. Denn die Bergung/Evakuierung eines Verletzten aus der abgelegenen Wildnis kann teuer werden, wenn man bedenkt, dass der Einsatz eines Rettungsflugzeugs oder Helikopters erforderlich werden kann.

Wer vor Ort medizinische Leistungen in Anspruch nimmt, muss die Kosten zunächst selbst begleichen und reicht nach Rückkehr die ausführliche Rechnung des Arztes bei der Versicherung ein. Auf der Rechnung muss neben der Adresse des Rechnungsstellers der Name des Patienten, das Datum, die Behandlung und die Währung vermerkt sein. Bei stationärem Aufenthalt in einem Krankenhaus ist der Versicherer sofort zu informieren. In solchen Fällen werden die Kosten meistens direkt zwischen der Versicherung und dem Krankenhaus abgerechnet.

Um sich gegen solche unkalkulierbaren Kosten abzusichern, kann man sich zusätzlich für die Reisedauer bei einem lokalen Versicherer (**Flugrettungsdienst**) anmelden. In Sambia übernehmen MARS (Medical Air Rescue Service) und MedRescue die Bergung Verletzter mit firmeneigenen Kleinflugzeugen und Krankenwagen. Mitglieder können im Bedarfsfall eine Evakuierung per Funk oder Mobiltelefon anfordern. Viele Camps und örtlichen Reiseagenturen versichern ihre Gäste pauschal bei einem dieser Anbieter, daher lohnt es sich, bei der Reisebuchung danach zu fragen. Siehe S. 128 und im Internet: www.medpages.co.za, www.ses-zambia.com.

Wichtiger Hinweis

Da sich die empfohlenen medizinischen Vorsorgemaßnahmen jederzeit ändern können, raten wir, etwa 6–8 Wochen vor Reiseantritt bei einem Tropenfacharzt bzw. den **Tropeninstituten** in Berlin (Tel. 030-301166), München (089-21803517), Heidelberg (Tel. 06221-562905), Tübingen (Tel. 07071-2060), Leipzig (Tel. 0341-9724971) oder Hamburg (Tel. 040-311820) nach aktuellen Informationen zu fragen.
Für Österreich: Wien, Tel. 01-40490360,
für die Schweiz: Basel, Tel. 061-2848111.
Reisemedizinische Informationen im Internet: www.fit-for-travel.de, www.reisevorsorge.de, www.meine-gesundheit.de

Literaturtipp: „Wo es keinen Arzt gibt" von David Werner, Reise KnowHow Verlag

Reiseapotheke

Vorschläge zum Inhalt einer Notfallapotheke gemäß Bayerischem Gesundheitsamt:

Beschwerden	Substanz (Medikament)
Fieber, Entzündung, Schmerzen	Paracetamol, Acetylsalicylsäure (Aspirin)
Insektenstiche	diverse Repellentien, Chlorphenoxamin-Creme, Antibiotikasalbe
Kreislaufanregung	Etilefrin, Norfenefrin
Durchfall	Elektrolyt-Glukose-Präparate, Hefe-Präparate, Loperamid (Imodium)
Erbrechen & Übelkeit	Metoclopramid (Paspertin)
Bauchkrämpfe	Butylscopolamid
Augenentzündung	Tetrazyklin-Augentropfen
Harnwegsinfektionen	Antibiotika, Nieren-Blasen-Tee
Malaria	siehe S. 351
Ohrenentzündung	Acetylsalicylsäure (Aspirin), Phenazon

Außerdem: Kleine Schere, Sicherheitsnadeln, Rasierklinge, Fieberthermometer, Pinzette, Pflaster, Verbandszeug, Desinfektionsmittel, ggf. Allergie- und Magentabletten, Magnesiumpräparat, evtl. Einwegspritzen und alle Medikamente, die Sie regelmäßig einnehmen.

RUND UMS GELD

Reisekosten & Preisgefüge

Im Reiseteil werden die zum Zeitpunkt des Redaktionsschlusses vorliegenden Preise für Unterkünfte, Verkehrsmittel, Eintritte etc.genannt.

Bitte beachten Sie: Durch Preisausschreibungen in unterschiedlichen Währungen kann es zu stark schwankenden oder abweichenden Preisen kommen. Mitunter verwenden Camps Preislisten in verschiedenen Währungen, z. B. in Zambia-Kwacha, ZA-Rand, und US-Dollar, die bei einer Umrechnung in Euro oder US$ nach Tageskurs zu nicht übereinstimmenden Ergebnissen für ein und dieselbe Unterkunft führen. Da helfen nur genaue Vergleiche. Man kann Geld sparen, wenn man dann mit der jeweils "günstigsten" Währung bezahlen kann. Zahlreiche Hoteliers und Dienstleister weisen außerdem auf die Möglichkeit von unangekündigten Preisänderungen hin.

Anreise: Die Flugpreise variieren je nach Saison und Fluggesellschaft enorm; hier lohnt es sich, in Reisebüros nach Sondertarifen zu fragen bzw. im Internet zu recherchieren. Im Durchschnitt kostet ein günstiger Flug nach Lusaka in der Economy Class zwischen 900 Euro und 1400 Euro. Attraktiv sind die neuen Durchgangstarife, mit denen man z. B. deutlich günstiger direkt bis Mfuwe fliegen kann, als wenn man den Inlandflug einzeln dazu bucht (siehe S. 366).

Unterkunft: In Sambia liegen die Preise für Unterkünfte vergleichsweise hoch. Für elegante Hotels oder romantische Lodges sollte man imindestens 150–450 US$ pro Person/Tag ansetzen, häufig deutlich mehr. Dies ist sicherlich mit ein Grund, warum Campingtouren und Chalets zur Selbstversorgung so beliebt sind. Für Campingübernachtungen sollte man in Sambia 15–30 US$ pro Person und pro Nacht veranschlagen.

Einige Luxuscamps und Firstclasshotels wie die Avani Hotels in Livingstone praktizieren eine extrem gedehnte Preispolitik. Diese Hotels vergeben die Zimmer teilweise zu günstigen Tarifen an Reiseveranstalter, verlangen aber gleichzeitig bei Buchungsanfragen von Einzelreisenden deutlich höhere Preise. Dieser Umstand erschwert eine realistische Preisangabe ungemein. Wir empfehlen, insbesondere im Hochpreissegment genaue Preisvergleiche bei unterschiedlichen Anbietern anzustellen.

Zu dieser Problematik kommt noch eine weitere Hürde für die realisitische Kostenkalkulation. Es geht um die verbreitete **zweigleisige Preispolitik:**

Zum Verständnis unserer Preisangaben

100 US$/DZpP:	Preis im Doppelzimmer pro Person
100 US$/EZ:	Preis im Einzelzimmer pro Person
100 US$/Nacht:	Zimmerpreis pro Nacht (unabhängig davon, ob mit einer oder zwei Personen belegt)

Mittel- und Luxusklasse-Lodges berechnen Ausländern (Foreigners) zum Teil hohe Preise, während für die gleichen Leistungen Einheimische (Local Residents), im Land lebende Ausländer (Residents) und Besucher aus den Nachbarstaaten (SADC Regional Residents) beträchtlich weniger bezahlen. Dieses diskriminierende Preismodell ist leider überall im südlichen Afrika sehr weit verbreitet.

Einfachere Hotels, Campingplätze und viele Ferienhäuser haben meistens einheitliche Preise. In Nebensaisonzeiten, auch „Green Season" genannt, und bei schwacher Belegung kann es vorkommen, dass die teuren Lodges auch Europäern eine Resident-Rate anbieten.

Ein Wort zu den sog. **All-inclusive-Preisen** der exklusiven Safaricamps: Diese beinhalten Vollpension, oftmals inklusive aller (auch alkoholischer) Getränke, Pirschfahrten und Ausflüge nach freier Wahl (in der Regel zwei Aktivitäten pro Tag), und teilweise sogar die Transfers und Parkgebühren. Hier sollte man genau erfragen, was das jeweilige All-inclusive-Angebot beinhaltet. Im Vergleich zu den Vollpensionspreisen ist der Zuschlag für die Activities in manchen Fällen recht hoch; ein genauer Vergleich erscheint daher ratsam.

Die Safariagenturen bieten außerdem oft "**Packages**" an, die einen mehrtägigen Aufenthalt in den Camps der gleichen Agentur inklusive der An- und Abreise aus Lusaka, Livingstone oder Mfuwe beinhalten. Auf diese Weise lässt sich die Safari deutlich günstiger realisieren. Fast alle Camps gewähren deutliche Nachlässe bei einem Aufenthalt von vier oder mehr Tagen. Oder sie werben bei längeren Aufenthalten mit gratis Zubringerflügen in den Lower Zambezi Nationalpark. Robin Pope Safaris bietet als finanziellen Anreiz die Möglichkeit, ein preisreduziertes Überraschungscamp zu buchen. Häufig arbeiten auch verschiedene Camps miteinander ein Kombi-Angebot aus, wie die "Luangwa Discovery Safari", die das Flatdogs Camp mit dem Luambe Camp verbindet.

Verkehrsmittel: Mietwagen sind in Afrika nicht billig. Vor allem für Allradfahrzeuge muss man mit hohen Kosten kalkulieren. Diese sind wiederum stark preisabhängig von der Saison, der Mietdauer und der gwünschten Ausstattung. Ein Toyota Landcruiser 4X4 kann so als Leerfahrzeug in der Nebensaison ab 70 US$/Tag ergattert werden; mit Dachzelt und Campingausstattung kostet das Fahrzeug in der Hochsaison schnell mehr als das Doppelte. Nützt man aber die Möglichkeit, mit einem entsprechend ausgestatteten Mietwagen auf Campingplätzen zu nächtigen und sich selbst zu versorgen, hilft diese Reiseart, bei den Gesamtkosten zu sparen.

Die öffentlichen Verkehrsmittel – Bus und Bahn – sind vergleichsweise preiswert (siehe auch S. 367); Inlandflüge sind dagegen teuer.

Preisauszeichnungen in diesem Buch

Die Hoteliers melden ihre Preise unserer Redaktion in unterschiedlichen Währungen, teilweise in Zambia-Kwacha, US-Dollar, ZA-Rand und Euro. Wir rechnen gegebenenfalls zum Tageskurs entsprechend um und veröffentlichen die Übernachtungspreise in diesem Reiseführer einheitlich in US-Dollar.

Die Landeswährung

Währungseinheit ist der Zambia Kwacha (sprich: Kwatscha). 2013 wurde der Zambia Kwacha neu bewertet und drei Nullen gestrichen, seither wird die Währung offiziell **Rebased Kwacha** genannt (ZMW).

Es wurden zeitgleich neue Banknoten ausgegeben mit den Werten 2, 5, 10, 20, 50 und 100 Kwacha sowie neue Münzen im Wert von 5, 10 und 50 Ngwee und 1 Kwacha. Die neuen Noten ähneln den alten Geldscheinen sehr, und man sollte vorsichtig sein, dass man nicht irgendwo einmal wertlose alte Scheine ausgehändigt bekommt.

Die Einfuhr der Landeswährung ist verboten; die Einfuhr von Fremdwährungen unbeschränkt möglich, muss aber offiziell deklariert werden. Heben Sie alle Umtauschbelege auf, für den (unwahrscheinlichen) Fall, dass Sie bei der Ausreise danach gefragt werden sollten oder falls Sie überzähliges Geld zurücktauschen möchten.

Wechselkurse bei Redaktionsschluss:

1 Euro = 1,08 US$ / 1 US$ = 0,92 Euro
1 Euro = 29,25 Kwacha / 100 Kwacha = 3,41 Euro
1 US$ = 27,16 Kwacha / 100 Kwacha = 3,67 US$

Unten: Straßenhändlerinnen reichen ihre Produkte in den Bus

Service & Infos

Anerkannte Devisen & Zahlungsmittel

Devisen (Bargeldbestände)

US-Dollar sind im ganzen Land die bekannteste und begehrteste ausländische Währung. Im Süden bei Sesheke und Livingstone ist auch der südafrikanische Rand bekannt. Der Euro wird von Banken und Wechselstuben in den Touristenzentren anerkannt. Devisenbestände in anderen Währungen lassen sich dagegen meistens nur in den Provinzhauptstädten wechseln.

Die Nationalparkgebühren kann man in US$ oder in der Landeswährung bezahlen. Bei Zahlung in US$ bekommt man allerdings häufig Kwacha als Wechselgeld zurück.

Wir empfehlen, die Bargeldbeträge der Reisekasse in US$ und Euro aufzuteilen (der größere Anteil in US$), um für alle Eventualitäten gerüstet zu sein. **Doch Vorsicht: US-Dollar-Noten aus älteren Beständen vor 2009 werden aufgrund der vielen Fälschungen zunehmend unbeliebter und teilweise von Banken und in Camps und Lodges nicht mehr angenommen**. Auch kommt es vereinzelt vor, dass Noten mit kleinem Wert (1 bis 20 US$-Noten) abgelehnt oder nur zu einem schlechteren Wechselkurs angenommen werden.

Kreditkarten

In den letzten Jahren hat sich die Akzeptanz von Kreditkarten deutlich verbessert (**vorzugsweise VISA und Mastercard**, selten American Express). Mit einer Kreditkarte kann man in guten Hotels, Luxuscamps, Reise- und Mietwagenagenturen, diversen Boutiquen, Tankstellen Supermärkten und Restaurants der Großstädte bezahlen. Nicht jedoch an Nationalparkzugängen, kleineren Supermärkten und in manchen Unterkünften und Restaurants der Kleinstädte. Einige Hotels verlangen außerdem bis zu 5 % Zuschlag bei einer Kreditkartenzahlung.

Mit einer Kreditkarte **Bargeld abzuheben**, wird immer einfacher. In Städten und touristischen Zentren weitet sich das Netz der Geldautomaten kontinuierlich aus (bei Banken und in Einkaufszentren). Aber die Sache hat auch einen Nachteil: Oft wird der Maximalbetrag pro Transaktion auf 4000 Kwacha oder weniger beschränkt). Größere Geldsummen sollte man daher auch anderweitig besorgen können. Außerdem darf man sich nie ausschließlich auf Geldschalter verlassen, sonst hat man bei einem "Out of Order"-Signal schnell ein Problem.

Bei Verlust der Kreditkarte: Sperren von Kreditkarten können Sie weltweit unter **Tel. +49-116116.**

Fotos dieser Seiten: Thornicroft-Giraffen und eine Kolonie Karminspinte im Luangwatal

Reiseschecks

Reiseschecks können wir nicht empfehlen, denn sie lassen sich nur noch mühevoll einwechseln und fast immer zu einem schlechteren Wechselkurs als Bargeld. Sambische Wechselstuben lehnen Schecks in der Regel sogar ganz ab, und die Banken verlangen oft die Vorlage der Kaufbelege (möglichst in Englisch).

Geldwechsel in Sambia

Standard Chartered und Barclay's Bank sind am besten auf den Devisenumtausch eingerichtet, in Sachen Kompetenz und Gebühren stechen sie die anderen Banken üblicherweise aus. In größeren Städten und touristischen Regionen wird der Geldumtausch zügig abgewickelt, im wenig besuchten Landesinneren kann sich daraus allerdings auch eine längere Aktion entwickeln. Stromausfälle oder fehlender Kontakt zur Zentrale, um die aktuellen Wechselkurse zu erfahren, können das Vorhaben bei kleinen Filialen erheblich verzögern. Am besten vermeidet man häufiges Wechseln und tauscht in den Großstädten rechtzeitig genügend ein.

An touristischen Orten bieten Wechselstuben professionellen Service, längere Öffnungszeiten und manchmal auch die besseren Umtauschraten. Mit der Zunahme von ATM-Schaltern (Bankomaten) gibt es heute jedoch sehr viel weniger Wechselstuben als noch vor zehn Jahren.

Schwarzmarkt: An den Hauptlandesgrenzen und in grenznahen Städten werden für Bargeld (US$, Rand) bessere Raten als bei den Banken geboten. Achtung: Dieser Vorgang ist offiziell illegal. Es besteht auch ein nicht zu unterschätzendes Risiko, dabei betrogen zu werden. Dennoch geschieht der Schwarzmarkthandel mitunter sogar vor den Augen des Gesetzes, wie eben z. B. direkt an den Grenzübergängen.

Aufbewahrung des Geldes

Größere Geldbeträge trägt man am sichersten direkt und unsichtbar am Körper (Bauchgürtel, Brustbeutel etc.), und hält zusätzlich stets einen kleineren Betrag griffbereit in einer Geldbörse. So muss man nicht vor Zuschauern an sein Geldversteck und könnte die Geldbörse im Falle eines Raubüberfalls bereitwillig aushändigen. Vor Ort nimmt man zur Verwahrung der persönlichen Dokumente und Finanzen falls vorhanden den Hotelsafe in Anspruch (Geld sollte man niemals unbewacht im Zimmer zurücklassen). Autoreisenden bieten sich zahlreiche knifflige Versteckmöglichkeiten, die dem Handschuhfach unbedingt vorzuziehen sind.

Handeln um Preise

Dass man Preise aushandelt, kommt heute praktisch nur noch an Souvenirständen vor; alles andere wird mit Festpreisen abgerechnet

WICHTIGE HINWEISE UND ADRESSEN

Einreisebestimmungen: Sambia

Deutsche und Österreicher

Visafreie, kostenlose Einreise für Deutsche und Österreicher!

Deutsche und österreichische Staatsangehörige können seit Januar 2023 unabhängig vom Reisezweck visumfrei nach Sambia einreisen, sofern der Reisepass noch mindestens sechs Monate über das Reiseende hinaus gültig ist und ein Rückflugticket und ausreichende finanzielle Mittel vorweisbar sind.

Bei der Ankunft am "Immigration"-Schalter werden max. 30 Tage Freiaufenthalt in den Pass gestempelt.Vor Ort kann man dies zwei Mal für jeweils 30 Tage kostenlos verlängern lassen.

Schweizer

Schweizer Staatsbürger benötigen weiterhin ein Visum, das bei der Ankunft erhältlich ist. Der Reisepass muss bis noch mindestens vier Monate über das Reiseende hinaus gültig sein und mindestens eine leere Seite enthalten. Eine Beantragung von E-Visa vor Reiseantritt ist ebenfalls möglich unter dem Link: https://evisa.zambiaimmigration.gov.zm.

Visa-Gebühren für Schweizer:

Single Entry	25 US$
Double Entry	40 US$
Kaza Visa	50 US$
Multiple Entry	75 US$
Day Tripper	10 US$

Seit 2015 gibt es ein Kombi-Visum für Sambia und Zimbabwe. Das "**Kaza-Uni-Visum**" kostet 50 US$ und ist 30 Tage lang für beliebig viele Grenzübertritte innerhalb der beiden Länder gültig (für die Grenzübergänge in Victoria Falls/Livingstone, Chirundu und Kariba/Siavonga). Darüber hinaus sind Tagesbesuche in Botswana erlaubt. Sobald man in Botswana übernachtet, verliert das Visum allerdings seine Gültigkeit. Erhältlich ist das Visum (theoretisch) an folgenden Grenzen: In Zambia an den Flughäfen Lusaka und Livingstone sowie an den Grenzposten Livingstone/Victoria Falls und Kazungula. In Zimbabwe an den Flughäfen Harare und Victoria Falls sowie in Kazungula.

In Siavonga und Livingstone gibt es zudem „Day Tripper Visa“ (Tagesvisum) für bis zu 24 Stunden.

Gut zu wissen

Maximal 90 Tage pro Jahr darf man als Tourist im Land verbringen. Bei der Einreise gewähren die Grenzbeamten zunächst max. 30 Tage **Aufenthaltsdauer**, manchmal auch kürzer. Wer länger im Land verbleiben möchte, als bei der Einreise gewährt wurde, muss sich die Aufenthaltsgenehmigung in einem Immigration-Büro in den Provinzhauptstädten verlängern lassen. Dies ist unkompliziert und kostenfrei, aber mitunter zeitraubend und auch nur zeitnah, möglichst tagesgenau, zum Ablauf der bisher gewährten Aufenthaltsdauer erhältlich.

Offiziell ist nur bei der Einreise aus einem **Gelbfieber**-Infektionsgebiet wie Zentral- und Ostafrika ein entsprechender **Impfnachweis** vorgeschrieben, dennoch verlangen manchmal Grenzbeamte den Nachweis einer solchen Impfung, besonders an den Landesgrenzen nach Malawi. Südafrika fordert den Nachweis bei allen Reisenden, die aus Sambia nach Südafrika einreisen oder sogar nur im Flug-Transit durchreisen wollen.

Viele Staaten im südlichen Afrika sind sehr streng bei der **Einreise mit Kindern** unter 18 Jahren. So muss das Original oder eine beglaubigte Kopie der Geburtsurkunde mitgeführt werden. Bei Einreise mit nur einem Elternteil oder anderen Erwachsenen als den Eltern ist zudem eine beglaubigte Vollmacht des bzw. der anderen Sorgeberechtigten vorzulegen. Dies gilt es zu beachten, wenn man neben Sambia noch andere Staaten bereist.

Zollbestimmungen

Bei der Einreise nach Sambia müssen theoretisch alle Devisenbestände über 5000 US$ beim Zoll deklariert werden; in der Praxis wird dies aber kaum jemals verlangt.

Für Autofahrer: siehe Infos auf S. 369.

Jagdwaffen, Boote und alle Haustiere unterliegen der Genehmigungspflicht, ehe sie eingeführt werden dürfen, vor allem bei einer Flugeinreise.

Diplomatische Vertretungen in Europa

Botschaft der Republik Sambia
Konsularabteilung
Axel Springer Straße 54a, 10117 Berlin, Deutschland.
Tel. 030-2062940,
E-Mail: info@zambiaembassy.de,
www.zambiaembassy.de.
Sprechzeiten: Mo–Fr von 9–13 Uhr und 14–16 Uhr.

Honorarkonsul der Republik Sambia
Herr Dr.-Ing. Jan Traenckner
Residenzstr. 24, 80333 München
Tel. +49-89-21543881
E-Mail: hc.zambia@traenckner.com
Konsularbezirk Bayern und Baden-Württemberg
Sprechzeiten: Mo–Mi von 9–13 Uhr

Honorarkonsulat der Republik Sambia
Hietzinger Hauptstrasse 46, 1130 Wien, Österreich.
Tel: +43-1-5035979, E-Mail: office@sambia.co.at,
www.sambia.co.at.
Sprechzeiten: Mo–Do von 9–17 Uhr
und Fr von 9–14 Uhr.

Botschaft der Republik Sambia
Rue de Vermont 37–39, 1202 Genf, Schweiz.
Tel. +41 -22-7614400,
E-Mail: geneva@grz.gov.zm
www.zambianmission.ch.
Sprechzeiten: Mo–Fr von 9–13 Uhr

Auswärtiges Amt:
Werderscher Markt 1, 11013 Berlin
Tel. +49-30-18170
www.auswaertiges-amt.de

Diplomatische Vertretungen in Afrika

Botschaft der Bundesrepublik Deutschland
5219 Haile Selassie Avenue, Lusaka, Zambia.
Tel. +260-211-250644, Notfall-Tel. 0977-773000,
E-Mail: info@lusaka.diplo.de,
www.lusaka.diplo.de.
Öffnungszeiten: Mo–Fr von 9–11 Uhr,
in dringenden Fällen auch Mo–Do von 7.30–16 Uhr
und Fr von 7.30–13.30 Uhr.

Honorarkonsulat der Republik Österreich
Plot No. 2432, Chibombo, Lusaka, Zambia.
Mrs. Carla Ann, Tel: +260-966-761665
E-Mail: austriazambia@gmail.com,
Parteienverkehr: Mi 10–12 Uhr.

Konsulat der Schweizerischen Eidgenossenschaft
697 Kalambo Road, North-End, Lusaka, Zambia.
Tel: +260-211-224580,
E-Mail: lusaka@honrep.ch, harare@eda.admin.ch und
southernafrica@eda.admin.ch.

Touristische Informationsstellen

Tourist Information
c/o Botschaft der Republik Sambia
Axel Springer Straße 54a, 10117 Berlin
Tel. +49-30-2062940
E-Mail: info@zambiaembassy.de
www.zambiaembassy.de
Sprechzeiten: Mo–Fr von 9–17 Uhr

Zambia National Tourist Board
Lusaka Square, Century House, Cairo Road
P.O.Box 30017, Lusaka, Sambia
Tel. +261-211-229087/229088/229090
E-Mail: ztb@zambiatourism.org.zm,
www.zambiatourism.com

Hilfreiche Nummern bei Notfällen		
Kreditkarten sperren lassen:		Tel. +49-116116
Reisepass sperren lassen (BRD):		Tel. 01801-133 3333
Handy sperren lassen (BRD):	T-Mobile	Tel. 01803-302202
	Vodafone	Tel. 01805-229494
	O_2	Tel. 01805-436466

Gefahren auf Reisen – die persönliche Sicherheit

Wer eine Reise in exotische Länder unternimmt, stellt sich irgendwann auch die Frage nach dem möglichen Sicherheitsrisiko eines solchen Unternehmens. Deshalb haben wir uns entschlossen, die Rubrik "persönliche Sicherheit" als eigenen Punkt anzusprechen. Schließlich ist Unkenntnis die Hauptursache für dieses diffuse, unwohle Gefühl vieler Leute, bevor sie sich ins „dunkle Afrika" wagen. Was man in südeuropäischen Urlaubsländern als Begleiterscheinung akzeptiert (Autoaufbrüche, Diebstahl), wird in Afrika gerne mit strengeren Maßstäben bewertet.

Sambia gilt als **sicheres Reiseland** mit einer ausgesprochen gastfreundlichen Bevölkerung. Leider ist aber auch hier eine im ganzen südlichen Afrika spürbare Zunahme der Gewaltbereitschaft erkennbar. Die einst so ausgeprägte Hemmschwelle, gegen Europäer Gewalt anzuwenden, sinkt in der ganzen Region langsam ab. Doch im gesamtafrikanischen Vergleich – ja im weltweiten Vergleich zu sog. „Drittweltstaaten" und insbesondere zu Südafrika – nimmt sich Sambia weiterhin ausgesprochen positiv aus.

Der klassische **Diebstahl** ist sicherlich das größte Risiko, dem Reisende in Sambia ausgesetzt sind. Der unauffällige Gelegenheitsdiebstahl ohne Gewaltandrohung, der schnelle Klau, das ist die häufigste Form der Schädigung. Also kein aggressiver Angriff, sondern ganz einfach ein unbemerktes Verschwinden von Hab und Gut. Um die Situation besser einzuschätzen, sollte man sich einmal in die Einheimischen versetzen. Für die meisten Afrikaner ist ganz einfach jeder Tourist steinreich. Schon der Umstand, sich eine Reise um die halbe Welt um des Reisens Willen leisten zu können, weist jeden Touristen als reich aus. Allein die Summe, die ein Tourist bei sich hat, ist mehr Geld, als die meisten Afrikaner jemals verdienen werden. Es ist also vollkommen unsinnig zu glauben, dass man als Jugendlicher mit alten Klamotten und einem schmalen Reisebudget weniger zur Zielscheibe potentieller Diebe wird, als ein wohlhabender Urlauber. Seien Sie sich bewusst, dass Sie auffallen, wo immer Sie auftauchen und möglicherweise Begehrlichkeiten wecken, um diesen durch umsichtiges Verhalten vorzubeugen. Touristen sind weltweit leicht erkennbare und ziemlich gut kalkulierbare Opfer, denn sie sind in der Regel ortsunkundig, häufig gutgläubig und fast immer unbewaffnet.

Vor allem im Gedränge auf Bushaltestellen und Märkten ist oberste Vorsicht vor geschickten Langfingern geboten. Auf Märkte geht man also ohne jegliche Wertsachen, ohne größere Bargeldbestände, Schlüssel und Dokumente. An den Bushaltestellen haben Rucksackreisende meistens ihr gesamtes Gepäck dabei und können sich in dieser Situation nur durch Aufmerksamkeit und vorausschauendes Verhalten schützen. Auch typische Touristenecken erhöhen das Risiko, Opfer von Taschendiebstahl zu werden. Steht ein Hotelsafe zur Verfügung, verwahrt man dort alle Dokumente und die größeren Geldbestände. Wer seine Wertsachen mit sich führen muss, sollte diese grundsätzlich direkt am Körper tragen. Dazu eignen sich versteckte Bauchgurte noch besser als Brustbeutel, weil diese leichter erkannt werden. Man kann das Geld auch in mehrere Einzelposten aufteilen. Auf keinen Fall darf man sein Versteck in der Öffentlichkeit zeigen. Deswegen hält man stets eine Geldbörse bereit mit ausreichend Geldmitteln für den Tag. Sollte diese gestohlen werden, ist der Verlust nicht allzu hoch. Alle verzichtbaren Wertsachen bleiben sowieso gleich zu Hause, denn sie haben auf Reisen in Afrika nichts verloren.

Bewaffnete Überfälle sind in Sambia glücklicherweise ausgesprochen selten. In Traveller-Kreisen wird oft vor Lusaka gewarnt. Unseres Erachtens nach sind die Städte Johannesburg, Harare und Nairobi für Touristen deutlich riskanter als irgendein Ort in Sambia. Doch es ist richtig, dass die potentiell größten Gefahren in den anonymen Großstädten lauern. Diese weltweite Erscheinung trifft

Oben: Safari Guide Sunday demonstriert, wie man ohne Hilfsmittel in der Wildnis ein Feuer entfacht

auch auf Sambia zu. Man sollte sich deshalb angewöhnen, in afrikanischen Großstädten nicht nachts unterwegs zu sein, zumindest nicht zu Fuß. Ferner meidet man einsame Wanderungen. Wer jemals Opfer eines offenen Raubangriffs wird, sollte sich sofort bereitwillig von seinen Wertsachen trennen. „Lieber fünf Minuten lang ein Feigling als ein Leben lang tot" lautet ein weises Sprichwort. Wer in solchen Fällen vorgesorgt hat, die Wertsachen am Körper trägt und griffbereit einen halbwegs gefüllten Geldbeutel aushändigen kann, hat gute Chancen, nur das Portemonnaie mit einer verschmerzbaren Geldmenge zu verlieren.

Die Gefahr eines **Autodiebstahls** betrifft nur einen Teil der Reisenden. Vor vermeintlichen Überfällen schützen sich Autofahrer, indem sie grundsätzlich nicht nachts fahren und auch nicht anhalten, wenn irgend jemand am Straßenrand gestikuliert (außer der Polizei natürlich). Vorsichtige Autofahrer verschließen Türen und Fenster bei Fahrten innerhalb der Großstädte. Größer ist die Gefahr eines heimlichen Autodiebstahls. Es gilt: Fahrzeuge werden grundsätzlich nirgends unbewacht abgestellt! In allen Großstädten muss man einen wirklich sicheren Parkplatz finden oder lässt das Auto nicht unbewacht zurück. Ältere Fahrzeuge oder seltene Automarken sind nicht besonders attraktiv für Autodiebe (im Gegensatz zu neuen Luxuskarossen wie BMW und Mercedes oder Toyota-Allradfahrzeugen), werden aber dennoch mitunter aufgebrochen und ausgeraubt, besonders wenn viel Reisegepäck im Wageninnern zu erkennen ist. So wie der Rucksacktourist auf seinen Bauchgurt und Rucksack aufpassen muss, hat der Autofahrer eben sein Fahrzeug zu hüten.

Verkehrsunfälle gehören besonders zum Risiko derer, die viel mit Sammeltaxis und Bussen unterwegs sind. Meistens handelt es sich um Reifenpannen oder Motorprobleme, wenn die Fahrt am Straßenrand unterbrochen wird. Vorsicht ist geboten, falls ein Fahrer offenkundig angetrunkenen ist. Stehen Bus und Sammeltaxi zur Wahl, würden wir in der Regel aus Gründen der Verkehrssicherheit den Bus vorziehen. Wer selbst mit einem Auto unterwegs ist, legt am besten die deutsche Mentalität ab, sein Recht durchsetzen zu wollen. Hier hat das größere und stärkere Fahrzeug recht. In Zweifelsfall ist die missachtete Vorfahrt schließlich viel weniger schlimm als ein Unfall, den man hätte vermeiden können (siehe auch unsere Autofahrertipps auf S. 377).

Es kursieren verschiedene Geschichten von sambischen **Polizeikontrollen**, die einzig zum Ziel hätten, den Touristen Geld abzunehmen. Unserer persönlichen Erfahrung nach, die wir seit nunmehr 36 Jahren in Sambia sammeln durften, sind solche Berichte häufig stark überzogen und oft auf ein Fehlverhalten des Reisenden zurückzuführen. Auf den Hauptstraßen gibt es regelmäßig Verkehrskontrollen und vor allem im Copperbelt, entlang der Great North Road (rund um Mpika) und an der Great East Road werden Ausländer gerne bevorzugt überprüft. Aber immer haben wir nach Vorzeigen der Dokumente unbehelligt weiterreisen können und notfalls mit geduldigem Diskutieren die Situation gemeistert. Sambische Polizisten und Soldaten reagieren empfindlich auf arrogantes oder provokatives Verhalten bei Weißen, insbesondere Südafrikanern. Deshalb ist ratsam, bei Kontrollen höflich, freundlich, auch humorvoll, aufzutreten, nicht aber kleinlaut und ängstlich oder gar verärgert und herablassend. Bitte beachten Sie hierzu auch unsere Erläuterungen zu den Verkehrskontrollen auf S. 379.

Was das eingangs angedeutete Vermeiden von Begehrlichkeiten angeht, ist als **Verhaltensregel** für alle Situationen zu verstehen. Man protzt nicht mit seinen Werten, zeigt nicht freizügig prall gefüllte Geldbörsen oder edle Kameraausstattungen herum. Lieber verstaut man eine Kamera in einem unauffälligen Stoffbeutel, der Unkundigen nicht den Wert des Geräts vermittelt.

Kriminologen wissen längst, dass es einen bestimmten **Opfertypus** gibt, der Gewaltdelikte magisch anzuziehen scheint, während andere Personen sicher und unbelästigt gleiche Situationen erleben können. Potentielle Opfer wirken unsicher, ängstlich und schwach. Für den Reisenden heißt dies, sich möglichst immer zuversichtlich und selbstbewusst zu geben. Man strahlt aus, die Situation im Griff zu haben. Vor allem alleinreisende Frauen sollten sich dieses Verhalten zu eigen machen. Erfahrene Reisende gehen sogar in fremden Städten, wo sie die Orientierung verloren haben, so weit, nicht hilflos mit dem Stadtplan durch die Gegend zu laufen, sondern nur von Zeit zu Zeit unauffällig nach Weg und Ziel zu suchen. Provokantes Gehabe und Zurschaustellung körperlicher Leistungskraft sind auch nicht der richtige Weg, vielmehr geht es darum, unauffällig selbstbewusst aufzutreten.

Die persönliche Sicherheit kann natürlich auch durch **eigenes Fehlverhalten** beeinträchtigt werden. Beim Reisen in unterentwickelten Ländern sollte man immer im Gedächtnis behalten, wie verheerend z. B. ein Sportunfall enden kann. Tauchen, Klettern und Motorrad fahren sind nur etwas für Geübte! Anfängererfahrungen macht man lieber zu Hause, wo etwaige Unfälle sachgerecht behandelt werden können. Selbst harmlose Unfälle wie Verstauchungen und Abschürfungen beenden rasch eine lang ersehnte und teure Fernreise.

In die Rubrik „Fehlverhalten" gehört auch der Drogenkonsum. Besitz, Handel und Konsum von **Drogen** sind in Sambia illegal. Wer damit erwischt wird, hat die Aussicht auf einen langen Aufenthalt im afrikanischen Knast und nur wenig Hilfe seiner Botschaft zu erwarten.

Alles in allem empfinden wir persönlich das Reisen in Sambia als sicher und angenehm. Wer sich an die empfohlenen Sicherheitsvorkehrungen hält und stets mit offenen Sinnen reist, sich auch nicht scheut, auf den eigenen Instinkt zu vertrauen, der wird mit großer Wahrscheinlichkeit sicher durch Sambia reisen.

"Global Peace Index" 2018: Von 163 Ländern liegt Sambia an 48. Stelle in der Liste der "friedlichsten Länder der Welt" (die USA auf Platz 121, Südafrika nur auf Platz 125).

Unten: Tausendfüßler sind zu Beginn der Regenzeit häufig in Sambia

Wie man auf Reisen gesund bleibt

Essen & Trinken

Ein bekanntes Sprichwort zur Ernährung in tropischen Gefilden lautet: "Cook it, boil it, peel it – or leave it"; zu deutsch: "Was du nicht kochen oder schälen kannst, solltest du nicht essen". Mit dieser strikten Einstellung, die quasi alle frischen, nicht schälbaren Salate und Früchte verbietet, liegt man gewiss im sicheren Bereich. Aber so streng muss man es nicht angehen. Sehr gründlich in sauberem Wasser gewaschene Lebensmittel dürfen durchaus auch dann auf den Speisezettel, wenn sie sich nicht schälen oder vorher kochen lassen. Unsere eigene Erfahrung: der Verzehr von frischem Obst und z. B selbst zubereiteten Salaten hat bisher nie zu gesundheitlichen Beschwerden geführt.

Viele Reisende meiden außerdem frische Eier. Unserer Erfahrung nach sind die Eier aus den städtischen Supermärkten unproblematisch; von Eiern, die auf offenen Märkten stundenlang in der Sonne liegen, sollte man die Finger lassen. Beim Fleisch gewöhnt man sich an, es stets gut durchgebraten zu verzehren. Wer sich selbst versorgt, achtet beim Einkauf auf Frische und Geruch der Waren und verzichtet im Zweifelsfall lieber.

Die Herkunft der Lebensmittel ist freilich nicht erkennbar beim Besuch von Restaurants. Hier gilt die Regel: Riecht es gut aus der Küche? Hat das Lokal Besucher oder ist es leer? Muss man hier warten, bis die Speisen serviert werden (ein Zeichen für frische Zubereitung), oder kommt das bestellte Gericht augenblicklich? Empfehlungen oder Warnungen anderer Reisender sind hilfreich.

Wasser – Gefahrenquelle Nr. 1

Mindestens so vorsichtig wie beim Essen sollte man bei der Wahl des Trink- und Brauchwassers sein, weil man sich über verunreinigtes Wasser am schnellsten Krankheiten einhandeln kann. Leitungswasser ist in Sambia für daran nicht gewöhnten europäischen Organismus nicht unbedenklich trinkbar. Es sollte stets abgekocht bzw. durch Zugabe von Micropur-Pulver oder -Tabletten entkeimt werden. Für den täglichen Wasserbedarf wird in den Großstädten stilles Mineralwasser in handlichen Plastikflaschen verkauft, nicht jedoch auf dem Lande. Die Umsicht mit dem Wasser darf auch nicht beim Zähneputzen vernachlässigt werden. Es gilt: nur Mineralwasser oder gereinigtes Wasser darf in den Mund gelangen!

Man verzichtet also auch strikt auf Eiswürfel in kühlen Getränken – ganz egal, wo man sich aufhält. Ebenso lässt man die Finger von Speiseeis. Auch wenn es einen gut durchgefrorenen Eindruck macht, könnte es zwischenzeitlich schon angetaut gewesen sein. Die notwendige durchgehende Kühlkette ist in tropischen Ländern nicht unbedingt gewährleistet. Ein wichtiger Rat ist jedoch von den Tropen vollkommen unabhängig: viel trinken! Wer Durst verspürt, hat eigentlich schon einen Mangel, den der Körper anzeigt – gesund ist, stets so viel zu trinken, dass sich kein Durstgefühl einstellt. Deswegen sollte man auch immer eine gefüllte Trinkflasche zur Hand haben.

Gefahren durch Wildtiere

Die Wahrscheinlichkeit, mit einem tollwütigen Tier in Kontakt zu kommen, mag gering sein. Um sie auszuschließen, sollte man unbekannte Tiere nicht anfassen oder füttern. Hautverletzungen durch Tierbisse können sich auch ohne **Tollwutgefahr** leicht infizieren, sie müssen daher besonders sorgfältig ausgewaschen werden.

Begegnungen mit **Schlangen** sind viel seltener, als Touristen glauben, da die Reptilien fast immer frühzeitig die Flucht ergreifen, sobald sie durch die Bodenvibration eine Störung spüren. Kommt es dennoch zu einer unerwarteten Begegnung, verhält man sich möglichst ruhig, zieht sich langsam zurück und gibt der Schlange damit Gelegenheit, ihrerseits rasch die Flucht zu ergreifen (s. S. 354). Vorsicht beim **Feuerholzsuchen**: Äste immer erst mit dem Fuß anstoßen, da sich in Astlöchern gerne **Skorpione** aufhalten.

Wie man sich in Wildgebieten gegenüber Elefanten, Raubkatzen und anderen Tieren verhält, wird auf S. 382 beschrieben. Die größte gesundheitliche Gefahr geht allerdings tatsächlich von den unscheinbaren Insekten aus. Das Risiko einer Malariainfektion ist bei nachlässig angewandten Vorsichtsmaßnahmen ungleich größer als jenes, irgendwelchen Krokodilen, Löwen oder wütenden Elefanten über den Weg zu laufen.

Ufer, Strand und Wasser

Eigentlich sollte man sich angewöhnen, in Afrika **niemals barfuß** zu laufen. Zum einen kommen immer wieder einmal Sandflöhe vor, die zwar nicht gefährlich sind, aber lästig in der Ausheilung, wenn sie ihre Eier unter der Fußsohlenhaut ablegen. Außerdem riskiert man sonst unliebsame Verletzungen durch Dornen etc.

Flussufer und Tümpel können theoretisch stets von **Krokodilen** bewohnt sein. Krokodilattacken auf Touristen sind glücklicherweise selten, denn der Kraft und Reaktionsschnelligkeit dieser Panzerechsen sind Menschen in der Regel nicht gewachsen. Allen Gewässern nähert man sich daher mit Vorsicht, erkundigt sich evtl. bei den Einheimischen nach möglichen Wildtieren und badet dort auch nicht ahnungslos. **Flusspferde** sind viel seltener und auffälliger als Krokodile. Für Kanufahrer stellen sie trotzdem eine reelle Gefahr dar, da sie mitunter Boote und Menschen angreifen, die sich ihrem Territorium nähern.

ANREISE NACH SAMBIA

Internationale Flugverbindungen

Von Europa nach Sambia fliegen

Emirates (EK) und **Qatar Airways** (QR) fliegen täglich direkt von ihren Drehkreuzen im Nahen Osten – Dubai bzw. Doha – nach Lusaka und bieten Anschlussflüge von vielen europäischen Flughäfen wie München, Frankfurt, Hamburg, Wien und Zürich (mit 25–30 kg Freigepäck in der Economy Class).

Lufthansa (LH) bietet tägliche Nachtflugverbindungen von Frankfurt nach Johannesburg. Weiterflug am nächsten Tag nach Lusaka oder Livingstone.

Discover Airlines, eine Tochter der deutschen Lufthansa Group, fliegt jeden Dienstag, Donnerstag und Samstag von Frankfurt direkt nach Victoria Falls.

Ethiopian Airlines (ET) fliegt mehrmals wöchentlich von Frankfurt, München oder Wien nach Addis Abeba und weiter nach Lusaka. Die Airline gewährt in der Economy Class mit bis zu 45 kg ungewöhnlich viel Freigepäck.

KLM (KL) und **Kenya Airways** (KQ) fliegen von mehreren europäischen Großstädten über das Drehkreuz Nairobi weiter nach Lusaka.

Turkish Airlines fliegt ebenfalls mahrmals wöchentlich von Istanbul über Dar-es-Salaam nach Lusaka.

Flugverbindungen innerhalb Afrikas

Ein relativ dichtes Flugnetz verbindet die Großstädte im Südlichen Afrika. Drei afrikanische Flug-Drehkreuze sind dabei von größerer Bedeutung:

Addis Abeba in Äthiopien mit der Heimatfluglinie Ethiopian Airlines (ET), die tägliche mehrere Verbindungen zwischen Addis Abeba und Lusaka anbietet.

Nairobi: Die Hauptstadt Kenias ist Sitz der Kenya Airways (KQ), die im Verbund mit KLM (KL) zahlreiche afrikanische Strecken bedient und dabei auch mehrmals täglich nach Lusaka fliegt.

Johannesburg: Die südafrikanische Metropole ist das bedeutendste Drehkreuz Afrikas. Mehrmals täglich starten hier Flüge nach Lusaka und Livingstone.

Darüber hinaus bestehen Flugverbindungen zwischen Lusaka und Dar-es-Salaam, Lagos, Kigali, Windhoek, Harare, Lilongwe, Blantyre, Durban und Lubumbashi.

Durchgangstarife mit Proflight Zambia: Die sambische Airline Proflight Zambia verbindet Lusaka mit Kasama, Solwezi, Ndola, Livingstone, Durban, Lilongwe, Johannesburg und den touristisch relevanten Zielen Mfuwe, Jeki und Royal (Lower Zambezi NP), Lufupa (Kafue NP) und Kalabo (Liuwa Plain NP).

Es ist seither möglich, einen Langstreckenflug von Fluggesellschaften wie Emirates, Ethiopian, Kenya Airways oder RwandAir in Kombination mit Proflight direkt bis Mfuwe zum günstigen Durchgangstarif zu buchen. Die lokalen Reiseagenturen und Luxuscamps erstellen häufig Angebote, die auch Proflight-Flüge beinhalten. So sind attraktive Dreiecksflüge möglich, z. B. Lusaka–Mfuwe–Jeki–Livingstone–Lusaka. In der Hauptsaison fliegt Proflight täglich in den Lower Zambezi NP und bis zu dreimal täglich nach Mfuwe.

Anreise auf dem Landweg: Öffentliche Verkehrsmittel

Von Tansania

Per Bahn: Die TAZARA (Tansania-Zambia-Railways) bietet zwei wöchentliche Direktverbindungen mit dem "Mukuba Express" und dem "Kilimanjaro Express" zwischen Dar-es-Salaam und New Kapiri Mposhi (2 km vom Ort Kapiri Mposhi). Die Grenzformalitäten bei Nakonde werden im Zug erledigt, und es gibt einen Speisewagen. Preise: 1. Klasse Schlafwagen 60 US$, 2. Kl. Liegewagen 35 US$, 3. Kl. Sitz 25 US$.
Fahrplan: ab Dar-es-Salaam Di 13.50 Uhr und Fr 15.50 Uhr, an Kapiri Mposhi Do 13.40 Uhr bzw. So 09.30 Uhr. Ab Kapiri Mposhi Di 16 Uhr und Fr 14 Uhr, an Dar-es-Salaam Do 12.10 Uhr und So 15.46 Uhr.
Reservierung: Lusaka, Tazara House, Dedan Kimathi Rd, Tel. 0211-220646/228023,E-Mail: booking.officelsk@tazarasite.com. Kapiri Mposhi: Tel. 0215-271148/0977-269276. Dar-es-Salaam: Tel. +255-739-998855, E-Mail: info@tazarasite.com, www.tazarasite.com.

Per Schiff: Das älteste Passagierschiff der Welt, die MV Liemba, ein altes Motorschiff noch aus der deutschen Kolonialzeit, befährt seit 1913 den Tanganjikasee (seinerzeit unter dem Namen "Graf von Goetzen"). Fahrplanmäßig ist das Schiff 14-tägig zwischen Bujumbura/Burundi, Kigoma/Tansania und dem einzigen Hafen Sambias in Mpulungu unterwegs. Es verfügt über dreierlei Passagierklassen. In der 1.Klasse wohnt man in Doppelkabinen, in der 2.Klasse in Vierbettkabinen; die Fahrpreise für die Fahrt von Kigoma nach Mpulungu liegen bei 90 US$ pP in der 1. Klasse und 70 US$ in der 2. Klasse. Eine Autoverschiffung von Mpulungu kostet inklusive der Hafengebühren etwa 500–600 US$. Die MV Liemba liegt allerdings bereits seit mehreren Jahren zur Reperatur im Hafen von Kigoma fest. Sie soll Ende 2025 wieder auslaufen, doch Einzelheiten, Fährpläne und Preise liegen nicht vor. Siehe auch S. 288.

Von Mosambik

Es gibt nur zwei Grenzübergänge. Der größere zwischen Katete/Chanida und Cassacatize in Richtung Tete ist asphaltiert. Die Grenze Luangwa/Zumbo liegt an der Mündung des Luangwa in den Sambesi. Eine Überfahrt ist nur per Einbaum möglich.

Von Zimbabwe und Südafrika

Von Ziimbabwe kommend gibt es drei Grenzübergänge: Chirundu, Victoria Falls/Livingstone und Kariba/Siavonga. Von größter Bedeutung ist die Grenze in Chirundu, welche die Hauptstädte Lusaka und Harare verbindet. Ab Harare fahren täglich Expressbusse nach Lusaka. Die Preise liegen je nach Busausstattung bei 25–50 US$, die Fahrtzeit dauert bis zu zwölf Stunden. Expressbusse fahren sogar direkt von Johannesburg nach Lusaka. Unterwegs werden Stopps in Beitbridge, Harare und Chirundu eingehalten. Shalom Bus Service fährt z. B. zweimal wöchentlich von Johannesburg nach Lusaka und benötigen dafür 24–27 Stunden (Tel. 0966-126045 in Lusaka).

Die Grenze an den Viktoriafällen bei Livingstone wird stark von Touristen frequentiert und läuft dadurch sehr unkompliziert ab (S. 173).

Der kleinste Grenzverkehr existiert zwischen Siavonga und Kariba direkt über die Staumauer des Karibasees. Beide Ortschaften bieten auch Nichtmotorisierten einfache Weiterreisemöglichkeiten. An dieser angenehm ruhigen Grenze wurden eine Zeit lang vereinzelt Mietwagentouristen drangsaliert. Die letzten Jahren ist allerdings nichts derartiges mehr vorgefallen.

Von Botswana

Die einzige Grenze zwischen den beiden Ländern – sie berühren sich lediglich ein paar hundert Meter am Sambesi – liegt in Kazungula. Seit eine Brücke den Sambesi überspannt (Foto unten), ist dies ein „One Stop Border Post“: Jeder Grenzgänger überquert zuerst die Brücke (15 US$ /Fahrzeug), die Grenzabwicklung beider Länder erfolgt dann gemeinsam am Ufer des Landes, in das man einreist (mit Wechselstube, Geldschalter, Toiletten). Detailinformationen finden Sie auf S. 188.

Von Namibia

Die Landesgrenze zwischen Namibia und Sambia liegt in Katima Mulilo / Sesheke mit einer gemeinsamen und freundlichen Grenzabwicklung. Die Fernstreckenbusse zwischen Windhoek und Lusaka benützen diesen Grenzübergang. Weitere Infos: siehe S. 188

Von Malawi

Es gibt mehrere Grenzen zwischen Sambia und Malawi, von denen die Mwimi Border bei Chipata/ Mchinji (S. 295) und die Lusuntha Border Post bei Lundazi (S. 296) die einfachsten sind. Bei beiden wird mitunter ein Gelbfieberimpfnachweis verlangt.

Es gibt zahlreiche Busverbindungen zwischen Lilongwe und Lusaka, die Fahrzeit beträgt mindestens zehn Stunden. Zur Grenze nach Lundazi fahren auf malawischer Seite nur sporadisch Sammeltaxis.

Die Grenzen Chiri/Katumbi und Nakonde-Nyala/Chitipa (S. 259 und S. 296) sind so abgelegen, dass sie sich nur für abenteuerlustige Autofahrer eignen. Die nächsten Immigration-Beamten sind in Muyombe, Chama, Lundazi und Isoka stationiert. Zöllner gibt es wiederum nur in Lundazi und Nakonde. Daher ist an diesen beiden Grenzen nur eine Ausreise aus Sambia empfehlenswert, nicht die Einreise. Die malawischen Grenzposten in Katumbi und Chitipa sind außerdem häufig unbesetzt; Zoll und Immigration sind dann in Mzuzu zu erledigen.

Tipp zum Geldwechsel

An vielen Landesgrenzen ist es kaum möglich, legal Geld zu wechseln, weil es dort weder Banken noch Wechselstuben gibt. Am besten besorgt man sich schon vorab etwas Geld in der Währung des Ziellandes, um kleine Gebühren bei der Einreise bezahlen zu können.

Öffnungszeiten der Grenzübergänge

Die Landesgrenzen sind täglich von 6–18 Uhr geöffnet.

Ausnahmen:

Chipata–Mchinji (Sambia–Malawi):	24 Std. täglich
Chirundu (Sambia–Zimbabwe):	24 Std. täglich
Kazungula (Sambia–Botswana):	6–22 Uhr
Victoria Falls (Sambia–Zimbabwe):	6–22 Uhr
Siavonga–Kariba (Sambia–Zimbabwe):	6–20 Uhr

Anreise mit einem Mietwagen oder eigenem Fahrzeug

Als Zolldokument wird bei ausländischen Fahrzeugen das **Carnet de Passages**, das der ADAC in München ausstellt, anerkannt. Bei einem Mietwagen oder wenn kein Carnet vorliegt, benötigt man einen **Internationalen Zulassungsschein**, mit dem man sich beim Zoll an der Grenze eine auf max. 30 Tage limitierte Importlizenz für das Fahrzeug ausstellen lässt, die„Temporary Import Permit", kurz TIP, heißt.

Ferner ist für alle Fahrzeuge eine **Haftpflichtversicherung** (Third Party Insurance) abzuschließen. An den gängigen Grenzstationen sind Versicherungsagenten stationiert, andernfalls sollte man dies in der nächstgelegenen Provinzhauptstadt sofort nachholen. Die Gebühren sind nach Gewichtsklassen gestaffelt, in Kwacha oder US-Dollar zu bezahlen, variieren je nach Grenzposten und sind an den Grenzfilialen höher als bei den städtischen Versicherungsbüros (grobe Richtlinie: etwa 25–35 US$ pro Monat für einen Geländewagen).

Preisgünstiger ist eine Yellow-Card/COMESA-Versicherung, die man sich vorab individuell für COMESA-Staaten ausstellen lassen kann, z. B. für Sambia, Malawi, Zimbabwe, Tansania und Kenia, nicht aber für Botswana und Mosambik. Sie kostet bei 30 Tagen Gültigkeit ca. 15–20 US$ pro Land. Sambia erkennt diese Versicherung allerdings nur für Fahrzeuge mit SADC-Registrierung an; nicht für Fahrzeuge mit europäischen Kennzeichen.

Für nichtsambische Fahrzeuge fällt eine **Carbon Tax** an, deren Höhe sich nach dem Motorhubraum bemisst. Bis 2000 ccm 100 Kwacha, 2000–3000 ccm 150 Kwacha, über 3000 ccm 200 Kwacha, Motorräder 50 Kwacha. Ihre Gültigkeit beträgt max. drei Monate. Ferner fällt eine **Road Toll** (Straßenbenützungsgebühr) über 20 US$ an (für Lkw Zuschläge). An den Landesgrenzen Sesheke, Kazungula, Livingstone, Siavonga, Chirundu und in Nakonde wird gelegentlich eine Gemeindeabgabe, die "**Council Fee**", verlangt (je nach Standort 2–5 US$).

Jeder Fahrer benötigt zusätzlich zum nationalen einen **Internationalen Führerschein**.

Per Mietwagen: Wer mit einem Mietwagen aus einem der Nachbarstaaten nach Sambia einreisen möchte, muss unbedingt vorab mit dem Vermieter abklären, ob die Einreise gestattet und versicherungstechnisch abgedeckt ist. Der Vermieter muss die Zollpapiere, eine Einverständniserklärung ("Letter of Authorization"), die Internationale Zulassung ("Blue Book") und ggf. die Versicherungsunterlagen dem Fahrer aushändigen. Der Grenzzöllner stellt dann bei Einreise das oben beschriebene Temporary Import Permit aus.

Oben: Abflug von Mfuwe

TRANSPORT VOR ORT

Das Inlandflugnetz

Im großflächigen Sambia sind Inlandflüge im Geschäfts- und Tourismusbereich von großer Bedeutung, trotz der verhältnismäßig hohen Kosten. Einen sehr guten Ruf genießt die Gesellschaft "Proflight Zambia", die ein bedeutendes Streckennetz im ganzen Land anbietet, z. B. Flüge nach Kasama, Solwezi, Ndola, Livingstone, Mfuwe, Jeki (Lower Zambezi NP), Lufupa (Kafue NP) und Kalabo (Liuwa Plain NP). In der Hauptsaison bedient die Airline touristische Strecken mehrmals täglich und ermöglicht Reisenden auch interessante Rundflüge. So gibt es einen sehr beliebten Direktflug zwischen Mfuwe und dem Lower Zambezi NP, und endlich auch einen Flug in den Kafue NP und bis in den Liuwa Plain NP (siehe S. 366). Charterfluggesellschaften wie Staravia und Procharter Ltd. bieten auch individuelle Ziele an, z. B. in den Nsumbu NP und in die Bangweulu Wetlands.

Unterwegs im Mietwagen

Informationen zum Autofahren in Afrika: siehe S. 377f. Infos rund um Mietwagen: siehe S. 341f.

Bahnverbindungen

Die Bahn spielt für den Personenverkehr nur eine untergeordnete Rolle. Es existieren zwei Strecken:

• Die TAZARA zwischen Tansania und Kapiri Mposhi (Beschreibung siehe S. 366), ein effizientes Verkehrsmittel zur Reise von und nach Tansania.

• Die Strecke zwischen Livingstone und dem Copperbelt via Lusaka. Infos siehe S. 128 und 173.

Busverbindungen

Es gibt zahlreiche Busgesellschaften mit einem breiten Angebot vom modernen Expressbus bis zu den überfüllten Minibussen bzw. Sammeltaxis. Detaillierte Infos: siehe S. 128, 173 und 344.

Zwischen den Großstädten verkehren mehrmals täglich sowohl Linienbusse, die in vielen Orten Stopps einlegen und meistens überfüllt sind, als auch Expressbusse, die sich durch sehr zügige Fahrt fast ohne Haltestellen, eine Sitzplatzgarantie und modernen Komfort auszeichnen. Die Verkehrssicherheit dieser Busse ist deutlich höher. Abgelegenere Städte wie Mongu, Mbala und Mwinilunga werden nur von den großen Busgesellschaften, z. B. dem Shalom Bus Service, bedient. Die Fernstreckenbusse können in der Regel beim jeweiligen städtischen Bus Terminal vorreserviert werden, teilweise aber erst einen Tag vor der Abreise. Die Preise sind vergleichsweise moderat und liegen bei 12–20 Euro für Lusaka–Livingstone, 17 Euro für Lusaka–Chipata bzw. 40 Euro für Lusaka–Mbala. Expressbusse sind etwas teurer. Häufig ändern sich in Sambia die Anbieter und deren Streckennetz.

Innerhalb der Städte übernehmen Sammeltaxis und private Minibusse den öffentlichen Transport. Die Preise sind ähnlich den Bussen niedrig, doch der Fahrkomfort lässt meistens zu wünschen übrig; nicht selten teilen sich mehr als zehn Fahrgäste die Ladefläche eines Pick-ups oder sitzen fast zwanzig Personen in einem Minibus von der Größe eines VW-Busses.

Eine komfortable Alternative stellen die zahlreichen Taxis, die auch längere Strecken anbieten (siehe S. 344).

REISE-TIPPS FÜR DEN ALLTAG IN AFRIKA

Begegnung mit den Menschen

Reiseerfahrung in Südafrika und Namibia verleitet gerne dazu, sich afrikaerfahren zu fühlen. Dabei werden die gravierenden kulturellen Unterschiede und geografischen Entfernungen der afrikanischen Länder gar nicht in Betracht gezogen. Deshalb möchten wir Ihren Blick einmal auf die Landkarte Afrikas lenken. Kaum ein Tourist ist sich bewusst, dass die Entfernung von Paris nach Moskau (2487 km) kürzer ist als die von Kapstadt nach Lusaka (2933 km). Und die Strecke von Windhoek nach Nacala in Mosambik in etwa der von Hamburg bis nach Damaskus entspricht. Niemand kommt hierzulande auf die Idee, wenn er viele Male in Frankreich gereist ist, seine dortigen Erfahrungen und seine Erwartungen automatisch auf Moskau oder die Tundra übertragen zu können. Und dass Hauptstädte im Nahen Osten ein ganz anderes Reiseverhalten erfordern als ein Städtetrip in Hamburg, wird auch jedem verständlich. Doch in Afrika fällt diese Erkenntnis vielen schwer. Unser Anliegen ist es deshalb, dass Sie unvoreingenommen bleiben mögen und nicht der Versuchung erliegen, Sambia mit Südafrika oder Namibia gleichzusetzen. Was dort vielleicht selbstverständlich ist, wie überall fließendes Wasser, reparierte Straßen, verbindliche Aussagen bei den Behörden und eine nahtlose Treibstoffversorgung, mag hier ganz anders ablaufen. Bleiben Sie offen und bewerten Sie das Land frei von vorgefertigten Erwartungen!

Wenn Sie nach Sambia kommen, werfen Sie besser gleich alle bisherigen Vorstellungen über Bord, Sie werden es sowieso irgendwann tun. Denn wenn Sie mit offenen Ohren und Augen auf die Menschen zugehen, werden diese Sie immer wieder in Erstaunen versetzen. Sie werden vermeintliche Widersprüche entdecken und Dinge, die wir für unmöglich halten. Sie begegnen der Armut und Menschen, die trotzdem strahlen und lachen. Sie können sich die Haare raufen über den Gleichmut, mit dem die Menschen Wälder abbrennen oder wertvolle Straßenbaumaschinen, die vielleicht nur einen Platten haben, vor sich hin rosten lassen. Gleichzeitig aber werden Sie bald die afrikanische Fähigkeit bewundern, mit bloßen Händen in die Glut des Lagerfeuers zu fassen oder fieberkrank viele Kilometer weit zum nächsten Krankenhaus zu laufen. Sie können darüber verzweifeln, warum in Afrika Wasserhähne schon mal quer eingebaut und Schlaglöcher einfach mit Teer ausgepinselt anstatt aufgefüllt werden, aber Sie werden über andere Dinge schmunzeln. Und ganz bestimmt werden Sie auch nachdenklich, wenn Sie die geballte Lebensfreude und verhaltene Neugier in den Kinderaugen sehen.

Selbstverständlich sind nicht alle Orte gleich. Je einsamer es wird, je weiter entfernt von Touristenzentren und Städten Sie sich aufhalten, um so beeindruckender und ehrlicher werden die Begegnungen. Wenn Sie sich trauen, locker und natürlich auf diese Menschen zuzugehen, wird man Sie nicht abweisen, sondern höflich und freundlich behandeln. Wenn Sie sich als Gast in einem fremden Land verhalten und den Menschen gegenüber Respekt zeigen, wird man Ihnen ebenso begegnen. Scheuen Sie sich nicht, Ihr Interesse für das Leben der Menschen zu zeigen! Doch tun Sie es zuerst mit Worten und Gesten – und dann erst mit der Kamera.

Bitte berücksichtigen Sie, dass Afrikaner ein anderes, in mancher Hinsicht freieres Verhältnis zur Zeit haben als wir Mitteleuropäer. Vermeiden Sie außerdem belehrende politische Diskussionen, und versuchen Sie stattdessen, durch Fragen und Zuhören neue Dinge zu erfahren.

In ländlichen Regionen Sambias werden Weiße mitunter respektvoll mit "Bwana" und "Mama" angesprochen, und der traditionelle Gruß beinhaltet ein dreifaches Händeschütteln. Manchmal rufen hier auch die Kinder fröhlich "Mzungu", wenn sie Touristen entdecken (das bedeutet Weißer, Fremder). Und viele Sambier haben die **liebenswerte Angewohnheit**, sich für ein freundliches Dankeschön oder einen netten Gruß als Erwiderung auch zu bedanken.

Anhand zahlreicher Leserzuschriften und Anfragen, die wir durch die vorangegangenen Auflagen dieses Reiseführers erhalten, fällt uns auf, dass einige Reisende, die bisher ausschließlich in Namibia, Botswana oder Südafrika unterwegs waren, eine Scheu vor Sambia haben. Man kann diese Länder in der Tat nicht miteinander vergleichen. Spätestens nördlich des Sambesi liegt das "echte Africa" und Weiße sind in deutlicher Unterzahl. Wer bisher nur in den eben genannten Ländern unterwegs war, mag womöglich durchaus anfangs Schwierigkeiten mit der Umstellung haben. So ist Sambia nicht für Leute geeignet, die auf der Reise nur Kontakt zu Weißen suchen. Die Reaktionen vieler Reisenden decken sich aber mit unserer persönlichen Ansicht:

Die direkten Begegnungen mit der einheimischen Bevölkerung zählen zu den **größten Höhepunkten** einer Sambiareise und können nicht genug gelobt werden. Es gibt nicht viele derart fröhliche Reiseländer.

Oben: Modische Haartracht

Verhaltenstipps

Jenseits der Safarigebiete und Badestrände ist **ordentliche Kleidung** ein Zeichen des Respekts gegenüber dem Gastland. Offenkundig wohlhabende Touristen – denn wer sich einen Urlaub leisten kann, ist für Afrikaner reich – in zerrissener, verdreckter oder nachlässiger Kleidung werden mit Unverständnis zur Kenntnis genommen. In der afrikanischen Gesellschaft ist es üblich, die persönliche wirtschaftliche oder soziale Stellung mit sichtbaren Attributen zu unterstreichen; durchaus auch, um sich als gebildeter oder erfolgreicher Bürger von der großen Masse abzusetzen. Ein Schullehrer, Arzt oder Staatsbeamter wird stets auf eine tadellose Erscheinung wert legen. Lumpen sind hier etwas für Bettler und Arme; wer es zu etwas gebracht hat, zeigt dies mit sauberer, modischer Kleidung. Deshalb ist den Menschen ein allzu lässiges Auftreten von Touristen unbegreiflich.

Frauen stoßen darüber hinaus auch an gesellschaftliche Kleidergrenzen. Zwar sind nackte Arme und Schultern völlig unproblematisch, dafür sollten die Beine einer Frau bis zum Knie bedeckt sein. Es bringt Ausländerinnen, die sich nicht an diese Kleiderordnung halten, nirgendwo in Bedrängnis oder peinliche Situationen, aber die Menschen empfinden solche „Nacktheit“ dennoch als unpassend.

Ein richtiges Tabu sind **Zärtlichkeiten** zwischen Mann und Frau in der Öffentlichkeit. Eng umschlungene Touristenpaare fallen auf, wirken in der afrikanischen Kultur unanständig. Wenig Anstoß erregt dagegen, wenn befreundete Männer (keine Homosexuellen, die gesellschaftlich nicht anerkannt werden) Händchenhalten. Homosexuelle und Lesben leben in Afrika weitgehend inkognito. Politik und Gesellschaft empfinden die gleichgeschlechtliche Liebe noch als höchst peinliche (und mitunter gar als ansteckende) Krankheit.

Touristen und das **Fotografieren** gehören zusammen. Wo immer Touristen in Afrika auftauchen, wollen sie die "exotische, wilde Welt" ablichten. In manchen Regionen stellen sich die Menschen begeistert in Pose, um mit auf das Bild zu kommen. Anderswo sind sie stolz und fühlen sich geehrt, wenn man sie fotografieren möchte. Es gibt aber auch Menschen, die nicht fotografiert werden wollen. Dies ist unbedingt zu respektieren.

Sprachschwierigkeiten sind kein Argument, um mangelnde Kontaktbereitschaft zu erklären. Wer sich Mühe gibt, wird ohne Worte auskommen und den Menschen ein Lächeln abringen. Es gibt Leute, die können ohne eine gemeinsame Sprache miteinander kommunizieren. Afrikaner zeigen die Bereitschaft dazu fast immer, während wir diese Spontaneität und Situationskomik kaum je gelernt haben. Versuchen Sie ungeniert, sich mit Gesten verständlich zu machen. Eine große Hilfe können Fotos, Bilder und Bücher darstellen.

Die sprachliche Verständigung

Muli Bwanji und Zikomo

Mit Englischkenntnissen reist man schon ganz gut durch Sambia, weil die meisten Einheimischen englischen Schulunterricht genossen haben. Auch erwartet niemand von einem Touristen Sprachkenntnisse in ChiBemba, ChiKaonde oder ChiTonga. Aber gerade deshalb erntet man viel Sympathie, wenn man mit ein paar Worten oder Grußformeln in der Sprache seiner Gastgeber sein Bemühen um eine Verständigung zum Ausdruck bringt.

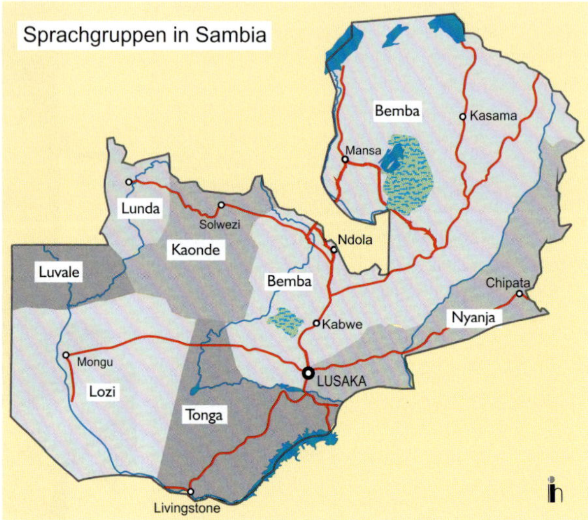

Die meisten Afrikaner sind **ausgesprochen sprachgewandt**. Sie wachsen von klein auf in Regionen auf, in denen mehrere lokale Sprachen verbreitet sind. Hinzu kommt

Deutsch	ChiBemba	ChiKaonde	SiLozi	Nyanja	ChiTonga
Hallo	Shani	Mutende	Sha	Bwanji	Wabonwa
Wie geht's?	Uli Shani?	Mujipyepi?	Mucwani?	Muli Bwanji?	Muli buti?
Es geht gut.	Ndi Bwino	Njitu Bulonga	Napila	Ndili Bwino	Ndikabotu
Danke	Natotela	Na santa bingi	Nitumezi	Zikomo	Twalumba
Bitte	Mubwai	Mwane		Pepani	
Goodbye*	Shaleenipo	Shalaipo	Musiyale hande	Pitani Bwino	Muchale kabotu
Sorry	Njeleleeniko	Kubulanda	Niswabile	Pepani	Chabija
Wo...?	Kwi...?	Kwepi...?	Kai...?	Kuti...?	Nkuli...?
Wie...?	Shaani...?	Nanyi jishinda?	Cwani...?	Bwanji...?	Mbubuti...?
Wann...?	Lilali...?	Kimyeka...?	Lili...?	Liti...?	Ndilili...?
Was ist das?	Cinshi ici?	Kika kye?	Kine se...?	Nichiani ichi?	Nchinzi echi?
Wer...?	Naani...?	Nanyi...?	Ufi...?	Ndani...?	Nguni...?
Ich möchte...	Ndeefwaya...	Nasaka...	Nibata...	Ndifuna...	Ndayanda...
ja	Emukwai	Eee	Eeni	Inde	Ee
nein	Awee	Ine	Batili	Ai / iyai	Pepe
1	Cimo	Kamo	Kalikanwi	Imodzi	Komwe
2	Fibili	Tubiji	Totubeli	Awiri	Tobile
3	Fitatu	Tusatu	Totulalu	Atatu	totatwe
4	Fine	Tuna	Totune	Anai	Tone
5	Fisaano	Tutanu	Totuketalizoho	Asanu	Tosanwe

*) Beim Abschied wird meist das englische "Goodbye" verwendet.

eine europäische Amtssprache; zumeist die der ehemaligen Kolonialmacht. Nicht selten können die Menschen daher vier oder fünf Sprachen sprechen und verstehen. In Sambia ist dies besonders ausgeprägt.

Unter Sambias rund 80 Sprachen und Dialekten lassen sich sieben als Hauptsprachen bezeichnen: ChiBemba, ChiKaonde, SiLozi, Lunda, Luvale, Nyanja und ChiTonga. Ihre regionale Verbreitung zeigt die Karte links.

Rechts: "Preasure Resort" statt "Pleasure Resort"

Einige sprachliche Besonderheiten

• Häufig hängen Afrikaner ein betontes "i" an englische Begriffe, z. B. Impalasi, Aidsi, Lioni.

• "R" und "L" werden oft vertauscht. So hört man statt "bread" ein "blead", "Jellican" statt dem "Jerrycan" und "Loan Antelope" statt der "Roan Antelope".

• Auf dem Land werden manchmal auch Touristinnen mit "Mr." und "Sir" angesprochen.

• Bei Geldbeträgen steht das Wort "Bin" für die Zahl Tausend. 5000 (alte) Kwacha wurden "5 Bin" genannt (enspricht heute 5 Kwacha). Manchmal hört man das heute noch.

• Mit "Thank you" schließen viele Dialoge ab, es wird sehr oft ausgesprochen. Sambier bedanken sich gern auch dann, wenn sie eigentlich gar keinen Grund dazu haben.

Typische Ausdrücke und Begriffe im südlichen Afrika

Ablution Block	Sanitäreinrichtung (auf einem Campingplatz)
A-Frame Chalet	Chalet mit dem langgezogenen Spitzdach, wie ein „A“
Attendant	Hauspersonal, Platzwart
Biltong	Trockenfleisch in Streifen, Spezialität aus Südafrika
Boerewors	„Burenwurst“, fettreiche, würzige, gerollte Grillwurst
Boma	Haupthaus, zentraler Mittelplatz, regionales Stadtzentrum
Braai	Grillen, Barbecue
Bush	Wildnis
Caretaker	Aufseher, Platzwart bzw. Hausmeister
Escarpment	Steilabbruch eines Höhenzugs oder Plateaus
Full Board	Vollpension (VP)
Game Drive	Pirschfahrt zur Wildbeobachtung
Game Park	Wildpark
Gate	Eingangstor
Gorge	Schlucht
Guide	Reiseleiter, Safarileiter
Hide	Beobachtungsstand
Mealie Meal	Maismehl
Overlander	Touristen-Lkw auf Campingsafari
Power Cut	vorübergehender Stromausfall
Roadblock	Straßensperre, Polizeikontrolle
Rondavel	runde Hütte/Ferienhaus
Robot	Ampel (anstelle von Traffic lights)
Self Catering	Selbstversorgung (z. B. im Chalets)
Tea Garden	einfaches Gartenlokal
Township	Wohnviertel für Schwarze

Essen und Trinken in Afrika

In den Touristenhotels und Camps

Die Küche ist reichhaltig und gut, aber keine ausgefeilte Spezialitätenküche. Gern wird gegrillt, was man im südlichen Afrika 'Braai' nennt (ein Afrikaans-Ausdruck). Das Fleisch ist meist von guter Qualität. Kartoffeln und Reis werden viel gegessen, Nudeln dagegen seltener.

Das Frühstück fällt mit Ei, Speck, Bohnen und Toast recht üppig aus. Brot kennt man hauptsächlich in Form von englischem Kastenweißbrot. Die Mittagsmahlzeit ist etwas kleiner, dafür wird abends meist mit mehreren Gängen oder Buffet diniert. Als Dessert werden tropische Früchte, süße, englische Cakes und Puddings gereicht.

Die **traditionellen afrikanischen Gerichte** Nshima bzw. Shima (Maisbrei), getrocknete Kapentafische aus dem Karibasee und geröstete Mopanewürmer werden manchmal als Spezialitäten in Hotels und Lodges angeboten. Biltong ist ein getrocknetes Wild- oder Rindfleisch, das als Zwischenmahlzeit beliebt und eine Spezialität Südafrikas ist. Vereinzelt wird Krokodilfleisch angeboten, das besser schmeckt als man vermutet, und Wildgerichte wie Impala Stew, Büffelbraten, Elen- und Zebrasteak.

Die **Getränke**: Beim Tee sind der kräftige Schwarztee und Rooibostee verbreitet. Kaffee wird nicht überall frisch aufgebrüht; vielfach wird er auch aus Nescafé-Pulver gerührt. Tagsüber werden bevorzugt Softdrinks wie Sprite und Coke getrunken.

Kohlensäurehaltiges Wasser heißt übrigens Soda Water, unter einem "Mineral Water" versteht man hier ein stilles Wasser. In den Städten verkaufen die Supermärkte gutes stilles Wasser der Marken "Polar" und "Manzi" in unterschiedlichen Verpackungsgrößen.

Ein beliebtes, erfrischendes alkoholfreies Getränk ist der Rock Shandy, der zu gleichen Teilen aus Sodawasser und Schweppes Limonade besteht. Ansonsten trinkt man in Sambia leidenschaftlich gerne Bier. Die einheimischen Sorten heißen *Castle*, *Mosi* und *Rhino*, außerdem sind Importbiere aus Südafrika und Namibia erhältlich. Südafrikanische Weine werden zu relativ hohen Preisen in den Hotels und größeren Supermärkten angeboten.

Snacks und Fastfood: Probieren Sie einmal die heißen, dreieckigen Samosas als Snack! Sie kommen aus der indischen Küche und sind in großen Supermärkten an der Heißen Theke erhältlich. In den modernen Einkaufszentren gibt es allerlei südafrikanische Fastfood-Filialen.

In Restaurants hat der **Kellner** üblicherweise kein Geld bei sich. Statt dessen geht er mit dem Geld zur Kasse und bringt wenig später das Wechselgeld zurück.

Die einheimische Kost

Die einheimische Küche sieht freilich anders aus: In vielen Familien gibt es morgens, mittags und abends Nshima. Abwechslung bringt oft nur die Beilage (Fleisch, Soße, Gemüse oder Fisch). Diese Beilagen heißen zusammengefasst Relish. Kohl, Tomaten, Zwiebeln, Bananen und Mangos ergänzen die Küche. Zu trinken gibt es meist nur Wasser. Das Lieblingsgetränk der Afrikaner ist Bier. In den Dörfern wird dieses noch aus Mais, Hirse oder Honig hergestellt. **Chibuku**, ein einfaches Maisbier, kann man fast in allen Ortschaften bekommen. Es wird in Papptüten verkauft, die aussehen wie europäische Milchtüten. Auf den Märkten findet man zu Beginn der Regenzeit getrocknete Raupen.

Die Situation für Selbstversorger

In den großen Städten ist das Lebensmittelangebot seit der Eröffnung zahlreicher Shopping Malls mit den Supermarktketten Choppies, Shoprite, Spar und Pick'n'Pay deutlich vielseitiger geworden. Fleisch und Milchprodukte aller Art sind dort in großer Auswahl erhältlich; das Obst und Gemüse allerdings meistens aus Südafrika importiert. Wer frisches Obst und Gemüse aus der Region bevorzugt, sollte dafür die Märkte oder kleine lokale Läden aufsuchen. Das Angebot variiert ganz nach Saison und Örtlichkeit. In Regionen mit einem gewissen indischen und weißen Bevölkerungsanteil ist das Angebot viel reichhaltiger (z. B. Salatgurken, Kopfsalat, Auberginen und Pilze), als in rein afrikanischen Landesteilen, wo man im Extremfall nur Tomaten, Erdnüsse und Zwiebeln findet. Importierte Dosen mit Gemüse, Obst, Gulasch etc. gibt es in den größeren Supermärkten.

Ein Tipp: Decken Sie sich in den Großstädten mit frischen Milchprodukten wie Butter, Milch und Käse ein, denn diese sind in ländlichen Regionen schwer zu bekommen. Auch Fleisch und Wurst sollte man gezielt in den Städten auf Vorrat kaufen. Die kleinen Landmetzgereien sind nicht jedermanns Sache und bieten nicht immer hochwertige Waren bzw. eine gesicherte Kühlung.

Buschküche – Kochen am offenen Feuer

Kochen am offenen Feuer macht viel Spaß und bietet echte Lagerfeuerromantik. In den Nationalparks gibt es zwar kaum "Braai-Plätze" (Grillvorrichtungen) wie in Südafrika, Namibia oder Zimbabwe, dennoch erfreut sich auch hier das Kochen und Grillen am Lagerfeuer großer Beliebtheit. Viele private Campingplätze bieten Feuerstellen oder Grillgestelle.

Wegen der großen Hitze und des starken Verrußens können keine normalen Töpfe und Pfannen verwendet werden, sondern man benötigt ein hitzebeständiges **Kochgeschirr**, z. B. die Emailletöpfe der Fa. Kango, die es in großen Supermärkten wie Shoprite gibt. Als Grundausstattung für ein erfolgreiches Kochen am Lagerfeuer empfehlen wir: einen mittelgroßen Topf, eine Pfanne, Bratenwender, Arbeitshandschuhe zum Anfassen der heißen Töpfe, Grillrost (wird in großen Supermärkten verkauft), Grillanzünder, Feuerzeug und Alufolie.

Feuerholz und Holzkohle

Feuerholz-Bündel und Holzkohlesäcke werden direkt am Straßenrand verkauft. Da Holz in Afrika immer knapper wird, sollte man auf große Lagerfeuer verzichten.

Tipps für die Lagerung

Als Vorratsbehälter eignen sich verschließbare Plastikdosen. Tiefkühlbeutel schützen die Kühlbox vor blutigem Fleisch, denn erfahrungsgemäß sind die Plastikfolien stets undicht. Obst und Gemüse lagert man am besten in einem halboffenen Naturkorb.

So kocht man Nshima

Zwei Tassen Wasser werden mit einem halben Teelöffel Salz zum Kochen gebracht. Dann wird eine Tasse Mealie Meal (Maismehl) eingerührt und sehr lange geschlagen (das ist die eigentliche Kunst). Den Topf vom Herd nehmen und, falls vorhanden, zur Verfeinerung ein wenig Butter beigeben. Klingt einfach, ist aber für Ungeübte ganz schön schwer zu bewerkstelligen!

Oben: Getrocknete Kapentafische, Wildfrüchte und Tamarinden

Ein paar Empfehlungen für die weitere Küchenausstattung

<u>Dinge, die man besser von zu Hause mit bringt:</u>

Ihre bevorzugten Gewürze wie Salatkräuter, Paprikagewürz, Pfeffer
Hochwertigen (Balsamico-)Essig,
Fertigsoßen und Fertigsuppen (gibt es vor Ort, schmecken aber ungewohnt)
Cappuccino/Espresso-Portionspackungen, Trinkschokolade
Kartoffelpüree-Pulver, Fertigkuchen (z.B. hitzebeständige Sorten von Bahlsen, in Alufolie verpackt)
abgepacktes Schwarzbrot (Pumpernickel),
Gulasch, bzw. Schmalzfleischkonserven, die man verfeinern und zu Nudeln oder Reis servieren kann
Streichwurst in Frühstücksportionen,
Speck und Rauchfleisch
H-Sahne oder Soja-Sahne für feine Soßen
Vitamintabletten für Getränke
Müsliriegel

<u>Dinge, die man gut vor Ort besorgen kann:</u>

Currymischungen und andere indische Gewürze, Grillsoßen, Tee, (löslicher) Kaffee, Milch (-pulver), Speiseöl, Zucker, Nudeln, Reis, Marmelade, Honig

Oben: Marktfrauen in Mwense

Anregungen für die Buschküche

- Eier mit Speck und Zwiebeln, besonders schmackhaft mit Bratkartoffeln
- Steak (T-Bone oder Lende) gegrillt, mit gekochtem Kürbis, z. B. Gem Squash und Kartoffeln in Alufolie, dazu etwas Butter
- Mais-Thunfisch-Salat: Mais- und Thunfischkonserven gibt es vor Ort (darauf achten, dass man nicht Cream-Corn-Dosen, sondern körnigen Mais kauft). Dazu Zwiebeln und, falls verfügbar, grüne Paprika. Gewürzt mit Salz, Pfeffer, etwas Öl, Zitronensaft oder Essig
- Afrikanischer Farmersalat aus geraspeltem Weißkraut und Karotten, mit Joghurt verfeinert
- Reisfleisch: Reis, Zwiebel, Paprika, Frühstücksspeck (Bacon) oder Rindfleisch, Mais, Tomaten (evtl. aus der Dose). Gewürzt mit Knoblauch, Paprika, Chilis
- Afrikanisches Gulasch: Kartoffeln, Paprika oder Bohnen, viele Zwiebeln, Tomaten und Fleisch. Kräftig würzen mit Knoblauch, Chilis, Paprika
- Nudelreste (Spaghetti) eignen sich gut mit Salz, Pfeffer und Butter abgeröstet zum Frühstück
- Gegrillte Hähnchenteile mit Gemüserisotto
- Hühnertopf mit Kartoffeln, Zwiebeln, Paprikaschoten, Tomaten, Knoblauch, Oregano, Thymian und Basilikum
- Weißbrot: Schmeckt besser, wenn man es am Feuer kurz aufröstet. Besonders gut als Knoblauchbrot zum gegrillten Steak
- Maiskolben: Kochen bis sie weich sind, mit Salz, Pfeffer und Butter servieren
- Als Zwischenmahlzeit eignet sich Käse mit Salzgebäck
- Zum Frühstück: H-Milch mit Getreideprodukten (Corn Flakes etc.) als Müsli, dazu frisches Obst (Äpfel)
- Banane in Butter und Honig gebraten
- Gem Squashes und Butternut: Weit verbreitete afrikanische Kürbisarten, sehr lange auch ohne Kühlung haltbar, die ca. 20 Min. gekocht werden müssen (zuvor halbieren und die Kerne entfernen). Anschließend leicht salzen oder mit Zimt bestreuen. Passen gut zu Kartoffeln und Fleischgerichten.

Wichtig! Damit das Essen nicht zum Reinfall wird: Prüfen Sie vor dem Kochen stets das Wasser auf Verunreinigungen und möglichen Eigengeschmack!

Tipps & Infos für Autofahrer

Verkehrsregeln

- Höchstgeschwindigkeit in Ortschaften und Nationalparks: 40 km/h, außerhalb von Ortschaften: 100 km/h.
- In Sambia besteht Anschnallpflicht und herrscht Linksverkehr. Die Missachtung der Anschnallpflicht wird mit 300 Kwacha Bußgeld geahndet.
- Es gilt trotz Linksverkehr die Rechts-vor-Links-Regel.
- Es besteht striktes Alkohol- und Telefonierverbot beim Autofahren (es drohen hohe Bußgelder).
- Jedes Fahrzeug muss einen Feuerlöscher und zwei Warndreiecke mitführen; außerdem müssen Reflektorstreifen vorne und hinten angebracht sein (vorne weiße Streifen, hinten rote).
- Die runde Versicherungsplakette muss an der Frontscheibe angeklebt werden.
- Kreisverkehr: In den Städten gibt es anstelle von Kreuzungen manchmal „Roundabouts". Die Fahrzeuge im Kreisverkehr haben Vorfahrt vor denen, die in den Kreisverkehr einbiegen wollen.
- Wenn an einer Kreuzung jede Zufahrtsstraße ein Stoppschild hat, darf der zuerst losfahren, der als Erster die Kreuzung erreichte.

Checkliste für Ersatzteile & Werkzeug

- Ersatzteile: 2 Ersatzräder, Starthilfekabel mit Klemmen, Sicherungen, Keilriemen, Zündkerzen, Ölfilter, Treibstoff-Filter, Motoröl, Zündkontakte/Verteilerfinger
- Bergungshilfen: Bergegurt/Abschleppseil, Spaten oder Axt, Schäkel
- Werkzeug für Reifenpannen: Radmutterkreuz, Wagenheber, Holzunterlage, 12-Volt-Kompressor oder Handluftpumpe, Reifenflickzeug, Reifendruckprüfer
- Sonstiges Werkzeug: Draht, Isolierband, Stromkabel, Schlauchschellen, Schrauben & Muttern, Gummischlauch, Klebstoff, Dichtmasse, Kriechöl, Spanngurte, Taschenlampe, Batteriemessgerät, Kabelbinder.

Allgemeine Wartungsmaßnahmen

Wer mit einem Auto durch Sambia reist, sollte zumindest Grundkenntnisse der Fahrzeugtechnik beherrschen, um kleinere Pannen selbst beheben zu können. Zu den regelmäßigen anfallenden Wartungsmaßnahmen zählen:

- Bremsen und Reifenzustand regelmäßig prüfen. Eine Reifenpanne bei hoher Geschwindigkeit kann bei Schlauchreifen verheerende Auswirkungen haben.
- Luftfilter regelmäßig überprüfen und ggf. ausklopfen.

Afrikaspezifische Ratschläge

In Afrika legen viele Fahrer bei Pannen **Zweige** statt Warndreiecke an den Straßenrand und sichern das Fahrzeug durch das Unterlegen von großen **Steinen**. Diese bleiben oft auch dann noch liegen, wenn das hängengebliebene Fahrzeug schon fort ist.

Hohe Geschwindigkeit: Die langen, mitunter eintönigen Strecken verführen zum Rasen. Viele schwere Unfälle durch unerwartete Schlaglöcher, Wildwechsel, riskante Überholmanöver und Schleuderausbrüche lassen sich auf überhöhtes Tempo zurückführen. Rechnen Sie bei Gegenverkehr immer mit überhöhter Geschwindigkeit und einem übermüdeten Fahrer, der womöglich die Kurven schneidet. Außerdem gilt auf den Fernstraßen das Recht des Größeren: Busse und Lkws beanspruchen oft mehr als die Hälfte der Fahrbahn. Als kleineres Fahrzeug muss man immer defensiv fahren und vorsichtig ausweichen können.

Planen Sie nicht zu **lange Tagesetappen**. Pistenfahrten strengen an, eintönige Teerstraßen ermüden – in beiden Fällen lässt die Reaktionsfähigkeit nach.

Wenn der **Motor** zu **überhitzen** droht, hilft es, das Warmluftgebläse einzuschalten.

Legen Sie die typisch deutsche Autofahrermentalität ab und führen Sie sich stets vor Augen, welch verheerende Folgen ein Autounfall in der Wildnis Afrikas haben kann – auch wenn man "prinzipiell" Recht hatte.

Wenn Sie noch keine **Geländeerfahrung** haben, tasten Sie sich vorsichtig an die ungewohnten Bedingungen heran, damit das Abenteuer Spaß macht und nicht zum teuren Lehrstück wird!

Nach Regenfällen sind nasse Erdstraßen oft gefährlich glitschig. Auch manche Zufahrten zu Fähren sind steil und rutschig und daher immer vorsichtig zu befahren.

Schlaglöcher können jederzeit unvermutet auftreten; Warnhinweise sind selten. Manchmal werden sie auch nur mit Teer ausgepinselt anstatt wirklich aufgefüllt.

Oben: Polizeiposten an der Luangwa Bridge (Great East Road)

Fahren im Gelände macht Spaß! Sandige Flussbette zu durchqueren, Allrad und Differenzialsperren einzusetzen und den Wagen über einfachste Holzbrücken zu lenken, gehört zu den Höhepunkten einer Afrikareise. Bevor man sich in das Abenteuer stürzt, sollte man sich jedoch mit den Tricks und Tücken vertraut machen.

Besondere Herausforderungen

Im Sand steckengeblieben?

Unsere Erfahrung: Bereits mäßiges Reduzieren des Reifendrucks (vorne um 30 %, hinten um 50 %) hilft auf Tiefsandstrecken enorm. Wer stecken bleibt, weil er nicht im richtigen Gang war: zuerst wieder zurücksetzen, dann die Fahrt im niedrigen Gang fortsetzen.

Bei Feststecken im Sand ist folgendes zu tun:

1) Schaufeln (vor den Reifen; wenn der Wagen aufsitzt auch unter dem Fahrzeug), bei Bedarf auch die Mittelspur vor dem Wagen etwas abtragen
2) Reifendruck auf ca. 0,8-1,0 bar reduzieren
3) Falls möglich zurücksetzen, um den Wagen freizustellen
4) Falls möglich, Mitfahrer anschieben lassen
5) sobald ein Reifen durchdreht: stoppen! Erneut Sand schaufeln.
6) Falls vorhanden, Differentialsperre(n) zuschalten
7) Notfalls Wagen an einer Seite hoch bocken und Sandblech oder Hölzer unterlegen
8) Zügig mit Anschieben, Allrad und Sperren durchfahren
9) Anschließend Reifendruck wieder erhöhen, da sonst Dornen und Wurzeln die Reifen aufschlitzen

Wasserdurchquerungen

Bevor man sein Auto in überspülte Furten oder Tümpel lenkt, sollte man die Fahrspur untersuchen. Vorausgehend und mit einem Stecken kann man ertasten, ob der Untergrund fest ist und wie tief das Wasser wird. Schließlich durchquert man die Wasserstelle im Allradmodus zügig, aber ohne Hast. Hauptsächliche Gefahr ist ein Steckenbleiben inmitten des Gewässers, wodurch Wasser in den Motor dringen und diesen beschädigen könnte. Im Zweifelsfalle kehrt man besser um und verzichtet auf das feuchte Abenteuer.

Fahren auf Schotterpisten (Gravel Road)

Wellblech-Rüttelpisten sind zwar nervenzerreißend, aber am sichersten ganz langsam zu fahren. Nur Fahrer mit ausreichend Pistenerfahrung dürfen sich in höhere Geschwindigkeitsbereiche vorwagen. Geschwindigkeiten über 80 km/h sind lebensgefährlich! Schlechte Stoßdämpfer wirken sich auf Schotterpisten besonders fatal aus. Der Wagen kann blitzartig ausbrechen und unkontrollierbar werden. Nicht selten kommt es zu Überschlägen. Halten Sie auf allen Pisten immer genügend Abstand zum Vordermann und verzichten Sie auf riskante Überholmanöver bei schlechter Sicht. Es besteht erhöhte Steinschlaggefahr beim Überholen und bei Gegenverkehr.

Fahren auf Erd- und Sandpisten

Bei Fahrten auf kleinen Pisten durch dichten Busch ist auf spitze Wurzeln und Baumstümpfe achtzugeben, die im Nu die Reifen aufschlitzen können. Ähnliches passiert auch bei Dorngestrüpp. Querrillen und tiefe Löcher erlauben oft nur langsames Fahren. Nach Regenfällen sind Erdstraßen oft gefährlich glitschig.

Schlammstrecken befahren

Im Gegensatz zum Tiefsandfahren sollte man bei Schlammstrecken den Reifendruck nicht reduzieren. Evtl. kann man die Spuren mit Ästen auslegen. Schlammstellen befährt man mit kontrolliertem Anlauf. Vermeintlich abgetrocknete Schlammpassagen können unter der trokkenen Oberfläche immer noch weich sein. Außerhalb der Regenzeit sind Schlammstellen glücklicherweise selten.

Verkehrskontrollen

Verkehrskontrollen kommen entlang der Fernstrecken regelmäßig vor. Dabei kann es sich um einen Road Block (Straßensperre) handeln oder auch um einzelne Beamte, die am Straßenrand den Verkehr kontrollieren und gezielt einzelne Verkehrsteilnehmer zum Halten auffordern. Dies ist typisch für viele Länder in Afrika. Die Polizei ist berechtigt, entsprechende Kontrollen durchzuführen.

Wer in eine Kontrolle gerät, wird zuerst nach den entsprechenden Ausweisdokumenten gefragt. In der Regel sind dies die Kfz-Versicherung, der Internationale Führerschein, die Road-Toll-Bescheinigung, der Zoll-Importschein (Carnet) oder der Reisepass mit Visum. Ferner wird kontrolliert, ob alle Insassen angeschnallt sind, die Reflektoren angebracht sind und nach den obligatorischen beiden Warndreiecken gefragt. Hartnäckige Kontrolleure führen sogar einen Lichtfunktionstest durch.

Wenn alle Papiere in Ordnung sind, man sich keines der Vergehen schuldig gemacht hat und nicht zu schnell gefahren ist (Vorsicht: viele Radarkontrollen!), besteht keine Berechtigung, irgendwelche Bußgelder zu fordern. Die meisten Polizisten verhalten sich auch sehr korrekt gegenüber Touristen; und in vielen Fällen werden eher einheimische Fahrer gestoppt und überprüft, Touristen aber durchgewunken.

Hat man aber den Eindruck, der Polizist versucht ein Vergehen zu kreieren, empfehlen sich folgende Verhaltensweisen: Jedem Beamten des Landes gegenüber verhält man sich höflich und zurückhaltend. Fühlen Sie sich nicht eingeschüchtert. Es kann helfen, sich als europäischer Tourist zu erkennen zu geben, denn sie sind in Sambia beliebter als Südafrikaner. Kommt es zu Schwierigkeiten, so versuchen Sie den Beamten in ein freundliches Gespräch zu verwickeln und damit eine angenehme Gesprächsatmosphäre zu schaffen (ein Tourist, der das Land und seine Bewohner lobt, schmeichelt auch dem Staatsdiener). Zahlen Sie kein Bestechungsgeld, widersetzen Sie sich den Anordnungen aber auch nicht. Begleiten Sie die Beamten notfalls zur Polizeistation und nehmen Sie Kontakt auf zu Ihrer Botschaft.

Aber missverstehen Sie uns bitte nicht: Diese Tipps gelten für unberechtigte Drangsaliererеien. Tatsächliche Verkehrsvergehen berechtigen die Beamten natürlich zur Ahndung. In Sambia liegt das typische Bußgeld für Speeding bei 300 Kwacha.

Sollte es zur Bußgeldzahlung kommen, sind alle Beamten verpflichtet, sich namentlich auszuweisen, eine Quittung auszustellen, und sie dürfen nur Beträge in der lokalen Währung verlangen. Weigern Sie sich, ohne Quittung Geld zu bezahlen! Wenn US$ verlangt werden, ist dies ein Zeichen polizeilicher Wegelagerei und illegal.

Wir blicken inzwischen auf 36 Jahre Autofahren in Afrika zurück, ohne jemals an einer Verkehrskontrolle unberechtigt Bußgeld gezahlt zu haben. Denn wer mit ordentlichen Papieren und einem verkehrssicheren Fahrzeug unterwegs ist, kann auch die wenigen unangenehmen Kontrollposten erfolgreich meistern.

Typische Gefahren für Autofahrer

Nachtfahrten: Fahren Sie grundsätzlich nicht nachts. Besonders die Hauptstraßen gelten wegen des hohen Risikos, bei schlechter Sicht Menschen oder freilaufende Tiere zu überfahren, als gefährlich. Auch Straßenschäden wie Schlaglöcher oder unbefestigte Seitenränder sind im Dunkeln kaum zu erkennen.

Wildtiere: Wildwechsel ist praktisch überall außerhalb der Städte möglich, außerdem stellen zahlreiche Nutztiere am Straßenrand und sogar mitten auf der Fahrspur ruhend eine erhebliche Kollisionsgefahr dar. Aufgeschreckte Hühner gehören in ländlichen Regionen zur Tagesordnung. Dagegen schützt nur langsames, vorausschauendes Fahren.

Hochstehendes Gras auf Pisten: Wenn das Gras nach der Regenzeit auf dem Mittelgrad kleiner Pisten sehr hoch steht, kann es den Kühler verstopfen und zur Motorüberhitzung führen. Als Schutz spannen manche Fahrer Gaze-Netze vor den Kühler. Zudem verfängt sich das Gras am Fahrzeugboden und kann unter Umständen durch den heißen Motor oder den Auspuff zur Selbstentzündung führen.

Fahrradfahrer: Vorsicht bei Fahrradfahrern: Viele fahren in der Straßenmitte oder zu zweit nebeneinander und registrieren von hinten kommende Fahrzeuge erst sehr spät. Dann weichen sie mitunter unkontrolliert aus oder stürzen sogar. In unklaren Situationen also besser rechtzeitig hupen und abbremsen.

Fahren im Konvoi: Wenn man mit zwei Fahrzeugen unterwegs ist, muss der Hintermann stets aufpassen, ob Passanten, Fahrradfahrer oder Tiere, die vor dem ersten Wagen ausgewichen sind, nicht plötzlich wieder zur Straßenmitte laufen, weil sie das zweite Fahrzeug nicht wahrgenommen haben.

Service & Infos

Wichtige Autofahrer-Hinweise

Die **Treibstoffversorgung** ist entlang der Hauptstraßen gut. Für sehr abgelegene Touren, z. B. in Westsambia, sollte man allerdings eine Reichweite von 800 km einplanen. **Treibstoffpreise**: 1–1,10 US$/l Diesel und 1,10–1,30 US$/l Benzin. Schwefelarmer Diesel ist in Sambia weit verbreitet.

Der **Straßenzustand** sowohl der Asphaltstraßen als auch der Erd- und Schotterpisten kann sich rasch ändern. Er ist vor allem abhängig von der Reisezeit und von Dauer und Ausmaß der letzten Regenzeit, denn die Regenmonate zwischen Dezember und April setzen den meisten Straßen massiv zu. Es entstehen Schlaglöcher, brechen Randstreifen ab, steiniger Untergrund wird freigelegt und Schlammstellen können auftreten. Mitunter schwellen die Flüsse so stark an, dass sie Brücken wegspülen oder Wegstrecken überfluten. Nach der Regenzeit müssen diese Schäden wieder repariert werden und Wege und Furten abtrocknen (was in sumpfigen Gebieten bis in den Juni dauern kann). Da ist es ein wenig Glückssache, welche Straßen den Vorrang bekommen und zuerst „gegradet“ oder ausgebessert werden. Zum Ende der Trockenzeit, vor dem nächsten Regen, sind die meisten Straßen wieder mehr oder weniger in Ordnung gebracht worden. Nun kommt hinzu, dass für größere Instandsetzungen und Ausbauprojekte einzelner Strecken in der Regel internationale Finanzhilfen gesucht werden. Welche Straße dabei wann in den Genuss sachgerechter Erneuerung kommt, ist nicht voraussehbar. Die Streckenbeschreibungen schildern daher stets die Bedingungen, die wir bei unseren Recherchen auffinden und die Erfahrungen aus 38 Jahren Reisen in Sambia. Wir raten generell – und praktizieren dies selbst – sich vor ausgefallenen und schwierigen Touren beim Streckenbeginn vor Ort nach der Befahrbarkeit zu erkundigen. Die einheimischen Taxi- und Lkw-Fahrer oder Tankwarte wissen häufig erstaunlich gut Bescheid über die aktuelle Lage.

Straßenkarten: In unserem Verlag erscheint eine zuverlässige Zambia Road Map mit 210 GPS-Daten und zwölf Detailkarten von Nationalparks und touristischen Regionen. Bei den für diesen Reiseführer erstellten Karten legen wir besonderen Wert auf reale Straßenverhältnisse. Nicht mehr befahrbare Straßen zeichnen wir nicht ein, auf neue Straßen verweisen wir explizit. **Bitte bedenken Sie:** Viele Pisten erlauben in Sambia nur eine Durchschnittsgeschwindigkeit von 30 km/h, "gute Pisten" in der Regel auch nicht mehr als 45–50 km/h. Dies sollten Sie unbedingt bei der Planung berücksichtigen.

Verhalten von Tieren auf der Fahrbahn

Bei Überlandfahrten ist stets mit Tieren auf den Straßen zu rechnen.

Esel werden ihrem Ruf gerecht und bleiben teilweise stoisch mitten im Weg stehen.

Rinder entfernen sich nur langsam. Als Herdentiere folgen sie einander, in der Regel ist ein Abbremsen notwendig.

Ziegen entfernen sich meistens rechtzeitig zum nächstgelegenen Straßenrand. Vorsicht jedoch bei jungen Ziegen.

Hunde können Autos schlecht einschätzen und entfernen sich häufig zu spät von der Fahrbahn.

Hühner rennen panisch davon, drehen aber gerne während der Flucht wieder um, um zurück auf die Straße zu rennen.

Affen rennen schon in weiter Entfernung davon.

Besonderheiten bei Geländefahrzeugen

Allradmodus (4x4)

Bei den meisten Geländewagen kann man zwischen dem normalen Zweiradantrieb und dem Vierradantrieb wählen. Durch einen einfachen Riegelmechanismus werden auch die Vorderräder angetrieben. Man schaltet den Allradmodus nur bei Bedarf dazu, weil das Fahren mit 4x4-Antrieb deutlich mehr Treibstoff verbraucht. Bei Fahrzeugen mit manuellen Freilaufnaben empfiehlt es sich, bei Wegstrecken, wo sich Allradpassagen mit normal befahrbaren Abschnitten abwechseln, die Freilaufnaben auf die Position „Locked" einzustellen. Bei schneller Fahrt auf guten Straßen müssen die Naben dagegen immer auf „Free" eingestellt sein (auf reinen Zweiradantrieb).
Wichtig: Ein Allrad funktioniert nicht, wenn die Freilaufnaben auf „Free" oder „Unlocked" stehen!

Zusätzlich wird zwischen „4 WD High" und „4 WD Low" unterschieden. „**Low**" bezeichnet eine Getriebeuntersetzung zum Anfahren in extrem steilem Gelände oder zum Befreien aus Tiefsand und Schlamm. Die Übersetzung „**High**" wird für das konstante Fahren im Allradantrieb verwendet.

Da es unterschiedliche Allradsysteme gibt, ist es wichtig, sich beim Mietwagenanbieter vor Antritt der Reise kundig zu machen.

Differenzialsperren

Das kurzfristige Einsetzen der „Diff Locks" verhindert erfolgreich das Durchdrehen einzelner Räder und kann in kniffligen Situationen wahre Wunder wirken. Bei starken Steigungen im Gelände, bei Schlamm oder Tiefsand geben die Sperren dem Fahrzeug manchmal gerade den nötigen Halt, um sich aus der Problemsituation zu befreien. Differentialsperren dürfen jedoch nur kurz eingesetzt werden, denn sie machen das Fahrzeug schwer manövrierfähig. Das Lenken ist stark eingeschränkt, und mit den vorderen Sperren ist quasi nur noch ein Geradeausfahren möglich.

Wenn der Busch brennt...

Buschbrände gehören in Sambia zum Alltagsbild. Es beginnt direkt nach der Regenzeit mit dem sogenannten "**Early Burning**". Durch den nächtlichen Feuchtigkeitsniederschlag und eventuell noch auftretende kleine Regenschauer sprießt bald frisches Gras auf der abgebrannten Fläche. Das "**Late Burning**" zum Ende der Trockenzeit soll wiederum bestimmte Bäume zum frühzeitigen Ausschlagen bringen und die mit trockenem Gras bestandenen Flächen frei machen, um bei den ersten Regenschauern den frischen Graswuchs zu beschleunigen. In den Nationalparks wird häufig vorgegeben, die Feuer wären von Wilderen gelegt worden, um die Tiere aus ihren Verstecken zu treiben. Dabei werden die Buschbrände gezielt wegen der oben genannten Gründe von der Parkverwaltung gelegt. Dass das Feuer zu Afrika gehört, kann man leicht an den Bäumen erkennen. Fast alle Baumarten sind schwer entflammbar, und manche brauchen sogar das Feuer, um ihre Samenkapseln zu öffnen. Wer im September die öden, abgebrannten Waldflächen sieht, kann sich kaum vorstellen, dass diese Wälder wenige Monate später in tropisches Grün verwandelt werden.

In der afrikanischen Tradition haben die Brände jedoch noch mehr Funktionen. Sie reduzieren Ungeziefer, vertreiben Schlangen und ermöglichen den Feldanbau (Brandrodung für Wanderfeldbau wird immer noch angewandt). Kein Afrikaner wird versuchen, einen Buschbrand zu löschen, es sei denn, die eigenen Hütten sind bedroht. Leider werden aber auch Urwälder in Brand gesetzt, deren Ökosystem nicht an regelmäßige Brände gewöhnt ist. Auch vertragen die meisten Nadelhölzer in den Forstgebieten kein Feuer. Und das alljährliche **Abbrennen der Wälder** ist nicht zu vergleichen mit den periodischen natürlichen Buschbränden. Die Böden sind überstrapaziert, bilden keinen Humus, erodieren. Die Artenvielfalt sinkt nachhaltig, und Jungvögel finden keinen Schutz mehr im Laub.

Für den Touristen sind die Brände in den seltensten Fällen wirklich bedrohlich. Die Feuer fressen sich langsam durch die Landschaft. Es verbrennen aber nur das Gras und das Unterholz mit dem Laub der Bäume. Nur wenige Bäume fangen richtig Feuer. In der Regel kann man an einem Buschbrand problemlos zügig vorbeifahren, denn der Feuerstreifen ist nur wenige Meter breit. Dahinter qualmt es noch, gelegentlich fängt ein umgestürzter Baum Feuer und kokelt noch mehrere Tage weiter.

Service & Infos

Unterwegs in den Parks: Wie verhält man sich in der Wildnis?

Verhaltenstipps

Auf Safari farblich dezente **Kleidung** in Naturfarben tragen, keine knalligen Farbtöne. Dunkle Farben ziehen Tsetsefliegen stärker an als helle. Sonnenschutz und Kopfbedeckung nicht vergessen! Siehe Foto rechts!

Bei **Pirschfahrten** und im Camp verhält man sich möglichst leise und defensiv. Lassen Sie sich nicht täuschen; wenn Sie keine Tiere sehen, heißt das nicht, dass Sie nicht selbst genau beobachtet werden!

Ganz, ganz wichtig: **Niemals** im offenen Zelt oder unter freiem Himmel schlafen! Raubtiere greifen keine geschlossenen Zelte an. Dagegen führt leichtsinniges Verhalten wie Schlafen im unverschlossenen Zelt leider immer wieder zu Todesfällen, weil Raubkatzen Schlafende aus dem offenen Zelt zerren können.

Lassen Sie über Nacht keine **Nahrungsmittel** im Freien liegen und deponieren Sie diese auch nicht im Zelt, sondern ausschließlich im Fahrzeug. Nachts können die Gerüche Hyänen und Elefanten anlocken, tagsüber richten Meerkatzen und Paviane Chaos an, um an die begehrten Nahrungsmittel zu gelangen. Hyänen zerbeißen übrigens auch Kühlboxen und Schuhe.

An **Flussufer**n ist immer erhöhte Vorsicht geboten wegen der Krokodile.

Versorgung: In keinem der Parks sind Lebensmittel und Treibstoff erhältlich. Auch Pannendienste, Wechselstuben und öffentliche Verkehrsmittel sucht man vergebens. Man ist folglich auf sich allein gestellt und sollte auf entsprechende Ausrüstung und großzügige Reserven (vor allem bei Sprit und Wasser) achten.

Vogelfreunde kommen oft direkt in den Camps und Lodges auf ihre Kosten. Viele Vögel haben sich an die Anwesenheit der Menschen gewöhnt und kommen nahe heran. Das gleiche gilt auch für Buschhörnchen, Zebramangusten, Warzenschweine etc.

Wenn man mehrtägig von einem **Scout** eskortiert wird (in den unerschlossenen sambischen Parks), ist es üblich, dass man den Wildhüter voll verköstigt.

Wildtier-Gefahren: Alle Tiere haben eine Fluchtdistanz, die man nicht unterschreiten darf. Reizen oder provozieren Sie sie nicht! Sollte es trotzdem einmal zu unliebsamen Begegnungen kommen, ziehen Sie sich langsam und ruhig zurück, auf keinen Fall rennend. Einzelne Büffel können sehr aggressiv und gefährlich sein, ebenso Elefantenkühe mit Kälbern.

Joggen Sie niemals im Busch und entfernen Sie sich nicht allein vom Camp oder Auto. Achten Sie ganz besonders auf kleine Kinder, deren Rennen oder Schreien Raubtiere reizen könnte.

Buschbrände können im trockenen Gestrüpp durch kleinste Funken ausgelöst werden. Lagerfeuer sind vor Verlassen des Camps daher stets sorgfältig zu löschen. Vorsicht auch mit Zigarettenkippen.

Feuerholz: Treten Sie vor dem Aufheben gegen die Äste, um etwaige **Skorpione** zu verscheuchen.

Hilfsbereitschaft im Busch ist eine generelle, manchmal lebensrettende Grundregel. Es sollte selbstverständlich sein, sich gegenseitig in der Wildnis bei Pannen oder Krankheitsfällen zu helfen.

Schlangen wird man wenige sehen. Fest auftreten lässt die Erde vibrieren, so dass sich fast alle Schlangen rechtzeitig zurückziehen (außer der Puffotter, die sehr träge ist). Besten Schutz gegen Bisse und Stiche von Schlangen, Skorpionen, Spinnen oder Zecken bieten feste, knöchelhohe Schuhe. Eiserne Regel: Im Busch niemals barfuß laufen! Siehe auch S. 354 und 365.

In den Nationalparks und Schutzgebieten wurden zum Schutz von Natur, Tierwelt und Besuchern verschiedene Regeln aufgestellt, deren Einhaltung für ein beschwerdefreies Reisen in der fremden Umgebung notwendig ist.

Für **Autofahrer**: Höchstgeschwindigkeit ist 40 km/h, querfeldein zu fahren und Fahren nach Sonnenuntergang ist nicht erlaubt. Tiere haben stets Vorfahrt.

Dass man seinen **Abfall** überall dort, wo keine Abfallbehälter zur Verfügung stehen, wieder mitnimmt, sollte selbstverständlich sein.

In den Nationalparks darf man **nach Sonnenuntergang** nicht mehr unterwegs sein und auch nicht allein zu Fuß laufen.

Tiere und Pflanzen sind geschützt. Füttern und Belästigen der Wildtiere ist streng verboten.

Ungeschützte Begegnung mit Wildtieren

Elefanten: Handelt es sich um eine Herde mit Kälbern, der man zu nahe gekommen ist, ist sofortiger langsamer Rückzug angesagt, hier besteht höchste Gefahr! Bullen sind deutlich weniger aggressiv und selbstsicherer. Elefantenattacken passieren meistens, weil der Mensch die Körpersprache des Elefanten falsch eingeschätzt hat. Fächelnde Ohren und ein schwingender Rüssel sind noch keine Gefahr. Ein verärgerter Elefant legt die Ohren an und den Rüssel nach unten. Spätestens wenn dunkle Feuchtigkeit aus der Drüse zwischen Augen und Ohren tritt, ist mit einem Angriff zu rechnen. Fordern Sie sie nie heraus, denn wütende Elefanten laufen deutlich schneller, als ein Mensch flüchten kann.

Büffel: Die bulligen Tiere sind in Gemeinschaft sehr viel friedfertiger als alleine. Größere Herden flüchten meist vor dem Mensch, ein Einzelgänger zögert jedoch nicht, sofort zum Angriff überzugehen. Bei unerwarteten Begegnungen sofort den Rückzug antreten, notfalls auf einen Baum flüchten.

Flusspferde: Kanuten müssen sich vor ihnen sehr in Acht nehmen, Fußgänger begegnen ihnen kaum. An Land grasende Hippos sind nicht aggressiv, außer wenn sie ihren Fluchtweg abgeschnitten wähnen. Also nie zwischen ein Hippo und sein Gewässer geraten!

Löwen: Für alle Großkatzen gilt: Der natürliche Trieb, davonzurennen, ist die schlechteste Wahl in einer prekären Situation. Wenn Sie Löwen begegnen, sofort stehenbleiben und dann einen langsamen Rückzug einleiten. Bleiben Sie als Gruppe eng beisammen, zeigen Sie weder Angst noch Aggression. Sollte es zu einem Angriff kommen, versuchen Sie die Tiere mit Lärm und drohenden Bewegungen abzuschrecken.

INFORMATIONEN VON A BIS Z

Ärzte und Apotheken

Nur in den Städten besteht eine gute Versorgung durch Krankenhäuser, Ärzte und Apotheken. In ländlichen Regionen gibt es Krankenstationen, in Notfällen kann man sich auch an Missionsstationen wenden. Vielfach fehlt es an Medikamenten, auch ist die Krankenversorgung nicht flächendeckend gewährleistet. Touristen sollten eine Notfallapotheke und Medikamente, die sie regelmäßig benötigen, auf die Reise mitnehmen. In ernsten Fällen sollte man sich nach Südafrika oder nach Hause evakuieren lassen (vor der Reise eine gute Auslandskrankenversicherung abschließen, siehe S. 355). Medizinische Behandlungen und Medikamente werden in Sambia direkt abgerechnet, müssen also vom Patienten beglichen werden. Nach der Rückkehr kann man diese Ausgaben von der Versicherung einfordern. Die Behandlungskosten liegen in der Regel deutlich unter denen in Westeuropa.

Airporttax

Die Fluggastgebühren sind in der Regel bereits in den Flugtickets enthalten.

Betteln

Von Zeit zu Zeit kommt es vor, dass Kinder oder Erwachsene, manchmal sogar Polizisten und Beamte, Touristen anbetteln. Der Bettelei muss niemand nachgeben, man kann auch höflich Nein sagen, ohne verärgerte oder aggressive Reaktionen zu ernten.

Eintrittspreise der Nationalparks

Offiziell gelten die Eintritte stets pro Tag von 6–18 Uhr. Bei einer Übernachtung im Park gelten die Eintrittsgebühren allerdings bis zum Vormittag des Folgetags.

Die Parkgebühren können in bar in der Landeswährung Kwacha oder in US$ bezahlt werden. Man sollte es möglichst passend dabei haben, denn Wechselgeld ist oft ein Problem.

Für Einheimische und im Land lebende Ausländer (Residents) sind die Gebühren deutlich niedriger.

Die Eintrittspreise der vier am besten vermarkteten Parks Sambias richten sich neben der Herkunft des Besuchers auch noch nach der Reiseart (Selbstfahrer zahlen mehr):

R = Residents und SADC-Bürger auf Package-Tour
P = Internationale Touristen auf Package-Tour
S = Selbstfahrer/Individualreisende

Lower Zambezi: R:20 US$ / P: 25 US$ / S: 30 US$
South Luangwa: R:20 US$ / P: 25 US$ / S: 30 US$
North Luangwa: R:15 US$ / P: 20 US$ / S: 25 US$
Mosi-oa-Tunya: R: 5 US$ / P: 15 US$ / S: 15 US$

Bei den übrigen Parks wird nur zwischen Residents (**R**) und internationalen Besuchern (**I**) unterschieden:

Kafue NP: R:15 US$ / I: 20 US$
Luambe NP: R:10 US$ / I: 15 US$
Liuwa Plain NP: R: 20 US$ / I: 30 US$
Nsumbu/Kasanka/Lochinvar: R: 7 US$ / I: 10 US$
West Lunga/Blue Lagoon: R: 5 US$ / I: 10 US$
alle anderen Parks: R:12,60 Kwacha / I: 5 US$

Camping pP (außer Liuwa): R: 31,50 Kwacha / I: 5 US$
Camping Liuwa Plain NP: für alle Besucher 15 US$

Kinder und Jugendliche:
Die Kinderermäßigung beträgt 50 % für 5–12-jährige, Kinder unter fünf Jahren sind frei.

Fahrzeuge:
Sambische Kennzeichen: 25,50 Kwacha pro Tag
Ausländische Kennzeichen: 15 US$ pro Tag
über 3 T Eigengewicht: 42 Kwacha bzw. 30 US$

Entfernungen

Siehe Tabellen auf Seite 388.

Links: Nimmersatt

Fähren

Alle ESCO-Motorfähren sind gebührenpflichtig: Fahrzeuge mit ausländischer Registrierung kosten 150 Kwacha, mit sambischer Registrierung 56 Kwacha. Motorräder: International 50 Kw., sambische Kennzeichen 14 Kwacha.

Feiertage

01. Januar	Neujahr
März	Tag der Jugend
März/April	Karfreitag bis Ostermontag
28. April	Kaunda Day
01. Mai	Tag der Arbeit
25. Mai	Afrika-Freiheitstag
Erster Montag und Dienstag im Juli	Heldentag und Tag der Einheit
Erster Montag/August	Tag der Bauern
18. Oktober	Prayer Day
24. Oktober	Unabhängigkeitstag
25. Dezember	Weihnachten

Schulen, Banken, Ämter und Behörden haben an Feiertagen geschlossen. Fällt ein Feiertag aufs Wochenende, wird er am folgenden Montag nachgeholt (nach der britischen Methode). Shopping Malls in den Großstädten öffnen auch an Sonn- und Feiertagen, zumindest vormittags.

Ferienzeiten

Die Schulferien sind von Provinz zu Provinz, ja manchmal selbst innerhalb einer Stadt verschieden. Die 'Großen Ferien' sind etwa zwei Monate lang und liegen zwischen Juni und September. Die kürzeren Ferien zur Weihnachtszeit dauern meistens vier Wochen.

Fotografieren

Die besten Lichtverhältnisse zum Fotografieren bieten die Monate von Ende der Regenzeit bis in den August. Für die diesige Luft, die ab August/September einsetzt, empfiehlt sich der Einsatz eines Polfilters. Auch UV-Filter leisten gute Dienste. Bei Sonnenuntergang- oder Teleaufnahmen erzielt man mit einem Stativ gute Ergebnisse. Menschenaufnahmen gelingen am besten mit Blitzlicht (auch bei Tage). Die schönsten Aufnahmen entstehen morgens oder spätnachmittags, wenn die schräg stehende Sonne alles in ein sanftes Licht taucht. Wir empfehlen, ausreichend Speicher, Akkus oder Ersatzbatterien mitzubringen. Vor Ort sind diese Dinge nur in größeren Städten zu bekommen. Ferner sollte man an einen Staub- und Hitzeschutz für die Fotoausrüstung denken. Wasserdichte Schutzbehälter sind nützlich beim Besuch der Viktoriafälle.

Oben: Digitalkameras lösen oft Begeisterung aus

Fotomotive: Öffentliche Einrichtungen wie Häfen, Bahnhöfe, Flughäfen, Regierungssitze sowie alle militärischen Fahrzeuge, Personen und Gebäude dürfen nicht fotografiert werden. Zwar lockern sich die Bestimmungen zusehends, doch sollte man lieber zuerst um Erlaubnis fragen, ehe man solche sensiblen Objekte ablichtet.

An dieser Stelle möchten wir auch daran appellieren, umsichtig und erst nach erteilter Erlaubnis Menschen zu fotografieren. Die meisten Afrikaner lassen sich gerne fotografieren, wenn man sie höflich fragt. Ein Nein muss man aber ebenso akzeptieren. Der ab und zu auftauchenden Forderung, für das Foto zu bezahlen, sollte man nicht nachgeben, sondern lieber auf die Aufnahme verzichten. Wer eine Sofortbildkamera oder einen Farbdrucker dabei hat, erntet helle Begeisterung, wenn man einen Fotoabzug verschenkt.

Internet

Es gehört zum Standard der meisten Hotels und Lodges, ihren Gästen WLAN zu bieten; in den überwiegenden Fällen gratis. Bush Camps haben in der Regel kein Internet.

Bitte beachten Sie, dass Emails gelegentlich verloren gehen und senden Sie diese ggf. mehrfach, falls Sie bei Anfragen z. B. von einer Lodge oder Agentur keinen Rücklauf erhalten.

Airtel Zambia bietet für ca. 15 US$ eine Monats-Chipkarte mit 20 GB an. Hier geht man über das Mobilnetz ins Internet, nicht über Hotspots wie z. B. in Malawi. Dadurch hat man überall dort, wo ein Handy Netz findet, auch die Möglichkeit, ins Internet zu gelangen. Weitere Informationen: https://www.airtel.co.zm/.

Auf www.hupeverlag.de werden unter den "News Sambia" regelmäßig touristisch relevante, Sambia betreffende Neuigkeiten oder Änderungen veröffentlicht. Außerdem steht dort der kostenlose Hupe-Newsletter-Service zur Verfügung.

Landkarten

Siehe Landkarten für Sambia: S. 129, S. 380 und S. 391.

Maße und Gewichte

In Sambia sind die metrischen Maße und Gewichte gebräuchlich. Ältere (britische) Landkarten oder Bücher verwenden mitunter noch englische Maßeinheiten. Umrechnungshilfen:

1 mile	=	1,609	km
1 foot	=	30,480	cm
1 square mile	=	2,590	km²
1 gallon (brit.)	=	4,546	l
1 acre	=	40,470	a

Die Formel zur Umrechnung von Temperaturen von Fahrenheit in Grad Celsius lautet:
Der Wert in Fahrenheit minus 32, multipliziert mit 5 und dividiert durch 9 ergibt den Wert in Grad Celsius.

F	32	41	50	59	68	77	86	95
C	0	5	10	15	20	25	30	35

Öffnungszeiten

Einheitliche Öffnungszeiten existieren nicht, aber grobe Richtlinien (zusätzliche Angaben siehe Reiseteil):

Banken:	Mo–Fr:	8.15–12.45 Uhr
	oder	8.30–14.30 Uhr
	teilw.Sa:	8.15–11.00 Uhr
Geschäfte:	Mo–Fr:	8.15–12.30 Uhr
	und	14.00–17.00 Uhr
	Sa:	8.00–12.00 Uhr

Große Supermärkte:
Einkaufszentren mit Supermärkten wie Shoprite und Spar haben in der Regel täglich von 8–20 Uhr durchgehend geöffnet (auch an Feiertagen).

Ämter/Behörden:	Mo–Fr:	08.00–12.30 Uhr
	und	14.00–17.00 Uhr

(teilweise nachmittags ohne Publikumsverkehr)

Öffnungszeiten der **Grenzen**: siehe S. 368.

Souvenirs

Wer sich für das Handwerk und Alltagsgegenstände interessiert, wird auf den Märkten und am Straßenrand beeindruckende Dinge entdecken, z. B. Hackbeile, Musikinstrumente, Fischreusen und Blechöfen. Man findet auch hervorragenden Korbflechtarbeiten (Körbe, Matten, Untersetzer) und Holzschnitzereien (Tierfiguren, Masken). In den Touristenzentren Livingstone und Mfuwe gibt es kunsthandwerkliche Läden mit einem reichhaltigen Angebot auch hochwertiger Souvenirartikel.

Stromversorgung

220/240 Volt Wechselstrom (englische 3-Pol-Stecker werden benötigt; Adapter mitbringen). Viele Safaricamps sind nicht an das Stromnetz angeschlossen; dort wird stundenweise ein Generator eingesetzt. Daher gehört bei allen Safaris eine Taschenlampe ins Gepäck. Zum Aufladen von Akkus sind die meisten Camps ausgerüstet, ein Ladegerät für den Anschluss ans Auto-Bordnetz ist zusätzlich vorteilhaft.

Taxi

In Sambia müssen die Fahrpreise immer vor der Fahrt ausgehandelt werden, da es keine Taxameter gibt. Die Preise variieren stark, je nach Region und Verhandlungsgeschick. Taxifahrer erhalten traditionell kein Trinkgeld.

Telefon

Handys / Cell Phones: Die Städte haben ein modernes Mobilfunknetz, nur im Hinterland gibt es noch netzfreie Räume. Sambia hat Roaming-Abkommen mit dem deutschen D1-Netz (T-Mobile) und D2-Netz bzw. Vodafone. Telefonieren funktioniert gut, der Versand und Empfang von SMS ist dagegen eher unzuverlässig.

Deutlich günstiger telefoniert man mit einer lokalen **SIM-Karte** und Gesprächsguthaben (Talk Time, z. B. von Airtel). Für den Erwerb einer SIM-Card muss man sich beim Anbieter registrieren lassen (Reisepass erforderlich). In ländlichen Gebieten ist Zamtel am weitesten verbreitet.

Mit der App von Airtel kann man problemlos mit einer Kreditkarte Daten- und Gesprächsguthaben kaufen.

Telefonieren von Sambia nach Europa: Die Vorwahl für Deutschland lautet 0049, für Österreich 0043, in die Schweiz 0041.

Ländervorwahl von Sambia: 00260.

Die regionalen Festnetz-Vorwahlnummern lauten:

Chipata/Mfuwe	0216	Livingstone	0213
Choma	0213	Lusaka	0211
Kabwe	0212	Mansa	0212
Kasama/Mbala	0214	Mongu	0217
Kitwe/Ndola	0212	Siavonga	0211

Sambias Cellphone-Nummern haben ebenfalls eine zusätzliche Ziffer im jeweiligen Vorwahlcode erhalten. Die Vorwahl „095" lautet jetzt „0955", „096" wurde zu „0966", „097" zu „0977", „098" zu „0988" und „099" zu „0979".

Trinkgeld

Ein kleines Trinkgeld wird in touristischen Regionen überall erwartet, wo jemand einen besonderen Service oder eine Gefälligkeit leistet. Abseits der Touristenrouten rechnen die Menschen dagegen kaum mit einem Trinkgeld. Ist in Restaurants der Service im Preis enthalten (als 10 %ige Service Charge), wird meistens nur ein wenig Wechselgeld am Tisch liegen gelassen. Ansonsten sind 5–10 % in Restaurants die Obergrenze, üblicherweise rundet man den Betrag nur leicht auf. Anders sieht es in den Luxuscamps aus, wo Empfehlungen von 10 US$ pro Person und Tag für das Personal im Camp und zusätzlich für den privaten Guide ausgesprochen werden (Guides erhalten meistens keinen Anteil an den Trinkgeldern aus der "Tipp-Box", sondern werden von den Gästen beim Abschied persönlich bedacht). Die Höhe des Trinkgelds sollte sich nach der erbrachten Leistung und den Landesverhältnissen richten, also der Situation angemessen bleiben. Führen Sie sich den monatlichen Durchschnittslohn Ihres Dienstleisters vor Augen, um einen passenden Weg zu finden.

Wasser

Leitungswasser sollte besser nie pur getrunken, sondern entweder abgekocht oder gefiltert werden. Hilfreich sind für Selbstversorger auch Mikropurtabletten oder -pulver, die das Wasser entkeimen.

In den Städten und Touristenzentren wird Mineralwasser in Plastikflaschen zwischen 0,3 l und 5 l verkauft (nicht auf dem Lande!). Wer keine Möglichkeit hat, Wasser selbst zu reinigen bzw. zu filtern, deckt sich möglichst damit ein, um etwaige Infektion durch verunreinigtes Wasser zu vermeiden. In Safaricamps wird das Trinkwasser manchmal mit Chlor versetzt, was einen unangenehmen Beigeschmack nach sich zieht.
Siehe auch: Infos rund um das Trinkwasser, S. 365.

Zeitungen

Tages- und Wochenzeitungen wie "Times of Zambia" werden an den Hauptstraßen der Großstädte und in Läden verkauft. Ausländische Zeitungen und Zeitschriften werden nur wenige eingeführt, am ehesten aus Südafrika, und sie sind auch nur in guten Stadthotels und Buchläden zu bekommen (keine deutschsprachigen Publikationen).

Zeitverschiebung & Tageslicht

In Sambia gilt MEZ + 1 Stunde. Während der mitteleuropäischen Sommerzeit besteht kein Zeitunterschied, im Winterhalbjahr ist uns Sambia um eine Stunde voraus.

Tageslicht herrscht im Juni/Juli zwischen ca. 6.30 und 17.30 Uhr (elf Sonnenstunden), im Dezember von etwa 5.30–18.30 Uhr (13 Sonnenstunden). Sonnenauf- und -untergang erfolgen rasch mit kurzen Dämmerungszeiten.

Zoll

Alle Gegenstände des persönlichen Bedarfs können zollfrei eingeführt werden. Dazu zählen neben Kleidung und Toilettenartikeln auch die Foto- und Filmausrüstung, Fernglas, Kinderwagen, Sport- und Campingausrüstung. Außerdem dürfen zollfrei mitgeführt werden: 200 Zigaretten oder 450 g Tabak und eine Flasche Spirituosen.

Jagdwaffen dürfen nur mit Lizenz eingeführt werden, der Besitzer muss sich mit einem Waffenschein ausweisen. Für Haustiere wird neben der Tollwutimpfung ein amtstierärztliches Zeugnis verlangt.

Für die Heimreise: Die EU-Reisefreimengen bei der Rückkehr aus Afrika lauten: Bei der Einreise dürfen pro Person 200 Zigaretten oder 250 g Rauchtabak und 2 l Wein oder 1 l Spirituosen zollfrei eingeführt werden. Die Freigrenze liegt bei 430 Euro für Reisende ab 17 Jahren. Es besteht Einfuhrverbot für alle Fleischprodukte aus afrikanischen Ländern.

Achtung bei **der Einfuhr von Trophäen** und geschützten Produkten (alle Elefantenprodukte, Reptillederprodukte, Schildkrötenteile, Muscheln etc.): Vor Ort ist eine Ausfuhrgenehmigung erforderlich, um Trophäen legal aus dem Land zu exportieren. Aber trotz dieser afrikanischen Ausfuhrgenehmigung macht man sich wegen des Artenschutzgesetzes sehr schnell bei der Einfuhr solcher Produkte in die EU strafbar. Vorsicht ist vor angeblich echten CITES-Zertifikaten geboten (Ausfuhrgenehmigungen), die manche Händler ausstellen, denn diese werden vom EU-Zoll nicht anerkannt, wenn es sich um streng geschützte Produkte handelt.

Weitere Informationen zum Thema Artenschutz und Zoll erhalten Sie im Internet unter www.zoll.de/index.html und www.artenschutz-online.de und www.bfn.de (dem Bundesamt für Naturschutz).

Umschlagfotos

Vorderseite: Thornicroft-Giraffen im South Luangwa Nationalpark
Rückseite: Lichtenstein-Antilopen in den Busanga Plains; Bisa-Schönheit
Seite 1: Elefanten im Lower Zambezi Nationalpark
Seite 2: Mwanya Ponton, North Luangwa

Bildnachweis

Fotos von Jürgen Tiefenthaler: S. 95 oben, S. 237 oben, S. 238 oben, S. 266 und S. 283 jeweils zweites Bild von unten, S. 285 unten, S. 297 unten, S. 334 oben, S. 383 Mitte.

Fotos von Marc Gorry: S. 38 oben und Mitte.

Foto von narsch safaris: S. 272 oben.

Foto von Ute Koch: S. 327 oben.

Fotos von Chimfunshi e. V.: S. 244, S. 245 oben.

Alle anderen: Ilona Hupe und Manfred Vachal.

Entfernungstabelle

	Lusaka	Livingstone	Chirundu	Chipata	Ndola	Mwinilunga	Mongu	Kasama	Mbala	Kabwe	Mpika
Lusaka	–										
Livingstone	473	–									
Chirundu	132	493	–								
Chipata	560	1028	691	–							
Ndola	316	789	448	871	–						
Mwinilunga	869	1285	1001	1424	574	–					
Mongu	584	538	716	1139	900	774	–				
Kasama	853	1326	985	1419	769	1322	1437	–			
Mbala	1003	1476	1135	1558	919	1472	1587	150	–		
Kabwe	132	605	264	687	184	737	716	721	871	–	
Mpika	642	1115	774	1197	558	1111	1226	211	361	510	–
Nakonde	1025	1495	1157	1580	941	1532	1609	594	198	893	383

Literaturverzeichnis

(e) = englischsprachig (d) = deutschsprachig

Geschichte

- Sampson, Richard (1956): "They came to Northern Rhodesia", Cape Town, SA. (e)
- Wotte, Herbert (1973): "David Livingstone", Brockhaus, Leipzig, D. (d)
- Ki-Zerbo, Joseph (1981): "Die Geschichte Schwarz-Afrikas", Fischer Verlag, Frankfurt, D. (d)
- Pakenham, Thomas (1991): "The Scramble for Africa". Avon Books, New York, USA. (e)
- Ansprenger, Franz (1992): "Politische Geschichte Afrikas im 20. Jh.", Beck'sche Reihe, D. (d)
- Iliffe, John (1997): "Geschichte Afrikas", Beck Verlag, D. (d)
- Sardanis, Andrew (2003): "Africa. Another Side of the Coin", I. B. Taurus, London, GB. (e)
- Elmslie, W. A. (1899): "Among the Wild Ngoni", Oliphant, Anderson & Ferrier, GB. (e)
- Ogez, J-M. (1991): "Where it all began", Missionaries of Africa, Rom, Italien. (e)
- Roberts, Andrew (1973): "A History of the Bemba", Longman, London University, GB. (e)
- Roberts, Andrew (1976): "A History of Zambia", Africana Publishers, New York, USA. (e)

Reise- und Naturführer

- Mwanza, Ilse (2005): "Guide to little-known Waterfalls of Zambia I", ISBN 9982-9952-0-0, Lusaka. (e)
- Mwanza, Ilse (2015): "Guide to little-known Waterfalls of Zambia II", ISBN 9982-9952-0-1, Lusaka. (e)
- Hupe, I. (2024): "Regionalführer: Viktoriafälle und Umgebung", Hupe Verlag, München, D. (d)
- Hupe, I. (2016): "Naturführer Luangwa – Afrikas einzigartige Wildnis", Hupe Verlag, München, D. (d)
- d'Elbée, Francois (2004): "Busanga: The Northern Plains of the Kafue NP", Editions de la Martinière, Paris, Frankreich. (e)

Kunst

- Schaedler, Karl-Ferdinand (1997): "Afrikanische Kunst", Heyne Verlag, München. (d)
- Jordan, Manuel (2007): "Makishi: Characters of Zambia", Fowler Museum of Cultural History, Los Angeles, USA. (e)
- Smith, Benjamin (1997): "Zambias Ancient Rock Art", National Heritage Comm., Livingstone, Zambia (e)
- Schaedler, Karl-Ferdinand (1988): "Africana", Battenberg Verlag, München. (d)
- Förster, Till (1988): "Kunst in Afrika", DuMont. (d)

Kultur

- Tremmel, Michael (1994): "The People Of The Great River", Mambo Press, Gweru, Zimbabwe. (e)
- Explizit: "Frauen in Afrika" (1993): Horlemann Verlag, Bad Honnef, D. (d)
- Gronemeyer, R. (1991): "Der faule Neger", RoRoRo Verlag, Reinbek, D. (d)
- "Ku-Omboka Ceremony", (1993), Zambia Educational Publishing House, Lusaka, Sambia. (e)
- Schmidt, Bruno (2001): "Message from the Past. The Rock Art of Eastern an Southern Africa", Stone Watch, Warmsroth, D. (e)
- Tembo, Mwizenge: Mythologie der Afrikaner, Athenaion Verlag, Kettwig, D. (d)
- Kangende, Kenneth (2001): "Zambian Myths and Legends of the Wild", Minta Publishers, Zambia. (e)
- Hudson, John (1999): "A Time to Mourn", Inter-Africa-Media Service, Cape Town, SA. (e)
- "Fishermen of the Bangweulu Swamps" (1972), Rhodes-Livingstone Papers, University of Zambia. (e)

Literatur

- "Afrikanissimo - Ein Lesebuch", Piper Verlag München, 1994 (d)
- Lamb, David (1991): "Afrika, Afrika", Kyrill und Method Verlag, München, D. (d)
- Van der Post, Laurens (1995): "Vorstoß ins Innere", Diogenes Verlag, Zürich, CH. (d)
- Fuller, Aleandra (2002): "Don't let's go to the Dogs tonight", Random House, NY, USA. (e)

Verschiedenes

- Drescher, Axel (1998): Sambia, Perthes Länderprofile, Gotha, D. (d)
- Houston, Dick (2012): "Bulu – Der Afrikanische Wunderhund", Scorpio Verlag, D. (d)
- Siddle, Sheila (2002): "In My Family Tree: A Life with Chimpanzees", New York, USA. (e)
- Louis, Sebastian (2023): "Chimfunshi – 40 Years Chimfunshi Wildlife Orphanage", Chimfunshi e. V. , D. (d)
- Phillipson, D. W. (Reprint 1992): "National Monuments of Zambia", National Heritage Comm., Livingstone, Zambia (e)
- Hobson, Dick (1996): "Tales of Zambia", Zambia Society Trust, London, GB. (e)
- Ese, Kristin (1996): "Historical Guide to Livingstone Town", Livingstone Tourism Association, Zambia. (e)
- Norman Carr (1996): "Kakuli", CBC Publishing, Harare, Zimbabwe. (e)
- Fisher, M. (1991): "Nswana - The Heir", Ndola, Sambia. (e)
- Fisher, S. (1992): "Ndotolu", Ikelenge, Sambia. (e)

- Fisher, K. (1994): "Lampposts to Searchlights", Ikelenge, Sambia. (e)
- Holub, Dr. Emil (1890): "Reisen im südlichen Afrika in den Jahren 1883-7", Wien, Österreich. (d)
- Lamb, Christina (2004): "The Africa House", Penguin Group, London, GB. (e)
- Bruchmann, Rainer (1997): "Schuckmannsburg". Kuiseb-Verlag, Windhoek, Namibia. (d)
- Owens, Mark & Delia (1993): "The Eye of the Elephant", Houghton Mifflin Company, USA. (e)
- Fraser Darling (1960): "Wildlife in an African Territory", Oxford University Press, London, GB. (e)

Natur & Tierwelt

- Main, Michael (1990): "Zambezi - Journey of a River". Southern Book Publishers, South Africa. (e)
- Phillipson, D. W. (1975): "A Handbook to the Victoria Falls Region", Longman Group, Harare, Zimbabwe. (e)
- Palgrave, Keith Coates (2003): "Trees of Southern Africa", Struik-Verlag, Cape Town, SA. (e)
- Sinclair, Ian (1996): "Field Guide to the Birds of Southern Africa", Struik-Verlag, Cape Town, SA. (e)
- "Säugetiere Afrikas" (1977): BLV Bestimmungsbuch, München, D. (d)
- "Pflanzenreich der Tropen" (1981): Schröder Verlag, Leichlingen, D. (d)
- "Field Guide to the Larger Mammals of Africa" (1997): Struik-Verlag, Cape Town, SA. (e)
- Field Guide (1996): "Snakes and other Reptiles", Struik-Verlag, Cape Town, SA. (e)
- Williams, John (1987): "Die Vögel Ost- und Zentralafrikas", Parey-Verlag, Hamburg, D. (d)
- "Common Birds of Zambia" (1993): Zambian Ornithological Society, Lusaka, Sambia. (e)
- "Fifty Common Trees of Zambia", D. B. Fanshawe, Ministry of Natural Resources and Tourism, Lusaka. (e)
- Aspinwall, Dylan und Beel, Carl (1998): "Zambian Birds" (Field Guide), Zambian Ornithological Society, Lusaka, Sambia. (e)
- "Guide to the Reptiles, Amphibians and Fishes of Zambia", (1993), Wildlife Enviroment Society of Zambia, Lusaka. (e)
- Mike Coppinger (1991): "Zambezi–River of Africa", Struik Publishers, Cape Town, SA. (e)
- Frandsen, Robin (1998): "Säugetiere des südlichen Afrika", Sandton, SA. (d)
- Smithers, Reay (1996): "Land Mammals of Southern Africa", Southern Book Publishers, SA. (e)
- Stuart, Christ & Tilde (2015): "Field Guide to the Mammals of Southern Africa", Struik Publishers, Cape Town, SA. (e)
- Lindsay, Gordon (2005): "Roberts Birds of Southern Africa", CTP Book Printers, Cape Town, SA. (e)
- "Field Guide to Roberts Birds of Southern Africa" (2010), CTP Book Printers, Cape Town, SA. (e)
- Newman, Kenneth: "Birds of Southern Africa" (2010): Macmillan, GB. (e)
- Sinclair, Ian: "Birds of Africa" (2003): Struik Publishers, Cape Town, SA. (e)
- Sinclair, Ian: Sasol Birds of Southern Africa (2009): Struik Publishers, Cape Town, SA. (e)
- Barlow, T. & Wisniewski, W. (1998): "Kosmos Naturreiseführer Südliches Afrika", Kosmos Verlag, D. (d)
- "Field Guide to the Trees and Shrubs of Miombo Woodlands" (2004): Compass Press, GB. (e)
- "The Nature of Zambia" (1988): IUCN, Gland, CH. (e)
- Rduch, Vera Dr.: "Die Puku-Antilope" (2022). VerlagsKG Wolf, D. (d)

Landkarten für Sambia

Zambia Road Map
1:1 500 000 mit 210 GPS-Daten,
12 Detailkarten der Tourist Areas und Nationalparks, Tankstellennetz und Important Bird Areas.
5. Aufl. 2022, Ilona Hupe Verlag, www.hupeverlag.de

Reise Know-How Landkarte Sambia
1:1 000 000, Auflage 2024

Freytag Berndt Autokarte Sambia 1:1 000 000., Auflage 2017

Service & Infos

D

E

F

G

Service & Infos

N

O

P

R

S

T

Service & Infos

Eine Anekdote: Über sambische Geschmäcker

Die vielen unterschiedlichen Volksgruppen Sambias haben etliche ihrer traditionellen kulturellen Eigenheiten bewahrt. Eine davon ist das unterschiedliche Essverhalten. So schätzen die Menschen aus der Südprovinz Raupen als kulinarische Anreicherung ihres Speiseplans, während in der Region Chipata im Osten des Landes Mäuse als Delikatesse gelten – aufgespießt und gegrillt. Bei Kalabo, im Land der Lozi im fernen Westen Sambias, landen Nilwarane im Kochtopf, und im Nordosten, am Kalungwishi River, verschmähen zahlreiche Menschen keine Mahlzeit aus gekochten Meerkatzen und Pavianen – zum Entsetzen vieler anderer Landesbewohner.

Offroad-Rundreise-Vorschläge für Selbstfahrer

Der Klassiker ab Lusaka

Lusaka – Mfuwe – North Luangwa NP – Kapishya – Mutinondo – Kundalila Falls – Lusaka

Zeitraum: Juni bis Oktober, Streckenlänge je nach Variante ab 2300 km

Eine Aneinanderreihung von Highlights macht diese Rundreise so beliebt. Wer Teer nicht mag, kann bereits in Petauke den Abstieg ins Tal über die sogenannte Old Petauke Road nehmen. Im Luangwatal hangelt man sich dann von Campsite zu Campsite, je nachdem, wie viel Zeit man hat. Bis Anfang September überquert man den Luangwa bei Chifunda mit dem spektakulären Mwanya Ponton. Später, bei niedrigem Wasserstand, muss man durchs Wasser, was aber für Geländewagen kein Problem darstellt. Nachdem man den North Luangwa NP hinter sich gelassen hat, bieten sich mehrere Varianten für die Weiterfahrt an: Kapishya Hot Springs, Bangweulu Wetlands und der Kasanka Park lassen sich leicht einbauen.

Für Einsteiger ab Katima Mulilo

Katima – Ngonye Falls – Mongu – Kafue NP – Kalomo – Livingstone – Kasane – Chobe NP – Katima

Zeitraum: Ende Mai bis Oktober, Streckenlänge ca. 1400 km

Überwiegend gute Teerstraßen führen bis zum Kafue Nationalpark. Dort hat man die Qual der Wahl, für welches Camp man sich entscheidet. Über die Spinal Road geht es weiter auf guter Piste in den Südteil des Parks. Übernachtung entweder im Park oder in Itezhi-Tezhi. Es geht südlich weiter durch den Park bis Kalomo. Dann folgen die Viktoriafälle und zum krönenden Abschluss auch noch der Chobe Nationalpark in Botswana, ehe man über Ngoma Bridge wieder nach Katima Mulilo fährt.

Eine Variante ab Lusaka oder mit kleiner Abwandlung ab Livingstone

Lusaka – Kafue NP – Namwala – Monze – Bottom Road (Gwembe) – Chirundu – Lower Zambezi NP – Lusaka

Zeitraum: Ende Mai bis November, Streckenlänge: je nach Variante ab 1400 km

Anreise zur Kafue Hook Bridge im Kafue Nationalpark über Mumbwa oder sogar über den Blue Lagoon Nationalpark. Im Zentralbereich des Kafue NP hat man einige Camps zur Auswahl. Weiter über die Spinal Road zur Ngoma Region des Parks. Über Namwala, wo man wieder auf Teer trifft, fährt man nach Monze zum Moorings Campsite. Es besteht die Möglichkeit, vorher noch den Lochinvar NP einzubauen. Über Gwembe und Munyumbwe kommt man zur geteerten Bottom Road, die durch eine Baobablandschaft Richtung Chirundu führt. Ab hier bietet sich ein Besuch des Lower Zambezi Nationalparks an.

Die große Nordost-Tour

Lusaka – Kundalila Falls – Mutinondo - Bangweulu – Kasanka NP – Mansa – Lumangwe Falls – Kasama – Kapishya – North Luangwa NP – Mfuwe – Lusaka

Zeitraum: Mai bis Oktober, Streckenlänge ab 3200 km, je nach Abstechern

Die Route, auch als "Northern Circuit" bezeichnet, und die diversen Abstecher sind im Buch genau beschrieben. Sie kann verkürzt werden, wenn man den Bangweulu-Bereich oder die Luangwatalstrecke weglässt. Wer die Flughunde im Kasanka Nationalpark sehen möchte, kann die Tour erst im Oktober fahren. Ab November sollte man allerdings die Fahrt durch das Luangwatal meiden, denn bei Regen gibt es kein Durchkommen mehr, selbst die Community Camps schließen.

Ein offenes Wort

Die Straßenzustände in Sambia werden in der Travellerszene leidenschaftlich diskutiert. Aus diesem Grund möchten wir betonen, dass es sich hierbei um ein armes Entwicklungsland im subtropischen Afrika handelt, in dem harte Klimabedingungen herrschen (alljährlich entstehen massive Straßenschäden in der Regenzeit) und entsprechende Straßenreparaturmaßnahmen nur unzureichend, unregelmäßig und häufig zeitlich verzögert erfolgen.

In Sambia exisitert ein offizielles Straßennetz von 67 000 km. Davon sind etwa 7 500 km geteert, ferner gibt es noch ein paar tausend Kilometer so genannte "All Weather Roads". Alle anderen Strecken sind sowieso abenteuerlich: ausgewaschene und steinige Erdstraßen, tiefsandige Pisten, feldwegähnliche Fahrspuren. Autofahren in Sambia ist also in aller Regel anspruchsvoll, anstrengend und zeitraubend. Es ist dabei müßig, Schlaglöcher zu zählen und zu diskutieren, in wievielen Stunden eine Strecke zu schaffen ist. Das hängt nicht nur von der Piste, sondern ganz entscheidend auch vom Reisemonat, dem Fahrzeug und dem Fahrer ab.

Rechnen Sie immer damit, dass in abgelegenen Gebieten ein Baum quer über der Straße liegt, eine Brücke weggespült wurde, die Fähre nicht in Betrieb oder die Piste ganz einfach zugewachsen ist. Erwarten Sie nicht zu viele Wegweiser, denn die sind Mangelware. Schilder aus Holz werden von Termiten gefressen oder fallen Bränden zum Opfer; Metallschilder lassen sich wunderbar zu afrikanischen Alltagsartikeln umarbeiten.

Wir geben uns viel Mühe, genaue Informationen zu liefern. Aber auch wir können nicht voraussagen, wann Tankstellen keinen Sprit haben, Supermärkte abbrennen, Grenzer neue Gebühren verlangen oder Safaricamps in den Luangwa stürzen. Manchmal sind die Lebensmittelregale frisch aufgefüllt, ein andermal heißt es nur "maybe tomorrow". Manch einer hat Probleme bei Polizeikontrollen, andere genießen den Smalltalk mit den Beamten. Wenn die Kinder „sweetie, sweetie" rufen, kann man sich belästigt fühlen oder einfach nur freudig zurück grüßen. Letztendlich liegt es an jedem selbst, wie er die vielen Eindrücke und Erfahrungen bewertet. **Nicht umsonst heißt es: "Zambia, the real Africa"**